에듀윌과 함께 시작하면,
당신도 합격할 수 있습니다!

비전공자, 노베이스지만
통계 기관에 입사하고 싶은 취준생

꿈꾸었던 공무원이 되기 위해
가산점을 취득하려는 청년

직장인이지만 더 많은 기회를 만들기 위해
학점 은행제 학위증을 받으려는 직장인

누구나 합격할 수 있습니다.
해내겠다는 '열정' 하나면 충분합니다.

마지막 페이지를 덮으면,

에듀윌과 함께
사회조사분석사 2급 합격이 시작됩니다.

에듀윌만의 초단기 학습법
D-20 합격 플래너

과목	DAY	학습 단원	학습 내용	공부한 날	완료
필답형	D-10	핵심이론	CHAPTER 01~10	__월 __일	☐
	D-9	기출복원문제	제1회~제7회	__월 __일	☐
	D-8		틀린문제 복습	__월 __일	☐
	D-7		제8회~제14회	__월 __일	☐
	D-6		틀린문제 복습	__월 __일	☐
	D-5	실전모의고사	제1회~제5회	__월 __일	☐
	D-4		틀린문제 복습	__월 __일	☐
	D-3	설문지 작성	CHAPTER 01~03	__월 __일	☐
	D-2		복습	__월 __일	☐
	D-1		FINAL 마무리	__월 __일	☐
	D-DAY		필답형 합격!		

과목	DAY	학습 단원	학습 내용	공부한 날	완료
작업형	D-10	SPSS 기본 사용법	CHAPTER 01~05	__월 __일	☐
	D-9	SPSS 통계분석방법	CHAPTER 01~05	__월 __일	☐
	D-8		분석 복습	__월 __일	☐
	D-7	기출동형문제	제1회~제2회	__월 __일	☐
	D-6		분석 복습	__월 __일	☐
	D-5		제3회~제4회	__월 __일	☐
	D-4		분석 복습	__월 __일	☐
	D-3		제5회	__월 __일	☐
	D-2		분석 복습	__월 __일	☐
	D-1		FINAL 마무리	__월 __일	☐
	D-DAY		작업형 합격!		

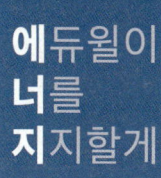

에듀윌이
너를
지지할게
ENERGY

시작하라. 그 자체가 천재성이고,
힘이며, 마력이다.

– 요한 볼프강 폰 괴테(Johann Wolfgang von Goethe)

에듀윌
사회조사분석사
2급 2차 실기
한권끝장+무료특강

필답형

사회조사분석사가 되는
가장 빠른 길은 에듀윌이다.

**미래의
사회조사 통계분석
전문가를 모시며**

2000년도부터 한국산업인력공단에서 시행한 경영 직무분야 국가기술자격인 사회조사분석사. 시대의 변화에 따라 데이터와 통계에 대한 높은 관심으로 응시생 또한 점점 늘어나는 추세입니다. 앞으로도 사회복지학과나 통계학과, 사회학과 등에서도 이 자격증의 가치는 높아질 것입니다. 아니, 이제 사회조사분석사가 대세라고 해야 할 겁니다. 공사·공단, 공무원 시험에서도 사회조사분석사에 가산점을 주는 등 혜택 또한 증가하고 있기 때문입니다.

본서는 사회조사분석사가 되기 위해 필요한 지식과 예시, 실전문제와 그에 대한 모범답안을 모두 담았습니다. 이 한 권이면 충분히 사회조사분석사에 합격할 수 있다고 확신합니다.

앞으로 사회에서 필요로 하는 유능한 사회조사분석사가 되시기를 바라면서 파이팅하길 기원합니다.

김형표 저자

**제가
사회조사분석사를
공부했던
그때로 돌아가서**

본서를 집필하면서 통계와 사회조사분석사를 공부하는 수험생의 심정, 특히 수학에 근거한 조사나 통계에 대해 막연한 두려움을 가진 수험생들의 고민을 충분히 이해하여 이를 극복할 수 있도록 하였습니다. 제가 처음 통계를 공부할 때의 시간으로 거슬러 올라가, 사회조사분석사를 접했을 때를 기억하면서 이 책이 필요한 수험생에게 필요한 내용을 담고자 집필에 임했습니다.

본서는 사회조사분석사 2급 자격을 취득하는 데 가장 안전하면서 충실한 길잡이가 될 것입니다. 2023년부터 변경된 출제기준을 반영하고, 복원 및 분석하여 기출유형을 모두 학습할 수 있도록 구성했습니다.

인간은 누구나 새로운 영역을 접하게 되면, 두려움이나 궁금함을 느끼게 됩니다. 만약 사회조사분석사 2급을 준비하면서 조사와 통계에 대한 두려움이 가득하다면, 두려움 대신 궁금함을 더 키우는 것이 어떨까요? 왜냐하면 본서를 선택한 여러분은 이미 사회조사분석사 2급에 합격했다고 믿으셔도 되기 때문입니다.

합격 후 세상의 데이터와 자료를 조사하고 통계 처리를 할 수 있는 훌륭한 사회조사분석사로 뵙기를 고대합니다.

박경은 저자

사회조사분석사의
모든 것

❶ 사회조사분석사란?

다양한 사회정보의 수집·분석·활용을 담당하는 새로운 직종으로 기업, 정당, 지방자치단체, 중앙정부 등 각종 단체의 시장조사 및 여론조사 등에 대한 계획을 수립하고 조사를 수행하며 그 결과를 분석, 보고서를 작성하는 전문가이다. 각종연구소, 연구기관, 국회, 정당, 통계청, 행정부, 지방자치단체, 용역회사, 기업체, 사회단체 등의 조사업무를 담당한 부서, 특히 향후 지방자치단체에서의 수요가 클 것으로 전망된다.

❷ 취득 시 활용분야

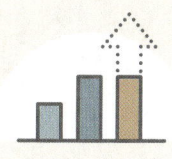

통계직 공무원
가산점 부여(7급 3% / 9급 5%)

학점은행제를 통한
학점 인정(18학점)

통계기관, 정부기관, 대기업 등
광범위한 취업

❸ 시험일정(2024년 기준)

구분	필기원서접수 *휴일 제외	필기시험	필기합격 (예정자)발표	실기원서접수 *휴일 제외	실기시험	최종합격자 발표
1회	01.23.~01.26. [빈자리접수: 2024.02.09.~02.10.]	02.15.~03.07.	03.13.	03.26.~03.29. [빈자리접수: 2024.04.21.~04.22.]	04.27.~05.17.	06.18.
2회	04.16.~04.19. [빈자리접수: 2024.05.03.~05.04.]	05.09.~05.28.	06.05.	06.25.~06.28. [빈자리접수: 2024.07.22.~07.23.]	07.28.~08.14.	09.10.
3회	06.18.~06.21. [빈자리접수: 2024.06.29.~06.30.]	07.05.~07.27.	08.07.	09.10.~09.13. [빈자리접수: 2024.10.14.]	10.19.~11.08.	12.11.

※ 원서접수 및 시행공고에 대한 자세한 내용은 한국산업인력공단 홈페이지에서 확인할 수 있습니다.

출제기준 이론 찾아가기

출제기준			교재 찾아가기	
주요항목	세부항목	세세항목		
필답형	표본설계	1. 조사대상 정하기	핵심이론 CHAPTER 02	p.020
		2. 표본추출방법 결정하기		
		3. 표본크기 결정하기		
		4. 표본배분하기		
		5. 표본추출하기		
	설문설계	1. 분석설계하기	핵심이론 CHAPTER 03, 설문지 작성 CHAPTER 01	p.028 p.208
		2. 개별설문항목 작성하기		
		3. 설문시안 작성하기		
		4. 설문지 완성하기		
	실사관리	1. 실사준비하기	핵심이론 CHAPTER 07	p.050
		2. 실사진행 관리하기		
		3. 실사품질 관리하기		
	자료처리	1. 부호화하기	핵심이론 CHAPTER 10	p.069
		2. 자료입력하기		
		3. 최종 원시자료 생성하기		
	FGI 정성조사	1. FGI 설계하기	핵심이론 CHAPTER 04	p.032
		2. FGI 실시하기		
		3. FGI 분석하기		
	2차 자료 분석	1. 2차 자료 선정하기	핵심이론 CHAPTER 08	p.055
		2. 2차 자료 수집하기		
		3. 2차 자료 분석하기		
작업형	기술통계분석	1. 추정·가설검정하기	SPSS 통계분석방법	p.067
		2. 기술통계량 산출하기	SPSS 통계분석방법 CHAPTER 01	p.078
		3. 빈도분석하기	SPSS 통계분석방법 CHAPTER 01	p.069
		4. 교차분석하기	SPSS 통계분석방법 CHAPTER 01	p.083
		5. 평균차이 분석하기	SPSS 통계분석방법 CHAPTER 02	p.092
	회귀분석	1. 신뢰도 분석하기	SPSS 통계분석방법 CHAPTER 05	p.147
		2. 상관분석하기	SPSS 통계분석방법 CHAPTER 03	p.113
		3. 단순회귀분석하기	SPSS 통계분석방법 CHAPTER 04	p.125
		4. 다중회귀분석하기	SPSS 통계분석방법 CHAPTER 04	p.131

노베이스, 어떻게 합격할까?

STEP 1 ▶▶ 2차 실기 시험에 최적화된
필답형+작업형 분리 구성

필답형

작업형

❶ 2차 실기 시험은 필답형과 작업형을 나눠서 치르게 됩니다. 일반적으로 필답형 시험 후 약 1주일 뒤 작업형 시험이 있으며, 두 시험 모두 합격해야 사회조사분석사 2급 자격증을 취득할 수 있습니다.

❷ 〈에듀윌 사회조사분석사 2급 2차 실기 한권끝장+무료특강〉은 이러한 자격 체계 구분에 따라 가장 효율적으로 학습할 수 있도록 필답형과 작업형을 분권하여 구성했습니다.

STEP 2 ▶▶ 역대 기출에서 뽑아낸 **필답형 핵심이론**

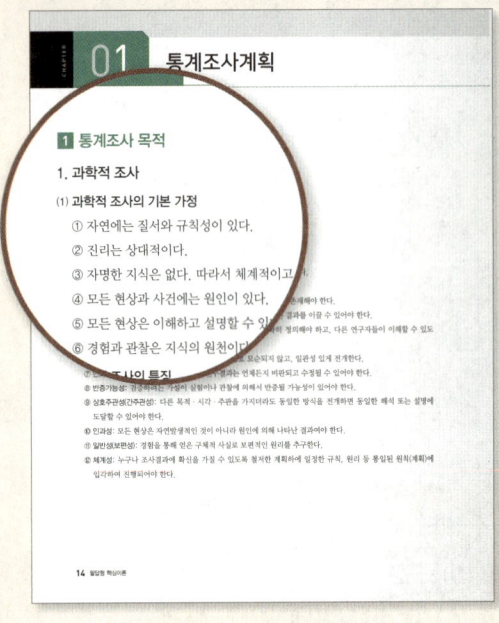

- 필답형 시험은 1차 필기시험에서 공부한 내용을 직접 답안으로 작성하는 시험입니다.
- 시험 범위의 주요 내용만 선정하여 챕터별로 압축했습니다. 필답형 학습 전 배운 내용을 복습하고 약점을 채울 수 있습니다.

STEP 3 ▶▶ 필답형 학습에 최적화된 **문제 + 모범답안 + 작성TIP 3단계 합격 빌드업**

- 필답형 기출복원문제 14회분으로 출제경향을 완벽하게 파악할 수 있습니다.
- 기출복원문제 풀이 후에는 실전모의고사 5회분을 통해 실력을 확실히 점검하시기 바랍니다.
- '문제+모범답안+작성TIP' 3단계 구성을 통해 모르는 문제 없이 완벽한 학습이 가능합니다.

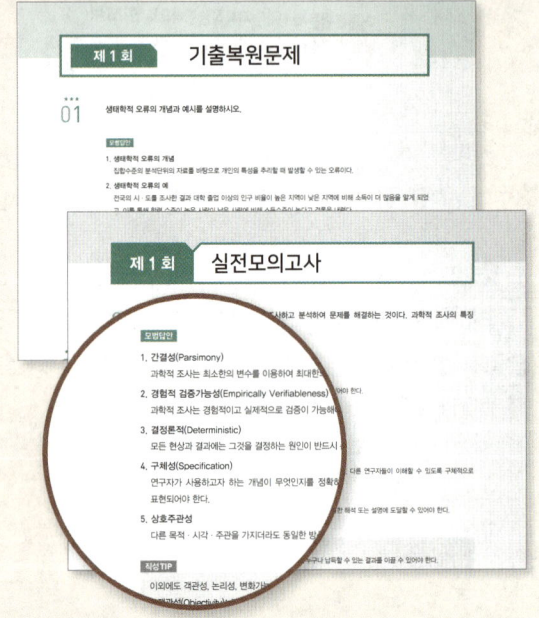

모의고사 연습노트 PDF 제공

- 무해설Ver. PDF를 다운받아 답안을 작성하며 연습할 수 있습니다.
- 다운경로: 에듀윌 도서몰(book.eduwill.net) 로그인 → 도서 자료실 (부가학습자료) → '사회조사분석사' 검색

STEP 4 ▶▶ 따라만 해도 저절로 익혀지는 SPSS Ver.27 운영 설명

- 작업형 시험은 SPSS 프로그램을 직접 실행해 통계분석을 실시해야 합니다.
- SPSS 기본 운영과 통계분석방법의 핵심이론을 수록했으며, 풀컬러 화면과 직관적인 설명으로 SPSS를 처음 접하는 수험생도 생생한 학습이 가능합니다.

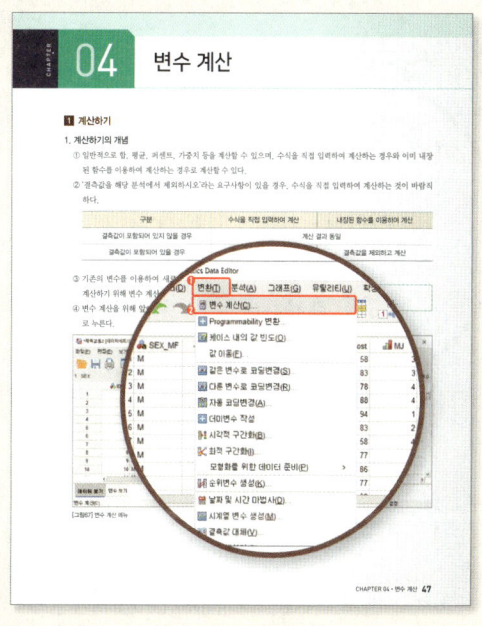

STEP 5 ▶▶ 확실한 유형 파악 작업형 기출유사문제

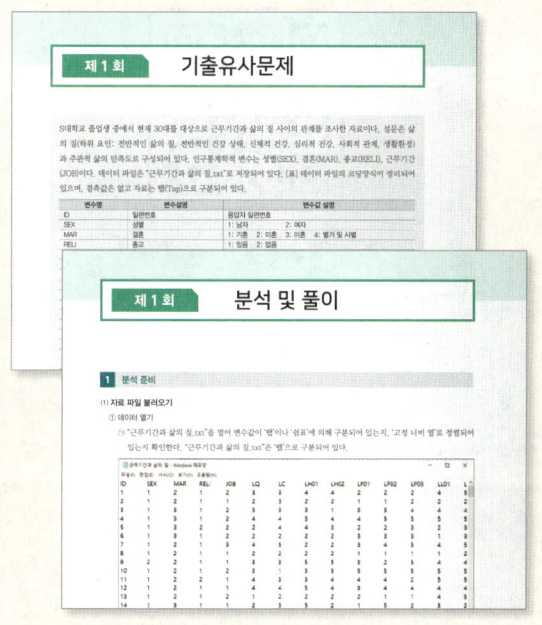

- 작업형 기출유사문제 5회분으로 출제경향을 완벽하게 파악할 수 있습니다.
- 문제 챕터와 분석 및 풀이 챕터를 따로 구분하여 풀이를 보지 않고 스스로 분석하는 연습이 가능합니다.

▶ **작업형 기출유사문제 무료특강**

- 기출유사문제 5회분 해설특강을 통해 출제유형을 완벽하게 파악할 수 있습니다.
- 수강경로: 에듀윌 도서몰(book.eduwill.net) 로그인 → 동영상 강의실 → '사회조사분석사' 검색

PLUS 1 ▸▸ 자주 출제되거나 중요한 문제 강조
꼭 외워야 할 문제 표시

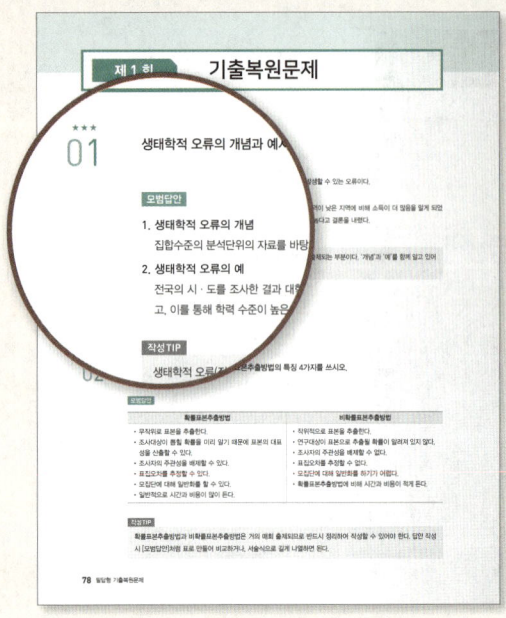

- 최근 14회 기출복원문제 중 출제 빈도수가 높았던 문제들 혹은 중요한 이론을 다룬 문제들에 별 표시를 하였습니다.
- 꼭 익혀야 할 문제를 놓치지 않을 수 있도록 별 표시 문제를 통해 확실히 점검하시기 바랍니다.

PLUS 2 ▸▸ 모르는 문제는 바로 해결할 수 있도록
저자 유튜브 채널

- 저자가 직접 상세하게 풀어주는 필답형과 작업형 풀이 특강을 제공합니다.

* 유튜브에서 '사조사 김&박' 검색
   (강의는 2024년 10월부터 순차적으로 업로드 예정)

[저자의 유튜브 채널]

차 례

1권 필답형

핵심이론

CHAPTER 01	통계조사계획	14
CHAPTER 02	표본설계	20
CHAPTER 03	설문설계	28
CHAPTER 04	정성조사	32
CHAPTER 05	실험설계	37
CHAPTER 06	자료수집방법	41
CHAPTER 07	실사관리	50
CHAPTER 08	2차 자료 분석	55
CHAPTER 09	측정의 타당성과 신뢰성	58
CHAPTER 10	자료처리	69

기출복원문제

제1회	기출복원문제	78
제2회	기출복원문제	85
제3회	기출복원문제	93
제4회	기출복원문제	99
제5회	기출복원문제	106
제6회	기출복원문제	111
제7회	기출복원문제	116
제8회	기출복원문제	123
제9회	기출복원문제	130
제10회	기출복원문제	137
제11회	기출복원문제	144
제12회	기출복원문제	151
제13회	기출복원문제	156
제14회	기출복원문제	161

실전모의고사

제1회	실전모의고사	170
제2회	실전모의고사	178
제3회	실전모의고사	186
제4회	실전모의고사	194
제5회	실전모의고사	201

설문지 작성

CHAPTER 01	설문지 작성 방법	208
CHAPTER 02	설문지 작성 예시	226
CHAPTER 03	설문지 작성 연습문제	233

필답형

핵심이론

SURVEY ANALYST

CHAPTER 01	통계조사계획	14
CHAPTER 02	표본설계	20
CHAPTER 03	설문설계	28
CHAPTER 04	정성조사	32
CHAPTER 05	실험설계	37
CHAPTER 06	자료수집방법	41
CHAPTER 07	실사관리	50
CHAPTER 08	2차 자료 분석	55
CHAPTER 09	측정의 타당성과 신뢰성	58
CHAPTER 10	자료처리	69

CHAPTER 01 통계조사계획

1 통계조사 목적

1. 과학적 조사

(1) 과학적 조사의 기본 가정
① 자연에는 질서와 규칙성이 있다.
② 진리는 상대적이다.
③ 자명한 지식은 없다. 따라서 체계적이고 경험적인 증거가 필요하다.
④ 모든 현상과 사건에는 원인이 있다.
⑤ 모든 현상은 이해하고 설명할 수 있다.
⑥ 경험과 관찰은 지식의 원천이다.

(2) 과학적 조사의 특징
① 간결성: 최소한의 변수를 이용하여 최대한의 설명을 할 수 있어야 한다.
② 경험적 검증가능성: 경험적이고 실제적으로 검증이 가능해야 한다.
③ 결정론적: 모든 현상과 결과에는 그것을 결정하는 원인이 반드시 존재해야 한다.
④ 객관성: 표준화된 도구·절차 등을 통해 누구나 납득할 수 있는 결과를 이끌 수 있어야 한다.
⑤ 구체성: 연구자가 사용하고자 하는 개념이 무엇인지를 정확히 정의해야 하고, 다른 연구자들이 이해할 수 있도록 구체적으로 표현되어야 한다.
⑥ 논리성: 기본 이론에 근거하여 개념과 판단이 상호 모순되지 않고, 일관성 있게 전개한다.
⑦ 변화가능성: 기존의 신념이나 이론의 연구결과는 언제든지 비판되고 수정될 수 있어야 한다.
⑧ 반증가능성: 검증하려는 가설이 실험이나 관찰에 의해서 반증될 가능성이 있어야 한다.
⑨ 상호주관성(간주관성): 다른 목적·시각·주관을 가지더라도 동일한 방식을 전개하면 동일한 해석 또는 설명에 도달할 수 있어야 한다.
⑩ 인과성: 모든 현상은 자연발생적인 것이 아니라 원인에 의해 나타난 결과여야 한다.
⑪ 일반성(보편성): 경험을 통해 얻은 구체적 사실로 보편적인 원리를 추구한다.
⑫ 체계성: 누구나 조사결과에 확신을 가질 수 있도록 철저한 계획하에 일정한 규칙, 원리 등 통일된 원칙(계획)에 입각하여 진행되어야 한다.

2. 과학적 조사의 패러다임

실증주의적 패러다임	해석주의적 패러다임
• 과학적 원리를 이용한 실험을 강조한다. • 자연과학의 원리를 사용한다. • 가치중립적인 양상을 보인다. • 객관적 실재가 존재한다. • 양적방법을 사용한다. • 일반화를 강조한다.	• 개인의 경험을 강조한다. • 언어, 말, 행위 등을 분석한다. • 상대주의적인 양상을 보인다. • 주관적 해석이 존재한다. • 질적방법을 사용한다. • 타당성을 강조한다.

3. 조사목적의 설정

① **탐색**: 감추어진 사실이나 새로운 정보를 알아내기 위해 살펴 찾는 것이다.
② **기술**: 조사문제나 조사대상이 되는 사건이나 현상의 속성을 정확하고 체계적으로 묘사하여 있는 그대로 보여주는 것이다.
③ **설명**: 조사문제나 조사대상이 되는 사건이나 현상의 속성을 단순히 기술하는 차원을 넘어, 그 사건이나 현상이 발생하게 된 원인, 즉 인과관계(Causality)를 밝히는 것이다.
④ **예측**: 미래에 일어날 사건이나 현상을 말이나 글로 분명히 나타내는 것이다.
⑤ **통제**: 어떤 사건이나 현상의 원인 또는 선행조건을 조작해 바람직한 방향으로 이끌어 가는 것이다.

4. 과학적 조사의 절차

조사문제 인식 → 조사문제(주제) 선정 → 기존 정보 수집 및 문헌고찰 → 가설 설정 → 조사방법 설계 → 자료수집 → 자료 분석 및 해석 → 보고서 작성

2 조사내용 결정

1. 지식형성의 방법

(1) 비과학적 지식형성 방법

① **전통에 의한 방법**: 사회적으로 이미 형성되어 있는 선례·관습·습성 등을 비판 없이 그대로 수용하여 지식을 형성하는 방법으로, 관습과 인습으로 구분된다.
② **권위에 의한 방법**: 주장의 타당성과 설득력을 높이기 위해 인품이 뛰어나거나, 전문 기술을 갖고 있거나, 사회적 지위가 높은 사람의 지식을 인용하여 지식을 형성한다.
③ **직관에 의한 방법**: 추론 등의 개입 없이 대상을 직접 인식하여 스스로 분명하다고 인식한 명제에 호소하는 방법으로 지식을 형성한다.

(2) 과학적 지식형성 방법

① 단순히 의문을 제기하는 것뿐만 아니라 명확한 논리 또는 진리라고 생각되는 각 명제에 대하여 가능한 대안을 발견하는 기술, 즉 발생할 수 있는 여러 가지 가설을 논리적으로 기술하고 이를 관찰 가능한 현상과 비교해야 한다.
② 과학적 방법을 통해 기각되어야 할 가설이 무엇이며, 채택 가능한 가설이 무엇인지를 판별해야 한다.

③ 지식형성 과정이 논리적이고 경험적이어야 한다. 즉, 논리적 탐구를 통해 유추된 현상에 대한 지식이 경험적으로 관찰된 사실과 일치할 때 과학적 지식으로 인정받을 수 있다.

2. 과학적 조사의 분석단위

(1) 분석단위
① 자료수집 시 표본의 크기를 결정하는 데 사용되는 기본 단위이다.
② 분석단위의 요건
　㉠ 적합성: 조사목적에 적합해야 한다.
　㉡ 명료성: 명확하고 객관적으로 정의되어야 한다.
　㉢ 측정 가능성: 기술적인 분류를 위해 측정이 가능한 것이어야 한다.
　㉣ 비교 가능성: 사실 관계의 규명을 위해 비교 가능해야 한다.

(2) 분석단위의 분류
① 개인
　㉠ 개인적 속성이나 특성을 수집한다.
　㉡ 성별, 연령, 출생지, 태도 등이 해당한다.
② 집단
　㉠ 사회집단을 연구하거나 집단 간의 특성을 비교 연구할 때 수집한다.
　㉡ 가족, 부부, 학급, 학과, 동아리 등이 해당한다.
③ 조직 또는 제도
　㉠ 개인이나 집단이 이루는 조직을 연구하거나 제도 자체의 특성을 연구할 때 수집한다.
　㉡ 지역사회복지관, 시설, 기업, 학교, 시민단체 등이 해당한다.
④ 사회적 가공물 또는 생성물
　㉠ 문화적 항목으로 구분되는 여러 형태의 사회적 대상물을 수집한다.
　㉡ 신문의 사설, 그림, 대중음악, 서적, 건물 등의 문화적 요소와 결혼생활, 직장생활, 정치활동 등의 사회적 상호작용 등이 해당한다.
⑤ 지역사회 및 지방정부 또는 국가: 행정 및 정책을 연구할 때 수집한다.

(3) 분석단위와 관련된 오류
① 생태학적 오류: 집합 수준의 분석단위 자료를 바탕으로 개인의 특성을 추리할 때 발생할 수 있는 오류이다(집합 → 개인).
② 개인주의적 오류: 개인 수준의 분석단위에서 도출된 결과를 집단 수준으로 확대 해석할 때 나타날 수 있는 오류이다(개인 → 집합).
③ 환원주의적 오류: 어떤 현상의 실제 원인이 여러 가지인데, 이것을 한 가지 원인으로 축소할 때 나타날 수 있는 오류이다.

3. 조사내용의 논리 체계

(1) 귀납적 논리
① 특수한 사실들로부터 일반적인 진리 또는 원리를 이끌어 내는 논리 체계로, 개별적인 사례를 바탕으로 일반적인 원리를 도출해내고자 주로 사용된다.
② '관찰 → 유형발전 → 임시결론 → 이론형성'에 따라 조사가 진행된다.
③ 관찰을 통해 현상을 파악한다.
④ 귀납적 논리에 따르는 조사방법은 질적연구(Qualitative Research)에서 강조된다.

(2) 연역적 논리
① 일반적인 사실로부터 특수한 사실을 이끌어 내는 논리 체계로, 기존 이론을 확인하기 위해서 주로 사용된다.
② '가설형성 → 관찰 → 가설검증 → 이론형성'에 따라 조사가 진행된다.
③ 일정한 이론적 전제를 수립해 놓고 그에 따라 구체적인 사실을 수집하여 검증함으로써 다시 이론적 결론을 유도한다.
④ 연역적 논리에 따르는 조사방법은 전통적인 양적조사(Quantitative Research)에서 강조한다.

(3) 귀납적 논리와 연역적 논리의 관계
과학적 지식이 축적되는 전반적인 과정에서 경험적인 귀납법과 분석적인 연역법은 상호 보완적인 관계이다.

3 조사방법 결정

1. 조사목적에 따른 유형

(1) 탐색적 조사
① 조사설계를 확정하기 이전에 연구문제를 발견하고, 변수를 규명, 가설을 도출하고자 예비적으로 실시하는 조사이다.
② 조사문제에 대한 사전지식이 부족하거나 개념을 보다 분명히 하기 위하여, 또는 문제의 핵심적 요소가 무엇인지 모를 때 실시한다.
③ 문헌조사, 전문가의견조사(델파이기법), 사례조사 등이 있다.

(2) 기술적 조사
① 어떤 사건이나 현상에 대한 정보가 필요할 때, 이를 정확하게 기술하기 위해 실시하는 조사이다. 현상에 대한 탐구와 명료화를 주목적으로 한다.
② 사건이나 현상의 빈도, 비율, 수준, 관계 등에 대한 단순 통계적인 자료를 수집하여 연구문제에 대한 답을 구한다.
③ 대표적으로 종단조사와 횡단조사가 있다.

(3) 설명적 조사(인과조사)
① 인과관계를 규명하거나 미래를 예측하기 위해 실시하는 조사이다.
② 현상에 대한 단순한 기술이 아닌 인과론적 설명을 전개한 실험설계가 필요하다.

2. 시간적 차원에 따른 종류

(1) 종단조사
① 조사대상을 일정 기간에 여러 번 관찰하여 얻은 자료를 이용하는 조사이며, 동태적인 성격을 지닌다.
② 조사대상의 특정 변수값을 여러 시점에 걸쳐 연구하며, 시간의 흐름에 따른 조사 내용의 변화를 분석한다. 이때, 그 변화의 원인에 대한 분석도 포함한다.
③ 추세조사, 패널조사, 코호트조사, 시계열조사 등이 포함된다.

(2) 횡단조사
① 어느 한 시점에서 이루어진 관찰을 통해 얻은 자료를 바탕으로 하는 연구이며, 정태적인 성격을 지닌다.
② 일반적으로 비용이 적게 들고, 검사효과로 인해 왜곡될 가능성이 낮으며, 조사대상자에 대한 사생활 침해의 우려가 낮다는 장점이 있다.

3. 자료수집의 성격에 따른 종류

(1) 양적조사(정량적 조사)
① 조사하고자 하는 대상의 속성을 양적으로 표현하고, 그 관계를 통계분석을 통해 밝히는 조사이다.
② 관찰대상의 특성을 구체적으로 수치화 가능하도록 기록하는 등 수치자료를 산출하여 보다 신뢰성 있고 반복 가능한 자료를 획득하기 위한 조사를 수행한다.
③ 질문지, 표준화(구조화)면접, 비참여관찰 등을 이용하여 표본으로부터 수집된 정보를 토대로 모집단에 대해 일반화한다.
④ 선(先)이론, 후(後)조사의 방법을 활용하는 연역적 과정에 기초해 설명과 예측을 목적으로 하며, 가치중립성과 편견의 배제를 강조한다.

(2) 질적조사(정성적 조사)
① 관찰대상의 몸짓, 언어, 태도나 현상 자체에 대한 자료를 관찰이나 면접 등의 방법을 활용하여 밝히는 조사이다.
② 주관적 동기의 이해와 의미 해석을 하는 현상학적·해석학적 입장에 기초하며 현실 인식의 주관성을 강조한다.
③ 선(先)조사, 후(後)이론의 방법을 활용하는 귀납적 과정에 기초하여 개별사례과정과 결과의 의미, 사회적 맥락을 규명하는 것을 목적으로 한다.
④ 연구자의 관찰 행위 자체가 조사대상에 영향을 주므로 특정 현상에 대해 깊이 이해하고 주관적인 의미를 찾을 수 있다.
⑤ 성과나 결과보다 절차에 관심을 둔다.
⑥ 초점집단면접, 사례연구, 현상학적 연구, 근거이론 연구, 민속지학적 연구, 참여행동연구, 내러티브, 생애사연구 등이 있다.

4. 조사대상의 범위에 따른 종류

(1) 전수조사
① 조사대상이라고 생각되는 전부를 조사하는 연구이다. 단, 조사대상의 범위 내에 있는 전부를 조사하는 것이 아니라 조사에 필요한 대상만 전부 모은 모집단(Population)을 조사하는 것이다.

② 표본오차는 없으나 비표본오차가 크므로 표본조사에 비해 정확성이 떨어질 수 있다.

③ 비용이 많이 들고 조사·분석을 위해 긴 시간이 필요하므로, 경제성과 신속성이 떨어진다.

(2) 표본조사

① 조사대상 전체 중 일부분을 표본(Sample)으로 추출하여 조사하는 연구이다.

② 대규모 모집단의 특성을 추정하고 예측하며 기술하기에 유용한 방법이다.

③ 전수조사에 비해 시간과 비용이 적게 들어 경제적이고 신속하다.

④ 잘 구성된 표본조사는 전수조사에 비해 비표본오차가 적어 정확한 연구결과를 얻을 수 있다.

⑤ 표본오차가 반드시 발생한다.

5. 자료의 원천에 따른 종류

(1) 1차 자료

① 연구자가 선정한 연구문제와 직접적으로 연관된 자료를 수집해 분석하고 그 결과를 직접 활용하는 연구이다.

② 당면한 연구목적을 달성하기 위하여 연구자가 직접 수집한 자료이며 설문지법, 면접법, 관찰법 등을 이용해 자료를 수집한다.

(2) 2차 자료

① 기존 자료로부터 연구에 필요한 자료를 도출해내는 방법으로, 비관여적 조사방법에 해당한다.

② 이미 과거에 만들어진 다른 연구물이나 다른 조사기관에서 다른 조사를 목적으로 조사를 했던 자료이다.

③ 2차 자료의 장단점

장점	단점
• 1차 자료의 수집에 따른 시간과 비용을 절감할 수 있고, 계속적인 자료수집이 가능하다. • 대외비 또는 직접 구할 수 없는 자료나 정보를 얻을 수 있다.	• 조사의 분석단위나 조작적 정의가 다른 경우에 사용이 곤란하고, 신뢰도와 타당도가 낮다. • 직접 수집한 자료와 비교했을 때 연구자가 원하는 자료가 아닐 수 있다.

CHAPTER 02 표본설계

1 조사대상 선정

1. 표본설계의 이해

(1) 표본설계의 의의

① 개념: 전체 조사대상의 특성을 가장 잘 설명할 수 있는 표본 추출하는 방법을 설계하는 것이다.

② 필요성: 전수조사 시 시간·비용이 매우 많이 들기 때문에 표본설계가 필요하다.

(2) 표본추출의 주요 개념

① 모집단: 정보를 얻고자 하는 관심 대상의 집단 전체이며, 조사하고자 하는 이론상의 집단이다.

② 모수: 모집단에서 어떤 변수가 가지고 있는 특성을 요약한 수치이다.

③ 표본: 모집단 중 연구대상으로 추출된 일부 집단이다.

④ 통계량: 표본의 수치적 특성으로, 표본에서 얻은 변수의 값을 요약하고 묘사한 표본들의 함수이다.

⑤ 표본추출요소: 자료가 수집되는 대상의 단위이다.

⑥ 표집단위과 관찰단위

　㉠ 표집단위: 표집과정의 각 단계에서의 표집대상이다.

　㉡ 관찰단위: 표본추출을 하는 직접적인 조사대상이다.

⑦ 표본추출틀(표본프레임, 표본틀, 표집틀)

　㉠ 표본추출을 위한 모집단의 구성요소나 표본추출단위가 수록된 목록이다.

　㉡ 표집틀과 모집단이 일치할 때 가장 이상적이다.

⑧ 표집간격: 모집단으로부터 표본을 추출할 때 추출되는 요소 간의 간격 또는 표본 간의 간격으로, 모집단의 전체 항목 수(모집단 크기)를 표본의 크기로 나눈 값이다.

⑨ 표집률: 모집단에서 개별 요소가 선택될 비율로, 모집단의 크기에 대한 표본의 크기이다.

⑩ 표집분포: 통계적 추리와 관련된 분포 중에서 이론상으로만 존재하는 분포이다.

⑪ 표집오차

　㉠ 표본의 통계량과 모집단의 모수의 차이로 표본오차라고도 한다.

　㉡ 표본의 대표성으로부터의 이탈 정도를 나타낸다.

2. 표본조사설계의 절차

모집단의 확정 → 표집틀 선정 → 표집방법 선정 → 표집크기 결정 → 표본추출

2 표본추출방법 결정

1. 표본추출의 이해

(1) 표본추출의 개념

① 모집단으로부터 조사대상을 선정하는 과정으로, 표집이라고도 한다.

② 표본을 추출할 때에는 모집단을 분명하게 정의하는 것이 중요하다.

③ 전수조사보다 시간이 적게 소요되며 더 많은 조사항목을 포함할 수 있어 다방면의 정보획득이 가능하다.

④ 표본이 모집단을 잘 대표하기 위해서는 되도록 확률표본추출을 하는 것이 바람직하다.

⑤ 표본추출과정에서 표본추출오차는 반드시 발생하기 때문에 정확한 자료를 추출하는 것은 불가능하다.

⑥ 표본추출에서 가장 중요한 요인은 대표성과 적절성이다.

　㉠ 대표성: 조사결과가 모집단을 얼마나 잘 대표할 수 있는가에 대한 것이다.

　㉡ 적절성: 어느 정도 크기의 표본을 선정해야 적은 비용으로도 정확한 결과를 가져올 수 있는가에 대한 것이다.

(2) 표본추출의 장단점

장점	단점
• 전수조사 시 예상되는 막대한 시간·비용을 절약할 수 있다. • 자료수집, 집계 및 분석과정을 신속히 처리할 수 있다. • 비표본추출오차를 줄일 수 있다. • 조사과정을 보다 잘 통제할 수 있어 전수조사보다 더 정확한 자료를 얻을 수 있다. • 전수조사보다 더 많은 조사항목을 포함할 수 있어 단시간에 다방면의 정보획득이 가능하다.	• 표본의 대표성 문제가 제기되는 경우 일반화의 가능성이 낮아진다. • 표본추출오차가 반드시 발생한다. • 표본설계가 복잡한 경우 시간·비용의 낭비를 가져올 수 있다. • 표본에 대한 정확한 전문 지식이 필요하다.

(3) 표본추출 설계

① 표집틀이 선정되면 모집단을 대표하는 표본을 추출할 수 있는 방법을 설계해야 한다.

② 표본추출방법은 무작위표집 여부에 의해 크게 확률표본추출방법과 비확률표본추출방법으로 구분된다.

　㉠ 확률표본추출방법의 장단점

장점	단점
• 조사자의 주관성을 배제할 수 있고, 표집오차를 추정할 수 있다. • 여러 가지 통계적인 기법을 적용해 모집단의 일반화가 가능하다. • 조사대상이 추출될 확률을 미리 알기 때문에 표본의 대표성을 산출할 수 있다.	일반적으로 시간·비용이 많이 든다.

ⓒ 비확률표본추출방법의 장단점

장점	단점
표본설계가 용이하고 시간·비용을 절약할 수 있다.	• 조사자의 주관성을 배제할 수 없고, 표집오차를 추정할 수 없다. • 표본분석결과의 일반화가 어렵다. • 조사대상이 추출될 확률을 모르기 때문에 표본의 대표성을 산출할 수 없다.

2. 확률표본추출(확률표집)

(1) 확률표본추출의 개념
조사대상이 표본으로 추출될 확률이 알려져 있을 때 무작위적으로 표본을 추출하는 방법이다.

(2) 확률표본추출방법
① 단순무작위표집
  ㉠ 모집단의 각각의 요소 또는 사례들이 표본으로 선택될 가능성이 같은 표집방법이다.
  ㉡ 집단의 평균에 가까운 요소와 평균으로부터 멀리 떨어진 요소 모두 표본으로 추출될 확률이 같다.
  ㉢ 모집단의 모든 개체가 표본으로 추출될 확률이 같으므로, 구성요소가 표집단위가 된다.
  ㉣ 모집단에서 하나의 개체가 추출되는 사건이 다른 개체가 추출되는 것에 영향을 미치지 않는다.
  ㉤ 단순무작위표집의 장단점

장점	단점
• 모집단의 모든 요소가 동일하고 독립적인 추출 기회를 가지므로 표본의 대표성이 높다. • 모집단에 대한 사전지식을 필요로 하지 않는다.	• 표본의 규모가 비교적 커야 한다. • 모집단의 구성요소를 정확히 파악하여 완전한 표집틀을 작성하기 어렵다. • 모집단을 대표하는 표본이 항상 추출되는 것은 아니다. • 다른 표본추출방법에 비하여 표집오차가 높아지는 경향이 있다.

② 체계적표집(계통표집)
  ㉠ 모집단에 대한 정보를 담은 명부를 표집틀로 하여 일정한 순서에 따라 표본을 추출하는 방법이다.
  ㉡ 모집단을 구성하는 구성요소들이 자연적인 순서 또는 일정한 질서에 따라 배열된 목록에서 매 k번째의 구성요소를 추출하여 표본을 형성한다. 따라서 모집단의 총수에 대해 요구되는 표본수를 나누어 표집간격(k)을 구하고, 첫 번째 요소를 무작위로 선정하여 최초의 표본으로 삼은 후, 일정한 표집간격에 의해 표본을 추출한다.
  ㉢ 인위적인 편견의 개입 가능성을 줄이기 위해 최초의 사례는 반드시 무작위로 선정한다.
  ㉣ 표집틀에 주기성이 없는 경우 모집단을 잘 반영할 수 있다.

ⓜ 체계적표집의 장단점

장점	단점
• 단순무작위표집에 비해 시간이 덜 소요되어 단순무작위표집의 대용으로 사용될 수 있다. • 모집단 전체에 걸쳐 보다 공평하게 표본이 추출되므로 모집단을 보다 잘 대표할 가능성이 있다.	• 모집단의 배열에 일정한 주기성이 있는 경우 편중된 표본을 추출할 위험이 있다. • 모집단을 구성하는 구성단위들에 대한 지식이 필요하다.

③ 층화표집
  ㉠ 모집단을 중복되지 않도록 몇 개의 층(Strata)으로 나눈 후, 각 층으로부터 단순무작위표본추출을 하는 방법이다.
  ㉡ 집단 내 동질적, 집단 간 이질적인 특성을 보인다.
  ㉢ 층화표집의 장단점

장점	단점
• 모집단을 형성하고 있는 모든 구성 요인을 골고루 포함시킬 수 있다. • 층화가 잘 이루어지면 단순무작위표집, 체계적표집보다 불필요한 자료의 분산이 줄어 시간·비용을 절약할 수 있고, 적은 표본으로 모집단을 대표할 수 있다. • 각 층화된 부분 집단의 특성을 알고 있으므로 이들을 비교할 수 있다.	• 층화를 위해 모집단에 대한 지식과 모집단의 각 층별에 대한 정확한 정보가 필요하다. • 정확한 모집단 목록을 만들어 표본을 추출하는 과정에 더 많은 시간·비용이 요구된다.

④ 군집표집(집락표집)
  ㉠ 모집단을 여러 가지 이질적인 구성요소를 포함하는 여러 개의 군집(집락) 또는 집단으로 구분한 후, 군집을 표집단위로 하여 무작위로 몇 개의 군집을 표본으로 추출한다. 그 다음 표본으로 추출된 군집에 대해 그 구성요소를 전수조사 또는 표본조사하는 방법이다.
  ㉡ 군집 내 이질적, 군집 간 동질적인 특성을 보인다. 즉, 표본으로 추출된 군집들은 군집 간에는 동질적이고, 군집 속에 포함된 표본요소 간에는 이질적이어야 한다.
  ㉢ 각 군집이 모집단의 성격을 충분히 반영할수록 모집단을 잘 추정하므로, 각 군집이 모집단의 축소판일 경우 추정 효율이 높아진다.

ⓔ 군집표집의 장단점

장점	단점
• 군집을 먼저 추출한 후 규모가 작아진 군집으로부터 표본을 추출하므로, 시간 · 비용이 적게 든다. • 모집단에 대한 목록이 없는 경우에도 사용 가능하다. • 선정된 각 군집은 다른 조사의 표본으로도 사용할 수 있다.	• 군집이 동질적이면 오차의 개입 가능성이 높고, 표집오차를 측정하기 어렵다. • 군집이 모집단을 대표하지 못할 수 있으며, 특정 군집의 특성을 과대 또는 과소 표현할 위험이 있다. • 동일한 크기의 표본일 경우 단순무작위표집이나 층화표집보다 표집오차가 크다. • 군집단계의 수가 많으면 세분화 과정에서 표집오차가 발생할 가능성이 커진다.

3. 비확률표본추출(비확률표집)

(1) 비확률표본추출의 개념

조사대상이 표본으로 추출될 확률이 알려져 있지 않을 때 조사자가 주관적으로 표본을 선정하는 표본추출방법이다.

(2) 비확률표본추출방법

① 할당표집

ⓐ 표본의 하위집단 분포를 의도적으로 정하여 표본을 임의로 추출하는 방법이다.

ⓑ 특정 변수를 중심으로 모집단을 일정한 범주로 나눈 다음 집단별로 필요한 대상을 사전에 정해진 비율로 추출한다.

> **예** 전국단위 여론조사를 하기 위해 16개 시 · 도, 20대부터 60대 이상까지의 5개 연령층, 연령층에 따른 성별로 할당표집을 할 경우, 표본추출을 위한 할당범주는 16(시 · 도)×5(연령층)×2(성별)=160개이다.

ⓒ 선거와 관련된 조사나 일반적인 여론조사에서 활용된다.

ⓓ 비확률표본추출방법 중에서 가장 정교한 방법으로, 사회과학조사에 널리 사용된다.

ⓔ 할당표집의 장단점

장점	단점
• 모집단에 대한 명확한 표집틀이 없어도 사용할 수 있다. • 같은 크기의 무작위표본추출보다 적은 비용으로 표본을 추출할 수 있다. • 모집단을 구성하고 있는 각 계층을 골고루 적절히 대표하도록 구성할 수 있어 표본의 대표성이 비교적 높다. • 신속한 결과를 원할 때 유용하다.	• 조사자가 조사하기 쉬운 사례들을 선택하는 경향이 있다. • 무작위성을 보장하는 수단이 없으므로 결과의 일반화가 어렵다. • 모집단에 대한 지식이 부족하여 이론적으로 유의미한 관련 변수 통제가 어렵다. • 각 범주에 할당된 응답자의 비율이 정확해야 하고, 모집단의 구성비율은 최신의 것이어야 한다.

② 판단표집(유의표집)

ⓐ 조사문제를 잘 알고 있거나 모집단의 의견을 효과적으로 반영할 수 있을 것으로 판단되는 특정 집단을 표본으로 선정하여 조사하는 방법이다.

ⓑ 조사자가 연구목적의 달성에 도움이 되는 구성요소를 의도적으로 추출한다.

ⓒ 모집단에 대한 조사자의 사전지식을 바탕으로 표본을 추출하므로 주관적 판단의 타당도가 중요하다.
ⓔ 본조사보다는 예비조사, 시험조사 등 탐색적 조사에 주로 사용된다.
ⓜ 판단표집의 장단점

장점	단점
• 비용이 적게 들고 편리하다. • 모집단에 대한 일정한 지식이 있는 경우 표본추출의 정확도가 높다. • 조사와 관련이 있는 요소는 확실하게 표본으로 선정할 수 있다. • 조사자가 자신의 연구능력과 사전지식을 활용하여 응답자를 고를 수 있다.	• 표본의 대표성을 확신할 방법이 없다. • 조사자의 주관이 개입되므로 결과의 일반화가 어렵다. • 모집단이 커질수록 조사자가 표본에 대한 정확한 정보를 얻기 힘들다. • 표집오차 계산이 어렵다.

③ 편의표집(우연표집)
ⓐ 조사자가 손쉽게 이용 가능한 대상만을 선택하여 표본으로 추출하는 방법이다.
ⓑ 정해진 크기의 표본을 선정할 때까지 조사자가 모집단의 일정 단위 또는 사례를 표본으로 추출하고, 일정한 크기까지 표본이 추출되면 중지한다.
ⓒ 모집단에 대한 정보가 없고 구성 요소 간의 차이가 별로 없다고 판단될 때 표본 선정의 편리성에 기준을 두고 표본을 추출한다.
ⓔ 아이디어나 가설을 추출하기 위한 탐색적 조사연구나 설문지의 사전조사에 주로 활용된다.
ⓜ 편의표집의 장단점

장점	단점
• 조사자가 쉽게 이용 가능한 대상을 표본으로 선택할 수 있다. • 시간·비용을 절약할 수 있다.	• 조사자의 편견이 개입될 가능성이 크다. • 표본이 편중될 수 있어 표본의 대표성이 떨어지고, 일반화 가능성도 낮다. • 표본을 많이 추출한다고 해도 표본이 모집단을 대표한다고 할 수 없다.

④ 눈덩이표집(누적표집)
ⓐ 소규모의 응답자를 조사하고 그 응답자를 통해 비슷한 속성을 가진 다른 응답자를 소개받는 방법으로 응답자를 확보하는 방법이다.
ⓑ 표본이 되는 소수의 응답자를 찾아내어 면접하고, 이들을 정보원으로 다른 응답자를 소개받아 표본을 늘려가는 과정을 반복하면서 마치 눈덩이를 굴리듯이 표본을 누적한다.
ⓒ 탐색적 조사에서 사용할 수 있고, 서로 상호작용을 하는 연결망을 가진 사람들이나 조직들을 대상으로 연구할 때 많이 사용된다.

ⓒ 눈덩이표집의 장단점

장점	단점
• 응답자의 신분이 비교적 노출되지 않은 상태로 조사가 가능하므로, 응답자의 사생활을 보호할 수 있다. • 응답자를 소개받게 되므로 시간·비용 절약을 기대할 수 있으며, 비교적 정확한 자료를 얻을 수 있다.	• 최초의 표본을 추출하는 것이 쉽지 않다. • 표본의 대표성을 확보하기 어렵다. • 응답자를 정보원으로 활용하는 것이 쉽지 않다.

4. 표본추출오차와 비표본추출오차

(1) 전체오차

표본추출오차와 비표본추출오차로 구분된다. 전체오차를 극소화하기 위해서는 표본추출오차와 비표본추출오차를 동시에 극소화해야 한다.

(2) 표본추출오차(표집오차, 표본오차)

① 표본추출과정에서 발생하는 오차이다.
② 모집단의 모수와 표본조사의 통계량 간의 차이, 즉 통계량들이 모수 주위에 분산되어 있는 정도를 의미한다.
③ 표본의 크기가 클수록, 표본의 분산이 작을수록 작아진다.
④ 이질적인 모집단보다는 동질적인 모집단일수록 감소한다.
⑤ 표본의 크기가 같을 경우 표본추출오차는 '층화표집<단순무작위표집<군집표집'순으로 군집표집이 가장 크고, 층화표집이 가장 작다.

(3) 비표본추출오차(비표집오차, 비표본오차)

① 표본추출 이외의 과정에서 발생하는 오차이며, 전체오차에서 표본추출오차를 제외한 나머지 오차이다.
② 조사준비과정, 실제 조사, 자료 집계, 자료처리과정 등에서 발생한다.
③ 표본조사와 전수조사 모두에서 발생할 수 있다.
④ 무응답 오류, 조사현장에서의 오류, 자료기록 및 처리상의 오류, 불포함 오류 등에 의해 야기된다.
⑤ 완전히 극복할 수 없지만, 검토과정을 추가하거나 조사원을 훈련시키는 등의 방법으로 어느 정도 감소시킬 수 있다.
⑥ 비표본오차를 줄이는 방법: 표본크기 증가, 동질적인 모집단 사용, 확률표본추출법 사용 등

5. 표본크기의 결정

(1) 표본크기의 개념

① 조사연구에서 수집될 자료의 양은 표본크기에 의해 결정된다.
② 표본크기를 정하는 데 있어서 중요한 것은 시간·비용을 적게 들이고도 모수를 정확히 알아내는 것이다.
③ 표본크기가 커질수록 모수와 통계값의 유사성이 커지므로 모집단에 대한 표본의 대표성이 높아진다. 단, 시간·비용이 많이 들며 비표본오차가 증가하기 때문에 표본크기가 크다고 무조건 좋은 것은 아니다.

(2) 표본의 크기를 결정할 때 고려 사항

① 모집단이 이질적일수록 표본크기는 커야 한다.

② 모집단의 규모가 작을수록 표본크기는 커야 한다.

③ 변수의 수가 많을 수록 표본크기는 커야 한다.

④ 변수의 카테고리(범주)가 세분화될수록 표본크기는 커야 한다.

⑤ 허용오차가 작을수록 표본크기는 커야 한다.

⑥ 변수의 분산값이 클수록 표본크기는 커야 한다.

CHAPTER 03 설문설계

1 분석설계

1. 설문지 설계의 개요

(1) 설문지의 의미

① 설문지의 개념: 조사를 하거나 통계자료 등을 얻기 위하여 어떤 주제에 대해 문제를 내어 묻는 질문지이다.

② 설문지의 역할
  ㉠ 설문지는 동일한 조사에서 동일한 방식으로 모든 응답자에게 응답을 받아 자료를 수집하므로 객관성을 부여한다.
  ㉡ 사실관계, 응답자의 지식수준, 응답자의 태도나 의견을 알아내고, 응답자 스스로가 자신의 판단을 확인하는 도구이다.

③ 설문지 설계의 목적
  ㉠ 설문지를 이용해 자료를 수집하고, 수집된 자료를 통계적으로 분석하여 의미 있는 결과를 도출하여 의사결정을 한다.
  ㉡ 비표본오차를 최소로 하여 조사된 자료의 정보에 대한 신뢰도와 타당성을 높이기 위해서 설문지 설계를 한다.

(2) 설문지의 구성요소

① 응답에 대한 협조 요청: 조사자와 조사기관에 대한 소개, 조사의 취지, 응답결과에 대한 비밀보장을 확신시켜 주는 내용 등을 기록한다.
② 식별자료: 설문지를 구분하기 위한 식별번호 및 후속조치(Follow-up)용 정보를 기록한다.
③ 지시사항: 응답요령, 주의사항, 행동 지시사항 등을 기록한다.
④ 질문문항: 조사목적에 필요한 질문을 수록한다.
⑤ 필요정보 수집을 위한 문항: 응답자의 인구학적·통계학적 특성을 파악하기 위한 질문을 수록한다.

(3) 설문지 작성방법

① 정보획득 과정에서 연구자의 의도를 최대한 반영하는 방향으로 작성해야 한다.
② 설문지 작성 이전에 문제를 명백히 규정하고, 관련 문헌 및 자료조사, 연구문제에 대한 기본전제 및 가설설정, 실태조사를 위한 표본결정이 완료되어야 한다.
③ 지시문의 내용, 자료수집방법, 질문의 유형, 질문의 내용 등을 고려해야 한다.
④ 질문항목의 배열, 질문어구 선택, 응답범주 등을 고려해야 한다.

(4) 설문지 작성 절차

예비조사(Pilot Study) 및 필요한 정보 결정 → 자료수집방법 결정 → 개별항목 내용 결정 → 질문형태 결정 → 개별항목결정 → 질문순서 결정 → 설문지 초안 완성 및 설문지 사전검사(Pretest) → 설문지 확정 및 인쇄

2. 분석모형 도출

(1) 개념적 모형 정립
① 조사목적과 같거나 과거에 수행했던 유사한 조사의 분석보고서 등을 검토하여 변수 간의 관계를 명확하게 구조화한다.
② 변수 간의 관계성을 규정하여 독립변수와 종속변수를 판단한다.

(2) 분석모형 정립
① 개념적 모형에서의 변수들이 실제 구할 수 있는 것인지를 판단한다.
② 자료를 구하는 방법을 결정한다.

(3) 측정모형 정립
변수들에 대하여 조작적 정의를 내리고, 조사방법과 분석방법을 고려하여 질문과 질문에 해당하는 응답항목들을 구체화한다.

2 개별 설문항목 작성

1. 개별 설문항목의 배열

(1) 조사항목 배열
유사한 질문들을 하나의 질문으로 통합할 것인지, 소주제별로 하나의 질문으로 묶어 질문을 할지, 소주제별로 여러 그룹의 질문으로 구성할지 등을 결정한다.

(2) 질문의 배열
① 깔때기식 배열: 일반적으로 범위가 큰 질문을 먼저하고, 특정적이고 구체적인 질문을 뒤쪽으로 배열한다.
② 역깔때기식 배열
　㉠ 세부적인 문항부터 질문하고, 일반적이고 광범위한 질문을 뒤쪽으로 배열한다.
　㉡ 역깔때기식 배열을 사용하는 것이 적당한 경우
　　• 응답자가 질문의 주제에 별 관심이 없는 경우
　　• 응답자가 경험이 없어 구체적인 사항을 먼저 인지해야 답을 할 수 있는 경우
　　• 오래되어 잘 기억이 나지 않는 경우
　　• 전체적인 답이 구체적인 답에 영향을 미치는 경우
③ 쉽고 흥미 있는 질문은 도입부에 배열: 도입부 질문은 응답자의 부담감을 덜어주기 위하여 가능하면 쉽고 흥미 있는 질문으로 선정하는 것이 좋다.
④ 민감한 질문은 후반부에 배열: 조사원에 대한 신뢰감이 형성되어야 응답자는 민감한 설문에 자발적으로 응답을 해 줄 것이다. 따라서 민감한 질문은 가능한 신뢰가 쌓인 후에 응답할 수 있도록 설문지 후반부에 두는 것이 좋다.
⑤ 인구통계학적 배경의 질문은 끝에 배열: 인구통계학적 배경을 묻는 질문을 중간에 배열할 경우 질문의 흐름이 끊기는 문제가 생긴다. 그러므로 설문지 후반부에 배열하는 것이 가장 타당하다.
⑥ 질문항목 간의 관계를 고려하여 배열: 상호 관련이 있는 질문은 가능한 모아서 배열하는 것이 좋다. 같은 주제의 질문을 모아서 배열할 경우 응답자들의 집중도 높은 응답을 받을 수 있다.

2. 개별 설문항목의 작성 원칙

① 명확성
  ㉠ 단어가 애매한 질문에 대해 다양한 해석이 가능하므로, 어느 응답자에게도 동일하게 전달될 수 있는 단어를 사용해야 한다.
  ㉡ 가능한 한 쉽고 의미가 명확하게 구분되는 단어를 사용해야 한다.
② 간결성: 질문의 의미가 전달될 수 있는 최소한의 문장과 단어로 제시해야 한다.
③ 자세한 질문 배제: 응답자에게 지나치게 자세한 응답을 요구하지 않아야 한다.
④ 이중적 질문 배제: 하나의 질문에 2가지 이상의 요소가 포함되는 것은 바람직하지 않다.
⑤ 응답자에 대한 가정 배제: 질문 내용에 임의로 응답자들에 대하여 가정해서는 안 된다.
⑥ 규범적 응답의 억제: 도덕적 규범이나 사회적 규범이 내재된 문항은 응답자로 하여금 규범에 맞는 응답을 요구하게 되어 솔직한 응답을 얻기 어려울 수 있다.
⑦ 가치중립성: 질문항목과 응답범주에 질문자의 임의적인 가정이나 주관이 개입되어 응답자의 반응이 어느 한쪽으로 치우치거나 특정 응답을 유도하도록 제시해서는 안 된다.
⑧ 전문용어의 사용 자제: 질문의 용어는 응답자의 수준에 맞는 용어를 사용하며, 응답자 모두가 이해할 수 있도록 이해력이 낮은 사람의 수준에 맞춰야 한다.
⑨ 응답범주의 포괄성: 제시된 응답범주는 가능한 응답 내용을 모두 포함해야 한다.
⑩ 응답범주의 상호배타성: 응답항목 간의 내용이 중복되어서는 안 된다.

3 설문지 작성

1. 설문항목의 구조화

(1) 질문의 수정
설문지를 작성한 후 설문 문구가 응답자가 응답하기에 부적절한 것이 없는지, 응답자가 잘못 이해할 수 있는 표현이 있는지 등을 살펴보아야 한다.

(2) 설문항목의 재배열
설문항목이나 응답항목이 설문설계 구상에 맞게 구성되었는지, 흐름이 부자연스럽거나 앞의 질문이 뒤의 질문에 영향을 미치는지 등을 살펴보아야 한다.

2. 설문지 작성

① 설문지에 지문 삽입: 면접원이나 응답자가 설문지의 내용을 쉽게 이해하고 응답에 임할 수 있도록 설문지에 지문을 제시한다. 면접조사가 아닌 경우에도 응답자가 어려움 없이 조사에 임할 수 있도록 해야 한다.
② 행동지침 작성: 조사를 진행하면서 특정한 행동을 한 다음에 질문을 해야 응답을 할 수 있는 경우가 있다. 특정한 행동을 하여야 응답을 할 수 있는 경우 행동지침을 넣어 조사가 원활하게 진행되도록 한다.
③ 설문지 시안 작성: 설문지의 내용과 순서가 결정되면 조사연구자는 설문지의 형태를 결정하여 설문지 시안을 작성한다. 즉, 설문지의 형태를 결정하는 전반적인 외관과 모양 등을 꾸민다.

④ 서문 작성

　㉠ 서문을 통해 조사와 조사기관에 대한 신뢰가 생겨 조사참여의 동기를 부여하고, 응답률을 높일 수 있다.

　㉡ '연구제목, 인사말, 조사대상 및 조사내용, 조사목적, 비밀보장과 익명성 보장, 협조요청, 작성 시 유의사항, 마무리 인사말, 조사기관 제시' 등의 사항을 포함하여 작성한다.

3. 설문지 점검 및 보완

(1) 사전조사

① 예비조사 등을 통해 질문지나 조사표의 초안이 작성된 후 본조사에 들어가기에 앞서 실시한다.

② 본조사에서 실시하는 것과 똑같은 절차와 방법으로 작은 표본을 대상으로 질문지를 시험해 보는 검사이다. 본조사의 축소판이라고 한다.

③ 질문지 초안의 예상치 못했던 오류를 찾아 수정해 질문지를 완성함으로써 질문지의 타당성과 신뢰성을 높이게 된다.

④ 사전조사에서 점검할 사항

　㉠ 설문조사에 걸리는 시간이 얼마나 되는지 파악한다.

　㉡ 응답자들이 설문문항을 이해하는 데 어렵지 않은지 파악한다.

　㉢ 설문문항이 응답자들의 수준에 적합한지 파악한다.

　㉣ 응답에 일관성이 있는지, 한쪽으로 치우치는 응답이 나오는지, 무응답이나 기타응답이 많은지 여부를 확인한다.

(2) 예비조사

① 질문지 작성의 전 단계에서 실시하는 비지시적 방식의 조사이다.

② 기초적인 자료가 확보되지 않은 상태에서 이를 확보하기 위해 진행하므로 탐색적 조사에 속한다.

③ 예비조사에서 사용하기에 가장 적합한 질문유형은 개방형 질문이다. 즉, 비지시적 방식으로 면접하고 관찰함으로써 연구에 포함될 요점과 요소가 무엇인지 수집한다.

④ 예비조사의 목적

　㉠ 특정 연구에 대한 사전지식이 부족하여 연구주제에 대한 자료를 수집하기 위해 진행한다.

　㉡ 연구문제와 관련된 핵심적인 요소를 규명하기 위해 진행한다.

　㉢ 검증해야 할 가설을 찾아 명백히 하고자 진행한다.

4. 최종 설문지 확정

(1) 인구통계학적 배경의 질문 결정

① 응답자의 사회적, 경제적 배경을 묻는 질문의 범위를 최종적으로 결정한다.

② 인구통계학적 배경에 대하여 자세히 질문할 경우 응답자들은 매우 강한 거부감을 느낄 수 있다. 일반적으로 설문지 맨 뒤쪽에 배치하고, 설문과정을 통해 응답자들의 거부감을 줄여 설문내용에 대한 응답에 충실할 수 있도록 구성한다.

(2) 식별자료(Identification Data) 추가

① 최종 설문지는 설문지를 식별하는 칸을 추가하여 인쇄한다.

② 식별 내용에는 조사연월일, 조사지역, 응답자 성명, 연락처, 조사시기, 면접원 · 에디팅, 검증원 등이 있다.

CHAPTER 04 정성조사

1 FGI(Focus Group Interview) 정성조사의 이해

1. FGI 정성조사의 개념

(1) FGI의 특징
① 조사진행자(모더레이터)가 소수의 조사대상자를 한 장소에 모이게 한 후, 특정 주제에 대하여 대화와 토론을 통해 필요한 정보를 수집하는 방법이다.
② 설문조사와 같은 양적조사(정량조사)로 확보하기 어려운 질적정보(소비자의 동기 및 태도, 가치 및 욕구 등)를 심층적으로 탐색하고 이해하기 위한 목적으로 사용되는 질적조사의 한 종류이다.
③ 탐색적 조사의 한 종류로 특정한 조사설계를 확정하기 전에 예비조사로 활용할 수 있다.

(2) FGI의 장단점

장점	• 면접 도중에 또는 마무리 후 즉시 자료를 활용해 문제에 관한 해답을 구할 수 있어 조사가 신속하게 진행된다. • 일반적으로 비용이 적게 든다. • 자유로운 의견 교환을 통해 설문지법 등에서 발견하지 못한 새로운 의견이나 독창적인 아이디어를 도출할 수 있다. • 즉각적인 추가질문이 가능하고 조사대상자의 반응에 따라 질문을 보완하거나 수정할 수 있다. • 조사대상자를 통해 현재 시점에서 실제 사용되는 생생한 단어나 표현 방법 등을 수집할 수 있다.
단점	• 조사대상자가 소수이고 편의에 따라 선정하기 때문에 조사결과를 전체 모집단으로 일반화하기 어렵다. • 통계적 방법으로 신뢰성 검증 절차를 적용할 수 없다. • 조사진행자(모더레이터)의 역량 부족 등에 의해 신뢰성 문제가 발생할 수 있다. • 집단 전체를 대상으로 하므로 개인의 특성에 맞는 질문을 묻거나, 각 개인의 반응에 관하여 집중해서 적절한 대응 및 추가질문을 하기 어렵다. • 집단구성원의 자유로운 토론으로부터 다양한 조사결과가 도출되기 때문에 결과의 분석 및 해석이 쉽지 않다.

(3) 온라인 FGI 정성조사
① 특별하게 정해진 시간 동안 대화방(Chat Room)과 같이 별도로 마련된 인터넷 공간에서 조사진행자의 진행하에 4~6명 혹은 6~10명 정도의 참가자가 주어진 주제로 토론하도록 하여 자료를 수집하는 방법이다.
② 온라인 FGI 정성조사의 장단점

장점	장소의 제한이 없고, 비용이 절감되며, 신속한 자료수집이 가능하고, 익명성으로 인해 솔직한 의견 개진이 가능하다.
단점	• 참가 적격자의 구분이 힘들다. • 컴퓨터 이용자만 조사할 수 있다. • 표정이나 신체 언어(Body Language) 등의 관찰이 불가하다. • 제품을 만져 보거나 하는 등의 경험이 불가하다. • 토론 몰입도가 떨어지고 시너지가 낮다.

(4) FGI 정성조사와 일반적인 양적조사 비교

구분	FGI 정성조사	양적조사(정량조사)
용도	• 가설설정을 위한 정보를 탐색한다. • 아이디어를 발견하고 창조한다. • 동기와 욕구를 중시한다.	• 통제된 측정을 한다. • 가설을 검증한다. • 결과를 중시한다.
조사 대상	• 무작위 추출에 구애받지 않는다(표본이 아님).	• 전체 모집단을 대표할 수 있는 표본(가능한 무작위 추출)이다.
조사 수단	• 비구조화된 토의 가이드라인을 이용한다. • 얻을 수 있는 정보가 탄력적이다. • 임기응변적이다. • 새로운 질문을 추가한다.	• 구조화된 설문지를 이용한다. • 설문지에 포함된 내용만을 결과로 얻는다.
분석	• 토의 결과를 주제별로 정리·요약한다. • 숫자(%)로 분석되지 않는 조사이다. • 주관적 해석과 분석자의 통찰력이 중시된다.	• 가설설정을 위한 정보를 탐색한다. • 아이디어를 발견하고 창조한다. • 동기와 욕구를 중시한다.
조사 결과	• 전체를 대표하지 못하는 조사이다. • 탐색적(발견·개발)이며 진단적인 조사이다.	• 전체를 대표하는 조사이다. • 결론 도출을 위한 조사이다.

2. FGI 정성조사 설계

(1) 설계 목적

목적에 맞게 효율적·효과적으로 빠짐없이 진행되는지, 어떤 정보를 어떻게 모을 것인지, 결론으로 어떻게 이끌어 낼 것인지에 대한 질문지와 진행 지침의 개요 등의 전체적인 계획서를 작성하는 것이다.

(2) FGI 진행과정

① '조사대상자 구성 → 진행(FGI) → 결과물(자료) 도출' 순으로 이루어진다.

② 과정 이전에 그룹 인터뷰 조사대상자를 위한 설계지(질문지, 가이드라인) 작성, 인터뷰 진행지침 수립 등이 선행되어야 한다.

(3) FGI 모더레이터(조사진행자)의 역량

① 응답자들로부터 조사주제에 대한 의견을 수렴하도록 면접과정을 조절·심화하면서 전문적인 정보를 얻을 수 있게 면접을 진행하는 전문가이다.

② 역할

  ㉠ 소수의 응답자 집단이 특정 주제에 대하여 자유롭게 토론하는 가운데, 조사목적과 관련된 필요한 정보를 수집하거나 공식적인 설문조사에서 기대하지 못한 결과를 발견한다.

  ㉡ 가이드라인(진행지침)에 있는 모든 질문에 응답하도록 유도한다.

  ㉢ 조사대상자들의 의견 나눔이 적극적으로 진행될 수 있도록 독려하거나, 불필요한 대화가 오가는 것을 제어한다.

  ㉣ 조사대상자의 내면 깊숙이 있는 생각을 끌어낼 수 있는 질문을 제기하고, 대화 내용이 특정 부분에서 장기간 머물지 않고 계속 진행할 수 있도록 유도한다.

⑩ 조사대상자의 답변이 모호할 경우 자세한 설명을 요구하거나 다른 각도로 질문함으로써 내용을 정확하게 파악한다.
　③ 적성 및 능력
　　　㉠ 커뮤니케이션 능력, 청취 능력, 탐사 질문 능력 등을 갖추어야 한다.
　　　㉡ 주제와 관련된 배경지식을 갖추어야 한다.
　　　㉢ 적합한 주제를 발견하고 전문 영역으로 구축하는 등의 경력이 있어야 한다.
　　　㉣ 논리적인 사고력, 고객과의 커뮤니케이션 능력을 갖추어야 한다.
　　　㉤ 여러 인터뷰 대상자의 발언을 통합하여 토론을 조정해나갈 수 있도록 기억력이 좋아야 한다.

3. FGI 정성조사 실시

(1) FGI 실행 단계(진행 절차)
　① 장소 결정: 인터뷰 장소를 결정하고 인터뷰를 할 수 있는 환경으로 적합한지 점검한다.
　② 소개 단계
　　　㉠ 조사대상자를 편안하게 대해주며, 친밀감(라포, Rapport)을 형성한다.
　　　㉡ 조사진행자가 자신을 소개하면 참가자도 스스럼 없이 의견 교환을 할 수 있도록 유도한다. 단, 너무 많은 개인 정보의 노출은 역효과를 가져올 수 있음에 유의한다.
　③ 분위기 조성 단계
　　　㉠ 조사대상자의 불안을 덜어주는 질문과 인터뷰 주제에 대한 질문 등으로 구성한다.
　　　㉡ 조사대상자 모두에게 발언기회를 동일하게 주어 자신의 의견을 표현하게 한다.
　④ 본주제 관련 토의 단계: 인터뷰 주제에 대하여 매우 구체적이고 서술적인 문제부터 시작한 다음, 다소 추상적이고 생각을 요하는 문제의 순서로 진행하도록 유도한다.
　⑤ 마무리 단계
　　　㉠ 마지막까지 나온 인터뷰 내용들을 다시 한번 요약해서 조사대상자들의 반응과 태도를 본다.
　　　㉡ 서로 상반되는 의견이 도출되었다면 각자의 입장을 확실하게 밝히는 기회를 추가로 부여한다.

(2) FGI를 위한 인터뷰 기술과 질문 기술

인터뷰 기술	질문 기술
• 경계심 허물기(라포 형성)	• 광범위한 질문에서 자세한 질문으로 진행하기
• 맞장구치기	• 논의를 이끄는 방향으로 질문하기
• 눈 마주치기	• 자세한 질문은 되도록 피하기
• 상대방 말 언급하기(다시 확인하기)	• 어떻게 이야기되는가에 주의하기
• 구체적으로 파고들기	• 구술자의 진술이 틀렸다 해도 반박하지 않기

(3) FGI에서 사용하는 탐색기법
　① 투사법
　　　㉠ 그들의 진정한 관심과 의견, 동기 등에 관하여 직접적으로 질문했을 때 그 대답을 제대로 표현하지 못하거나 표현하기 꺼리는 것을 극복하기 위해 고안된 방법이다.
　　　㉡ 그림, 미완성된 문장, 미완성된 줄거리 등을 제시하여 이에 대한 참석자의 반응을 탐색해 보는 것이다.

② 브레인스토밍(Brainstorming)
   ㉠ 최대한 많은 양의 아이디어를 제출하게 한다.
   ㉡ 자유롭게 이야기가 돌고 도는 분위기를 조성시킨다.
   ㉢ 각각 제시된 아이디어를 합성(Combination)시킨다.
③ 거꾸로 브레인스토밍(Reverse Brainstorming)
   ㉠ 어떤 아이디어에 대해 최대한 많은 비판을 한다.
   ㉡ 다른 아이디어에 대해서도 비판을 한다.
   ㉢ 드러난 취약점들을 해결할 수 있도록 아이디어를 재점검한다.

2 심층인터뷰(In-depth Interview) 정성조사의 이해

1. 심층인터뷰의 개념

(1) 심층인터뷰의 특징

① 조사대상자에게 내재된 동기, 신념, 태도 등을 발견하기 위하여 고도로 훈련받은 숙련된 조사진행자와 조사대상자가 1:1로 질문하고 응답하는 내용을 분석한다.
② 특정시간에 한자리에 모으기 힘들고, 사회 신분 때문에 여러 사람과 함께 모여 대화하기를 기피할 수 있는 기업고객, 전문가층, 고소득층, 특수계층 등 다양한 인터뷰 대상자와 주로 1:1 방식으로 이루어진다.
③ 조사진행자의 질문은 정형화되어 있지 않으며, 조사대상자의 응답에 따라 이후의 질문이 정해진다.

(2) 심층인터뷰 절차

인터뷰 대상자 선정 → 인터뷰 가이드라인 구성 → 방문 날짜 선정 → 심층 인터뷰 실시 → 자료수집 및 정리 → 분석

(3) 심층인터뷰의 장단점

장점	• 조사대상자 개개인의 의견을 다양하고 풍부하게 수집할 수 있다. • 다른 조사방법으로 얻기 어려운 심층적인 의견과 전문 식견을 청취하는 것이 가능하다. • 1:1 면접을 통해 이루어지므로 조사대상자 한 명에 집중할 수 있고 응답에 관해 구체적 답변을 요구하거나 추가로 다양한 질문을 요청할 수 있다.
단점	• 표본이 선택적으로 이루어져 조사대상자 수가 적고, 각각의 조사대상자가 서로 다른 특성을 보이므로 조사결과에 대한 일반화가 불가능하다. • 조사진행자의 편견이 개입되어 자료의 객관성이 문제될 수 있다.

2. 심층인터뷰 정성조사와 FGI 정성조사의 차이

① 심층인터뷰 정성조사는 고도로 훈련된 면접원이 조사대상자 한 사람을 대상으로 특정 주제에 관해 깊이 있는 의견을 청취하는 조사방법이다.
② FGI 정성조사는 다수를 동시에 한 장소에 모아 면접을 하는 데 비해, 심층인터뷰 정성조사는 조사대상자 한 명을 대상으로 조사진행자가 직접 조사대상자가 있는 곳을 방문 혹은 특정 장소로 초대해 인터뷰가 이루어진다는 점에서 차이를 보인다.

3. 심층인터뷰 정성조사 설계

(1) 심층인터뷰 설계
과거 경험 등과 관련한 스토리 또는 특정 주제와 관련된 사례를 제공받을 수 있도록 조사목적에 적합한 인터뷰 내용을 선정하고, 인터뷰의 구체적인 상황을 예상하면서 다뤄야 할 질문, 인터뷰 시간 배분, 대응 시나리오 등을 구체적으로 계획한다.

(2) 심층인터뷰 대상자
사회저명인사, 특별한 전문지식을 가진 특수층, 각계각층의 지도급 인사, 기업 경영층, 여론 선도층, 전문가, 전문 사용자그룹 등에서 소수를 선별한다.

(3) 조사진행자(모더레이터)의 역량
① 조사주제에 관한 전문적인 식견을 가지고 대면(Face to Face) 인터뷰를 통해 인터뷰 대상자로부터 전문적인 의견을 도출할 수 있어야 한다.
② 대화 상대로서 전문 식견을 상당 수준 갖추고 답변에 대한 적절한 반응과 추가 질문을 할 수 있어야 한다.
③ 주제와 관련한 어떤 내용이 나오더라도 이를 이해하고 함께 대화를 나눌 수 있도록 사전연구를 충분히 해두어야 한다.
④ 인터뷰 상황을 다양하게 예측하여 계획할 수 있으며, 대상자의 적극적인 참여를 유도할 수 있어야 한다.

(4) 심층인터뷰 진행과정
조사자 소개 → 주요 질문 주제 및 주제별 질문문항과 응답에 따른 연결 질문 → 종료

CHAPTER 05 실험설계

1 조사설계(Research Design)

1. 조사설계의 이해
조사문제에 대한 가장 적합한 해답을 얻기 위해 어떤 논리적 구조로 관찰하고 분석할 것인지 전반적인 계획을 세우는 것이다.

2. 실험설계(Experimental Design)의 이해

(1) 실험설계의 의미
① 설명적 조사연구에서 독립변수와 종속변수 사이에 인과관계가 존재하는지 여부를 검증하기 위해 연구가설을 세우고, 그 진위여부를 확인하는 구조화된 절차를 계획하는 과정이다.
② 독립변수와 종속변수를 설정하여 엄격히 통제된 상황에서 두 변수 사이의 인과관계를 규명한다.
③ 실험의 검증력을 극대화시키기 위한 시도이며, 그 결과로 실험의 내적타당성을 확보하게 된다.

(2) 실험설계를 위한 전제조건
① 실험대상의 무작위화
  ㉠ 변수 간 인과관계를 도출한 실험결과를 일반화하려면 실험대상이 무작위로 추출되어야 한다.
  ㉡ 실험대상자들을 실험집단과 통제집단으로 무작위 배분해 실험처치 전에 실험집단과 통제집단의 상태를 동질하게 설정한다.
② 독립변수의 조작: 독립변수를 인위적으로 조작하여 독립변수의 변화에 따른 종속변수의 변화를 관찰한다.
③ 외생변수의 통제: 독립변수 이외의 종속변수에 영향을 미칠 수 있는 외생변수(제3의 변수)의 영향을 통제해야 한다.
  ㉠ 제거: 외생변수가 될 가능성이 있는 변수를 제거해 실험상황에 개입하지 못하도록 한다.
  ㉡ 균형화/매칭: 예상되는 외생변수의 영향을 동일하게 받을 수 있도록 실험집단과 통제집단을 설계한다.
  ㉢ 상쇄: 두 개 이상의 외생변수 작용 강도가 상황마다 달라 외생변수의 순서가 연구 결과에 영향을 미칠 수 있는 경우, 외생변수의 적용순서를 바꾸는 등의 방식으로 외생변수 간 상반되는 영향을 주어 효과나 효력이 없어지도록 한다.
  ㉣ 무작위화: 조사대상을 모집단에서 무작위로 추출함으로써 연구자가 조작하는 독립변수 이외의 모든 변수들에 대한 영향력을 동일하게 만들어준다. 외생변수를 통제하는 것이 가장 강력한 방법이다.

2 인과관계의 성립조건

1. 인과관계의 의미
두 변수 X, Y 중 X의 변화가 Y의 변화를 생산해 낼 경우 X와 Y의 관계를 의미한다.

2. 인과관계의 성립조건
① 공변관계: 원인변수(독립변수)와 결과변수(종속변수)는 함께 변화해야 하며, 두 변수는 경험적으로 서로 상호 관련되어야 한다.
② 시간적 선행성: 원인과 결과를 추정하기 위해서는 원인이 결과보다 시간적으로 우선되어야 한다.
③ 비허위적 관계: 독립변수와 종속변수 사이의 관계는 제3의 변수에 의해 만들어진 것이 아니어야 한다.

3 실험설계의 타당성

1. 내적타당성

(1) 내적타당성의 의미
독립변수와 종속변수 사이의 인과관계를 추론하여 그것이 실험에 의한 진정한 변화인지를 판단하는 인과조건의 충족 정도를 의미한다.

(2) 내적타당성을 저해하는 요인

성숙효과	실험기간 중에 성숙 또는 시간의 경과에 따라 독립변수의 변화가 아닌 실험대상자의 육체적·심리적·연구통계적 특성의 변화가 종속변수에 영향을 미치는 경우이다.
통계적 회귀	최초의 측정에서 양 극단적인 측정값을 보인 사례들은 이후에 재측정하면 평균값으로 회귀하여 처음과 같은 극단적인 측정값을 나타낼 확률이 줄어드는 경우이다.
시험효과 (주시험효과, 검사효과)	측정이 반복되면서 얻어지는 학습효과로 인해 실험대상자의 반응에 영향을 미치는 경우이다.
외부사건 (우연적 사건, 역사요인)	연구기간 동안 천재지변 등 예상치 않은 '우연적 사건'이 일어나는 경우이다.
도구효과 (측정수단의 변화)	측정자의 측정도구(수단)가 달라짐으로 인해 결과에 영향을 미치는 경우이다.
실험변수의 확산 (실험변수의 모방)	실험집단과 통제집단을 적절히 통제하지 않음으로 인해 두 집단 간에 발생하는 모방심리가 결과에 영향을 미치는 경우이다.
표본의 편중 (선택적 요인, 선발요인)	실험의 대상이 되는 집단 간의 차이가 결과변수에 영향을 미치는 경우이다.
실험대상의 탈락	조사기간 중 특정 실험대상의 이탈로 인해 결과에 영향을 미치는 경우이다.
선별요인	연구자가 실험집단과 통제집단을 선발할 때 편견을 가지고 선발해 결과에 영향을 미치는 경우이다.

(3) 내적타당성을 높이는 가장 좋은 방법
  ① 무작위할당: 조사대상자들을 실험집단과 통제집단에 동일한 비율로 무작위할당한다. 즉, 동일한 확률을 부여하여 변수를 통제한다.
  ② 짝짓기(매칭): 종속변수에 영향을 미칠 것이라고 생각되는 변수를 실험집단과 통제집단에 동일하게 맞춰 배치한다.
  ③ 통계적 통제: 자료를 수집할 때 통제변수도 독립변수처럼 간주하여 조사설계에 포함시킨 후, 자료를 분석하는 과정에서 그 영향력을 통계적으로 통제한다.

2. 외적타당성

(1) 외적타당성의 의미
연구결과에 의해 기술된 인과관계가 실험대상 이외의 경우로 확대될 수 있는 정도를 나타낸다.

(2) 외적타당성을 저해하는 요인

표본의 대표성	선정된 표본이 전체 모집단을 잘 대표한다는 것으로, 표본이 모집단을 잘 대표하지 못하면 외적타당성이 낮아진다.
생태적 대표성	실험이 이루어지는 해당 지역의 환경 및 상황이 실제 일반적인 상황을 대표한다는 것으로, 실험이 실시된 사회적 배경이 바뀌어도 독립변수와 종속변수의 관계가 그대로 유지될 수 있는지에 대한 것이다.
실험에 대한 반응성 (호손효과)	실험대상자가 자신이 실험에 참여하고 있음을 의식하여 실험에 반응하는 것이다. 실험대상자가 자신이 실험대상이 되고 있음을 인식하면 실험변수에 대한 반응을 변화시킬 수 있다.
플라시보 효과 (위약효과)	실험대상자에게 실험 처치나 개입이 주어지지 않았는데도 '실험 처치를 받고 있다'고 믿음으로써 마치 실험 처치를 받은 것과 유사한 효과가 나타나는 것이다.
실험적 처리의 일반성	실험을 처리하는 연구자가 실험에 대해 제대로 훈련을 받은 사람인가 그렇지 않은가에 따라 결과가 다를 수 있다.

(3) 외적타당성을 높이는 방법
① 표본의 대표성을 높인다.
② 대표적 사례만을 표본으로 선정하여 조사한다.
③ 연구를 반복적으로 실시하여 결과를 축적한다.
④ 호손효과나 플라시보효과를 통제하기 위해 통제집단을 추가한 실험설계를 실시한다.
⑤ 유사실험설계와 같이 현실적인 상황을 고려한 설계를 실시한다.

4 실험설계의 유형

1. 순수실험설계(진실험설계)
① 실험설계를 위하여 충족되어야 하는 조건을 충실하게 갖추고 있는 설계유형으로, 실험설계의 전제조건인 실험대상의 무작위화, 독립변수의 조작, 외생변수의 통제를 모두 갖추고 있다.
② 내적타당성을 저해하는 요인들을 최대한 통제한 설계유형이다.

③ 상업적 연구보다 학문적 연구에서 주로 활용된다.
④ 통제집단 사전사후설계, 통제집단 사후설계, 솔로몬 4집단설계, 요인설계, 플라시보 통제집단설계 등이 있다.

2. 유사실험설계(준실험설계, 의사실험설계)
① 실험설계를 위하여 충족되어야 하는 조건 중 한두 가지가 결여된 경우에 사용하는 설계유형으로, 현실적인 연구에서 많이 쓰인다.
② 순수실험설계에 비해 내적타당성이 낮다. 그러나 현실적으로 실험설계의 인위적인 통제가 어렵다는 점을 고려할 때 실제 연구에서 더 많이 적용되며, 외적타당성은 순수실험설계보다 높은 경우가 많다.
③ 비동일 통제집단설계, 단순시계열설계, 복수시계열설계, 동류집단설계 등이 있다.

3. 사전실험설계(원시실험설계)
① 순수실험설계를 하기 전에 문제를 도출하기 위하여 시험적으로 실시하는 탐색조사의 성격을 지닌 설계유형이다.
② 무작위할당으로 실험대상자를 선정할 수 없고, 통제집단(비교집단)이 선정되지 않거나 선정되더라도 동질성이 없다. 독립변수의 조작에 의한 변화 관찰이 한두 번 정도로 제한되는 등 실험적 통제가 거의 불가능하기 때문에 내적타당성과 외적타당성을 저해하는 요인을 거의 통제하지 못한다.
③ 단일집단 사후검사설계, 단일집단 사전-사후검사설계, 정태집단 비교설계 등이 있다.

4. 사후실험설계
① 독립변수를 조작할 수 없는 상태 또는 이미 노출된 상태에서 변수 간의 관계를 검증하기 위한 설계유형이다.
② 독립변수에 대한 조작이 불가능하고 외생변수 개입 가능성도 크기 때문에 인과관계를 밝힐 수 없으며, 변수 간의 상관관계 검증만 가능하다.
③ 중요한 변수 발견, 변수 간의 관계를 밝히기 위한 가설검증, 탐색적 연구목적으로 사용된다.
④ 현장연구, 회고연구, 전망연구, 기술연구 등이 있다.
⑤ 사후실험설계의 장단점

장점	• 다양한 변수를 종합적으로 고려할 수 있고, 그로부터 분석 및 해석에 있어 편파적이거나 근시안적 관점에서 벗어날 수 있다. • 자연적 실제 상황에서 검증하므로 가설의 실제적 가치 및 현실성을 높일 수 있다. • 인위적이지 않은 변수를 검증하므로 조사의 과정 및 결과가 객관적이며, 조사를 위해 투입되는 시간과 비용을 절감할 수 있다. • 광범위한 대상으로부터 자료를 수집하므로 분석과 해석의 범위가 넓어진다.
단점	• 독립변수에 대한 직접적인 조작이 불가능하기 때문에 순수실험설계에 비해 변수 간의 인과관계를 명확히 밝히기 어렵다. • 외생변수를 통제하기 어렵다. • 원인을 추적할 때 원인과 결과가 바뀔 수도 있다.

CHAPTER 06 자료수집방법

1 자료의 종류와 수집방법의 분류

1. 자료의 유형

(1) 1차 자료
① 연구자가 현재 수행 중인 연구의 목적을 달성하기 위해 적절한 조사설계를 통하여 직접 수집한 자료이며, 자료의 결측값과 이상값 등을 추적할 수 있다.
② 자료수집방법으로는 질문지법, 관찰법, 면접법, 우편조사법, 전화조사법, 온라인조사법, 투사법 등이 있다.
③ 사전에 작성된 조사설계를 통해 수집된 자료이므로, 조사목적에 적합한 정확성, 타당성, 신뢰성 등을 평가할 수 있으며, 수집된 자료를 의사결정에 필요한 시기에 적절히 이용할 수 있다.

(2) 2차 자료
① 연구목적을 위해 사용될 수 있는 이미 연구된 기존 자료이다.
㉮ 개인, 집단, 조직, 기관 등에 의해 이미 만들어진 각종 통계자료, 조사기관의 정기·비정기 간행물, 기업에서 수집한 자료, 상업용 자료 등이다.
③ 1차 자료의 수집과 비교해 상대적으로 수집에 드는 시간과 비용이 적게 들며, 계속적인 자료수집이 가능하다. 따라서 비교적 적은 비용으로도 대규모 사례 분석이 가능하다.
④ 연구자가 원하는 개념을 측정할 수 없으므로 척도의 타당성이 문제될 수 있다.
⑤ 2차 자료를 활용할 때 자료의 편향성(Bias), 자료 간 일관성 부재, 불완전한 정보의 한계 등과 같은 사항을 주의해야 한다.

(3) 자료수집방법
① 면접법: 심층면접법, 표적집단면접법 등
② 서베이조사: 대인조사, 전화조사, 우편조사, 온라인조사 등
③ 투사법: 단어연상법, 그림묘사법, 문장완성법 등
④ 문헌조사: 내용분석법 등

2. 자료수집방법(면접조사, 전화조사, 우편조사, 인터넷조사)의 비교

① 4가지 방법 모두 개방형 질문을 활용할 수 있다.
② 조사자와 응답자가 직접 대면하는 면접조사가 응답률이 가장 높다.
③ 면접조사는 다른 조사에 비해 라포(Rapport) 형성이 용이하다.
④ 어린이나 노인에게는 면접조사가 가장 적절하다.
⑤ 복잡한 질문을 다루는 데는 면접조사가 가장 적합하다.
⑥ 면접조사는 추가 질문하기가 가장 쉽고, 우편조사가 가장 어렵다.

⑦ 전화조사는 면접조사에 비해 시간이 적게 소요된다.
⑧ 전화조사는 전화상으로 답변한 내용만 기록하기 때문에 자기기입식 자료수집방법이 아니다.
⑨ 조사자의 영향을 가장 적게 받는 것은 우편조사이다.
⑩ 익명성을 보장하려면 면접조사보다는 우편조사를 실시한다.
⑪ 인터넷조사는 우편조사에 비하여 비용이 적게 소요된다.
⑫ 인터넷조사는 다른 조사에 비해 시각보조자료의 활용이 용이하다.

2 질문지법

1. 질문지법의 이해

(1) 질문지법의 의미
구조화·표준화된 질문지를 활용하여 자료를 수집하는 방법이다.

(2) 질문지법의 장단점

장점	• 보다 넓은 범위에서 쉽게 응답자에게 접근할 수 있다. • 현장 연구원이 필요 없으며, 조사자의 편견이 배제될 수 있다. • 익명성이 보장되어 응답자가 안심하고 응답할 수 있으며, 응답자의 편의에 따라 대답을 완성할 수 있다. • 질문항목들이 명확하게 기술되어 있는 경우, 반복 측정 시 다른 응답이 나올 가능성이 높지 않아 측정의 신뢰성을 보장할 수 있다. • 표준화된 질문지를 이용해 연구결과의 비교가능성을 높일 수 있다.
단점	• 질문에 대한 무응답률이 높으며, 질문지의 회수율이 낮다. • 비언어적 행위나 특성을 기록할 수 없다. • 응답해야 할 사람이 응답했는지가 의문시 될 수 있어 응답에 대한 신뢰성 문제가 제기될 수 있다. • 인위성의 문제가 있어서 특정 설문에 편견이 심한 응답을 하더라도 반드시 응답자의 편견이 강하다고 할 수 없다.

2. 질문지법의 구성

(1) 질문형식에 따른 분류
① 직접질문
  ㉠ 응답자에게 의견을 직접적으로 묻는 것이다.
  ㉡ 간편하게 정보를 입수할 수 있다는 장점이 있다.
② 간접질문: 여러 가지 이유로 응답자가 진실한 답변을 회피하거나 거절할 경우, 또는 거짓말을 하게 될 가능성이 있는 경우 등에서 보다 정확한 응답을 얻기 위해 사용한다.
  예 투사법, 정보검사법, 단어연상법, 오류선택법, 토의완성법 등이 있다.

(2) 질문문항의 구조에 따른 분류
① 개방형 질문
  ㉠ 자유응답형 질문으로 응답의 형태에 제약을 가하지 않고 자유롭게 표현할 수 있는 질문이다.

ⓛ 개방형 질문을 이용하기에 적합한 경우
- 조사자에게 표본에 대한 정보가 없는 경우
- 예비조사·탐색적 조사 등 문제의 핵심을 알고자 하는 경우
- 응답자들의 지식수준이 높아 면접원의 도움 없이 응답할 수 있는 경우
- 특정 행동에 대한 동기 조성과 같은 깊이 있는 내용을 다루고자 하는 경우
- 대규모 조사보다 조사단위의 수가 적은 경우

ⓒ 개방형 질문의 장단점

장점	단점
• 강제성이 없고 다양한 응답을 얻을 수 있어 개별 응답자들의 특색 있는 응답내용을 보다 생생하게 기록해 낼 수 있다. • 응답자에게 자기표현의 기회를 줌으로써 응답자의 의견을 존중하는 느낌을 준다. • 연구자가 알지 못했던 정보나 문제점을 발견하는 데 유용하다.	• 무응답 및 불성실한 응답이 나올 가능성이 크다. • 사생활과 관련되거나 민감한 질문에는 부적합하다. • 응답이 끝난 후 코딩이나 편집 등 번거로운 절차를 거쳐야 하므로 자료처리에 많은 시간과 노력이 든다. • 응답자의 표현능력에 따라 이용에 제약이 따른다.

② 폐쇄형 질문
㉠ 사전에 응답선택항목을 연구자가 제시하고 그중 어느 하나를 선택하는 질문이다.
㉡ 응답자가 질문의 주제에 대해 알고 있는 경우, 또는 어떤 응답을 할 것인지 예상할 수 있는 경우에 유용하다.
㉢ 응답범주 작성 원칙
- 응답범주가 서로 배타적이어서 각 사례는 한 번만 분류되어야 한다(응답범주 간의 상호배타성).
- 제시된 범주가 가능한 모든 응답범주를 포함하고 있어야 한다(응답범주의 포괄성).
- 응답범주가 명료하고 간결해야 한다.
- 같은 종류의 다른 조사결과를 비교할 수 있도록 동일한 단위를 사용해야 한다.

㉣ 폐쇄형 질문의 장단점

장점	단점
• 응답이 간편하고 시간이 적게 소요되며 응답률이 상대적으로 높다. • 응답이 끝난 후 코딩이나 편집 등이 간편하고 수량적 분석이 용이하다. • 계측에 통일성을 기할 수 있으므로 신뢰성을 높일 수 있다.	• 조사자가 적절한 응답지를 제시하기 어렵다. • 개별 응답자들의 특색 있는 응답내용을 보다 생생하게 기록해 낼 수 없다. • 각각 다른 내용의 응답이라도 제시된 응답항목이 한 가지로 제한되어 있는 경우 동일한 응답으로 잘못 처리될 수 있다.

(3) 질문지법의 특징

대인조사	• 자기기입식 설문조사: 전달된 설문지를 보면서 제시된 설문에 응답자가 스스로 응답한다. • 면접 설문조사: 조사자가 말로 질문을 하고 응답자의 반응을 기록하는 설문조사 방식이다.
우편조사	• 설문지를 조사대상자에게 우편으로 보내 스스로 응답하게 한 후 동봉한 반송용 봉투에 담아 회수하는 조사방법이다. • 조사대상자의 주소만 알면 어느 지역이든 조사할 수 있어 조사대상 지역이 제한적이지 않다. • 응답자에게 익명성에 대한 확신을 줄 수 있다. • 응답률 및 회수율이 낮다. • 면접원이나 질문자가 따로 없으므로, 응답자가 질문 내용에 대해 이해하지 못하는 경우 정확한 조사결과를 얻기 어렵다. • 무자격자의 응답에 대한 통제와 주위환경·응답시기에 대한 통제가 어렵다. • 우편조사 시 응답률 및 회수율을 높이는 방법: 이타적 동기에 호소하는 등의 응답에 대한 동기부여, 조사에 대해 사전 예고, 조사목적과 응답의 중요성 강조, 비밀보장 강조, 상품권 등의 인센티브 제공 등
전화조사	• 추출된 대상자에게 전화를 걸어 질문문항을 읽어준 후, 응답자가 전화상으로 답변한 것을 조사자가 기록하여 자료를 수집하는 조사방법이다. • 빠른 시간 안에 개략적인 여론과 신속한 정보를 확인하는 데 가장 적합한 조사방법이다. • 지역에 제한을 받지 않고 광범위한 표본을 추출할 수 있다. • 질문의 내용이 어렵고 길어질수록 응답률이 떨어질 수 있으므로, 질문은 복잡하지 않고 가급적 '예/아니오'식으로 간단히 대답할 수 있어야 한다. • 응답자가 선정된 표본인지를 확인하기 어려워 표본의 대표성 확보가 쉽지 않다. • 특정한 주제에 대한 응답 회피나 무성의한 대답이 나올 수 있고, 응답 도중에 전화를 끊는 경우도 있다.
온라인조사	• 온라인 통신망을 통해서 이루어지는 여러 형태의 조사방법이다. • 시간·공간상 제약이 상대적으로 작다. • 오프라인조사에 비해 비교적 저렴하며, 조사대상자가 많은 경우에도 추가비용이 많이 들지 않는다. • 응답이 늦어질 경우에는 독촉 메일 등 후속조치가 가능하며, 이메일 등을 통해 추가 질문이 가능하다. • 실시간으로 조사결과를 확인할 수 있으며, 설문응답과 동시에 코딩이 가능하다. • 컴퓨터 사용 가능자에 한해서만 조사되므로 특정 연령층이나 성별에 따른 편중된 응답이 도출될 수 있으며 표본의 대표성 확보가 어렵다. • 이메일, IP주소 등이 수집되므로 익명성 보장이 어렵다.
집단조사	• 연구대상자를 집단적으로 모으고 질문지를 교부해서 응답자가 직접 기재하는 방식이다. • 응답자를 한곳에 모으기 어려우며, 응답자 통제가 어렵다. • 주변 사람과 의논할 수 있어 왜곡된 응답을 할 가능성이 있다. • 집단에 유리하게 응답하거나, 집단조사를 승인해 준 당국에 의해 조사결과가 이용될 것이라고 인식될 가능성이 있어 왜곡된 응답이 나올 가능성이 있다.

3 관찰법

1. 관찰법의 이해

(1) 관찰법의 특징

① 연구대상을 조작하거나 통제하지 않고 연구대상의 특성, 상태, 행위, 기능 등을 그대로 관찰하거나 측정하여 자료를 수집하고 기록하는 방법이다.
② 직접적 · 자연적 · 비언어적인 자료수집방법이다.
③ 양적연구와 질적연구에 모두 활용할 수 있다.

(2) 관찰의 유형

① 참여관찰
  ㉠ 관찰자가 연구대상 집단 내부에 직접 참여하여 구성원의 하나가 되어 그들과 함께 생활하거나 활동하면서 연구대상자들을 관찰한다.
  ㉡ 자연스러운 상태에서 현상을 파악할 수 있기 때문에 미묘한 어감 차이, 시간상의 변화 등 심층적인 차원을 이해할 수 있다.
  ㉢ 동조현상으로 인해 객관적인 판단을 그르칠 수 있으며, 주관적인 가치가 개입됨으로써 관찰결과를 변질시킬 수도 있다.
  ㉣ 대규모 모집단에 대한 기술이 어렵다.
  ㉤ 관찰자는 상황에 대한 통제를 할 수 없다.

② 비참여관찰
  ㉠ 관찰한다는 사실과 관찰내용을 연구대상자에게 밝히고 연구대상자들을 관찰한다.
  ㉡ 객관적인 입장에서 연구대상자를 정확하게 관찰할 수 있다.
  ㉢ 관찰되고 있다는 사실을 알고 있는 연구대상자들의 행위가 자연스럽지 못할 수 있다.

③ 준참여관찰
  ㉠ 연구대상 집단의 생활 전부에 참여하는 것이 아닌 부분적으로만 참여하여 연구대상자들을 관찰한다.
  ㉡ 연구대상자를 자연스럽게 관찰하면서도 특정 집단의 특정 활동에 직접 참여하는 등 관찰자의 윤리적 문제가 발생하지 않는다.

(3) 관찰법의 유형

① 자연적(Natural Setting)/인위적(Contrived Setting) 관찰: 관찰이 일어나는 상황이 인공적인지 여부에 따라 나누어진다.
② 직접(Direct)/간접(Indirect) 관찰: 관찰시기가 행동발생과 일치하는지 여부에 따라 나누어진다.
③ 공개적(Undisguised)/비공개적(Disguised) 관찰: 관찰대상자가 관찰사실을 알고 있는지 여부에 따라 나누어진다.
④ 체계적(Structured)/비체계적(Unstructured) 관찰: 표준관찰기록양식이 사전에 결정되었는지의 체계화 정도에 따라 나누어진다.
⑤ 인간의 직접적/기계적 관찰: 관찰주체 또는 도구가 무엇인지에 따라 나누어진다.

(4) 관찰법의 장단점

장점	• 현재의 상태를 현장에서 즉시 포착할 수 있다. • 행위나 감정을 언어로 표현하지 못하거나, 표현능력이 부족한 대상자에게 유용하다. • 관찰대상자의 무의식적인 행동이나 인식하지 못하는 문제도 관찰할 수 있다. • 자료를 종단적으로 분석하는 것이 가능하며, 장기적으로 연구조사를 진행할 수 있다.
단점	• 선택적으로 관찰하게 되는 등 관찰자의 주관성 개입을 방지할 수 없다. • 관찰대상자가 관찰사실을 아는 경우 평소 행동과 다르게 행동하는 조사반응성으로 인한 왜곡이 있을 수 있다. • 관찰하고자 하는 행동이 현장에서 발생할 때까지 기다려야 하는 등 시간 · 비용 · 노력이 많이 필요하다. • 관찰대상자로부터 관찰된 언어, 행동, 사고방식 등을 정리하고 코딩하는 등의 자료처리가 어렵다.

2. 관찰자의 역할

① 완전참여자: 관찰자의 신분을 밝히지 않은 채 집단의 완전한 성원이 되어 자연스럽게 일어나는 사회적 과정에 참여한다.

② 완전관찰자: 관찰자의 신분을 밝히지 않은 채 연구대상자들의 활동에는 전혀 참여하지 않고 관찰한다.

③ 참여자로서의 관찰자: 관찰자의 신분을 밝히고 연구대상자들의 활동공간에 들어가 심층적으로 관찰한다(참여＜관찰).

④ 관찰자로서의 참여자: 관찰자의 신분을 밝히고 연구대상자들의 활동공간에 자연스럽게 참여한다(관찰＜참여).

4 면접법

1. 면접법의 이해

(1) 면접법의 특징

① 면접원(조사자)이 연구문제에 대한 적절한 해답을 구하기 위해 마련한 질문을 응답자(피조사자)와 직접 대면한 상태에서 질문하고 그에 대한 답을 통해 자료를 얻는다.

② 여러 명의 면접원을 고용하여 조사할 때는 이들을 조정하고 통제하는 것이 요구된다.

③ 면접원의 주관이 개입될 가능성이 가장 높은 자료수집방법이다.

(2) 면접법의 장단점

장점	• 응답자의 비언어적 행동과 주변의 상황들을 직접 관찰할 수 있다. • 복잡한 질문지를 사용할 수 있다. • 민감하지 않은 질문에 대해 보다 신뢰성 있는 대답을 얻을 수 있다. • 잘못된 표기를 방지할 수 있다. • 같은 조건하에서 다른 자료수집방법(우편설문, 전화설문 등)에 비해 높은 응답률을 얻을 수 있다.
단점	• 시간 · 비용이 많이 든다. • 응답자에게 조사자가 필요로 하는 정보를 제공할 능력이 없을 시 자료수집이 어렵다. • 익명성이 낮고 민감한 사안 등 곤란한 질문에 솔직한 답을 기피할 수 있다. • 질문과정에서 면접원이 응답자의 응답에 영향을 미칠 수 있다.

(3) 표준화면접과 비표준화면접

표준화면접 (구조화된 면접)	• 일정하게 표준화된 질문, 즉 조사표를 만들어서 면접상황에 구애됨이 없이 모든 응답자에게 동일한 질문과 순서 등에 따라 면접을 수행하는 방법이다. • 조사표에 담긴 질문내용에서 벗어나는 질문을 해서는 안 되며, 면접원의 가치와 생각 및 의견도 전달되어서는 안 된다. • 정확하고 체계적인 자료를 얻고자 할 때 적합하며, 정보의 비교가 용이하다. • 면접결과의 계량화 및 수치화가 용이하고, 반복적 연구가 가능하다. • 비표준화면접에 비해 응답결과에 있어 상대적으로 신뢰성은 높지만 타당성은 낮다.
비표준화면접 (비구조화된 면접)	• 질문의 내용 및 순서가 미리 정해져 있지 않으며, 면접상황에 따라 질문을 적절히 변경할 수 있는 비교적 자유로운 면접법이다. 단, 연구목적이 설정되어 있다면 면접지침 정도는 가질 수 있다. • 질문 자체가 고정되어 있지 않기 때문에 보다 융통성 있는 면접 분위기가 가능하다. • 응답자의 협력을 쉽게 구할 수 있고 중요한 내용에 대해서는 여러 번 질문할 수도 있어 타당성이 높은 자료를 수집할 수 있다. • 면접의 신축성과 유연성이 높으며, 심층적인 질문이 가능하다.

2. 면접과정

(1) 면접원에 대한 사전교육

① 면접지침을 작성하여 면접원에게 배포하고 이를 숙지하도록 해야 한다.

② 사전교육을 통해 면접원에 의한 편향(Bias)을 줄이고 응답자의 협력을 얻는 기술, 응답자와 라포(Rapport)를 형성하고 유지하는 기술 등을 익히도록 해야 한다.

(2) 면접을 위한 준비작업

① 면접원이 응답자와 인간적인 친밀감과 유대감을 가질 수 있도록 라포(Rapport)를 형성해야 한다.

② 면접에 임하기 전에 스스로 질문내용을 숙지한다.

③ 응답자에게 신분을 소개하고 면접의 목적을 밝히는 과정을 거친다.

④ 연구의 중요성을 강조하여 응답자가 성의 있는 응답을 하도록 안내하고, 참여 동기를 부여한다.

(3) 면접실시

① 응답자가 이질감을 느끼지 않도록 복장이나 언어사용에 유의한다.

② 비밀보장, 안전성 등 응답자가 편안한 분위기에서 대답할 수 있도록 한다.

③ 문항을 질문할 때 질문지에 있는 말을 그대로 하나도 빠짐없이 질문한다.

④ 응답자에게 응답에 필요한 일정 시간을 주는 것이 좋으며, 응답이 필요 이상으로 길어지거나 다른 방향으로 이탈한다면 면접의 분위기를 해치지 않는 범위에서 적절히 조절한다.

⑤ 응답자가 질문을 이해하지 못했다면 부연설명을 통해 이해를 돕는다.

⑥ 응답자가 대답을 잘하지 못하더라도 필요한 대답을 유도하거나, 대답을 하는 도중 응답내용에 대해 평가적인 코멘트를 하는 것은 응답에 영향을 줄 수 있기 때문에 적절하지 않다.

⑦ '모른다'고 응답한 경우, 정말로 모르는지 다른 이유가 있어서 모른다고 응답한 건지 주의 깊게 파악하여 대처한다.

⑧ 정확한 응답을 유도하거나 응답이 지엽적으로 흐르는 것을 막기 위해 추가 질문을 행하는 캐어묻기(Probing)를 활용한다.

(4) 프로빙(Probing, 심층규명, 캐어묻기)
① 응답자의 대답이 불충분하거나 모호할 때 추가 질문을 통해 정확한 대답을 이끌어 내는 면접조사기술로, 비구조화 면접에 적합하다.
② 응답자가 폐쇄식 질문에 답을 하였다면, 이 답에 관련된 의문을 탐색하는 보조방법이다.
③ 정확한 답을 얻기 위해 방향을 지시하는 등 답변의 정확성을 판단하는 방법으로 활용되기도 한다.
④ 대표적인 기술로는 간단한 찬성적 응답(그렇군요, 참 흥미있군요), 무언의 암시에 의한 자극(물끄러미 응시하기), 반복(응답자의 대답을 되풀이하기), 비지시적 질문 등이 있다.
⑤ 응답을 원하는 태도나 표정을 드러내서는 안 되며, '다른 대답은 어떻겠냐'며 예를 들어 물어보는 등 필요 이상으로 지나치게 질문해서는 안 된다.

(5) 면접의 기록
① 면접의 내용 및 결과 모두를 정확하게 기록한다.
② 응답자의 응답내용을 그대로 기록한다. 개방형 질문의 경우라도 면접원이 응답내용을 해석하고 요약하여 기록하는 것은 바람직하지 않다.
③ 응답자의 어휘를 그대로 기록하고, 같은 응답이 반복되더라도 가감 없이 있는 그대로 기록한다.
④ 면접의 내용을 정확하게 기록하기 위해 면접하는 도중에 바로 기입한다. 면접결과를 기록하기 위해 녹음기 등을 사용할 수 있다.

(6) 면접 시 왜곡응답
① 후광효과: 어떤 대상이나 사람에 대한 특정 견해나 성질이 너무나 두드러져 다른 특성을 평가하는 데에 영향을 미치는 경우이다.
② 동조효과: 자신의 생각이 아니라 다른 사람들이 일반적으로 어떻게 생각하는가에 따라 응답하게 되는 경우이다.
③ 최근정보효과(최후효과): 최근에 듣거나 제공받은 정보에 더 큰 비중을 두고 응답하게 되는 경우이다.
④ 응답순서효과: 응답으로 제시되는 순서에 따라서 응답자의 응답이 영향을 받게 되어 실제와 차이가 발생하는 경우이다.
⑤ 위신향상효과: 응답자가 자신의 사회적 지위나 위신을 한층 더 높이기 위해 현재 수준에서 말하는 것이 아닌 그 이상으로 수준을 높여 사실과는 다른 내용을 응답하는 경우이다.
⑥ 사회적만족도 편향(사회적규범 편향): 응답자가 사회적으로 바람직한 응답을 하려고 하는 경향으로, 이러한 편향은 보수적인 사회일수록 더 낮다.

5 투사법

1. 투사법의 이해
① 인간의 무의식 속에 내재되어 있는 동기, 가치, 태도 등을 알아내기 위하여 모호한 자극을 응답자에게 제시하여 반응을 알아보는 방법으로, 비체계적-비공개적 면접법이다.
② 응답자가 조사의 목적을 모르는 상태에서 다양한 심리적 의사소통법을 이용하여 자료를 수집한다.

③ 조사자가 한 단어를 제시하고 응답자가 그 단어로부터 연상되는 단어들을 순서대로 나열하거나, 응답자에게 이해하기 난해한 그림을 제시한 다음 그 그림이 무엇을 묘사하는지 물어 응답자의 심리상태를 파악한다.

2. 투사법의 유형

주제통각검사(TAT), 로르샤흐 잉크반점검사(RIBT), 역할행동검사, 만화완성검사, 단어연상검사, 문장완성검사 등이 있다.

CHAPTER 07 실사관리

1 실사준비

1. 조사방법별 조사원 선발

(1) **조사원의 정의 및 역할**
   ① 실제 조사현장에서 응답자와 면담, 전화, 인터넷, 우편 등을 통해 조사를 담당하고 조사표 내용검토와 자료를 입력하는 일을 수행하는 사람이다.
   ② 현장경험을 바탕으로 조사지역 내에서 명부를 작성하고, 조사대상 가구에서 응답표본을 선정하는 작업에 도움을 준다.
   ③ 조사대상이 되는 표본을 접촉하여 조사에 참여하도록 협조를 이끌어 내는 작업을 수행한다.

(2) **조사방법별 조사원 선발**
   ① 조사원의 공통자격
      ㉠ 조사업무에 대해 협력의 열의가 있고, 조사원으로서 업무의 중요성을 인식하여 바르게 업무를 수행하려는 자세가 있는 사람이어야 한다.
      ㉡ 조사방법 등 조사절차를 정확하고 바르게 이해하여 이를 충실히 실행할 수 있는 사람이어야 한다.
      ㉢ 시간적으로 여유가 있고 조사대상자로부터 신뢰감과 자신감, 친근감을 얻을 수 있는 사람이어야 한다.
      ㉣ 업무수행결과가 우수하고 보안사항 및 지침을 잘 준수한 사람이어야 한다.
   ② 면접조사원
      ㉠ 유사조사 경력이 3년 이상 되어야 한다.
      ㉡ 응답자가 조사표에 응답하는 데 방해되지 않을 정도의 모습과 성격이어야 한다.
      ㉢ 두발, 의복, 표정, 냄새 등 너무 튀거나 거부감을 주는 요소가 없도록 한다.
      ㉣ 조사지역 인근 거주자를 우선적으로 고려한다.
   ③ 전화조사원
      ㉠ 면접조사원보다는 외형적인 신체조건의 제약이 적으며, 전화를 받고 응답을 기입하는 데 특별한 어려움이 없어야 한다.
      ㉡ 명확한 발음과 상냥한 언어, 의사전달 능력을 보유한 사람이어야 한다.
   ④ 인터넷(전자)조사원
      ㉠ 인터넷을 잘 활용할 수 있는 사람이어야 한다.
      ㉡ 정확성과 집중력, 인내력 등의 능력을 보유한 사람이어야 한다.
   ⑤ 우편조사원: 유사조사 경력 1년 이상 되어야 한다.

(3) 조사원 교육

① 의미: 조사원이 수행해야 할 조사에서 요구하는 목표를 달성할 능력과 자세를 갖추도록 교육시키는 것이다.

② 필요성

　㉠ 조사원 업무의 전문적인 성격을 잘 이해시키고 이를 더욱 발전시킴으로써 조사원으로서의 역할과 중요성을 깊이 인식하여 정체성을 확립하기 위한 것이다.

　㉡ 조사원들의 현장조사에 대한 이해력을 높이고 커뮤니케이션 능력을 향상시켜 응답대상자 설득에 대한 긍정적인 태도를 가지도록 하기 위한 것이다.

　㉢ 조사위조에 따른 통계조사의 품질저하를 막기 위해 조사원에게 동기를 부여하고 사명감을 높이는 등 윤리적 자질 향상을 위한 것이다.

③ 교육의 종류

　㉠ 조사의 개요 및 배경지식에 대한 일반교육

　㉡ 응답자를 만나서 조사에 응하겠다는 협조와 동의를 얻는 일

　㉢ 조사원칙에 따라 정확하고 타당한 응답을 얻는 일

　㉣ 응답이 불분명하고 취지에 맞지 않을 때는 캐어물어서 적절한 답을 얻는 일

　㉤ 조사표 및 기타 용지를 제대로 기록하는 일

　㉥ 조사관리자와 긴밀하게 연락하는 일

2. 조사원의 직무범위와 역할

(1) 조사원의 직무

① 조사 전 단계

　㉠ 현장조사를 하기 위하여 조사교육 훈련에 참가한다.

　㉡ 조사지역 내 명부를 작성한다(조사대상자 선정).

　㉢ 조사대상 가구 응답표본을 선정(표본추출과정의 일환)한다. 즉, 현장조사의 표본틀 안에 오래된 주소나 폐업 및 전업한 주소가 반영되어 있는 경우 표본추출틀을 갱신할 수 있는 정보를 제공한다.

② 조사대상자 접촉 단계(면접)

　㉠ 조사대상자와 연락하고 조사참여 협조에 대해 설득한다.

　㉡ 추가적인 탐색질문을 한다.

③ 조사 수행 단계

　㉠ 대상자가 조사에 성실히 응하도록 동기를 부여한다.

　㉡ 응답자에게 질문을 읽어주거나 질문을 명백하게 설명한다.

　㉢ 응답이 애매하거나 불명확한 경우 추가적인 질문으로 자세히 묻는다.

　㉣ 응답자를 대신해서 응답내용을 설문지에 기입한다.

④ 조사 후 단계

　㉠ 응답에 대한 검수를 한다.

　㉡ 응답자, 응답자의 가구, 지역 등 직접 관찰한 내용을 기록한다.

　㉢ 응답된 모든 내용을 객관적으로 기술한다.

(2) 조사원의 조직
　① **프로젝트연구원**: 조사를 기획·설계하고 조사표를 만들며 수집된 자료를 분석하여 결과물 만드는 데 핵심적인 역할을 담당한다.
　② **조사지도원**: 자료수집과정을 총괄하는 사람으로 실질적 현장조사의 조사원 및 자료를 책임지고 관리한다.
　③ **검증원**: 조사원들이 표준적인 진행절차에 따라 정확히 자료를 수집하였는가를 검증한다.
　④ **부호기입원**: 서술형 설문에 대한 응답을 적절한 범주에 따라 분류하고 부호화한다.
　⑤ **입력원**: 수집된 조사표의 내용을 전산처리가 가능하도록 숫자나 부호의 형태로 컴퓨터에 입력한다.
　⑥ **조사원**: 조사과정에서 자료를 수집하는 역할을 담당하므로, 전체 조사과정의 핵심이라고 할 수 있다.

2 실사진행 관리

1. 설문지 점검
　① 지침서와 교육내용을 제대로 지키고 있는지 확인한다.
　② 누락 항목이나 글씨를 알아볼 수 없는 항목을 확인한다.
　③ 조사원별로 응답패턴이 발생하는지 살펴본다.
　④ 점검과정에서 지적된 사항을 보충한다.
　⑤ 현장에서 느끼는 조사원 고충을 수합하여 재교육한다.

2. 점검결과에 따른 필요조치

(1) **현장검증**
　① 자료수집이 완료된 설문지는 1차적으로 조사원이 현장에서 바로 검증을 실시한다.
　② 현장검증은 주로 설문 상의 기입오류 및 논리적 오류의 유무를 점검하는 것으로, 설문완료 직후에 실시함으로써 오류 발견 시 응답자에게 현장에서 바로 재확인을 할 수 있다는 장점이 있다.

(2) **재조사(표본 대체)**
　① 설문 응답자가 부적격 조사대상자로 확인된 경우, 응답내용의 일관성·신뢰성이 현저히 훼손된 경우, 그 밖에 조사결과에 영향을 줄 수 있는 중대한 오류가 발생하였을 경우에 해당 설문을 폐기하고 재조사를 실시해야 한다.
　② 재조사의 실시 여부는 실사 관리자가 전체적인 응답내용의 신뢰성을 판단하여 실시하며, 재조사를 실시할 경우에는 설문 폐기로 인해 부족하게 된 표본 집단과 동일한 특성을 지닌 조사대상자를 선정하여 진행해야 한다.

(3) **실사진행상의 문제 발생 시 대응방안**
　① 조사용품 관련 문제 발생 시: 조사용품은 표본수의 10~20% 정도 여분의 용품을 준비해두어 수량 부족 문제가 발생할 때 바로 대처할 수 있도록 한다.
　② 조사원 관련 문제 발생 시: 조사원에 대한 재교육을 실시하고, 이후에도 동일한 문제가 발생할 경우에는 해당 조사원을 다른 조사원으로 대체하는 등의 조치를 취한다.
　③ 현장검증 결과 오류 발견 시: 조사원 및 응답자 재확인을 통해 해당 오류사항에 대한 확인을 실시한다. 재확인이 불가능하거나 부적격 조사대상자 및 응답내용상의 신뢰성 문제가 발생하는 경우에는 해당 설문을 폐기하고 재조사를 실시할 수 있도록 한다.

④ 조사일정상의 문제 발생 시: 추가 조사원 투입 등 적절한 조치를 실시하였는데도 실사진행이 더딘 경우에는 조사대상자에게 접근이 어렵다는 것을 의미한다. 이 경우 전체적인 조사일정을 조사 의뢰처와 협의하여 조정할 수 있도록 한다.

⑤ 조사 관련 컴플레인 발생: 설문지에는 실사진행 주체 및 담당자 정보를 기재하여 궁금한 점이나 컴플레인이 발생하였을 경우 해당 담당자에게 연락을 취할 수 있도록 해야 한다.

(4) **설문지상의 문제 발생 시 대응방안**

① 기입오류 및 논리적 오류가 발생한 경우
  ㉠ 설문지 상에 기입오류 및 응답내용의 논리적 오류가 발생한 경우, 해당 오류내용에 대한 재확인을 실시한다.
  ㉡ 재확인 결과 오류내용이 확인되는 경우에는 해당 내용을 설문결과에 수정하여 반영한다.
  ㉢ 오류내용의 재확인이 불가능한 경우에는 무응답과 같이 단순 기입오류는 무응답 처리하고, 논리적 오류가 많이 발생한 경우에는 해당 설문 폐기 후 재조사를 실시한다.

② 부적격 조사대상자로 확인되거나 응답내용의 신뢰성이 의심되는 경우
  ㉠ 응답자가 부적격 조사대상자로 확인되거나 응답내용의 신뢰성이 현저하게 의심되는 경우에는 해당 설문을 폐기하고 재조사를 실시한다.
  ㉡ 재조사는 폐기된 설문의 표본 특성과 동일한 조건의 조사대상자를 선정해 진행해야 하며, 실사 관리자는 재조사 일정을 감안하여 전체적인 실사일정을 배분해야 한다.

③ 조사원별로 응답패턴이 발생하는 경우: 해당 조사원 및 응답자를 확인하여 응답패턴에 대한 신뢰성 검증을 실시한다. 신뢰성에 문제가 있을 경우에는 해당 설문을 폐기하고 재조사를 실시한다.

3 실사품질 관리

1. 실사품질 관리의 단계

(1) **1차 검증(현장검증)**

① 설문결과를 육안으로 확인하여 응답의 누락이 없는지, 조사원에게 할당된 설문 대상자의 쿼터(Quota)가 맞는지 등을 확인한다. 이상이 없을 경우 실사관리자에게 설문지를 전달한다.

② 오류가 발생하였을 경우에는 오류내용을 확인하여 수정 작업을 실시한다. 오류내용의 재확인이 불가능하거나 중대한 오류가 발생하였을 경우, 해당 설문지를 폐기하고 재조사를 실시한다.

(2) **2차 검증(Editing)**

① 실사 관리자는 조사원으로부터 회수된 설문지에 대해 응답 충실성, 부적합 응답 여부, 논리적 오류 체크 등을 확인하는 에디팅(Editing) 작업을 실시한다.

② 오류가 확인되었을 경우에는 조사원 및 응답자에게 오류내용을 확인하여 설문결과를 수정한다. 수정이 불가능한 중대한 오류가 발생하였을 경우에는 해당 설문지를 폐기하고 재조사를 실시한다.

(3) **3차 검증(전화검증)**

① 2차 검증이 완료되면 실사 담당자는 응답자의 진위 및 적격 대상자 확인, 주요 문항의 진위 여부 확인, 오류내용에 대한 재확인 등을 위해 전화검증을 실시한다.

② 오류가 확인되었을 경우에는 확인 내용을 설문결과에 수정하여 반영한다.
③ 응답자의 진위가 불분명하거나 부적격 대상자로 확인된 경우, 응답내용의 신뢰성이 심각하게 훼손된 경우, 그밖에 조사결과에 중대한 영향을 줄 수 있는 오류가 발견된 경우에는 해당 설문을 폐기하고 재조사를 실시한다.

2. 실사품질 관리방법

(1) 정합성 점검
① 설문 응답내용에 기입오류가 있는지, 논리적 모순이 없는지 등을 확인하는 것으로 조사원이 현장에서 1차적으로 확인하며, 2차적으로 실사 관리자가 내부에서 확인을 실시한다.
② 2차 검증을 실시하기 전에 다른 설문지와 구분할 수 있도록 순차적으로 ID를 부여한다. ID를 부여한 후 자료수집 계획서를 참고하여 설문 응답내용에 기입오류가 있는지, 응답내용 간의 논리적 모순이 없는지 등을 점검한다.
③ 정합성 점검은 대부분 실사품질 관리 단계 중 1차 검증(현장검증) 및 2차 검증(Editing)에 해당된다. 오류가 확인되었을 경우 추후 3차 검증(전화검증) 시 확인을 위해 별도로 표기를 해둔다.

(2) 응답 내용의 크로스 체크(Cross Check)
① 유사 설문문항 간의 응답 확인을 통한 논리성을 확인한다.
② 유사 설문문항 간의 응답 확인을 통한 일관성·신뢰성을 확인한다.

(3) 신뢰성 점검
① 실사 관리자가 설문을 작성한 응답자에게 연락을 하여, 응답자의 진위 여부 및 대상자 적격 여부, 조사원이 적합한 방법으로 조사를 진행하였는지 여부, 응답내용 진위 여부 등을 확인한다.
② 대부분 실사품질 관리 단계 중 3차 검증(전화검증)에 해당된다.
③ 검증 결과 수정 가능한 오류가 확인되었을 경우 응답자에게 해당 오류내용을 재확인하여 설문결과를 수정한다.
④ 설문결과에 영향을 줄 수 있는 중대한 오류가 발생한 경우에는 해당 설문지를 폐기하고 재조사를 실시한다.

CHAPTER 08 2차 자료 분석

1 2차 자료의 종류

1. 2차 자료의 종류

(1) 내부 자료

① 조사하려는 자료가 기관이나 기업 또는 해당 조직의 내부에서 작성되거나 보유하고 있는 자료이다.
② 기업이나 기관에서 내부적으로 활용할 목적으로 작성한 자료로 일상적인 업무를 진행하면서 과정상의 자료나 결과물로 만들어진 여러 가지 보고나 기록 등의 자료를 말한다.
③ 이용 시 비용이 거의 소요되지 않고 상대적으로 쉽게 수집할 수 있으며, 다른 외부의 자료와 비교해 신뢰성이 높다.

(2) 외부 자료

① 조사하려는 자료가 기관, 기업, 해당 조직의 외부에서 작성되거나 보유하고 있는 자료로 공공기관의 각종 보고서, 전문기관의 연구 결과물 등이다.
② 외부 자료는 기업이나 기관에서 외부적으로 활용할 목적으로 작성한 자료로 관련 업무를 수행하면서 법적이나 상업적인 목적, 의무나 책임에 따른 목적, 홍보나 정보 공유 등의 목적을 포함하는 여러 가지 자료를 말한다.
③ 공신력에 의한 자료의 신뢰성이 높다.
④ 개인이나 기업 등의 사적인 기관의 자료는 다양한 자료를 찾아볼 수 있으나 상황에 따라 비용이 많이 들 수 있으며, 자료수집의 목적과 범위가 다를 수 있다.

2 2차 자료의 특성

1. 2차 자료의 필요성

① 조사문제를 명확히 규명할 수 있다.
② 조사문제에 대한 가설 제공이 가능하다.
③ 조사문제에 대한 접근방법을 미리 고찰할 수 있다.
④ 본조사에 사용될 적절한 조사설계방법을 제시할 수 있다.

2. 2차 자료의 장단점

장점	• 연구자가 문제해결에 필요한 기존 자료를 사용하므로 1차 자료 수집에 드는 시간·비용·노력을 절약할 수 있다. • 정부나 공공기관에서 공개하는 2차 자료는 양질의 자료로서, 엄격하게 표집과정이 이루어져 자료를 신뢰할 만하며, 공신력 있는 기관에서 자료를 수집하였기 때문에 응답률이 상대적으로 높은 경우가 많다. • 조사대상자와 직접적인 상호작용이 없는 상태에서 자료를 수집하기 때문에 자료수집과정에서 조사자가 조사대상자에게 미치는 영향과 조사대상자의 반응성, 자료수집과정에서 발생할 수 있는 조사대상자의 권익을 해칠 가능성(사생활 및 익명성 침해)에 대한 염려를 하지 않아도 된다.
단점	• 연구에 필요하며 적합한 2차 자료의 소재를 찾기가 어렵고 자료에 접근하기 어려운 경우가 많다. • 연구자 본인이 직접 생성한 자료가 아니므로 자료의 규모나 구조에 익숙하지 않을 수 있다. • 신뢰성 및 타당성에 문제가 있다. • 연구자가 원하는 변수가 없거나, 또는 모집단, 표본 구성, 질문지의 내용과 자료수집방법 등에서 연구자가 사용할 수 없는 문제점이나 차이점이 있을 가능성이 있다. • 조사에 필요한 가장 최근의 자료를 구할 수 없는 경우가 있다.

3 문헌연구와 내용분석법

1. 문헌연구

① 문헌이란 논문, 신문기사, 일기, 서신 등 문자로 기록된 것뿐만 아니라 녹취록, 영상녹화물 등도 포함된다.
② 문헌연구는 기존 연구의 결과물인 문헌을 통해 자료를 수집하는 방법이다.
③ 문헌연구는 이미 발표된 연구의 결과나 역사적 문서를 수집하여 연구자가 연구하는 문제를 분석하는 것이다.
④ 연구 전체가 문헌연구일 때도 있지만, 다른 형태의 연구에서 선행연구의 경향성을 파악하는 보조적인 방법으로 사용되기도 한다.

2. 내용분석법

(1) 내용분석법의 의미

① 대표적인 문헌연구로서 의사소통의 내용이 적혀있는 기록물을 연구대상으로 하는 비개입적 연구이다.
② 구체적으로 기록된 메시지의 특성을 객관적·체계적·계량적인 방법으로 측정하고 분석하여 그 동기나 원인, 결과나 파급효과 등을 파악한다.
③ '연구문제 또는 가설 설정 → 내용분석 자료의 모집단 선정 → 내용분석 자료의 표본추출 → 분석단위 결정 → 분석 카테고리 설정 → 수량화의 체계 규정 → 코딩 → 신뢰도 및 타당도 검증 → 자료의 분석 및 해석 → 연구보고서 작성'의 순서를 따른다.
④ 분석단위는 단어, 주제, 인물, 항목, 공간 및 시간 등 다양하다.

(2) 내용분석법의 특징

① 인간의 모든 형태의 의사소통 기록물을 활용할 수 있다.
② 사례 연구와 개방형 질문지 분석의 특성을 동시에 보인다.

③ 양적인 정보와 질적인 정보 모두 분석의 대상이 되며, 연구목적에 따라 변수를 측정할 수 있도록 질적내용을 객관적이면서 계량적인 양적자료로 전환하여 분석한다.
④ 질적인 내용의 코딩을 위해서는 개념화·조작화가 이루어져야 한다.
⑤ 역사적 연구에 유용하다.
⑥ 메시지의 표면적인 내용뿐만 아니라 잠재적인 내용도 분석 가능하다.
⑦ 자료가 방대한 경우 내용분석법에서도 모집단 내에서 표본을 추출하여 분석할 수 있다.

(3) **내용분석법의 장단점**

장점	단점
• 가치나 태도 같은 심리적 변수를 효과적으로 측정할 수 있다. • 많은 조사자가 필요 없으며, 특별한 장비가 요구되지 않는다. • 일정 기간 진행되는 과정에 대한 분석이 용이하다. • 시간과 비용 측면에서 경제성이 있다. • 조사의 일부나 전부를 다시 분석하는 것이 다른 조사방법보다 수월하다(안정성). • 비관여적이므로 조사자가 조사대상에 영향을 미치지 않는다. • 조사대상자가 반작용을 일으키지 않는다.	• 기록에 남아있지 않은 것은 분석이 불가능하다. • 기록된 내용이 현실을 그대로 반영할 수 없기 때문에 타당도가 낮다. • 자료 분석에 있어 신뢰도에 문제가 있을 수 있다. • 표본크기가 클 경우 시간과 노력이 많이 든다. • 분석하고 싶은 자료에 접근하거나 구하는 것 자체가 어려운 경우가 있다.

CHAPTER 09 측정의 타당성과 신뢰성

1 개념과 측정

1. 변수(Variable)의 개념 및 종류

(1) 변수의 의미

① 측정할 관측 대상의 속성이나 특성이 변하는 자료이다.

② 연구대상의 경험적 속성을 나타낸다.

(2) 변수의 종류

① 독립변수: 인과관계에서 다른 변수에 영향을 주는 변수로서 원인(Cause)을 나타낸다.

② 종속변수: 인과관계에서 다른 변수로부터 영향을 받는 변수로서 결과(Effect)를 나타낸다.

③ 매개변수: 독립변수의 결과인 동시에 종속변수의 원인이 되는 변수이다.

④ 외생변수

　㉠ 조사자의 의도에 상관없이 종속변수에 직접적인 영향을 미치는 독립변수 이외의 모든 변수이다.

　㉡ 통제하지 않으면 연구결과의 내적타당도에 문제가 되므로, 연구자는 최대한으로 외생변수를 제거하거나 상쇄해야 한다.

⑤ 조절변수: 독립변수와 종속변수 사이의 관계에 대한 강도나 방향에 영향을 미치는 제3의 변수이다.

⑥ 외재적변수(허위변수, 외적변수)

　㉠ 독립변수와 종속변수 간에 상관관계가 없으나, 즉 원인변수가 결과변수에 아무 영향을 미치지 못하는데도 관계가 있는 것처럼 보이게 하는 제3의 변수이다.

　㉡ 외재적변수로 인해 독립변수와 종속변수가 서로 관계가 있는 것처럼 보일 때, 두 변수는 가식적 관계, 허위관계, 의사관계(Spurious Relationship)에 있다고 한다.

⑦ 억제변수(억압변수): 독립변수와 종속변수가 서로 관계가 있는데도 관계가 없는 것으로 나타나게 하는 제3의 변수이다.

⑧ 왜곡변수: 독립변수와 종속변수 간의 실제관계를 정반대의 관계로 나타나게 하는 제3의 변수이다.

⑨ 선행변수: 인과관계에서 독립변수에 앞서면서 독립변수에 유효한 영향력을 행사하는 제3의 변수이다.

⑩ 통제변수: 독립변수와 종속변수 간의 인과관계에 영향을 미칠 수 있는 제3의 변수 중 조사설계에서 조사자가 통제하기로 선택한 변수이다.

2. 개념적 정의(Conceptual Definition)

(1) 개념적 정의의 의미

연구대상이 되는 사람, 사물의 형태 및 속성과 다양한 사회현상을 보편적 언어를 사용하여 이론적이고 추상적으로 정의한 것이다.

(2) 개념적 정의의 특징

① 정의하려는 대상만의 특유한 요소나 성질을 적시해야 한다.

② 뜻이 분명해서 누구나 알아들을 수 있는 의미를 공유하는 용어를 써야 한다.

③ 어떤 개념을 보다 명확하고 정확하게 표현하기 위하여 다른 개념을 사용하여 정의한다. 따라서 주어진 단어가 이미 정립된 의미를 가진 다른 표현과 동의적이기도 하다.

(3) 재정의(Reconceptualization, 재개념화)

① 개념을 새로운 각도에서 재정립하는 것으로, 개념을 분석하여 보다 명백히 재규정하는 것이다.

② 개념의 한정성을 높여 관찰 및 측정을 가능하게 하며, 주된 개념적 요소를 확인할 수 있도록 한다.

③ 개념이 명확해짐으로써 조사의 객관적인 신뢰성을 높여준다.

3. 조작적 정의(Operational Definition)

(1) 조작적 정의의 의미

① 특정한 구성개념이나 잠재변수의 값을 측정하기 위해 측정할 내용이나 측정방법을 구체적으로 정확하게 표현하고 의미를 부여한 것이다.

② 연구에서 설정한 추상적인 개념을 실제 현상에서 측정이 가능하도록 관찰 가능한 형태로 표현한 것이다.

(2) 조작적 정의의 특징

① 추상적 개념을 수량화하여 측정 가능하도록 한다.

② 관찰과 측정의 단계가 분명히 밝혀져 있을 때 조작적으로 정의될 수 있다.

③ 적절한 조작적 정의는 정확한 측정의 전제조건이다.

④ 하나의 개념이 여러 가지의 조작적 정의를 가질 수 있다.

⑤ 특정 구성개념에 대한 조작적 정의가 연구마다 다를 수 있으며, 다른 조작적 정의에 따라 연구결과도 달라질 수 있다.

⑥ 개념적 정의와 반드시 일치해야 하는 것은 아니나, 개념적 정의에 최대한 일치하도록 정의되어야 한다.

4. 가설(Hypothesis)

(1) 가설의 의미
① 서로 다른 두 변수 이상의 구성개념이나 변수 간의 관련성 및 영향 관계에 관해 진술한 문장이다.
② 연구자가 세운 연구문제에 관한 구체적이고 검증 가능한 기대이다.
③ 하나의 사실과 다른 사실과의 관계를 잠정적으로 나타내는 문장이다.

(2) 가설의 특성
① 변수로 구성되며, 그들 간의 관계를 나타내고 있어야 한다.
② 반드시 검증 가능한 형태로 진술되어야 한다.
③ 연구자가 제기한 문제의 해결과 관련이 있어야 하며, 연구문제를 해결해 줄 수 있어야 한다.
④ 두 변수 A와 B에 대해 'A이면 B이다', '만약 A라면 B이다', 'A와 B는 관련이 있다', 'A가 ~할수록 B도 ~하다' 등의 형식이다.
⑤ 진실된 값이 참일 수도 있고 거짓일 수도 있는 문장이며, 항상 참이거나 항상 거짓인 문장은 가설이 될 수 없다.

(3) 가설의 평가기준
① 경험적 검증가능성: 실증적인 조사를 통해 옳고 그름을 판정할 수 있어야 한다.
② 논리적 간결성: 표현이 간단명료하고, 논리적으로 간결하여야 한다.
③ 계량화 가능성: 수식이나 숫자로 바꾸어 통계적으로 분석이 가능해야 한다.
④ 다른 가설이나 이론과의 높은 관련성: 동일 연구분야의 다른 가설이나 이론과 연관이 있어야 한다.
⑤ 명백한 입증: 가설과 그에 포함되어 있는 개념이 명백하게 입증 가능해야 한다.
⑥ 개연성: 원인과 결과 사이의 관계를 짐작할 수 있고 그러한 짐작이 그럴듯하게 느껴져야 한다.
⑦ 가치중립성: 연구자의 가치, 편견, 주관적 견해 등을 배제하거나 최소화해야 한다.
⑧ 일반화 가능성: 입증된 결과는 일반화가 가능해야 한다.

(4) 가설의 종류
① 귀무가설(영가설)
  ㉠ 처음부터 버릴 것을 예상하는 가설이다.
  ㉡ 대립가설과 논리적으로 반대의 입장을 취하며, 대립가설을 부정하거나 기각하기 위해 설정하는 가설이다.
  ㉢ 변수들 간에 관계가 없거나 집단들 간에 차이가 없다는 형식으로 서술한다. 즉, 'A와 B는 차이가 없다.' 또는 'A는 B와 관계가 없다.'는 형식을 취한다.
② 연구가설(대립가설, 작업가설)
  ㉠ 이론으로부터 도출된 가설로서 검증될 때까지는 조사문제에 대한 잠정적인 해답으로 간주되는 가설이다.
  ㉡ 귀무가설과 논리적으로 반대의 입장을 취하는 가설이다.
  ㉢ 변수들 간에 관계가 있거나 집단들 간에 차이가 있다는 형식으로 서술한다. 즉, 'A와 B는 차이가 있다.' 또는 'A는 B와 관계가 있다.', 'A가 ~할수록 B가 ~한다.'는 형식을 취한다.
  ㉣ 일반적으로 독립변수와 종속변수로 구성된다.

2 변수의 측정

1. 측정(Measurement)의 개념

(1) 측정의 의미
① 사람, 사건, 상태 또는 대상 등 어떤 사건이나 대상이 지니고 있는 경험적 속성(Empirical Property)에 대해 미리 정해놓은 일정한 규칙에 따라 수량화하는 것이다. 측도라고도 한다.
② 관찰된 현상의 경험적인 속성을 현실세계에서 관찰 가능한 자료와 연결시키는 과정이다.

(2) 측정의 역할과 기능
① 추상적·이론적 개념을 경험적으로 관찰 가능한 것으로 바꾸어 놓는 과정이므로, 이론과 현실을 연결시켜주는 매개체의 역할을 한다. 즉, 이론을 경험적으로 검증해주는 수단이라고 할 수 있다.
② 조사대상의 속성을 조작적 개념으로 전환시켜 준다.
③ 측정으로부터 얻은 정보를 통계적으로 분석하게 되며, 측정의 수준(명목수준, 서열수준, 등간수준, 비율수준)에 따라 통계기법을 선택하여 적용한다.
④ 질적속성을 양적속성으로 전환하는 작업이다.

2. 측정의 수준과 척도

구분	측정의 수준			
	명목	서열	등간	비율
예시	성별, 인종, 직업 등	선호도, 등수, 사회계층 등	온도, 지능지수(IQ) 등	신장, 체중, 소득, 근무연수, 출산율, 시험 원점수, GNP 등
특징	사물이나 현상을 구분하여 일정한 범주로 분류하고 명칭을 부여			
		특정한 성격을 갖는 정도에 따라 순서나 서열을 부여		
			서열 간의 간격 일정, 가치 동일	
				절대영점
통계기법	최빈값, 백분율 등	최빈값, 백분율, 중앙값 등	최빈값, 백분율, 중앙값, 산술평균 등	최빈값, 백분율, 중앙값, 산술·기하·조화평균, 변동계수 등
통계분석기법	빈도분석, 교차분석, 비모수통계 등	순위상관관계, 비모수통계 등	t-검증, 분산분석, 상관관계분석 등	t-검증, 분산분석, 상관관계분석 등을 포함한 모든 모수통계기법

(1) 명목수준의 측정(Nominal Level of Measurement)
① 측정대상을 유사성과 상이성에 따라 분류하고, 구분된 각 집단 또는 카테고리에 숫자나 부호 또는 명칭을 부여하는 것이다. 명목척도(Nominal Scale)라고도 한다.
   예 성별(남/여), 종교(기독교/불교/천주교/그 외), 혈액형(A/B/AB/O), 축구선수의 등번호 등

② 관찰대상의 속성에 따라 상호배타적이고 포괄적인 범주로 구분하여 수치를 부여한다. 따라서 명목수준의 측정 범주들의 기본 원칙은 배타성, 포괄성, 논리적 연관성 등이다.

(2) 서열수준의 측정(Ordinal Level of Measurement)
① 측정대상을 분류할 뿐 아니라 대상의 특수성이나 속성에 따라 각 측정대상에 상대적인 순서나 서열을 부여하는 것이다. 서열척도(Ordinal Scale)라고도 한다.
- **예** 선호도(아주 좋아한다/좋아한다/싫어한다/아주 싫어한다), 사회계층(상/중/하), 학급석차(1등/2등/…/30등) 등

② 명목수준 측정범주들의 기본 원칙인 배타성, 포괄성, 논리적 연관성 이외에 이행성과 비대칭성 두 가지가 더 요구된다.

③ 서열수준의 측정을 이용한 척도는 평정척도, 리커트척도, 보가더스척도, 거트만척도 등이 있다.

(3) 등간수준의 측정(Interval Level of Measurement)
① 측정대상을 분류하고 각 측정대상에 순서나 서열을 결정할 뿐 아니라 서열 간의 간격이 일정하도록 크기의 정도를 제시한다. 등간척도(Interval scale)라고도 한다.
- **예** 온도, 지능지수(IQ)

② 가감(덧셈과 뺄셈) 연산이 가능하다. 그러나 승제(곱하기, 나누기) 연산은 불가능하다.
- **예** 온도에서 10℃와 20℃의 차이는 30℃와 40℃의 차이와 같다. 즉, 20℃는 10℃보다 더 덥다는 의미이면서 10℃ 만큼 더 덥다는 측정이 가능하다. 그러나 40℃가 20℃보다 '두 배 더 뜨겁다'고 말하지 않는다.

③ '0'의 값은 자의적으로 부여된 임의적인 '0'이며 아무것도 없음을 나타내는 절대적인 '0'의 의미가 아니다.
- **예** 현직 대통령의 인기도를 측정하기 위해 0부터 100까지의 값 가운데 하나를 제시하도록 하였고, 가장 싫은 경우는 0, 가장 만족한 경우는 100으로 정하였다. 이때, '0'은 '없음'의 의미가 아니라 조사자가 '가장 싫은 경우'를 정하기 위해 자의적으로 부여한 것이다.

(4) 비율수준의 측정(Ratio Level of Measurement)
① 측정대상을 분류하고 각 측정대상에 순서나 서열을 결정하고 서열 간에 일정한 간격을 제시할 뿐 아니라 절대영점(0)을 가짐으로써 비율을 결정할 수 있다. 비율척도(Ratio Scale)라고도 한다.
- **예** 신장, 체중, 소득, 회사근무연수, 졸업생 수, 시험 원점수, 연간 순수입, 교육연수(정규교육을 받은 기간), 빈곤율, 출산율, 청년실업지수, GNP 등

② 절대적인 기준을 가지고 속성의 상대적 크기 비교 및 절대적 크기까지 측정할 수 있도록 비율의 개념이 추가되어, 측정값 간의 유의미한 비율 계산이 가능하다.
- **예** A자동차가 시속 100km로 달리고, B자동차는 시속 150km로 달리고 있다면 B자동차가 A자동차보다 1.5배 빠르다.

3 척도의 구성

1. 척도(Scale)의 의미
① 측정을 목적으로 일정한 규칙에 따라 질적인 측정대상에 표시하는 기호나 숫자의 배열, 일종의 측정도구 또는 계량화를 위한 도구이다.

② 다양한 문항들이 동일한 차원을 다루는 하나의 척도를 구성하는지 보기 위해 척도법을 사용한다.

③ 척도를 이루는 개별문항은 단일차원적이며 연속적, 하나의 개념을 점수화하는 데 적합하다.
④ 복수의 문항들로 구성되어 있는 합성측정의 형태이다.

2. 척도의 종류

(1) 평정척도
① 연속성이 있는 어떤 행동의 차원 또는 영역에 대해서 일정한 등급방식에 의해 평가하는 척도이다.
   예 학생들의 성적 'A, B, C, D, F' 또는 '수, 우, 미, 양, 가' 등
② 응답범주 구성 시 고려사항: 상호배타적, 응답 가능한 상황을 모두 포함, 찬반의 균형, 논리적 연관성 등이 있다.

(2) 리커트(총화평정)척도
① 각 문항별 응답점수의 총합이 측정하고자 하는 개념을 대표한다는 가정에 근거하며, 전체 문항의 총점 또는 평균을 계산하는 척도이다.
② 척도의 신뢰성과 타당성을 높이기 위해 문항들을 하나의 척도로 사용하는 다문항척도이다.
③ 일반적으로 범주를 다섯 가지(전혀 그렇지 않다/약간 그렇지 않다/보통이다/약간 그렇다/매우 그렇다)로 나누지만, 경우에 따라 세 가지(그렇지 않다/보통이다/그렇다) 또는 일곱 가지로 나눌 수도 있다.
④ 서열측정을 위한 방법으로 단순합산법을 사용하는 대표적인 척도이다.
⑤ 사용이 쉽고, 직관적인 이해가 가능하기 때문에 사회조사에서 널리 사용된다.
⑥ 리커트척도의 장단점

장점	단점
• 각 문항은 측정하고자 하는 개념의 속성에 대해 동일한 기여를 한다. • 적은 문항으로도 높은 타당도를 얻을 수 있어 매우 경제적이다. • 각 문항에 대한 가중치를 다르게 부여할 수 있다.	• 엄격한 의미에서의 등간척도가 될 수 없다. • 각 문항의 점수를 더한 총점으로는 각 문항에 대한 응답의 강도를 정확히 알 수 없다. • 항목의 우호성 또는 비우호성을 평가하기 위해 평가자를 활용하므로 주관적이다. • 척도가 측정하고자 하는 개념을 제대로 측정하고 있는지의 문제가 여전히 남는다.

(3) 서스톤(등현등간, 유사등간)척도
① 어떤 사실에 대하여 가장 비우호적인 태도와 가장 우호적인 태도를 나타내는 양극단을 구분하여 등간적으로 수치를 부여하는 척도이다.
② 어떤 질문에 대한 응답자의 매우 극단적인 반응에 대응하기 위한 척도로, 응답자의 태도가 연속선상에 위치한다면 응답자의 태도점수는 동일한 간격으로 구분된 어떤 범주에 속할 것이라고 가정한다.
③ 각 문항이 척도상의 어디에 위치할 것인가를 평가자가 판단하게 한 다음 조사자가 이를 바탕으로 대표적인 문항들을 선정하여 척도를 구성한다. 즉, 각 문항에 대한 전문평가자들의 의견 일치도가 높은 항목들을 골라서 척도를 구성한다.
④ 서스톤척도는 리커트척도를 구성하는 문항들의 간격이 동일하지 않다는 문제점을 보완하기 위해서 주요한 항목들에 가중치를 부여한 것으로 등간척도의 일종이다.
⑤ 많은 문항들 중에서 측정변수와 관련된 문항이 선정되므로 문항의 선정이 정확하다.

⑥ 그러나 평가를 위한 문항 수와 평가자가 많아야 하기 때문에 척도개발을 위하여 시간과 노력이 많이 든다.
⑦ 리커트척도에 비해 작성과정이 복잡하고, 동일한 수의 문항을 사용하는 경우에도 리커트척도보다 신뢰성이 떨어진다.

(4) 보가더스척도
① 인종, 사회계급과 같은 여러 가지 형태의 사회집단에 대한 사회적 거리를 측정하기 위한 척도이다. 보가더스의 사회적 거리척도(Bogardus Social Distance Scale)라고도 한다.
② 각 척도를 하나의 사회적 거리라는 연속적인 순서에 따라 배열하며, 각 점수 간에 등간성을 가정하므로 서열척도의 일종이다.
③ 적용범위가 넓고 예비조사에 적합한 면이 있으며 집단 상호 간의 거리를 측정하는 데 유용하고, 집단뿐 아니라 개인 또는 추상적인 가치에 관해서도 적용할 수 있다.

(5) 거트만척도(척도도식법, 누적척도)
① 태도의 강도에 대한 연속적 증가유형을 측정하고자 하는 척도로 누적척도화(Cumulative Scaling)의 대표적인 형태이다.
② 합성측정의 유형 중 하나이다.
③ 각 항목은 난이도에 의해 서열이 정해지며, 어려운 항목에 찬성한 응답자는 쉬운 항목에 대해 자동적으로 찬성한다고 가정하므로, 응답자의 응답내용을 역으로 유추할 수 있다.
④ 척도를 구성하는 과정에서 질문문항들이 단일차원을 이루는지 검증할 수 있는 척도이다.
⑤ 척도의 유용성을 검증하기 위해 재생계수(Coefficient of Reproducibility, CR)를 구한다.
⑥ 두 개 이상의 변수를 동시에 측정하는 다차원적 척도로서 사용될 수는 없다.

(6) 의미분화(어의차이)척도
① 일직선으로 도표화된 척도의 양극단에 서로 상반되는 형용사를 배열하여 양극단 사이에서 해당 속성을 평가하는 척도이다.
② 일련의 대립되는 양극의 형용사나 표현으로 구성된 척도를 이용하여 응답자의 감정 혹은 태도를 측정한다.

(7) 소시오메트리
① 집단구성원 간의 친화와 반발을 조사하여 그 빈도와 강도에 따라 집단구조를 이해하는 척도이다.
② 집단 내의 구성원 사이에 맺어지는 사회성 또는 동료관계를 측정할 때 많이 이용된다. 집단의 성질, 구조, 역동성, 상호관계를 분석하는 데 사용되며, 리더십 연구와 집단 내의 갈등, 응집에 관한 연구에서 사용된다.
③ 주관적 경험을 통한 현상학적 접근으로 집단의 구조를 이해하고자 할 때 이용될 수 있다.
④ 시간적·공간적 제약이 있으며, 조사대상 인원이 다수일 때보다 소수일 때 적용할 수 있다.

4 측정오차의 의미

1. 측정오차의 개념
질적인 특수성을 갖는 각각의 속성을 인위적으로 측정하는 양적인 현상으로 전환함으로써 이들 간의 관계에서 발생하는 오차이다.

2. 측정오차의 종류

(1) 체계적 오차

① 측정하고자 하는 변수 또는 측정대상에 어떤 요소가 일정하게 체계적으로 영향을 미침으로써 측정결과가 모두 높아지거나 낮아지는 등 항상 일정한 방향으로 작용하는 편향(Bias)을 보이는 오차이다. 측정결과의 자료분포가 어떤 방향으로 기울어져 있다.
② 사회경제적 특성, 개인적 성향, 편견 등에 의해 오차가 발생한다.
③ 체계적 오차는 자료수집방법이나 수집과정에 개입될 수 있다.
④ 측정의 타당성과 관련이 있으며, 반비례 관계이다.
⑤ 표준화된 측정도구를 사용하면 체계적 오차를 줄일 수 있다.

(2) 비체계적 오차(무작위오차, 확률오차)

① 측정대상(응답자), 측정과정, 측정수단, 측정자(조사자) 등에서 우연적이며 가변적인 일시적 상황에 의해 측정 결과에 대한 영향을 미치는 오차이다.
　㉠ 측정대상에 의한 오차: 측정대상의 긴장, 피로, 불안 등과 같은 신체적, 정신적 요인 등
　㉡ 측정과정에 의한 오차: 불편한 장소, 시간, 불편한 좌석배치, 소음, 조명, 신경 쓰이는 주변인의 존재 등
　㉢ 측정수단에 의한 오차: 측정수단이나 도구에 대한 사전 설명이 미흡하여 측정도구 사용이 어려운 경우 등
　㉣ 측정자에 의한 오차: 측정자의 건강상태, 사명감, 기분, 관심사 등과 같은 신체적·정신적 요인 등
② 통제하기 어려운 상황에서 주로 발생한다.
③ 오차가 인위적이지 않아 그 값이 다양하게 분산되는 경향이 있다.
④ 방향이 일정하지 않아 오차값들이 상호상쇄(Self-compensation)되는 경향이 있다.
⑤ 측정의 신뢰성과 관련이 있으며, 반비례 관계이다. 따라서 신뢰성을 높여 비체계적 오차를 줄일 수 있다.

3. 측정오차를 줄이는 전략

① 측정항목의 수를 가능한 한 늘린다.
② 측정내용을 간단하고 명료하게 구성한다.
③ 측정방식에 일관성을 유지한다.
④ 조사자에 대한 사전훈련이 필요하다.
⑤ 신뢰할 수 있는 측정도구를 사용한다.
⑥ 응답자를 배려한 환경과 분위기를 조성한다.
⑦ 응답자가 모르거나 관심이 없는 내용은 측정하지 않는다.
⑧ 중요한 질문은 2회 이상 동일하거나 유사한 질문을 제공한다.
⑨ 간과했을 수도 있는 편견이나 모호함을 찾아내기 위해 동료들의 피드백을 얻는다.
⑩ 다각적 측정방법을 수행한다.

5 타당성의 의미

1. 타당성의 개념
① 측정도구가 실제로 측정하고자 하는 바를 얼마나 정확하게 측정하고 있는가, 즉 측정한 값과 진정한 값과의 일치 정도에 대한 개념으로 타당도라고도 한다.
② 타당성을 높이기 위해서는 측정하고자 하는 개념에 대하여 적절한 조작적 정의를 갖는 것이 중요하다.

2. 타당성의 종류

(1) 내용타당성(표면타당성, 논리적 타당성)
① 측정항목이 조사자가 의도한 내용대로 실제로 측정하고 있는지를 확인한다.
② 측정도구의 점수나 척도가 일반화하려고 하는 개념을 어느 정도 잘 반영해 주는지를 확인한다.

(2) 기준관련타당성(기준타당성, 실용적 타당성, 경험적 타당성)
① 이미 전문가가 만들어 놓은 신뢰성과 타당성이 검증된 측정도구에 의한 측정결과를 기준으로 확인한다.
② 사용하고 있는 측정도구의 측정값과 기준이 되는 측정도구의 측정값 간의 상관관계를 확인하여 타당성의 통계적 유의성을 평가한다.
③ 종류
  ㉠ 동시타당성: 기존에 타당성을 보장받은 검사와의 유사성 혹은 연관성을 확인한다.
  ㉡ 예측타당성
    • 어떤 행위가 일어날 것이라고 예측한 것과 실제 대상자 또는 집단이 나타낸 행위 간의 관계를 확인한다.
    • 검사도구가 미래의 행위를 예언하므로 채용, 선발, 배치 등의 목적을 위해 사용할 수 있다.

(3) 개념타당성(구성타당성, 구조적 타당성)
① 측정하고자 하는 이론적인 개념이 측정구에 의해서 실제로 적절하게 측정되었는지를 확인한다.
② 종류
  ㉠ 이해타당성: 측정도구가 서로 유사한 여러 개념들을 모두 측정할 수 있는지를 확인한다.
  ㉡ 집중타당성(수렴타당성): 동일한 개념을 서로 다른 측정도구를 사용해서 측정한 결과값 간의 상관관계를 확인한다.
  ㉢ 변별타당성(판별타당성): 서로 상이한 개념을 동일한 측정도구를 사용해서 측정한 결과값 간의 상관관계를 확인한다.

6 신뢰성의 의미

1. 신뢰성의 개념
① 측정도구가 측정하고자 하는 현상을 일관성 있게 측정하였는지, 즉 반복측정결과의 일관성에 대한 개념으로 신뢰도라고도 한다.
② 어떤 측정수단을 같은 연구자가 두 번 이상 사용하거나, 둘 이상의 서로 다른 연구자들이 사용한다고 할 때, 측정결과가 동일하고 안정되게 나오면 신뢰성이 높다고 한다.

③ 신뢰성의 개념에는 신빙성, 안정성(Stability), 일관성(Consistency), 예측가능성(Pre-dictability) 등의 의미가 내포되어 있다.

2. 신뢰성 추정 방법

(1) 재검사법

① 동일한 상황에서 동일한 측정도구를 사용하여 동일한 대상을 일정한 시간 간격을 두고 두 번 이상 반복적으로 측정하여 그 결과값을 비교하는 방법이다.

② 재검사한 결과값에 대한 상관관계를 계산하여(칼 피어슨의 단순적률) 상관계수가 높으면 신뢰성이 높다는 의미로 해석한다. 이때, 상관계수를 안정성계수라고도 한다.

③ 안정성계수는 -1.00에서 +1.00의 값으로, 검사점수가 시간의 변화에 따라 일관성이 있으면 안정성계수가 +1에 가까우며, 신뢰성이 높다고 해석한다.

④ 측정도구 자체를 직접 비교할 수 있으며 실제 현상에 적용시키는 데 매우 간편하다.

⑤ 검사간격이 너무 짧으면 기억효과 때문에 신뢰성이 실제보다 높게 추정될 수 있다.

⑥ 성장, 우연한 사건 등 외생변수에 영향을 받을 수 있으며, 시간이 지남에 따라 실제값이 변화하는 것을 통제할 수 없다.

(2) 복수양식법(대안법, 평행양식법)

① 재검사법의 변형으로, 대등한 두 가지 형태의 측정도구를 이용하여 동일한 측정대상을 동시에 측정한 뒤, 두 측정값의 상관관계를 비교하는 방법이다.

② 재검사법에서 나타나는 외생변수의 영향을 극복할 수 있다.

③ 두 가지 형태의 측정도구는 유사성이 매우 높아야만 신뢰성을 측정할 수 있는 도구로 인정받을 수 있다.

④ 동일한 현상을 측정하기 위한 두 개의 동등한 측정도구를 개발하는 것이 쉽지 않다.

⑤ 신뢰성이 낮게 나왔을 경우 측정도구의 신뢰성 문제인지 두 측정도구의 동등화에 실패하였기 때문인지 알 수 없다.

(3) 반분법

① 복수양식법의 변형으로, 하나의 측정도구를 문항 수와 내용이 비슷하도록 나누고 각각을 독립된 두 개의 측정도구로 사용하여 동일한 대상을 측정한 후 그 결과값을 비교하는 방법이다.

② 스피어만-브라운공식(Spearman-brown Method)

㉠ 반으로 나뉜 측정도구로 원래 측정도구의 신뢰성을 추정하기 위해 반분신뢰성에 대한 교정이 필요하다.

㉡ 질문 수가 짝수 개인 측정도구가 홀수 개인 측정도구보다 신뢰성이 높고, 질문지 전체가 반쪽보다 신뢰성이 높다고 가정한다.

③ 하나의 측정도구를 어떻게 반분하는지에 따라 상관계수가 달라질 수 있으므로 측정도구의 동질성이 확보되어야 한다.

④ 측정도구의 문항이 적은 경우 사용할 수 없으며, 어떤 특정 항목의 신뢰성을 정확히 파악하는 데 한계가 있다.

(4) 내적일관성법

① 측정도구를 구성하는 항목들이 서로 상관관계가 있다는 논리에 근거하여 이들 간에 나타난 상관관계 값을 평균 처리하는 방법이다.

② 동일한 개념을 측정하는 항목인 경우 그 측정결과에 일관성이 있어야 한다는 논리에 따라 일관성이 없는 항목(신뢰성을 저해하는 항목)을 찾아낼 수 있다.
③ 신뢰성 측정값을 크론바하 알파(Cronbach's Alpha)값이라고 하며 문항 간의 평균상관계수가 높을수록, 또는 문항의 수가 많을수록 크론바하 알파값이 커진다.
④ 크론바하 알파값은 0.6 이상이 되어야 만족할 만한 수준이라고 하며, 0.8~0.9 정도면 신뢰성이 높은 것으로 본다.
⑤ 문항 수가 많을수록 크론바하 알파값이 커진다.

3. 신뢰성 제고 방법

① 측정항목의 수를 늘려 실제 측정값이 진실된 값에 근접할 가능성을 높인다.
② 측정도구를 구성하는 문항의 개념을 명확히 작성한다.
③ 하나의 개념을 측정하기 위한 측정도구에 다수의 문항을 포함시킨다.
④ 중요한 질문인 경우 동일하거나 유사한 질문을 2회 이상 한다.
⑤ 이전의 조사에서 신뢰성이 있다고 인정된 측정도구를 이용한다.
⑥ 사전검사 또는 예비검사를 실시한다.
⑦ 응답자가 잘 모르거나 관심이 없는 내용은 측정하지 않는다.
⑧ 누구나 동일하게 이해할 수 있는 측정항목으로 구성하며, 측정항목이 모호하다면 제거하는 것이 좋다.
⑨ 표준화된 지시사항과 설명을 사용한다.
⑩ 조사자의 면접방식과 태도와 자료수집과정을 일관성 있게 한다.

4. 신뢰성과 타당성의 상호관계

① 측정의 신뢰성은 타당성의 필요조건이고 타당성은 신뢰성의 충분조건이다.
② 타당성이 있는 측정은 항상 신뢰성이 있다.
③ 타당성이 높은 측정은 항상 신뢰성이 높다.
④ 타당성이 낮은 측정이라고 해서 반드시 신뢰성이 낮은 것은 아니다.
⑤ 타당성이 없는 측정이라도 신뢰성이 있을 수도 있고 없을 수도 있다.
⑥ 신뢰성이 낮은 측정은 항상 타당성도 낮다.
⑦ 신뢰성이 높은 측정이라고 해서 반드시 타당성이 높은 것은 아니다.
⑧ 타당도와 신뢰도의 관계는 비대칭적이다.

CHAPTER 10 자료처리

1 부호화

1. 자료값 범위의 설정

(1) **자료처리의 의미**

수집과정에서 얻은 조사결과를 도표와 자료 분석에 적합한 형태로 변환하는 과정이다.

(2) **자료처리 단계**

단계	설명	작업
부호화	• 자료값 범위(칼럼) 설정 • 개방형 응답내용의 부호화	코딩(Coding)
자료입력	설문응답 자료를 텍스트나 스프레드시트에 입력하여 전산화	펀칭(Punching)
정합성 점검	입력된 자료의 정합성 및 논리적 오류값 점검, 자료수정	클리닝(Cleaning)
원시자료 생성	• 빈도표 작성 • 설문항목별 자료특성 분석	

> **참고**
>
> 자료처리 순서: 편집(editing) → 코딩(cording) → 입력(key-in)

(3) **자료값의 범위 설정**

① 설문응답의 부호화(Coding)에서 설문항목별로 자료값의 범위를 설정하는데, 이를 칼럼(Column) 작업이라고 한다.

  ㉠ 칼럼(Column): 설문항목별로 부호화된 자료값이 가질 수 있는 자리 수를 의미하며, 부호화 작업과 함께 진행되어야 정확한 자료값의 범위를 지정할 수 있다.

  ㉡ 칼럼 수: 일반적으로 문항별 자료값이 가질 수 있는 최대 자리 수이다.

  ㉢ 칼럼 번호: 문항별로 칼럼 수를 순차적으로 부여한 것이다. 각 문항별 칼럼 번호를 지정한 지침서를 칼럼 가이드라고 한다.

  ㉣ 칼럼 가이드: 각 문항별 칼럼 번호를 지정한 지침서이다.

② 개방형 질문의 자료값 범위 설정

  ㉠ 개방형 응답은 부호화의 범위가 응답내용의 범위에 따라 달라질 수 있으므로, 칼럼 작업과 응답의 부호화 작업을 함께 하면 효율적이다.

ⓒ 개방형 응답의 부호화 이전에 자리 수를 지정해야 할 경우에는 개방형 응답이 가질 수 있는 최대 응답을 기준으로 지정한다.

　폐쇄형 질문의 자료값 범위 설정
　　㉠ 주어진 조건 안에서만 반응을 요구하기 때문에 개방형 질문보다 응답내용이 제한되지만, 처리가 용이하기 때문에 설문지의 많은 문항이 폐쇄형 질문의 형태로 작성된다.
　　ⓒ 폐쇄형 질문은 사전에 자료값의 범위를 미리 부호화하여 설정해 놓았기 때문에 개방형 질문에 비해 명확한 범위의 설정이 가능하다.
　　ⓒ '기타( )'와 같이 폐쇄형 질문 내에 개방형 질문이 함께 포함되어 있는 경우에는 기타 값이 가질 수 있는 최대 응답을 함께 고려하여 자료값의 범위를 설정한다.

2. 무응답 처리 방법

(1) 무응답의 의미
① 자료를 수집하는 과정에서 일부 문항에 대한 응답이 누락되었다는 것을 말한다.
② 응답이 측정되지 않고 빠져 있다는 의미로 결측값(Missing Value)이라고도 한다.
③ 조사결과에 무응답이 많이 발생할 경우 설정한 표본 크기보다 그 결과가 작아져 분석 시 추정량의 분산을 증가시키는 원인이 된다. 따라서 가능한 무응답이 발생하지 않도록 해야 하며, 만일 무응답이 발생했다면 이에 대한 적절한 대책을 마련해야 한다.

(2) 무응답의 유형과 처리 방법
① 실수로 응답을 누락한 경우: 추후 전화검증을 통한 응답 확인이 가능한 경우이기 때문에 응답내용을 재확인하여 설문결과에 반영한다.
② 문항에 응답할 수 있는 적합한 보기가 없거나 응답할 내용이 없어서 누락한 경우: 일반적인 무응답과 구분하여 '없음'으로 별도 표기하여 관리한다.
③ 응답을 거부하거나 응답내용을 잘 몰라서 누락한 경우(또는 무응답 사유를 확인할 수 없는 경우): '모름/무응답'으로 별도 표기하여 관리한다.

(3) 재조사 실시
① 재조사의 필요성: 다음과 같이 조사결과에 중대한 영향을 줄 수 있는 오류가 발견되었을 경우에는 해당 설문지를 폐기하고 재조사를 실시한다.
　㉠ 응답자가 부적합한 조사대상자로 확인된 경우
　ⓒ 응답내용의 일관성·신뢰성이 심각하게 훼손된 경우
　ⓒ 응답방법을 준수하여 설문을 진행하지 않은 문항이 많은 경우 등
② 재조사 시 유의사항: 재조사를 진행해야 하는 표본이 많아질 경우에는 전체 조사 일정에 영향을 줄 수 있으므로, 실사진행 단계에서 수시로 설문지를 회수하여 품질 관리를 실시해야 한다.
③ 재조사의 대상: 재조사를 진행할 때는 폐기된 설문지의 응답자와 동일한 표본 특성을 지닌 조사대상자에게 연락을 취하여 진행되어야 한다.

3. 응답내용의 부호화

(1) 개방형 응답의 부호화
① 주관식으로 응답한 내용 혹은 객관식 문항의 '기타' 항목에 응답한 내용에 대해 각각 특정 숫자를 부여한다.
② 숫자를 부여하는 데 특별한 규칙은 없으며 응답순서대로 번호를 매긴다.

(2) 폐쇄형 응답내용의 부호화
① 응답내용의 범위를 사전에 부호화하여 설정하였기 때문에 별도의 부호화 작업이 필요없다.
② 다만, 질문항목 안에 '기타( )'와 같이 개방형 응답보기가 포함되어 있는 경우에는 개방형 응답내용의 부호화 방식을 참고하여 별도의 부호화 작업을 실시해야 한다.

(3) 코딩용지에 응답내용을 옮기는 방법
① 응답비율이 높은 응답내용에 1, 2, 3과 같은 초기 번호를 주는 것이 좋다.
② 부정적인 내용과 긍정적인 내용은 부호화 범위를 구분해서 긍정 응답군과 부정 응답군으로 나누어 부호화하는 것이 좋다.
③ 무응답도 번호를 부여한다. 일반적으로 무응답 번호는 마지막 숫자로 부여한다. 한 자리에는 9번, 두 자리 경우에는 99번으로 부호화한다. 무응답에는 해당 없음, 기억나지 않음, 대답 회피, 모름 등이 포함된다.
④ 점수평가 질문 다음에 평가이유를 코딩할 때 평가방향과 평가이유가 일치해야 한다. 일반적으로 긍정평가에도 부정이유가, 부정평가에도 긍정이유가 약간씩 포함되어 있다.
⑤ 코딩 작업이 일단 끝나면 동일한 내용이 몇 개의 코딩 번호로 중복되어 있는지, 분류된 내용이 서로 비슷하여 하나로 합쳐도 되는 것인지, 반대로 복합의미가 있어 다시 구분할 내용이 있는지를 검토해야 한다.

4. 부호화 지침서 작성
① 조사자료가 방대할 경우에 여러 사람이 부호화 작업에 참여하게 되므로 부호화의 일관성이 유지될 수 있도록 부호화 지침서(코드북, Code Book)를 만들 필요가 있다.
② 각 변수명, 칼럼 번호, 칼럼 수, 질문번호 및 항목내용, 부호화 범위 등을 포함하여 작성한다.
③ 결측값 처리 시 변수의 값이 가질 수 있는 대안 이외의 값을 부여한다.
　　예 응답대안이 1~50이면 9를, 01~150이면 99를 부여한다.
④ 어떤 응답이든 하나의 값으로 부호화될 수 있어야 한다. 가능한 변수의 실제 가치를 부호화하고, 일관된 부호체계를 사용하며, 범주가 포괄적이고 상호배제적이 되도록 한다.

2 자료입력 및 검토

1. 자료의 입력

(1) 설문응답 자료의 입력
① 조사주체, 조사대상, 조사규모, 조사항목 등 조사별 특성과 자료입력방법별 장단점을 고려하여 가장 적합한 입력방식을 채택한다.

② 입력방법: C/S(Client/Server) 형태의 입력프로그램에 의한 PC입력방법, 노트북 PC 또는 PDA를 통한 조사단계에서의 입력, ICR(광학문자판독기)입력, OMR(광학마크판독기)입력, E-mail이나 웹을 통한 인터넷 입력방법 등이 있다.

③ 수작업 입력 시 발생할 수 있는 오류
   ㉠ 다른 숫자를 입력한다.
   ㉡ 동시에 2개의 숫자를 누른다.
   ㉢ 같은 숫자를 여러 번 입력한다.
   ㉣ 변수를 건너뛴다.
   ㉤ 자리수를 잘못 알고 입력한다.

(2) 자료처리 시 오류

① 범위오류
   각 문항별로 빈도표를 출력하여 해당 질문의 응답범위를 벗어난 숫자(코드)가 있는지 확인한다.

② 논리오류
   ㉠ 특정 항목에 대하여 모든 응답에서 일관되게 나타나는 오류로 체계적 오류라고도 한다.
   ㉡ 집계나 추정에서 편향을 발생시키기 때문에 통계결과에 심각한 영향을 준다.
   ㉢ 논리오류의 예
      • 사전에 정해진 용어 정의나 분류에 기초하여 응답을 하여야 하는데 이를 충분히 이해하지 못하고 시종일관 잘못 응답하는 경우
      • 코딩과정에서 응답을 오역하여 잘못 입력하는 경우
      • 여과 질문과 관련한 통과규칙을 잘못 이해하여 응답하는 경우
      • 부호오류
      • 단위측정오류
      • 데이터입력과정에서 발생한 시스템에 의한 오류

(3) 오류 발생 시 대책

① 데이터편집: 1차 수집된 원 자료 내에 포함된 오류를 찾아내고, 합리적인 절차에 의해 오류를 수정하는 과정이다.
   ㉠ 입력편집: 자료입력 단계에서 오류가 포함된 데이터입력을 방지하는 작업이다. 입력장치에 자동으로 입력오류를 체크하는 프로그램을 가동하거나, 전통적인 방식으로 설문지를 수작업으로 직접 확인한다.
   ㉡ 출력편집: 이미 입력된 데이터를 가지고 논리적 규칙 및 통계적 규칙 등을 사용해 오류를 찾아내는 작업이다.

② 결측값 처리
   ㉠ 구조적 결측값
      • 여과질문(Filter Question)에 의하여 응답자에게 해당되지 않아 결측값이 생긴 경우이다.
      • 일반 결측값과 구조적 결측값은 구별한다.
   ㉡ 결측값 표기
      • 데이터에서 결측항목은 공란으로 남겨 놓거나 일반 응답값과 구분되는 값, 예를 들어 '9999' 등을 입력하고 '9999'가 결측값임을 기록한다.

- 여과질문에 의한 구조적 결측인지 단순한 항목무응답인지 구분하여 표기한다.
- 양적변수에서 '0'의 값과 무응답을 구분한다.

③ 무응답 처리

㉠ 단위무응답(Unit Non-response): 설문지에 응답자가 전혀 응답을 하지 않은 것이다. 조사대상자를 접촉하지 못했을 경우, 조사대상자가 응답을 거부하였을 경우에 나타난다.

㉡ 항목무응답(Item Non-response): 응답자가 몇 개의 항목에는 응답을 하고 나머지 항목에 응답을 하지 않은 것이다. 응답자가 답을 알지 못할 경우, 응답자가 일부 항목에 응답하고 싶어 하지 않을 경우, 응답자가 응답 도중 단순히 질문을 놓쳤을 경우에 나타난다.

㉢ 무응답 처리
- 단위무응답은 응답자 가중치를 조정하는 가중치조정법으로 처리한다.
- 무응답 대체를 사용할 경우 분산추정에 주의를 기울여야 한다. 실제로는 무응답 대체를 했으면서 마치 무응답이 없었던 것처럼 간주해 추정을 하게 되면 분산의 과소추정이라는 이론적 문제가 생기게 된다.
- 응답률이 높은 조사일 때 상대적으로 무응답이 큰 영향을 미치지 않지만, 일반적으로 무응답 처리는 중요한 문제가 된다.

㉣ 항목무응답 처리 방법

무응답 가중치조정 (Non-response Weighting adjustment)	전체 표본을 몇 개의 대체 층으로 분류한 뒤 각 층에서 무응답으로 인한 효과를 고려하여 가중치를 조정해주는 방법
순차적 핫덱 (Sequential Hot-deck)	• 동일한 조사에서 다른 응답자로부터 얻은 자료를 이용해 결측값을 대체하는 방법 • 자료의 입력순서에 따라 바로 앞의 응답결과로 결측값을 대체하는 방법
랜덤대체 (Random imputation)	대체 층 내에서 임의로 한 응답값을 선택하여 결측값을 대체하는 방법
평균대체 (Mean imputation)	전체 표본을 몇 개의 대체 층으로 분류한 뒤 각 층에서의 응답자 평균값을 그 층에 속한 모든 결측값을 대체하는 방법
이웃값대체 (Nearest neighborhood imputation)	각 대체 층 내에서 결측값에 대응하는 변수값이 가장 가까운 응답자의 자료로 결측값을 대체하는 방법
회귀대체 (Regression imputation)	응답자료를 토대로 변수 y와 관련된 보조변수 $x_1, x_2, \cdots, x_k$에 대한 회귀모형을 적합시킨 후, 적합된 회귀모형의 예측값을 이용해 결측된 y값을 대체하는 방법
콜드덱 (Cold-deck)	• 기존에 실시된 표본조사의 유사항목 응답값으로 결측값을 대체하는 방법 • 외부 출처(과거 조사, 이전의 비슷한 조사)에서 가져온 값을 대체하는 방법

2. 이상치(Outlier)

① 관측된 데이터의 범위에서 많이 벗어나 아주 작은 값이나 아주 큰 값으로, 잔여 자료 세트와 일치하지 않는 것으로 보이는 관측치나 관측치의 부분집합이다.

② 모든 조사에서 이상치는 대부분의 변수에 대하여 발견된다.

③ 이상치가 존재하는 이유

㉠ 자료입력과정에서 오차가 발생할 수 있다.

   ⓒ 여타 모델이나 분포로부터 생겨난 것으로 간주될 수 있다.

   ⓒ 자료 자체의 변동성 때문일 수 있다.

 ④ 이상치 식별

   ㉠ 대다수 관측치로부터 멀리 떨어진 관측치를 말한다.

   ⓒ 통계추정에 매우 큰 영향을 미치므로 이상치를 식별하여 문제가 있는 관측치인지 판별하여야 한다.

   ⓒ 이상치 판별은 자료 중심과의 상대적인 거리로 판단한다.

3. 오류 검사 방법

 ① OFF CODE 검사: 입력되어야 할 부호 이외의 것이 입력되어 있는 오류를 찾아내는 방법이다.

 ② 다른 숫자나 문자 또는 공란이 있을 때 관련 항목 검사: 서로 연관되는 항목 간의 관계를 검토하여 모순이 발생하는지를 확인하는 방법이다.

 ③ 범위 검사: 각 항목이 적합한 상한과 하한의 범위를 넘어서는지 확인하는 방법이다.

 ④ 합계 검사: 설문지 상의 수치 내용을 계산한 후 합계란의 수치와 동일한지 확인하는 방법이다.

 ⑤ 검사 숫자에 의한 검사: 입력하고자 하는 데이터 숫자의 마지막 자리에 검사숫자를 추가하여 데이터가 입력되면 데이터와 검사숫자를 상호비교하여 입력착오를 찾아내는 방법이다.

 ⑥ 순서 검사: 조사대상의 중복 및 누락을 확인할 때 사용하는 방법이다.

에듀윌이
너를
지지할게
ENERGY

포기하고 싶어질 때
왜 시작했는지를 기억하라.

필답형
기출복원문제

SURVEY ANALYST

제1회 기출복원문제	78
제2회 기출복원문제	85
제3회 기출복원문제	93
제4회 기출복원문제	99
제5회 기출복원문제	106
제6회 기출복원문제	111
제7회 기출복원문제	116
제8회 기출복원문제	123
제9회 기출복원문제	130
제10회 기출복원문제	137
제11회 기출복원문제	144
제12회 기출복원문제	151
제13회 기출복원문제	156
제14회 기출복원문제	161

제 1 회 기출복원문제

01 ★★★
생태학적 오류의 개념과 예시를 설명하시오.

모범답안

1. 생태학적 오류의 개념
집합수준의 분석단위의 자료를 바탕으로 개인의 특성을 추리할 때 발생할 수 있는 오류이다.

2. 생태학적 오류의 예
전국의 시·도를 조사한 결과 대학 졸업 이상의 인구 비율이 높은 지역이 낮은 지역에 비해 소득이 더 많음을 알게 되었고, 이를 통해 학력 수준이 높은 사람이 낮은 사람에 비해 소득수준이 높다고 결론을 내렸다.

작성TIP

생태학적 오류(집단 → 개인), 개인주의적 오류(개인 → 집단)는 자주 출제되는 부분이다. '개념'과 '예'를 함께 알고 있어야 한다.

02 ★★★
비확률표본추출방법과 비교한 확률표본추출방법의 특징 4가지를 쓰시오.

모범답안

확률표본추출방법	비확률표본추출방법
• 무작위로 표본을 추출한다. • 조사대상이 뽑힐 확률을 미리 알기 때문에 표본의 대표성을 산출할 수 있다. • 조사자의 주관성을 배제할 수 있다. • 표집오차를 추정할 수 있다. • 모집단에 대해 일반화를 할 수 있다. • 일반적으로 시간과 비용이 많이 든다.	• 작위적으로 표본을 추출한다. • 연구대상이 표본으로 추출될 확률이 알려져 있지 않다. • 조사자의 주관성을 배제할 수 없다. • 표집오차를 추정할 수 없다. • 모집단에 대해 일반화를 하기가 어렵다. • 확률표본추출방법에 비해 시간과 비용이 적게 든다.

작성TIP

확률표본추출방법과 비확률표본추출방법은 거의 매회 출제되므로 반드시 정리하여 작성할 수 있어야 한다. 답안 작성 시 [모범답안]처럼 표로 만들어 비교하거나, 서술식으로 길게 나열하면 된다.

03 질문자가 응답자로부터 충분한 답을 얻지 못했을 경우, 보다 충분한 결과를 얻기 위해 사용하는 기술에 대해 정의하고 설명하시오.

모범답안

면접조사에서 응답자의 대답이 불충분하거나 정확하지 않을 때 추가로 질문하고 정확한 대답을 얻기 위한 기술은 프로빙(Probing)이다. 프로빙은 응답자가 폐쇄식 질문에 답을 하였다면, 답과 관련 있는 의문을 탐색하는 보조방법이다. 정확한 답을 얻기 위해 방향을 지시하는 등 답변의 정확성을 판단하는 방법으로 활용되기도 한다. 이때 응답을 원하는 태도나 표정을 드러내서는 안 되며, '다른 대답은 어떻겠냐'며 예를 들어 물어보는 등 필요 이상으로 지나치게 질문해서도 안 된다.

작성TIP

프로빙은 심층규명, 캐어묻기라고도 한다. 프로빙의 의미와 사례를 들어 기법을 서술하는 문제도 출제되었다. 프로빙의 대표적인 기술에는 간단한 찬성적 응답(그렇군요, 참 흥미있군요), 무언의 암시에 의한 자극(물끄러미 응시하기), 반복(응답자의 대답을 되풀이하기), 비지시적 질문 등이 있다.

04 집단인터뷰(집단면접)의 개념과 유용성을 설명하시오.

모범답안

1. 집단인터뷰의 개념

집단을 하나의 조사대상으로 선정하여 그 집단으로 하여금 자유로운 대화나 토론을 하게 한 다음 문제점을 찾아내고 그 해결책 등을 찾아나가는 면접방법이다. 개인이 갖는 문제보다 집단 전체와 관련된 주제나 문제에 더 초점을 맞춘다.

2. 집단인터뷰의 유용성

① 학교나 기업체, 군대 등의 조직체 구성원을 조사할 때 유용하며, 시간과 비용을 절약하고 동일성을 확보할 수 있다.
② 응답자들의 충분한 의견을 반영할 수 있고, 그들의 토론 속에서 공통점을 쉽게 찾을 수 있다.
③ 자발적인 의사표시로 타당성 있는 정보를 쉽게 얻을 수 있고, 손쉽게 넓은 영역의 정보와 통찰력을 얻을 수 있다.

작성TIP

집단인터뷰(집단면접)는 집단을 하나의 조사대상으로 선정하여 그 집단으로 하여금 자유로운 대화나 토론을 하게 한 다음 문제점을 찾아내고 그 해결책 등을 찾아나가는 면접방법이다. 집단표본조사는 대상자를 개별이 아닌 집단으로 모아놓고 질문지를 배부하여 응답자가 직접 기입하는 방식이다.

05 개념타당도, 내용타당도, 기준타당도에 대해 설명하시오.

> **모범답안**

1. 개념타당도
측정하고자 하는 이론적인 개념이 측정도구에 의해 실제로 적절하게 측정되었는지를 확인하는 것으로, 수렴타당도, 변별타당도, 이해타당도가 있다.

2. 내용타당도
조사자가 설계한 측정도구가 측정하려는 개념이나 속성을 제대로 대표하고 있는지의 여부를 확인한다.

3. 기준타당도
이미 전문가가 만들어 놓은 신뢰성과 타당성이 검증된 측정도구에 의한 측정결과를 기준으로 확인하는 것으로, 동시타당도와 예측타당도가 있다.

> **작성TIP**
>
> 개념타당도의 종류(수렴타당도, 변별타당도, 이해타당도), 기준타당도의 종류(동시타당도, 예측타당도)에 대해 묻는 문제가 출제될 수 있으므로 타당도별 종류에 대해서도 구체적으로 정리하고 서술할 수 있어야 한다.

06 참여관찰의 종류 4가지를 설명하시오.

모범답안

1. 완전참여자
① 관찰자의 신분을 밝히지 않은 채 집단의 완전한 구성원이 되어 자연스럽게 일어나는 사회적 과정에 참여한다.
② 가장 객관성을 유지하기가 어려우며, 윤리적·과학적 문제가 발생할 수 있다.
③ 관찰자가 자신의 신분을 밝히지 않고 연구대상자들의 활동에 참여하므로 그들에게 영향을 미칠 수 있다.

2. 완전관찰자
① 관찰자의 신분을 밝히지 않은 채 연구대상자들의 활동에는 전혀 참여하지 않고 관찰만 한다.
② 연구대상자들에 대한 관찰이 피상적이고 일시적일 수 있다.
③ 완전참여자보다 연구대상을 충분히 이해할 수 있는 가능성이 낮다.
④ 여러 관찰자의 유형 중 연구대상자에게 영향을 미칠 가능성이 가장 작다.

3. 참여자로서의 관찰자
① 관찰자의 신분을 밝히고 연구대상자들의 활동 공간에 들어가 심층적으로 관찰한다.
② 참여보다 관찰이 주를 이룬다.

4. 관찰자로서의 참여자
① 관찰자의 신분을 밝히고 연구대상자들의 활동 공간에 자연스럽게 참여한다.
② 관찰보다 참여가 주를 이룬다.

작성TIP

완전참여자와 완전관찰자는 '관찰자 신분을 밝히지 않는다.'는 것이 핵심이고, 참여자로서의 관찰자와 관찰자로서의 참여자는 '관찰자의 신분을 밝힌다.'는 것이 핵심이다. 또한 완전참여자는 객관성을 가장 유지하기 어려우며, 윤리적·과학적 문제가 발생할 수 있다는 점을 설명하는 것이 좋다.

07 사회적으로 바람직하게 보이려는 편향을 줄이는 방법 4가지를 쓰시오.

모범답안

① 질문지 작성 시 규범을 나타내는 단어를 쓰지 않고 우회적 단어를 사용한다.
② 응답자의 비밀을 철저하게 보장해준다.
③ 설문조사 이외의 관찰이나 기계적 장치 등을 이용한다.
④ 조사자가 객관적인 지침에 따라 조사할 수 있도록 교육에 만전을 기한다.

작성TIP

편향의 발생 원인을 묻는 문제가 출제되기도 하였다. 편향은 자신의 솔직한 의견을 표현하지 않고 사회적으로 본인 또는 소속집단이 우월하게 보이도록 응답하기 때문에 발생한다.

08 전실험설계의 종류 2가지와 그 개념을 설명하시오.

모범답안

1. 단일사례연구(1회 사례연구)
연구자가 임의로 선정한 단일집단을 대상으로 사전검사 없이 한 집단에 독립변수를 개입시킨 후 종속변수에 사후검사만 하는 설계이다.

2. 단일집단 사전 – 사후검사설계
연구자가 임의로 선정한 단일집단을 대상으로 사전검사를 실시하고 실험처치를 한 후 사후검사를 실시하여 처치 전후의 인과관계를 추정하는 설계이다.

3. 정태집단 비교 설계
사전검사 없이 실험집단에 독립변수를 개입한 후 사후검사 점수를 비교집단의 사후검사점수와 비교하는 설계이다.
통제집단 사후검사 설계에서 무작위 할당이 빠진 형태이다.

작성TIP

실험설계 문제는 자주 출제되는 영역이다. 전실험설계의 특징에 대해서도 서술할 수 있어야 한다. 전실험설계(원시실험설계)는 난선화(무작위할당)에 조사대상자가 선정되지 않고 비교집단이 선정되어도 집단 간의 동질성이 확보되지 않는다. 따라서 내적타당도와 외적타당도 저해요인을 거의 통제하지 못한다.

09 표본크기의 결정 요인 4가지를 서술하시오.

모범답안

① 모집단이 이질적일수록 표본크기가 커야 한다.
② 모집단의 규모가 작을수록 표본크기는 커야 한다.
③ 사용하고자 하는 변수의 수가 많을수록 표본크기는 커야 한다.
④ 독립변수의 카테고리(범주)의 수가 세분화될수록 표본크기는 커야 한다.
⑤ 허용오차가 작을수록 표본크기는 커야 한다.
⑥ 추정값에 대한 높은 신뢰수준이 요구 될수록 표본크기는 커야 한다.
⑦ 변수의 분산값이 클수록 표본크기는 커야 한다.

작성TIP

표본의 크기 결정 요인은 모두 암기하고 서술할 수 있어야 한다. 표본의 크기 결정 요인 5가지를 서술하는 문제가 출제되었다. 참고로, 표본의 크기 결정 시 고려사항으로는 외적요인과 내적요인이 있으며, 외적요인에는 모집단의 동질성, 모집단 크기, 가용할 자원(비용 및 시간), 조사목적, 조사자의 능력, 표본추출 형태, 카테고리(범주)의 수, 집단별 통계치의 필요성 등이 있고, 내적요인에는 신뢰성, 유의수준으로 대변되는 정확성 등이 있다.

10 좋은 질문지가 되기 위한 사항을 서술하시오.

모범답안

① 포괄성: 제시된 응답범주는 가능한 응답 내용을 모두 포함해야 한다.
② 상호배타성: 응답항목 간의 내용이 중복되어서는 안 된다.
③ 명확성: 애매한 단어가 포함된 질문에 대해 다양한 해석이 가능하므로 어느 응답자에게도 동일하게 전달될 수 있도록 쉽고 의미가 명확한 단어를 사용해야 한다.
④ 간결성: 질문의 의미가 전달될 수 있는 최소한의 문장과 단어로 제시해야 한다.
⑤ 이중적 질문 배제: 하나의 질문에 2가지 이상의 요소가 포함되는 것은 바람직하지 않다.
⑥ 응답자에 대한 가정 배제: 질문 내용에 임의로 응답자들에 대해 가정해서는 안 된다.

작성TIP

'응답자의 대답을 잘 받기 위한 질문의 요건'에 대해 묻는 문제로 출제되기도 하였다. 질문지 작성 원칙 중 개별 항목의 작성 원칙을 알고 서술할 수 있어야 한다. [모범답안] 외에도 질문지 작성 원칙에는 규범적 응답의 억제, 가치중립성, 전문용어의 사용 자제 등이 있다.

- 규범적 응답의 억제: 도덕적 규범이나 사회적 규범이 내재되어 있는 문항은 응답자로 하여금 규범에 맞는 응답을 요구하게 되어 솔직한 응답을 얻기 어려울 수 있으므로 자제해야 한다.
- 가치중립성: 질문항목과 응답범주에 질문자의 임의적인 가정이나 주관이 개입되어 응답자의 반응이 어느 한쪽으로 치우치거나 특정 응답을 유도하도록 제시해서는 안 된다.
- 전문용어의 사용 자제: 질문 시 응답자의 수준에 맞는 단어를 사용하며, 응답자 모두가 이해할 수 있도록 이해력이 낮은 사람의 수준에 맞춰야 한다.

제 2 회 기출복원문제

01 ★★★

다음 설문의 문제점 2가지를 설명하시오.

> 우리나라 정치 수준은 어느 정도라고 생각하십니까?
> ❶ 매우 높은 수준
> ❷ 높은 수준
> ❸ 높지도 낮지도 않은 수준
> ❹ 낮은 수준
> ❺ 매우 낮은 수준
> ❻ 모르겠음

모범답안

① 질문지 작성 시에는 질문의 의미가 전달될 수 있는 최소한의 문장과 단어로 제시해야 한다. '❸ 높지도 낮지도 않은 수준'은 '보통수준'으로 단순하고 명확하게 바꾸는 것이 좋다.
② 정치 수준에 대해 매우 높은 수준부터 매우 낮은 수준까지 빠짐없이 제시하고 있으므로 '❻ 모르겠음'의 응답범주는 사용하지 않는다.

작성TIP

개별 설문항목의 배열과 작성 원칙은 반드시 작성할 수 있어야 한다.

1. **개별 설문항목의 배열**
   ① 일반적이고 범위가 큰 질문을 먼저 하고, 특정적이고 구체적인 질문을 뒤쪽으로 배열(깔때기식 배열)한다.
   ② 쉽고 흥미 있는 질문은 도입부에 배열한다.
   ③ 민감한 질문은 후반부에 배열한다.
   ④ 인구통계학적 배경의 질문은 끝에 배열한다.
   ⑤ 질문항목 간의 관계를 고려하여 배열한다.

2. **개별 설문항목의 작성 원칙**
   ① 명확성: 가능한 한 쉽고 의미가 명확하게 구분되는 단어를 사용해야 한다.
   ② 간결성: 질문의 의미가 전달될 수 있는 최소한의 문장과 단어로 제시해야 한다.
   ③ 이중적 질문 배제: 하나의 질문에 2가지 이상의 요소가 포함되는 것은 바람직하지 않다.
   ④ 응답자에 대한 가정 배제: 질문 내용에 임의로 응답자들에 대해 가정해서는 안 된다.

02 사회과학적 연구의 2가지 논리적 방법(연역적 방법, 귀납적 방법)을 설명하시오.

모범답안

1. 연역적 방법
일반적인 사실로부터 특수한 사실을 이끌어 내는 논리체계로, 기존 이론을 확인하기 위해 주로 사용된다. 즉, 일정한 이론적 전제를 수립해 놓고 그에 따라 구체적인 사실을 수집하여 검증함으로써 다시 이론적 결론을 유도하며, '가설형성 → 관찰 → 가설검증 → 이론형성'에 따라 연구가 진행된다. 연역적 논리에 따르는 조사방법을 양적조사라고 한다.

2. 귀납적 방법
특수한 사실들로부터 일반적인 진리 또는 원리를 이끌어 내는 논리체계로, 개별적인 사례를 바탕으로 일반적인 원리를 도출해내기 위해 주로 사용된다. 즉, 경험적인 관찰을 통해 기존의 이론을 보충 또는 수정하며, '관찰 → 유형발전 → 임시결론 → 이론형성'에 따라 연구가 진행된다. 귀납적 논리에 따르는 조사방법을 질적조사라고 한다.

작성TIP

연역적 방법은 선(先)이론, 후(後)조사를 따르는 두괄식 전개법이며, 귀납적 방법은 선(先)조사, 후(後)이론을 따르는 미괄식 전개법이라는 것을 기억해야 한다. 연역법과 귀납법은 서로의 장단점으로 인한 상호보완적 관계이다.

03 질문지법, 실험법, 관찰법, 문헌연구의 개념과 연구주제에 대해 서술하시오.

모범답안

1. 질문지법
작성된 질문지를 배부하고, 조사대상자에게 작성하게 하는 자료수집방법이다. 특정 집단에 어떤 주제에 대한 의견을 묻고 그 결과를 통계적으로 처리하는 양적자료를 수집하기 위한 목적으로 활용된다.

2. 실험법
실험 상황의 요인들을 통제하고 인위적으로 관찰조건을 조성하여 연구한다. 독립변수의 효과를 측정하거나 독립변수가 종속변수에 영향을 미치는 인과관계에 대한 가설을 검증하는 목적으로 활용된다.

3. 관찰법
연구대상을 조작하거나 통제하지 않고 연구대상의 특성, 상태, 행위, 기능 등을 그대로 관찰하거나 측정하여 자료를 수집하고 기록하는 방법이다. 직접적이고 자연적이며, 비언어적인 자료를 수집하기 위한 목적으로 주로 활용된다.

4. 문헌연구
연구수행 전에 해당 연구와 관련된 분야에 대한 각종 문헌을 조사하여 연구한다. 해당 연구주제에 대한 과거 관련 연구의 결과를 학습할 수 있고, 그로부터 새로운 아이디어를 얻을 수 있으며, 최신 연구 경향을 확인하는 목적으로 주로 활용된다.

04 외적타당도와 내적타당도를 저해하는 요인을 3가지씩 서술하시오.

모범답안

1. 외적타당도 저해요인
   ① 표본의 대표성: 선정된 표본이 전체 모집단을 잘 대표한다는 것으로, 표본이 모집단을 잘 대표하지 못하면 외적타당성이 낮아진다.
   ② 생태적 대표성: 실험이 이루어지는 해당 지역의 환경 및 상황이 실제 일반적인 상황을 대표한다는 것이다.
   ③ 실험에 대한 반응성: 실험대상자가 자신이 실험에 참여하고 있음을 의식하여 실험에 반응하는 것이다.
   ④ 플라시보효과(위약효과): 가짜 약을 진짜 약이라고 믿고 먹으면 마치 진짜 약을 먹은 것처럼 환자의 병세가 실제로 호전되는 효과이다.
   ⑤ 실험적 처리의 일반성: 실험을 처리하는 연구자가 실험에 대해 제대로 훈련받은 사람인지 그렇지 않은지에 따라 결과가 다르며 외적타당성에 영향을 미친다.

2. 내적타당도 저해요인
   ① 성숙효과: 실험기간 중에 성숙 또는 시간의 경과에 따라 독립변수의 변화가 아닌 실험대상자의 육체적·심리적·연구통계적 특성의 변화가 종속변수에 영향을 미치는 경우이다.
   ② 통계적 회귀: 최초의 측정에서 양 극단적인 측정값을 보인 사례들은 이후에 재측정하면 평균값으로 회귀하여 처음과 같은 극단적인 측정값을 나타낼 확률이 줄어드는 경우이다.
   ③ 시험효과(주시험효과, 검사효과): 측정이 반복되면서 얻어지는 학습효과로 인해 실험대상자의 반응에 영향을 미치는 경우이다.
   ④ 외부사건(역사적 요인): 연구기간 동안 천재지변이나 예상치 않았던 사건과 같은 '우연적 사건'이 일어나는 경우이다.
   ⑤ 도구효과: 측정자의 측정도구(수단)가 달라져 결과에 영향을 미치는 경우이다.
   ⑥ 실험변수의 확산 또는 모방: 실험집단과 통제집단을 적절히 통제하지 않아 두 집단 간에 발생하는 모방심리가 결과에 영향을 미치는 경우이다.
   ⑦ 표본의 편중: 실험의 대상이 되는 집단 간 차이가 결과변수에 영향을 미치는 경우이다.
   ⑧ 실험대상의 탈락: 조사기간 중 특정 실험대상의 이탈로 인해 결과에 영향을 미치는 경우이다.
   ⑨ 선별요인: 연구자가 실험집단과 통제집단을 선발할 때 편견을 가지고 선발하여 결과에 영향을 미치는 경우이다.

05 표본틀(Sample Frame)의 개념에 대해 설명하고, 표본오차 발생억제 방법을 제시하시오.

모범답안

1. 표본틀의 개념
표본추출을 위한 모집단의 구성요소나 표본추출단위가 수록된 목록으로, 표본프레임, 표집틀이라고도 한다.

2. 표본오차 발생억제 방법
표본오차는 표본추출과정에서 발생하는 오차로, 표본추출과정에서 충분하지 않거나 대표성이 없는 표본을 잘못 추출함으로써 발생한다. 표본의 크기가 클수록, 표본의 분산이 작을수록 오차발생을 줄일 수 있으며, 이질적인 모집단보다 동질적인 모집단일수록 감소시킬 수 있다. 표본추출 시 적절한 확률추출법을 이용하여 표본이 모집단의 특성을 최대한 반영할 수 있도록 해야 한다.

작성TIP

표본틀(표집틀) 구성의 평가요소도 함께 알아 두도록 한다.
- **포괄성**: 연구하고자 하는 전체 모집단 중 얼마나 많은 부분을 포함하고 있는가?
- **추출확률**: 모집단에서 개별요소가 추출될 수 있는 확률이 동일한가?
- **효율성**: 조사자가 원하는 대상만이 표집틀에 포함되는가?

06. 집락표본추출(군집표본추출)의 절차를 설명하고 장단점을 각각 2가지씩 쓰시오.

모범답안

1. 집락표본추출의 절차
① 모집단 목록에서 이질적인 구성요소를 포함하는 여러 개의 군집으로 나눈다.
② 단순임의표본추출법에 의해 군집을 추출하여 군집표본을 구성한다.
③ 추출된 군집 내에 모든 대상이나 일부를 표본조사단위로 표본을 구성한다.

2. 집락표본추출의 장점
① 군집을 먼저 추출한 후 규모가 작아진 군집으로부터 표본을 추출하므로 시간과 비용이 적게 든다.
② 모집단에 대한 목록이 없는 경우에도 사용이 가능하다.
③ 선정된 각 군집은 다른 조사의 표본으로도 사용할 수 있다.
④ 각 군집의 성격은 물론 모집단의 성격을 파악할 수 있다.

3. 집락표본추출의 단점
① 군집이 동질적이면 오차의 개입 가능성이 높고, 표집오차를 측정하기가 어렵다.
② 군집이 모집단을 대표하지 못할 수 있으며, 특정 군집의 특성을 과대 또는 과소 표현할 위험이 있다.
③ 동일한 크기의 표본일 경우 단순무작위표집이나 층화표집보다 표집오차가 크다.
④ 군집단계의 수가 많으면 세분화 과정에서 표집오차가 발생할 가능성이 커진다.

작성TIP

집락표본추출의 개념과 특징을 묻는 문제가 출제될 수 있다.
- 모집단을 여러 가지 이질적인 구성요소를 포함하는 여러 개의 군집(집락) 또는 집단으로 구분한 후 군집을 표집단위로 하여 무작위로 몇 개의 군집을 표본으로 추출한 다음 표본으로 추출된 군집에 대해 그 구성요소를 전수조사 또는 표본조사하는 확률표본추출방법이다.
- 군집 내 이질적, 군집 간 동질적이다.
- 각 군집이 모집단의 성격을 충분히 반영할수록 모집단을 잘 추정하므로 각 군집이 모집단의 축소판일 경우 추정 효율이 높아진다.
- 비교적 비용이 적게 들기 때문에 전국 규모의 조사에 많이 사용된다.

07 분석단위의 개념과 종류에 대해 설명하시오.

모범답안

1. 분석단위의 개념
자료수집 시 표본의 크기를 결정하는 데 사용되는 기본 단위이다.

2. 분석단위의 종류
① 개인: 개인적 속성이나 특성을 수집한다.
② 집단: 사회집단을 연구하거나 집단 간 특성을 비교 연구할 때 수집한다.
③ 조직 또는 제도: 개인이나 집단이 이루는 조직을 연구하거나 제도 자체의 특성을 연구할 때 수집한다.
④ 사회적 가공물: 문화적 항목으로 구분되는 여러 형태의 사회적 대상물을 수집한다.
⑤ 지역사회 및 지방정부, 국가: 행정 및 정책을 연구할 때 수집한다.

작성TIP

분석단위는 보다 큰 집단을 기술하거나 추상적인 현상을 설명하기 위해 수집하는 자료의 단위, 또는 그 속성과 특성에 대해 자료를 수집하고 기술하고자 하는 대상이나 사물이다. 사례를 쓰는 문제가 출제된 적이 있으므로 각 분석단위별 사례도 알고 있어야 한다.

분석단위	사례
개인	전체 농부 중 32%가 여성임에도 불구하고 여성은 전통적으로 농부보다 농부의 아내로 인식되었다.
가구	인구센서스의 가구조사 자료를 이용하여 가족 구성원 간 종교의 동질성을 분석하였다.
도시	인구가 10만 명 이상인 도시 중 89%는 종합병원이 적어도 2개 이상이 있다.

08

외생변수의 통제방법 3가지를 쓰고, 각각에 대해 설명하시오.

모범답안

1. 제거
외생변수가 될 가능성이 있는 변수를 제거하여 실험상황에 개입하지 못하도록 한다.

2. 균형화(매칭)
예상되는 외생변수의 영향을 동일하게 받을 수 있도록 실험집단과 통제집단을 설계한다.

3. 상쇄
하나의 실험집단에 두 개 이상의 외생변수가 영향을 줄 경우 사용하는 방법으로, 외생변수의 적용순서를 바꾸거나 하여 외생변수 간 상반되는 영향을 주어 효과나 효력이 없어지도록 한다.

4. 무작위화
조사대상을 모집단에서 무작위로 추출함으로써 연구자가 조작하는 독립변수 이외의 모든 변수들의 대한 영향력을 동일하게 만들어준다. 표본추출의 대표성을 높여 외생변수를 통제하는 것이 가장 강력한 방법이다.

작성 TIP

시험에 자주 출제되는 내용으로, 외생변수의 통제방법 4가지를 모두 알고 있어야 한다.

09

소시오메트리는 집단 내 개인 간 친화 및 반발의 관계를 측정하는 방법이다. 이를 성공적으로 수행하기 위한 요건 5가지를 쓰시오.

모범답안

① 피조사자에게 집단의 한계를 명백하게 규정해야 한다.
② 피조사자는 일정한 기준에 의해 사람들을 선택하고 배척해야 한다.
③ 조사결과는 집단구조를 재구조화하는 데 사용되어야 한다.
④ 구성원들 간 개인적인 유대가 가능할만큼 집단의 규모가 작아야 한다.
⑤ 사용되는 질문문항은 구성원들이 충분히 이해할 수 있도록 만들어져야 한다.

작성 TIP

소시오메트리는 집단구성원 간 친화와 반발을 조사하여 그 빈도와 강도에 따라 집단구조를 이해하는 척도이다.

10 응답자의 태도에 따른 응답의 편향 유형에 대해 서술하시오.

> **모범답안**

1. **최신효과**
   최신에 들어온 정보(마지막에 들어온 정보)가 기억에 더 큰 영향을 미치는 현상을 말한다.

2. **초두효과**
   처음에 들어온 정보가 더 큰 영향을 미치는 현상을 말한다. 처음 제시한 항목일수록 선택할 확률이 높아진다.

3. **중앙집중효과**
   무조건 중립적인 답을 선택한다.

4. **관용의 오차**
   무조건 긍정적인 답을 선택한다.

5. **후광효과**
   어떤 대상이나 사람에 대한 일반적인 견해가 그 대상이나 사람의 구체적인 특성을 평가하는 데 영향을 준다. 즉, 응답에 있어 처음에 좋거나 나쁘게 평가한 것을 다음 응답에서도 좋거나 나쁘게 평가하는 것이다.

> **작성TIP**
>
> 의미가 비슷한 최신효과, 초두효과, 후광효과는 주의해서 암기하도록 한다.

제3회 기출복원문제

01 표본조사에서 질문지를 사용하여 자료를 수집할 때 발생할 수 있는 면접오류의 근원을 다음과 같이 2가지로 구분하여 각각 3가지씩 쓰시오.

> 1. 면접원 때문에 발생하는 오류
> 2. 면접진행과정에서 발생하는 오류

모범답안

1. 면접원 때문에 발생하는 오류
  ① 면접원의 태도, 성격, 말투 등에 따른 오류
  ② 면접원의 인상이나 복장에 따른 오류
  ③ 면접원의 질문 형태에 따른 오류
  ④ 면접원의 성향이나 지적 수준에 따른 오류

2. 면접진행과정에서 발생하는 오류
  ① 면접원의 주관적인 선입견에 따른 오류
  ② 면접원의 잘못된 기입 오류
  ③ 면접원의 질문순서나 부적절한 어구 사용에 의한 오류

작성TIP

면접원의 특성은 통계적으로 유의미하게 응답시간과 응답행태에 영향을 미친다. 면접원의 업무 강도가 클수록 또는 시간 압박감을 많이 느끼는 시점에 조사할수록 응답자의 응답시간은 짧아지고, 특정 응답에 집중해서 응답할 가능성과 동일 응답을 연속으로 할 가능성이 커진다.

02 확률표본추출법에 해당하는 표집방법 3가지를 쓰고, 각각의 과정을 설명하시오.

모범답안

1. **확률표본추출법의 종류**
   단순무작위표집, 체계적표집(계통표집), 층화표집, 집락표집(군집표집) 등이 있다.

2. **단순무작위표집의 표본추출과정**
   모집단의 전체 구성요소를 파악한 다음 개별요소에 대해 일련번호를 부여하고, 난수표를 이용하여 필요한 수의 표본을 무작위추출한다.

3. **체계적표집(계통표집)의 표본추출과정**
   모집단을 구성하는 구성요소들이 일정한 순서에 따라 배열된 목록에서 매 k번째의 구성요소를 추출하여 표본을 형성한다. 따라서 모집단의 총수에 대해 요구되는 표본수를 나누어 표집간격(k)을 구하고, 첫 번째 요소를 무작위로 선정하여 최초의 표본으로 삼은 후 일정한 표집간격에 의해 표본을 추출한다.

4. **층화표집의 표본추출과정**
   모집단을 중복되지 않도록 몇 개의 층(Strata)으로 나눈 후, 각 층으로부터 단순무작위표본추출한다.

5. **군집표집(집락표집)의 표본추출과정**
   모집단을 여러 가지 이질적인 구성요소를 포함하는 여러 개의 군집(집락) 또는 집단으로 구분한 후, 군집을 표집단위로 하여 무작위로 몇 개의 군집을 표본으로 추출한 다음 표본으로 추출된 군집에 대해 그 구성요소를 전수조사 또는 표본조사한다.

03 체계적표집(계통표집)의 개념과 장단점을 각각 3가지씩 서술하시오.

모범답안

1. **체계적표집의 개념**
   모집단에 대한 정보를 담은 명부를 표집틀로 하여 일정한 순서에 따라 표본을 추출하는 확률표본추출방법이다.

2. **체계적표집의 장점**
   ① 단순무작위표집에 비해 시간이 덜 소요되므로 단순무작위표집의 대용으로 사용될 수 있다.
   ② 모집단 전체에 걸쳐 비교적 공평하게 표본이 추출되므로 모집단을 보다 잘 대표할 가능성이 있다.
   ③ 비전문가라도 쉽게 이해할 수 있고 수행이 용이하다.

3. **체계적표집의 단점**
   ① 모집단의 배열에 일정한 주기성이 있는 경우 편중된 표본을 추출할 위험이 있다.
   ② 모집단을 구성하고 있는 구성단위들에 대한 지식이 필요하다.
   ③ 측정하고자 하는 변수 또는 측정대상에 어떤 요소가 체계적으로 영향을 미침으로써 측정결과가 일정하게 모두 높거나 낮아지는 경향이 발생할 수 있다(체계적 오차).

04
설문지 점검 단계 중 사전검사에서 응답자들로부터 기대했던 응답의 분산을 얻어내지 못했을 경우의 설문지 수정 방법을 설명하시오.

모범답안

① 응답의 일관성이 없는 경우 질문을 비슷한 항목으로 묶어 질문한다.
② 한쪽으로 치우친 응답이 나오는 경우 중립적인 용어 사용과 편향된 용어 사용 여부를 검토한다.
③ '모른다'라는 항목에 응답 표시가 많은 경우 질문 자체가 애매한지 검토하여 질문을 수정한다.

작성TIP

사전검사는 본조사에 앞서 작성된 설문지 초안을 이용하여 실시한다. 사전검사는 작성된 설문지 초안을 이용하여 미처 생각하지 못했던 설문지 초안이나 설문조사 과정상의 문제를 찾아 수정한다. 사전조사에서 점검할 사항에 대해서도 함께 숙지하도록 한다.

- 설문조사에 걸리는 시간이 얼마나 되는지 파악한다.
- 응답자들이 설문문항을 이해하기 어려운지 파악한다.
- 설문문항이 응답자들의 수준에 적합한 질문인지 파악한다.
- 응답에 일관성이 있는지, 한쪽으로 치우치는 응답이 나오는지, 무응답이나 기타응답이 많은지 확인한다.
- 설문문항 중 응답자들이 응답을 꺼리는 항목이 있는지 점검한다(응답거부나 '모른다'라는 항목에 표시한 경우가 많은지의 여부).
- 설문문항의 문구가 잘못 전달되도록 작성된 것이 있는지, 부자연스럽거나 오타가 있는지 확인한다.
- 질문순서가 바뀌었을 때 응답에 실질적 변화가 일어나는지 파악한다.
- 숙련되지 않은 조사원이 면접을 하더라도 표준절차에 따라 원활하게 진행될 수 있도록 지문 또는 행동지침을 적절하게 제시하였는지, 빠트린 필요 문항이나 고려사항이 없는지 등을 파악한다.
- 현지조사에서 필요한 협조사항, 설문지 검사에 적절한 장소, 조사상의 어려움 및 해결방법 등에 대한 자료를 수집한다.

05 관찰법을 통한 자료수집방법의 장단점을 각각 2가지씩 쓰시오.

모범답안

1. 관찰법을 통한 자료수집방법의 장점
① 현재의 상태를 현장에서 즉시 포착할 수 있다.
② 행위나 감정을 언어로 표현하지 못하거나, 표현능력이 부족한 대상자에게 유용하다.
③ 언어와 문자의 제약 때문에 측정하기 어려운 비언어적 자료를 수집하는 데 효과적이다.
④ 자연스러운 연구환경의 확보가 용이하다.
⑤ 조사에 비협조적이거나 면접을 거부할 경우에 효과적이다.

2. 관찰법을 통한 자료수집방법의 단점
① 관찰결과의 해석에 대한 객관성이 확보되지 않는다.
② 관찰대상자가 관찰사실을 아는 경우 평소 행동과 다르게 행동하는 조사반응성으로 인한 왜곡이 나타날 수 있다.
③ 환경변수를 완벽하게 통제할 수 없다.
④ 관찰하고자 하는 행동이 현장에서 발생할 때까지 기다려야 하는 등 시간, 비용, 노력이 많이 필요하다.
⑤ 관찰대상자로부터 관찰된 언어, 행동, 사고방식 등을 정리하고 코딩하는 등의 자료처리가 어렵다.

작성TIP

관찰법의 개념에 대해서도 작성할 수 있어야 한다. 관찰법은 연구대상을 조작하거나 통제하지 않고 연구대상의 특성, 상태, 행위, 기능 등을 그대로 관찰하거나 측정하여 자료를 수집하고 기록하는 방법으로, 직접적 · 자연적 · 비언어적인 특징을 가지고 있다.

06 질적자료와 양적자료에 대해 설명하고, 각각의 사례 2가지를 제시하시오.

모범답안

1. 질적자료
원칙적으로 숫자로 표시될 수 없는 자료이며, 측정대상의 특성(속성)을 분류하거나 확인할 목적으로 숫자를 부여한 자료이다. 성별(남/여), 종교(기독교/불교/천주교/그 외), 혈액형(A/B/AB/O), 축구선수의 등번호 등이 있다.

2. 양적자료
자료의 크기나 양을 숫자로 표현할 수 있는 자료이다. 신장, 체중, 소득, 회사근무연수, 졸업생 수 등이 있다.

작성TIP

질적자료와 양적자료는 비교 문제로 출제될 수 있다. 질적자료는 '대상의 속성', 양적자료는 '대상의 숫자'가 핵심이다.

07 층화표본추출법의 장단점을 각각 2가지씩 쓰시오.

모범답안

1. 층화표본추출법의 장점
① 모집단을 형성하고 있는 모든 구성 요인을 골고루 포함시킬 수 있다.
② 층화가 잘 이루어지면 단순무작위표집, 체계적표집보다 불필요한 자료의 분산이 줄어 시간과 비용을 절약할 수 있고, 적은 표본으로 모집단을 대표할 수 있다.
③ 집단 간에 이질성(Heterogeneity)이 존재하는 경우 무작위표집보다 정확하게 모집단을 대표하는 표본을 추출할 수 있다.
④ 동질적 대상은 표본의 수를 줄이더라도 표본의 대표성을 높일 수 있다.
⑤ 각 층화된 부분집단의 특성을 알고 있으므로 이들을 비교할 수 있다.

2. 층화표본추출법의 단점
① 층화를 위해 모집단에 대한 지식과 모집단의 각 층별에 대한 정확한 정보가 필요하다.
② 발생률이 낮은 경우 표본을 찾아내기가 어려울 수 있다.
③ 층화가 잘못되거나 복잡한 경우 표본오차가 더 커질 수 있다.

08 인과관계의 개념과 성립하기 위한 조건 3가지를 쓰시오.

모범답안

1. 인과관계의 개념
특정 현상이 야기된 원인과 결과 간의 관계를 인과관계라고 한다. 즉, 두 변수 X, Y 중 X의 변화가 Y의 변화를 생산해 낼 경우 X와 Y의 관계를 의미한다.

2. 인과관계의 성립조건
① 공변관계: 가설에서 설정한 독립변수와 종속변수 간에 인과관계가 성립하려면 공변관계(상관관계)가 성립되어야 한다.
② 시간적 선행성(시간적 우선성): 원인과 결과를 추정하기 위해서는 원인이 결과보다 시간적으로 우선되어야 한다.
③ 비허위적 관계: 독립변수와 종속변수 간의 관계는 제3의 변수에 의해 만들어진 것이 아니어야 한다.

작성 TIP
실험설계를 위한 전제조건 3가지(실험대상의 무작위화, 독립변수의 조작, 외생변수의 통제)와 혼동하지 않도록 주의한다.

09

우편조사 시 응답률을 높이는 방법 3가지를 제시하시오.

모범답안

① 조사에 대해 사전예고를 한다.
② 연구목적과 응답의 중요성을 인식하도록 강조한다.
③ 이타적 동기에 호소하는 등 응답에 대한 동기부여를 제공한다.
④ 응답자의 익명성과 비밀보장을 강조한다.
⑤ 질문지를 가급적 간단명료화한다.
⑥ 질문지 종이의 질과 문항의 간격, 종이의 색, 표지 설명의 길이와 유형 등 질문지의 양식을 매력적으로 완성한다.
⑦ 질문지를 반송하는 방법을 간단히 한다.
⑧ 질문지를 보낸 후 서면, 전화 등을 통해 협조를 구한다.
⑨ 상품권 등의 인센티브를 제공한다.
⑩ 연구주관기관과 지원단체의 성격을 밝힌다.

작성TIP

우편조사는 면접조사, 전화조사, 우편조사, 인터넷조사 중 응답률이 가장 낮은 방법이므로 응답률을 높이는 방법이 출제될 가능성이 높다. 반대로, 일반적으로 가장 높은 응답률을 확보할 수 있는 방법은 면접법이다.

10

선거구 A 주민들이 선거구 B 주민들보다 사회 경제적 지위가 높고, 선거구 A에서 여당에 대한 지지율이 높다는 사실을 발견하였다. 그리고 이러한 사실을 근거로 한 사람의 사회 경제적 지위가 높을수록 여당에 대한 지지율이 높다고 주장하였다. 이와 같은 추론에는 어떠한 문제점이 있는지 설명하시오.

모범답안

선거구 A나 B를 근거로, 즉 '집단'의 지지율을 근거로 한 사람의 사회 경제적 지위라고 하는 '개인'에 적용함으로써 분석단위의 오류인 생태학적 오류를 범하고 있다. 조사자는 연구의 결과를 해석할 때 분석단위 해석에 주의를 기울여야 한다.

작성TIP

생태학적 오류는 집합 수준의 분석단위 자료를 바탕으로 개인의 특성을 추리할 때 발생(집단 → 개인)하며, 개인주의적 오류는 개인 수준의 분석단위에서 도출된 결과를 집단 수준으로 확대 해석(개인 → 집단)할 때 발생한다. 혼동하지 않도록 주의해야 하며, 각각의 사례를 알고 답안 작성 시 활용할 수 있어야 한다.

제 4 회 기출복원문제

01. 표본크기를 결정하기 위해 자주 사용되는 신뢰구간접근법의 개념과 그 절차를 5단계로 구분하여 순서대로 쓰시오.

모범답안

1. 신뢰구간접근법의 개념

모집단의 분산을 알고 있다고 가정했을 때 원하는 정확도의 정도를 결정하여 그에 따라 적정 표본의 크기를 산정하는 방법이다.

2. 신뢰구간접근법의 절차

오차의 양(오차한계) 결정 → 신뢰도 수준 결정 → 신뢰계수 결정 → 모집단의 표본오차 추정 → 표본의 크기결정

작성 TIP

신뢰구간접근법은 오차한계와 신뢰수준이 결정되면, 오차한계와 표본크기가 역의 관계에 있음을 이용하여 표본크기를 결정하는 방법이다.

참고

표본크기 결정 시 고려사항

① 모집단이 이질적일수록 표본크기는 커야 한다.
② 모집단의 규모가 작을수록 표본크기는 커야 한다.
③ 변수의 수가 많을 수록 표본크기는 커야 한다.
④ 변수의 카테고리(범주)가 세분화될수록 표본크기는 커야 한다.
⑤ 허용오차가 작을수록 표본크기는 커야 한다.
⑥ 변수의 분산값이 클수록 표본크기는 커야 한다.

02 자료수집방법 중 투사법을 이용하여 자료를 수집하는 방법 3가지를 쓰고, 각각에 대해 설명하시오.

> **모범답안**

1. **로르샤흐 잉크반점검사(RIBT)**
   잉크방울을 종이 위에 떨어뜨리고 종이를 반으로 접으면 대칭적인 도형이 생기는데, 이 도형의 형태에 대해 피험자가 부여하는 의미를 해석하는 방법이다.

2. **주제통각검사(TAT)**
   프로이트 정신분석학에 근거하여 개인이 지니고 있는 인성의 내용을 상상력을 통해 밝히는 방법이다.

3. **단어연상검사**
   특정 단어를 제시하고 떠오르는 연상 내용을 적게 하는 방법이다.

4. **그림좌절검사**
   그림과 같은 선화에 의해 욕구불만의 장면을 표시하여 이에 대한 반응을 기입시켜 그 반응을 분석하는 방법으로, 회화욕구불만검사라고도 한다.

> **작성TIP**
>
> 투사법은 개인의 욕구, 동기, 감정, 인성 구조를 밖으로 끌어내기 위해 비구조화된 자극을 사용한다. 또한 인성을 전체로 보고 이해하려 하고 서로 유기적으로 해석한다. [모범답안]의 예시 외에 역할행동검사, 만화완성검사, 문장완성검사 등이 있다.

03 질적연구방법 종류 3가지를 쓰고 설명하시오.

> **모범답안**

① 문화기술지: 집단의 문화를 연구대상으로 삼아 각 집단 구성원들이 가지고 있는 그들만의 고유한 문화(생활양식, 사고방식 등)를 그들의 관점에서 이해하는 방법.
② 해석학연구: 연구자가 사람들이 문화를 어떻게 해석하고 그것이 어떤 행위로 나타내는지를 그들의 관점에서 다시 해석하여 기술하는 연구방법.
③ 현상학적 연구: 연구자가 참여자를 묘사함으로써 현상에 관련된 인간 경험의 본질을 확인하는 방법.
④ 근거이론: 상징적 상호작용론에서 파생된 연구방법으로 인간이 실제로 하는 모습을 근거로 하여 인간행동을 설명할 수 있는 이론을 찾고자 하는 방법.
⑤ 사례연구: 연구자가 어떤 프로그램이나 사건, 행동 등을 심층적으로 연구하는 방법.

04 실험의 핵심요소 중 2가지를 쓰시오.

모범답안

1. 실험대상의 무작위화
변수 간 인과관계를 도출한 실험결과를 일반화하려면 실험대상이 무작위로 추출되어야 한다. 실험대상자들을 실험집단과 통제집단으로 무작위 배분하여 실험처치 전에 실험집단과 통제집단의 상태를 동질하게 설정한다.

2. 독립변수의 조작
독립변수를 인위적으로 조작하여 독립변수의 변화에 따른 종속변수의 변화를 관찰한다.

3. 외생변수의 통제
독립변수 이외의 종속변수에 영향을 미칠 수 있는 외생변수(제3의 변수)의 영향을 통제해야 한다.

05 관찰법의 유형인 체계적 관찰(Structured Observation)과 비체계적 관찰(Unstructured Observation)에 대해 설명하시오.

모범답안

1. 체계적 관찰
관찰자가 관찰 상황에 개입하지 않고 최소한으로 개입하며, 사전계획 절차에 따라 관찰조건을 표준화한다.

2. 비체계적 관찰
관찰조건이 표준화되어 있지 않고, 관찰 상황에 참여하며 자연스럽게 관찰한다.

작성TIP
체계적 관찰과 비체계적 관찰은 표준관찰기록양식이 사전에 결정되었는지의 체계화 정도에 따라 나누어진다는 것을 기억해야 한다. 체계적 관찰은 가설검증이나 결론 도출에 유용하고, 비체계적 관찰은 전체적인 이해를 돕는 데 적합하다.

06 계통표본추출법(Systematic Sampling)의 개념과 장단점을 각각 2가지씩 쓰시오.

모범답안

1. 계통표본추출법의 개념
모집단에 대한 정보를 담은 명부를 표집틀로 해서 일정한 순서에 따라 표본을 추출하는 확률표본추출방법으로, 체계적 표본추출법이라고도 한다.

2. 계통표본추출법의 장점
① 단순무작위표집에 비해 시간이 덜 소요되므로 단순무작위표집의 대용으로 사용될 수 있다.
② 모집단 전체에 걸쳐 비교적 공평하게 표본이 추출되므로 모집단을 보다 잘 대표할 가능성이 있다.
③ 비전문가라도 쉽게 이해할 수 있고 수행이 용이하다.

3. 계통표본추출법의 단점
① 모집단의 배열에 일정한 주기성이 있는 경우 편중된 표본을 추출할 위험이 있다.
② 모집단을 구성하고 있는 구성단위들에 대한 지식이 필요하다.
③ 측정하고자 하는 변수 또는 측정대상에 어떤 요소가 체계적으로 영향을 미침으로써 측정결과가 일정하게 모두 높거나 낮아지는 경향이 발생할 수 있다(체계적 오차).

작성TIP

계통표본추출 시 모집단을 구성하는 구성요소들이 자연적인 순서 또는 일정한 질서에 따라 배열된 목록에서 매 k번째의 구성요소를 추출하여 표본을 형성한다. 따라서 모집단의 총수에 대해 요구되는 표본수를 나누어 표집간격(k)을 구하고, 첫 번째 요소를 무작위로 선정하여 최초의 표본으로 삼은 후 일정한 표집간격에 의해 표본을 추출한다. 따라서 주기성이 있는 경우 편중된 표본을 추출할 위험이 있으며, 모집단의 구성요소들이 목록화될 때 무작위로 이루어졌다면 계통적 추출법은 단순무작위표본추출과 같다고 할 수 있다.

07 척도구성의 통계적 기법 4가지를 쓰시오.

모범답안

① 개별문항과 척도 간의 상관분석을 통한 척도구성
② 요인분석을 통한 척도구성
③ 회귀분석을 통한 척도구성
④ 반분법을 통한 척도구성
⑤ 기준변수와 관계분석을 통한 척도구성

작성TIP

통계적 기법에 대해 설명하는 문제가 출제되기도 하였으므로 통계적 기법을 쓰고 설명할 수 있어야 한다.

1. **개별문항과 척도 간의 상관분석을 통한 척도구성**
   여러 문항들을 합하여 척도로 만들고, 이 척도와 상관관계를 분석하여 일정 수준을 넘는 문항을 선택한다.

2. **요인분석을 통한 척도구성**
   척도문항들 간 상관관계를 분석하여 공통요인을 지니는 문항들로 척도를 구성한다.

3. **회귀분석을 통한 척도구성**
   모든 문항을 합한 척도를 종속변수로, 개별문항은 독립변수로 지정하고 단계별 회귀분석을 실시한다.

4. **반분법을 통한 척도구성**
   척도점수가 높은 집단과 낮은 집단으로 나눈 후 두 집단의 평균을 비교하여 척도를 구성한다.

5. **기준변수와 관계분석을 통한 척도구성**
   기준변수와 상관관계가 높은 문항들로 척도를 구성한다.

08 자료수집 중 우편조사의 장단점을 각각 2가지씩 쓰시오

모범답안

1. 우편조사의 장점
   ① 직접 만나기 어려운 대상을 조사할 수 있다.
   ② 조사대상자의 주소만 알면 어느 지역이든 조사할 수 있으므로 조사대상 지역이 제한적이지 않으며, 특히 지리적으로 멀리 떨어져 있을 경우 조사비용을 줄일 수 있다.
   ③ 응답자에게 익명성에 대한 확신을 줄 수 있다.

2. 우편조사의 단점
   ① 응답률 및 회수율이 낮다.
   ② 면접원이나 질문자가 따로 없으므로 응답자가 질문 내용에 대해 이해하지 못하는 경우 정확한 조사결과를 얻기가 어렵다.
   ③ 응답내용이 모호한 경우 응답자에 대한 해명의 기회가 없다.
   ④ 질문지 발송 후 회수까지 시간과 노력이 요구된다.
   ⑤ 무자격자의 응답에 대한 통제와 주위환경 · 응답시기에 대한 통제가 어렵다.

09 서울의 ○○연구기관이 (주)에듀윌의 □□부서에 '직원들의 이동통신 이용현황'에 대해 조사를 의뢰하였다. 설문지 표지에 들어가야 할 핵심사항을 쓰시오.

모범답안

1. 조사기관
   조사기관을 응답자에게 알려줌으로써 신뢰를 준다.

2. 조사목적
   본조사의 중요성과 목적을 강조한다.

3. 조사대상
   모집단으로부터 추출된 조사대상을 밝힌다.

4. 응답이유
   왜 응답을 해야 하는지에 대한 중요성을 강조한다.

5. 비밀보장
   법적으로 비밀이 보장됨을 밝힌다.

10. 기본척도인 명목척도, 서열척도, 등간척도, 비율척도의 의미를 설명하고 각각 2가지씩 예를 드시오.

모범답안

1. 명목척도
측정대상을 유사성과 상이성에 따라 분류하고, 구분된 각 집단 또는 카테고리에 숫자나 부호 또는 명칭을 부여하는 것이다. 성별(남/여), 종교(기독교/불교/천주교/그 외), 혈액형(A/B/AB/O), 축구선수의 등번호 등이 있다.

2. 서열척도
측정대상을 분류할 뿐만 아니라 대상의 특수성이나 속성에 따라 각 측정대상에 상대적인 순서나 서열을 부여하는 것이다. 선호도(아주 좋아한다/좋아한다/싫어한다/아주 싫어한다), 사회계층(상/중/하), 학급석차(1등/2등/…/30등) 등이 있다.

3. 등간척도
측정대상을 분류하고 각 측정대상에 순서나 서열을 결정할 뿐만 아니라 서열 간 간격이 일정하도록 크기의 정도를 제시한다. 온도, 지능지수(IQ) 등이 있다.

4. 비율척도
측정대상을 분류하고 각 측정대상에 순서나 서열을 결정하며 서열 간에 일정한 간격을 제시할 뿐만 아니라 절대영점(0)을 가짐으로써 비율을 결정할 수 있다. 신장, 체중, 소득, 회사근무연수, 졸업생 수, 시험 원점수, 연간 순수입, 교육연수(정규교육을 받은 기간), 빈곤율, 출산율, 청년실업지수, GNP 등이 있다.

작성TIP

각 수준별 특징을 알고 있으면 해당되는 예시를 쉽게 이해하고 암기할 수 있다.
- **명목척도**: 분류
- **서열척도**: 분류 + 서열
- **등간척도**: 분류 + 서열 + 등간격(덧셈, 뺄셈 가능)
- **비율척도**: 분류 + 서열 + 등간격(사칙연산 모두 가능)

제 5 회 기출복원문제

01 질문지 조사에서 선택지를 만들 때 적용되는 포괄성과 상호배제성의 개념을 설명하시오.

> **모범답안**
>
> 1. 포괄성
>   제시된 응답범주는 가능한 응답 내용을 모두 포함해야 한다.
> 2. 상호배제성
>   응답선택 항목들은 내용이나 범위에서 서로 중복되지 않도록 해야 한다.

> **작성TIP**
>
> 다음 두 가지의 내용도 혼동하지 않도록 함께 알아 두도록 한다.
> - **논리적 일관성**: 한 항목 안에 있는 각각의 응답범주들은 논리적으로 연결되어 있어야 하며, 이질적인 것을 포함해서는 안 된다.
> - **내적 일관성**: 여러 개의 문항은 측정하고자 하는 하나의 개념을 측정해야 한다.

02 층화표본추출법의 특징 3가지를 쓰시오.

> **모범답안**
>
> ① 집단 내 동질적, 집단 간 이질적이다.
> ② 집단 간에 이질성이 존재하는 경우 무작위표집보다 정확하게 모집단을 대표하는 표본을 추출할 수 있다.
> ③ 층화가 잘 이루어지면 단순무작위표집, 체계적표집보다 불필요한 자료의 분산이 줄어 시간과 비용을 절약할 수 있고, 적은 표본으로 모집단을 대표할 수 있다.
> ④ 모집단을 형성하고 있는 모든 구성 요인을 골고루 포함시킬 수 있다.
> ⑤ 동질적 대상은 표본의 수를 줄이더라도 표본의 대표성을 높일 수 있다.
> ⑥ 각 층화된 부분집단의 특성을 알고 있으므로 이들을 비교할 수 있다.
> ⑦ 층화를 위해 모집단에 대한 지식과 모집단의 각 층별에 대한 정확한 정보가 필요하다.

> **작성TIP**
>
> 특징을 쓰는 문제에서는 장점 또는 단점을 서술해도 좋다.

03 조사대상을 선정하고 분석단위를 결정하는 과정에서 발생할 수 있는 생태학적 오류를 예를 들어 설명하시오.

모범답안

생태학적 오류란 집합수준의 분석단위의 자료를 바탕으로 개인의 특성을 적용할 때 발생할 수 있는 오류이다. 전국의 시·도를 조사한 결과 대학 졸업 이상의 인구 비율이 높은 지역이 낮은 지역에 비해 소득이 더 많음을 알게 되었고, 이를 통해 학력 수준이 높은 사람이 낮은 사람에 비해 소득수준이 높다고 결론을 내리는 것은 생태학적 오류에 해당한다.

작성TIP

생태학적 오류와 개인주의적 오류를 구분하여 알아 두고, 각 예시를 들어 개념을 설명할 수 있어야 한다.

04 표준화면접과 심층면접을 간단히 설명하고, 어떤 경우에 주로 사용하는지 각각 쓰시오.

모범답안

1. 표준화면접
   ① 개념: 사전에 제작한 질문지를 활용하여 모든 응답자에게 동일한 질문순서로 질문하는 면접으로, 새로운 질문을 추가하거나 질문순서를 바꿀 수 없다.
   ② 사용: 수집한 자료를 서로 비교할 필요가 있을 경우, 초보 조사원부터 숙련된 조사원까지 일정한 수준의 자료의 질이 필요할 경우 사용한다.

2. 심층면접
   ① 개념: 생각, 느낌, 욕구나 태도 등을 심도 있게 조사하는 면접방법이다.
   ② 사용: 피면접자에 대해 더 친밀하고 자세한 이해를 얻고자 할 때 사용한다.

작성TIP

각 면접법의 특성을 파악하고 어느 상황에 사용하는지 알고 있어야 한다. 표준화면접과 반대되는 비표준화면접은 면접자가 질문 내용, 형식, 순서를 미리 정하지 않고 면접상황에 따라 자유롭게 진행한다.

05 질문지 문항 배치 시 유의사항 5가지를 쓰시오.

모범답안

① 시작하는 질문은 쉽게 응답할 수 있고 흥미를 유발할 수 있어야 한다.
② 응답자들의 관심을 끌 수 있는 일반적인 내용의 질문은 앞부분에 제시되어야 한다.
③ 부담감 없이 쉽게 응답할 수 있는 단순한 내용의 질문은 복잡한 내용의 질문보다 먼저 제시되어야 한다.
④ 일반적인 내용을 먼저 묻고 다음에 구체적인 것을 묻는 방식으로 질문이 담고 있는 내용의 범위가 넓은 것에서부터 점차 좁아지도록 배열한다.
⑤ 유사한 질문항목들은 주제별로 모아 배열하고, 문항의 길이는 되도록 짧게 구성해야 한다.
⑥ 개인의 인적사항이나 사생활과 같은 민감한 내용에 대한 질문은 가능한 한 후반부에 배치해야 한다.
⑦ 질문의 배열은 논리적이고 일관성 있게 배치한다.

작성TIP

유사한 문제로 '설문의 순서를 정할 때 고려할 사항으로 3가지'를 작성하는 문제가 출제되었다. 가능한 한 많이 암기해 두고 작성할 수 있어야 한다.

06 2차 자료의 개념, 필요성, 그 한계에 대해 서술하시오.

모범답안

1. 2차 자료의 개념

연구목적을 위해 사용될 수 있는 이미 연구된 기존 자료로, 주로 원자료를 분석하거나 그 분야를 연구하거나 지식을 구하는 자료이다.

2. 2차 자료의 필요성

① 1차 자료에 비해 시간, 비용, 노력 등을 절감할 수 있다.
② 신속성에 따른 데이터를 쉽게 얻고자 할 때 유용하다.
③ 대외비 등 자료를 직접 구할 수 없을 때 유용하다.

3. 2차 자료의 한계

① 시간이 경과한 자료일 수 있으므로 적절한 정보가 아닐 수도 있다.
② 일반적으로 신뢰도와 타당도가 낮을 수 있다.
③ 2차 자료의 소재를 파악하기 어려울 수 있다.

작성TIP

1차 자료와 2차 자료를 비교하여 암기해야 한다. 1차 자료의 개념, 필요성, 한계에 대해서도 정리해 두는 것이 좋다.

07

제3의 변수에는 외적변수, 매개변수, 억제변수, 선형변수가 있다. 각각의 의미를 쓰시오.

모범답안

1. **외적변수(허위변수)**
   독립변수와 종속변수 간에 상관관계가 없으나, 즉 원인변수가 결과변수에 아무런 영향을 미치지 못하는데도 관계가 있는 것처럼 보이게 하는 변수이다.

2. **매개변수**
   독립변수 다음에 위치하여 독립변수의 결과인 동시에 종속변수의 원인이 되는 변수이다.

3. **억제변수**
   두 변수 간에 상관관계가 있으나 서로 상관관계가 없는 것처럼 보이게 하는 변수이다.

4. **선형변수**
   인과관계에서 독립변수에 앞서면서 독립변수에 유효한 영향력을 행사하는 변수이다.

08

내용분석법의 절차를 순서대로 나열하시오.

- 모집단 결정
- 분석단위 결정
- 분석 카테고리 결정
- 조사대상의 표본추출
- 연구주제의 결정
- 결론의 도출
- 수량화 체계 결정

모범답안

연구주제의 결정 → 모집단 결정 → 조사대상의 표본추출 → 분석 카테고리 결정 → 분석단위 결정 → 수량화 체계 결정 → 결론의 도출

09 FGI(Focus Group Interview)를 설명하시오.

모범답안

조사자가 소수의 응답자를 한 장소에 모이게 한 후 특정 주제에 대해 대화와 토론을 통해 필요한 정보를 수집하는 방법이다. 초점집단면접, 좌담회라고도 하며, 정량조사로는 한계가 있는 주제, 예를 들어 소비자의 동기나 태도(정서, 인지, 행동), 가치 및 욕구 등을 심층적으로 탐색하고 이해하기 위한 목적으로 사용된다. 조사진행자(모더레이터)가 응답자들로부터 조사주제에 대한 의견을 수렴하도록 면접과정을 조절·심화하면서 정보를 얻는다.

작성TIP

- FGI 정성조사와 심층인터뷰 정성조사의 정의와 특징을 정리해 두어야 한다. 또한 두 조사 모두 조사진행자(모더레이터)가 진행하므로 모더레이터에 대한 내용도 언급해 주면 좋다.
- FGI 정성조사와 조사연구의 차이점을 쓰라 문제가 출제되기도 하였다. FGI 정성조사는 표본을 무작위로 추출하지 않으며, 일정한 형식을 갖춘 조사도구나 질문지를 사용하지 않는다는 점에서 조사연구와 차이가 있다.

10 TV, 라디오 등 미디어를 이용한 조사방법의 문제점에 대해 서술하시오.

모범답안

① 표본의 대상이 한정적이므로 표본의 대표성이 떨어진다.
② TV, 라디오에서의 조사진행자의 능력에 따라 조사내용이 달라질 수 있다.
③ 시간상 제약으로 인해 자세한 응답을 이끌어 내기 어렵다.

제 6 회 기출복원문제

01 실험설계의 내적타당성을 저해하는 요인 5가지를 쓰고 설명하시오.

> **모범답안**

1. **성숙효과**
   실험기간 중에 성숙 또는 시간의 경과에 따라 실험집단의 육체적·심리적 특성이 자연적으로 변화하여 종속변수에 영향을 미치는 경우이다.

2. **통계적 회귀**
   최초의 측정에서 양극단적 측정값을 보인 사례들을 이후에 재측정하면 평균값으로 회귀하여 처음과 같은 극단적 측정값을 나타낼 확률이 줄어드는 경우이다.

3. **외부사건(우연적 사건, 역사요인)**
   연구기간 동안 천재지변이나 예상치 않았던 사건과 같은 우연적 사건이 일어나는 경우이다.

4. **도구효과**
   측정자의 측정도구(수단)가 달라져 결과에 영향을 미치는 경우이다.

5. **표본의 편중(선택적 요인, 선발요인)**
   실험의 대상이 되는 집단 간 차이가 결과 변수에 영향을 미치는 경우이다.

6. **실험대상의 탈락**
   조사기간 중 특정 실험대상이 탈락하여 결과에 영향을 미치는 경우이다.

> **작성TIP**
>
> 실험설계 타당성 저해 요인은 출제빈도가 높다. 내적타당성을 저해하는 요인과 외적타당성을 저해하는 요인을 구분하여 학습해야 한다. 외적타당성을 저해하는 요인으로는 표본의 대표성, 실험에 대한 반응성, 플라시보 효과(위약효과), 실험처리의 일반성 등이 있다.

02 ★★★ 코호트연구와 패널연구의 공통점과 차이점을 쓰시오.

모범답안

1. 코호트연구와 패널연구의 공통점
① 연구대상을 일정 기간 동안 관찰하여 그 대상의 변화를 파악하는 데 초점을 두는 종단조사방법이다.
② 둘 이상의 시점에서 분석단위를 연구하여 연구대상의 변화와 발전과정을 연구한다.

2. 코호트연구와 패널연구의 차이점
코호트연구는 생활주기 또는 경력이 비슷한 수준의 사람들로 구성된 집단이 시간적 간격에 따라 변화한 내용을 연구하는 반면, 패널연구는 연구대상자 집단(패널)을 선정하여 이들을 동일한 내용으로 반복적으로 연구한다.

작성 TIP

종단적 연구에 해당하는 코호트연구, 패널연구, 추세연구는 출제빈도가 높다. 코호트연구는 유사한 특성을 공유한 사람들을 시간의 변화에 따라 조사하는 것이며, 패널연구는 연구대상인 패널을 선정하여 동일한 현상에 대해 지속적으로 연구하는 것이다. 추세연구는 광범위한 연구대상의 특정 속성을 여러 시기에 관찰·비교하는 연구로, 인구센서스, 물가경향조사 등을 예로 들 수 있다.

03 폐쇄형 질문의 장단점을 2가지씩 쓰시오.

모범답안

1. 폐쇄형 질문의 장점
① 응답이 간편하고 시간이 적게 소요되며 응답률이 상대적으로 높다.
② 응답이 끝난 후 코딩이나 편집 등이 간편하고 수량적 분석이 용이하다.
③ 계측에 통일성을 기할 수 있으므로 신뢰성을 높일 수 있다.

2. 폐쇄형 질문의 단점
① 조사자가 적절한 응답지를 제시하기가 어렵다.
② 응답자들이 말하고자 하는 내용을 보다 구체적으로 도출해 낼 수 없다.
③ 개별 응답자들의 특색 있는 응답내용을 보다 생생하게 기록해 낼 수 없다.
④ 각각 다른 내용의 응답이라도 제시된 응답항목이 한 가지로 제한되어 있는 경우 동일한 응답으로 잘못 처리될 수 있다.

04 우편조사와 비교하여 전화조사의 장단점을 2가지씩 쓰시오.

모범답안

1. 전화조사의 장점
   ① 조사속도가 빠르고 일반적으로 비용이 적게 든다.
   ② 지역에 제한을 받지 않고 광범위한 표본을 추출할 수 있다.
   ③ 응답자의 반응을 즉시 확인하면서 그에 대한 감독이 용이하다.

2. 전화조사의 단점
   ① 질문의 내용이 어렵고 길어질수록 응답률이 떨어질 수 있다.
   ② 조사내용이 많을 경우 자료를 수집하기 어렵다.
   ③ 응답자가 선정된 표본인지를 확인하기가 어려워 표본의 대표성 확보가 쉽지 않다.
   ④ 특정한 주제에 대한 응답 회피나 무성의한 대답 또는 응답 도중에 전화를 끊는 경우도 있다.

작성TIP

전화조사의 단점으로 '보조도구의 사용이 불가하다.', '전화번호의 정보가 최신 것이 아니면 정확성이 떨어진다.' 등을 추가로 작성할 수 있다.

05 질문지 작성 시 기존 질문지를 사용하여 기대되는 긍정적 효과 3가지를 서술하시오.

모범답안

① 기존에 실시했던 검증된 질문지이므로 예비조사나 사전검사가 필요 없다.
② 시간과 비용이 절감된다.
③ 기존 질문지를 이용한 비교나 심층분석이 가능하다.

작성TIP

신뢰성이나 타당성을 인정받은 기존 질문지를 사용하면 신뢰성이나 타당성의 확보가 가능하다.

06 면접조사 시 조사자가 주의해야 할 사항 3가지를 쓰시오.

모범답안

① 면접자는 충분한 친밀감(Rapport)을 형성한 후 조사를 한다.
② 감정이입을 자제하면서 객관성을 유지한다.
③ 면접과 관련된 내용은 해석하거나 요약하지 않고 빠짐없이 그대로 기록한다.
④ 응답자의 신변과 면접내용에 대해 비밀을 지켜야 한다.
⑤ 복장이나 언어 사용에 유의한다.
⑥ 응답자가 대답을 잘하지 못하더라도 필요한 대답을 유도하거나, 대답 도중 응답내용에 대해 평가적인 코멘트를 하는 것은 응답에 영향을 줄 수 있으므로 적절하지 않다.
⑦ 질문지에 있는 말을 빠짐없이 질문해야 한다.

작성TIP

면접조사는 조사자의 역할이 매우 중요하다. 면접준비, 면접실시, 면접의 기록, 면접의 종결 단계에서 조사자의 역할과 주의해야 할 사항을 정리하고 이를 작성하는 연습이 필요하다.

07 단순무작위표본추출방법의 개념을 설명하고 장단점을 2가지씩 쓰시오.

모범답안

1. 단순무작위표본추출방법의 개념
모집단의 각각의 요소 또는 사례들이 표본으로 선택될 가능성이 같은 확률표본추출방법이다.

2. 단순무작위표본추출방법의 장점
① 모집단의 모든 요소가 동일하고 독립적인 추출 기회를 가지므로 표본의 대표성이 높다.
② 모집단에 대한 사전지식을 필요로 하지 않는다.
③ 외적타당성을 통계적으로 추론할 수 있다.
④ 다른 표본추출방법에 비해 표집오차의 계산이 용이하다.

3. 단순무작위표본추출방법의 단점
① 표본의 규모가 비교적 커야 한다.
② 모집단의 구성요소를 정확히 파악하여 완전한 표집틀을 작성하기 어렵다.
③ 모집단을 대표하는 표본이 항상 추출되는 것은 아니다.
④ 다른 표본추출방법에 비해 표집오차가 높아지는 경향이 있다.

08 척도의 종류 중 등간척도에 대해 1가지 예를 들어 구체적으로 서술하시오.

모범답안

등간척도는 측정대상을 분류하고 각 측정대상에 순서나 서열을 결정할 뿐만 아니라 서열 간 간격이 일정하도록 크기의 정도를 제시하는 척도이다. 이때 '0'의 값은 자의적으로 부여된 임의적인 '0'이며 아무 것도 없음을 나타내는 절대적인 '0'의 의미가 아니다. 현직 대통령의 인기도를 측정하기 위해 가장 싫은 경우는 0, 가장 만족한 경우는 100으로 정하여 0부터 100까지의 값 중 하나를 선택하도록 하는 것은 등간척도를 이용한 것이다. 이때 '0'은 '없음'의 의미가 아니라 조사자가 '가장 싫은 경우'를 정하기 위해 자의적으로 부여한 것이다.

작성TIP

명목척도, 서열척도, 등간척도, 비율척도의 개념을 구체적인 예시를 통해 서술하는 연습이 필요하다.

09 조사연구에서 자료는 그 성격에 따라 1차 자료, 2차 자료로 구분할 수 있다. 각 자료에 대해 설명하고 예를 1가지씩 쓰시오.

모범답안

1. 1차 자료
   ① 개념: 연구자가 현재 수행 중인 의사결정 문제를 해결하기 위해 직접 수집하여 얻은 자료이다.
   ② 예시: 연구자가 필요로 하는 측정항목에 맞추어 설문지를 설계하고 설문지 조사를 통해 수집된 자료를 분석하여 연구결과를 얻는 것은 1차 자료이다(설문지법, 면접법, 관찰법 등).

2. 2차 자료
   ① 개념: 연구목적을 위해 사용될 수 있는 이미 연구된 자료이거나 수집된 기존 자료이다.
   ② 예시: 통계청에서 제공하는 각종 인구센서스나 사회지표에 대한 자료, 각 정부 부처에서 발간하는 백서, 국책연구소와 민간연구소에서 제공하는 다양한 통계자료는 2차 자료이다.

제 7 회 기출복원문제

01 사후실험설계의 정의를 간략하게 설명하고 장단점을 3가지씩 쓰시오.

모범답안

1. 사후실험설계의 정의

독립변수를 조작할 수 없는 상태 또는 이미 노출된 상태에서 변수 간의 관계를 검증하기 위한 설계유형이다. 독립변수에 대한 조작이 불가능하고 외생변수의 개입 가능성이 크기 때문에 인과관계를 밝힐 수 없으며, 변수 간의 상관관계 검증만 가능하다.

2. 사후실험설계의 장점

① 다양한 변수를 종합적으로 고려할 수 있고, 그로부터 분석 및 해석에 있어 편파적이거나 근시안적 관점에서 벗어날 수 있다.
② 자연적 실제 상황에서 검증하므로 가설의 실제적 가치 및 현실성을 높일 수 있다.
③ 인위적이지 않은 변수를 검증하므로 조사의 과정 및 결과가 객관적이며, 조사를 위해 투입되는 시간과 비용을 절감할 수 있다.
④ 광범위한 대상으로부터 자료를 수집하므로 분석과 해석의 범위가 넓어진다.

3. 사후실험설계의 단점

① 독립변수에 대한 직접적인 조작이 불가능하기 때문에 순수실험설계에 비해 변수 간의 인과관계를 명확히 밝히기가 어렵다.
② 외생변수를 통제하기가 어렵다.
③ 원인을 추적할 때 원인과 결과가 바뀔 수도 있다.

작성TIP

사후실험설계가 필요한 상황에 대해서도 정리해 두도록 한다.
- 결혼 여부, 성별, 나이 등과 같이 연구자가 통제할 수 없는 경우
- 독립변수에 대한 통제가 윤리적·도덕적으로 바람직하지 않은 경우
- 독립변수를 통제하는 데 많은 시간과 비용이 소요될 때나 기술적으로 곤란한 경우

02 집단조사의 개념을 설명하고 장단점을 2가지씩 쓰시오.

모범답안

1. 집단조사의 개념

조사대상자를 집단적으로 모으고 질문지를 교부하여 조사대상자가 응답을 직접 기재하는 방식이다.

2. 집단조사의 장점

① 조사가 간편하여 시간과 비용을 절약할 수 있다.
② 조사조건을 표본화하여 응답조건을 동등하게 설계할 수 있어 동일성을 확보할 수 있다.
③ 학교나 기업체, 군대 등의 조직체 구성원을 조사할 때 유용하다.
④ 조사자와 응답자들이 직접 대화할 기회가 있어 질문에 대한 오해를 줄일 수 있다.

3. 집단조사의 단점

① 집단으로 조사되므로 주변 사람이 응답에 영향을 미칠 가능성이 높다.
② 응답자를 한곳에 모으기 어려우며, 응답자 통제가 어렵다.
③ 집단이 속한 조직으로부터 적절한 협조를 얻어야 한다.
④ 주변 사람과 의논할 수 있어 왜곡된 응답을 할 가능성이 있다.
⑤ 집단에 유리하게 응답할 수 있다.

작성 TIP

집단면접과 집단조사의 의미를 구분하는 문제도 출제되었다.
- **집단면접**: 집단을 하나의 조사대상으로 선정하여 그 집단으로부터 하여금 자유로운 대화나 토론을 하게 한 다음 문제점을 찾아내고 그 해결책을 찾아가는 면접방법이다.
- **집단조사**: 조사대상자를 집단적으로 모으고 질문지를 교부하여 조사대상자가 직접 응답을 기재하는 방식이다.

03 신뢰성을 향상시키기 위한 방법 5가지를 쓰시오.

모범답안

① 측정항목의 수를 늘려 실제 측정값이 진실된 값에 근접할 가능성을 높인다.
② 측정도구를 구성하는 문항의 개념을 명확하게 작성한다.
③ 하나의 개념을 측정하기 위한 측정도구에 다수의 문항을 포함시킨다.
④ 중요한 질문인 경우 동일하거나 유사한 질문을 2회 이상 한다.
⑤ 이전 조사에서 신뢰성이 있다고 인정된 측정도구를 이용한다.
⑥ 사전검사 또는 예비검사를 실시한다.
⑦ 응답자가 잘 모르거나 관심이 없는 내용은 측정하지 않는다.
⑧ 누구나 동일하게 이해할 수 있는 측정항목으로 구성하며, 측정항목이 모호하다면 제거하는 것이 좋다.
⑨ 표준화된 지시사항과 설명을 사용한다.
⑩ 조사자의 면접방식과 태도 및 자료수집과정을 일관성 있게 한다.

작성TIP

신뢰성은 측정도구가 측정하고자 하는 현상을 일관성 있게 측정하였는지, 즉 반복측정 결과의 일관성에 대한 개념으로 신뢰도라고도 한다. 신뢰성의 개념에는 신빙성, 안정성(Stability), 일관성(Consistency), 예측가능성(Predictability) 등의 의미가 내포되어 있다. 이를 토대로 신뢰성을 향상시킬 수 있는 방법을 정리하고 작성하는 연습을 해 두어야 한다.

04 변수의 개념적 정의와 조작적 정의를 예를 들어 설명하시오.

모범답안

1. 개념적 정의

검증 가능한 두 개 이상의 가설 또는 명제 간의 관계를 설명하는 것이다. 스트레스가 불안감에 미치는 영향에 대한 조사연구를 위해 다양한 사회이론들이 불안감을 어떻게 정의하는지 검토한 후 자신의 연구에서 불안감이 의미하는 바가 무엇인지 정확하게 명시하는 것은 개념적 정의에 해당한다.

예) 신앙심, 빈곤, 무게, 불안, 지능 등

2. 조작적 정의

추상적 구성개념이나 잠재변수의 값을 측정하기 위해 측정할 내용이나 측정방법을 구체적으로 정확하게 표현하고 의미를 부여하는 것이다. 스트레스가 불안감에 미치는 영향에 대한 조사연구를 위해 FGI를 이용하여 불안감의 하위 요인을 최대한 수집하여 선별하고 각 요인별 특징을 20가지로 정리하여 총점 20점 중 0~10점은 불안감이 없는 상태, 11~15점은 불안감이 보통인 상태, 16~20점은 불안감이 높은 상태로 정의하는 것은 조작적 정의에 해당한다.

예) 신앙심 - 종교행사 참여 횟수, 서비스 만족도 - 재이용 의사 유무, 결혼만족 - 배우자에게 아침을 차려준 횟수 등

작성TIP

개념적 정의는 특수 현상을 일반화하여 추상적으로 표현하는 것이고, 조작적 정의는 개념적 정의를 측정 가능한 형태로 바꾸는 것이다.

05 단순무작위표본추출법을 실제조사에 활용하기 쉽지 않은 이유 3가지를 쓰시오.

모범답안

① 모든 개체가 추출 이전에 확인되어야 하기 때문에 시간, 비용, 노력이 많이 든다.
② 동일한 표본크기에서 층화표본추출법보다 표본오차가 더 크다.
③ 비교적 표본크기가 커야 한다.

06

체계적 오차와 비체계적 오차의 개념을 설명하시오.

모범답안

1. 체계적 오차
측정하고자 하는 변수 또는 측정대상에 어떤 요소가 일정하게 체계적으로 영향을 미침으로써 측정결과가 모두 높아지거나 낮아지는 등 항상 일정한 방향으로 작용하는 편향(Bias)을 보이는 오차이다. 즉, 사회경제적 특성, 개인적 성향, 편견 등에 의해 오차가 발생한다.

2. 비체계적 오차
측정대상(응답자), 측정과정, 측정수단, 측정자(조사자) 등에서 우연적이며 가변적인 일시적 상황에 의해 측정결과에 대해 영향을 미치는 오차이며, 무작위오차라고도 한다.

07

서스톤척도의 개념을 설명하고 다른 척도와 비교할 때 서스톤척도의 장단점을 1가지씩 쓰시오.

모범답안

1. 서스톤척도의 개념
어떤 사실에 대해 가장 비우호적인 태도와 가장 우호적인 태도를 나타내는 양극단을 구분하여 등간적으로 수치를 부여하는 척도로, 등현등간척도라고도 한다.

2. 서스톤척도의 장점
① 많은 문항들 중 측정 변수와 관련된 문항이 선정되므로 문항의 선정이 정확하다.
② 리커트척도를 구성하는 문항들의 간격이 동일하지 않은 문제점을 보완하기 위해 주요 항목들에 가중치를 부여한다.

3. 서스톤척도의 단점
① 리커트척도에 비해 작성 과정이 복잡하고, 동일한 수의 문항을 사용하는 경우에도 리커트 척도보다 신뢰성이 떨어진다.
② 평가에 참여하는 사람들의 경험이나 지식의 정도에 따라 평가에 차이가 날 수 있고, 평가자의 편견이 개입될 가능성이 있다.

08

조사연구의 결과 해석 시 분석단위에 대한 잘못된 이해에서 야기될 수 있는 오류 2가지를 쓰고 설명하시오.

모범답안

1. **개인주의적 오류**
   개인 수준의 분석단위에서 도출된 결과를 집단 수준으로 확대·해석하는 오류이다. 개인의 특성에서 집단이나 사회의 성격을 규명하거나 추론하고자 할 때 발생할 수 있다.

2. **생태학적 오류**
   집합 수준의 분석단위 자료를 바탕으로 개인의 특성을 적용하는 오류이다. 집단이나 사회의 특성을 분석한 결과를 바탕으로 집단 속 개인에 관한 결론을 도출할 때 발생할 수 있다.

09 ★★★

층화표집과 집락표집의 기본개념을 설명하고, 다음 표에 알맞은 단어(이질적, 동질적)를 선택하시오.

구분	층화표집	집락표집
집단 내 차이		
집단 간 차이		

모범답안

구분	층화표집	집락표집
집단 내 차이	동질적	이질적
집단 간 차이	이질적	동질적

1. **층화표집**
   모집단을 중복되지 않도록 몇 개의 층(Strata)으로 나눈 후 각 층으로부터 단순무작위표본추출한다. 집단 내 동질적, 집단 간 이질적인 특성을 보인다.

2. **집락표집**
   모집단을 여러 가지 이질적인 구성요소를 포함하는 여러 개의 군집(집락) 또는 집단으로 구분한 후 군집을 표집단위로 하여 무작위로 몇 개의 군집을 표본으로 추출한 다음 표본으로 추출된 군집에 대해 그 구성요소를 전수조사 또는 표본조사 한다. 집단 내 이질적, 집단 간 동질적인 특성을 보인다.

작성TIP

층화표집과 집락표집(군집표집)을 비교한 문제가 자주 출제된다. 층화표집은 집단 내 동질적, 집단 간 이질적, 집락표집은 집단 내 이질적, 집단 간 동질적이라는 것을 암기해두도록 한다.

10 TV 시청 중 전화여론조사의 문제점 3가지를 쓰시오.

모범답안

① 응답률이 낮고 무응답률이 높다.
② 전화를 받는 사람만을 대상으로 조사하므로 표본의 대표성이 낮다.
③ 프로그램을 진행하는 진행자의 능력에 따라 응답률이 달라질 수 있다.
④ 질문의 내용이 어렵고 길어질수록 응답률이 떨어질 수 있으므로 질문은 복잡하지 않고 가급적 '예/아니오'로 간단하게 대답할 수 있어야 한다.
⑤ 조사내용이 많을 경우 자료를 수집하기가 어렵다.

작성 TIP

전화여론조사는 전체인구 집단을 대표하는 표본의 추출, 특정 사건의 전후를 몇 차례에 걸친 반복을 통해 보다 정밀한 측정을 해야 하며, 결과의 분석과 추론도 더욱 정교화되어야 오차를 줄일 수 있다는 문제점이 있다.

제8회 기출복원문제

01 지수와 척도의 의미를 쓰고, 사회과학에서 지수와 척도를 사용하는 이유 2가지를 설명하시오.

모범답안

1. 지수
   ① 개념: 일종의 측정도구로서, 어떤 변인의 다차원적 특성을 고루 반영할 수 있도록 다수의 지표를 묶어 제시한 값이다.
   ② 사용하는 이유
      ㉠ 단순지표로 측정하기 어려운 복합적인 개념을 측정할 수 있다.
      ㉡ 경험적 현실세계와 추상적 개념세계를 조화시키고 일치시킨다.
      ㉢ 장소, 시간적 비교 모두 사용이 가능하다.

2. 척도
   ① 개념: 측정을 목적으로 일정한 규칙에 따라 질적인 측정대상에 표시하는 기호나 숫자의 배열이며, 일종의 측정도구 또는 계량화를 위한 도구이다.
   ② 사용하는 이유
      ㉠ 여러 개의 지표(또는 문항)를 하나의 점수로 나타냄으로써 자료의 복잡성을 덜어 준다.
      ㉡ 하나의 문항에서 연유될 수 있는 왜곡된 측정을 막을 수 있다.
      ㉢ 복수의 지표로 구성된 척도를 사용하게 되면 단일지표를 사용하는 경우보다 측정값 또는 측정수준의 오류를 줄이고 그 타당성과 신뢰성을 높일 수 있다.
      ㉣ 양적 관찰값을 제공하여 통계적 자료 분석이 가능하다.

02 간접질문의 종류 3가지와 각 의미를 설명하시오.

모범답안

1. 간접질문의 의의
응답자가 사회규범 집단 또는 인간관계로 인한 합격, 체면 등 여러 가지 이유로 진실한 응답을 회피하거나 거절할 경우 또는 거짓말하게 될 가능성이 있는 경우를 피하고 보다 정확한 응답을 얻기 위해 사용되는 질문이다.

2. 간접질문의 종류
㉠ 투사법: 인간의 무의식 속에 내재되어 있는 동기, 가치, 태도 등을 알아내기 위해 모호한 자극을 응답자에게 제시하여 반응을 파악한다.

㉡ 정보검사법: 어떤주제에 대해 개인이 가지고 있는 정보의 양과 종류가 그 개인의 태도를 결정한다고 보고, 그 개인이 가지고 있는 정보의 양과 종류를 파악하여 응답자의 태도를 찾아내는 방법.

㉢ 오류선택법: 어떤 질문에 틀린 답을 여러 개 제시해 놓은 후 답을 선택하도록 함으로써 응답자의 태도를 파악한다.

㉣ 단어연상법: 응답자에게 일련의 단어나 문장 또는 그림을 제시하고 각각으로부터 순간 떠오르는 단어를 말하게 한다. 단어 나열법이라고도 한다.

㉤ 토의완성법: 응답자에게 미완성된 문장등을 제시해 놓은 후 그것을 빠른속도로 완성하도록 하는 방법으로 태도나 의견조사에 많이 이용되는 방법이다.

03 우편조사와 비교하여 면접조사의 장단점을 2가지씩 쓰시오.

모범답안

1. 우편조사와 비교했을 때 면접조사의 장점
  ① 라포(Rapport)의 형성이 용이하다.
  ② 응답률이 높다.
  ③ 응답자와 그 주변의 상황이나 행동을 직접 관찰할 수 있다.
  ④ 복잡한 질문을 다루는 데 효과적이다.
  ⑤ 추가 질문하기가 쉽다.
  ⑥ 어린이나 노인에게 적절한 방법이다.

2. 우편조사와 비교했을 때 면접조사의 단점
  ① 시간과 비용이 많이 든다.
  ② 면접조사자의 영향을 많이 받는다.
  ③ 응답자가 응답할 시간이 부족할 수 있다.
  ④ 익명성 보장이 어렵다.
  ⑤ 직접 만나기 어려운 대상은 조사할 수 없다.

작성TIP

자료수집방법(면접조사, 전화조사, 우편조사, 인터넷조사)을 비교하여 장단점을 작성할 수 있어야 한다.
- 4가지 방법 모두 개방형 질문을 활용할 수 있다.
- 조사자와 응답자가 직접 대면하는 면접조사가 가장 응답률이 높다.
- 면접조사는 다른 조사에 비해 라포(Rapport)의 형성이 용이하다.
- 어린이나 노인에게는 면접조사가 가장 적절하다.
- 복잡한 질문을 다루는 데에는 면접조사가 가장 적합하다.
- 면접조사는 추가 질문하기가 가장 쉽고, 우편조사는 추가 질문하기가 가장 어렵다.
- 전화조사는 면접조사에 비해 시간이 적게 소요된다.
- 전화조사는 전화상으로 답변한 내용만 기록하므로 자기기입식 자료수집방법이 아니다.
- 조사자의 영향을 가장 적게 받는 것은 우편조사이다.
- 익명성을 보장하려면 면접조사보다 우편조사를 실시한다.
- 인터넷조사는 우편조사에 비해 비용이 적게 소요된다.
- 인터넷조사는 다른 조사에 비해 시각보조자료의 활용이 용이하다.

04 유사실험설계의 장단점을 2가지씩 쓰시오.

모범답안

1. 유사실험설계의 장점
   ① 실제 상황에서 이루어져 일반화의 가능성이 높다.
   ② 일상생활과 동일한 상황에서 수행되므로 이론검증에 유용하다.
   ③ 복잡한 심리적 영향과 과정 변화 연구에 적절하다.

2. 유사실험설계의 단점
   ① 현장상황에서는 대상의 무작위화와 독립변수의 조작화가 어렵다.
   ② 독립변수 효과와 외생변수의 효과를 분리하여 파악하기가 힘들다.
   ③ 외생변수 통제가 어려워 정밀도가 떨어진다.

작성TIP

유사실험설계의 개념에 대해서도 알아 두도록 한다. 유사실험설계는 실험설계를 위해 충족되어야 하는 조건 중 한두 가지가 결여된 경우에 사용하는 설계유형이며, 준실험설계라고도 한다. 무작위 배정을 통한 엄격한 통제를 갖지 못하지만 대안적 방법의 하나로서, 윤리적 문제가 발생할 위험이 적어 실제 연구에서 많이 사용한다.

05 집락표본추출의 절차와 장단점을 2가지씩 쓰시오.

모범답안

1. 집락표본추출법의 절차
   ① 모집단을 집단 간 동질적, 집단 내 이질적인 집락으로 분리한다.
   ② 분리된 집락에서 소수 집락으로 무작위 선정한다.
   ③ 선정한 표집틀에서 모든 대상 또는 일부를 표본으로 구성한다.

2. 집락표본추출법의 장점
   ① 군집을 먼저 추출한 후 규모가 작아진 군집으로부터 표본을 추출하므로 시간과 비용이 적게 든다.
   ② 모집단에 대한 목록이 없는 경우에도 사용이 가능하다.
   ③ 선정된 각 군집은 다른 조사의 표본으로도 사용할 수 있다.
   ④ 각 군집의 성격은 물론 모집단의 성격을 파악할 수 있다.

3. 집락표본추출법의 단점
   ① 군집이 동질적이면 오차의 개입 가능성이 높고, 표집오차를 측정하기가 어렵다.
   ② 군집이 모집단을 대표하지 못할 수 있으며, 특정 군집의 특성을 과대 또는 과소 표현할 위험이 있다.
   ③ 동일한 크기의 표본일 경우 단순무작위표집이나 층화표집보다 표집오차가 크다.
   ④ 군집단계의 수가 많으면 세분화 과정에서 표집오차가 발생할 가능성이 커진다.

06

표본추출의 기본용어인 표집간격(Sampling Interval), 표집틀(Sampling Ratio), 모수(Parameter), 통계량(Statistic)의 의미를 쓰시오.

모범답안

1. **표집간격(Sampling Interval)**
   모집단으로부터 표본을 추출할 때 추출되는 요소 간의 간격, 표본 간의 간격으로, 모집단의 전체 항목 수(모집단 크기)를 표본의 크기로 나누어 구한다.

2. **표집틀(Sampling Ratio)**
   표본추출을 위한 모집단의 구성요소나 표본추출단위가 수록된 목록으로, 표본프레임, 표본틀이라고도 한다.

3. **모수(Parameter)**
   모집단에서 어떤 변수가 가지고 있는 특성을 요약한 수치로, 표본으로부터 확인한 통계값을 근거로 추정한다.

4. **통계량(Statistic)**
   표본의 수치적 특성으로, 표본에서 얻은 변수의 값을 요약하고 묘사한 표본들의 함수이다.

작성TIP

표본추출의 주요 개념을 확실하게 알아 두어야 한다. 그 밖의 주요 개념은 다음과 같다.
- **모집단**: 정보를 얻고자 하는 관심 대상의 집단 전체이며, 연구하고자 하는 이론상의 집단이다. 또한 모든 요소의 총체로서 조사자가 표본을 통해 발견한 사실을 토대로 하여 일반화하고자 하는 궁극적인 대상이다.
- **표본추출요소**: 자료가 수집되는 대상의 단위이다.
- **표집단위**: 표집과정의 각 단계에서의 표집대상이다.
- **관찰단위**: 표본추출을 하는 직접적인 조사대상이다.
- **표집률**: 모집단에서 개별 요소가 선택될 비율로, 모집단의 크기에 대한 표본의 크기이다.
- **표집분포**: 통계적 추리와 관련된 분포 중 이론상으로만 존재하는 분포이다.
- **표집오차**: 표본의 통계량과 모집단의 모수의 차이로, 표본오차라고도 한다.

07 표본오류와 비표본오류의 의미를 쓰고, 비표본오류 중 불포함오류와 무응답오류에 대해 설명하시오.

모범답안

1. **표본오류**
   표본추출과정에서 발생하는 오류로, 표본추출과정에서 충분하지 않거나 대표성이 없는 표본을 잘못 추출함으로써 발생하는 오류이다. 표본추출 시 반드시 발생한다.

2. **비표본오류**
   표본추출 이외의 과정에서 발생하는 오차이며, 전체오차에서 표본추출오차를 제외한 나머지 오류이다. 무응답 오류, 조사현장에서의 오류, 자료기록 및 처리상의 오류, 불포함 오류 등에 의해 야기된다.
   ① 불포함오류: 표본조사를 할 때 표본체계가 완전하지 않아 발생한다. 즉, 조사설계상의 오류이다. 표본추출방법이 모호할 경우 발생하며, 직접 발견하기가 어려워 통제가 어렵고 발견하더라도 확증을 얻기가 어렵다.
   ② 무응답오류: 표본추출과정에서 선정된 표본 중 일부가 연결되지 않거나 응답을 거부했을 때 발생한다.

08 측정의 동질성 혹은 동일성을 기준으로 측정의 신뢰도를 평가하는 대표적인 방법 2가지를 제시하고 설명하시오.

모범답안

1. **재검사법**
   동일한 상황에서 동일한 측정도구를 사용하여 동일한 대상을 일정한 시간 간격을 두고 두 번 이상 반복적으로 측정하여 그 결과값을 비교하는 방법이다.

2. **반분법**
   복수양식법의 변형으로, 하나의 측정도구를 문항 수와 내용이 비슷하도록 나누고 각각을 독립된 두 개의 측정도구로 사용하여 동일한 대상을 측정한 후 그 결과값을 비교하는 방법이다.

3. **복수양식법(대안법)**
   재검사법의 변형으로, 대등한 두 가지 형태의 측정도구를 이용하여 동일한 측정대상을 동시에 측정한 뒤 두 측정값의 상관관계를 비교하는 방법이다.

4. **내적일관성법**
   측정도구를 구성하는 항목들이 서로 상관관계가 있다는 논리에 근거하여 이들 간에 나타난 상관관계 값을 평균처리하는 방법이다.

09 배포조사의 장단점을 2가지씩 서술하시오.

모범답안

1. 배포조사의 장점
   ① 질문지의 회수율이 높다.
   ② 대면면접조사에 비해 시간과 비용이 절감된다.
   ③ 응답자에게 충분한 시간적 여유를 줄 수 있다.

2. 배포조사의 단점
   ① 잘못 기입되었을 경우 수정하기가 곤란하다.
   ② 응답자가 직접 응답했는지 알기 어렵다.
   ③ 문맹자에게 적용하기가 곤란하다.

작성TIP

배포조사는 조사자가 피조사자(응답자)에게 질문지를 배포한 후 피조사자가 스스로 응답하도록 하고 질문지를 회수해 가는 방법이다. 조사자가 조사대상자와 직접 대면하여 조사하지 않는다는 점을 기억하고 이를 토대로 장단점을 작성하도록 한다.

10 관찰자로서의 참여자와 참여자로서 관찰자를 설명하시오.

모범답안

1. 관찰자로서의 참여자
   관찰자의 신분을 밝히고 연구대상자들의 활동 공간에 자연스럽게 참여한다. 관찰보다 참여가 주를 이룬다.

2. 참여자로서의 관찰자
   관찰자의 신분을 밝히고 연구대상자들의 활동 공간에 들어가 심층적으로 관찰한다. 참여보다 관찰이 주를 이룬다.

작성TIP

관찰자로서의 참여자와 참여자로서의 관찰자 모두 신분을 밝히고 참여하지만, 관찰자로서의 참여자는 참여가 주를 이루며, 참여자로서의 관찰자는 관찰이 주를 이룬다는 것을 유의해야 한다.

제 9 회 기출복원문제

01 참여관찰의 단점 3가지를 서술하시오.

모범답안

① 관찰대상의 행위가 발생할 때까지 기다려야 한다.
② 개인적인 분쟁이나 불안요소 등은 관찰이 불가능하거나 외부노출을 꺼리므로 관찰이 어렵다.
③ 동조현상으로 인해 객관적인 판단을 그르칠 수 있으며, 주관적인 가치가 개입되어 관찰결과를 변질시킬 수 있다.
④ 대규모 모집단에 대한 기술이 어렵다.
⑤ 상황에 대한 통제를 할 수 없다.

작성TIP

관찰의 유형에는 참여관찰, 비참여관찰, 준참여관찰이 있다. 참여관찰은 관찰자가 연구대상 집단 내부에 직접 참여하여 구성원의 하나가 되어 그들과 함께 생활하거나 활동하면서 연구대상자들을 관찰한다. 참여관찰은 자연스러운 상태에서 현상을 파악할 수 있기 때문에 미묘한 어감 차이, 시간상의 변화 등 심층적인 차원을 이해할 수 있으며, 조사 과정의 유연성, 가설도출이 가능한 인과적 연구 가능, 현장 상황에 따라 조사내용 변경 가능 등의 장점이 있다. 장점과 단점을 모두 묻는 문제가 출제될 수 있다.

02 조작적 정의의 의미, 유용성, 한계점을 설명하시오.

모범답안

1. 조작적 정의의 의미
특정한 구성개념이나 잠재변수의 값을 측정하기 위해 측정할 내용이나 측정방법을 구체적으로 정확하게 표현하고 의미를 부여한 것이다.

2. 조작적 정의의 유용성
① 개념을 가시적이고 경험적으로 표현해 준다.
② 추상적인 개념을 구체적인 경험세계와 연결시킨다.
③ 연구문제에 대한 범위와 그 연구에 대한 주요 변수를 제시해 줌으로써 기본 연구대상을 가시적이고 측정 가능하게 해 준다.

3. 조작적 정의의 한계점
조작적 정의에 의해 측정되는 것들은 본래의 변수가 지칭하는 의미가 제한적이고 부분적인 면이 있다.

03 A백화점에서는 A백화점 이용고객들의 대금지불방법에 대해 보다 많은 정보를 얻고자 한다. 이와 같은 정보를 수집하기 위한 가장 적합한 조사유형(탐색조사, 기술조사, 인과조사)을 선정하고 그 개념과 선정이유를 설명하시오.

> A. 고객들이 선호하는 지불방법은 현금, 수표, 신용카드, 전자화폐 중 어느 것인가?
> B. 지불방법 중 가장 많이 이용하는 방법은 어느 것인가?
> C. 고객들의 성별, 연령, 학력, 소득수준별로 지불방법에 차이가 있는가?
> D. 고객이 사적이나 공적으로 구매할 때 사용되는 지불방법은 차이가 있는가?

모범답안

기술조사는 어떤 사건이나 현상에 대한 정보가 필요할 때 이를 정확하게 기술하기 위해 실시하는 연구로, 현상에 대한 탐구와 명료화를 주목적으로 한다. 고객들이 선호하는 지불방법을 알아보는 조사는 빈도분석이다. 성별, 연령, 학력, 소득수준별 및 사적이나 공적 구매 지불방법의 차이는 교차분석을 사용하기 때문에 위의 내용 정보를 수집하기 위해 적합한 조사유형은 기술조사를 선정한다

04 생태학적 오류, 개인주의적 오류, 환원주의적 오류의 의미를 설명하시오.

모범답안

1. 생태학적 오류

집합 수준의 분석단위 자료를 바탕으로 개인의 특성을 추리할 때 발생할 수 있는 오류이다. 백인 인구가 많은 도시가 백인 인구가 적은 도시보다 인종차별이 높게 나타났다고 해서 실제로 백인들이 인종차별을 많이 한다고 단정짓는 것은 생태학적 오류이다.

2. 개인주의적 오류

개인 수준의 분석단위에서 도출된 결과를 집단 수준으로 확대 해석할 때 나타날 수 있는 오류이다. 백인의 인종차별이 높다고 해서 백인 인구가 많은 도시가 적은 도시보다 인종차별이 심하다고 단정짓는 것은 개인주의적 오류이다.

3. 환원주의적 오류

어떤 현상의 원인이라고 생각되는 개념이나 변수를 지나치게 축소하거나 한정시킴으로써 발생하는 오류이다.

작성TIP

생태학적 오류와 개인주의적 오류는 정의와 함께 여러 가지 예시를 알아 두어야 한다.
- **생태학적 오류의 예시**: 전국의 시·도를 조사한 결과 대학 졸업 이상의 인구 비율이 높은 지역이 낮은 지역에 비해 소득이 더 많을 때, 학력 수준이 높은 사람이 낮은 사람에 비해 소득수준이 높다고 결론을 내리는 것은 생태학적 오류이다.
- **개인주의적 오류의 예시**: 미국 어느 도시의 흑인 범죄율이 높다고 하여, 흑인 인구가 많은 도시의 범죄율이 흑인 인구가 적은 도시보다 높다고 단정지어서는 안 된다.

05 실험방법에 비해 설문조사가 갖는 장단점을 2가지씩 쓰시오.

모범답안

1. 설문조사의 장점
① 큰 표본에도 용이하게 적용하는 것이 가능하다.
② 많은 자료수집이 가능하다.
③ 한 번의 조사로 다양한 분야의 연구가 가능하다.
④ 실험방법에 비해 타당도가 높다.

2. 설문조사의 단점
① 일반적으로 시간과 비용이 많이 든다.
② 정보 영역은 넓어도 내용의 깊이가 부족하여 결과가 피상적일 수 있다.
③ 외생변수의 통제가 불가능하여 인과관계 규명이 어렵다.

작성TIP

설문조사는 응답자가 질문에 직접 답하도록 하는 형태의 자료수집방법으로, 대단위 모집단의 태도와 성향을 측정할 때 하는 조사이다. 설문을 어떤 방식으로 진행하느냐에 따라 우편설문조사, 면접질문조사, 전화설문조사, 전자설문조사 등이 있다. 일반적으로 실험은 변인만 있으면 집에서도 실험을 할 수 있지만, 설문조사(우편, 면접, 전화 등)는 시간·비용의 투자가 필요하다.

06 예비조사, 탐색조사, 사전조사의 개념을 설명하시오.

모범답안

1. 예비조사
질문지 작성의 전 단계에서 실시하는 비지시적 방식의 조사이다. 특정 연구에 대한 사전지식이 부족하여 연구주제에 대한 자료를 수집하기 위해, 연구문제와 관련된 핵심적인 요소를 규명하기 위해 실시한다.

2. 탐색조사
연구조사 설계를 확정하기 이전에 연구문제 발견, 변수 규명, 가설 도출 등을 위해 예비적으로 실시하는 연구이다. 탐색조사에는 문헌조사, 경험자 조사(전문가 조사), 특례분석조사(소수사례분석) 등이 있다.

3. 사전조사
예비조사 등을 통해 질문지나 조사표의 초안이 작성된 후에 본조사에 들어가기에 앞서 본조사에서 실시하는 것과 똑같은 절차와 방법으로 작은 표본을 대상으로 질문지를 시험해 보는 검사로 질문지 초안의 예상치 못했던 오류를 찾아 수정하여 질문지를 완성함으로써 질문지의 타당성과 신뢰성을 높일 수 있다.

07

미성년자 성매매에 대한 연구에서 적합한 표집방법과 그 이유를 설명하시오.

> **모범답안**
>
> 눈덩이표집방법이 적합하다. 눈덩이표집방법은 소규모의 응답자를 조사하고 그 응답자를 통해 비슷한 속성을 가진 다른 응답자를 소개받는 방법으로 응답자를 확보하는 비확률표본추출방법이다. 미성년자는 성매매 경험이 있더라도 쉽게 밝히길 어려워하므로 집단의 추천이나 권유를 통해 조사를 할 수 있다.

> **작성TIP**
>
> 눈덩이추출방법은 접근하기 어려운 모집단을 대상으로 조사를 진행하거나 처음부터 표본프레임을 선정하기 어려운 경우에 유용하게 사용된다.

08

질문지 작성 순서를 나열하시오.

> **모범답안**
>
> 예비조사(필요한 정보 결정) → 자료수집 방법 결정 → 개별항목 내용 결정 → 질문형태 결정 → 적절한 질문 완성 → 질문순서 결정 → 질문지 초안 작성 → 사전조사 → 질문지 완성

09 할당표본추출법에서 표본크기를 구하여 다음의 표를 완성하시오.

- 전체 1,000명 중 남자 400명, 여자 600명
- 20대 40%, 30대 40%, 40대 이상 20%

구분	남자	여자	전체
20대			
30대			
40대 이상			
전체			200

모범답안

구분	남자	여자	전체
20대	80×0.4=32	120×0.4=48	32+48=80
30대	80×0.4=32	120×0.4=48	32+48=80
40대 이상	80×0.2=16	120×0.2=24	16+24=40
전체	200×0.4=80	200×0.6=120	200

작성TIP

표본이 200명이므로 남자 전체의 표본크기는 200×0.4(1,000명 중 400명)=80, 여자 전체의 표본크기는 200×0.6(1,000명 중 600명)=120으로 구할 수 있다. 연령대별로 20대 40%, 30대 40%, 40대 이상 20%이므로 전체 인원에 각 비율을 곱하여 나이대별로 표본크기를 구할 수 있다.

10 예비조사와 사전조사를 조사목적, 조사시기, 조사방법으로 분류하여 비교하시오.

모범답안

구분	예비조사	사전조사
조사목적	연구하려는 문제의 핵심적인 요소가 무엇인지 확인하기 위해 실시한다(연구가설의 명확화).	설문지의 개선사항을 찾아내기 위해 실시한다(설문지의 타당성 및 신뢰성 확보).
조사시기	본 조사에 앞서 진행한다(설문지 작성 전).	설문지 초안 작성 후 본조사 실시 전에 진행한다.
조사방법	문헌조사, 경험자조사, 현지답사 등으로 진행한다.	본조사와 똑같은 절차와 방법으로 진행한다.

제10회 기출복원문제

01 변수들 간의 상관관계, 인과관계의 개념을 설명하시오.

모범답안

1. 상관관계
X가 증가하면 Y도 증가(정적관계, +)하거나, X가 증가할 때 Y가 감소(부적관계, −)하는 등과 같이 두 변수가 일정한 방식으로 같이 변하는 것을 X와 Y 사이의 상관관계라고 한다.

2. 인과관계
두 변수 X, Y 중 X의 변화가 Y의 변화를 생산해 낼 경우 X와 Y의 관계를 의미한다.

작성TIP

인과관계의 성립조건에는 공변관계(상관관계), 시간적 선행성, 비허위적 관계 3가지가 있다. 인과관계가 성립하려면 상관관계가 성립되어야 한다.

02 바람직한 가설의 조건 4가지를 설명하시오.

모범답안

① 경험적 검증가능성: 실증적인 조사를 통해 옳고 그름을 판정할 수 있어야 한다.
② 논리적 간결성: 표현이 간단명료하고, 논리적으로 간결해야 한다.
③ 계량화 가능성: 수식이나 숫자로 바꾸어 통계적으로 분석이 가능해야 한다.
④ 다른 가설이나 이론과의 높은 관련성: 동일 연구분야의 다른 가설이나 이론과 연관 있어야 한다.
⑤ 명백한 입증: 가설과 그에 포함되어 있는 개념이 명백하게 입증 가능해야 한다.
⑥ 개연성: 연구문제의 정답에 대한 잠정적인 추정이므로 개연성이 높아야 한다.
⑦ 가치중립성: 연구자의 가치, 편견, 주관적 견해 등을 배제하거나 최소화해야 한다.
⑧ 일반화 가능성: 입증된 결과는 일반화가 가능해야 한다.

작성TIP

'가설 설정 시 유의사항에 대해 설명하시오.'라는 문제로 출제된 적이 있다. 바람직한 가설의 형태를 파악하고, 가설의 평가기준에 대해 작성할 수 있어야 한다.

03 FGI(Focus Group Interview)의 장단점을 2가지씩 쓰시오.

모범답안

1. FGI(Focus Group Interview)의 장점
   ① 면접 도중에 또는 마무리 후 자료를 바로 활용하여 문제에 관한 신속한 해답을 구할 수 있어 조사가 빠르게 진행된다.
   ② 문제의 핵심을 심층적 혹은 탐색적으로 접근하고 유연성 있게 풀어갈 수 있다.
   ③ 자유로운 의견 교환을 통해 설문지법 등에서 발견하지 못했던 새로운 의견이나 독창적인 아이디어를 도출할 수 있다.
   ④ 즉각적인 추가질문이 가능하고 참석자 반응에 따라 질문을 보완하거나 수정할 수 있다.

2. FGI(Focus Group Interview)의 단점
   ① 조사대상자가 소수이고 편의에 따라 선정하기 때문에 조사결과를 전체 모집단으로 일반화하기가 어렵다.
   ② 조사진행자의 역량 부족 등에 의해 신뢰성 문제가 발생할 수 있다.
   ③ 소규모 그룹을 대상으로 하므로 개인의 특성에 맞는 질문을 묻거나 각 개인의 반응에 대한 적절한 대응 및 추가 질문을 하기가 어렵다.
   ④ 집단구성원의 자유로운 토론으로부터 다양한 조사결과가 도출되므로 결과의 분석과 해석이 쉽지 않다.

작성 TIP

FGI(Focus Group Interview)는 표적집단면접이라고도 한다. 심층면접법을 응용한 방법으로 조사자가 소수의 응답자를 한 장소에 모이게 한 후 특정 주제에 대해 대화와 토론을 통해 필요한 정보를 수집하는 방법이며, 조사진행자(모더레이터)에 의해 면접이 진행된다. 개념을 토대로 장점과 단점을 정리하는 연습이 필요하다.

04 확률표집방법 3가지를 쓰고 설명하시오.

모범답안

1. 단순무작위표집
모집단의 각각의 요소 또는 사례들이 표본으로 선택될 가능성이 같은 확률표본추출방법으로 난수표 등을 이용하여 표본을 추출한다.

2. 체계적표집
모집단에 대한 정보를 담은 명부를 표집틀로 하여 일정한 순서에 따라 표본을 추출하는 확률표본추출방법으로, 계통표집이라고도 한다. 모집단을 구성하는 구성요소들이 자연적인 순서 또는 일정한 질서에 따라 배열된 목록에서 매 k번째의 구성요소를 추출하여 표본을 형성한다. 따라서 모집단의 총수에 대해 요구되는 표본수를 나누어 표집간격(k)을 구하고, 첫 번째 요소를 무작위로 선정하여 최초의 표본으로 삼은 후 일정한 표집간격에 의해 표본을 추출한다.

3. 층화표집
모집단을 중복되지 않도록 몇 개의 층(Strata)으로 나눈 후 각 층으로부터 단순무작위표본추출을 하는 확률표본추출방법이다.

4. 군집표집
모집단을 여러 가지 이질적인 구성요소를 포함하는 여러 개의 군집(집락) 또는 집단으로 구분한 후 군집을 표집단위로 하여 무작위로 몇 개의 군집을 표본으로 추출한 다음 표본으로 추출된 군집에 대해 그 구성요소를 전수조사 또는 표본조사하는 확률표본추출방법으로, 집락표집이라고도 한다.

작성TIP

확률표본추출방법과 비확률표본추출방법의 종류와 개념을 모두 알고 있어야 한다.

05 바람직한 실험설계의 조건 4가지를 쓰고 설명하시오.

모범답안

1. 실험대상의 무작위화
   변수 간 인과관계를 도출한 실험결과를 일반화하려면 실험대상이 무작위로 추출되어야 한다.

2. 외생변수의 통제
   독립변수 이외의 종속변수에 영향을 미칠 수 있는 외생변수(제3의 변수)의 영향을 통제해야 한다.

3. 독립변수의 조작
   독립변수와 종속변수의 인과성과 독립변수의 시간적 선행성을 입증하기 위해 독립변수의 조작이 가능해야 한다.

4. 종속변수의 비교
   실험 전후의 종속변수를 비교하여 두 변수 간에 차이가 있는지 알아보아야 한다.

06 개념타당도의 종류 2가지를 쓰고 설명하시오.

모범답안

1. 수렴타당도(집중타당도)
   동일한 개념을 서로 다른 측정도구를 사용해서 측정한 결과값 간의 상관관계를 확인한다. 즉, 서로 다른 측정도구로 측정했을 때 상관이 높다면 수렴타당도가 높다고 할 수 있다.

2. 변별타당도(판별타당도)
   서로 상이한 개념을 동일한 측정도구를 사용해서 측정한 결과값 간의 상관관계를 확인한다. 즉, 서로 다른 이론적 구성개념을 나타내는 측정지표(서로 다른개념)로 측정했을 때 상관이 낮다면 변별타당도가 높다고 할 수 있다.

3. 이해타당도
   측정도구가 서로 유사한 여러 개념들을 모두 측정할 수 있는지를 확인한다. 즉, 어느 측정도구가 여러 개념을 모두 측정할 수 있다면 이해타당도가 높다고 할 수 있다.

작성TIP

수렴타탕도는 상관관계가 높아야 하고, 변별타당도는 상관관계가 낮아야 하는 것에 유의하여 작성한다.

07 개방형 질문과 폐쇄형 질문의 장단점을 3가지씩 쓰시오.

모범답안

1. 개방형 질문

장점	단점
• 복합적 질문에 유용하다. • 특정 견해에 대한 탐색조사에서 유용하다. • 강제성이 없고 다양한 응답을 얻을 수 있어 개별 응답자들의 특색 있는 응답내용을 보다 생생하게 기록해 낼 수 있다. • 응답자에게 자기 표현의 기회를 줌으로써 응답자의 의견을 존중하는 느낌을 준다. • 예기치 않은 응답과 의견을 얻을 수 있다. 특히, 연구자가 알지 못했던 정보나 문제점을 발견하는 데 유용하다.	• 무응답 및 불성실한 응답이 나올 가능성이 크다. • 사생활과 관련되거나 민감한 질문에는 부적합하다. • 응답이 끝난 후 코딩이나 편집 등 번거로운 절차를 거쳐야 하므로 자료처리에 많은 시간과 노력이 든다. • 표현상에 차이가 있어 응답에 대한 동일한 해석이 어렵고 응답의 일관성을 유지하기가 어렵다. • 응답자의 어문 능력에 따라 이용에 제약이 따른다.

2. 폐쇄형 질문

장점	단점
• 응답이 간편하고 시간이 적게 소요되며 응답률이 상대적으로 높다. • 응답이 끝난 후 코딩이나 편집 등이 간편하고 수량적 분석이 용이하다. • 계측에 통일성을 기할 수 있으므로 신뢰성을 높일 수 있다. • 조사자의 편견 개입을 방지할 수 있다.	• 조사자가 적절한 응답지를 제시하기가 어렵다. • 응답자들이 말하고자 하는 내용을 보다 구체적으로 도출해 낼 수 없다. • 개별 응답자들의 특색 있는 응답내용을 보다 생생하게 기록해 낼 수 없다. • 각각 다른 내용의 응답이라도 제시된 응답항목이 한 가지로 제한되어 있는 경우 동일한 응답으로 잘못 처리될 수 있다.

08 온라인조사 시 고려사항 3가지를 쓰시오.

모범답안

① 모집단과 표본 집단을 명확하게 구분하여 정의할 수 있어야 한다.
② 적격한 응답자가 응답을 하는지 통제할 수 있어야 한다.
③ 응답자 1명당 1번만 응답이 가능하도록 통제할 수 있어야 한다.
④ 개방형 질문보다 폐쇄형 질문을 활용한다.

작성TIP

온라인조사의 단점을 파악하고 이를 토대로 온라인조사 시 고려사항을 작성하면 된다. 온라인조사의 단점은 다음과 같다.
- 컴퓨터 사용 가능자에 한해서만 조사하므로 특정 연령층이나 성별에 따른 편중된 응답이 도출될 수 있다.
- 특정 웹사이트를 우연히 찾은 사람 또는 온라인 가입자를 대상으로 하므로 표본의 대표성 확보가 어렵다.
- 응답자의 신분을 확인할 방법이 제한되어 있어 응답자의 적격성 문제가 발생할 수 있다.
- 인터넷 표본의 모집단을 규정하기가 힘들고, 응답자 확인이 불가능한 경우 한 사람이 여러 차례 응답할 수 있다.
- 이메일, IP주소 등이 수집되므로 사적인 정보의 유출 가능성이 높다.

09 우편조사의 장단점을 4가지씩 쓰시오.

모범답안

1. 우편조사의 장점
   ① 직접 만나기 어려운 대상을 조사할 수 있다.
   ② 조사대상자의 주소만 알면 어느 지역이든 조사할 수 있어 조사대상 지역이 제한적이지 않으며, 특히 지리적으로 멀리 떨어져 있을 경우에 조사비용을 줄일 수 있다.
   ③ 응답자에게 익명성에 대한 확신을 줄 수 있다.
   ④ 조사자의 영향을 덜 받는다.

2. 우편조사의 단점
   ① 응답률 및 회수율이 낮다.
   ② 면접원이나 질문자가 따로 없으므로 응답자가 질문 내용에 대해 이해하지 못하는 경우 정확한 조사결과를 얻기가 어렵다.
   ③ 응답내용이 모호한 경우 응답자에 대한 해명의 기회가 없다.
   ④ 질문지 발송 후에 회수까지 시간과 노력이 요구된다.
   ⑤ 무자격자의 응답에 대한 통제와 주위환경·응답시기에 대한 통제가 어렵다.

10. 측정도구로서의 척도 4가지를 쓰고 설명하시오.

모범답안

1. 명목척도

측정대상을 유사성과 상이성에 따라 분류하고, 구분된 각 집단 또는 카테고리에 숫자나 부호 또는 명칭을 부여하는 것이다. 이때 각 범주에 부여되는 수치는 계량적 의미를 갖고 있지 않으며, 일정한 특성을 대표하는 값을 임의로 부여한 것이다.

2. 서열척도

측정대상을 분류할 뿐만 아니라 대상의 특수성이나 속성에 따라 각 측정대상에 상대적인 순서나 서열을 부여하는 것이다.

3. 등간척도

측정대상을 분류하고 각 측정 대상에 순서나 서열을 결정할 뿐만 아니라 서열 간의 간격이 일정하도록 크기의 정도를 제시한다. 가감(덧셈과 뺄셈) 연산이 가능하며, '0'의 값은 자의적으로 부여된 임의적인 '0'으로 아무것도 없음을 나타내는 절대적인 '0'의 의미가 아니다.

4. 비율척도

측정대상을 분류하고 각 측정대상에 순서나 서열을 결정하고 서열 간에 일정한 간격을 제시할 뿐만 아니라 절대영점(0)을 가짐으로써 비율을 결정할 수 있다. 수치상 가감승제와 같은 모든 산술적인 사칙연산이 가능하다.

작성TIP

각 척도별 예시도 알아 두어야 한다.
- **명목척도의 예:** 성별(남/여), 종교(기독교/불교/천주교/그 외), 혈액형(A/B/AB/O), 축구선수의 등번호 등
- **서열척도의 예:** 선호도(아주 좋아한다/좋아한다/싫어한다/아주 싫어한다), 사회계층(상/중/하), 학급석차(1등/2등/…/30등) 등
- **등간척도의 예:** 온도, 지능지수(IQ) 등
- **비율척도의 예:** 신장, 체중, 소득, 회사 근무연수, 졸업생 수, 시험 원점수, 연간 순수입, 교육연수(정규교육을 받은 기간), 빈곤율, 출산율, 청년실업지수, GNP 등

제 11 회 기출복원문제

01 탐색적 조사 중 문헌조사의 의의와 특징 5가지를 쓰시오.

> **모범답안**
>
> **1. 문헌조사의 의의**
>   문헌조사는 신문, 잡지, 학술연구지, 정부 보고서 등이나 경제학, 경영학, 심리학, 사회학 등을 포함하는 다양한 분야에서 이미 조사된 2차 자료를 활용하는 것을 말한다.
>
> **2. 문헌조사의 특징**
>   ① 직접 자료를 수집하지 않고 기존에 발간된 각종 문헌을 활용한다.
>   ② 연구자가 수집된 자료나 분류과정을 통제할 수 없다.
>   ③ 시간이나 공간의 제약을 받지 않는다.
>   ④ 시간과 비용을 절감할 수 있다.
>   ⑤ 일시적이 아닌 계속적으로 자료를 수집할 수 있다.

02 다음 사례에서 사용된 각각의 분석단위를 쓰시오(단, 분석단위는 개인, 조직, 국가이다).

> A. 고등학교 학생들은 집에서 생활하는 시간이 적기 때문에 초등학교 학생보다 TV시청 시간이 적다.
> B. 1998년 5월 당시 30대 기업그룹 가운데 지난 1년간 사실상 부도나 부도유예협약 또는 협조융자 대상이 된 그룹은 15개에 달하였고, 나머지 그룹들도 유사한 경제적 곤란을 겪었다.
> C. 미국은 전자정부 이용률이 43%였으며 한국은 23%로 중간수준이고, 일본과 영국은 13%대의 저수준인 것으로 조사됐다.
> D. 담뱃값 인상에 대한 질문을 한 결과, 남성은 55%가 반대하였고, 여성은 35%가 반대하였다.
> E. 공공부분 정보활용도의 경우 서울과 부산은 높았고, 대전, 울산, 대구 지역은 낮았다.

모범답안

A: 고등학생, 초등학생이므로 분석단위는 '개인'이다.
B: 그룹이므로 분석단위는 '조직'이다.
C: 미국, 한국, 일본, 영국이므로 분석단위는 '국가'이다.
D: 남성, 여성이므로 분석단위는 '개인'이다.
E: 서울, 부산, 대전, 울산, 대구이므로 분석단위는 '조직'이다.

작성TIP

주어진 예시에서 분석단위가 무엇인지 판별하는 연습이 필요하다. 분석단위의 분류에는 사회적 가공물(사설, 그림, 대중음악, 서적, 건물, 프로그램 등)도 있다.

03 조사대상자의 가치나 태도를 조사할 때 사용하는 면접은 표준화면접과 비표준화면접으로 구분한다. 비표준화면접의 특징 4가지를 쓰시오.

> **모범답안**
>
> ① 질문이 고정되어 있지 않고 융통성이 있다.
> ② 면접 시 상황에 따른 질문내용을 수정할 수 있다.
> ③ 틀에 정해져 있는 표준화면접보다 자유롭다.
> ④ 질문순서나 문항들의 순서를 정하지 않는다.
> ⑤ 표준화면접에 비해서 유용한 정보를 제공한다.

> **작성TIP**
>
> 비표준화(비구조화)면접의 의의와 종류를 물어보는 문제가 출제되기도 하였다. 비표준화면접 외에 집중면접, 심층면접, 초점집단면접의 의의도 서술할 수 있어야 한다.
> - **비표준화면접**: 질문내용이나 형식, 순서에 상관없이 면접자가 자유롭게 면접을 진행하는 면접방법이다. 면접에서 융통성, 신축성이 높으며, 보다 자세한 질문이 가능하다.
> - **집중면접**: 특정한 경험이 어떤 결과를 초래했는지에 대해 관심이 많고, 면접자 주도하에 그 경험에 대해 집중적으로 질문하여 응답자의 내면적 상황을 파악한다.
> - **심층면접**: 한 명의 응답자와 일대일 면접을 진행하여 응답자의 생각, 느낌, 욕구, 태도 등을 심도 있게 조사하는 방법이다.
> - **초점집단면접(FGI)**: 소수의 응답자를 한 장소에 모이게 한 후, 특정 주제에 대해 대화와 토론을 통해 필요한 정보를 수집하는 면접방법이다.

04 우편조사, 전화조사, 면접조사를 서로 비교하여 장단점을 쓰시오.

모범답안

1. 우편조사
   ① 장점
      ㉠ 면접조사에 비해 비용이 절약된다.
      ㉡ 조사의 범위가 광범위하다.
      ㉢ 면접조사에 비해 익명성이 보장된다.
      ㉣ 응답자와 멀리 떨어져 있어 조사자의 영향을 덜 받는다.
   ② 단점
      ㉠ 질문지 회수율이 낮다.
      ㉡ 질문항목이 간단해야 하므로 심층적인 질문이 어렵다.
      ㉢ 응답한 질문지를 누가 기술한 것인지 알기가 어렵다.

2. 전화조사
   ① 장점
      ㉠ 면접조사보다 비용이 적게 든다.
      ㉡ 거리가 멀어 면접이 어려운 사람에게 가능하다.
      ㉢ 우편조사보다 정확성이 높은 조사이다.
   ② 단점
      ㉠ 면접조사에 비해 심층적인 조사가 힘들다.
      ㉡ 전화조사를 하는 모집단이 완전하지 않다.
      ㉢ 복잡하고 많은 정보를 얻기가 어렵다.

3. 면접조사
   ① 장점
      ㉠ 우편조사보다 질문지 회수율이 높다.
      ㉡ 응답자가 이해하지 못했을 경우 추가 질문을 할 수 있다.
      ㉢ 보조도구를 이용할 수 있다.
   ② 단점
      ㉠ 절차가 복잡하고 불편할 수 있다.
      ㉡ 시간과 비용이 많이 든다.
      ㉢ 면접자에 따라 주관적 편견이 개입될 수 있다.
      ㉣ 익명성의 보장이 어렵다.

05 인터넷조사의 문제점과 이를 보완하는 방법에 대해 쓰시오.

모범답안

1. 인터넷조사의 문제점
   ① 문항이 많고 복잡한 경우 응답률이 낮아질 수 있다.
   ② 응답대상자가 온라인 접속자로 한정될 수 있다.
   ③ 컴퓨터의 사양이나 브라우저(윈도우 버전)에 따라 제한이 있을 수 있다.

2. 인터넷조사의 문제점 보완방법
   ① 온라인, 오프라인 방식을 함께 사용한다.
   ② 질문문항을 짧고 명료하게 구성한다.
   ③ 질문지 회수율을 높이기 위해 개방형 질문보다 폐쇄형 질문을 사용한다.

작성 TIP

인터넷조사 시 편향발생 이유를 서술하는 문제가 출제되기도 하였다. 인터넷조사 시 편향발생의 이유는 다음과 같다.
- 인터넷(온라인)을 이용하는 대상자들에 한해 조사하므로 표본의 대표성에 문제가 발생하기 때문이다.
- 질문지의 응답률과 회수율이 저조하기 때문이다.
- 온라인의 제한된 응답자로 모집단을 대표할 수 없어 표본틀을 만들기가 어렵기 때문이다.

06 서스톤척도의 개발과정을 4단계로 설명하시오.

모범답안

① 다수의 질문문항으로 응답범주를 구성한다.
② 사전문항 평가자들에게 예비문항에 대한 선호도를 측정한다.
③ 선호 수준에 따라 11개의 범주로 나눈다.
④ 평가자들이 평정한 값의 평균과 표준편차에 근거하여 동일 간격이 되는 복수의 최종 진술문을 통해 실제 조사에서 측정한다.

작성 TIP

서스톤척도가 유사등간척도인 의미를 서술하는 문제가 출제되기도 하였다. 서스톤척도는 척도를 구성하는 과정에서 평가자의 평가에 근거하여 문항을 선정하고 척도의 값을 정한 다음 조사자가 이를 바탕으로 척도에 포함된 적절한 문항을 선정하여 구성하는 척도로 간격을 동등한 것으로 본다.

07

외생변수 중 우발적 사건, 성숙효과, 시험효과에 대해 각각 설명하시오.

모범답안

1. 우발적 사건
실험기간 동안에 발생한 외부적 요인이 실험결과에 영향을 미치는 현상이다.

2. 성숙효과
실험기간 중에 성숙 또는 시간의 경과에 따라 독립변수의 변화가 아닌 실험대상의 육체적·심리적·연구통계적 변화가 종속변수에 영향을 미친 경우이다.

3. 시험효과
실험 전 반복적인 학습으로 인해 실험결과에 왜곡된 영향을 미칠 수 있다.

08

다음 기사의 문제점을 지적하고 기사 내용을 수정하시오.

> 흡연자 15명 중 8명은 담배 때문에 건강이 안 좋아졌다고 응답했으나, 그중 금연을 하겠다는 흡연자는 소수인 것으로 나타났다. 모바일 리서치 업체에서 3개 이동통신사 사용자 중 18세 이상 흡연자 1,000명을 대상으로 조사한 결과 흡연으로 인해 건강이 '매우 나빠졌다.'가 20%, '약간 나빠졌다.'가 50%로 흡연으로 인하여 건강이 나빠졌다고 응답한 응답자 70%에 달했다. 반면, '그다지 나빠지지 않았다.'는 28%, '전혀 나빠지지 않았다.'는 2%였다.

모범답안

1. 문제점
흡연자를 조사할 때 전국을 대상으로 한 흡연자를 모집단으로 선정해야 하는데, 모바일 3개 이동통신사 사용자 중 18세 이상으로만 선정하였으므로 표본조사가 완전하다고 할 수 없다. 따라서 기사는 '불포함 오류'를 범하고 있다.

2. 수정 내용
'3개 이동통신사 사용자 중 18세 이상'을 '전국의 흡연자 중'으로 수정해야 한다.

09

'정장과 캐주얼 의상을 파는 상점들 간의 경쟁이 치열합니까?'라는 질문 방식의 문제점을 지적하고 질문을 올바르게 수정하시오.

> **모범답안**
>
> 1. 문제점
> 정장과 캐주얼 의상을 따로 파는 상점들 간의 경쟁인지, 정장과 캐주얼 의상을 모두 파는 상점 간의 경쟁인지 질문의 '명확성'이 떨어진다. 그리고 '경쟁이 치열합니까?'라고 질문자의 주관이 들어간 유도성 질문에 해당하므로 '가치중립성'에도 위배된다.
>
> 2. 수정 내용
> '정장을 파는 상점과 캐주얼을 파는 상점 중에 어느 상점이 가격 면에서 경쟁력이 있다고 생각하십니까?'라고 수정해야 한다.

10

다음은 변수에 대한 설명이다. ( ) 안에 알맞은 내용을 순서대로 쓰시오.

> - 효과적인 영어학습 프로그램이 영어수강생들로 하여금 영어학습 효과를 높여준다. 여기에서 효과적인 영어학습 프로그램은 영어학습 효과에 미칠 뿐만 아니라 영어수강생들의 영어학습 효과의 분산을 설명해 주는 (①)변수이다.
> - 어떤 영어교육 수강생이 여러 가지 영어학습 프로그램에 따른 영어학습 효과에 관심을 가지고 있다면 이 경우 종속변수는 (②)이/가 된다.
> - A지역에 소재한 영어학원의 영어학습 효과는 높은 것으로 나타났으나 B지역에 소재한 영어학원의 경우 그러한 관계가 성립되지 않는 것으로 나타났다. 이때 영어학원의 위치는 (③)변수로 작용한다.

> **모범답안**
>
> ① 매개
> ② 영어학습 효과
> ③ 억제(억압)

제 12 회 기출복원문제

01 실험 시 독립변수 효과를 상쇄하는 다른 특성의 영향을 통제하거나, 기타 조건에서 체계적인 차이가 나지 않도록 하는 구체적인 방안 2가지를 서술하시오.

> 모범답안
>
> 1. 짝짓기(매칭)
>   종속변수에 영향을 미칠 것이라고 생각되는 변수를 실험집단과 통제집단에 동일하게 맞춰 배치하는 방법이다.
> 2. 무작위할당
>   난수표, 제비뽑기와 같은 무작위방법으로 조사대상자를 실험집단과 통제집단에 할당하는 방법이며, 내적타당도의 저해요인들을 통제하는 데 효과적이다.

02 자기기입식 조사와 비교하여 면접조사의 장점 3가지를 설명하시오.

> 모범답안
>
> ① 질문과정이 유연하다.
> ② 다른 조사에 비해 응답률이 높다.
> ③ 관찰을 병행할 수 있다.
> ④ 보조도구를 사용할 수 있다.
> ⑤ 보충적으로 정보를 수집할 수 있다.

03

전화조사 시 표본의 대표성 문제를 해결하는 방법을 쓰시오.

모범답안

① 모집단 모두가 유선전화번호를 가지고 있지 않을 수 있으므로 간접적으로 표본을 추출하는 방법을 병행해야 한다.
② 등록된 전화번호는 이사나 개인적인 사정으로 바뀔 수 있으므로 최근에 등록된 전화번호부를 사용한다(신뢰성 있는 표본프레임을 이용한다).
③ 지역별, 성별, 연령별로 무작위추출법을 사용한다.

작성TIP

전화조사와 관련하여 미디어의 여론조사의 문제점에 대해 묻는 문제가 출제되기도 하였다.
- 여론조사 당시 프로그램을 시청하거나 청취하는 사람들만을 대상으로 하므로 표본의 대표성에 문제가 있다.
- 프로그램을 이끌어 가는 진행자의 능력에 따라 조사 응답이 달라질 수 있다.
- 시간의 한정성으로 인해 세심하고 심층적인 조사가 불가하다.

04

기준에 의한 타당성의 문제점 3가지를 쓰시오.

모범답안

① 기준이 되는 측정도구의 개발이 쉽지 않다.
② 기준을 세우는 기준이 상대적일 수 있으므로 정의가 곤란하다.
③ 측정에 소요되는 비용이 많이 든다.

05 추세연구, 패널연구, 코호트연구에 대해 설명하시오.

모범답안

1. 추세연구
어느 한 시점에서 연구대상 집단의 경향을 분석하고 시간의 경과 후 그 경향을 다시 분석하여 비교하는 과정을 반복하면서 연구대상 집단의 변화를 조사하는 연구이다.

2. 패널연구
동일한 대상, 동일한 사건에 대해 일정한 시간 간격을 두고 지속적으로 반복 측정하여 조사하는 연구이다.

3. 코호트연구
유사한 특성을 공유하는 사람들로, 특정한 시기에 태어났거나 동일 시점에 특정 사건을 경험한 구성원들이 시간이 지남에 따라 어떻게 변하는지 조사하는 연구로, 동년배연구라고도 한다.

작성TIP
추세연구, 패널연구, 코호트연구는 모두 종단연구에 해당함을 기억해 두어야 한다.

06 2차 자료의 장단점을 각각 3가지씩 쓰시오.

모범답안

1. 2차 자료의 장점
① 기존의 자료를 이용하므로 시간과 비용을 절약할 수 있다.
② 정부나 공공기관에서 제공하는 자료는 양질의 자료로서 신뢰성이 높다.
③ 국제 비교연구가 가능하다.

2. 2차 자료의 단점
① 연구에 적합한 2차 자료의 소재를 찾기가 어렵고, 자료에 접근하기가 어려운 경우도 있다.
② 본인이 직접 수집한 자료가 아니므로 자료의 규모나 구조에 익숙하지 않을 수 있다.
③ 신뢰성이나 타당성에 문제가 있을 수 있다.
④ 조사에 필요한 최근의 자료가 없을 수 있다.

07 내용분석의 장점 5가지를 쓰시오.

모범답안

① 가치, 태도와 같은 심리적 변수를 측정할 수 있다.
② 자료수집에 있어 안전도가 높다.
③ 시간과 비용 측면에서 경제성이 있다.
④ 조사의 일부나 전부를 다시 분석하는 것이 다른 조사에 비해 수월하다.
⑤ 비관여적이므로 조사자가 조사대상에 영향을 미치지 않는다.

작성TIP

내용분석의 의의와 단점도 작성할 수 있어야 한다.

1. 내용분석의 의의
   여러 가지 문서화된 매체들을 중심으로 연구대상에 필요한 자료들을 수집하는 방법이다.

2. 내용분석의 단점
   ① 분류 범주의 타당도 확보가 곤란하다.
   ② 자료 분석에 있어 신뢰도가 문제될 수 있다.
   ③ 자료의 입수가 제한되어 있는 경우가 적지 않다.

08 '학습시간이 성적에 영향을 미친다.'라는 가설을 검증하고자 할 때, 개인의 지능지수에 따라 통제할 수 있는 방법 3가지를 서술하시오.

모범답안

학습시간이 성적에 미치는 영향을 관찰해야 하므로 학습시간 외 개인의 지능지수는 외생변수라고 할 수 있다. 외생변수를 통제하는 방법에는 제거, 균형화, 상쇄, 무작위화 등이 있다.

1. 제거
   외생변수로 작용할 수 있는 요인이 실험상황에 개입하지 않도록 제거한다.

2. 균형화(매칭)
   실험집단과 통계집단의 동질성 확보를 위해 동등하게 선정한다.

3. 상쇄
   다른 상황에서 다른 실험을 실시하여 외생변수의 영향을 통제한다.

4. 무작위화
   모집단에서 무작위로 추출하여 독립변수 이외의 모든 변수들에 대한 영향력을 동일하게 하여 동질적인 집단으로 만든다.

09 선행변수의 의미를 쓰고, 독립변수와의 차이점 2가지를 쓰시오.

모범답안

1. 선행변수의 의미
독립변수를 선행하여 유효한 영향력을 행사하는 변수이다.

2. 독립변수와의 차이점
① 독립변수는 종속변수에 영향을 주지만, 선행변수는 보조적 역할을 수행한다.
② 독립변수가 통제되면 선행변수와 종속변수와의 관계가 사라지지만, 선행변수가 통제되어도 독립변수와 종속변수와의 관계는 유지된다.

작성TIP

자주 출제되는 변수에는 매개변수, 억제변수, 왜곡변수도 있다.
- **매개변수**: 독립변수의 결과인 동시에 종속변수의 원인이 되는 변수이다.
- **억제변수**: 독립변수와 종속변수가 서로 관계가 있는데도 관계가 없는 것으로 나타나게 하는 제3의 변수로, 억압변수라고도 한다.
- **왜곡변수**: 독립변수와 종속변수 간의 실제관계를 정반대의 관계로 나타나게 하는 제3의 변수이다.

10 패널조사의 장단점을 각각 2가지씩 쓰시오.

모범답안

1. 패널조사의 장점
① 응답자의 태도에 대한 추이를 개별적으로 추적할 수 있다.
② 동일인을 조사함으로써 통계적 효율성이 높고 일반조사 대비 표본수를 줄일 수 있다.

2. 패널조사의 단점
① 패널을 유지·관리하는 데 시간과 비용이 많이 든다.
② 동일한 응답자를 반복적으로 측정하므로 편의(Bias)가 발생될 가능성이 있다.

작성TIP

패널조사와 코호트조사의 유사점과 차이점에 대해 서술하는 문제가 출제되기도 하였다.

1. 유사점
① 한 연구대상을 일정 기간 동안 관찰하여 그 대상의 변화를 파악하는 데 초점을 맞춘 종단조사법이다.
② 둘 이상의 시점에서 분석단위를 연구하여 어떤 연구대상의 동태적 변화를 연구한다.

2. 차이점
패널조사는 연구대상이 동일인으로 고정되어 있으나, 코호트조사는 연구대상이 같은 시간, 시대의 동일한 경험을 가진 사람이다.

제 13 회 기출복원문제

01 자료 분석 시 자료입력이 중요한 이유와 자료 분석 전 입력오류를 검토하는 방법을 서술하시오.

> **모범답안**
>
> 1. 자료입력의 중요성
>   수집된 자료에 대한 통계적 데이터 분석을 위해 자료입력은 필수이다.
> 2. 자료입력 오류의 검토방법
>   ① 조사항목 누락 여부와 코드 항목이 체계에 올바르게 입력되었는지를 검토한다.
>   ② 서로 연관성 있는 문항들의 응답 값 일치 여부를 검토한다.
>   ③ 항목별로 유효한 응답값의 범위 이탈 여부를 검토한다.

02 자료수집을 위한 관찰 시 관찰자가 피관찰자 집단에 직접 참여하는지를 기준으로 참여관찰과 비참여관찰로 구분한다. 참여관찰의 특징 4가지를 쓰시오.

> **모범답안**
>
> ① 관찰하고자 하는 현상을 즉각적이고 직접적으로 관찰할 수 있다.
> ② 비언어적 상황의 자료수집이 용이하다.
> ③ 참여로 인한 동조현상 때문에 객관성이 떨어질 수 있다.
> ④ 피관찰자가 무엇인가를 숨기고자 할 때 자연스럽게 관찰이 가능하다.
>
> **작성TIP**
>
> 참여관찰법의 의의를 서술하는 문제가 출제되기도 하였다. 참여관찰법은 자료수집방법의 하나로, 일정 시간 동안 연구대상을 감각이나 관찰도구를 활용하여 지켜보고 그 결과를 기록함으로써 자료를 수집하는 방법이다. 현장조사라고도 하며, 탐색연구의 한 방식으로도 쓰인다.

03

조사를 위해 성별, 연령별, 직업별 인구구성 비율에 따라 각 범주별로 표본의 수를 미리 배정하였다. 조사원은 각 범주의 구성 비율에만 유의하면서 자유롭게 응답자를 선정하여 면접을 실시하였다. 이와 같은 표본추출방법을 무엇이라고 하며, 이의 문제점을 설명하시오.

모범답안

1. **표본추출방법**
   할당표본추출방법

2. **할당표본추출방법의 문제점**
   ① 조사원이 임의로 대상자를 선정하므로 편향 가능성이 있다.
   ② 비확률표본추출방법이므로 결과에 대한 일반화 가능성이 적다.
   ③ 연구자는 모집단에 대한 사전지식을 가지고 있어야 한다.

04

사전조사의 의의와 설문지 수정 시 고려사항을 설명하시오.

모범답안

1. **사전조사의 의의**
   본조사에서 실시하는 것과 똑같은 절차와 방법으로 작은 표본을 대상으로 질문지를 시험해 보는 검사로, 본조사의 축소판이라고도 한다.

2. **설문지 수정 시 고려사항**
   ① 설문조사에서 걸리는 시간이 얼마나 되는지를 파악한다.
   ② 설문문항이 응답자들의 수준에 적합한 질문인지 파악한다.
   ③ 응답에 일관성이 있는지, 한쪽으로 치우친 응답이 나오는지, 무응답이나 기타 응답이 많은지를 확인한다.
   ④ 질문순서가 바뀌었을 때 응답에 실질적 변화가 일어나는지의 여부를 파악한다.

작성 TIP

그 밖의 설문지 수정 시 고려사항은 다음과 같다.
- 질문문항의 문구가 잘못 작성된 것이 있는지를 확인한다.
- 부자연스럽거나 오타가 있는지를 확인한다.
- 현지조사에 필요한 협조사항이 있는지를 파악한다.
- 조사상의 어려움 및 해결 방법에 대해 확인한다.

05

비구조화면접의 의미와 이를 사용하여 자료를 수집할 수 있는 면접방법을 쓰고 설명하시오.

> **모범답안**
>
> **1. 비구조화면접의 의미**
> 질문의 내용 및 순서가 미리 정해져 있지 않으며, 면접상황에 따라 질문을 적절히 변경할 수 있는 비교적 자유로운 면접법이다.
>
> **2. 비구조화면접의 방법**
> ① 심층면접: 응답자와 일대일 면접을 진행하여 응답자의 생각, 느낌, 욕구, 태도 등을 심도 있게 조사하는 면접방법이다.
> ② 표적집단면접: 조사자가 소수의 응답자를 한 장소에 모이게 한 후 특정 주제에 대해 대화와 토론을 통해 필요한 정보를 수집하는 면접방법이다.
>
> **작성TIP**
> 비구조화면접의 활용은 새로운 사실·아이디어 발견, 미개척 분야 개발, 설문지 설계를 위한 탐색조사 등에서 유용하다.

06

신뢰도를 측정하는 방법 중 재조사법과 반분법에 대해 설명하시오.

> **모범답안**
>
> **1. 재조사법**
> 동일한 상황에서 동일한 측정도구를 사용하여 동일한 대상을 일정한 시간 간격을 두고 두 번 이상 반복적으로 측정하고 그 결과값들을 비교·분석하는 방법이다.
>
> **2. 반분법**
> 복수양식법의 변형으로 하나의 측정도구를 문항수와 내용이 비슷하도록 나누고 각각을 독립된 두 개의 측정도구로 사용하여 동일한 대상을 측정하고 그 결과값을 비교·분석하는 방법이다.
>
> **작성TIP**
> 신뢰도 측정방법인 재검사법, 복수양식법, 반분법, 내적일관성법의 특징을 알고 서술할 수 있어야 한다.

07 사례조사의 장단점을 각각 4가지 쓰시오.

모범답안

1. 사례조사의 장점
   ① 개개 상황에 관련된 문화적 환경, 배경등 전체 연관적인 파악이 가능하다.
   ② 통계조사의 보완적 자료를 제공한다.
   ③ 관련 변수를 모를 경우 일반 가설을 도출하거나 신뢰도를 높이는 탐색적 작업으로 사용된다.
   ④ 조사대상의 독특한 성질을 취급할 수 있으므로 구체적이고 상세한 연구가 가능하다.

2. 사례조사의 단점
   ① 관찰할 변수에 대한 조사의 폭과 깊이가 불분명하므로 분석영역을 명확하게 설정하기가 어렵다.
   ② 조사결과의 일반화가 어렵다.
   ③ 반복적 연구가 어려워 자료의 신뢰성을 확보하기가 어렵다.
   ④ 타당한 사례의 설정이 어렵다.

08 질문지를 작성함에 있어 다음 질문의 문제점을 설명하고, 보다 적합한 형태의 질문으로 고치시오.

> 귀하께서는 현재 근무하는 회사의 임금수준과 작업조건에 대해 만족하고 계십니까?

모범답안

1. 문제점
   하나의 질문에 대해 2가지 이상의 요소가 포함되는 것은 바람직하지 않다.

2. 수정된 질문
   ① 귀하께서는 현재 근무하는 회사의 임금수준에 대해 만족하고 계십니까?
   ② 귀하께서는 현재 근무하는 회사의 작업 조건에 대해 만족하고 계십니까?

작성TIP

질문지 항목의 작성 원칙에는 명확성, 간결성, 자세한 질문 배제, 이중적 질문 배제, 응답자 가정 배제, 규범적 응답의 억제, 가치중립적, 전문용어 사용 자제, 응답범주의 포괄성, 응답범주의 상호배타성 등이 있다. 주어진 질문이 어떤 원칙을 위배하는지를 판단할 수 있어야 한다.

09 층화표집과 집락표집을 비교하여 설명하시오.

모범답안

1. 층화표집
모집단을 일정한 기준에 따라 서로 상이한 집단들로 나누고 각 집단들로부터 빈도에 따라 적절한 일정 수의 표본을 무작위로 추출하는 방법이다. 층화된 집단 간은 이질적이고 집단 내에서는 동질적이다.

2. 집락표집
모집단 목록에서 구성요소에 대해 여러 가지 이질적인 구성요소를 포함하는 여러 개의 군집 또는 집단으로 구분한 후 군집을 표집단위로 하여 무작위로 몇 개의 군집을 표본으로 추출한 다음 표본으로 추출된 군집에 대해 그 구성요소를 전수조사 또는 부분조사하는 방법이며, 군집표집이라고도 한다. 군집 내 이질적, 군집 간 동질적인 특성을 보인다.

10 총합고정척도법(고정총합척도법)에 대해 설명하시오.

모범답안

여러 속성들로 이루어진 값(value)들을 배치하고 각각의 값들에 대한 응답자의 선호도를 측정하되, 총점의 총량을 미리 설정하여 각 속성들의 상대적인 중요성을 파악하는 척도구성법이며, 상수합계척도라고도 한다. 고정총합척도는 응답 대안들이 많아지면 응답이 어려워지는 단점이 있다.

제 14 회 기출복원문제

01 동일한 일련의 응답범주를 가지고 있는 여러 개의 질문들을 묻기 원할 경우 행렬식 질문구성을 사용한다. 행렬식 질문의 장단점을 설명하시오.

> **모범답안**

1. **행렬식 질문의 장점**
   ① 질문지의 지면을 매우 경제적으로 활용할 수 있다.
   ② 상이한 질문문항들에 대한 응답의 비교가 용이하다.
   ③ 독립적인 문항보다 응답하기가 편리하다.

2. **행렬식 질문의 단점**
   ① 유사한 질문들이 인접하여 배치되기 때문에 고정반응이 생길 수 있다.
   ② 행렬식 질문이 필요하지 않은 질문문항이 포함될 수 있다.
   ③ 질문을 상세하게 검토하지 않고, 응답자들에게 특정한 응답을 유도할 수 있다.

02 전수조사에 비해 표본조사의 정확도가 높은 이유를 쓰시오.

> **모범답안**

표본조사는 조사 규모가 전수조사보다 작기 때문에 숙련된 조사원들의 교육과 채용이 가능하고, 반복된 검토가 가능하다. 따라서 조사원들의 편견, 착오, 입력 오류와 같은 '비표본오차'를 통제하는 데 용이하다. 즉, 표본조사는 전수조사보다 비표본오차를 감소시키므로 정확도가 높아진다.

03

확률표본추출방법과 비교한 비확률표본추출방법의 특징 5가지를 쓰시오.

> **모범답안**

① 표본설계가 용이하고 시간과 비용을 절약할 수 있으므로 사회조사에서 널리 사용된다.
② 조사대상이 뽑힐 확률을 알 수 없으므로 표본의 모집단 대표성을 산출할 수 없다.
③ 표집오차를 추정할 수 없으며, 표본분석 결과의 일반화가 제약된다.
④ 조사결과에 포함될 수 있는 오류에 대한 정확한 정보를 얻기가 어렵다.
⑤ 조사자의 주관성이 개입될 수 있다.

04

층화표본추출방법의 과정을 3단계로 설명하시오.

> **모범답안**

1. 1단계
   모집단을 비슷한 성질을 갖는 2개 이상의 동질적인 층으로 구분한다.
2. 2단계
   각 층으로부터 독립적으로 뽑을 표본의 크기를 결정한다.
3. 3단계
   결정된 표본의 크기에 따라 각 층으로부터 단순무작위추출한다.

> **작성TIP**
>
> 층화표집은 모집단을 중복되지 않게 몇 개의 층으로 나눈 후 각 층으로부터 단순무작위추출을 하는 확률표본추출방법이다. 집단 내 동질적, 집단 간 이질적인 특성이 있음을 기억해야 한다.

05

2022년 6월 1일 지방선거에서 각 방송사가 출구조사(Exit Poll)를 한 결과 응답률은 물론이고 순위조차도 틀리게 조사했다. 문제점이 무엇인지 설명하시오.

모범답안

① 출구조사는 조사자가 응답자를 선정해서 조사하므로 표본의 대표성이 떨어진다.
② 응답자가 거짓으로 대답할 수 있다.
③ 조사원들이 교육을 제대로 받지 않고 임할 경우 부정확할 수 있다.

작성TIP

선거 예측을 위한 출구조사는 체계적(계통적)표집을 활용한다.

06

우편조사의 표지편지(Cover Letter)의 기능과 내용에 대해 서술하시오.

모범답안

1. 표지편지의 기능

질문지 표지는 응답자에게 조사에 참여하는 동기를 부여하고 응답에 대한 협조를 구함으로써 응답률을 제고시키는 역할을 한다.

2. 표지편지의 내용

① 조사기관 및 조사자 신분: 공신력 있는 조사기관 또는 조사자가 조사한다는 신뢰감을 부여한다.
② 조사대상: 모집단으로부터 추출된 조사대상을 밝힌다.
③ 조사목적: 본조사의 중요성을 강조한다.
④ 응답이유: 질문문항들에 대해 왜 응답을 해야 하는지를 강조한다.
⑤ 비밀보장: 개인신상정보의 보호에 대해 강조한다.

07

보가더스(Bogardus)가 개발한 사회적 거리척도에 대해 간략히 설명하시오.

> **모범답안**
>
> 보가더스의 사회적 거리(Social Distance)란 어떠한 집단 간의 친밀 정도를 의미한다. 사회적 거리척도는 인종, 사회계급과 같은 여러 가지 형태의 사회집단에 대한 사회적 거리를 측정하기 위한 척도이다. 각 척도를 하나의 사회적 거리라는 연속적인 순서에 따라 배열하며, 각 점수 간에 등간성을 가정하므로 서열척도의 일종이다.

08

다음 사례를 읽고 측정설계 및 타당성을 고려한 문제점 3가지를 쓰시오.

> 박 선생님은 고등학교 역사과 교사이다. 그는 평소 강의식 수업보다 토론식 수업이 학생들의 교육내용 이해에 보다 효과적이라고 생각하고 있었다. 이에 자신이 수업을 하는 5개 반 중 담임을 맡은 반의 학생들에게 양해를 얻고 토론식 수업을 실시하고 나머지 4개 반은 강의식 수업을 했다. 학기말에 역사시험 결과 토론식 수업을 한 학급의 역사 평균점수가 높게 나타났다. 이 결과, 박 선생님은 학술대회에서 수업방식의 차이가 학생의 과목 이해도 결정에 영향을 준다고 주장했다.

> **모범답안**
>
> ① 실험대상자를 박 선생님이 담임을 맡은 반으로 임의로 선정하여 실험집단과 통제집단을 무작위로 배정하지 않아 동질성이 보장되지 않았다.
> ② 사전에 측정이 이루어지지 않아 최초 상태를 파악할 수 없어 사전 – 사후 차이를 비교하기가 어렵다.
> ③ 반 특성을 잘 아는 담임의 반이기 때문에 실험 처리 간의 상호작용으로 인해 타당도가 저해될 수 있다.

09 비비례층화표본추출법의 의미와 사례를 쓰시오.

모범답안

1. 비비례층화표본추출법의 의미

비례층화표집은 전체 모집단에서 차지하는 비율이 작은 층을 조사하는 데 한계가 있을 수 있으므로 특정 소집단의 비율이 현저히 낮을 때 유용한 추출법이다.

2. 비비례층화표본추출법의 사례

국내에 거주하는 탈북자가 약 900명에 이른다고 가정할 때, 탈북자의 수가 일반시민의 수보다 적기 때문에 표집률을 조정하여 탈북자와 일반시민을 각각 200명씩 확률표집하여 통일에 대한 태도를 비교할 수 있다.

작성 TIP

층화표본추출법의 종류에는 비례층화표본추출, 비비례층화표본추출, 최적분할 비비례층화표본추출방법이 있다. 비례층화표본추출법과 비비례층화표본추출법의 의미는 확실히 알고 서술할 수 있어야 한다.

10 눈덩이표집의 의미와 사례를 설명하시오.

모범답안

1. 눈덩이표집의 의미

조사자가 임의로 선정한 제한된 표본에 해당하는 응답자로부터 추천을 받아 다른 표본을 선정하는 과정을 되풀이하며 마치 눈덩이를 굴리듯이 표본을 표집한다.

2. 눈덩이표집의 사례

불법체류 이주노동자의 취업실태를 조사하려는 경우 모집단을 찾기 어려우므로 ○○공장을 방문하여 첫 번째 표본을 찾아 면접한 뒤 소개를 받아 다음 표본을 선정하는 과정을 되풀이하며 표본크기를 충족시킨다.

ENERGY

산을 움직이려는 자는
작은 돌을 들어내는 일로 시작한다.

– 공자

필답형
실전모의고사

SURVEY ANALYST

제1회 실전모의고사	170
제2회 실전모의고사	178
제3회 실전모의고사	186
제4회 실전모의고사	194
제5회 실전모의고사	201

제1회 실전모의고사

01 과학적 조사란 현상을 체계적으로 조사하고 분석하여 문제를 해결하는 것이다. 과학적 조사의 특징 5가지를 설명하시오.

> **모범답안**
>
> 1. **간결성(Parsimony)**
>   과학적 조사는 최소한의 변수를 이용하여 최대한의 설명을 할 수 있어야 한다.
> 2. **경험적 검증가능성(Empirically Verifiableness)**
>   과학적 조사는 경험적이고 실제적으로 검증이 가능해야 한다.
> 3. **결정론적(Deterministic)**
>   모든 현상과 결과에는 그것을 결정하는 원인이 반드시 존재해야 한다.
> 4. **구체성(Specification)**
>   연구자가 사용하고자 하는 개념이 무엇인지를 정확히 정의해야 하고, 다른 연구자들이 이해할 수 있도록 구체적으로 표현되어야 한다.
> 5. **상호주관성**
>   다른 목적·시각·주관을 가지더라도 동일한 방식을 전개하면 동일한 해석 또는 설명에 도달할 수 있어야 한다.

> **작성TIP**
>
> 이외에도 객관성, 논리성, 변화가능성, 인과성 등이 있다.
> - **객관성(Objectivity)**: 표준화된 도구·절차 등을 통해 누구나 납득할 수 있는 결과를 이끌 수 있어야 한다.
> - **논리성(Logicality)**: 기본 이론에 근거하여 개념과 판단이 상호 모순되지 않고, 일관성 있게 전개한다.
> - **변화가능성(Changeable)**: 기존의 신념이나 이론의 연구결과는 언제든지 비판되고 수정될 수 있어야 한다.
> - **인과성(Causality)**: 모든 현상은 자연발생적인 것이 아니라 원인에 의해 나타난 결과이어야 한다.

02 자료처리를 정의하고 자료처리의 구체적인 수행 단계를 제시하시오.

> **모범답안**

1. 자료처리의 정의
자료처리란 수집과정에서 얻은 조사결과를 도표와 자료 분석에 적합한 형태로 변환하는 과정이다.

2. 자료처리의 수행 단계
① 부호화 단계: 품질관리가 완료된 설문지에 대해 자료 값 범위를 설정하고 개방형 응답 내용에 부호를 붙인다.
② 자료입력 단계: 설문응답 자료를 텍스트나 스프레드시트에 입력하여 전산화한다.
③ 정합성 점검 단계: 입력된 자료의 정합성 및 논리적 오류값을 점검하고, 자료를 수정한다.

> **작성TIP**
>
> 자료처리의 수행 단계를 구체적으로 물었으므로 단계만 간단히 작성할 것이 아니라 각 단계의 수행 내용도 작성하는 것이 좋다.

03 과학적 조사의 목적 5가지를 설명하시오.

모범답안

1. 탐색
감추어진 사실이나 새로운 정보를 알아내기 위해 조사를 실시한다. 사건이나 현상 속에 존재하는 논리적이고 지속적인 패턴을 탐색하는 것이다.

2. 기술
연구문제나 연구대상이 되는 사건이나 현상의 속성을 정확하고 체계적으로 묘사하여 있는 그대로 보여주기 위해 조사를 실시한다. 사건이나 현상의 속성이 무엇(What)인가를 구체적으로 밝히는 것이다.

3. 설명
연구문제나 연구대상이 되는 사건이나 현상의 속성을 단순히 기술하는 차원을 넘어, 그 사건이나 현상이 발생하게 된 원인, 즉 인과관계(Causality)를 밝히기 위해 조사를 실시한다.

4. 예측
이미 알려진 가설로부터 미지의 사건이나 현상을 연역하여 예측하거나, 사건이나 현상의 발생 순서에 기반을 두고 이후에 진행될 미래의 결과를 예상하기 위해 조사를 실시한다.

5. 통제
어떤 사건이나 현상의 원인 또는 선행조건을 조작하여 바람직한 방향으로 이끌어 가기 위해 조사를 한다.

작성 TIP

과학적 조사는 모든 명제나 가설들을 과학적 절차와 방법을 통해 경험적으로 검증하여 지식의 타당함을 밝히고 규칙을 일반화하며 보편적인 이론을 정립하기 위해 사물의 내용을 자세히 살펴보거나 찾아보는 것을 의미한다. 과학적 조사의 주요 목적을 물었을 때 탐색, 기술, 설명은 필수로 작성할 수 있어야 하며, 이 문제에서는 5가지를 묻고 있으므로 예측, 통제에 대해서도 작성할 수 있어야 한다.

04 표본오차와 비표본오차의 의미와 비표본오차의 발생 원인 4가지를 설명하시오.

> **모범답안**

1. 표본오차와 비표본오차의 의미
① 표본오차: 표본추출과정에서 발생하는 오차이며, 표본추출과정에서 충분하지 않거나 대표성이 없는 표본을 잘못 추출함으로써 발생하는 오차이다.
② 비표본오차: 표본추출 이외의 과정에서 발생하는 오차이며, 표본선택 때문에 생긴 오차가 아니라 표본조사를 할 때 표본체계가 완전하게 설계되지 않아 발생하는 오차이다.

2. 비표본오차의 발생 원인
① 조사표 구성방법의 오류
② 조사자의 자질
③ 설문문항의 모호성
④ 감정적인 단어사용
⑤ 면접시간의 길이
⑥ 면접 기술

> **작성TIP**

비표본추출오차는 조사준비과정, 실제 조사, 자료 집계, 자료처리과정 등에서 발생한다. 이외에도 오차를 줄이는 방법에 대해서도 알아두면 좋다.

1. 표본오차를 줄이는 방법
① 표본의 크기를 증가시킨다.
② 동질적인 모집단을 사용한다.
③ 확률표본추출법을 사용한다.

2. 비표본오차를 줄이는 방법
① 무응답 시 재조사 계획을 세워 응답을 받는다.
② 응답자에게 보상과 특혜를 주어 응답자들이 더욱 적극적으로 참여하도록 한다.
③ 자료점검을 하여 자료입력 및 처리과정에서 생기는 오류를 막는다.
④ 설문지를 정확히 설계한다.
⑤ 조사원 교육을 철저히 시키고, 조사를 잘할 경우 인센티브를 부여하여 조사에 적극적으로 임하도록 한다.

05 설문지를 조사의 도구로 사용할 때 설문지 구성요소 3가지를 설명하시오.

모범답안

1. **응답에 대한 협조 요청**
   조사자와 조사기관에 대한 소개, 조사의 취지, 응답결과에 대한 비밀보장을 확신시켜 주는 내용 등을 기록한다.

2. **식별자료**
   설문지를 구분하기 위한 식별번호 및 후속조치(Follow-up)용 정보를 기록한다.

3. **지시사항**
   응답요령, 주의사항, 행동 지시사항 등을 기록한다.

4. **질문(설문)문항**
   조사목적에 필요한 질문을 수록한다.

5. **필요정보 수집을 위한 문항**
   응답자의 인구학적 · 통계학적 특성을 파악하기 위한 질문을 수록한다.

작성TIP

설문지는 가능한 범위 내에서 표준화되도록 작성해야 한다. 오류를 방지하고, 필요한 정보 획득하기 위해 구성요소를 알고 있어야 한다. 설문지는 응답에 대한 협조 요청사항, 식별자료, 지시사항, 질문문항, 필요정보 수집을 위한 문항으로 구성되어 있다. 문제에서는 3가지를 묻고 있지만, 5가지를 쓰는 문제가 출제될 수 있다.

06 온라인 FGI 정성조사에 대해 설명하고, 장점과 단점을 각각 3가지씩 제시하시오.

모범답안

1. 온라인 FGI 정성조사의 개념
온라인 FGI 정성조사는 특별하게 정해진 시간 동안 대화방(Chat Room)처럼 별도로 마련된 인터넷 공간에서 4~6명 혹은 6~10명 정도의 참가자가 주어진 주제로 사회자의 진행하에 토론하는 자료수집방법이다.

2. 온라인 FGI 정성조사의 장점
① 장소의 제한이 없다.
② 비용이 절감된다.
③ 신속한 자료수집이 가능하다.
④ 익명성으로 인한 솔직한 의견 개진이 가능하다.

3. 온라인 FGI 정성조사의 단점
① 참가 적격자의 구분이 힘들다.
② 컴퓨터 이용자만 조사할 수 있다.
③ 표정이나 신체 언어(Body Language) 등의 관찰이 불가하다.
④ 토론 몰입도가 떨어지고 시너지가 낮다.

작성TIP

FGI 정성조사에 대해 기본적으로 이해하고 있어야 하며, 온라인 공간이라는 특성에 맞추어 온라인 FGI의 개념과 장단점을 생각하고 쓸 수 있도록 연습해야 한다.

07. 실사관리에서의 조사원을 정의하고, 조사원의 역할 3가지를 서술하시오.

모범답안

1. 조사원의 의미
   실제 조사현장에서 응답자와 면담, 전화, 인터넷, 우편 등을 통해 조사를 담당하고 조사표 내용검토와 자료를 입력하는 일을 수행하는 사람이다.

2. 조사원의 역할
   ① 현장경험을 바탕으로 조사지역 내에서 명부를 작성하고, 조사대상 가구에서 응답표본을 선정하는 작업에 도움을 준다.
   ② 조사대상이 되는 표본과 접촉하여 조사에 참여하도록 협조를 이끌어 내는 작업을 수행한다.
   ③ 조사대상자가 조사에 성실히 응하도록 동기를 부여하기도 하며, 응답자에게 질문을 읽어 주고 필요에 따라서는 질문을 명백하게 하거나 설명을 해 주기도 한다.
   ④ 응답이 애매하거나 명확하지 않을 경우에는 추가적인 질문을 통해 자세히 캐어묻기를 해야 하며, 어떤 경우에는 응답자를 대신하여 응답자가 불러주는 내용을 설문지에 기입하기도 한다.
   ⑤ 응답하기 곤란한 질문에 대해서는 솔직한 답변을 이끌어낼 수 있도록 응답자를 설득하기도 한다.
   ⑥ 응답에 대한 검수뿐만 아니라 응답자, 응답자의 가구, 지역 등을 관찰한 결과를 기록하기도 한다.

작성TIP
조사원에 따라 응답성공률이 달라지고 응답수준에 차이가 발생하는 것을 '조사원 효과'라 하며, 이를 줄이는 것이 조사통계 품질관리의 중요한 이슈가 되고 있다. 조사원의 역할에 대해서는 모두 숙지해 두어야 한다.

08. 2차 자료는 내부 자료와 외부 자료로 구분된다. 각각에 대해 예시를 이용하여 설명하시오.

모범답안

1. 내부 자료
   조사하려는 자료가 기관이나 기업 또는 해당 조직의 내부에서 작성되거나 보유하고 있는 자료이다. 예를 들어, 영업 시장 조사 자료, 마케팅 소비자 조사 자료, 고객 만족도 조사 자료, 기술 분석 조사 자료, 경쟁사 제품 비교 조사 자료, 수출 대상 국가에 관한 인증 조사 자료, 생산 공정상의 시스템을 통한 자료 등이다.

2. 외부 자료
   조사하려는 자료가 기관이나 기업 또는 해당 조직의 외부에서 작성되거나 보유하고 있는 자료이다. 예를 들어, 정부기관의 간행물, 정부기관이나 기업 등의 통계자료, 전문 서적, 보도자료, 전문기관 보고서, 상업적 목적의 자료 등이다.

작성TIP
1차 자료와 2차 자료의 비교 문제도 출제될 수 있다. 각 자료의 특징과 예를 함께 숙지해 두어야 한다.

09

조사를 기획 중인 연구원이 20대, 30대, 40대 간 특정 제품에 대한 선호도에 있어 어떤 차이가 있는지 알아보기 위해 횡단적 조사를 진행할지 종단적 조사를 진행할지 고민하고 있다. 연령대별 선호도의 차이를 알아보기 위한 횡단적 조사와 종단적 조사의 진행방법을 각각 설명하시오.

모범답안

1. 횡단적 조사

횡단적 조사는 일정 시점을 기준으로 모든 관련 변수에 대한 자료를 수집하는 조사이다. 따라서 20대, 30대, 40대의 모집단에서 무작위표본을 추출한 후 일정 시점에서 연령대별 특정 제품에 대한 선호도를 파악한다.

2. 종단적 조사

종단적 조사는 하나의 연구대상을 일정한 시간(기간) 동안 관찰하여 그 대상의 변화를 파악하는 것이다. 20대로 구성된 모집단에서 무작위표본을 추출한 후 시간의 흐름에 따라 변화하는 제품에 대한 선호도를 파악한다.

작성TIP

- 횡단적 조사는 시간에 따른 변화를 추적하지 않고, 그 순간의 상태를 비교 분석한다.
- 종단적 조사는 시간에 따라 변화하는 데이터를 분석한다.

10

조사원의 일반교육 3가지를 쓰고, 설명하시오.

모범답안

1. 조사와 조사과정에 대한 개발교육

조사의 목적, 용도, 주관자, 후원기관 등을 설명하여 대상자의 신뢰와 협조를 얻는 것에 대한 교육이다.

2. 조사원의 역할 및 책임교육

조사품질에 대한 조사원의 책임에 대한 교육이며, 조사관리자의 지시에 따를 것을 강조한다.

3. 조사원의 자세교육

조사원은 명랑하되 전문가다운 모습을 유지한다.

제 2 회 실전모의고사

01 전통적인 양적(Quantitative)조사방법과 질적(Qualitative)조사방법을 비교하여 특징 5가지를 쓰시오.

모범답안

① 양적조사방법은 선(先)이론, 후(後)조사의 방법을 활용하는 연역적 과정에 기초하는 반면, 질적조사방법은 선(先)조사, 후(後)이론의 방법을 활용하는 귀납적 과정에 기초한다.
② 양적조사방법은 연구자의 연구설계와 그에 따른 연구진행이 구조화와 조작화의 과정을 거치는 반면, 질적조사방법은 조사에 필요한 절차나 단계를 엄격하게 결정하지 않는다.
③ 양적조사방법은 질문지, 표준화(구조화)면접, 비참여관찰 등을 이용하여 표본으로부터 수집된 정보를 토대로 모집단에 대해 일반화하는 반면, 질적조사방법은 비통제적 관찰, 참여관찰, 심층적·비구조화 면접 등 관찰대상의 몸짓, 언어, 태도나 현상 자체에 대해 조사한다.
④ 양적조사방법에서 도출되는 연구결과는 잠정적이라기보다 결정적이라는 특성을 갖는 반면, 질적조사방법에서 도출되는 연구결과는 잠정적이라는 특성을 갖는다. 즉, 질적조사방법은 조사결과를 폭넓은 상황에 일반화 또는 표준화하기가 어렵고, 연구성과나 결과보다 절차에 관심을 둔다.
⑤ 양적조사방법은 자료 분석에 소요되는 시간이 짧아 대규모 분석에 유리한 반면, 질적조사방법은 자료 분석에 소요되는 시간이 길어 소규모 분석에 유리하다.

작성TIP

양적조사방법과 질적조사방법의 개념과 특징을 파악하고, 이를 비교할 수 있어야 한다.

02 면접조사 시 조사자가 주의해야 할 사항 3가지를 쓰시오.

모범답안

① 응답자가 이질감을 느끼지 않도록 복장이나 언어 사용에 유의해야 한다.
② 원활한 자료수집을 위해 응답자와 인간적인 친밀관계(라포, Rapport)를 형성하고 유지해야 한다.
③ 피면접자에게 면접내용의 비밀이 절대적으로 보장됨을 인식시켜야 한다.
④ 감정이입을 자제하고 최대한 객관적 입장을 견지해야 한다.
⑤ 조사 시 질문지에 있는 말을 빠짐없이 질문해야 한다.
⑥ 응답자가 대답을 잘하지 못하더라도 필요한 대답을 유도하거나, 대답을 하는 도중 응답내용에 대해 평가적인 코멘트를 해서 응답에 영향을 주면 안 된다.
⑦ 응답자의 응답내용을 그대로 기록한다. 개방형 질문의 경우라도 면접원이 응답내용을 해석하고 요약하여 기록해서는 안 된다.

작성TIP

대답이 충분하지 않을 때 추가적 질문을 하는 프로빙(Probing, 심층규명, 캐어묻기)도 암기해 두어야 한다.
- 응답자의 대답이 불충분하거나 모호할 때 추가 질문을 통해 정확한 대답을 이끌어 내는 면접조사기술로, 비구조화 면접에 적합하다.
- 폐쇄형 질문의 답과 관련된 의문을 탐색하는 보조방법이다.
- 정확한 답을 얻기 위해 방향을 지시하는 등 답변의 정확성을 판단하는 방법으로 활용되기도 한다.
- 대표적인 기술로는 간단한 찬성적 응답(그렇군요, 참 흥미있군요), 무언의 암시에 의한 자극(물끄러미 응시하기), 반복(응답자의 대답을 되풀이하기), 비지시적 질문 등이 있다.
- 응답을 원하는 태도나 표정을 드러내서는 안 되며, '다른 대답은 어떻겠냐'며 예를 들어 물어보는 등 필요 이상으로 지나치게 질문해서는 안 된다.

03 설문지 작성 시 조사목적의 구체화와 조사내용의 구체화를 비교하여 서술하시오.

모범답안

1. **조사목적의 구체화**
   조사계획 작성 시 제시된 추상적인 조사목적을 명료하고 구체적으로 기술하여 설문지를 작성할 기본적인 방향을 세우고, 세부목적을 기술하여 조사목적을 더욱 명확하게 하는 것이다.

2. **조사내용의 구체화**
   세부목적이 구체적으로 제시되면, 세부목적별 구체적인 조사내용을 제시하고, 그에 따른 설문지 설계를 구성할 수 있게 되며, 세부목적별로 어떤 질문이 들어가야 할지 구체적으로 제시하고 검토하는 것이다.

작성TIP

조사목적에 따라 조사내용의 구체화가 이루어진다. '조사목적의 구체화'를 추가적으로 살펴보면, 개념을 어떤 측정에 의해 어떻게 정량화할 것인지를 세부적으로 명시해야 한다.

1. **조사목적의 구체화 예시**

조사목적	신제품에 대한 광고 효과 측정
구체적인 개념	A회사의 신제품 매출이 저조한 이유는 광고 효과가 좋지 않아 사람들이 인지하지 못하고 있기 때문이다.
세부목적	• 고객들이 느끼는 A회사와 B회사의 신제품에 대한 품질은 차이가 없다. • A회사와 B회사의 광고 노출(매체의 다양성, 횟수)에 차이가 있다. • 고객들은 A회사 신제품에 대한 광고를 잘 기억하지 못한다. • A회사의 신제품이 잘 팔리지 않는 주된 이유는 광고 때문이다. • A회사의 신제품이 잘 팔리기 위한 개선사항은 어떤 것이 있는가?

2. **조사내용의 구체화 예시**

조사내용	A회사와 B회사의 광고 노출(매체의 다양성, 횟수)에 차이가 있다. • 어느 제품의 광고를 더 많이 보았는가? • 어떤 매체를 통해 각 제품의 광고를 주로 보았는가? • 응답자가 주로 접하는 광고 매체는 어느 것인가? • 어떤 매체를 통해 광고를 봤을 때 오래 기억이 남는가?

04 FGI 정성조사와 양적조사(정량조사)를 조사대상, 조사수단, 조사결과 측면에서 각각 비교하여 서술하시오.

모범답안

1. 조사대상 측면
FGI 정성조사에서 조사대상은 표본이 아니므로 무작위추출에 구애받지 않지만, 양적조사에서 조사대상은 전체 모집단을 대표할 수 있는 표본(가능한 무작위추출)이다.

2. 조사수단 측면
FGI 정성조사에서 조사수단은 비구조화된 토의 가이드라인을 이용하기 때문에 새로운 질문을 유연하게 추가할 수 있으나, 양적조사에서 조사수단은 구조화된 설문지를 이용하기 때문에 설문지에 포함된 내용만을 결과로서 얻는다.

3. 조사결과 측면
FGI 정성조사에서 조사결과는 전체 소비자를 대표하지 못하지만, 양적조사에서 조사결과는 전체 소비자를 대표할 수 있다.

작성 TIP

구분	FGI 정성조사	양적조사(정량조사)
용도	• 가설 설정을 위한 정보를 탐색한다. • 아이디어를 발견하고 창조한다. • 동기와 욕구를 중시한다.	• 통제된 측정을 한다. • 가설을 검증한다. • 결과를 중시한다.
조사대상	• 무작위추출에 구애받지 않는다(표본이 아님).	• 전체 모집단을 대표할 수 있는 표본(가능한 무작위추출)이다.
조사수단	• 비구조화된 토의 가이드라인을 이용한다. • 얻을 수 있는 정보가 탄력적이다. • 임기응변적이다. • 새로운 질문을 추가한다.	• 구조화된 설문지를 이용한다. • 설문지에 포함된 내용만을 결과로 얻는다.
분석	• 토의 결과를 주제별로 정리·요약한다. • 숫자(%)로 분석되지 않는 조사이다. • 주관적 해석과 분석자의 통찰력이 중시된다.	• 구체적인 이론적 배경을 가지고 시작한다. • 규모가 큰 표본에 실시한다. • 객관적이고 실험을 동반한다.
조사결과	• 전체 소비자를 대표하지 못하는 조사이다. • 탐색적(발견·개발)이며 진단적인 조사이다.	• 전체 소비자를 대표하는 조사이다. • 결론 도출을 위한 조사이다.

05 신뢰도와 타당도의 개념을 서술하시오.

모범답안

1. 신뢰도
측정도구가 측정하고자 하는 현상을 일관성 있게 측정하였는지, 즉 반복측정결과의 일관성에 대한 개념이다.

2. 타당도
측정도구가 실제로 측정하고자 하는 바를 얼마나 정확하게 측정하고 있는지, 즉 측정한 값과 진정한 값과의 일치 정도에 대한 개념이다.

작성TIP

1. 신뢰도
① 측정도구가 측정하고자 하는 현상을 일관성 있게 측정하였는지, 즉 반복측정결과의 일관성에 대한 개념이다.
② 어떤 측정수단을 같은 연구자가 두 번 이상 사용하거나, 둘 이상의 서로 다른 연구자들이 사용한다고 할 때, 측정결과가 동일하고 안정적으로 나오면 신뢰성이 높다고 한다.
③ 사회조사에서 어떤 태도를 측정하기 위해 단일지표보다 여러 개의 지표를 사용하는 경우가 많은 이유는 신뢰성을 높이기 위해서이다.
④ 신뢰성의 개념에는 신빙성, 안정성(Stability), 일관성(Consistency), 예측가능성(Predictability) 등의 의미가 내포되어 있다.

2. 타당도
① 측정도구가 실제로 측정하고자 하는 바를 얼마나 정확하게 측정하고 있는지, 즉 측정한 값과 진정한 값과의 일치 정도에 대한 개념이다.
② 측정하고자 하는 대상의 속성을 정확하게 측정하였을 때 타당도가 높다고 한다.
③ 일반적으로 타당도를 경험적으로 검증하는 것은 신뢰성을 검증하는 것보다 어렵다.
④ 타당도를 높이기 위해서는 측정하고자 하는 개념에 대해 적절한 조작적 정의를 하는 것이 중요하다.
⑤ 타당도를 평가하는 방법에는 내용타당도, 기준관련타당도, 개념타당도 등이 있다.

06 실사관리에서 조사원 교육의 의미와 필요성 3가지를 설명하시오.

모범답안

1. **조사원 교육의 의미**
   조사원이 수행해야 할 조사에서 요구하는 목표를 달성할 능력과 자세를 갖추도록 교육시키는 것이다.

2. **조사원 교육의 필요성**
   ① 조사원 업무의 전문적인 성격을 잘 이해시키고 이를 더욱 발전시킴으로써 조사원으로서의 역할과 중요성을 깊이 인식하여 정체성을 확립하기 위한 것이다.
   ② 조사원들의 현장조사에 대한 이해력을 높이고 커뮤니케이션 능력을 향상시켜 응답대상자가 설득에 대해 긍정적인 태도를 가지도록 하기 위한 것이다.
   ③ 응답대상자의 응답거부를 가볍게 받아들여서는 안 된다는 것을 인지하도록 돕기 위한 것이다.
   ④ 조사위조에 따른 통계조사의 품질저하를 막기 위해 조사원의 동기를 부여하고 사명감을 높이는 등 윤리적 자질 향상을 위한 것이다.

07 표본틀의 요건 4가지를 쓰시오.

모범답안

① 포괄성은 표본 프레임이 전체 모집단의 내용을 얼마나 많은 부분을 포함하고 얼마나 정확하게 반영하는지 판단하는 것이다.
② 효율성은 표본 프레임이 표본을 나타내기 유효한 요소들로 구성되어 있는가이다.
③ 추출확률은 모집단에서 개별요소가 추출될 확률이 동일한지를 살펴보는 것으로 표본이 모집단을 잘 대표하는지 판단하는 지표이다.
④ 일반성은 표본의 결과를 모집단의 결과로 일반화할 수 있는지 여부를 보는 것이다.

08. 의미분화척도법의 특징을 설명하고 예시를 설명하시오.

모범답안

1. 의미분화척도법의 특징
① 일직선으로 도표화된 척도의 양극단에 서로 상반되는 형용사를 배열하여 양극단 사이에서 해당 속성을 평가하는 척도이다.
② 일련의 대립되는 양극의 형용사나 표현으로 구성된 척도를 이용하여 응답자의 감정 혹은 태도를 측정한다.
③ 마케팅조사에서 기업이나 브랜드, 광고에 대한 이미지, 태도 등의 방향과 정도를 알기 위해 널리 이용된다.

2. 의미분화척도법의 사례
공무원에 대한 인식

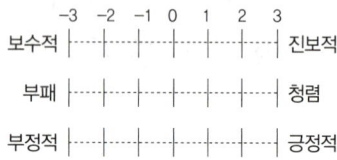

작성TIP

의미분화척도(어의차의척도)의 개념과 특징을 파악하고, 이를 토대로 예시를 제시할 수 있어야 한다. 의미분화척도의 특징은 양극에 형용사 표현을 구성한다는 것이다. 의미분화척도의 또다른 특징은 다음과 같다.
- 어떠한 개념에 함축되어 있는 언어의 의미를 평가하기 위한 방법으로 고안되었다.
- 양적판단법으로 다변량분석에 적용이 용이하도록 자료를 얻을 수 있게 해 준다.
- 측정된 자료는 분석과정에서 요인분석 등의 다변량분석과 같은 통계적 처리과정에 적용하는 것이 용이하다.
- 조사대상에 대한 프로파일(Profile) 분석에 유용하게 사용된다.

09 자료처리 과정에서 칼럼 작업(자료값의 범위 설정)을 설명하시오.

모범답안

설문응답의 부호화(Coding)에서 설문항목별로 자료값의 범위를 설정해야 하는데, 이를 칼럼(Column) 작업이라고 한다. 이때 칼럼이란 설문항목별로 부호화된 자료값이 가질 수 있는 자리 수를 의미한다. 칼럼 작업은 주로 개방형 응답의 부호화 수준을 어디까지 설정하느냐에 따라 그 범위가 달라질 수 있으며, 문항별 범위 설정 시 해당 문항이 가질 수 있는 최대 자리 수를 확인하여, 그에 맞는 칼럼 수와 칼럼 번호를 부여해야 한다.

작성TIP

질문의 자료값이 가질 수 있는 범위를 설정하는 칼럼 작업은 주로 개방형 응답의 부호화 수준을 어디까지 설정하느냐에 따라 그 범위가 달라질 수 있다. 개방형 질문과 폐쇄형 질문에서도 칼럼 작업에 대해 반드시 설명할 수 있어야 한다.

1. **개방형 질문의 자료값 범위 설정**
   ① 연구자가 설문의 주제에 대해 완결적인 응답범주를 만들지 않더라도 응답자의 자유로운 응답이 가능하므로 탐색형 설문조사나 복잡한 내용의 설문 등에 적합하다.
   ② 개방형 응답은 부호화의 범위가 응답내용의 범위에 따라 달라질 수 있으므로 칼럼 작업과 응답의 부호화 작업을 함께 하면 효율적이다.
   ③ 개방형 응답의 부호화 이전에 자리 수를 지정해야 할 경우에는 개방형 응답이 가질 수 있는 최대 응답을 기준으로 지정한다.

2. **폐쇄형 질문의 자료값 범위 설정**
   ① 주어진 조건 안에서만 반응을 요구하기 때문에 개방형 질문보다 응답내용이 제한되지만, 처리가 용이하기 때문에 설문지의 많은 문항이 폐쇄형 질문의 형태로 작성된다.
   ② 폐쇄형 질문은 사전에 자료값의 범위를 미리 부호화하여 설정해놓았기 때문에 개방형 질문에 비해 명확한 범위의 설정이 가능하다.

10 조사자가 응답자에 대해 지녀야 할 태도 4가지를 설명하시오.

모범답안

① 조사를 통해 수집한 응답자의 개인자료를 함부로 사용하거나 공개해서는 안 된다.
② 응답자가 조사에 참여하는 동안 신체적, 심리적으로 해로운 상황이 없도록 해야 한다.
③ 조사자는 응답자에게 조사 참여 여부를 강요하지 않고 응답자가 스스로 참여하도록 해야 한다.
④ 특수성이 있는 경우에는 조사의 목적과 정보를 제공하는 곳 등을 응답자에게 알려주어야 한다.

제 3 회 실전모의고사

01 ★★★

관찰법을 통한 자료수집의 장점 3가지를 서술하시오.

모범답안

① 복잡한 사회적 맥락이나 상호작용을 연구하는 데 적절한 방법이다.
② 연구대상자가 느끼지 못하는 행위까지 조사할 수 있다.
③ 양적 연구와 질적 연구에 모두 활용될 수 있다.
④ 의사소통 능력이 없는 연구대상자에게도 활용될 수 있다.
⑤ 조사에 비협조적이거나 면접을 거부할 경우에 효과적이다.

작성TIP

장단점을 묻는 문제는 자주 출제된다. 관찰법의 장점과 함께 단점도 확실히 정리해 두어야 한다.
- 관찰 결과의 해석에 대한 객관성이 확보되지 않는다.
- 환경변수를 완벽하게 통제할 수 없다.
- 일반화 가능성이 낮다.
- 시간, 비용, 노력이 많이 든다.

02 집락표본추출법(Cluster Sampling)의 개념과 특징 3가지를 서술하시오.

모범답안

1. 집락표본추출법의 개념

모집단 목록에서 구성요소에 대해 여러 가지 이질적인 구성요소를 포함하는 여러 개의 군집으로 구분 후 표본으로 추출된 군집에 대해 그 구성요소를 전수 또는 부분조사하는 방법이다.

2. 집락표본추출법의 특징

① 같은 집락 내의 기본단위들은 서로 가깝게 위치하거나 같은 외부환경을 공유한다.
② 집단 내는 이질적이고 집단 간은 동질적이다.
③ 표본추출단위는 집락(군집)이다.

작성TIP

집락표본추출법은 군집표본추출법이라고도 한다. 집락표본추출법의 집단 내 이질적, 집단 간 동질적이라는 주요 특징을 반드시 서술하도록 한다. 특징을 물었을 때 장단점을 서술해도 좋다.

1. 집락표본추출법의 장점

① 군집을 먼저 추출한 후 규모가 작아진 군집으로부터 표본을 추출하므로 시간과 비용이 적게 든다.
② 모집단에 대한 목록이 없는 경우에도 사용이 가능하다.
③ 선정된 각 군집은 다른 조사의 표본으로도 사용할 수 있다.
④ 각 군집의 성격은 물론 모집단의 성격을 파악할 수 있다.

2. 집락표본추출법의 단점

① 군집이 동질적이면 오차의 개입 가능성이 높고, 표집오차를 측정하기가 어렵다.
② 군집이 모집단을 대표하지 못할 수 있으며, 특정 군집의 특성을 과대 또는 과소 표현할 위험이 있다.
③ 동일한 크기의 표본일 경우 단순무작위표집이나 층화표집보다 표집오차가 크다.
④ 군집단계의 수가 많으면 세분화 과정에서 표집오차가 발생할 가능성이 커진다.

03 개념타당도의 개념과 종류 3가지를 설명하시오.

모범답안

1. 개념타당도의 개념
측정하고자 하는 이론적인 개념이 측정도구에 의해 실제로 적절하게 측정되었는지를 확인하는 것이다.

2. 개념타당도의 종류
① 수렴타당도(집중타당도): 동일한 개념을 서로 다른 측정도구를 사용해서 측정한 결과값들 간의 상관관계가 높아야 함을 전제로 하는 타당도이다.
② 변별타당도(판별타당도): 서로 상이한 개념을 동일한 측정도구를 사용해서 측정한 결과값들 간의 상관관계가 낮아야 함을 전제로 하는 타당도이다.
③ 이해타당도: 어떤 개념을 얼마나 잘 이해하고 있는지를 측정하고, 평가하는 기준이론에 따라 체계적, 논리적, 포괄적으로 구성된 개념을 이용하는 측정도구가 그 기준이 높다고 할 수 있다.

작성TIP

개념타당도 중 수렴타당도는 '상관관계가 높아야 함'을 전제로 하며, 변별타당도는 '상관관계가 낮아야 함'을 전제로 한다. 타당도의 종류별 개념을 확실히 알고 서술할 수 있어야 한다.

04 설문지 설계과정에서 개념적 모형과 분석모형을 비교하여 설명하시오.

모범답안

1. 개념적 모형
① 조사목적과 같거나 과거에 수행했던 유사한 조사의 분석보고서 등을 검토하여 변수 간의 관계를 명확하게 구조화한다.
② 변수 간의 관계성을 규정하여 독립변수와 종속변수를 판단한다.
③ 일반적으로 개인을 대상으로 하는 조사에서는 사회인구적 특성(성별, 연령, 지역, 직업 등)이 독립변수가 되며, 사업체를 대상으로 하는 조사에서는 사업체 특성(업종, 규모, 지역 등)이 독립변수가 된다.

2. 분석모형
① 개념적 모형에서의 변수들이 실제 구할 수 있는 것인지를 판단한다.
② 자료를 구하는 방법을 결정한다.
③ 자료 분석을 위해 어떠한 분석방법을 사용할 것인지에 대한 계획을 세운다.

작성TIP

개념적 모형은 변수 간의 관계성을 규정하여 독립변수와 종속변수를 판단하며, 분석모형은 개념적 모형에서의 변수들이 실제 구할 수 있는 것인지를 판단한다는 것을 알고 있어야 한다.

05 FGI 정성조사를 위한 가이드라인의 개념과 가이드라인 설계 시 고려사항 3가지를 설명하시오.

모범답안

1. **가이드라인의 개념**
   FGI 진행을 위한 질문을 정리한 것으로 조사목적을 알기 위해 필요한 질문들을 적절하게 배열해 놓은 것이다.

2. **가이드라인 설계 시 고려사항**
   ① 조사목적 및 배경이 고려되어야 한다.
   ② 조사주제(테마)가 고려되어야 한다.
   ③ 조사대상자의 속성과 그룹의 수가 고려되어야 한다.
   ④ 조사문제의 가설 설정, 조사의 핵심요점이 나열되어야 한다.

06 확률표본추출법과 비확률표본추출법의 종류를 쓰시오.

모범답안

1. **확률표본추출법의 종류**
   단순무작위추출법, 계통적(체계적)추출법, 층화추출법, 집락(군집)추출법 등

2. **비확률표본추출법의 종류**
   임의(편의)추출법, 판단추출법, 할당추출법, 눈덩이추출법 등

작성TIP

종류에 대해 쓰는 문제이므로, 추출법의 종류를 나열하면 된다. '설명하시오.' 또는 '서술하시오.'의 문제가 출제될 경우 각 추출법의 개념에 대해서도 작성해 주어야 한다.

07 실사관리를 위해 설문지를 점검한 결과에 따른 필요 조치를 현장검증과 표본 대체로 구분하여 설명하시오.

모범답안

1. 현장검증
   ① 자료수집이 완료된 설문지는 1차적으로 조사원이 현장에서 바로 검증을 실시한다.
   ② 현장검증은 주로 설문상의 기입오류 및 논리적 오류의 유무를 점검하는 것으로, 설문완료 직후에 실시함으로써 오류 발견 시 응답자에게 현장에서 바로 재확인할 수 있다는 장점이 있다.

2. 표본 대체(재조사)
   ① 설문 응답자가 부적격 조사대상자로 확인된 경우, 응답내용의 일관성·신뢰성이 현저히 훼손된 경우, 그 밖에 조사결과에 영향을 줄 수 있는 중대한 오류가 발생하였을 경우에 해당 설문을 폐기하고 재조사를 실시해야 한다.
   ② 재조사의 실시 여부는 실사 관리자가 전체적인 응답내용의 신뢰성을 판단하여 실시하며, 재조사를 실시할 경우에는 설문 폐기로 인해 부족하게 된 표본 집단과 동일한 특성을 지닌 조사대상자를 선정하여 진행해야 한다.

작성TIP

현장검증과 표본 대체를 언제 실시하는지, 누가 실시하는지, 무슨 작업을 하는지를 설명할 수 있어야 한다.

08 2차 자료에 대한 내용분석법을 실시하기에 적합한 경우 3가지를 제시하시오.

모범답안

① 조사대상자의 언어나 문제 등을 분석할 경우
② 자료 원천에 대한 접근이 어렵고 자료가 문헌인 경우
③ 정책, 매스미디어 내용의 경향이나 변천 등이 필요한 경우
④ 분석자료가 방대하여 실제 분석자료를 일일이 수집하기 어려운 경우
⑤ 실증적 자료에 대한 보완적 조사가 필요할 때, 무엇을 자료로 삼을 것인지를 검토하는 경우

작성TIP

내용분석법은 대표적인 문헌연구로서 의사소통의 내용이 적혀 있는 기록물을 연구대상으로 하는 비개입적 연구이다. 내용분석법의 특징을 파악하고, 내용분석법을 실시하기에 적합한 경우를 연결지어 학습하고 이를 작성할 수 있어야 한다. 내용분석법의 절차에 대해 출제될 수 있으므로 함께 알아두는 것이 좋다.

1. 내용분석법의 특징
① 인간의 모든 형태의 의사소통 기록물을 활용할 수 있다.
② 사례 연구와 개방형 질문지 분석의 특성을 동시에 보인다.
③ 양적인 정보와 질적인 정보 모두 분석의 대상이 되며, 연구목적에 따라 변수를 측정할 수 있도록 질적내용을 객관적이면서 계량적인 양적자료로 전환하여 분석한다.
④ 질적인 내용의 코딩을 위해서는 개념화・조작화가 이루어져야 한다.
⑤ 역사적 연구에 유용하다.
⑥ 메시지의 표면적인 내용뿐만 아니라 잠재적인 내용도 분석이 가능하다.
⑦ 자료가 방대한 경우 내용분석법에서도 모집단 내에서 표본을 추출하여 분석할 수 있다.

2. 내용분석법의 절차
연구문제 또는 가설 설정 → 내용분석 자료의 모집단 선정 → 내용분석 자료의 표본추출 → 분석단위 결정 → 분석 카테고리 설정 → 수량화의 체계 규정 → 코딩 → 신뢰도 및 타당도 검증 → 자료의 분석 및 해석 → 연구보고서 작성

09 선거 후보자의 지지율을 조사하고자 할 때, 전화번호부를 표본프레임으로 사용하는 경우 전화번호부에 이름이 없어 표본조사에서 제외되거나 이름이 두 번 이상 전화번호부에 중복되어 있을 수 있다. 이처럼 표본추출과정에서 사용되는 표본프레임이 모집단과 정확하게 일치하지 못함으로써 발생하는 오류는 무엇인지 설명하시오.

> **모범답안**
>
> 모집단이 적절한 대표성을 갖고 있지만 정보누락에서 발생하는 오류를 불포함 오류라고 한다. 표본조사 시 표본체계가 완전하지 않을 때, 즉 표본추출방법이 모호할 경우에 발생하며, 직접 발견하기 어려워 통제가 어렵고, 발견하더라도 확증을 얻기 어렵다. 오류를 줄이려면 타 조사결과와 비교하거나 전문가의 경험에 의존해야 한다.

> **작성TIP**
>
> 불포함 오류는 비표본추출오류에 해당한다. 비표본추출오류에는 무응답 오류, 조사현장에서의 오류, 자료기록 및 처리상의 오류, 불포함 오류 등이 있다.
>
> 1. 무응답 오류
>   표본추출과정에서 선정된 표본 중 일부가 연결이 되지 않거나 응답을 거부했을 때 발생한다.
> 2. 조사현장에서의 오류
>   면접이나 관찰과정에서 응답자나 조사자 자체의 특성에서 생기는 오류와 양자 간의 상호관계에서 발생한다.
> 3. 자료기록 및 처리상의 오류
>   정확한 응답이나 행동을 한 결과를 조사자가 잘못 기록하거나, 기록된 설문지나 면접지가 분석을 위해 처리되는 과정에서 발생한다.
> 4. 불포함 오류
>   표본조사를 할 때 표본체계가 완전하지 않아 발생한다.

10 개방형 질문의 자료값 범위 설정과 폐쇄형 질문의 자료값 범위 설정을 예시를 들어 비교하여 설명하시오.

> **모범답안**

1. 개방형 질문의 자료값 범위 설정

| 귀댁의 지난해 월평균 총 가구소득은 얼마입니까? (만 원) |

⇨ 개방형 응답은 부호화의 범위가 응답 내용의 범위에 따라 달라질 수 있기 때문에 칼럼 작업은 응답의 부호화 작업과 함께 이루어지면 보다 효율적으로 진행할 수 있다. 표본수가 300명일 경우 300명의 응답 중 가장 큰 응답이 1,000만 원이라면 해당 응답의 칼럼 수는 4로 설정해야 한다.

2. 폐쇄형 질문의 자료값 범위 설정

| 귀댁의 지난해 월평균 총 가구소득은 얼마입니까? |
| ❶ 100만 원 미만   ❷ 100~200만 원 미만 |
| ❸ 200~300만 원 미만   ❹ 300~400만 원 미만 |
| ❺ 400~500만 원 미만   ❻ 500~600만 원 미만 |
| ❼ 600~700만 원 미만   ❽ 700만 원 이상 |

⇨ 폐쇄형 질문은 사전에 자료값의 범위를 미리 부호화하여 설정해 놓았기 때문에 개방형 질문에 비해 명확한 범위의 설정이 가능하다. 예를 들어, '기타(   )'와 같은 개방형 보기가 포함되어 있지 않아 해당 질문의 자료값이 가질 수 있는 범위는 1부터 8까지이므로 칼럼 수는 명확하게 1로 설정할 수 있다.

> **작성 TIP**
>
> 개방형 질문과 폐쇄형 질문의 예시를 만드는 문제가 출제될 수 있다. 답안에 사용할 수 있는 질문 예시를 몇 가지 만들어 두고 작성하는 연습을 하면 좋다.

제 4 회 실전모의고사

01 확률표본추출법과 비확률표본추출법의 특징을 각각 4가지씩 서술하시오.

모범답안

확률표본추출법	비확률표본추출법
• 무작위로 표본추출한다. • 조사대상이 뽑힐 확률을 미리 알기 때문에 표본의 대표성을 산출할 수 있다. • 조사자의 주관성을 배제할 수 있다. • 표집오차를 추정할 수 있다. • 모집단에 대해 일반화를 할 수 있다. • 일반적으로 시간과 비용이 많이 든다.	• 작위적으로 표본추출한다. • 연구대상이 표본으로 추출될 확률이 알려져 있지 않다. • 조사자의 주관성을 배제할 수 없다. • 표집오차를 추정할 수 없다. • 모집단에 대해 일반화를 하기가 어렵다. • 확률표본추출방법에 비해 시간과 비용이 적게 든다.

02 표본오류의 정의와 오류를 줄이는 방법에 대해 설명하시오.

모범답안

1. 표본오류의 정의

모집단을 대표할 수 있는 전형적인 구성요소를 선택하지 못함으로써 발생하는 오차를 말한다. 이러한 표본오류는 편의(Bias)와 우연(Chance)에 의해 발생한다.

2. 표본오류를 줄이는 방법

① 표본의 크기를 증가시킨다.
② 표본선택을 보다 구체적이고 모집단의 특성에 맞게 바꾼다.
③ 비확률표본추출법보다 확률표본추출법을 사용한다.

작성TIP

비표본오류를 함께 알아 두도록 한다. 비표본오류는 표본오류를 제외한 모든 오류(면접, 조사자의 자질, 조사표 작성 등)를 의미한다. 비표본오류의 발생 원인에는 조사표 구성방법에 따른 오류, 조사자의 주관적 편견, 환경적 요인, 무응답 등이 있다.

03 실험설계 전제조건 3가지를 쓰고, 각각에 대해 설명하시오.

> **모범답안**

1. 독립변수의 조작
   연구자가 의도적으로 한 집단에는 독립변수를 발생시키고 다른 집단에는 발생시키지 않음으로써 독립변수 조작이 종속변수에 미치는 영향을 관찰한다.

2. 외생변수의 통제
   외생변수가 될 가능성이 있는 변수를 제거하여 외생변수의 영향을 실험상황에 개입하지 않도록 한다.

3. 실험대상의 무작위화
   인과관계에 영향을 미치는 다양한 외생변수를 통제하기 위해 조사대상자를 실험집단과 통제집단에 무작위로 할당한다.

4. 종속변수 비교
   실험집단과 통제집단 간의 종속변수를 비교하여 두 변수 간에 차이가 있는지를 알아본다.

> **작성TIP**
>
> 인과관계의 성립조건과 구별하여 정리해 두어야 한다.
> - **공변관계**: 가설에서 설정한 독립변수와 종속변수 사이에 인과관계가 성립하려면 공변관계(상관관계)가 성립되어야 한다.
> - **시간적 선행성(시간적 우선성)**: 원인과 결과를 추정하기 위해서는 원인이 결과보다 시간적으로 우선되어야 한다.
> - **비허위적 관계**: 독립변수와 종속변수 사이의 관계는 제3의 변수에 의해 만들어진 것이 아니어야 한다.

04 설문지가 최종 확정되면 조사지침서를 작성해야 한다. 조사지침서의 의의와 조사지침서에 들어갈 사항 3가지를 쓰시오.

> **모범답안**

1. **조사지침서의 의의**
   조사지침서는 설문조사를 통한 자료수집에 대한 지침서로, 조사의 전반적인 이해를 위한 부분과 설문 응답에 필요한 설문문항 하나하나에 대한 용어와 질문방식, 질문할 때의 유의사항 등을 상세하게 기록한다.

2. **조사지침서 기재사항**
   ① 조사목적 및 개요
   ② 조사과정의 흐름도
   ③ 조사일정
   ④ 조사대상
   ⑤ 조사과정의 유의사항
   ⑥ 설문지, 설문지의 용어 설명, 설문지 작성요령
   ⑦ 질문요령 및 질문할 경우의 유의사항
   ⑧ 조사본부 및 비상연락처

05. FGI 정성조사를 진행하는 진행자에 대해 설명하고 진행자가 갖추고 있어야 하는 역량 3가지를 제시하시오.

모범답안

1. 모더레이터
FGI 정성조사나 심층면접 정성조사를 진행하는 진행자를 모더레이터(Moderator)라고 한다. 모더레이터는 응답자들로부터 조사주제에 대한 의견을 수렴하도록 면접 과정을 조절하고 심화하면서 전문적인 정보를 얻을 수 있도록 면접을 진행하는 전문가이다.

2. 모더레이터의 역량
① 조사대상자들의 의견 나눔이 적극적으로 진행될 수 있도록 독려하거나 불필요한 대화가 오갈 때 제어한다.
② 소수의 응답자 집단이 특정 주제에 대해 자유롭게 토론하는 가운데 조사목적과 관련된 필요한 정보를 수집하거나 공식적인 설문조사에서 기대하지 못한 결과를 발견한다.
③ 참여자의 내면 깊숙이 있는 생각을 끌어낼 수 있는 질문을 제기하고, 대화 내용이 특정 부분에서 장기간 머물지 않고 계속 진행할 수 있도록 유도한다.
④ 인터뷰를 마친 후 조사를 의뢰한 클라이언트에게 새로운 상품이나 서비스에 관한 소비자의 심층적 생각을 알리는 보고서를 작성한다.

작성TIP

모더레이터는 정성조사 진행자를 일컫는 말로, 정성조사 단계 중 좌담회, 심층 인터뷰 등을 진행하면서 자료를 수집하는 업무를 담당한다. 정성조사란 정량화된 설문문항을 통해 파악하기 어려운 질적정보들을 직접 인터뷰하여 파악하는 것이다.

06 우편조사의 장단점을 각각 3가지씩 쓰시오.

모범답안

1. 우편조사의 장점
   ① 직접 만나기 어려운 대상 또는 쉽게 접근할 수 없는 대상을 조사할 수 있다.
   ② 조사대상자의 주소만 알면 어느 지역이든 조사할 수 있어 조사대상 지역이 제한적이지 않으며, 특히 지리적으로 멀리 떨어져 있을 경우에 조사비용을 줄일 수 있다.
   ③ 응답자의 익명성이 보장된다.
   ④ 조사자의 영향을 덜 받는다.

2. 우편조사의 단점
   ① 응답률이나 회수율이 낮다.
   ② 응답자가 질문내용에 대해 이해하지 못하는 경우에 정확한 조사결과를 얻기가 어렵다.
   ③ 응답자가 조사에 대해 답한 것인지 다른 사람이 답한 것인지를 확인하기가 어렵다.
   ④ 대표성이 떨어져 일반화가 어렵다.

작성TIP

우편조사의 개념과 장단점은 시험에 자주 출제되기 때문에 확실하게 암기하고 작성할 수 있어야 한다. 우편조사의 설문지는 면접원의 도움 없이 조사대상자가 직접 읽고 응답을 하기 때문에 설문지를 간결하고 명확하게 작성해야 한다. 개념 및 장단점뿐만 아니라 우편조사의 응답률을 높이는 방법도 함께 숙지하도록 한다.

07 실사관리 중 설문지상에 발생한 문제점에 대한 대응 방안 3가지를 제시하시오.

모범답안

① 설문지상에 기입 오류 및 응답 내용의 논리적 오류가 발생한 경우 조사원 및 응답자를 컨택하여 해당 오류 내용에 대한 재확인을 실시한다.
② 응답자가 부적격 조사대상자로 확인되거나 응답 내용의 신뢰성이 현저하게 의심되는 경우 해당 설문을 폐기하고 재조사를 실시한다.
③ 특정 조사원에게 설문 내용상의 특정 응답이 자주 나온다거나, 다른 조사원과는 다른 응답패턴이 관찰된 경우, 해당 조사원 및 응답자를 확인하여 응답패턴에 대한 신뢰성 검증을 실시한다.

08 2차 자료가 적절한지를 판단하는 평가기준 3가지를 제시하시오.

> 모범답안

1. 적합성
당면한 조사목적을 위해 직접 수집한 자료나 분석방법 등이 적합한지를 확인한다.

2. 정확성
2차 자료가 얼마나 타당한지를 확인한다.

3. 신뢰성
자료를 공표한 기관의 능력, 평판, 전문성 등을 확인한다. 공신력 있는 기관에서 발행된 자료를 사용하는 것이 보다 안전하다.

4. 일치성
동일한 자료수집을 위해 가능하면 두 개 이상의 자료원을 이용하는 것이 바람직하다. 이때 두 개 이상의 자료원에서 제시된 자료가 거의 일치한다면 보다 신뢰할 수 있다.

5. 최신성
법률 등과 같은 시간에 따라 변할 수 있는 자료의 경우에 최신 자료인지를 확인한다.

> 작성TIP

2차 자료는 기존의 문서이므로 직접 수집하는 1차 자료보다 신뢰성과 타당성이 낮은 편이다.

09

독립집단과 종속집단의 독립변수 효과를 상쇄하는 다른 특성이나 조건에서 체계적인 차이가 나지 않도록 대상자를 배정하는 구체적인 방안 2가지를 서술하시오.

모범답안

1. 무작위배정
난수표와 같은 무작위방법으로 조사대상자를 실험집단과 통제집단에 할당하는 방법이다. 무작위할당은 통제집단과 실험집단의 동질성을 보장한다.

2. 배합(짝짓기)
종속변수에 영향을 미칠 것이라고 생각되는 변수를 실험집단과 통제집단에 동일하게 맞춰 배치하는 방법이다.

작성 TIP

위 문제는 '내적타당도 저해 요인을 통제'하는 방법과 관련 있다. 사정상 무작위할당이 가능하지 않을 때에는 '배합'을 사용할 수 있다.

10

자료처리 과정 중에서의 무응답의 유형 3가지와 각각의 관리 방법을 설명하시오.

모범답안

1. 실수로 응답을 누락한 경우
추후 전화검증을 통한 응답 확인이 가능한 경우이므로 응답내용을 재확인하여 설문결과에 반영한다.

2. 문항에 응답할 수 있는 적합한 보기가 없거나 응답할 내용이 없어 누락한 경우
일반적인 무응답과 구분하여 '없음'으로 별도 표기하여 관리한다.

3. 응답을 거부하거나 응답내용을 잘 몰라 누락한 경우(또는 무응답 사유를 확인할 수 없는 경우)
'모름/무응답'으로 별도 표기하여 관리한다.

작성 TIP

위의 방법 외에 대체방법, 가중치 할당, 추세분석 등도 있다.

제 5 회 실전모의고사

01 신뢰도 평가방법 중 재검사법(Test-retest Method)의 개념을 설명하고 이 방법의 한계점 2가지를 설명하시오.

> **모범답안**
>
> **1. 재검사법의 개념**
>   동일한 상황에서 동일한 측정도구를 사용하여 동일한 대상에게 일정한 시간 간격을 두고 두 번 이상 반복적으로 측정하여 결과값을 비교하는 방법이다.
>
> **2. 재검사법의 한계점**
>   ① 두 검사 사이의 시간 간격이 짧은 경우 기억효과로 인해 신뢰도 계수가 낮아질 수 있다.
>   ② 검사 시기의 물리적 환경 변화가 검사 결과에 영향을 미칠 수 있다.
>   ③ 측정대상의 탈락과 같은 외부현상을 통제하기가 곤란하다.
>
> **작성 TIP**
> 재검사법의 핵심은 '동일한 측정도구로 동일한 대상'을 측정하는 것이다.

02 측정과정에서 발생할 수 있는 오차의 원인 3가지를 쓰시오.

> **모범답안**
>
> ① 측정도구에 의한 원인
> ② 측정자에 의한 원인
> ③ 측정방법에 의한 원인
> ④ 부적합한 측정대상에 의한 원인
>
> **작성 TIP**
> 측정오류에는 체계적 오류(타당도 문제)와 비체계적 오류(신뢰도 문제)가 있다.

03

다음 사례에서 사용한 표본추출방법의 종류를 설명하시오.

> 대학생의 성윤리 의식에 대한 조사를 실시하고자 남학생 900명과 여학생 100명으로 구성된 집단에서 100명을 뽑을 때 남학생 900명 중 90명을, 여학생 100명 중 10명을 각각 무작위(Random)로 추출하였다.

모범답안

확률비례층화추출법은 모집단에서 각 층이 정하는 비례에 따라 각 층의 크기를 할당하여 추출하므로 모집단을 정당하게 대표하는 표본을 잡을 수 있고, 모집단의 특성을 쉽게 파악할 수 있다.

작성TIP

층화표본추출의 종류에는 비례층화표본(모집단의 구성비율을 정확히 반영)과 비비례층화표본(모집단의 크기와 상관없이 표본을 추출)이 있다.
- **비례층화표집**: 모집단에서 각 층의 크기에 비례하여 표본을 추출한다. 모집단을 대표하는 표본을 정당하게 잡을 수 있으며, 모집단의 특성을 용이하게 파악할 수 있다.
- **비비례층화표집**: 확률표본추출의 논리를 적용하면서 필요에 따라 표집틀을 달리하여 표본을 추출하는 방법으로, 불비례층화표집, 가중표집이라고도 한다.

04

설문지 설계의 마지막 단계인 최종 설문지 확정에서 인구통계학적 배경의 질문 설계의 유의점 3가지를 설명하시오.

모범답안

① 응답자의 사회적·경제적 배경을 묻는 질문을 어느 정도까지 할지 최종적으로 결정한다.
② 인구통계학적 배경에 대해 자세히 질문하면 응답자들은 강한 거부감을 느낄 수 있으므로 일반적으로 이는 설문지 맨 뒤쪽에 배치하고, 응답자들의 거부감을 줄여 설문 내용에 대한 응답에 충실할 수 있도록 구성한다.
③ 반드시 필요한 정도로만 인구통계학적 배경에 대한 질문을 구성하여 응답자들의 부담을 줄인다.
④ 분석에 필요하다 하더라도 너무 세분화하여 사회적·경제적 배경에 대한 질문을 하지 않도록 한다.

작성TIP

인구통계학적 배경을 묻는 질문을 중간에 배열할 경우 질문의 흐름이 끊기는 문제가 발생하므로 설문지 후반부에 배열하는 것이 적절하다.

05 심층인터뷰 정성조사 설계에 대해 설명하시오.

모범답안

심층인터뷰 정성조사를 통해 조사대상자가 가진 다양한 정보와 지식을 깊이 있게 묻고 구체적이며 상세한 의견을 수집할 수 있다. 또한 과거 경험 등과 관련한 스토리 또는 특정 주제와 관련된 사례를 제공받을 수 있도록 조사 목적에 적합한 인터뷰 내용을 선정하고, 인터뷰의 구체적인 상황을 예상하면서 다루어야 할 질문, 인터뷰 시간 배분, 대응 시나리오 등을 구체적으로 계획한다. 특히, 심층인터뷰 대상자, 설문방법, 시간, 기간, 장소 등 개략적인 사용자 리서치(User Research) 기획안(서)을 설계하고 작성한다.

작성TIP

집중면접, 심층면접(심층인터뷰), 델파이조사, 초점집단면접을 구별할 수 있어야 한다.

06 탐색(Exploration)조사, 기술(Descriptive)조사의 개념을 설명하고, 종류를 각각 2가지씩 쓰시오

모범답안

1. 탐색조사의 개념과 종류

탐색조사는 연구문제에 대한 사전지식이 부족하거나 보다 개념을 분명히 하기 위해 실시하는 연구로, 문헌조사, 경험자조사(전문가조사), 사례조사 등이 있다.

2. 기술조사의 개념과 종류

기술조사는 특정 대상을 조사할 때 단순한 사실의 모양이나, 통계적 구조, 크기나 비율, 관계의 방향 등을 파악하는 조사로, 종단조사와 횡단조사가 있다.

작성TIP

각 조사에 대한 구체적인 개념을 묻는 문제도 출제될 수 있으므로 개념도 확실히 정리해 두어야 한다.

1. 탐색조사의 종류
① 문헌조사: 해당 연구와 관련된 분야에 대한 각종 문헌을 조사하여 연구한다. 대부분 연구 초기에 시행하며, 각종 논문, 도서, 신문사설, 학술지, 학술자료 등의 2차 자료를 이용한다.
② 경험자조사(전문가조사): 기존 자료가 부족하여 참고할 수 있는 자료가 미비하거나 미래의 불확실한 상황을 예측하고자 할 경우 통찰력이 있는 경험자 또는 전문가를 대상으로 견해와 의견을 조사한다.
③ 사례조사: 특정한 사례(개인, 프로그램, 의사결정, 조직, 사건 등)에 대해 기술하고 탐구하면서 집중적으로 연구하는 방법이다.

2. 기술조사의 종류
① 종단조사: 연구대상을 일정 기간에 여러 번 관찰하여 얻은 자료를 이용하는 연구로, 동태적인 성격을 지닌다.
② 횡단조사: 어느 한 시점에서 이루어진 관찰을 통해 얻은 자료를 바탕으로 하는 연구로, 정태적인 성격을 지닌다.

07 실사 품질을 관리하는 3단계를 제시하고 각 단계를 설명하시오.

모범답안

1. **1차 검증(현장검증)**
   설문조사 완료 후 회수된 설문지에 대해 1차적으로 조사를 직접 진행한 조사원이 현장 검증을 실시하는 단계이다. 설문 결과를 육안으로 확인하여 응답의 누락이 없는지, 조사원에게 할당된 설문 대상자의 쿼터(Quota)가 맞는지 등을 확인한 후 이상이 없을 경우 실사 관리자에게 설문지를 전달한다.

2. **2차 검증(에디팅)**
   실사 관리자가 조사원으로부터 회수된 설문지에 대해 응답 충실성, 부적합 응답 여부, 논리적 오류 체크 등을 한다.

3. **3차 검증(전화검증)**
   2차 검증이 완료되면 실사 담당자는 응답자의 진위 확인 및 적격 대상자 확인, 주요 문항의 진위 여부 확인, 오류 내용에 대한 재확인 등을 위해 전화 검증을 실시한다.

작성TIP

부적격 대상자로 확인된 경우, 응답의 신뢰성이 심각하게 훼손된 경우, 조사결과에 영향을 줄 수 있는 중대한 오류가 발생한 경우에는 재조사를 실시한다.

08 실사관리에서 설문지를 점검한 결과 조사원별로 응답패턴이 발생하는 상황과 이에 대한 처치를 사례를 들어 설명하시오.

모범답안

유독 한 조사원만 특정 응답이 자주 나온다거나, 다른 조사원과는 다른 응답패턴이 관찰되면 조사원을 불러 조사하는 방법을 확인하고 재교육을 실시해야 한다. 예를 들어, 특정 사물에 대한 만족도를 묻는 질문에서 유독 '모르겠다.'는 응답을 많이 받은 조사원 A는 캐어묻기를 충분히 하지 않고 있음이 확인되었고, 조사원 A를 불러 실제 조사현장에서 질문을 어떤 식으로 수행하고 있는지를 역할 놀이를 통해 확인한 후 캐어묻기에 대한 재교육을 실시할 수 있다.

작성TIP

역할놀이는 주어진 상황에서 참여자가 특정 역할을 담당하여 일정한 규칙 또는 방법에 따른 노는 일로, 가상의 역할을 수행함으로써 태도나 행동을 변화시키려는 활동이다.

09 1차 자료(Primary Data)와 2차 자료(Secondary Data)를 각각의 예를 들어 설명하시오.

모범답안

1. 1차 자료

연구자가 현재 수행 중인 연구 목적 달성을 위해 직접 수집한 자료를 말한다. 1차 자료의 수집방법에는 관찰법, 설문조사, 면접법 등이 있다. 1차 자료는 시간과 비용이 많이 들며, 신뢰도와 타당도가 높은 편이다.

2. 2차 자료

다른 목적을 위해 이미 수집되거나 보관되어 있는 기존의 자료를 말한다. 조사자는 2차 자료를 사용할 때 조사목적에 적합한지, 정확한지, 신뢰성이 있는지를 평가한다. 2차 자료에는 각종 통계자료, 정부 공식문건, 연구보고서, 논문 등이 있다.

작성TIP

연구를 시작하면 먼저 필요한 2차 자료를 수집한다. 2차 자료를 수집하다가 부족하면 직접 1차 자료를 수집한다. 1차 자료로 정보를 얻게 되면 굳이 2차 자료를 확인할 필요는 없다.

10 무응답을 처리하는 방법인 순차적 핫덱, 회귀대체, 콜드덱을 설명하시오.

모범답안

1. 순차적 핫덱

동일한 조사에서 다른 응답자로부터 얻은 자료를 이용하여 결측값을 대체하는 방법으로 자료의 입력 순서에 따라 바로 앞의 응답결과로 결측값을 대체하는 방법이다.

2. 회귀대체

응답 자료를 토대로 변수 y와 관련된 보조변수 $x_1, x_2, \cdots, x_k$에 대한 회귀모형을 적합시킨 후 적합된 회귀모형의 예측값을 이용하여 결측된 값을 대체하는 방법이다.

3. 콜드덱

결측값을 기존에 실시된 표본조사의 유사 항목 응답값으로 대체하는 방법이다.

작성TIP

무응답이란 자료를 수집하는 과정에서 일부 문항에 대한 응답이 누락된 것을 말한다.

필답형

설문지 작성

SURVEY ANALYST

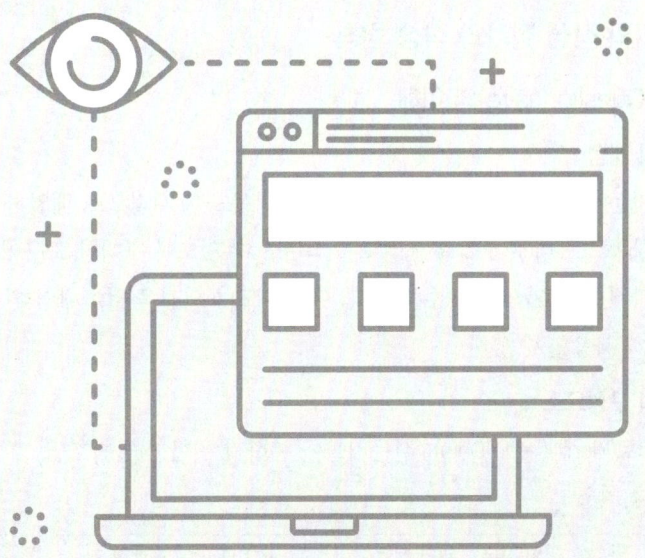

CHAPTER 01	설문지 작성 방법	208
CHAPTER 02	설문지 작성 예시	226
CHAPTER 03	설문지 작성 연습문제	233

CHAPTER 01 설문지 작성 방법

1 질문지의 작성 절차와 작성 원칙

1. 설문지(Questionnaire)의 이해

(1) 설문지의 개념
① 설문지는 연구자가 조사하고자 하는 조사항목을 체계적으로 배열하여 인쇄한 서류로, 조사목적에 맞는 정보를 질문항목으로 바꾸어 필요한 정보를 얻어낼 수 있도록 구성한 도구이다.
② 사실관계, 응답자의 지식수준, 응답자의 태도나 의견을 알아내기 위해, 응답자 스스로가 자신의 판단을 확인하기 위해 사용할 수 있다.

(2) 설문지의 구성요소
① 식별자료(Identification Data): 설문지를 구분하기 위한 식별번호 및 후속조치(Follow-up)용 정보 등이 기록된 부분이다.

응답자 및 설문지 관리 정보			※ 마지막에 진행할 것			
응답자	성명:		주소:	시(도)	구(군)	동(읍·면)
	연락처: ( ) -		Mail: @			
면접원	성명:	Code	일시: 년 월 일 시 분			
Editing	성명:	결과	검증원	성명:	결과	

② 응답에 대한 협조 요청: 조사자와 조사기관에 대한 소개, 조사의 취지, 응답 결과에 대한 비밀보장을 확신시켜주는 내용 등 설문지를 보다 신뢰하고 조사의 응답률을 높이기 위한 협조 요청이 기록된 부분이다.
③ 지시사항: 응답 요령과 주의사항, 행동 지시사항 등 응답자가 질문지의 각 항목을 어려움 없이 완성하고 설문지가 회수되기까지의 모든 과정에 대한 지시사항이 상세하게 수록된 부분이다.
④ 질문문항: 조사목적에 필요한 질문이 수록된 부분이다.
⑤ 필요정보 수집을 위한 문항: 응답자의 인구학적·통계학적 특성을 파악하기 위한 질문이 수록된 부분이다.

2. 설문지 작성 절차

(1) 예비조사(Pilot Study) 및 필요한 정보 결정
설문지 작성에 앞서 연구주제에 대한 자료를 수집하고, 연구문제의 핵심적 요소가 무엇인지를 탐색하며 검증해야 할 가설을 찾아보는 등 설문지에 필요한 정보를 결정한다.

(2) 자료수집방법 결정
조사자를 사용하여 조사할 것인지, 자기기입식으로 조사할 것인지 등을 결정하고, 면접법, 전화조사, 우편조사, 인터넷 조사 중 어떤 방법을 선택할지를 결정한다.

(3) 개별항목 내용 결정

설문지를 작성하는 목적과 범위에 맞추어 질문항목을 선정하는 등 연구주제와 관련된 질문내용을 세부적으로 결정한다. 이때 각 분야에 대한 표준화된 질문이나 연구주제를 그대로 사용하거나 직접 자료를 수집하여 신뢰성과 타당성 등을 충분히 검토한 후 내용을 결정한다.

(4) 질문형태 결정

질문항목별로 질문유형 및 방법(간접·직접 질문, 개방형·폐쇄형 질문, 양자택일형 질문, 서열식 질문, 선다형 질문, 체크리스트형 질문, 매트릭스형 질문, 평정식 질문 등)을 선정한다.

(5) 개별항목 결정

앞서 결정된 개별항목 내용과 그에 적절한 질문형태에 맞추어 질문어구를 구성하고 설문지에 추가할 개별항목을 결정한다.

(6) 질문순서 결정

설문지가 전체적으로 통일성을 가지도록 질문문항들의 순서를 결정한다. 이를 지면배치라고도 한다.

(7) 설문지 초안 완성 및 질문지 사전검사(Pretest)

설문지 초안이 완성되면 본조사에서 실시하는 똑같은 방법과 절차에 따라 설문지를 시험해 보고 오류를 찾아 개선하며 본조사 집행에 필요한 정보, 즉 소요시간이나 필요한 협조사항과 애로사항 등을 사전에 파악한다.

(8) 설문지 확정 및 인쇄

사전검사를 통해 설문지의 오류를 개선한 후 설문지를 최종적으로 확정하고 설문지가 응답자에게 호감을 주며 중요한 것이라는 인식이 들 수 있도록 표지, 용지, 글자 크기, 공간 등을 편집하여 인쇄한다.

3. 설문지 작성 원칙

(1) 명확성

질문의 단어와 문장은 그 자체로서 의미가 명확히 전달될 수 있어야 한다.

귀하는 어디에 삽니까?
⇨ '산다.'는 단어는 사람마다 의미가 다를 수 있어 명확성이 떨어지므로 '주소지'로 수정하는 것이 명확하다. 이 경우 다음과 같이 수정할 수 있다.

귀하의 주소지는 어디입니까?

귀하의 배는?
⇨ 완성된 문장이 아니며, 배는 과일, 신체부위, 선박 등으로 다양하게 해석되므로 명확한 설명이 필요하다. 이 경우 다음과 같이 수정할 수 있다.

귀하가 소유하고 있는 배는 몇 톤입니까?

(2) 간결성
① 질문은 그 의미가 전달될 수 있는 최소의 문장과 단어로 구성되어야 한다.

> A감염증 피해 가구를 대상으로 기존 복지제도나 2000년부터 시행된 타 A감염증 피해지원 프로그램이 효과적이라고 생각하십니까? 이 방침이 효과적이라면 왜 그렇게 생각하는지 의견을 제시하고, 그렇지 않다면 이 또한 왜 그렇게 생각하지 않는지, 더 좋은 방안이 있는지 의견을 듣고 싶습니다.
> ⇨ 질문내용이 지나치게 길어 응답자가 혼란스러워 할 수 있다. 이 경우 다음과 같이 수정할 수 있다.
>
> 3. A감염증 피해 가구를 대상으로 기존 복지제도나 2000년부터 시행된 타 A감염증 피해지원 프로그램이 효과적이라고 생각하십니까?
>   ❶ 효과적이라고 생각한다.   ☞ 3-1번 문항에 응답하세요.
>   ❷ 효과적이라고 생각하지 않는다.   ☞ 3-2번 문항에 응답하세요.
> 3-1. 효과적이라고 생각한 이유는 무엇입니까?
>   ❶ 비용이 적게 든다.
>   ❷ 대상자가 다양하다.
>   ❸ 의료 혜택이 크다.
>   ❹ 기타 의견 (   )
> 3-2. 효과적이라고 생각하지 않는 이유는 무엇입니까? ☞ 3-3번 문항에 응답하세요.
>   ❶ 비용이 많이 든다.
>   ❷ 대상자가 제한적이다.
>   ❸ 의료 혜택이 작다.
>   ❹ 기타 의견 (   )
> 3-3. 더 효과적인 방안에 대한 의견을 자유롭게 작성해 주십시오.
>   (   )

② 질문은 짧을수록 좋고, 부연 설명이나 단어의 중복 사용은 피해야 한다.

> 귀하는 현재 하고 있는 일이 본인의 적성과 관련하여 적성에 잘 맞아 만족하는 적합한 일이라고 생각하십니까?
>   ❶ 매우 불만   ❷ 약간 불만   ❸ 보통   ❹ 약간 만족   ❺ 매우 만족
> ⇨ 단어(적성)가 중복 사용되어 응답자가 혼란스러워 할 수 있다. 이 경우 다음과 같이 수정할 수 있다.
>
> **귀하가 현재 하고 있는 일에 대해 본인 적성과 관련하여 어느 정도 만족하십니까?**
>   ❶ 매우 불만   ❷ 약간 불만   ❸ 보통   ❹ 약간 만족   ❺ 매우 만족

(3) 가치중립성

① 질문항목과 응답범주에 질문자의 임의적인 가정이나 주관이 개입되어 응답자의 반응이 어느 한쪽으로 치우치거나 특정 응답을 유도하도록 제시되어서는 안 된다.

> **귀하는 ○○병원의 시설이 구식이라고 생각하십니까?**
> ❶ 매우 구식이다   ❷ 구식이다   ❸ 약간 구식이다   ❹ 보통이다
> ⇨ 질문항목에 ○○병원의 시설이 구식이라고 가정하고 구식으로 치우친 응답항목을 제시하였다. 이 경우 다음과 같이 수정할 수 있다.
>
> **귀하는 ○○병원의 시설이 어떻다고 생각하십니까?**
> ❶ 매우 구식이다   ❷ 구식이다   ❸ 보통이다   ❹ 신식이다   ❺ 매우 신식이다

② 특정한 대답을 암시하거나 일정한 방향으로 응답을 하도록 유도하는 질문, 편견에 치우친 항목과 용어 사용, 질문자가 원하는 대답을 유도하거나 사회적으로 바람직한 응답이 도출될 수 있도록 유도하는 질문은 바람직하지 않다.

> 여학생보다 남학생이 수학에 더 관심을 갖는다는 견해가 많습니다. 귀하의 생각은 어떠십니까?
> ⇨ 남학생이 수학에 더 관심을 갖는다는 연구자의 임의적 가정이 포함되어 있다. 이 경우 다음과 같이 수정할 수 있다.
>
> **귀하는 여학생과 남학생 중 누가 수학에 더 관심을 갖는다고 생각하십니까?**
> ❶ 남학생이 더 큰 관심을 가짐
> ❷ 여학생이 더 큰 관심을 가짐
> ❸ 비슷한 수준에서 관심을 가짐

(4) 이중적 질문 배제

① 하나의 질문에 2가지 이상의 요소가 포함되거나 2가지 이상을 묻는 복합적인 질문은 피해야 한다.

> 귀하는 결혼에서 배우자의 외향과 학력이 중요하다고 생각하십니까?
> ⇨ 배우자의 외향과 배우자의 학력 두 가지에 대한 의견을 동시에 묻고 있다. 이 경우 다음과 같이 수정할 수 있다.
>
> **귀하는 결혼에서 배우자의 외향이 중요하다고 생각하십니까?**
> ❶ 매우 중요하다   ❷ 중요하다   ❸ 보통이다   ❹ 중요하지 않다   ❺ 전혀 중요하지 않다
>
> **귀하는 결혼에서 배우자의 학력이 중요하다고 생각하십니까?**
> ❶ 매우 중요하다   ❷ 중요하다   ❸ 보통이다   ❹ 중요하지 않다   ❺ 전혀 중요하지 않다

② 관련 있는 질문이라도 2가지 이상의 질문을 하나로 묶어 문항 수를 줄이는 것은 바람직하지 않다.

(5) 응답범주의 포괄성

제시된 응답범주는 가능한 응답 내용을 모두 포함해야 한다.

귀하는 자신의 한 달 수입의 몇 퍼센트를 저축하십니까?
❶ 0%   ❷ 1~10%   ❸ 11~20%   ❹ 21~30%   ❺ 51% 이상
⇨ 31~50%의 응답을 포함하고 있지 않으므로 포괄성에 어긋난다. 이 경우 다음과 같이 수정할 수 있다.

귀하는 자신의 한 달 수입의 몇 퍼센트를 저축하십니까?
❶ 0%   ❷ 1~10%   ❸ 11~20%   ❹ 21~30%   ❺ 31~40%   ❻ 41~50   ❼ 51% 이상

환경오염에 대한 1차적 책임은 개인, 기업, 정부 중 어디에 있다고 생각하십니까?
❶ 개인   ❷ 기업   ❸ 정부
⇨ 개인, 기업, 정부 외에도 시민단체나 언론기관 등 가능한 응답을 모두 제시해야 하며, 제시된 응답 중에 선택지가 없을 경우를 대비하여 '기타 (   )'를 넣어야 한다. 이 경우 다음과 같이 수정할 수 있다.

환경오염에 대한 1차적 책임은 어디에 있다고 생각하십니까?
❶ 개인   ❷ 기업   ❸ 정부   ❹ 시민단체   ❺ 언론기관   ❻ 기타 (   )

(6) 응답범주의 상호배타성

응답항목 간의 내용이 중복되어서는 안 된다.

당신의 연령은 만으로 몇 세입니까?
❶ 30세 미만   ❷ 30~40세   ❸ 40~50세   ❹ 50세 이상
⇨ 40세와 50세가 중복되어 있다. 이 경우 다음과 같이 수정할 수 있다.

당신의 연령은 만으로 몇 세입니까?
❶ 30세 미만   ❷ 30~39세   ❸ 40~49세   ❹ 50세 이상

귀하께서 현금서비스 받은 돈을 주로 어떤 용도로 사용하십니까?
❶ 생활비   ❷ 교육비   ❸ 의료비   ❹ 신용카드 대금   ❺ 부채청산   ❻ 기타 (   )
⇨ 신용카드 대금은 부채 중의 하나이므로 응답범주의 상호배타성에 문제가 있다. 이 경우 다음과 같이 수정할 수 있다.

귀하께서 현금서비스 받은 돈을 주로 어떤 용도로 사용하십니까?
❶ 생활비   ❷ 교육비   ❸ 의료비   ❹ 부채청산(신용카드 대금 포함)   ❺ 기타 (   )

(7) 전문용어의 사용 자제

① 질문의 용어는 응답자의 수준에 맞는 단어이어야 하며, 응답자 모두가 이해할 수 있도록 이해력이 낮은 사람의 수준에 맞추어 선택되어야 한다.

> (초등학생 대상) 지금까지 과유불급을 경험해 보았나요?
> ⇨ 초등학생 수준에서 과유불급이라는 사자성어는 이해하기 어려운 단어이다. 이 경우 다음과 같이 수정할 수 있다.
>
> **(초등학생 대상) 지금까지 너무 욕심을 부리다 실패한 경험이 있었나요?**

② 사용된 단어는 학술적인 단어 또는 외래어가 되도록 포함되지 않아야 한다.

> 귀하는 지난 일 년 동안 불링을 당한 적이 있습니까?
> ⇨ '집단따돌림'의 외래어인 불링(Bullying)이 사용되었다. 이 경우 다음과 같이 수정할 수 있다.
>
> **귀하는 지난 일 년 동안 집단따돌림을 당한 적이 있습니까?**

4. 설문지 문항 배열 시 고려사항

① 시작하는 질문은 쉽게 응답할 수 있고 흥미를 유발할 수 있어야 한다.
② 깔때기(Funnel) 흐름에 따라 질문을 배열한다.
　㉠ 응답자의 관심을 끌 수 있는 일반적인 내용을 묻는 질문에서 구체적인 것을 묻는 질문 순으로 배열한다.
　㉡ 질문이 담고 있는 내용의 범위가 넓은 것에서부터 점차 좁아지도록 배열한다.
③ 응답자들이 응답하기를 주저하는 내용, 예를 들어 개인의 인적사항이나 사생활과 같은 민감한 내용에 대한 질문은 가능한 한 후반부에 배치한다.
④ 질문을 논리적인 순서에 따라 배열함으로써 응답자 자신도 조사의 의미를 찾을 수 있도록 한다.
⑤ 유사한 질문항목들은 주제별로 모아 배열하고, 문항의 길이는 되도록 짧게 구성해야 한다. 단, 비슷한 형태로 질문을 계속하면 정형화된 불성실 응답이 발생할 수 있다.
⑥ 어떤 질문을 하고 나면 다음 질문이 필요한지의 여부를 판별할 수 있도록 일련의 관련 질문, 즉 여과 질문(Filtering Question)을 적절하게 배열하여 응답자와 관계없는 질문을 배제할 수 있도록 한다.
　예 과거 음주경험에 대한 질문에서 음주경험이 최근에 없었던 응답자를 위해 '1년 안에 음주경험이 없으면 10번 질문으로 이동합니다.'와 같이 여과 질문을 배치한다.

5. 설문지 표지

설문지 표지는 1페이지를 넘지 않을 정도로 가능한 한 짧으면서 설득력 있게 '조사 제목, 인사말, 조사대상과 조사내용, 조사목적, 비밀보장과 익명성 보장, 협조요청, 작성 시 유의사항, 마무리 인사말, 조사기관 제시' 등의 사항을 포함한 〈지시문〉으로 작성한다.

안녕하십니까? 저는 마케팅·여론조사 전문기관인 ●●●리서치 면접원 △△△입니다.	← 인사말
저희는 이번에 □□ 기관의 의뢰로 전국 만 15세 이상의 소비자들을 대상으로 화장품 소비실태조사를 실시하고 있습니다.	← 조사대상, 조사내용
본 조사결과는 화장품 소비실태를 파악하여 마케팅 관련한 기초자료를 구축하고, 더 나은 제품을 개발하여 보급하는 데 활용하기 위한 목적으로 사용될 것입니다.	← 조사목적
귀하께서 대답하시는 내용은 조사목적 이외에는 절대 사용되지 않으며, 통계법 제33조(비밀의 보호 등) 및 제34조(통계작성사무 종사자 등의 의무)에 의해 비밀이 철저히 보장됩니다.	← 설문조사 목적 이외에 사용하지 않겠다는 비밀보장 문구, 익명성 보장 문구
바쁘시더라도 잠시만 시간을 내주셔서 이번 조사에 응답해 주시면 대단히 감사하겠습니다.	← 응답에 대한 감사 문구
**** 설문지 작성 시 유의사항 **** • 설문지는 선정된 응답자 본인이 직접 작성하여야 합니다. • 설문지 맨 뒤의 질문항목별 용어설명을 참고하여 작성하여야 합니다. • ○○월 30일까지 기간 내에 설문지를 작성하여야 합니다.	← 작성 시 유의사항
본 조사가 의미있게 이루어질 수 있도록 노력하겠습니다.	← 마무리 인사말
●●●리서치 담당조사원: ○○○(☎ 02-○○○○-○○○○) 담당감독원: ○○○(☎ 02-○○○○-○○○○) ○○○(☎ 02-○○○○-○○○○)	← 조사기관

6. 예비조사와 사전검사

(1) 예비조사(Pilot Study)

① 연구를 시작하기 이전에 기초적인 자료가 확보되지 않은 상태에서 이를 확보하기 위해 진행하므로 탐색적 조사에 속한다.

② 예비조사 시 가장 적합한 질문유형은 개방형 질문이다. 즉, 비지시적 방식으로 면접하고 관찰해 봄으로써 연구에 포함될 요점과 요소가 무엇인지를 수집한다.

③ 문헌조사, 경험자조사, 특례분석 등이 해당한다.

④ 예비조사의 목적
  ㉠ 특정 연구에 대한 사전지식이 부족하여 연구주제에 대한 자료를 수집하기 위해
  ㉡ 연구문제와 관련된 핵심적인 요소를 규명하기 위해
  ㉢ 검증해야 할 가설을 찾아 명백히 하기 위해

(2) 사전검사(Pretest)

① 설문지나 조사표의 초안이 작성된 후 본조사에 들어가기에 앞서 본조사에서 실시하는 것과 똑같은 절차와 방법으로 작은 표본을 대상으로 설문지를 시험해 보는 검사이다. 본조사의 축소판이라고 한다.

② 설문지 초안의 예상치 못했던 오류를 찾아 수정하여 설문지를 완성함으로써 설문지의 타당성과 신뢰성을 높일 수 있다.

③ 사전검사 시 확인사항

　㉠ 개별 질문항목을 작성한 연구자의 의도대로 응답자가 조사내용을 분명히 이해할 수 있는지 여부

　㉡ 질문에 대한 응답항목이 적절하게 구성되어 있는지 여부

　㉢ 질문의 흐름이 자연스러운지 여부

　㉣ 응답에 일관성이 있는지 여부

　㉤ 한쪽으로 치우치는 응답이 나오는지의 여부

　㉥ 질문순서가 바뀌었을 때 응답에 실질적 변화가 일어나는지 여부

　㉦ 응답자들이 조사내용을 분명히 이해할 수 있는지 여부

　㉧ 무응답, 기타응답이 많은지 여부

　㉨ 응답거부나 '모른다.'라는 항목에 표시한 경우가 많은지 여부

　　• 의견형성이 안 되는 경우 또는 응답자가 질문에 반감을 일으켜 정확한 응답을 회피하는 경우라면, 본 문제와 전혀 다른 질문을 하여 그 질문에 대한 반응으로 필요한 정보를 얻을 수 있는 간접질문을 한다.

　　• 질문의 뜻을 모르는 경우라면 질문자체가 애매한 것이므로 질문을 수정한다.

④ 본조사에 걸리는 시간, 현지조사에서 필요한 협조사항, 설문지 검사에 적절한 장소, 조사상의 어려움 및 해결방법 등의 자료를 수집한다.

2 질문의 유형

1. 개방형 질문(Open-ended Questions)

① 자유응답형 질문으로 응답의 형태에 제약을 가하지 않고 자유롭게 표현할 수 있는 질문이다.

> 귀하가 이번 대통령 선거에서 특정 후보를 선택하는 이유를 자유롭게 작성해 주시기 바랍니다.
> (　　　　　　　　　　　　　　　　　　　)

② 개방형 질문을 이용하기에 적합한 경우

　㉠ 조사자에게 표본에 대한 정보가 없는 경우

　㉡ 예비조사 · 탐색적 조사 등 문제의 핵심을 알고자 하는 경우

　㉢ 응답자들의 지식수준이 높아 면접원의 도움 없이 응답할 수 있는 경우

　㉣ 응답자에 대한 사전지식 부족으로 응답을 예측할 수 없는 경우

　㉤ 특정 행동에 대한 동기 조성과 같은 깊이 있는 내용을 다루고자 하는 경우

　㉥ 대규모 조사보다 조사단위의 수가 적은 경우

③ 개방형 질문의 장단점

장점	단점
• 가능한 한 모든 의견을 얻어낼 수 있다. • 특정 견해에 대한 탐색조사에서 유용하다. • 강제성이 없고 다양한 응답을 얻을 수 있어 개별 응답자들의 특색 있는 응답내용을 보다 생생하게 기록해 낼 수 있다. • 응답자에게 자기표현의 기회를 줌으로써 응답자의 의견을 존중하는 느낌을 준다. • 예기치 않은 응답과 의견을 얻을 수 있다. 특히, 연구자가 알지 못했던 정보나 문제점을 발견하는 데 유용하다.	• 무응답 및 불성실한 응답이 나올 가능성이 크다. • 사생활과 관련되거나 민감한 질문에는 부적합하다. • 응답이 끝난 후 코딩이나 편집 등 번거로운 절차를 거쳐야 하므로 자료처리에 시간과 노력이 많이 든다. • 응답내용의 분류가 어려워 자료의 많은 부분이 분석에서 제외되기도 한다. • 표현상에 차이가 있어 응답에 대한 동일한 해석이 어렵고 응답의 일관성을 유지하기가 어렵다. • 응답자의 어문능력에 따라 이용에 제약이 따른다.

2. 폐쇄형 질문(Closed-ended Questions)

① 폐쇄형 질문은 사전에 응답 선택항목을 연구자가 제시하고 그중 어느 하나를 선택하는 질문이다.

> 귀하의 현재 만 나이를 선택해 주십시오.
> ❶ 10대　　❷ 20대　　❸ 30대　　❹ 40대　　❺ 50대 이상

② 응답자가 질문의 주제에 대해 알고 있는 경우 또는 어떤 응답을 할 것인지 예상할 수 있는 경우에 유용하다.

③ 응답범주 작성 원칙

　㉠ 응답범주가 서로 배타적이어서 각 사례는 한 번만 분류되어야 한다(응답범주 간의 상호배타성).

　㉡ 제시된 범주가 가능한 모든 응답범주를 포함하고 있어야 한다(응답범주의 포괄성).

　㉢ 응답범주가 명료하고 간결해야 한다.

　㉣ 같은 종류의 다른 조사결과를 비교할 수 있도록 동일한 단위를 사용해야 한다.

④ 폐쇄형 질문의 장단점

장점	단점
• 응답이 간편하고 시간이 적게 소요되며 응답률이 상대적으로 높다. • 응답이 끝난 후 코딩이나 편집 등이 간편하고, 수량적 분석이 용이하다. • 측정의 과정에 통일성을 기할 수 있으므로 신뢰성을 높일 수 있다.	• 조사자가 적절한 응답지를 제시하기가 어렵다. • 응답자들이 말하고자 하는 내용을 보다 구체적으로 도출해 낼 수 없다. • 개별 응답자들의 특색 있는 응답내용을 보다 생생하게 기록해 낼 수 없다. • 각각 다른 내용의 응답이라도 제시된 응답항목이 한 가지로 제한되어 있는 경우, 동일한 응답으로 잘못 처리될 수 있다.

3. 양자택일형 질문(Dichotomy Questions)

① 단지 두 가지 선택지만을 제시하고 그중 어느 하나를 선택하는 질문이다.

> 귀하는 흡연을 해본 경험이 있습니까?
> ❶ 예　　❷ 아니오

② 상반되는 두 가지 선택에 '모르겠다'와 같은 중립 항목을 추가하여 응답자들에게 선택의 폭을 넓혀주기도 한다.

③ 양자택일형 질문의 특징
　㉠ 응답자가 신속하게 응답할 수 있다.
　㉡ 편집과 집계 작업이 간단하다.
　㉢ 두 개의 극단적인 선택만을 제시하므로 중도 의견을 반영하기가 어렵다.

4. 다지선다형 질문(Multiple Choice Questions)

① 여러 개(3개 이상)의 응답범주를 나열하고 그중에서 선택하는 질문이다.

> 당신의 학력은 다음 중 어디에 해당합니까?
> ❶ 무학　❷ 초졸　❸ 중졸　❹ 고졸　❺ 대졸　❻ 대학원 이상

② 응답범주가 너무 많으면 응답자에게 혼란을 줄 수 있으므로 일반적으로 3~5개 정도가 적당하다.

③ 응답범주는 상호배타적으로 중복되지 않아야 하고 내용을 포괄할 수 있어야 한다. 또한 표현은 구체적·논리적이어야 하며, 하나의 기준에 맞추어야 한다.

5. 서열식 질문(Ranking Questions)

① 여러 개의 응답범주를 나열하고 그중에서 중요성, 선호도 등을 고려하여 우선순위에 따라 선택하는 질문이다.

> 귀하가 최근에 가장 많이 방문한 진료과를 순서대로 보기에서 3개만 고르시오.
> 첫 번째( )　두 번째( )　세 번째( )
> ❶ 내과　　❷ 정형외과　❸ 피부과　　❹ 신경외과　❺ 안과
> ❻ 비뇨기과　❼ 감염내과　❽ 소화기내과　❾ 성형외과　❿ 재활의학과　⓫ 기타( )

② 응답내용의 상대적인 서열에 관한 정보를 알 수 있다.
③ 응답범주는 10개 항목 이내로 한정하는 것이 바람직하다.

6. 체크리스트형 질문(Checklist Questions)

① 여러 개의 응답범주 중 응답자가 원하는 사항에 체크하는 질문이다.

> 당신이 함께 거주하는 가족을 모두 ✔표시해 주십시오.
> ❶ 아버지　❷ 어머니　❸ 형제(자매)　❹ 남편(아내)
> ❺ 자녀　　❻ 조부모　❼ 사촌　　　❽ 친구(선후배)　❾ 그 외

② 응답자의 의견 및 태도를 묻거나 객관적인 사실의 존재를 기록하는 데 적합하다.

7. 평정식 질문(Rating Questions)

① 질문에 대해 응답의 강도(Intensity)를 달리하여 서열화된 응답범주 중 하나를 선택하는 질문이다.

현재 직장생활에 만족하십니까?
❶ 매우 불만족　❷ 약간 불만족　❸ 보통　❹ 약간 만족　❺ 매우 만족

② 척도는 보통 3~5개 정도가 적당하다.

8. 행렬식 질문(Matrix Questions)

① 동일한 일련의 응답범주를 가지고 있는 여러 개의 질문문항들을 한데 묶어 하나의 질문 세트를 만든 질문으로, 평정식 질문의 응용 형태이다.

질문	매우 불만족	약간 불만족	보통	약간 만족	매우 만족
A복지관의 위생에 대해 만족하십니까?	❶	❷	❸	❹	❺
A복지관의 직원 친절도에 대해 만족하십니까?	❶	❷	❸	❹	❺
A복지관의 주차 편의시설에 대해 만족하십니까?	❶	❷	❸	❹	❺
A복지관의 매점 운영에 대해 만족하십니까?	❶	❷	❸	❹	❺
A복지관의 식당 음식에 대해 만족하십니까?	❶	❷	❸	❹	❺

② 질문지의 지면을 매우 경제적으로 활용할 수 있다.
③ 상이한 질문문항들에 대한 응답의 비교가 용이하다.
④ 응답자가 질문의 내용을 상세히 검토하지 않은 채 모든 질문문항에 유사하게 응답하려는 경향이 나타날 수 있다.

3 측정의 수준(Levels of Measurement)

1. 명목척도(Nominal Scale)

① 측정대상을 유사성과 상이성에 따라 분류하고 구분된 각 집단 또는 카테고리에 숫자나 부호 또는 명칭을 부여한 것이며, 명명척도라고도 한다.

> 예) 성별(남/여), 인종(백인종/흑인종/황인종/그 외), 종교(기독교/불교/유태교/천주교/그 외), 직업, 출신지역, 주민등록번호, 학번, 축구선수의 등번호 등

② 명목척도의 기본 원칙은 상호배타성, 포괄성, 논리적 연관성 등이다.

> 예) '남학생과 여학생은 좋아하는 색이 다를 것이다.'라는 가설에서 남학생과 여학생으로 구분

③ 한 범주 내의 모든 대상은 서로 동등하며, 변수 간의 사칙연산은 의미가 없다.

2. 서열척도(Ordinal Scale)

① 측정대상을 분류할 뿐만 아니라 대상의 특수성이나 속성에 따라 각 측정대상에 상대적인 순서나 서열을 부여하는 것이다.
   - **예** 선호도(아주 좋아한다/좋아한다/싫어한다/아주 싫어한다), 사회계층(상/중/하), 학급 석차(1등/2등/ …/30등), 교육수준(중졸 이하/고졸/대졸 이상), 복지지출의 국가 간 순위 등

② 특정한 성격을 갖는 정도에 따라 범주를 서열화하여 각 범주 간에 크고 작음의 관계를 판단할 수 있고, 응답자들을 순서대로 구분할 수 있다.
   - **예** 자녀 수에 대해 '1) 적음 2) 적당함 3) 많음' 세 가지 응답범주

③ 명목척도에 순서를 추가하여 서열척도로 수정할 수 있다.
   - **예** 색을 '검정, 흰색, 초록'으로 구분만 한 명목수준의 측정에 밝음의 순서에 따라 가장 밝은 색부터 가장 어두운 색의 순서를 추가하면 '흰색, 초록, 검정'의 서열수준의 측정이 된다.

④ 명목척도의 기본 원칙인 상호배타성, 포괄성, 논리적 연관성 이외에 이행성과 비대칭성 두 가지가 더 요구된다.

3. 등간척도(Interval scale)

① 측정대상을 분류하고 각 측정대상에 순서나 서열을 결정할 뿐만 아니라 서열 간의 간격이 일정하도록 크기의 정도를 제시하는 것으로, 구간척도라고도 한다.
   - **예** 온도, 지능지수(IQ) 등

② 측정단위 간 등간성이 유지되므로 각 대상 간의 거리나 크기를 표준화된 척도로 표시할 수 있다.

③ 덧셈과 뺄셈 연산은 가능하며, 곱하기와 나누기 연산은 불가능하다.
   - **예** 온도에서 10℃와 20℃의 차이는 30℃와 40℃의 차이와 같다. 즉, 20℃는 10℃보다 더 덥다는 의미이면서 10℃ 만큼 더 덥다는 측정이 가능하다. 그러나 40℃가 20℃보다 '두 배 더 뜨겁다'고 말하지 않는다.

④ '0'의 값은 자의적으로 부여된 임의적인 '0'으로, 아무것도 없음을 나타내는 절대적인 '0'의 의미가 아니다.
   - **예** 현직 대통령의 인기도를 측정하기 위해 0부터 100까지의 값 가운데 하나를 제시하도록 하였고, 가장 싫은 경우는 0, 가장 만족한 경우는 100으로 정하였다. 이때 '0'은 '없음'의 의미가 아니라 조사자가 '가장 싫은 경우'를 정하기 위해 자의적으로 부여한 것이다.

⑤ 명목척도의 기본 원칙인 상호배타성, 포괄성, 논리적 연관성과 서열척도의 기본 원칙인 이행성과 비대칭성 이외에 부가성이 더 요구된다.

4. 비율척도(Ratio Scale)

① 측정대상을 분류하고 각 측정대상에 순서나 서열을 결정하며 서열 간에 일정한 간격을 제시할 뿐만 아니라 절대영점(0)을 가짐으로써 비율을 결정할 수 있다.
   - **예** 신장, 체중, 소득, 회사근무연수, 졸업생 수, 시험 원점수, 연간 순수입, 교육연수(정규교을 받은 기간), 출생률, 출산율, 청년실업지수, GNP 등

② 절대적인 기준을 가지고 속성의 상대적 크기 비교 및 절대적 크기까지 측정할 수 있도록 비율의 개념이 추가되어 측정치 간의 유의미한 비율계산이 가능하다.

③ 어떤 응답자의 특성이 다른 응답자의 특성보다 몇 배가 높은지 알 수 있다.
  ◎ A자동차가 시속 100km로 달리고, B자동차는 시속 150km로 달리고 있다면, B자동차가 A자동차보다 1.5배 빠르다.
④ 속성이 전혀 존재하지 않는 상태인 '0', 즉 절대영점(Absolute Zero Score) 또는 자연적인 영점(Natural Zero Score)이 존재한다.
  ◎ 자녀 수에 대한 측정을 위해 부부에게 그들의 실제 자녀 수를 적도록 하였다면, 자녀가 없는 부부의 경우에 자녀 수를 0으로 처리한다.
⑤ 모든 산술적인 사칙연산이 가능하고 모든 통계값의 산출이 가능하여 가장 많은 정보를 제공해 준다.
⑥ 명목척도, 서열척도, 등간척도의 기본 원칙인 상호배타성, 포괄성, 논리적 연관성, 이행성과 비대칭성, 부가성 이외에 절대영점이 더 요구된다.

4 척도의 종류

1. 평정척도(Rating Scale)

① 연속성이 있는 어떤 행동의 차원 또는 영역에 대해 일정한 등급방식에 의해 평가하는 척도이다.
  ◎ 학생의 성적(A/B/C/D/F 또는 수/우/미/양/가)

  ㉠ 범주식 평정척도: 측정 대상의 특수성을 미리 정하여진 일정 수의 범주에 입각하여 구성한다.

  ┌───┐
  │ A복지관의 편의시설에 만족하십니까? 해당하는 곳에 ✔ 표시해 주십시오.   │
  │ 매우 불만족 ( )   약간 불만족 ( )   보통 ( )   약간 만족 ( )   매우 만족 ( ) │
  └───┘

  ㉡ 도표식 평정척도: 응답범주는 선과 언어를 합하여 구성한다.

  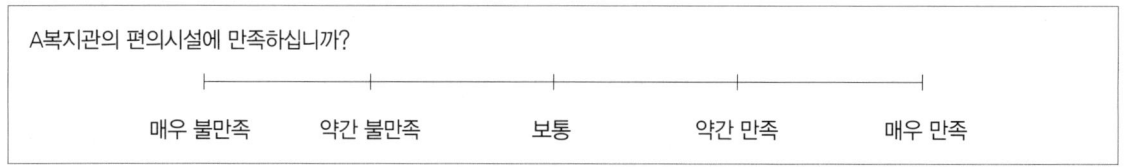

  ㉢ 수적 평정척도: 측정대상의 속성에 따라 평가자가 정한 강도에 의해 일정한 점수를 부여하여 구성한다.

  ┌───┐
  │ A복지관의 편의시설에 만족하십니까?   │
  │ ❶ 매우 불만족   ❷ 약간 불만족   ❸ 보통   ❹ 약간 만족   ❺ 매우 만족   │
  └───┘

② 평정척도 구성 시 고려사항
  ㉠ 응답범주들이 상호배타적이어야 한다.
  ㉡ 응답범주들이 응답 가능한 상황을 모두 포함하고 있어야 한다.
  ㉢ 찬반의 응답범주 수가 균형을 이루어야 한다.
  ㉣ 응답범주들이 논리적 연관성을 가지고 있어야 한다.
  ㉤ 평정될 각 요인의 정도나 수준이 명백해야 하며, 모든 평정자에게 동일한 의미로 전달되어야 한다.
  ㉥ 모든 관찰자가 쉽게 관찰할 수 있는 특성으로 구성되어야 한다.

2. 리커트척도(Likert Scale)

① 전체 문항의 총점 또는 평균을 계산하는 척도로, 총화평정척도(Summated Rating Scale)라고도 한다.

A복지관의 편의시설 만족도 조사의 리커트 5점 척도이다. 전체 문항의 총점 또는 평균을 가지고 만족도를 측정한다.

질문	매우 불만족	약간 불만족	보통	약간 만족	매우 만족
1. A복지관의 주차 편의시설에 대해 만족하십니까?	❶	❷	❸	❹	❺
2. A복지관의 매점 편의시설에 대해 만족하십니까?	❶	❷	❸	❹	❺
3. A복지관의 식당 편의시설에 대해 만족하십니까?	❶	❷	❸	❹	❺
4. A복지관의 공용 편의시설에 대해 만족하십니까?	❶	❷	❸	❹	❺
5. A복지관의 셔틀버스 운영에 대해 만족하십니까?	❶	❷	❸	❹	❺

② 일반적으로 3점 척도(그렇지 않다/보통이다/그렇다)나 5점 척도(전혀 그렇지 않다/약간 그렇지 않다/보통이다/약간 그렇다/매우 그렇다)로 나누지만, 그 외에 여러 가지 척도가 가능하다.

3. 서스톤척도(Thurstone Scale)

어떤 사실에 대해 가장 비우호적인 태도와 가장 우호적인 태도를 나타내는 양극단을 구분하여 등간적으로 수치를 부여하는 척도로, 등현등간척도(Equal-appearing Interval Scale, 유사등간척도)라고도 한다.

4. 보가더스척도(Bogardus Scale)

① 인종, 사회계급과 같은 여러 가지 형태의 사회집단에 대한 사회적 거리를 측정하기 위한 척도로, 보가더스의 사회적 거리척도(Bogardus Social Sistance Scale)라고도 한다.

한국인이 외국인을 어느 정도 받아들이는지에 대한 보가더스척도는 다음과 같다.

점수	범주	미국인	중국인	일본인	영국인	…
1	결혼해서 가족으로 받아들인다.					…
2	개인적 친구로 받아들인다.					…
3	이웃에서 같이 산다.					…
4	같은 직장에서 일한다.					…
5	우리나라 국민으로 받아들인다.					…
6	방문객으로만 받아들인다.					…
7	우리나라에 들어오지 못하게 한다.					…

② 각 척도를 하나의 사회적 거리라는 연속적인 순서에 따라 배열하며, 각 점수 간에 등간성을 가정하므로 서열척도의 일종이다.

5. 거트만척도(Guttman Scale)

① 태도의 강도에 대한 연속적 증가유형을 측정하고자 하는 척도로, 누적 척도화(Cumulative Scaling)의 대표적인 형태이다.

지체장애인 재활센터 건립에 대해		
구분	찬성	반대
1. 우리나라에 지체장애인 재활센터를 건립하는 것은 괜찮다.	①	②
2. 우리 시에 지체장애인 재활센터를 건립하는 것은 괜찮다.	①	②
3. 우리 구에 지체장애인 재활센터를 건립하는 것은 괜찮다.	①	②
4. 우리 동에 지체장애인 재활센터를 건립하는 것은 괜찮다.	①	②
5. 우리 집 옆에 지체장애인 재활센터를 건립하는 것은 괜찮다.	①	②

② 각 항목은 난이도에 의해 서열이 정해지며, 어려운 항목에 찬성한 응답자는 쉬운 항목에 대해 자동적으로 찬성한다고 가정하므로 응답자의 응답 내용을 역으로 유추할 수 있다.

6. 의미분화척도(Semantic Differential Scale)

① 일직선으로 도표화된 척도의 양극단에 서로 상반되는 형용사를 배열한 뒤 양극단 사이에서 부사어를 사용하여 해당 속성을 평가하는 척도로 어의차이척도라고도 한다.

② 일련의 대립되는 양극의 형용사나 표현으로 구성된 척도를 이용하여 응답자의 감정 혹은 태도를 측정한다.

7. 스타펠척도(Stapel Scale)

의미분화척도(어의차이척도)의 변형으로, 특정 주제와 관련된 표현들에 양수 값과 음수 값으로 이루어진 값의 범위를 정하고 긍정적인 태도는 양수, 부정적인 태도는 음수로 응답하는 척도이다.

AA백화점은		
5	5	5
4	4	4
3	3	3
2	2	2
1	1	1
고급이다	서비스가 부족하다	상품이 다양하다
−1	−1	−1
−2	−2	−2
−3	−3	−3
−4	−4	−4
−5	−5	−5

8. 소시오메트리(Sociometry)

① 집단구성원 간의 친화와 반발을 조사하여 그 빈도와 강도에 따라 집단 구조를 이해하는 척도이다.

㉠ 소시오메트릭 행렬(Sociometric Matrix): 응답결과를 행렬로 정리하여 분석하는 방법이다.

구성원 명	A	B	C	D	E
A	–	0	1	1	0
B	1	–	0	1	0
C	1	0	–	1	0
D	0	1	1	–	0
E	0	0	0	1	–
총점	2	1	2	4	0

㉡ 소시오그램(Sociogram): 집단구성원 간의 영향관계, 의사소통관계, 지배관계 또는 친구관계를 기호를 사용하여 그림으로 표시하는 방법이다.

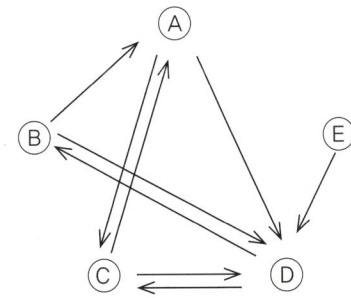

㉢ 소시오메트릭 지수(Sociometric Indices): 구성원 간의 관계를 분석하기 위해 일정한 공식에 따라 계산함으로써 지수를 구하는 방법으로, 내용에 따라 선택지위지수, 집단확장지수, 집단응집지수 세 가지로 구분된다.

② 집단 구성원 간의 관계를 확인함으로써 집단의 성질, 구조, 역동성, 상호관계를 분석하는 데 사용되며, 리더십 연구와 집단 내의 갈등, 응집에 관한 연구에서 사용된다.

5 인구통계학적 질문

1. 인구통계학적 질문의 개념

① 응답자의 지위를 조사하는 문항들이다.

　예 거주 지역, 연령, 직업, 최종학력, 월 수입, 가족구성 등

② 응답자 호칭 시 '귀하' 또는 '선생님' 등의 단어를 사용하며, 응답자의 가족은 '귀댁', 다른 가구 구성원은 응답자와의 관계를 고려한 단어(예 미혼 자녀 등)를 사용한다.

③ 개방형 질문, 폐쇄형 질문, 평정척도 등을 이용하고, 응답범주의 상호배타성과 포괄성 등을 반영한다.

설문 문항		설명
1. 귀하가 살고 있는 거주 지역을 표시해 주십시오. ❶ 서울 ❷ 부산 ❸ 대구 ❹ 인천 ❺ 광주 ❻ 대전 ❼ 울산 ❽ 세종 ❾ 경기 ❿ 강원 ⓫ 충북 ⓬ 충남 ⓭ 전북 ⓮ 전남 ⓯ 경북 ⓰ 경남 ⓱ 제주	←	• 폐쇄형 질문 • 현재 살고 있는 거주 지역을 대한민국의 행정구역(1개의 특별시, 6개의 광역시, 1개의 특별자치시, 8개의 도, 1개의 특별자치도)으로 나누어 구분 • 응답범주의 상호배타성과 포괄성 적용
2. 귀하의 연령은 어떻게 되십니까? 만 ( )세	←	• 개방형 질문 • 응답범주를 제시하여 폐쇄형으로 질문 가능
3. 귀하의 직업은 어디에 속하는지 표시해 주십시오. ❶ 관리 ❷ 경영, 재무 ❸ 사회서비스 ❹ 판매, 개인서비스 ❺ 건설, 생산 ❻ 농업, 어업 ❼ 군인 ❽ 무직 ☞ 질문 3-1로 가십시오. ❾ 기타 ( )	←	• 폐쇄형 질문 • 한국표준직업분류의 대분류에 따름 • 응답범주의 상호배타성에 입각하여 직업 나열 • 응답범주의 포괄성을 반영하여 개방형 문항으로 '기타 ( )' 범주 추가
3-1. 새롭게 직업을 선택한다면 원하는 기업을 표시해 주십시오. ❶ 중소기업 ❷ 공기업 ❸ 중견기업 ❹ 대기업 ❺ 외국계기업 ❻ 금융기관 ❼ 창업 ❽ 기타 ( )	←	• 폐쇄형 질문 • 응답범주의 상호배타성에 입각하여 기업 나열 • 응답범주의 포괄성을 반영하여 '기타 ( )' 범주 추가
4. 귀하의 최종학력을 표시해 주십시오. ❶ 고졸 이하 ❷ 전문대 졸 ❸ 대졸 ❹ 대학원 졸(석사) ❺ 대학원 졸(박사)	←	• 폐쇄형 질문 • 일반 성인 중 무학, 초졸, 중졸 대상자가 거의 없어 '고졸 이하'로 한 묶음 처리, 문항에 해당하는 사람이 최소 10명 이상이 되어야 함을 고려
5. 귀하의 혼인상태를 표시해 주십시오. ❶ 미혼 ❷ 배우자 있음 ❸ 사별 ❹ 이혼	←	• 폐쇄형 질문 • 인구주택총조사의 혼인상태 4가지 범주(미혼, 배우자 있음, 사별, 이혼) 이용
6. 귀댁의 월 평균 가구 소득(보너스나 수당 모두 포함, 세전)은 어느 정도 됩니까? ❶ 200만 원 미만 ❷ 200만 원 이상∼300만 원 미만 ❸ 300만 원 이상∼400만 원 미만 ❹ 400만 원 이상∼500만 원 미만 ❺ 500만 원 이상	←	• 폐쇄형 질문 • 현 시점의 최저시급을 기준으로 최저 월급(200만 원 미만)을 정함 • 응답범주의 상호배타성과 포괄성 적용 • '∼ 이상 ∼ 미만', '∼ 초과 ∼ 이하', '200만 원대/300만 원대' 등의 범주도 가능
7. 귀댁에 함께 거주하는 가족이 있습니까? ❶ 없음 ☞ 질문 8로 가십시오. ❷ 있음 ☞ (남: 명, 여: 명)	←	• 양자택일형(찬반형) 질문 • 거주 가족이 없는 응답자에 대해 추가적으로 가족과의 만남을 알아보기 위해 질문 8에 응답하도록 함

8. 지난 1년간 가족과 얼마나 자주 만나셨습니까?

구분	예	아니오
거의 매일(하루 1회 이상)	❶	❷
주 1회 정도	❶	❷
월 1회 정도	❶	❷
3개월에 1회 정도	❶	❷
6개월에 1회 정도	❶	❷
연 1회 이하	❶	❷

• 행렬식 질문 이용
• 거트만척도를 이용하여 월 1회 정도에 찬성하는 응답자는 자연스럽게 3개월, 6개월, 1년 내의 만남을 동시에 예측 가능
• 질문 7에서 '없음'에 응답한 응답자의 가족관계를 깊게 물어보기 위한 '캐어묻기(Probing)' 문항

2. 인구통계학적 질문 사용 목적

① 표본의 본질을 있는 그대로 보여주기 위해 사용한다.
② 모수치가 알려져 있다면 표본의 인구통계학적 윤곽과 모집단의 윤곽을 서로 비교하기 위해 사용한다.
③ 연령, 성별, 기타 기준 등에 따라 표본을 하위표본으로 세분하기 위해 사용한다.

3. 인구통계학적 질문의 배열

일반적으로 설문지의 후반부에 배치된다. 단, 조사대상자 가운데 일부 집단을 미리 선발할 필요가 있는 경우 초반부에 인구통계학적 질문을 먼저 묻는다.

4. 자주 조사되는 인구통계학적 항목

① 성별: 응답자의 성별, 가족 구성원의 성별
② 연령: 응답자의 연령, 가족 구성원들의 연령, 동거하는 가장 어린 자녀의 연령
③ 학력: 응답자의 학력, 가족 구성원의 학력
④ 고용상태: 응답자의 고용상태, 가족 구성원의 고용상태
⑤ 근무기간: 현 직장에서의 근무기간, 생애 전체에서의 직장 근무기간
⑥ 직업: 응답자의 직업, 가족 구성원의 직업
⑦ 연(또는 월)소득: 응답자의 연소득, 가족 구성원의 연소득, 가구의 연소득
⑧ 건강상태: 전반적인 건강상태, 정신건강(우울증 등), 질병
⑨ 혼인: 응답자의 혼인상태, 응답자의 국적, 응답자의 인종, 가족 구성원의 인종
⑩ 종교: 응답자의 종교, 가족 구성원의 종교
⑪ 그 외: 거주 형태, 출생지, 거주지, 취미, 사회경제적 지위(SES)

CHAPTER 02 설문지 작성 예시

예시 1 다음의 참고사항을 토대로 각각의 질문에 답하고 요구사항에 따라 질문지를 작성하시오.

〈참고사항〉

성장기 가정 내 건강 관심이 성인이 된 이후의 비만에 미치는 영향을 분석하기 위해 다음과 같은 내용으로 질문지를 작성하고자 한다. 전국 만 20세 이상의 성인 남녀를 대상으로 하며, 기초자료로 성별, 연령대, 응답자의 현재 거주 지역 규모, 학력 수준, 현재의 소득수준(연평균 소득 금액 기준)을 조사한다.

1. 응답자의 성장기 가정 내 건강 관심에 대한 평가는 '관심'부터 '무관심'으로 5점 평정 척도를 사용한다. 단, 이번 조사에서는 응답자의 응답내용으로 '모르겠다', '무응답'의 응답항목은 설정하지 않는 것으로 한다. 또한 질문지 작성 시 질문의 형식은 일관성이 유지되도록 주의한다.
2. 응답자는 남녀로 구분한다.
3. 응답자의 만 연령은 20대, 30대, 40대, 50대, 60대를 기준으로 구분하여 어느 연령대에 속하는지 조사한다.
4. 거주 지역 규모의 구분은 광역시 이상의 대도시, 중소도시, 읍·면 지역으로 구분한다.
5. 응답자의 학력 수준은 중학교 졸업, 고등학교 졸업(중퇴 포함), 대학 재학을 기준으로 구분하여 조사한다(단, 학력 수준은 모든 학력 수준을 포함하도록 구성한다).
6. 소득수준은 500만 원, 2,000만 원, 3,500만 원, 5,000만 원을 기준으로 응답항목을 구성한다.
7. 현재 비만인지 아닌지 조사하고, 비만에 응답한 경우 성인이 된 이후의 비만에 영향을 미친 성장기 가정 내 건강 환경에 대해 리커트 형태의 5점 척도를 구성하여 다음 5가지를 측정한다.
   ① 운동 부족 ② 무절제한 음식 섭취 ③ 불규칙한 식사
   ④ 술과 담배 등 ⑤ 건강무관심

모범답안

[질문 1] 귀하의 성장기 가정 내 건강 환경에 대한 관심은 어떠했습니까?
① 매우 관심
② 약간 관심
③ 보통
④ 약간 무관심
⑤ 매우 무관심

> **작성 TIP**
>
> '관심'부터 '무관심'으로 5점 평정척도를 사용해야 하므로 '보통'을 중간으로 정하고 '매우 관심/매우 무관심, 약간 관심/약간 무관심'을 정하면 된다.

[질문 2]   귀하의 성별은 무엇입니까?
① 남자
② 여자

> **작성 TIP**
>
> 성별은 '남/여', '남자/여자' 또는 'Male/Female' 등으로 정하면 된다.

[질문 3]   귀하의 만 연령은 어디에 해당합니까?
① 20대   ② 30대
③ 40대   ④ 50대
⑤ 60대 이상

> **작성 TIP**
>
> 전국 만 20세 이상의 성인에 대해 만 연령을 20대, 30대, 40대, 50대, 60대를 기준으로 구분하므로 반드시 응답범주의 포괄성을 고려하여 60대를 '60대 이상'으로 정해야 한다.

[질문 4]   귀하의 현재 거주 지역은 어디에 해당합니까?
① 광역시 이상의 대도시
② 중소도시
③ 읍·면 지역

> **작성 TIP**
>
> 거주 지역 규모를 광역시 이상의 대도시, 중소도시, 읍·면 지역으로 구분하므로 제시된 대로 '광역시 이상의 대도시, 중소도시, 읍·면 지역'으로 정한다.

[질문 5]   귀하의 학력은 어디에 해당합니까?
① 중학교 졸업 이하(무학 포함)
② 고등학교 졸업(중퇴 포함)
③ 대학 재학 이상(중퇴 포함)

> **작성TIP**
>
> 응답자의 학력 수준은 중학교 졸업, 고등학교 졸업(중퇴 포함), 대학 재학을 기준으로 구분하되 학력 수준은 모든 학력 수준을 포함하도록 구성해야 한다. 따라서 최소 학력 수준을 '중학교 졸업 이하(무학 포함)', 최고 학력 수준을 '대학 재학 이상(중퇴 포함)'으로 정한다.

[질문 6] 귀하의 연평균 소득은 어디에 해당합니까?
　　　　① 500만 원 미만
　　　　② 500만 원 이상 2,000만 원 미만
　　　　③ 2,000만 원 이상 3,500만 원 미만
　　　　④ 3,500만 원 이상 5,000만 원 미만
　　　　⑤ 5,000만 원 이상

> **작성TIP**
>
> 소득수준은 500만 원, 2,000만 원, 3,500만 원, 5,000만 원을 기준으로 응답항목을 구성하므로 응답범주의 포괄성과 상호배타성에 맞추어 구성해야 한다. 따라서 최소 소득을 '500만 원 미만', 최고 소득을 '5,000만 원 이상'으로 정하고, '~ 이상', '~ 미만'을 활용하여 중간범주를 정한다.

[질문 7] 귀하는 현재 비만이십니까?
　　　　① 비만이 아니다.
　　　　② 비만이다. ⇒ [질문 7-1]에 응답

> **작성TIP**
>
> 현재 비만 여부이므로 '비만이다', '비만이 아니다'로 정한다. 비만인 성인을 대상으로 성장기 가정 내 건강 환경을 확인하기 위해 여과질문으로 '⇒ [질문 7-1]에 응답'을 정한다.

[질문 7-1] 비만에 영향을 미친 성장기 가정 내 건강 환경이 어떠했다고 생각하십니까?

질문사항	매우 그렇다	약간 그렇다	보통	약간 그렇지 않다	매우 그렇지 않다
운동부족	①	②	③	④	⑤
무절제한 음식 섭취	①	②	③	④	⑤
불규칙한 식사	①	②	③	④	⑤
술과 담배 등	①	②	③	④	⑤
건강무관심	①	②	③	④	⑤

> **작성TIP**
>
> 비만에 영향을 미친 성장기 가정 내 건강 환경 5가지에 대해 리커트 형태의 5점 척도를 구성해야 하므로 행렬식 질문 형식에 척도는 '보통'을 중간에 정하고 '매우 그렇다/매우 그렇지 않다', '약간 그렇다/약간 그렇지 않다'로 정하면 된다.

예시 2

국내외 승용차 브랜드 이미지가 소비자 구매 행동에 미치는 영향에 관한 연구를 위한 질문지를 작성하려고 한다. 다음의 참고사항을 토대로 각각의 질문에 답하고 요구사항에 따라 질문지를 작성하시오.

〈참고사항〉

전국의 60세를 넘지 않는 성인 남녀를 대상으로 승용차 구매에서 가장 중요하게 생각하는 요건을 묻고, 인구통계학적 질문으로 성별, 연령대, 최종학력, 현재 직업, 월 소득을 조사한다. 그리고 설문 참여 보상으로 받고 싶은 것을 묻는다. 마지막으로 본 설문지가 응답자의 승용차 구입 의향을 확인하는 데 도움이 되었는지를 묻는다.

1. 본 설문에 적합한 응답자 선정 구분을 위해 향후 승용차 구입 의향을 묻는 질문을 한다. 승용차를 구입할 예정인 응답자라면 자동차의 종류(승용차, 승합차, 화물차, 기타)를 선택하게 하고, 승용차 구입 의향이 없는 응답자는 설문을 중단하게 구성한다.
2. 승용차 구입 시 중요하게 생각하는 요건(제조회사, 가격, 디자인, A/S, 성능, 명성/평판, 안정성, 배기량/크기, 실용성)을 3가지 선택하게 한다. 추가하고 싶은 요건이 있을 시 응답자가 직접 기입할 수 있는 란을 만들어 응답자의 의견을 추가로 조사한다.
3. 인구통계학적 질문은 다음을 포함한다.
   3-1. 성별은 남/여로 구분한다.
   3-2. 연령대는 20대부터 60대까지 구분하여 어느 연령대에 속하는지 조사한다.
   3-3. 최종학력은 고졸, 전문대졸, 대졸, 대학원졸을 기준으로 구분하며, 그 외의 학력은 기타에 직접 기입하도록 구성한다.
   3-4. 현재 직업으로 대학/대학원생, 자영업, 회사원, 주부, 프리랜서, 공무원, 연구/전문직, 무직을 기준으로 구분하며, 그 외의 직업은 응답자가 직접 기입하도록 구성한다. 그리고 회사원이면서 학생인 경우는 회사원으로 표기하도록 한다.
   3-5. 소득수준은 월 소득으로 하며, 최대 500만 원까지 100만 원 단위로 구분한다.
4. 설문에 참여해준 응답자에게 보상으로 받고 싶은 것은 A브랜드 커피 쿠폰, B제과점 식빵 교환권, C편의점 3,000원 쿠폰, 문화상품권을 기준으로 구분한다.
5. 본 설문이 응답자 자신의 향후 승용차 구입 의향을 확인하는 데 도움이 되었는지를 평가할 수 있도록 '도움이 되었다'부터 '도움이 되지 않았다'로 4점 평정 척도를 사용한다. 단, 응답내용으로 '모르겠다' 또는 '무응답'은 설정하지 않으며, 질문의 일관성이 유지되도록 한다.

모범답안

[질문 1-1] 귀하께서는 현재 자동차 보유와 상관없이 향후에 자동차를 구입하실 의향이 있으십니까? (단, 자동차 보유자의 경우에는 추가 구입자도 포함)

① 예 ⇒ [질문 1-2]에 응답
② 아니오 ⇒ 설문 중단

[질문 1-2] 구입하실 예정인 자동차의 종류는 무엇입니까?

① 승용차
② 승합차 ⇒ 설문 중단
③ 화물차 ⇒ 설문 중단
④ 기타 ⇒ 설문 중단

> **작성TIP**
>
> 본 설문에 적합한 응답자 선정 구분을 위해 먼저 향후에 자동차 구입 의향을 묻고 '예'라고 답한 응답자만을 대상으로 승용차 구입 의향을 묻도록 한다. 이를 위해 먼저 질문 1-1에서 향후에 자동차 구입 의향에 '예/아니오'로 답하도록 조사한다. '예'를 선택하면 승용차 구입 예정을 확인하기 위해 여과질문으로 '⇒ [질문 1-2]에 응답'을 정하고, '아니오'를 선택하면 설문을 중단하도록 '⇒ 설문 중단'을 정한다. 질문 1-2에서는 자동차의 종류(승용차, 승합차, 화물차, 기타)를 선택하게 하고, 승용차를 선택하지 않은 응답자는 설문을 중단하도록 '⇒ 설문 중단'을 정한다.

[질문 2] 귀하께서 승용차를 구매하실 때 중요하게 생각하는 요건을 3가지 정도 선택해 주십시오. 만약 만족하는 요건이 없으면 직접 기입하셔도 됩니다.

① 제조회사　　② 가격　　③ 디자인　　④ A/S
⑤ 성능　　⑥ 명성/평판　　⑦ 안정성　　⑧ 배기량/크기
⑨ 실용성　　⑩ 추가 (직접 기입 :　　)

> **작성TIP**
>
> 승용차 구입 시 중요하게 생각하는 요건은 '제조회사, 가격, 디자인, A/S, 성능, 명성/평판, 안정성, 배기량/크기, 실용성'을 기준으로 구분하되 3가지를 선택하도록 '3가지 정도 선택해 주십시오.'라고 조건을 넣는다. 만약 준비된 요건 중에 없을 수 있음을 선택하거나 추가하고 싶은 요건이 있을 시 응답자가 직접 기입할 수 있는 응답란을 만들어 응답자의 의견을 추가로 조사한다.

[질문 3-1] 귀하의 성별을 선택해 주십시오.

① 남자　　② 여자

> **작성TIP**
>
> 성별은 '남/여', '남자/여자' 또는 'Male/Female' 등으로 정한다.

[질문 3-2] 귀하의 연령대를 선택해 주십시오.

① 20대　　② 30대　　③ 40대　　④ 50대　　⑤ 60대

작성TIP

전국의 60세를 넘지 않는 성인에 대해 연령대를 구분해야 하므로 20대를 시작으로 30대, 40대, 50대, 60대로 구분한다. 일반적으로 응답범주의 포괄성을 고려하여 '60대 이상'을 정해야 하지만, 본 조사에서는 60세를 넘지 않아야 하므로 '60대'까지 정해야 한다.

[질문 3-3] 귀하의 최종학력을 선택해 주십시오.

① 고졸　　② 전문대졸　　③ 대졸　　④ 대학원졸　　⑤ 기타 (　)

작성TIP

응답자의 최종학력은 고졸, 전문대졸, 대졸, 대학원졸을 기준으로 구분하되 모든 학력을 포함하도록 구성해야 하므로 기타에 그 외의 학력을 기입하도록 구성해야 한다. 따라서 최소 학력 수준을 '고졸', 최고 학력 수준을 '대학원졸'로 정하고, '기타 (　)'를 추가한다.

[질문 3-4] 귀하의 현재 직업을 선택해 주십시오(회사원이면서 학생인 경우는 직장인으로 표기해 주십시오).

① 대학/대학원생　　② 자영업　　③ 회사원
④ 주부　　⑤ 프리랜서　　⑥ 공무원
⑦ 연구/전문직　　⑧ 무직　　⑨ 기타 (　)

작성TIP

직업은 '대학/대학원생, 자영업, 회사원, 주부, 프리랜서, 공무원, 연구/전문직, 무직'을 기준으로 구분하되 모든 직업을 포함하도록 구성해야 하므로 그 외의 직업은 응답자가 직접 기입하도록 '기타 (　)'를 추가한다. 그리고 '회사원이면서 학생인 경우는 회사원으로 표기하도록 한다.'를 반드시 언급한다.

[질문 3-5] 귀하의 월 소득을 선택해 주십시오.

① 100만 원 미만
② 100～200만 원 미만
③ 200～300만 원 미만
④ 300～400만 원 미만
⑤ 400～500만 원 미만
⑥ 500만 원

작성TIP

월 소득은 100만 원을 단위로 최대 500만 원까지 응답범주의 포괄성과 상호배타성에 맞추어 구성해야 한다. 따라서 최소 소득을 '100만 원 미만', 최고 소득을 '500만 원'으로 정하고 '～ 미만'을 활용하여 중간범주를 정한다.

[질문 4] 본 설문에 참여해 주셔서 고맙습니다. 다음 중에서 받고 싶은 것을 선택해 주십시오.
① A브랜드 커피 쿠폰   ② B제과점 식빵 교환권
③ C편의점 3,000원 쿠폰   ④ 문화상품권

> **작성TIP**
>
> 설문 참여에 대한 보상은 'A브랜드 커피 쿠폰, B제과점 식빵 교환권, C편의점 3,000원 쿠폰, 문화상품권'을 기준으로 정한다. 이때 조사자가 준비한 보상 이외에는 선택이 불가능하므로 '기타' 또는 '이 외'를 명시하지 않는다.

[질문 5] 본 설문이 응답자 자신의 향후 승용차 구입 의향을 확인하는 데 도움이 되었는지 선택해 주십시오.
① 매우 도움이 되었다.   ② 도움이 되었다.
③ 도움이 되지 않았다.   ④ 매우 도움이 되지 않았다.

> **작성TIP**
>
> '도움이 되었다.'부터 '도움이 되지 않았다.'로 4점 평정척도를 사용해야 하므로 '매우 도움이 되었다./매우 도움이 되지 않았다.'와 '도움이 되었다./도움이 되지 않았다.'로 구분하면 된다.

CHAPTER 03 설문지 작성 연습문제

01 다음의 참고사항을 토대로 질문지를 작성하시오.

〈참고사항〉

본 조사에서는 전국의 20세부터 40세 미만의 성인 남녀를 대상으로 성장기 시절의 저축 경험이 성인이 된 이후의 소비생활에 어떠한 영향을 주는지 분석하기 위해 다음과 같은 내용으로 질문지를 작성하려고 한다.

1. 응답자의 성장기 시절의 경제관에 대한 평가는 '약함'부터 '강함'으로 리커트 형태의 5점 척도를 사용한다. 단, 이번 조사에서는 응답자의 응답내용으로 '모르겠다.', '무응답'의 응답항목은 설정하지 않는 것으로 한다. 또한 질문지 작성 시 질문의 형식은 일관성을 유지하도록 한다.
2. 기초자료로 성별, 나이, 거주 지역, 학력 수준, 연평균 소득수준을 조사한다.
   2-1. 성별은 남/여로 구분한다.
   2-2. 만 나이는 20세부터 40세 미만으로 5년을 단위로 응답항목을 구성한다.
   2-3. 거주 지역은 광역시 이상의 대도시, 중소도시, 읍·면 지역으로 구분한다.
   2-4. 학력 수준은 고등학교 졸업을 가장 하위로 하고 대학원 석사 입학 이상을 가장 상위로 하여 4개의 응답항목을 구성한다.
   2-5. 연평균 소득수준은 2,000만 원부터 1,000만 원을 단위로 5개의 응답항목을 구성한다.

문제 1 성장기 시절의 경제관을 묻는 질문과 응답항목을 작성하시오.

[질문 1]

해설

응답항목은 중립적인 견해를 기준으로 서로 대칭이 되도록 작성해야 한다. 즉, 응답자의 성장기 경제관을 '약함'부터 '강함'으로 하는 리커트 형태의 5점 척도를 사용하기 위해 '보통'을 중간으로 정하고, '매우 약했음/약했음', '강했음/매우 강했음'의 순으로 응답범주를 구분할 수 있다. 따라서 다음과 같이 질문과 응답항목을 작성할 수 있다.

[질문 1] 귀하의 성장기 시절 경제관은 어떠했습니까?
① 매우 약했음
② 약했음
③ 보통
④ 강했음
⑤ 매우 강했음

문제 2 기초자료로 성별(제시됨), 나이, 거주 지역, 학력 수준, 연평균 소득수준 순으로 묻는 질문과 응답항목을 〈참고사항〉을 고려하여 작성하시오.

[질문 2-1] 귀하의 성별은 무엇입니까?

① 남자
② 여자

[질문 2-2]

해설

응답자의 만 나이는 20세부터 5년을 기준으로 하여 40세 미만까지 응답항목을 구성해야 하므로 20세 이상 25세 미만, 25세 이상 30세 미만, 30세 이상 35세 미만, 35세 이상 40세 미만으로 구분된다. 따라서 다음과 같이 질문과 응답항목을 작성할 수 있다.

[질문 2-2] 귀하의 만 나이는 어디에 해당합니까?
① 20세 이상 25세 미만
② 25세 이상 30세 미만
③ 30세 이상 35세 미만
④ 35세 이상 40세 미만

[질문 2-3]

해설

응답자의 거주 지역이 현재 생활하고 있는 주소지임을 명확히 하기 위해 '현재 거주하는 지역'으로 질문해야 한다. 응답범주는 광역시 이상의 대도시, 중소도시, 읍·면 지역으로 구분되어 있으므로 3가지 응답범주로 구분한다. 따라서 다음과 같이 질문과 응답항목을 작성할 수 있다. 만약 '읍·면 지역, 중소도시, 광역시 이상의 대도시' 순으로 응답범주를 나열하고 싶다면, 조건의 순서대로 나열하기를 권한다.

[질문 2-3] 귀하의 현재 거주 지역은 어디에 해당합니까?
① 광역시 이상 대도시
② 중소도시
③ 읍·면 지역

[질문 2-4]

> **해설**
>
> 응답자의 학력 수준을 고등학교 졸업부터 대학원 석사 입학 이상까지 4개의 응답항목으로 구성해야 하므로 고등학교 졸업 이하, 2년 또는 3년제 대학 졸업, 4년제 대학 졸업, 대학원 석사 입학 이상으로 정할 수 있다. 응답범주의 포괄성을 반영하여 '2년 또는 3년제 대학 졸업'과 '4년제 대학 졸업'에 '중퇴 포함'을 추가해야 한다. 5개의 응답항목을 구성해야 한다면, '⑤ 기타 (   )'를 추가할 수 있다. 따라서 다음과 같이 질문과 응답항목을 작성할 수 있다.

[질문 2-4] 귀하의 학력은 어디에 해당합니까?
　　① 고등학교 졸업 이하
　　② 2년 또는 3년제 대학 졸업(중퇴 포함)
　　③ 4년제 대학 졸업(중퇴 포함)
　　④ 대학원 석사 입학 이상

[질문 2-5]
① 2,000만 원 미만
②
③
④
⑤

> **해설**
>
> 응답자의 연평균 소득수준은 2,000만 원부터 1,000만 원을 단위로 응답범주의 포괄성과 상호배타성에 맞추어 5개의 응답항목으로 구성해야 한다. 조건으로 '2,000만 원 미만'이 제시되어 있으므로 '2,000만 원 미만'부터 1,000만 원씩 소득을 늘리고, 중간범주는 '~ 이상 ~ 미만'을 이용하여 '5,000만 원 이상'까지 나열한다. 따라서 다음과 같이 질문과 응답항목을 작성할 수 있다.

[질문 2-5] 귀하의 연평균 소득은 어디에 해당합니까?
　　① 2,000만 원 미만
　　② 2,000만 원 이상 3,000만 원 미만
　　③ 3,000만 원 이상 4,000만 원 미만
　　④ 4,000만 원 이상 5,000만 원 미만
　　⑤ 5,000만 원 이상

02

40대 재혼을 준비하는 사람들의 결혼관을 분석하기 위해 설문조사를 실시하려고 한다. 〈참고사항〉을 토대로 질문지를 작성하시오.

〈참고사항〉

1. 각 질문문항은 질문과 응답항목을 작성한다.
2. 성별, 나이, 거주 지역, 최종학력, 직업, 연간 총소득, 결혼관 순으로 묻는다.
3. 성별은 남/여로 구분한다.
4. 나이는 정확하게 기재할 수 있도록 출생연도를 묻는 개방형으로 작성한다.
5. 거주 지역은 대도시 6개 지역(서울, 경기, 인천, 대전, 부산, 광주)과 그 외로 구분하고, 그 외의 경우 자신의 지역을 기재하도록 한다.
6. 최종학력에 대한 질문은 '고등학교 졸업, 대학(2, 3년제) 졸업, 대학교 졸업, 석/박사, 기타 (   )'로 구분하고, 재학 또는 중퇴는 편의상 졸업으로 간주한다. 단, 학력이 가장 높은 것부터 낮은 것으로 나열한다.
7. 직업은 재혼에서 가장 중요한 조건이므로 최대한 자세히 작성하도록 한다.
8. 연간 총소득은 7개의 응답범주로 구성하되, 1억 원을 기준으로 1억 원보다 작으면 3천만 원을 단위로 구분하여 작성하고, 1억 원보다 많으면 5천만 원을 단위로 작성한다.
9. 배우자를 선택할 때 다섯 가지(외모, 성격, 재산 규모, 자녀 유무, 부모 부양)의 배우자 관련 사항이 각각 어느 정도 중요한지를 파악하기 위해 5점 척도를 사용한 행렬식 질문으로 구성한다. 이때 응답항목은 이후 코딩이나 채점을 고려하여 부정적인 견해에서 긍정적인 견해 순으로 작성한다.

문제 1 응답자의 성별을 묻는 질문문항을 작성하시오.

[질문 1]

해설

응답자의 성별은 남성/여성, 남자/여자, 남/여, Man/Woman, Male/Female로 구분되며, 학생일 경우에는 남학생/여학생으로도 표현할 수 있다. 따라서 다음과 같이 질문과 응답항목을 작성할 수 있다.

[질문 1]   귀하의 성별은 무엇입니까?
① 남성
② 여성

문제 2 응답자의 출생연도를 묻는 질문을 개방형으로 작성하시오.

[질문 2]

해설

개방형 질문은 응답자가 질문에 대해 자유롭게 응답할 수 있는 질문으로 정확하게 응답할 수 있도록 개방형을 이용할 수 있다. 응답자의 나이를 정확하게 기재할 수 있도록 출생연도를 묻는 문제를 작성할 수 있다. 따라서 다음과 같이 질문을 작성할 수 있다.

[질문 2] 귀하의 출생연도는 언제입니까?
( )년도

문제 3 응답자의 거주 지역을 묻는 질문문항을 작성하시오.

[질문 3]

해설

응답자의 거주 지역이 현재 생활하고 있는 주소지임을 명확히 하기 위해 '현재 거주 지역'으로 질문을 해야 한다. 응답범주는 대도시 6개 지역(서울, 경기, 인천, 대전, 부산, 광주)과 그 외로 구분되어 있으므로 7가지 응답범주로 구분한다. 이때 '그 외'인 경우에 자신의 거주 지역을 기재하도록 안내하기 위해 질문에 '그 외인 경우는 거주 지역을 직접 기재해 주십시오.'라고 추가해야 한다. 따라서 다음과 같이 질문과 응답항목을 작성할 수 있다.

[질문 3] 귀하의 현재 거주 지역은 어디입니까? 그 외인 경우는 거주 지역을 직접 기재해 주십시오.
① 서울
② 경기
③ 인천
④ 대전
⑤ 부산
⑥ 광주
⑦ 그 외 ( )

문제 4 응답자의 최종학력을 묻는 질문문항을 작성하시오.

[질문 4]

해설

응답자의 최종학력으로 '고등학교 졸업, 대학(2, 3년제) 졸업, 대학교 졸업, 석/박사, 기타 (   )' 5개의 응답항목을 구성해야 한다. 학력이 가장 높은 것부터 낮은 것으로 나열해야 하므로 석/박사, 대학교 졸업, 대학(2, 3년제) 졸업, 고등학교 졸업 순으로 작성한다. 또한 재학 또는 중퇴는 편의상 졸업으로 간주하므로 '단, 재학 또는 중퇴는 졸업한 것으로 간주하여 응답해 주세요.'라고 질문에 추가할 수 있다. 따라서 다음과 같이 질문과 응답항목을 작성할 수 있다.

[질문 4] 귀하의 최종학력은 어떻게 되십니까? (단, 재학 또는 중퇴는 졸업한 것으로 간주하여 응답해 주세요)
  ① 석/박사
  ② 대학교 졸업
  ③ 대학(2, 3년제) 졸업
  ④ 고등학교 졸업
  ⑤ 기타 (   )

문제 5 응답자의 직업을 묻는 질문을 개방형으로 작성하시오.

[질문 5]

해설

개방형 질문은 응답자가 질문에 대해 자유롭게 응답할 수 있는 질문이다. 재혼에서 직업이 가장 중요한 조건이므로 응답자의 직업을 최대한 자세히 기재할 수 있도록 '자세히 소개해 주세요.'라고 작성하도록 한다. 따라서 다음과 같이 질문을 작성할 수 있다.

[질문 5]   귀하가 하는 일에 대해 자세히 소개해 주세요.
            (   )

문제 6 응답자의 연간 총소득을 묻는 질문문항을 작성하시오.

[질문 6] _____

① 1천만 원 미만
②
③
④
⑤
⑥
⑦

해설

응답자의 연간 총소득은 1억 원을 기준으로 하여 1억 원보다 작으면 3천만 원씩 구분되므로 1천만 원, 4천만 원, 7천만 원, 1억 원으로 구분되며, 1억 원보다 많으면 5천만 원씩 구분되므로 1억 원, 1억 5천만 원, 2억 원, 2억 5천만 원으로 구분될 수 있다. 조건에서 '1천만 원 미만'이 제시되어 있고, 응답범주의 포괄성과 상호배타성에 맞추어 7개의 응답 항목을 구성해야 하므로 '~ 이상 ~ 미만'으로 하여 '1천만 원 미만, 1천만 원 이상 4천만 원 미만, 4천만 원 이상 7천만 원 미만, 7천만 원 이상 1억 원 미만, 1억 원 이상 1억 5천만 원 미만, 1억 5천만 원 이상 2억 원 미만, 2억 원 이상'까지 나열한다. 따라서 다음과 같이 질문과 응답항목을 작성할 수 있다.

[질문 6] 귀하의 연간 총소득은 어떻게 되십니까?

① 1천만 원 미만
② 1천만 원 이상 4천만 원 미만
③ 4천만 원 이상 7천만 원 미만
④ 7천만 원 이상 1억 원 미만
⑤ 1억 원 이상 1억 5천만 원 미만
⑥ 1억 5천만 원 이상 2억 원 미만
⑦ 2억 원 이상

문제 7 응답자의 결혼관을 묻는 질문문항을 작성하시오(단, 응답항목은 긍정과 부정이 균형을 이루도록 작성하시오).

[질문 7]

해설

응답자가 배우자를 선택하기 위해 확인해야 하는 배우자 관련 사항으로 '외모, 성격, 재산규모, 자녀유무, 부모부양' 5가지에 대해 5점 척도를 구성해야 하므로 행렬식 질문 형식에 척도는 '보통'을 중간으로 정하고 '매우 중요/중요', '중요하지 않음/전혀 중요하지 않음'으로 정하면 된다. 응답항목을 부정적인 견해에서 긍정적인 견해 순으로 나열해야 하므로 '전혀 중요하지 않다, 중요하지 않다, 보통이다, 중요하다, 매우 중요하다' 순으로 작성해야 한다. 따라서 다음과 같이 질문과 응답항목을 작성할 수 있다.

[질문 7] 귀하는 자신의 재혼을 위해 다음 사항을 어떻게 생각하십니까?

구분	전혀 중요하지 않다	중요하지 않다	보통이다	중요하다	매우 중요하다
상대방의 외모	①	②	③	④	⑤
상대방의 성격	①	②	③	④	⑤
상대방의 재산 규모	①	②	③	④	⑤
상대방의 자녀 유무	①	②	③	④	⑤
상대방의 부모 부양	①	②	③	④	⑤

03 다음 〈참고사항〉을 토대로 질문지를 작성하시오.

〈참고사항〉

안녕하십니까? 이번 조사를 하게 된 B&B입니다. 주 5일 수업 및 주 5일 근무제로 인해 여가시간이 증대되면서 대중문화사업도 함께 발전하고 있습니다. 이에 저희 팀에서는 K지역 광장 앞에 영화관 개관의 성공 여부에 의구심을 갖게 되었고, 이른바 그 시장성을 판단하는 과정 중 하나인 설문지 작성을 통해 결론을 도출하고자 이렇게 바쁘신 와중에 귀찮게 해드리게 되어 정말 죄송스럽게 생각합니다.

아울러 여러분께서 응답해 주신 모든 설문 내용은 통계적 분석을 목적으로만 사용할 것이며, 여타의 다른 용도로는 절대 사용하지 않을 것임을 말씀드립니다.

1. 질문 1: 지난 1년간 영화관에서의 영화 관람 유무
2. 질문 2: 즐겨 찾는 영화관 명칭
3. 질문 3: 영화관을 찾는 이유
4. 질문 4: 즐겨 찾는 영화관에 대한 만족도
5. 질문 5: '문화가 있는 날' 이용 유무
6. 질문 6: '문화가 있는 날'을 이용하지 않는 이유
7. 질문 7: 인구통계학적 특성(연령)

단, [질문 2]와 [질문 4]는 극장 영화를 관람하는 응답자에게만 질문하고, 응답항목이 긍정 혹은 부정으로 표현될 때 부정적인 측면부터 긍정적인 측면 순으로 나열하시오.

문제 1 응답자가 지난 1년간 영화를 영화관에서 관람했는지 알아보고자 한다. 질문과 응답항목을 양자택일형으로 작성하시오.

[질문 1]

해설

응답항목이 양자택일형(찬반형)이므로 '관람한 적이 있다/관람한 적이 없다'로 작성한다. 그리고 관람한 적이 있는 응답자에 대해서는 [질문 2]에 대해 질문하고, 관람한 적이 없는 응답자에 대해서는 [질문 3]에 대해 질문해야 하므로 '관람한 적이 없다'에 여과질문으로 '⇒ [질문 3]에 응답'을 넣는다. 또한 응답항목을 부정에서 긍정으로 나열해야 하므로 '관람한 적이 없다/관람한 적이 있다'의 순으로 구성한다. 따라서 다음과 같이 질문과 응답항목을 작성할 수 있다.

[질문 1] 귀하는 지난 1년 간 영화관에서 영화를 관람한 경험이 있습니까?
① 관람한 적이 없다 ⇒ [질문 3]에 응답
② 관람한 적이 있다

문제 2 우리나라에는 대표적인 영화관으로 CGV, 롯데시네마, 메가박스 등이 있으며, 이 중에서 응답자가 자주 방문하는 영화관이 어디인지 조사하기 위한 질문을 작성하시오.

[질문 2]

해설

응답자가 자주 방문하는 영화관(CGV, 롯데시네마, 메가박스)을 선택하거나 '그 외'를 선택할 수 있도록 4가지 응답범주로 구분한다. '그 외'의 의견으로 '구청 등에서 제공하는 영화관'이나 '자동차 영화관' 등을 기재할 수 있도록 괄호 '(   )'를 반드시 추가한다. 따라서 다음과 같이 질문과 응답항목을 작성할 수 있다.

[질문 2] 귀하가 자주 방문하는 영화관은 어디입니까?
① CGV
② 롯데시네마
③ 메가박스
④ 그 외 (   )

문제 3 사람들이 영화를 극장에서 관람하는 이유에 대해 탐색적인 사전조사를 실시한 결과, 안락한 환경(좌석, 온도 등), 영상시설 및 음향시설, 부가 서비스(D/C %, 적립금 등), 새로운 영화 감상, 친목 모임, 교육 등으로 주로 응답하였다. 극장에서 영화를 관람하는 가장 중요한 이유가 무엇인지를 알아내기 위한 질문을 작성하시오.

[질문 3]

해설

응답자가 선택할 수 있는 응답항목이 많아 모든 응답을 선택할 수 있는 경우 '우선순위 배정'을 이용하여 중요한 순위에 따라 응답하도록 제시하는 것이 유용하다. 응답자는 영화를 극장에서 관람하는 이유[안락한 환경(좌석, 온도 등), 영상시설 및 음향시설, 부가 서비스(D/C %, 적립금 등), 새로운 영화 감상, 친목 모임, 교육 등]의 모든 응답항목에 응답할 수 있으므로 '첫 번째 (   ), 두 번째 (   )'를 두어 중요도가 높은 순서대로 2가지만 고르도록 질문을 작성할 수 있다. 그리고 [질문 1]에서 '① 관람한 적이 없다'를 선택한 응답자의 다음 응답을 위해 여과질문으로 '⇒ 지난 1년 동안 극장에서 영화를 관람하지 않은 분은 [질문 5]에 응답하십시오.'를 넣어야 한다. 따라서 다음과 같이 질문과 응답항목을 작성할 수 있다.

[질문 3] 귀하가 영화를 극장에서 관람하는 가장 중요한 이유를 순서대로 2가지만 고르시오.
첫번째 (   )   두 번째 (   )
① 안락한 환경(좌석, 온도 등)   ② 영상시설 및 음향시설
③ 부가 서비스(D/C %, 적립금 등)   ④ 새로운 영화 감상
⑤ 친목 모임   ⑥ 교육
⑦ 그 외 (   )
⇒ 지난 1년 동안 극장에서 영화를 관람하지 않은 분은 [질문 5]에 응답하십시오.

문제 4   [질문2]에서 귀하가 자주 방문하는 영화관에 대한 전반적인 만족도를 측정하는 질문을 5점 척도로 작성하시오.

[질문 4]

해설

응답항목은 중립적인 견해를 기준으로 서로 대칭이 되도록 작성해야 하며, 부정적인 견해에서 긍정적인 견해 순으로 항목을 구성하여 분석이 용이하도록 한다. 즉, 응답자의 만족도는 '불만족'부터 '만족'으로 리커트 형태의 5점 척도를 사용하기 위해 '보통'을 중간으로 정하고 '매우 불만족/불만족', '만족/매우 만족'의 순으로 응답범주를 구분할 수 있다. 따라서 다음과 같이 질문과 응답항목을 작성할 수 있다.

[질문 4]   귀하가 자주 방문하는 영화관에 대해 어느 정도 만족하십니까?
① 매우 불만족
② 불만족
③ 보통
④ 만족
⑤ 매우 만족

문제 5   영화관람권을 할인받을 수 있는 '문화가 있는 날'에 극장에서 영화를 관람한 경험이 있는지 여부를 묻는 질문을 작성하시오. 관람 경험이 없는 응답자는 그 이유를 추가로 묻고, 관람 경험이 있는 응답자는 [질문 7]에 응답하도록 작성하시오.

[질문 5]

해설

응답항목이 양자택일형(찬반형)이므로 '없다', '있다'로 작성한다. '없다'를 선택한 응답자에 대해서는 [질문 6]을 질문하고, '있다'를 선택한 응답자에 대해서는 [질문 7]을 질문해야 하므로 '있다'에 여과질문으로 '⇒ [질문 7]에 응답'을 넣는다. 또한 응답항목을 부정에서 긍정 순으로 나열해야 하므로 '없다', '있다'의 순으로 구성한다. 따라서 다음과 같이 질문과 응답항목을 작성할 수 있다.

[질문 5]   귀하는 '문화가 있는 날'에 극장에서 영화를 관람한 적이 있습니까?
① 없다
② 있다 ⇒ [질문 7]에 응답

문제 6 '문화가 있는 날'을 이용하지 않는 이유로 '인지 부족', '각종(신용카드, 통신사 및 극장 멤버십, 포인트 카드 등) 할인 금액과 별 차이가 없어서', '할인 시간대가 한정되어 있어서' 등이라고 한다. '문화가 있는 날'을 이용하지 않는 다양한 이유가 무엇인지를 알아내기 위한 질문을 작성하시오.

[질문 6]

해설

응답자가 '문화가 있는 날'을 이용하지 않는 이유를 확인하기 위해 '인지 부족', '각종 할인 금액과 별 차이가 없어서', '할인 시간대가 한정되어 있어서', '기타' 4가지로 응답항목을 구분한다. '문화가 있는 날'을 이용하지 않는 다양한 이유를 탐색하기 위해 '기타(그 외의 이유를 자유롭게 적어주세요)'와 같이 개방형으로 질문을 작성할 수 있다. 따라서 다음과 같이 질문과 응답항목을 작성할 수 있다.

[질문 6] 귀하가 '문화가 있는 날'을 이용하지 않는 이유는 무엇입니까?
① 인지 부족으로
② 각종(신용카드, 통신사 및 극장 멤버십, 포인트 카드 등) 할인 금액과 별 차이가 없어서
③ 할인 시간대가 한정되어 있어서
④ 기타(그 외의 이유를 자유롭게 적어주세요) _____

문제 7 응답자의 연령을 조사하기 위해 6가지의 연령대로 범주화하여 응답항목을 완성하시오.

[질문 7]
① 10대
②
③
④
⑤
⑥

해설

응답자의 연령은 응답 가능한 항목을 모두 제시해 주어야 하며(응답범주의 포괄성) 응답의 선택항목들은 내용이나 범위가 서로 중복되지 않도록 표현을 구체적으로 해야 한다(응답범주의 상호배타성). 응답항목의 일부로 '10대'가 제시되어 있으므로 10대를 시작으로 20대, 30대, 40대, 50대, 60대 이상으로 6개의 응답항목을 작성한다. 따라서 다음과 같이 질문과 응답항목을 작성할 수 있다.

[질문 7] 귀하의 연령대는 어디에 해당되십니까?
① 10대   ② 20대   ③ 30대   ④ 40대   ⑤ 50대   ⑥ 60대 이상

04 A지역 주민을 대상으로 무료 컴퓨터교육에 대한 만족도를 분석하기 위해 설문조사를 실시하려고 한다. 아래의 〈참고사항〉을 토대로 질문지를 작성하시오.

〈참고사항〉

1. 조사목적과 협조사항

본 설문조사는 주민 무료 컴퓨터교육에 대한 교육생 여러분의 만족도를 조사하기 위해 A지역 구청 행정과에서 실시하고 있습니다. 여러분이 응답해 주시는 내용은 주민 무료 컴퓨터교육의 성과분석 및 정책수립을 위한 기초자료로 활용될 것입니다.

2. 조사 협조사항과 조사자 정보
   ① 본 설문조사에서 작성하여 주시는 개인정보는 통계처리 목적으로만 활용됩니다.
   ② 연락처: A지역 구청 행정과 주민정보화교육 담당 OOO-OOO-OOOO
   ③ 주민 무료 컴퓨터교육을 수강하신 후 작성바랍니다.

3. 질문문항
   ① 질문 1: 본 컴퓨터교육 시행 확인 경로
   ② 질문 2: 본 컴퓨터교육을 받는 목적
   ③ 질문 3: 이전 컴퓨터교육 경험
   ④ 질문 4: 본 컴퓨터교육 도움 정도
   ⑤ 질문 5: 컴퓨터교육에 대한 만족도
   ⑥ 질문 6: 이후 받고 싶은 컴퓨터교육
   ⑦ 질문 7: 인구통계학적 특성(연령)

문제 1 컴퓨터교육을 시행하고 있다는 사실을 인터넷 홈페이지, 주변이웃을 통해, 신문이나 반상회 등의 홍보 등 어떠한 경로를 통해 알게 되었는지를 묻는 질문과 응답항목을 [질문 1-1]에 작성하시오. 이때 선택할 항목이 없으면 응답자를 위해 다른 경로를 묻는 질문을 [질문 1-2]에 개방형으로 작성하시오.

[질문 1-1]

[질문 1-2]

> **해설**

응답자가 무료 컴퓨터교육을 시행하고 있다는 사실을 어떻게 알게 되었는지 확인하기 위해 '인터넷 홈페이지, 주변 이웃을 통해, 신문이나 반상회 등의 홍보' 3가지 응답항목으로 구분하고, 선택할 항목이 없는 응답자를 위해 '기타' 응답항목으로 구분할 수 있다. '기타'를 선택한 응답자의 의견을 조사자가 추가적으로 듣기 위해 개방형 문항으로 [질문 1-2]를 작성할 수 있다.

[질문 1-1] 컴퓨터교육을 시행하고 있다는 사실을 어떤 경로를 통해 알게 되었습니까?
　　　　① 인터넷 홈페이지
　　　　② 주변 이웃을 통해
　　　　③ 신문, 반상회 등의 홍보
　　　　④ 기타 ⇒ [질문 1-2]에 응답

[질문 1-2] 위 질문에서 '기타'를 선택하셨다면 기타 내용을 작성해 주세요.
　　　　　（　　　　　　　　　　　　）

문제 2 컴퓨터교육을 받는 목적으로 개인의 컴퓨터 활용능력 향상을 위해, 블로그나 카페 등 취미생활을 위해, 취업 및 자격증 준비를 위해, 업무관련 정보 수집을 위해 등을 묻는 질문과 응답항목을 [질문 2-1]에 작성하시오. 이때 선택할 항목이 없는 응답자를 위해 다른 경로를 묻는 질문을 [질문 2-2]에 개방형으로 작성하시오.

[질문 2-1]

[질문 2-2]

> **해설**

응답자가 컴퓨터교육을 받게 된 이유를 확인하기 위해 '개인의 컴퓨터 활용능력 향상을 위해, 블로그나 카페 등 취미생활을 위해, 취업 및 자격증 준비를 위해, 업무관련 정보 수집을 위해' 4가지 응답항목으로 구분하고 선택할 항목이 없는 응답자를 위해 '기타' 응답항목으로 구분할 수 있다. '기타'를 선택한 응답자의 의견을 조사자가 추가적으로 듣기 위해 개방형 문항으로 [질문 2-2]를 작성할 수 있다. 따라서 다음과 같이 질문과 응답항목을 작성할 수 있다.

[질문 2-1] 컴퓨터교육을 받는 주요 목적은 무엇입니까?
　　　　① 개인의 컴퓨터 활용능력 향상을 위해
　　　　② 블로그, 카페 등 취미생활을 위해
　　　　③ 취업 및 자격증 준비를 위해
　　　　④ 업무관련 정보 수집을 위해
　　　　⑤ 기타 ⇒ [질문 2-2]에 응답

[질문 2-2] 위 질문에서 '기타'를 선택하셨다면 기타 내용을 입력해 주세요.
　　　　　（　　　　　　　　　　　　　　　　　　　　　　　　　　　　　　　）

문제 3 이전에 컴퓨터교육을 받은 적이 있는지를 확인하는 질문과 1회 간격으로 '4회 이상'까지 범주화한 응답항목을 작성하시오.

[질문 3]

해설

응답자에게 이전에 컴퓨터교육을 받은 적이 있는지를 확인하기 위해 응답항목에 '없다'가 반드시 확인되어야 한다. 그리고 응답항목은 응답 가능한 항목을 모두 제시해 주어야 하며(응답범주의 포괄성), 응답의 선택항목들은 내용이나 범위가 서로 중복되지 않도록 표현을 구체적으로 해야 하므로(응답범주의 상호배타성) 1회 간격으로 4회 이상까지 범주화한 결과 '1회, 2회, 3회, 4회 이상'으로 응답항목을 작성할 수 있다. 따라서 다음과 같이 질문과 응답항목을 작성할 수 있다.

[질문 3] 귀하는 컴퓨터교육을 종전에 받은 적이 있습니까?
① 없다
② 1회
③ 2회
④ 3회
⑤ 4회 이상

문제 4 컴퓨터교육이 어느 정도 도움이 되었는지 100점을 만점으로 점수를 부여하는 질문을 개방형으로 작성하시오 (단, '0점'은 전혀 도움이 되지 않았다는 것을 의미한다).

[질문 4]

해설

응답자에게 컴퓨터교육이 어느 정도 도움이 되었는지 확인하기 위해 '0점 – 전혀 도움이 되지 않았다'부터 '100점 – 아주 도움이 되었다'에 대해 응답자가 점수를 직접 기입하는 문항을 작성할 수 있다. 이때 '0점'은 절대영점(Absolute Zero Point)으로 측정하고, 이는 전혀 도움이 되지 않았다는 것을 나타낸다. 따라서 다음과 같이 질문과 응답항목을 작성할 수 있다.

[질문 4] 귀하에게 컴퓨터교육이 어느 정도 도움이 되었습니까? 100점을 만점으로 하여 점수로 표시해 주십시오(단, 도움이 전혀 되지 않았으면 '0'으로 기입해 주십시오). (　　)점

문제 5 컴퓨터교육의 '강사친절, 교육방법, 교육수준, 교육환경'에 대한 만족도를 5점 척도를 사용한 행렬식 질문으로 구성하여 작성하시오(단, 응답항목은 긍정적인 견해에서 부정적인 견해 순서로 항목 구성). 이때 만족도가 낮은 응답자의 이유를 추가로 묻는 질문을 [질문 5-2]에 개방형으로 작성하시오.

[질문 5-1]

[질문 5-2]

해설

컴퓨터교육의 만족도를 확인하기 위해 '강사친절, 교육방법, 교육수준, 교육환경' 4가지에 대해 5점 척도를 구성해야 하므로 행렬식 질문 형식에 척도는 '보통'을 중간에 정하고 '매우 만족/만족', '불만족/매우 불만족'으로 정하면 된다. 만족도가 낮은 '불만족', '매우 불만족'을 선택한 응답자의 의견을 추가적으로 듣기 위해 개방형 문항으로 "'불만족'이나 '매우 불만족'을 선택하셨다면 구체적인 이유를 적어주세요."를 [질문 5-2]에 작성한다. 따라서 다음과 같이 질문과 응답항목을 작성할 수 있다.

[질문 5-1] 귀하는 컴퓨터교육에 대한 만족도가 어느 정도입니까?

구분	매우 만족	만족	보통	불만족	매우 불만족
강사친절	①	②	③	④	⑤
교육방법	①	②	③	④	⑤
교육수준	①	②	③	④	⑤
교육환경	①	②	③	④	⑤

⇒ 불만족, 매우 불만족을 선택한 응답자는 [질문 5-2]로 가십시오.

[질문 5-2] '불만족' 또는 '매우 불만족'을 선택하셨다면 구체적인 이유를 적어주세요.
( )

문제 6 이후에 추가로 받을 수 있는 무료 컴퓨터교육으로, OA과정(한글, 엑셀), 홈페이지 제작, 인터넷 활용, 포토샵/플래시/UCC 제작, SNS나 스마트폰 등을 묻는 질문과 응답항목을 작성하시오. 이때 응답자가 관심이 있는 컴퓨터교육을 추가적으로 기재할 수 있도록 하시오.

[질문 6]

> **해설**

응답자가 이후에 받을 수 있는 무료 컴퓨터교육을 확인하기 위해 'OA과정(한글, 엑셀), 홈페이지 제작, 인터넷 활용, 포토샵/플래시/UCC제작, SNS나 스마트폰' 4가지를 응답항목으로 구분한다. 응답자가 받고 싶은 컴퓨터교육을 추가적으로 제시할 수 있도록 '기타(받고 싶은 교육을 자유롭게 적어주세요)'와 같이 개방형으로 질문을 작성할 수 있다. 따라서 다음과 같이 질문과 응답항목을 작성할 수 있다.

[질문 6] 향후 다른 컴퓨터교육을 받는다면 어떤 교육을 받고 싶으십니까?
　　　　 ① OA과정(한글, 엑셀)
　　　　 ② 홈페이지 제작
　　　　 ③ 인터넷 활용
　　　　 ④ 포토샵, 플래시, UCC 제작
　　　　 ⑤ SNS, 스마트폰 등
　　　　 ⑥ 기타(받고 싶은 교육을 자유롭게 적어주세요): _____

> **문제 7** 응답자의 연령을 조사하기 위해 10세 간격으로 5가지의 연령대로 범주화하여 응답항목을 완성하시오.

[질문 7]
　　　　 ①
　　　　 ②
　　　　 ③
　　　　 ④
　　　　 ⑤ 60세 이상

> **해설**

응답자의 연령은 응답 가능한 항목을 모두 제시해 주어야 하며(응답범주의 포괄성), 응답의 선택항목들은 내용이나 범위가 서로 중복되지 않도록 표현을 구체적으로 해야 하므로(응답범주의 상호배타성) 60세 이상을 마지막으로 10세씩 줄여 50세, 40세, 30세로 응답항목을 작성한다. 이때 응답항목의 일부로 '60세 이상'이 제시되어 있으므로 이후의 응답항목은 '~ 이상 ~ 미만'으로 완성해야 한다. 따라서 다음과 같이 질문과 응답항목을 작성할 수 있다.

[질문 7] 귀하의 연령대는 어디에 해당되십니까?
　　　　 ① 30세 미만
　　　　 ② 30세 이상 40세 미만
　　　　 ③ 40세 이상 50세 미만
　　　　 ④ 50세 이상 60세 미만
　　　　 ⑤ 60세 이상

05 아래의 〈참고사항〉을 토대로 질문지를 작성하시오.

〈참고사항〉

중·고등학생들을 대상으로 현재 재학 중인 학교에 대한 의견과 교육청 주관 토요일 방과후 학교에 대한 만족도를 조사하기 위한 질문지를 작성하고자 한다.

문제 1. 학생에 대한 기본사항으로 3가지 항목(성별, 생년월, 학교/학급 성별 구성)을 측정한다.
    1-1. 성별은 남학생과 여학생으로 구분한다.
    1-2. 생년월은 년, 월을 직접 기록하도록 구성하되 '6월'을 '06월'과 같이 기록할 수 있도록 한다.
    1-3. 학교/학급 성별 구성은 '남녀공학', '남녀합반', '남녀분반', '남학교 또는 여학교'를 조합하여 응답항목을 3가지로 구성하여 조사한다.

문제 2. 재학 중인 학교에 대한 의견은 일반적 의견, 긍정적인 학교생활, 부정적인 학교생활을 측정한다.
    2-1. 전반적인 학교생활에 만족하는 정도를 5점 척도로 파악한다.
    2-2. 다음의 긍정적인 학교생활과 부정적인 학교생활을 5점 척도를 사용한 행렬식 질문으로 구성한다. 이때 응답항목은 부정적인 견해에서 긍정적인 견해 순으로 구성한다. 또한 부정적인 사항이 학교생활에 방해가 되는지 여부를 양자택일형으로 조사한다.
       ① 긍정적인 학교생활: 믿을 수 있는 친구, 함께 할 수 있는 친구, 공정한 교사, 안전한 학교
       ② 부정적인 학교생활: 학생 수준 비고려, 불쾌한 시설과 환경, 교사의 무관심, 학생 간 집단따돌림, 학생의 일탈행동(음주, 흡연 등)

문제 3. 교육청 주관 토요일 방과후학교 참여에 대한 학생들의 만족도를 측정한다.
    3-1. 교육청 주관 토요일 방과후학교 참여 여부를 확인하고 참여한 학생과 참여하지 않은 학생을 구분하여 추가 질문을 한다.
    3-2. 교육청 주관 토요일 방과후학교에 참여한 학생은 만족도를 조사한다. 이때 다음에 대해 7점 척도(1점부터)로 하여 어의구별척도를 구성한다.
       ① 재미있다 vs 지루하다
       ② 새롭다 vs 진부하다
       ③ 배울 것이 많다 vs 비효율적이다
    3-3. 교육적 주관 토요일 방과후학교에 참여하지 않은 학생은 참여하지 않은 이유를 확인한다. 이때 다음에 대해 7점 척도로 하여 스타펠척도를 구성한다.
       ① 지루함
       ② 진부함
       ③ 비효율적임

문제 1 학생의 기본사항을 측정하는 문항으로 [질문 1-1]의 응답범주를 완성하고, [질문 1-2], [질문 1-3]의 질문과 응답범주를 작성하시오.

[질문 1-1] 학생의 성별은 무엇입니까?
①
②

해설

응답자의 성별은 남성/여성, 남자/여자, 남/여, Man/Woman, Male/Female로 구분되며, 학생일 경우에는 남학생/여학생으로 표현할 수 있다. 따라서 다음과 같이 질문과 응답항목을 작성할 수 있다.

[질문 1-1] 학생의 성별은 무엇입니까?
① 남학생
② 여학생

[질문 1-2]

해설

응답자의 생년월을 직접 기록하도록 구성해야 하며, '6월'을 '06월'과 같이 기록할 수 있도록 응답항목을 작성해야 한다. 이를 위해 칸(□□)을 이용하여 생년월을 직접 기재할 수 있도록 구성한다. 따라서 다음과 같이 질문과 응답항목을 작성할 수 있다.

[질문 1-2] 학생의 주민등록상에 기재된 생년월을 기입해 주세요(단, 6월과 같이 한 자리는 06월로 적으세요).
□□□□ 년 □□ 월

[질문 1-3] _____
① 남녀공학/남녀합반
②
③

해설

응답자의 학교/학급의 성별구성은 '남녀공학', '남녀합반', '남녀분반', '남학교 또는 여학교'를 조합하여 응답항목을 3가지로 구성해야 하며, 응답항목에 '① 남녀공학/남녀합반'이 제시되어 있으므로 '남녀공학/남녀분반'과 '남학교 또는 여학교'로 구분할 수 있음을 예측할 수 있다. 따라서 다음과 같이 질문과 응답항목을 작성할 수 있다.

[질문 1-3] 현재 재학 중인 학교/학급의 성별구성은 다음 중 어디에 해당합니까?
① 남녀공학/남녀합반
② 남녀공학/남녀분반
③ 남학교 또는 여학교

문제 2-1 재학 중인 학교에 대한 의견(일반적 의견, 긍정적인 학교생활, 부정적인 학교생활)을 측정하는 문항을 5점 척도로 작성하시오.

[질문 2-1]
① 매우 불만이다.
②
③
④
⑤

해설

응답항목은 중립적인 견해를 기준으로 서로 대칭이 되도록 작성해야 하며, '매우 불만이다'가 제시되어 있으므로 부정적인 견해에서 긍정적인 견해로 항목을 구성한다. 즉, 응답자의 만족도는 '불만족'부터 '만족'으로 리커트 형태의 5점 척도를 사용하기 위해 '보통'을 중간으로 정하고 '매우 불만족/불만족', '만족/매우 만족'의 순으로 응답범주를 구분한다. 따라서 다음과 같이 질문과 응답항목을 작성할 수 있다.

[질문 2-1] 현재 다니고 있는 학교생활에 대해 만족하십니까?
① 매우 불만이다. ② 불만이다. ③ 보통이다.
④ 만족한다. ⑤ 매우 만족한다.

문제 2-2 재학 중인 학교에 대한 긍정적인 학교생활을 확인하기 위한 행렬식 질문을 5점 척도로 작성하시오.

[질문 2-2]

해설

응답자가 재학 중인 학교에 대한 긍정적인 학교생활을 확인하기 위해 '믿을 수 있는 친구, 함께할 수 있는 친구, 공정한 교사, 안전한 학교' 4가지에 대해 5점 척도를 구성해야 하므로 행렬식 질문 형식에 척도는 '보통이다'를 중간으로 정하고, 부정적인 견해에서 긍정적인 견해 순으로 구성하여 '매우 그렇지 않다/그렇지 않다'부터 '그렇다/매우 그렇다'로 구성한다. 따라서 다음과 같이 질문과 응답항목을 작성할 수 있다.

[질문 2-2] 현재 다니고 있는 학교생활 중 다음 사항에 대해 어느 정도 동의하는지 ✔ 표시해 주십시오.

구분	매우 그렇지 않다	그렇지 않다	보통이다	그렇다	매우 그렇다
믿고 이야기할 수 있는 친구가 있다.	①	②	③	④	⑤
쉬는 시간이나 점심시간에 혼자 있기보다는 친구들과 함께 지낸다.	①	②	③	④	⑤
선생님은 학생들을 공정하게 대한다.	①	②	③	④	⑤
학교는 학생들의 안전을 위해 노력한다.	①	②	③	④	⑤

문제 2-3 응답자가 재학 중인 학교에 대한 부정적인 학교생활을 확인하기 위한 5점 척도를 작성하시오. 이때 부정적인 사항이 학교생활에 방해되는지 여부를 파악할 수 있는 척도를 추가하시오.

[질문 2-3] 현재 다니고 있는 학교에서는 다음 사항들이 어느 정도 수준입니까? 그리고 각 사항이 본인의 학습에 방해하고 있는지 여부에 대해 해당하는 곳에 ✓ 표시해 주십시오.

우리 학교는 ....

구분						방해 여부	

해설

응답자가 재학 중인 학교에 대한 부정적인 학교생활을 확인하기 위해 '학생 수준 비고려, 불쾌한 시설과 환경, 교사의 무관심, 학생 간 집단따돌림, 학생의 일탈행동(음주, 흡연 등)' 5가지에 대해 5점 척도를 구성해야 하므로 행렬식 질문 형식에 척도는 '보통이다'를 중간으로 정하고, 부정적인 견해에서 긍정적인 견해 순으로 구성해야 하므로 '매우 그렇지 않다/그렇지 않다'부터 '그렇다/매우 그렇다'로 구성한다. 방해 여부는 양자택일형이므로 '있다/없다'로 작성한다. 따라서 다음과 같이 질문과 응답항목을 작성할 수 있다.

[질문 2-3] 현재 다니고 있는 학교에서는 다음 사항들이 어느 정도 수준입니까? 그것들이 본인의 학습을 방해하고 있는지 여부에 대해 해당하는 곳에 ✓ 표시해 주십시오.

우리 학교는 ....

구분	매우 그렇지 않다	그렇지 않다	보통 이다	그렇다	매우 그렇다	방해 여부	
						있다	없다
학생의 수준에 맞게 가르치지 못한다.	①	②	③	④	⑤	①	②
학교 시설과 환경이 불쾌하다.	①	②	③	④	⑤	①	②
선생님이 학생들에게 관심이 없다.	①	②	③	④	⑤	①	②
학생 간 집단따돌림이 있다.	①	②	③	④	⑤	①	②
학생의 일탈행동(음주, 흡연 등)이 자주 발생한다.	①	②	③	④	⑤	①	②

문제 3-1 교육청 주관 토요일 방과후학교 참여 유무에 관한 설문을 완성하시오.

[질문 3-1]

해설

응답항목이 양자택일형(찬반형)이므로 '예/아니오'로 작성한다. 토요일 방과후학교에 참여하지 않은 응답자에 대해서는 [질문 3-3]에 대한 질문을 하도록 '아니오'에 '⇒ [질문 3-3]에 응답'을 넣는다. 따라서 다음과 같이 질문과 응답항목을 작성할 수 있다.

[질문 3-1] 이번 학기에 토요일 방과후학교에 참여했습니까?
① 예
② 아니오 ⇒ [질문 3-3]에 응답

문제 3-2 교육청 주관 방과후학교 참여에 대한 만족도를 측정하는 질문을 어의구별척도로 작성하시오.

[질문 3-2]

해설

어의구별척도는 일직선으로 도표화된 척도의 양극단에 서로 상반되는 형용사를 배열하고 양극단 사이에서 부사어를 사용하여 해당 속성을 평가하는 척도이다. 7점 척도에 따라 1점부터 7점까지 일직선 위에 나열하고, 1점 쪽에는 '지루하다, 진부하다, 비효율적이다'를 넣고, 7점 쪽에는 '재미있다, 새롭다, 효율적이다'를 넣어 응답자로 하여금 여러 가지 의미의 차원에서 토요일 방과후학교에 대한 만족도를 평가하도록 한다. 따라서 다음과 같이 질문과 응답항목을 작성할 수 있다.

[질문 3-2] 귀하가 이번 토요일 방과후학교에 참여했다면, 토요일 방과후학교에 대해 얼마나 만족하십니까?

```
                 1   2   3   4   5   6   7
    지루하다   |---|---|---|---|---|---|  재미있다
    진부하다   |---|---|---|---|---|---|  새롭다
   비효율적이다 |---|---|---|---|---|---|  효율적이다
```

문제 3-3 교육청 주관 방과후학교에 참여하지 않은 이유를 묻는 질문을 스타펠척도로 작성하시오.

[질문 3-3]

해설

스타펠척도는 하나의 수식어만 평가기준으로 제시하며, 중간값(0)을 기준으로 + 값과 - 값을 추가로 넣어 측정하는 방법이다. 지루함, 진부함, 비효율적임이라는 수식어에 대해 7점 척도를 구성하기 위해 0을 기준으로 왼쪽(또는 아래쪽)은 -3, -2, -1, 오른쪽(또는 위쪽)은 +1, +2, +3으로 구분한다. 따라서 다음과 같이 질문과 응답항목을 작성할 수 있다.

[질문 3-3] 귀하가 이번 토요일 방과후학교에 참여하지 않았다면, 참여하지 않은 이유가 무엇입니까?

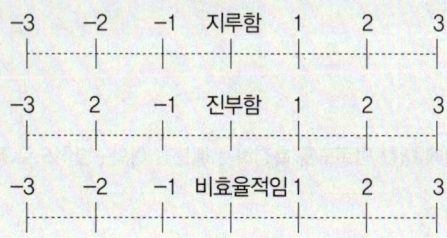

업계 최초 대통령상 3관왕, 정부기관상 19관왕 달성!

2010 대통령상   2019 대통령상   2019 대통령상

대한민국 브랜드대상 국무총리상 / 국무총리상 / 문화체육관광부 장관상 / 농림축산식품부 장관상 / 과학기술정보통신부 장관상 / 여성가족부장관상

서울특별시장상 / 과학기술부장관상 / 정보통신부장관상 / 산업자원부장관상 / 고용노동부장관상 / 미래창조과학부장관상 / 법무부장관상

- **2004**
  서울특별시장상 우수벤처기업 대상
- **2006**
  부총리 겸 과학기술부장관 표창 국가 과학 기술 발전 유공
- **2007**
  정보통신부장관상 디지털콘텐츠 대상
  산업자원부장관 표창 대한민국 e비즈니스대상
- **2010**
  대통령 표창 대한민국 IT 이노베이션 대상
- **2013**
  고용노동부장관 표창 일자리 창출 공로
- **2014**
  미래창조과학부장관 표창 ICT Innovation 대상
- **2015**
  법무부장관 표창 사회공헌 유공
- **2017**
  여성가족부장관상 사회공헌 유공
  2016 합격자 수 최고 기록 KRI 한국기록원 공식 인증
- **2018**
  2017 합격자 수 최고 기록 KRI 한국기록원 공식 인증
- **2019**
  대통령 표창 범죄예방대상
  대통령 표창 일자리 창출 유공
  과학기술정보통신부장관상 대한민국 ICT 대상
- **2020**
  국무총리상 대한민국 브랜드대상
  2019 합격자 수 최고 기록 KRI 한국기록원 공식 인증
- **2021**
  고용노동부장관상 일·생활 균형 우수 기업 공모전 대상
  문화체육관광부장관 표창 근로자휴가지원사업 우수 참여 기업
  농림축산식품부장관상 대한민국 사회공헌 대상
  문화체육관광부장관 표창 여가친화기업 인증 우수 기업
- **2022**
  국무총리 표창 일자리 창출 유공
  농림축산식품부장관상 대한민국 ESG 대상

에듀윌 사회조사분석사 2급
2차 실기 한권끝장 + 무료특강

필답형 & 작업형 모두 한방에 마스터!
통계 노베이스를 위한 단기합격 전략

1 기출복원문제 14회분 + 3 STEP 체계적 실전 연습으로 필답형 완전 정복!
실전문제 5회분 + 쓰면서 또 한 번 암기하는 필답형 모의고사 연습노트(PDF)도 추가로 제공
이용경로 교재 내 수록된 QR코드로 접속

2 기출동형문제 5회분 + 해설특강 10강 + SPSS 통계 분석법으로 작업형 완전 정복!
수강경로 에듀윌 도서몰(book.eduwill.net) 로그인 ▶ '사회조사분석사' 검색

3 모르는 건 바로 해결할 수 있도록! 저자 유튜브 채널을 통해 시험 완벽 대비!
이용경로 교재 내 수록된 QR코드로 접속(2024년 10월부터 순차적 오픈 예정)

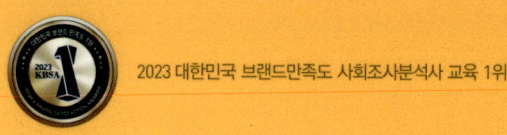
2023 대한민국 브랜드만족도 사회조사분석사 교육 1위 (한경비즈니스)

고객의 꿈, 직원의 꿈, 지역사회의 꿈을 실현한다

에듀윌 도서몰
book.eduwill.net
- 부가학습자료 및 정오표: 에듀윌 도서몰 > 도서자료실
- 교재 문의: 에듀윌 도서몰 > 문의하기 > 교재(내용, 출간) / 주문 및 배송

최신판

에듀윌 사회조사분석사 2급 2차 실기 한권끝장+무료특강

합격자 수가 선택의 기준!

사회조사분석사 브랜드만족도 **1위**
2023 대한민국 브랜드만족도 사회조사분석사 교육1위 (한경비즈니스)

작업형 SPSS 통계 분석법 + 기출동형문제 5회분

김형표, 박경은 편저

YouTube 저자직강 + 기출특강

기출복원문제 + 해설 저자직강 전략으로 단기합격!

ONLY 에듀윌 단기합격팩

1. 탄탄한 필답형 핵심이론+상세한 작업형 해설풀이=단기합격 지름길
2. 총 24회분 기출+실전 문제로 필답형&작업형 완벽 마스터
3. 실전 바로 적용 가능한 SPSS Ver. 27 운용법 수록

eduwill

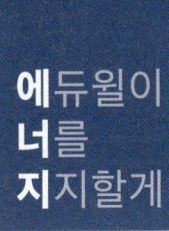

에듀윌이
너를
지지할게
ENERGY

시작하라. 그 자체가 천재성이고,
힘이며, 마력이다.

– 요한 볼프강 폰 괴테(Johann Wolfgang von Goethe)

에듀윌
사회조사분석사
2급 2차 실기
한권끝장+무료특강
작업형

SPSS 프로그램 다운받기

⚠ 주의사항

❶ 사용하시는 윈도우 버전에 맞추어 장치 사양을 반드시 확인 후 설치파일을 다운받으세요. [시작]-[Windows 설정]-[시스템]-[정보]의 '장치 사양'에서 확인할 수 있습니다(Windows 10 기준).

❷ 평가판은 14일 동안 사용 가능합니다. 본인의 학습기간에 맞추어 프로그램을 다운로드해야 합니다. 평가판 기간 만료 후에는 프로그램 삭제 후 다른 평가판을 다운로드하여 학습할 수 있습니다.

❸ 본서는 SPSS Ver.27을 기준으로 설명하고 있습니다. 일반적으로 버전마다 조금씩 용어의 차이는 있지만, 아래 사이트에서 다운받을 수 있는 평가판 버전에서 운영상의 큰 차이는 없습니다.

방법 1
데이터솔루션 사이트에서 평가판 다운로드

데이터솔루션 홈페이지 - 서비스 - spss교육·출판 - spss 교육센터 바로가기 - 평가판 다운로드 - 회원가입 - 설치

| 바로가기 주소 | https://spss.datasolution.kr/trial/trial.asp |

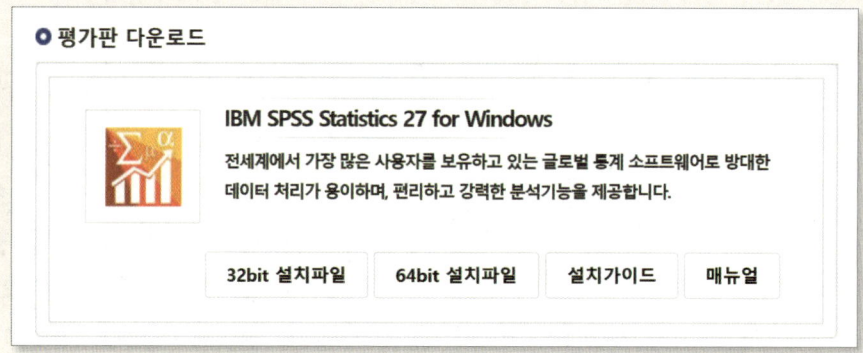

방법 2
IBM사이트에서 평가판 다운로드

[한국IBM 홈페이지] - 모든제품보기 - 무료체험 - IBM SPSS Statistics - 개인용 무료 평가판 - 개인정보 가입 후 설치

| 바로가기 주소 | https://www.ibm.com/kr-ko/products/spss |

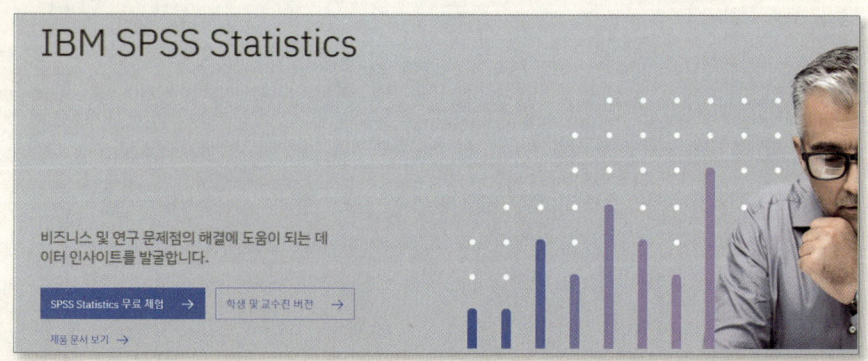

차 례

2권 작업형

SPSS 기본 사용법

CHAPTER 01	자료 파일 불러오기	8
CHAPTER 02	변수 정의	24
CHAPTER 03	코딩변경	36
CHAPTER 04	변수 계산	47
CHAPTER 05	조건을 만족하는 케이스 분석	56

SPSS 통계분석방법

CHAPTER 01	기술통계량	68
CHAPTER 02	평균 비교	92
CHAPTER 03	상관분석	113
CHAPTER 04	회귀분석	125
CHAPTER 05	신뢰도 분석	147

기출동형문제

제1회	기출동형문제	160
	분석 및 풀이	166
제2회	기출동형문제	204
	분석 및 풀이	209
제3회	기출동형문제	242
	분석 및 풀이	248
제4회	기출동형문제	292
	분석 및 풀이	297
제5회	기출동형문제	346
	분석 및 풀이	352

> **작업형 텍스트파일 제공**
> 작업형 학습과 기출동형문제 풀이에 필요한 텍스트 파일을 제공합니다.
> **다운로드** 에듀윌 도서몰(book.eduwill.net) 로그인 → 도서자료실(부가학습자료) → '사회조사분석사' 검색

작업형

SPSS 기본 사용법

SURVEY ANALYST

CHAPTER 01	자료 파일 불러오기	8
CHAPTER 02	변수 정의	24
CHAPTER 03	코딩변경	36
CHAPTER 04	변수 계산	47
CHAPTER 05	조건을 만족하는 케이스 분석	56

CHAPTER 01 자료 파일 불러오기

1 SPSS와 자료 파일의 이해

1. SPSS의 이해

(1) SPSS의 개념

Statistical Package for the Social Sciences의 약자로 사회과학 분야뿐 아니라 물리학, 의학 등 자연과학 분야의 자료분석에 많이 사용되는 통계 패키지이다.

[그림1] SPSS 실행 시 화면(1)

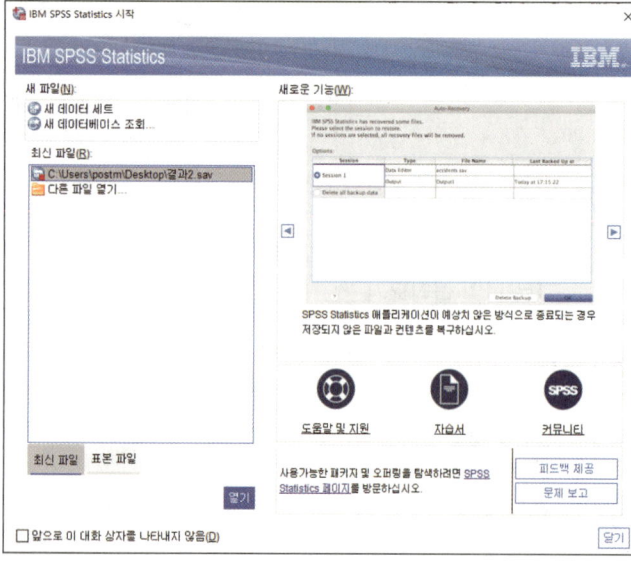

[그림2] SPSS 실행 시 화면(2)

(2) SPSS의 화면구성

① SPSS는 크게 데이터 보기 창, 변수 보기 창, Viewer 창으로 구성되어 있다.

　㉠ 데이터 보기: SPSS 초기 실행 시 나타나는 기본화면으로 데이터의 입력, 편집 등을 할 수 있다.

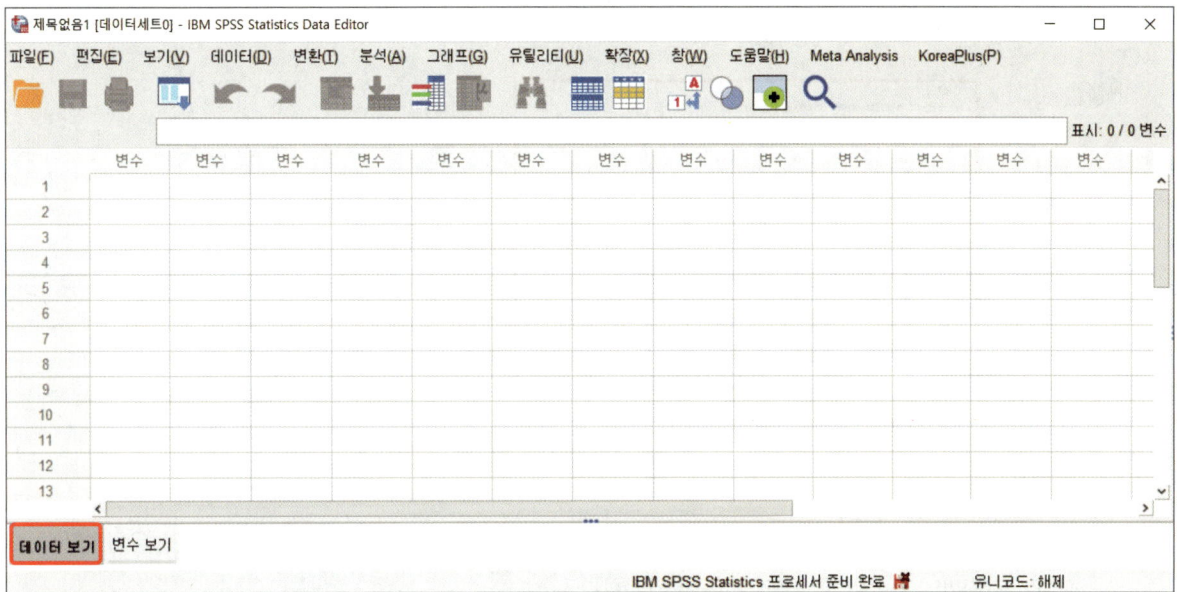

[그림3] 데이터 보기 창

　㉡ 변수 보기: 코딩 후 코딩에 대한 이름, 속성 등을 부여할 수 있다.

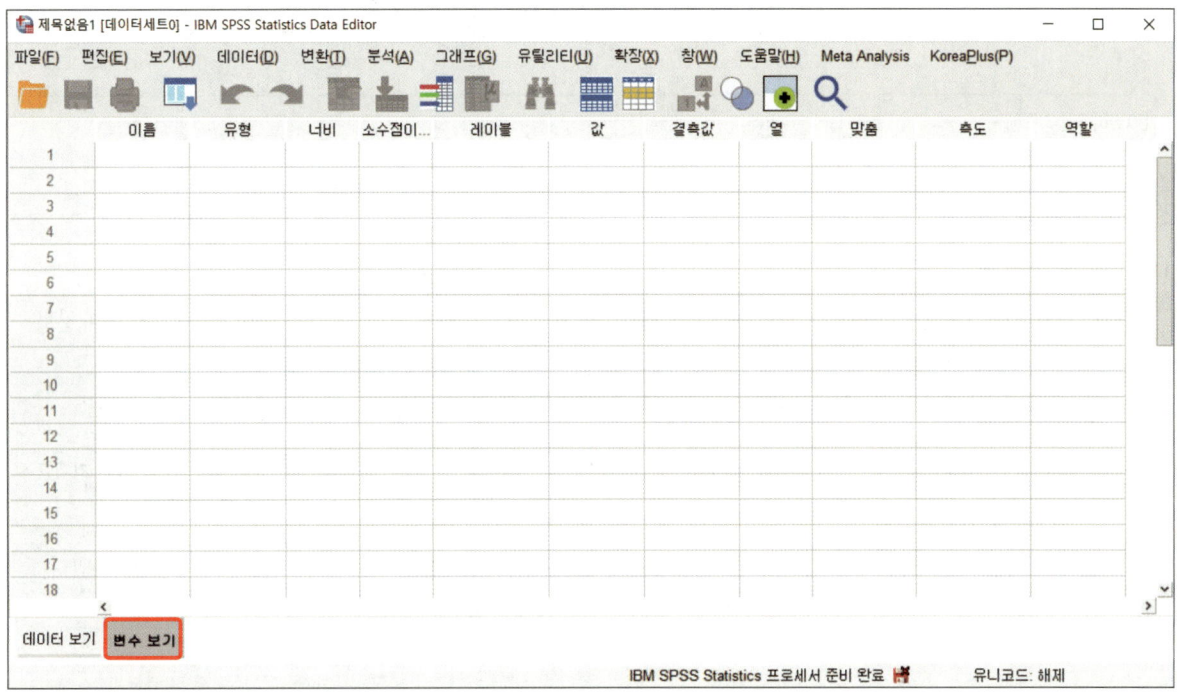

[그림4] 변수 보기 창

ⓒ Viewer: SPSS 분석의 출력결과가 나타나는 창이다. SPSS를 처음 실행할 때에는 확인이 안 되며, 이후 분석을 시작하면 분석한 결과가 나타난다.

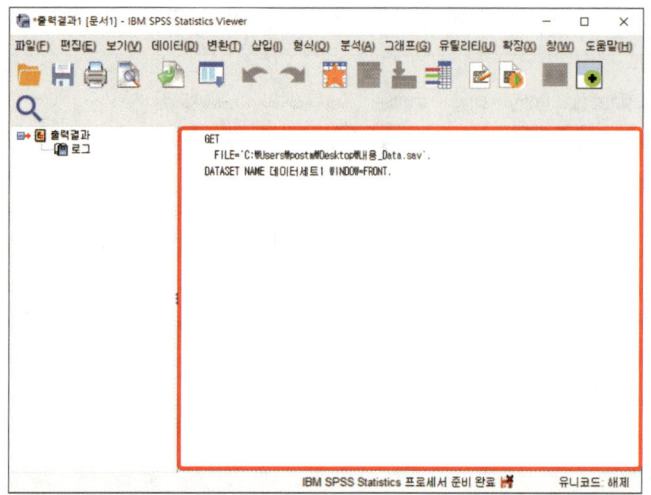

[그림5] Viewer 창

② SPSS 분석을 실행하는 주메뉴는 파일(F), 편집(E), 보기(V), 데이터(D), 변환(T), 분석(A), 그래프(G), 유틸리티(U), 확장(X), 창(W), 도움말(H) 등이며, 각 창의 위쪽에 위치한다.

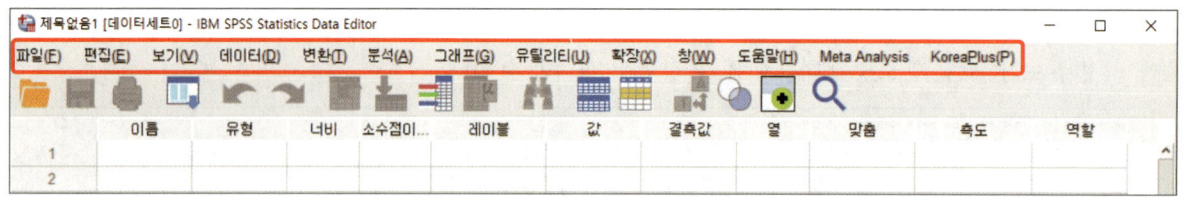

[그림6] SPSS 주메뉴

2. 자료 파일의 이해

(1) 자료 파일의 유형

일반적으로 자료 분석에 사용되는 자료는 엑셀(.xls, .xlsx, .xlsm) 또는 텍스트(.txt, .dat, .csv, .tab)파일로 이루어진 경우가 많다. 사회조사분석사 2차 실기 시험은 텍스트(.txt) 파일을 제공한다.

(2) 자료 파일의 형태

SPSS에서 자료 파일을 불러오기 전에 먼저 자료를 열어 그 자료의 형태가 '구분자에 의한 배열' 형태인지 '고정 너비로 배열' 형태인지 확인한다.

① 구분자에 의한 배열: 탭으로 일정하게 공백이 확인되거나 특수문자(탭, 콤마, 세미콜론 등)로 구분되어 있다.
② 고정 너비로 배열: 값들이 열에 맞추어 입력되어 있거나 자료들 사이에 공백이 없다.

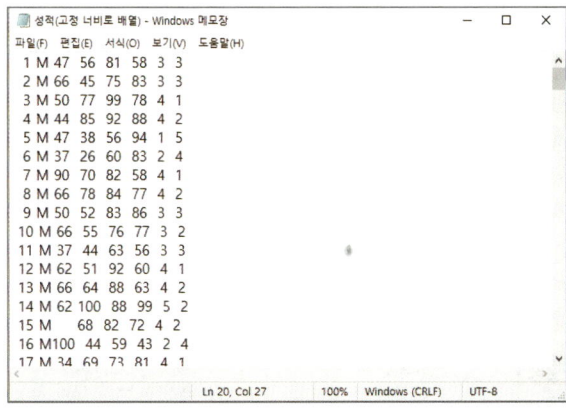
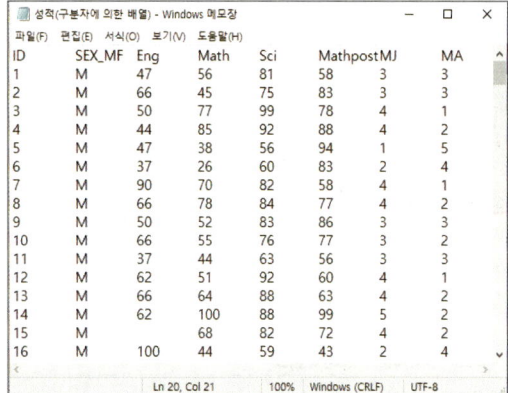

[그림7] 성적(고정 너비로 배열).txt   [그림8] 성적(구분자에 의한 배열).txt

2 구분자에 의한 배열

1. 구분자에 의해 배열된 파일의 사용
자료가 탭, 콤마, 세미콜론 등과 같이 특수문자로 구분된 경우이다.

2. 파일 불러오기 예시

(1) 데이터 가져오기

① "성적(구분자에 의한 배열).txt"은 텍스트 형식으로 주어졌으며 변수와 변수 간에 탭으로 구분되어 있다.

② 데이터를 SPSS로 불러오기 위해 파일(F) → 데이터 가져오기(D) → 텍스트 데이터(T)...를 순서대로 누른다.

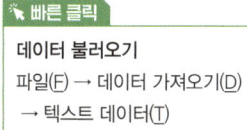

빠른 클릭
데이터 불러오기
파일(F) → 데이터 가져오기(D)
→ 텍스트 데이터(T)

[그림9] 텍스트 데이터 가져오기 메뉴

③ 데이터 열기 대화상자에서 성적(구분자에 의한 배열).txt을 선택하고 인코딩(E)을 로컬 인코딩으로 선택하여 열기(O)를 누르면 텍스트 가져오기 마법사 – 6단계 중 1단계 대화상자가 나온다.

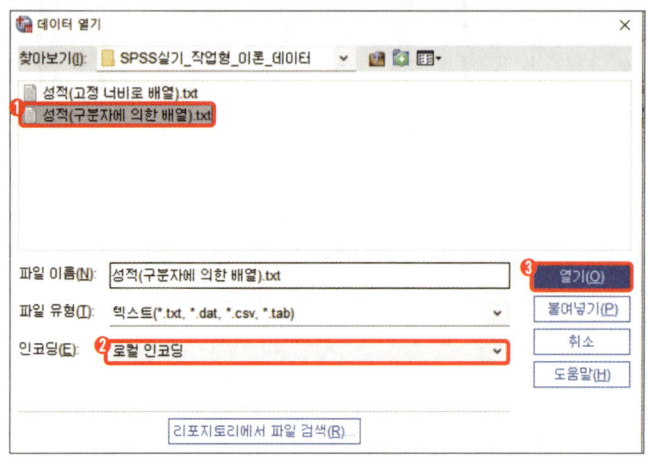

[그림10] 데이터 열기 창

(2) 텍스트 가져오기 마법사

① 텍스트 가져오기 마법사 – 6단계 중 1단계

㉠ 텍스트 파일이 사전 정의된 형식과 일치하는지를 묻는 단계이다.

㉡ 사전에 정의한 형식이 없으므로 초기값 상태인 아니오(O)를 선택하고 다음(N)을 누른다.

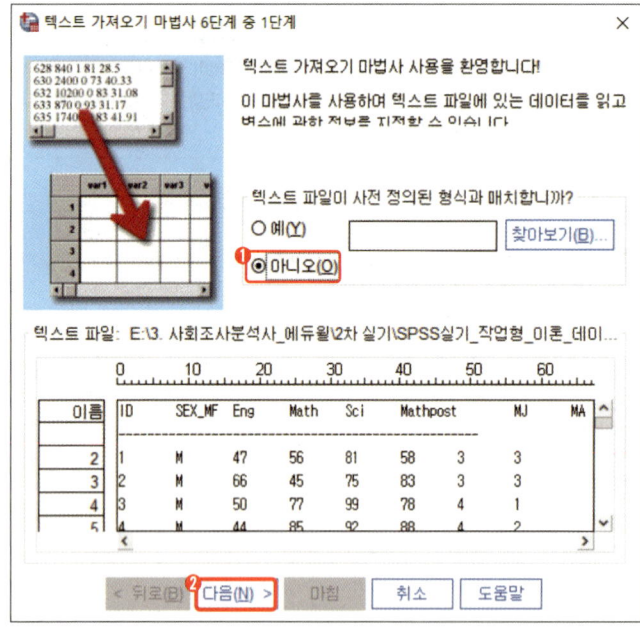

[그림11] 텍스트 가져오기 마법사 – 6단계 중 1단계

> **보충학습**
>
> 데이터 열기 대화상자에서 인코딩(E)을 '로컬 인코딩'으로 설정하지 않으면 텍스트 가져오기 마법사 – 6단계 중 1단계 대화상자의 변수 이름이 깨진다.
>
>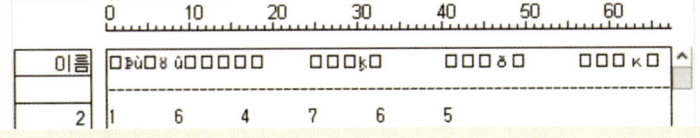

② 텍스트 가져오기 마법사 – 6단계 중 2단계

 ㉠ 변수의 배열과 이름을 묻는 단계이다.

 ㉡ '변수는 어떻게 배열되어 있습니까?' 질문에 **구분자에 의한 배열**(D)을 선택한다.

 ㉢ '변수 이름이 파일의 처음에 있습니까?' 질문에 변수의 이름이 파일의 처음에 있으므로 **예**(Y)를 선택한다.

 ㉣ '소수점 기호'에 **주기**(P)를 선택하고 **다음**(N)을 누른다.

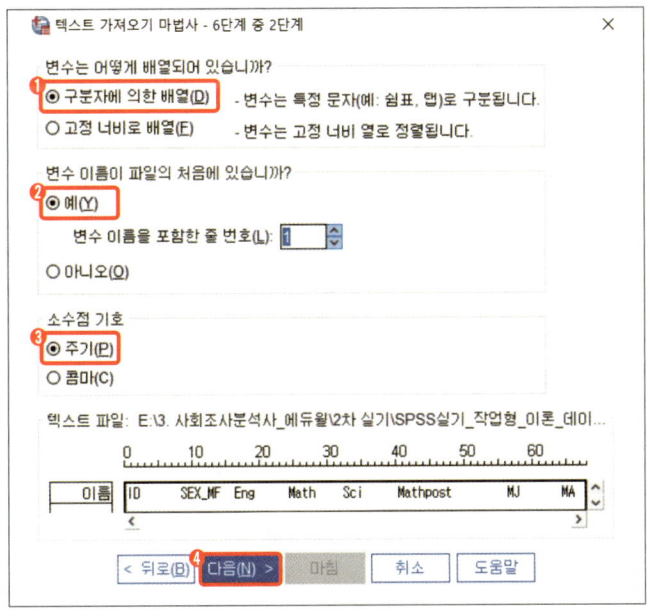

[그림12] 텍스트 가져오기 마법사 – 6단계 중 2단계

③ 텍스트 가져오기 마법사 – 6단계 중 3단계(구분자에 의한 배열)

 ㉠ 데이터의 범위를 설정하는 단계이다.

 ㉡ '데이터의 첫 번째 케이스가 몇 번째 줄에서 시작합니까?' 질문에 데이터가 두 번째 줄부터 시작되고 있으므로 초기값 2를 유지한다.

 ㉢ '케이스가 어떻게 표시되고 있습니까?' 질문에 각 줄이 하나의 케이스를 나타내므로 **각 줄은 케이스를 나타냅니다.**(L)를 선택한다.

 ㉣ '몇 개의 케이스를 가져오시겠습니까?' 질문에 모든 케이스를 불러와야 하므로 **모든 케이스**(A)를 선택한다.

 ㉤ 데이터 미리보기로부터 데이터가 올바르게 정렬되어 있는지 확인하고 **다음**(N)을 누른다. 만약 데이터가 올바르게 정렬되어 있지 않다면 **뒤로**(B)를 눌러 이전 단계를 확인한다.

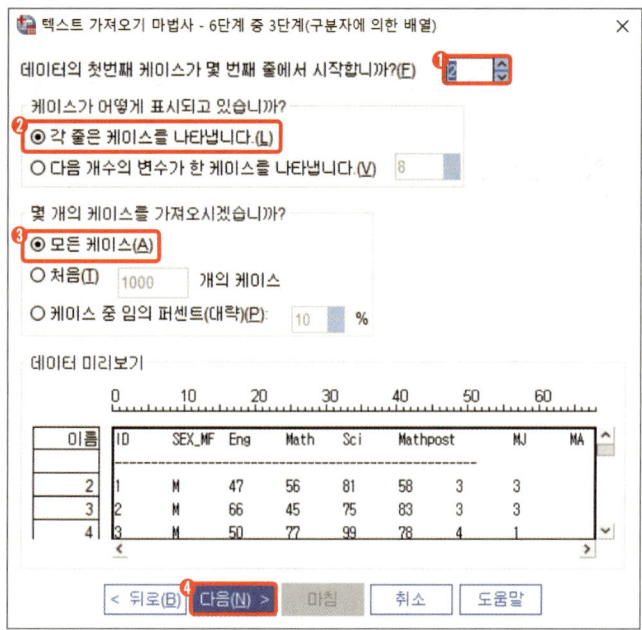

[그림13] 텍스트 가져오기 마법사 – 6단계 중 3단계

④ 텍스트 가져오기 마법사 – 6단계 중 4단계(구분자에 의한 배열)

㉠ 변수의 구분을 어떻게 했는지 묻는 단계이다.

㉡ '변수 사이에 어떤 구분자를 사용했습니까?' 질문에 탭으로 구분되어 있으므로 탭(T)을 선택한다.

㉢ '데이터 미리보기'에서 데이터가 올바르게 정렬되어 있는지 확인하고 다음(N)을 누른다. 만약 데이터가 올바르게 정렬되어 있지 않다면 뒤로(B)를 눌러 이전 단계를 확인한다.

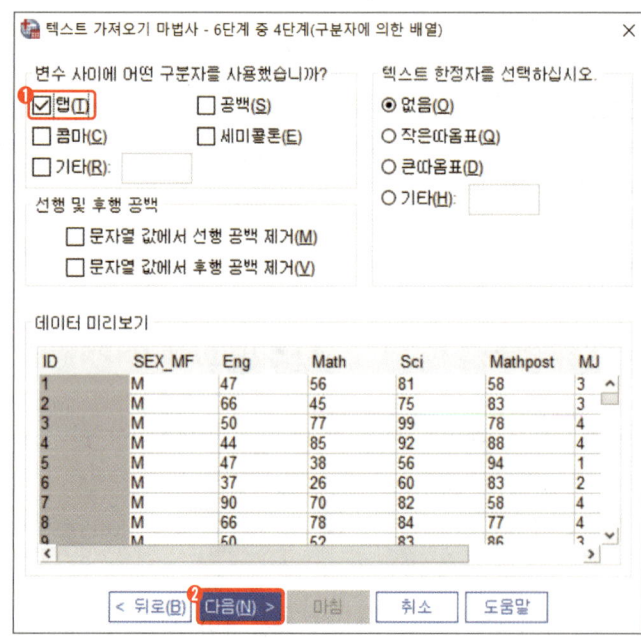

[그림14] 텍스트 가져오기 마법사 – 6단계 중 4단계

⑤ 텍스트 가져오기 마법사 – 6단계 중 5단계

　㉠ 변수의 이름과 데이터 형식을 지정하는 단계이다.

　㉡ 변수 보기 창에서 지정하기 위해 '데이터 미리보기 상자에서 선택된 변수 양식'은 기본값을 유지하고 **다음(N)** 을 누른다. 만약 데이터가 올바르게 정렬되어 있지 않다면 **뒤로(B)** 를 눌러 이전 단계를 확인한다.

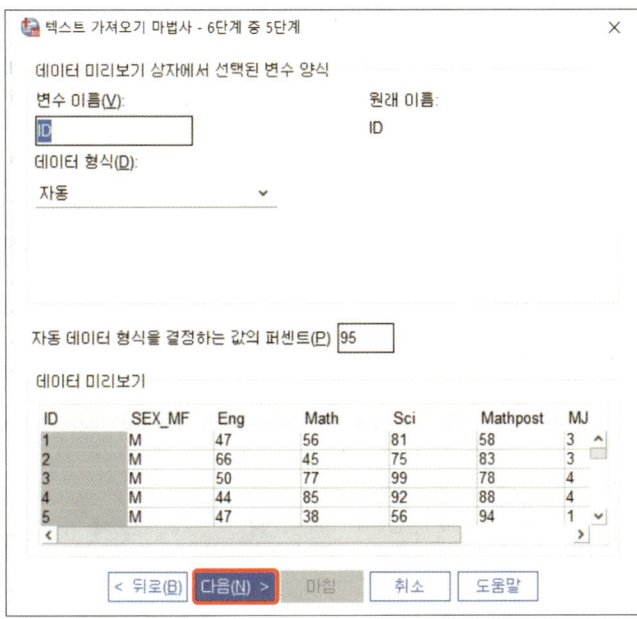

[그림15] 텍스트 가져오기 마법사 – 6단계 중 5단계

⑥ 텍스트 가져오기 마법사 – 6단계 중 6단계

　㉠ 파일 형식을 저장할 것인지, 명령문을 생성할 것인지 묻는 단계이다.

　㉡ 각 질문에 기본값 아니오를 유지하고 마침을 누른다.

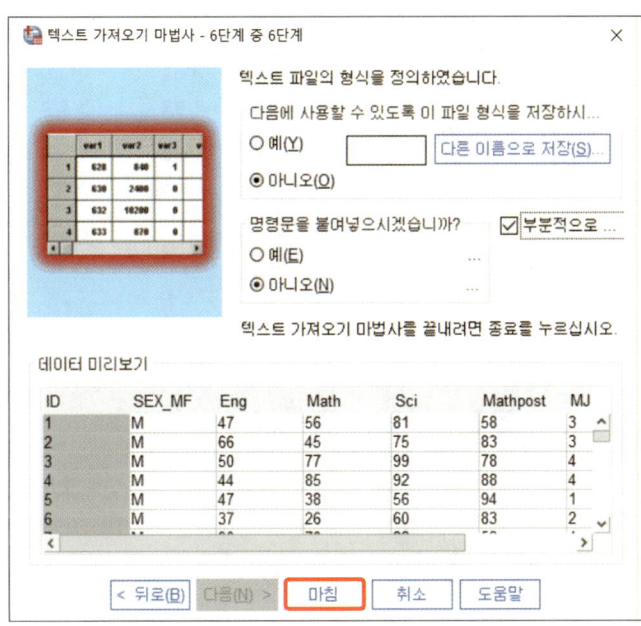

[그림16] 텍스트 가져오기 마법사 – 6단계 중 6단계

(3) 데이터 확인

다음과 같이 "성적(구분자에 의한 배열).txt" 파일을 데이터 보기 창, 변수 보기 창, Viwer 창에서 확인할 수 있다.

① 데이터 보기 창에서 확인

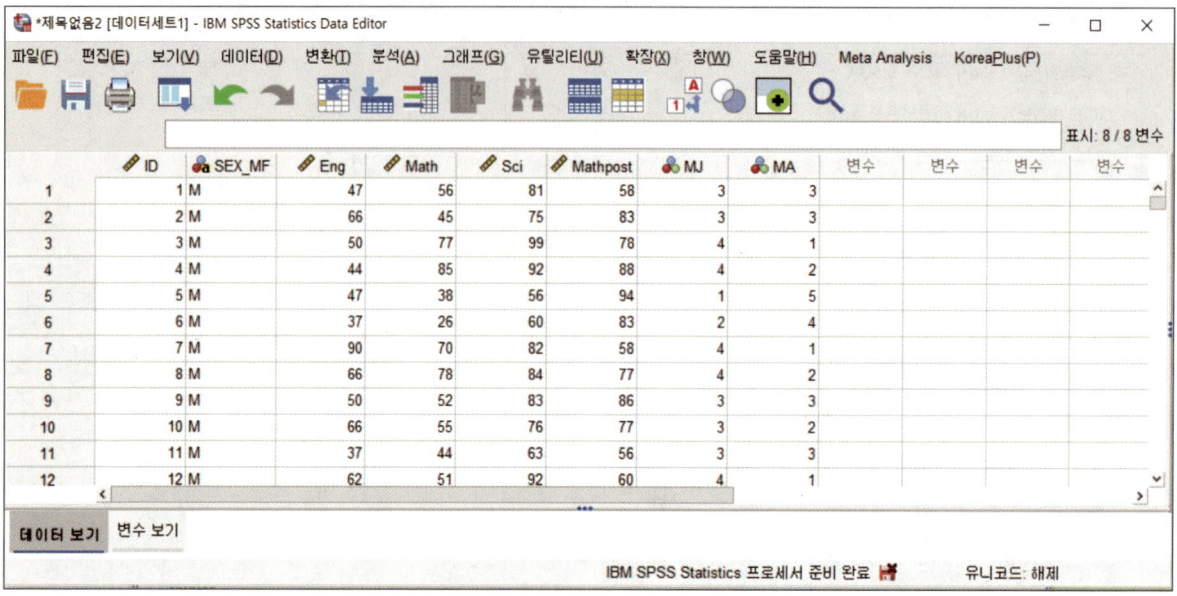

[그림17] 데이터 확인(데이터 보기 창)

② 변수 보기 창에서 확인

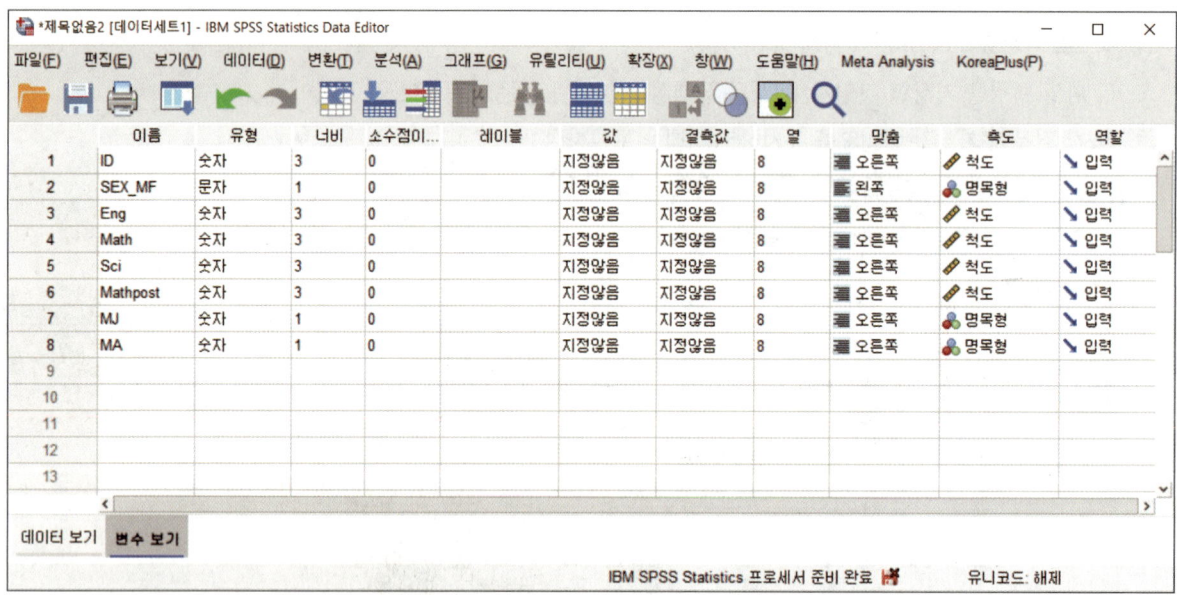

[그림18] 데이터 확인(변수 보기 창)

③ Viewer 창에서 확인

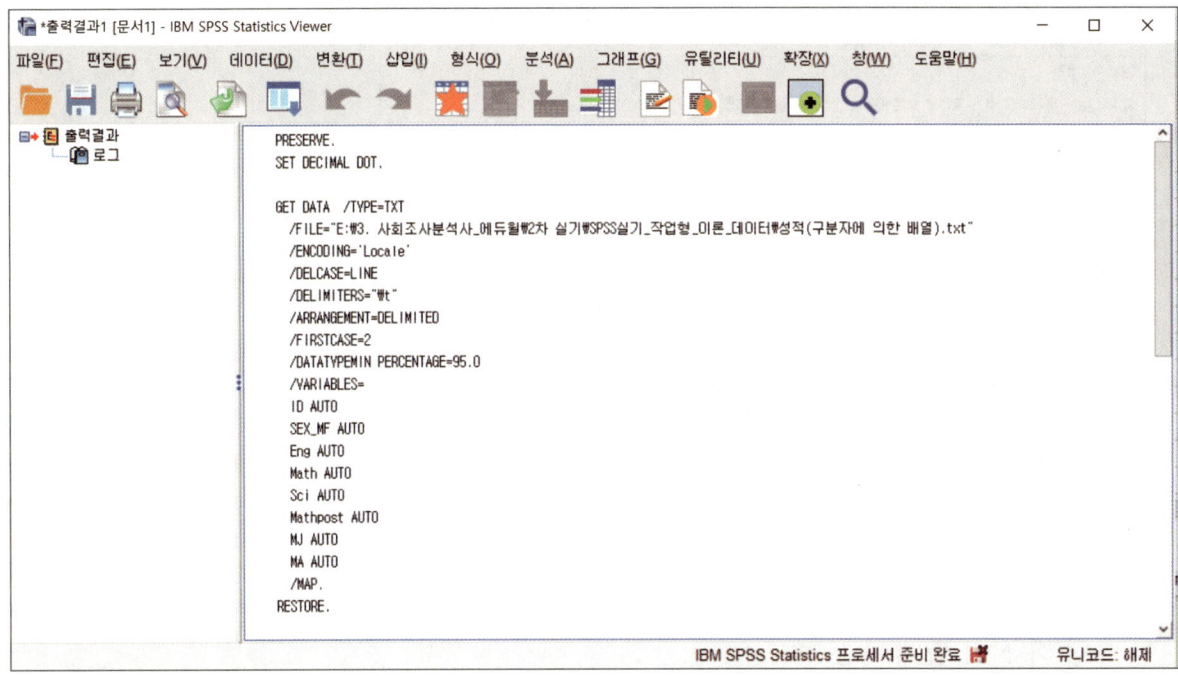

[그림19] 데이터 확인(Viewer 창)

3 고정 너비로 배열

1. 고정 너비로 배열된 파일의 사용

자료 사이에 공백이 없거나 줄을 맞추어 입력한 경우이다.

2. 파일 불러오기 예시

(1) **데이터 가져오기**

① "성적(고정 너비로 배열).txt"은 텍스트 형식으로 주어졌으며 변수와 변수 간에 줄을 맞추어 구분되어 있다.

② 데이터를 SPSS로 불러오기 위해 파일(F) → 데이터 가져오기(D) → 텍스트 데이터 (T)…를 순서대로 누른다.

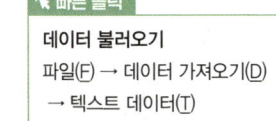

데이터 불러오기
파일(F) → 데이터 가져오기(D)
→ 텍스트 데이터(T)

③ 데이터 열기 대화상자에서 **성적(고정 너비로 배열).txt**을 선택하고 인코딩(E)을 로컬 인코딩으로 선택하여 열기(O)를 누르면 텍스트 가져오기 마법사 – 6단계 중 1단계 대화상자가 나온다.

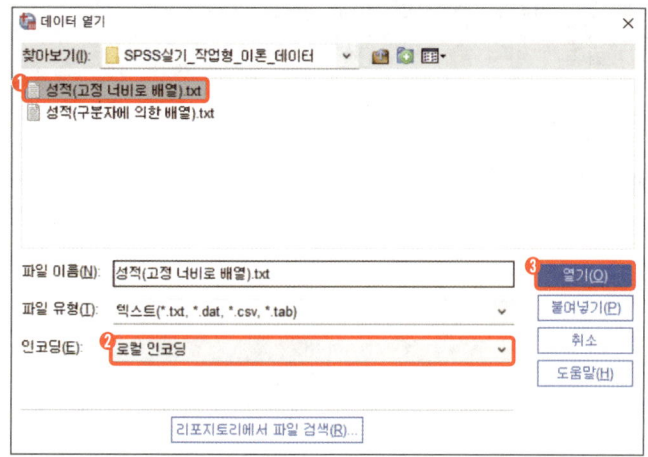

[그림20] 데이터 열기 창

(2) **텍스트 가져오기 마법사**

① 텍스트 가져오기 마법사 – 6단계 중 1단계

㉠ 텍스트 파일이 사전 정의된 형식과 일치하는지를 묻는 단계이다.

㉡ 사전에 정의한 형식이 없으므로 초기값 상태인 아니오(O)를 선택하고 다음(N)을 누른다.

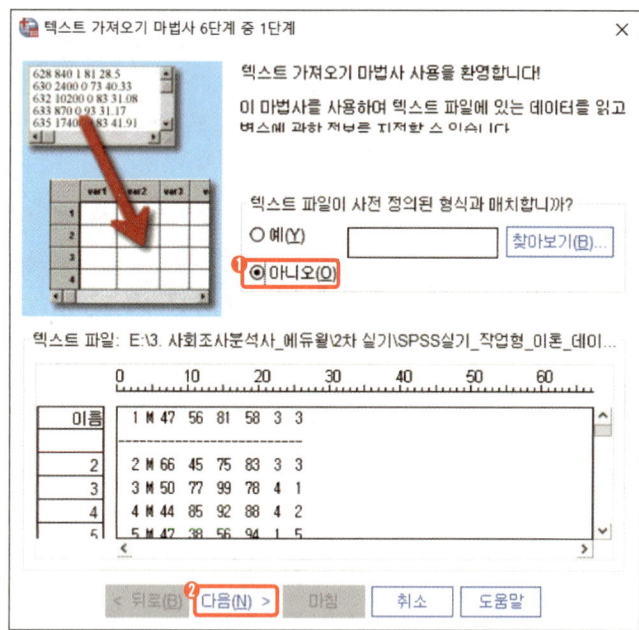

[그림21] 텍스트 가져오기 마법사 – 6단계 중 1단계

② 텍스트 가져오기 마법사 – 6단계 중 2단계
  ㉠ 변수의 배열과 이름을 묻는 단계이다.
  ㉡ '변수는 어떻게 배열되어 있습니까?' 질문에 고정 너비로 배열(F)을 선택한다.
  ㉢ '변수 이름이 파일의 처음에 있습니까?' 질문에 변수 이름이 파일의 처음에 있지 않으므로 아니오(O)를 선택한다.
  ㉣ '소수점 기호'에 주기(P)를 선택하고 다음(N)을 누른다.

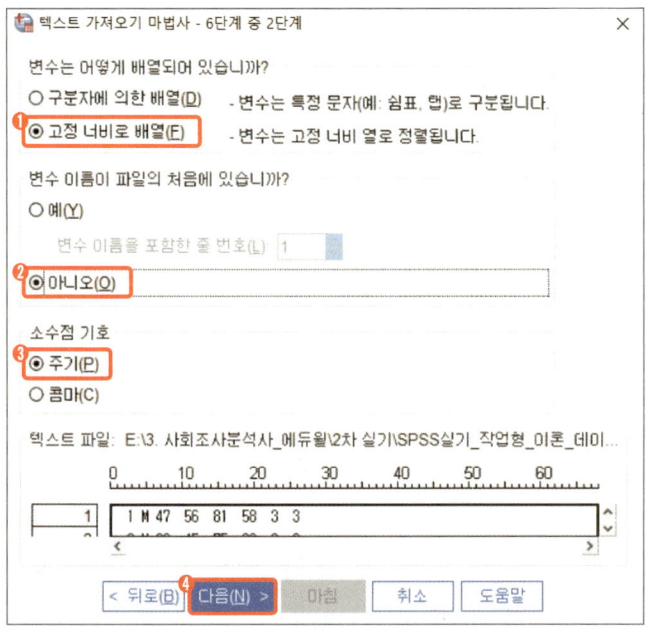

[그림22] 텍스트 가져오기 마법사 – 6단계 중 2단계

③ 텍스트 가져오기 마법사 – 6단계 중 3단계(고정 너비로 배열)
  ㉠ 데이터의 범위를 설정하는 단계이다.
  ㉡ '데이터의 첫 번째 케이스가 몇 번째 줄에서 시작합니까?' 질문에 데이터가 첫 번째 줄부터 시작되고 있으므로 초기값 1을 유지한다.
  ㉢ '몇 개의 줄이 한 케이스를 나타내고 있습니까?' 질문에 각 줄이 하나의 케이스를 나타내므로 초기값 1을 유지한다.
  ㉣ '몇 개의 케이스를 가져오시겠습니까?' 질문에 모든 케이스를 불러와야 하므로 모든 케이스(A)를 선택한다.
  ㉤ 데이터 미리보기로부터 데이터가 올바르게 정렬되어 있는지 확인하고 다음(N)을 누른다. 만약 데이터가 올바르게 정렬되어 있지 않다면 뒤로(B)를 눌러 이전 단계를 확인한다.

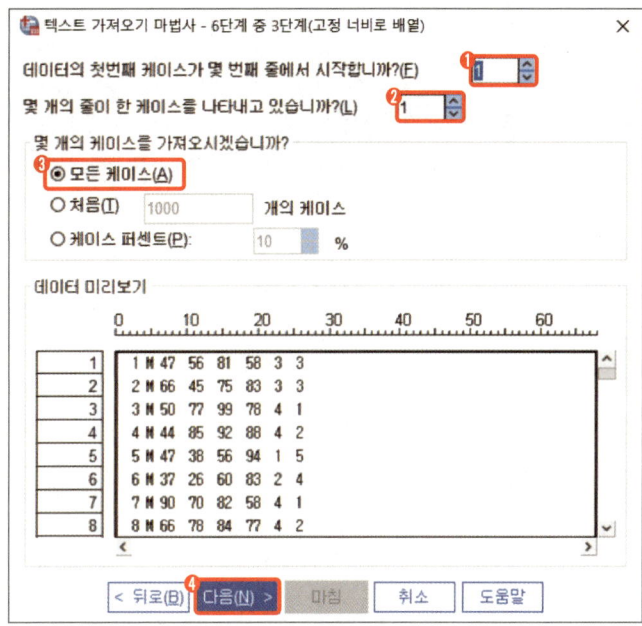

[그림23] 텍스트 가져오기 마법사 – 6단계 중 3단계

④ 텍스트 가져오기 마법사 – 6단계 중 4단계(고정 너비로 배열)

　㉠ 구분선을 사용해 변수를 구분하는 단계이다.

　㉡ 변수 구분선이 바르게 위치하는지 확인하고 다음(N)을 누른다. 만약 구분선이 잘못되어 있다면 구분선을 클릭하여 수정하거나 구분 삽입(S), 구분 삭제(D)를 이용해 삽입 또는 삭제할 수 있다.

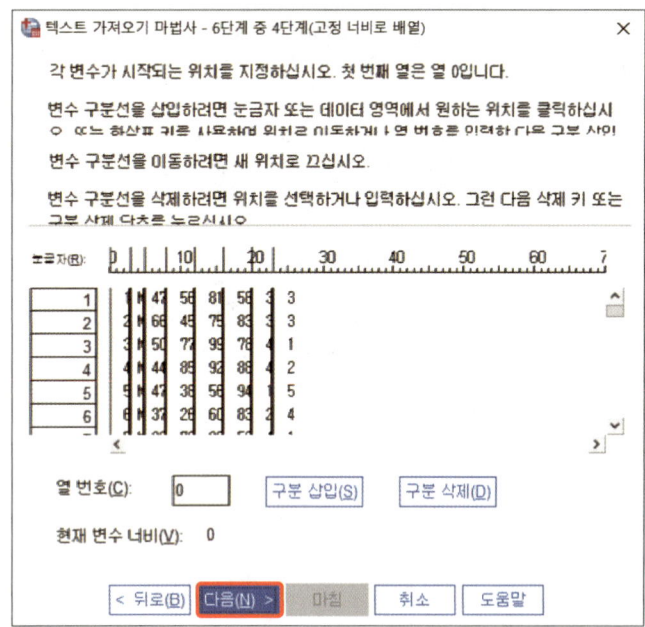

[그림24] 텍스트 가져오기 마법사 – 6단계 중 4단계

⑤ 텍스트 가져오기 마법사 – 6단계 중 5단계
  ㉠ 변수의 이름과 데이터 형식을 지정하는 단계이다.
  ㉡ 변수 보기 창에서 지정하기 위해 '데이터 미리보기 상자에서 선택된 변수 양식'은 기본값을 유지하고 다음(N)을 누른다.
  ㉢ 이때 변수 이름이 파일의 처음에 있지 않은 경우 '변수 이름(V)'에 기본값으로 'V1'이 지정된다. 변수 이름은 데이터가 SPSS로 옮겨진 이후 코딩 가이드를 참고해 수정하는 것을 권한다. 만약 데이터가 올바르게 정렬되어 있지 않다면 뒤로(B)를 눌러 이전 단계를 확인한다.

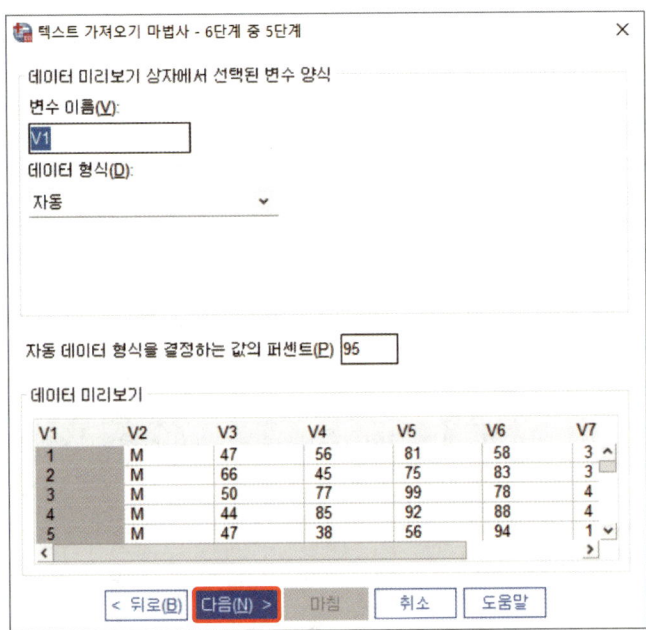

[그림25] 텍스트 가져오기 마법사 – 6단계 중 5단계

⑥ 텍스트 가져오기 마법사 – 6단계 중 6단계
  ㉠ 파일 형식을 저장할 것인지, 명령문을 생성할 것인지 묻는 단계이다.
  ㉡ 각 질문에 기본값 아니오를 유지하고 마침을 누른다.

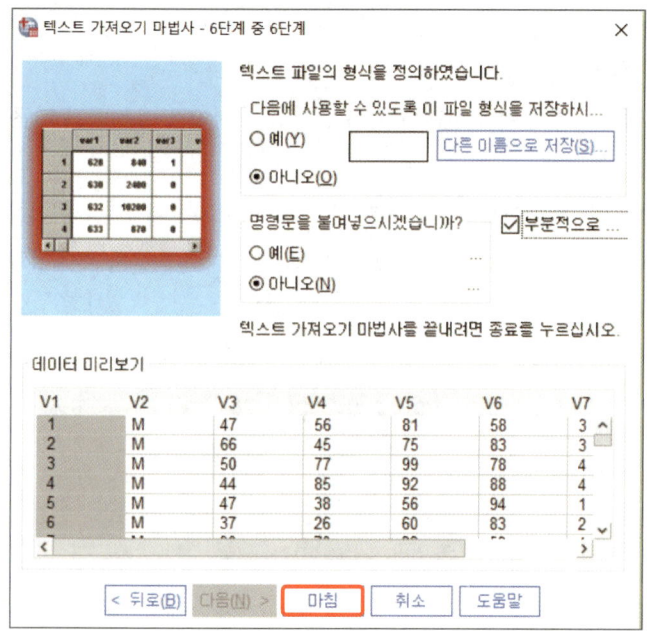

[그림26] 텍스트 가져오기 마법사 – 6단계 중 6단계

(3) 데이터 확인

다음과 같이 "성적(고정 너비로 배열).txt" 파일을 데이터 보기 창, 변수 보기 창, Viwer 창에서 확인할 수 있다.

① 데이터 보기 창에서 확인

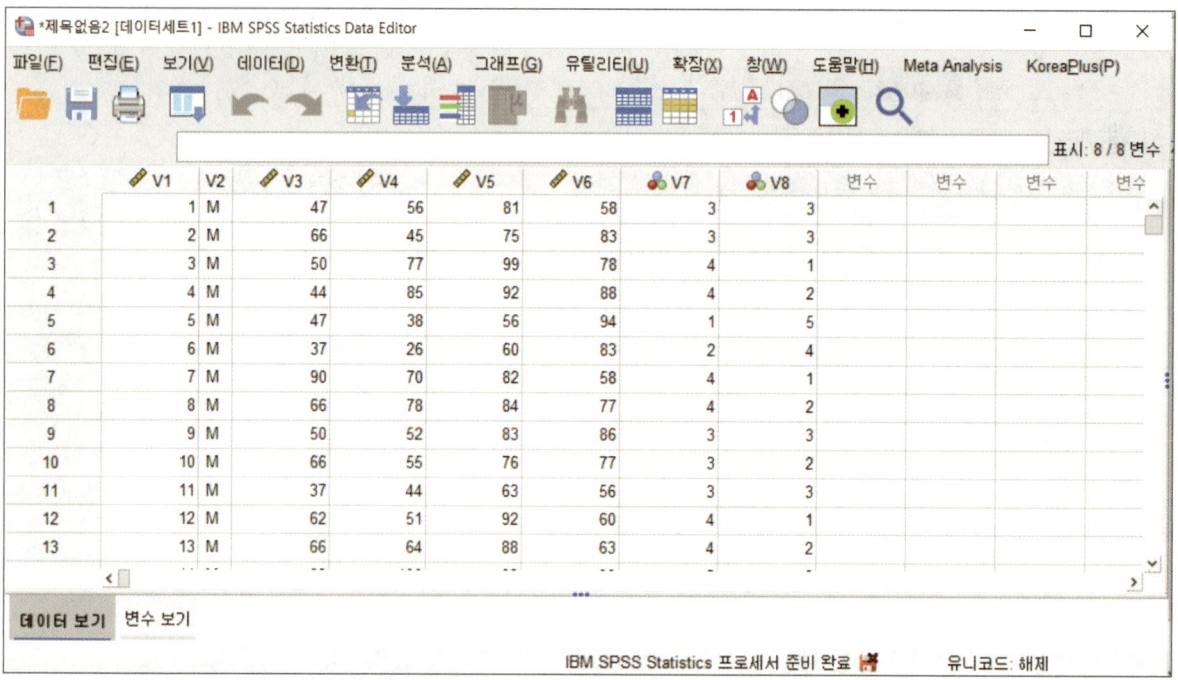

[그림27] 데이터 확인(데이터 보기 창)

22 작업형 SPSS 기본 사용법

② 변수 보기 창에서 확인

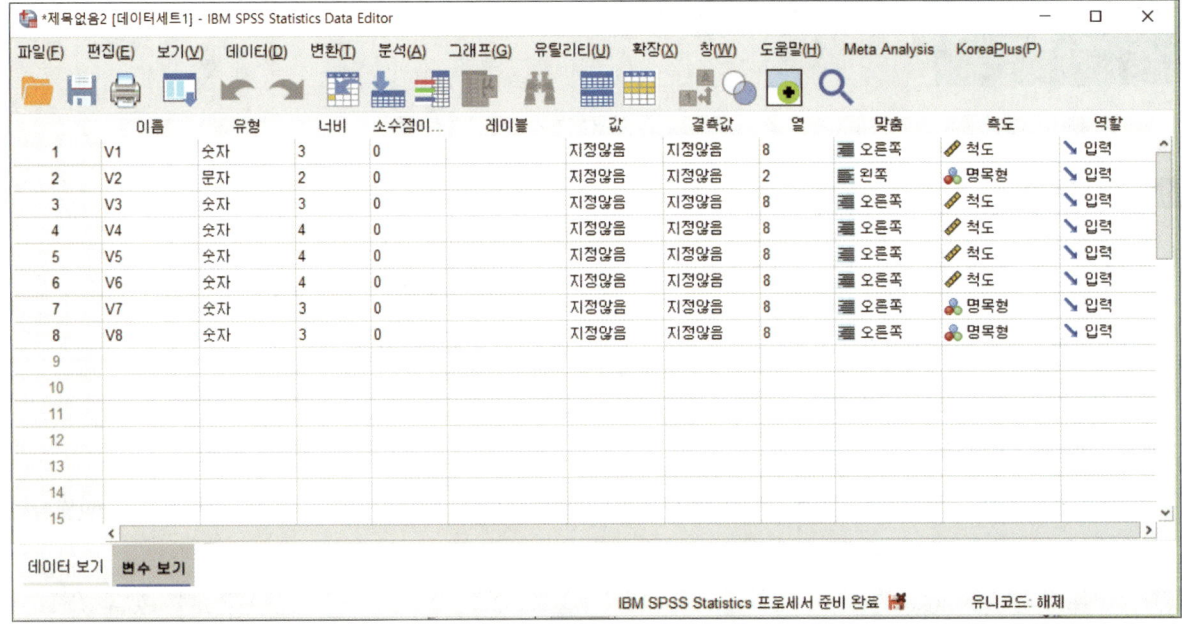

[그림28] 데이터 확인(변수 보기 창)

③ Viewer 창에서 확인

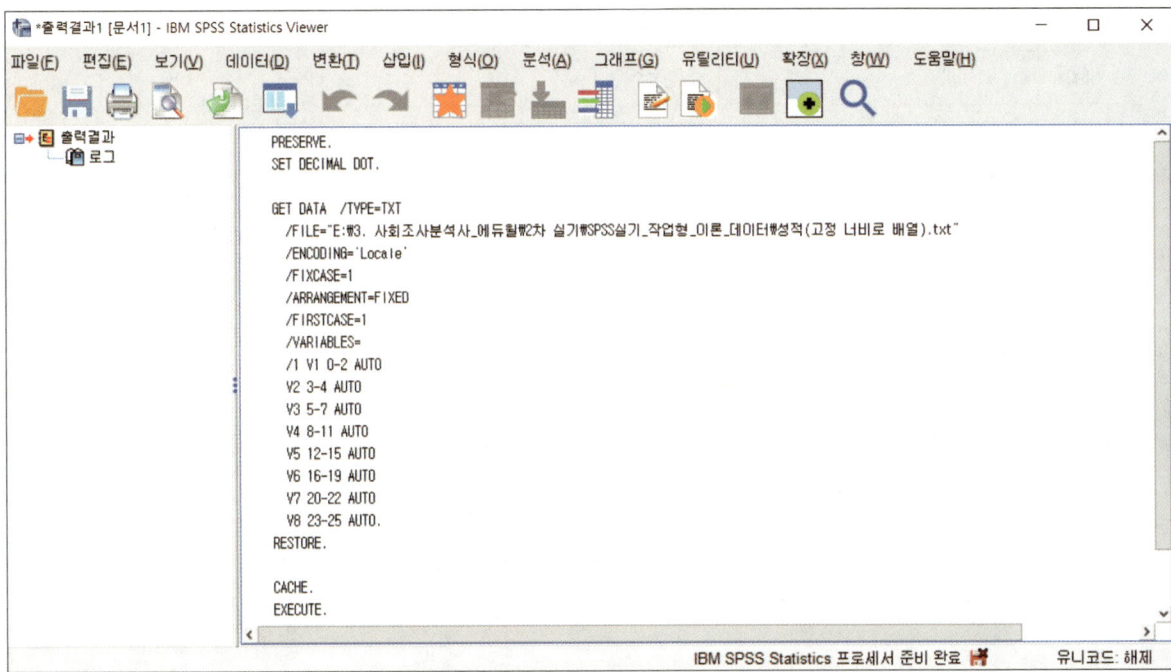

[그림29] 데이터 확인(Viewer 창)

CHAPTER 02 변수 정의

1 코딩 가이드

1. 코딩 가이드의 개념
① 자료를 불러온 다음 가장 먼저 할 일은 '코딩 가이드'에 맞추어 변수를 정의하는 것이다.
② 코딩 가이드를 통해 변수명, 변수설명, 변수값 설명, 결측값 등을 알 수 있다.

2. 코딩 가이드의 활용
① 다음 자료는 어느 고등학교 1학년 남녀학생 각각 100명을 대상으로 영어점수, 수학점수, 과학점수, 수학방학특강 후 수학점수, 수학흥미, 수학불안을 조사한 결과이다. 자료에 대한 코딩 가이드는 다음과 같다.

변수명	변수설명	변수값 설명
ID	일련번호	세 자리 숫자
SEX_MF	남학생여학생	F: 여 M: 남
Eng	영어점수	세 자리 숫자
Math	수학점수	
Sci	과학점수	
Mathpost	수학방학특강 후 수학점수	
MJ	수학흥미	1: 아주 약함 2: 약함 3: 보통 4: 강함 5: 아주 강함
MA	수학불안	

[표1] 성적에 대한 코딩 가이드

② "성적(고정 너비로 배열).txt"이 다음과 같이 변수 보기 창에서 확인되면, [표1] 성적에 대한 코딩 가이드를 참고해 이름, 유형, 너비, 소수점 이하 자리, 레이블, 값, 결측값, 열, 맞춤, 측도, 역할을 지정한다. 일반적으로 분석에 필요한 이름, 유형, 레이블, 값, 결측값, 측도를 지정한다.

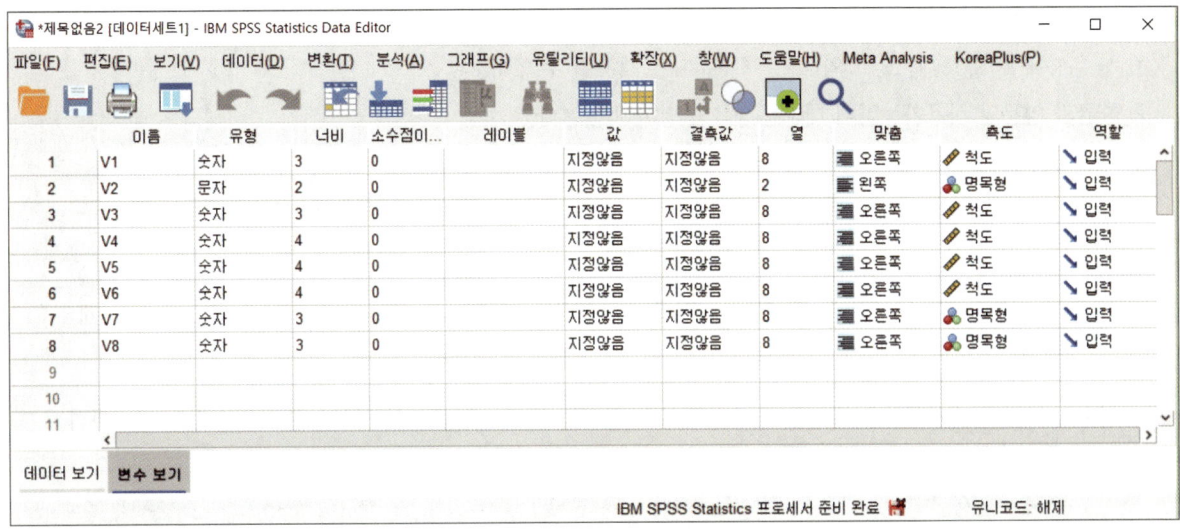

[그림30] 성적(고정 너비로 배열).txt의 변수 보기 창 확인

2 변수 정의

1. 변수명 입력

(1) 개념

변수의 이름이 파일의 처음에 있지 않은 경우 자료를 SPSS로 불러오면 이름 칸에 기본값으로 V1, V2, …가 입력되어 있다. 이 경우에는 '코딩 가이드'를 참고하여 직접 변수명을 이름 칸에 입력한다.

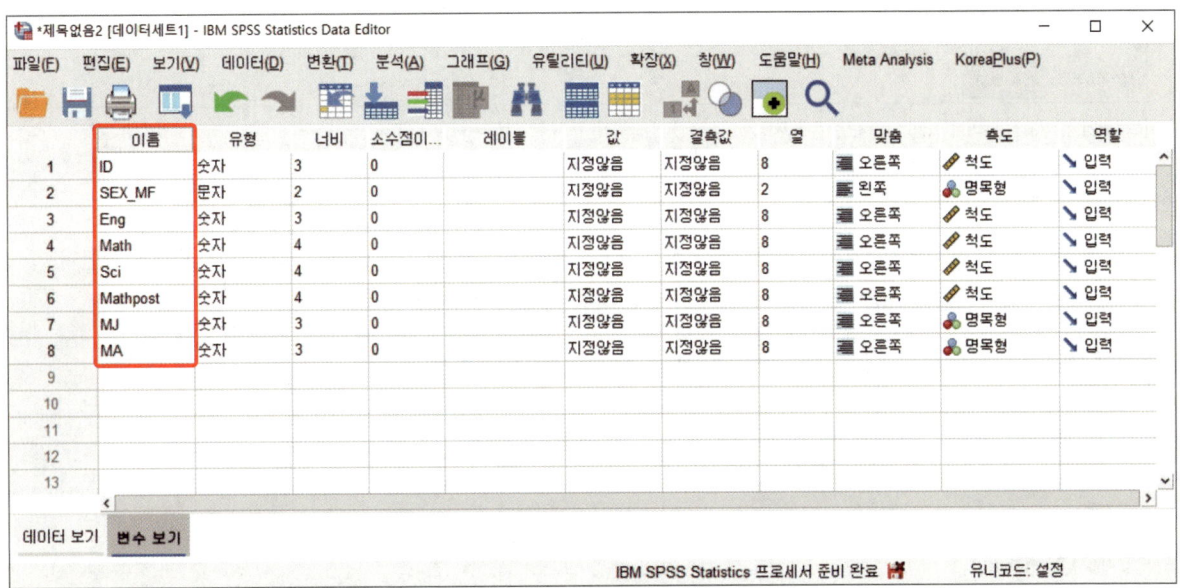

[그림31] 성적(고정 너비로 배열).txt의 변수 정의

(2) 변수명 입력 시 주의사항

① 첫 문자에 #, $, %, ^, &, * 와 같은 특수문자는 사용할 수 없다.

② 한글과 영문만 사용가능하며 대소문자를 구별하지 않는다.

③ Not, Or, And 등과 같은 예약어는 사용할 수 없다.

④ 띄어쓰기는 사용할 수 없다.

2. 변수 유형 지정

(1) 개념

각 변수의 유형을 숫자(N), 날짜(A), 문자(R) 등으로 지정하는 것이다. 데이터를 확인하면서 선택 및 지정한다.

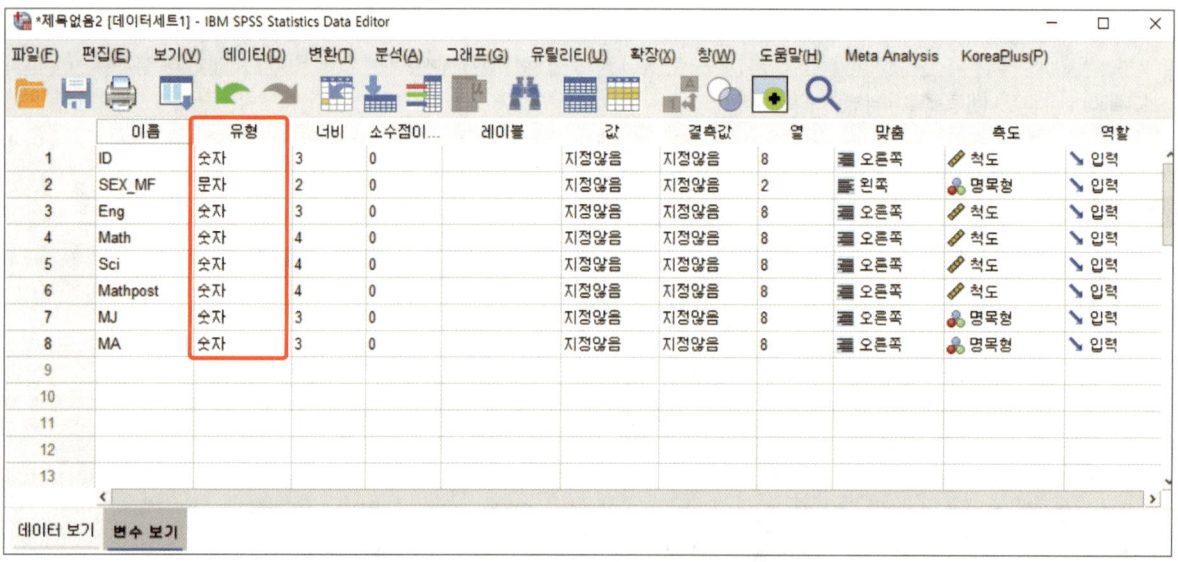

[그림32] 성적(고정 너비로 배열).txt의 변수 유형 지정

(2) 변수 유형 지정

① 변수 유형을 바꾸려면 그 변수의 해당 셀을 선택하고 [...]를 눌러 변수 유형 대화상자에서 유형을 선택한다.

② 변수 유형을 지정하고 확인을 누르면 변수 유형이 바뀐 것을 확인할 수 있다.

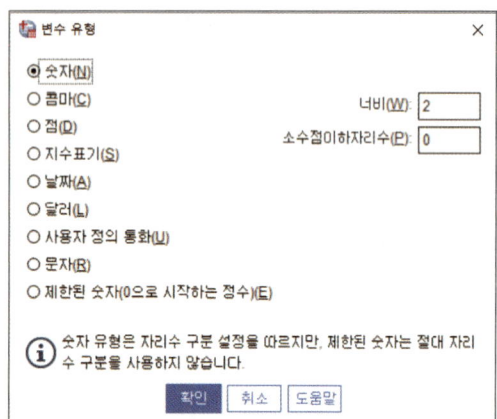

[그림33] 변수 유형 대화상자

3. 변수 너비 확인

① 변수 너비는 해당 변수 데이터 값의 최대 자리 수이다.

② 데이터를 불러오면 변수 너비가 자동 지정되므로 따로 수정하지 않아도 된다.

4. 소수점 이하 자리 수정

(1) 개념

각 숫자 변수를 소수점 몇째 자리까지 표시할 것인지를 나타낸다.

(2) 소수점 이하 자리 수정

만약 Eng(영어점수)를 소수점 둘째 자리까지 표시하고자 한다면 소수점 이하 자리의 해당 셀을 선택하고 ⬚의 위 화살표를 두 번 누르면 47이 47.00으로 바뀐다.

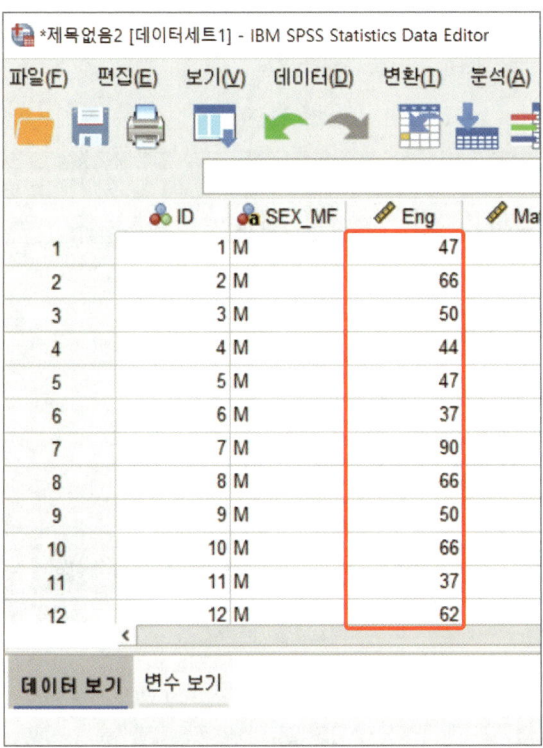

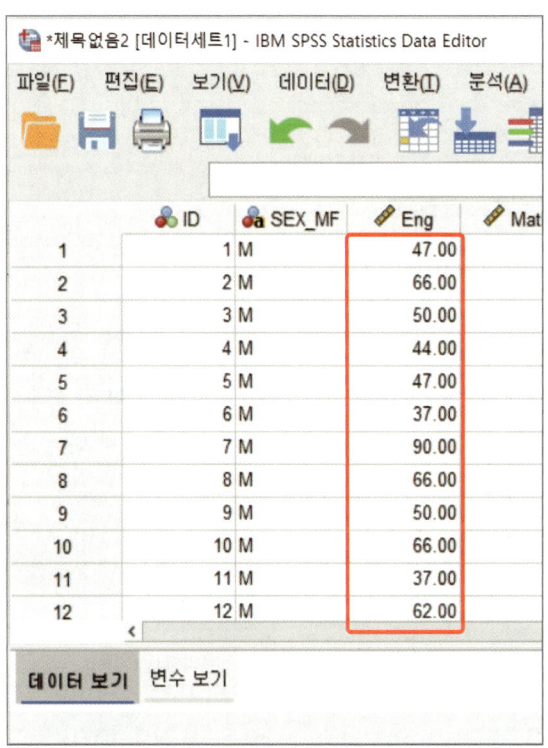

[그림34] 소수점 이하 자리수가 0일 때   [그림35] 소수점 이하 자리수가 2일 때

5. 변수 레이블 입력

(1) 개념

레이블에 변수에 대한 자세한 설명을 덧붙여 각 변수의 의미를 확실하게 명시할 수 있다.

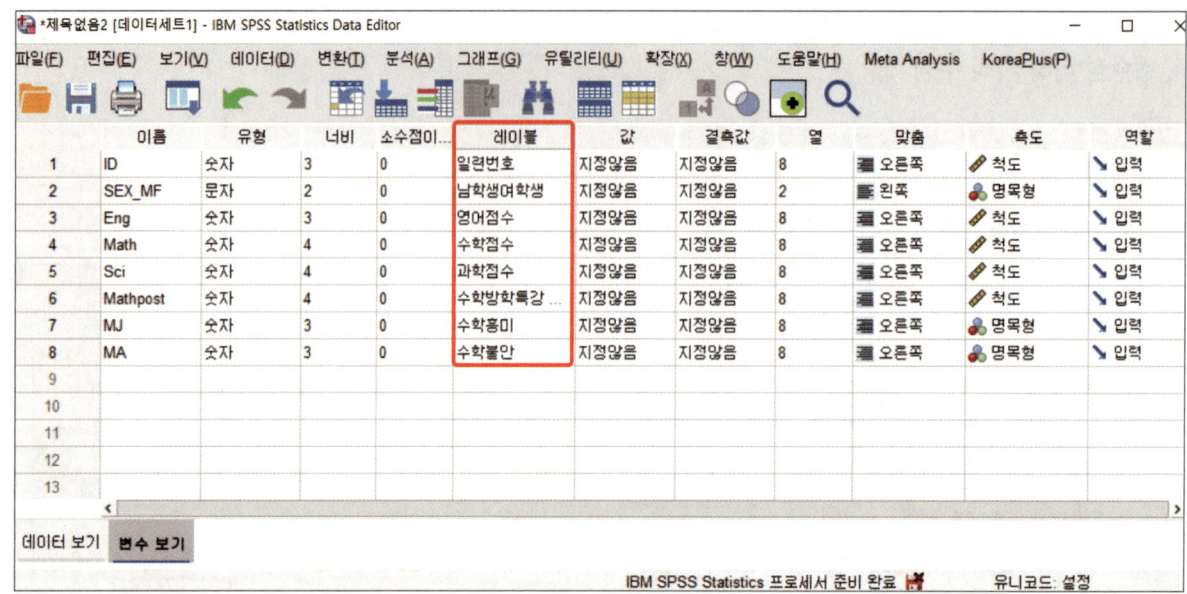

[그림36] 성적(고정 너비로 배열).txt의 변수 레이블 입력

(2) 변수 레이블 입력

① [표1] 성적에 대한 코딩 가이드를 참고하여 각 변수에 대한 레이블을 입력한다.

② 통계분석 이후에 'Viewer' 창에서 확인하게 되는 출력결과는 레이블에 입력한 설명으로 표시된다.

상관관계

		수학점수	수학방학특강 후 수학점수
수학점수	Pearson 상관	1	.438**
	유의확률 (양측)		.000
	N	200	200
수학방학특강 후 수학점수	Pearson 상관	.438**	1
	유의확률 (양측)	.000	
	N	200	200

**. 상관관계가 0.01 수준에서 유의합니다(양측).

[표2] 출력결과

6. 값 레이블 지정

(1) 개념

변수 값이 명목척도 또는 서열척도인 경우, 즉 범주형 자료인 경우 변수 값을 지정한다.

(2) 값 레이블 지정

① [표1] 성적에 대한 코딩 가이드에서 MJ(수학흥미) 변수는 '1: 아주 약함, 2: 약함, 3: 보통, 4: 강함, 5: 아주 강함'으로 되어 있는 것을 확인할 수 있다.

② 변수의 값에 해당하는 셀을 선택하고 ⋯를 누르면 값 레이블 대화상자가 나타나 기준값(U)과 레이블(L)에 값을 추가할 수 있다.

[그림37] 값 레이블 대화상자

③ 확인을 누르면 값 칸에 {1, 아주 약함…}이 확인된다. MA(수학불안) 변수에 대해서도 같은 값을 지정하고, SEX_MF(남학생여학생) 변수의 값에는 'F: 여', 'M: 남'을 지정한다.

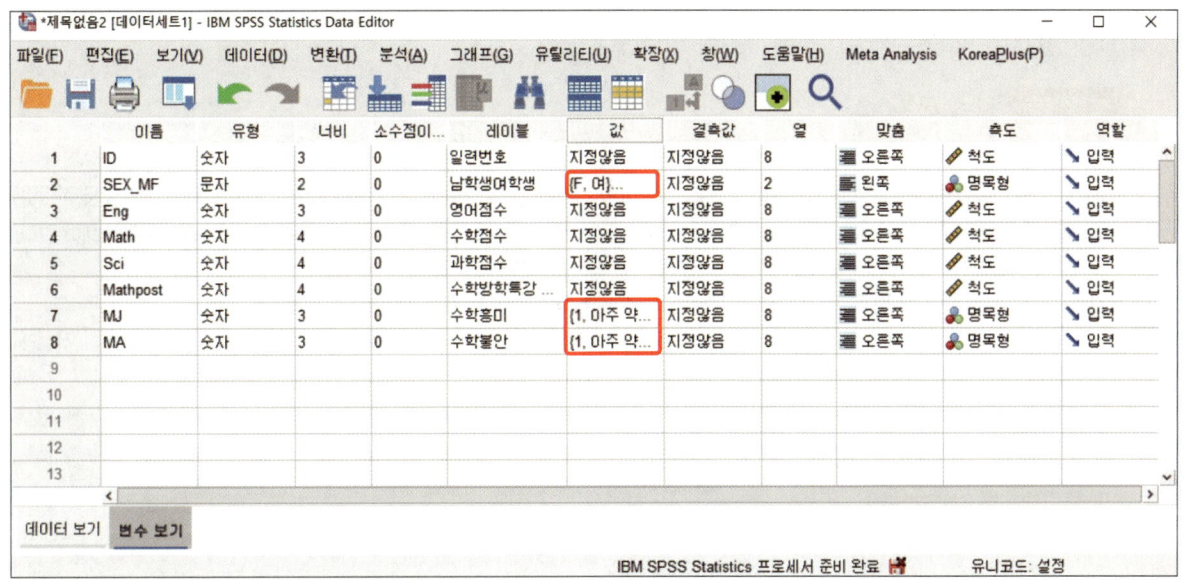

[그림38] 성적(고정 너비로 배열).txt의 값 레이블 지정

7. 결측값(Missing Value) 처리

(1) 개념

결측값은 데이터를 수집하는 과정에서 관측되지 못한 측정값이다.

(2) 결측값 확인

① 데이터를 확인하면서 선택 및 지정한다. "성적(고정 너비로 배열).txt"을 열어 확인하면 [그림39]와 같이 결측값이 있음을 알 수 있다.

② 해당 결측값은 자동으로 구두점(.) 표시되며, 시스템 결측값으로 처리된다.

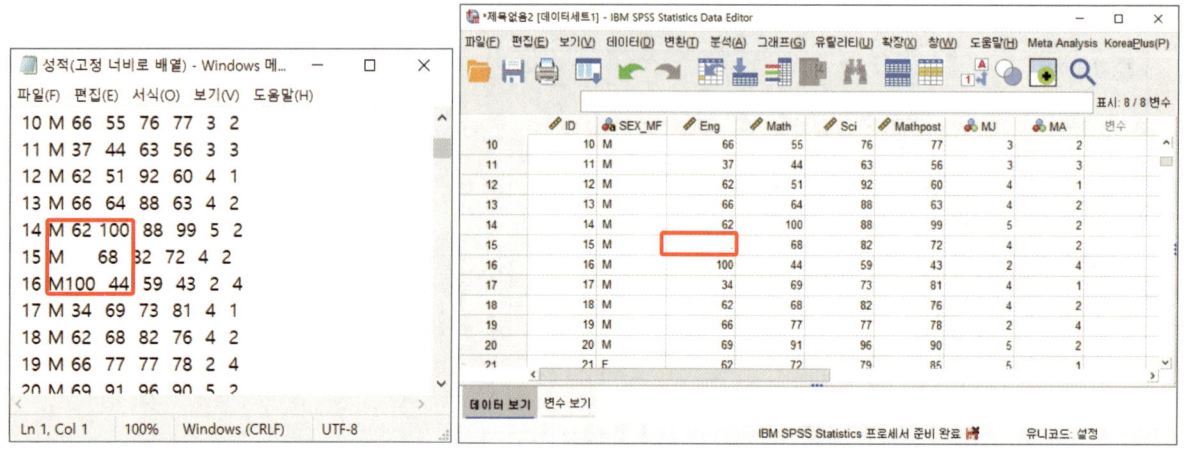

[그림39] 성적(고정 너비로 배열).txt의 결측값 확인

(3) 시스템 결측값

① 해당 결측값에 별도의 값을 부여하여 사용자 결측값으로 처리할 수 있다. 일반적으로 한 자리 수는 '9', 두 자리 수는 '99', 세 자리 수는 '999' 등으로 지정한다.

② Eng(영어점수)의 구두점(.) 자리에 '999'를 입력한다.

> **보충학습**
>
> **결측값 처리**
>
> 수치형 자료인 경우 빈칸은 그대로 비워두기도 한다. 데이터 보기 창에서 빈칸에 '9', '99', '999' 등을 입력하게 되면 반드시 결측값을 지정해야 하기 때문이다. 반면, 문자형 자료인 경우 구두점(.) 또는 빈칸을 또 다른 문자로 인식하므로 반드시 결측값을 지정해야 한다.
> - 시스템 결측값: 자료가 측정되지 않아 빈 값이 있을 경우로 자동으로 유효사례에서 제외됨
> - 사용자 결측값: 분석사례에서 제외하기 위해 연구자가 임의로 결측값으로 정한 경우

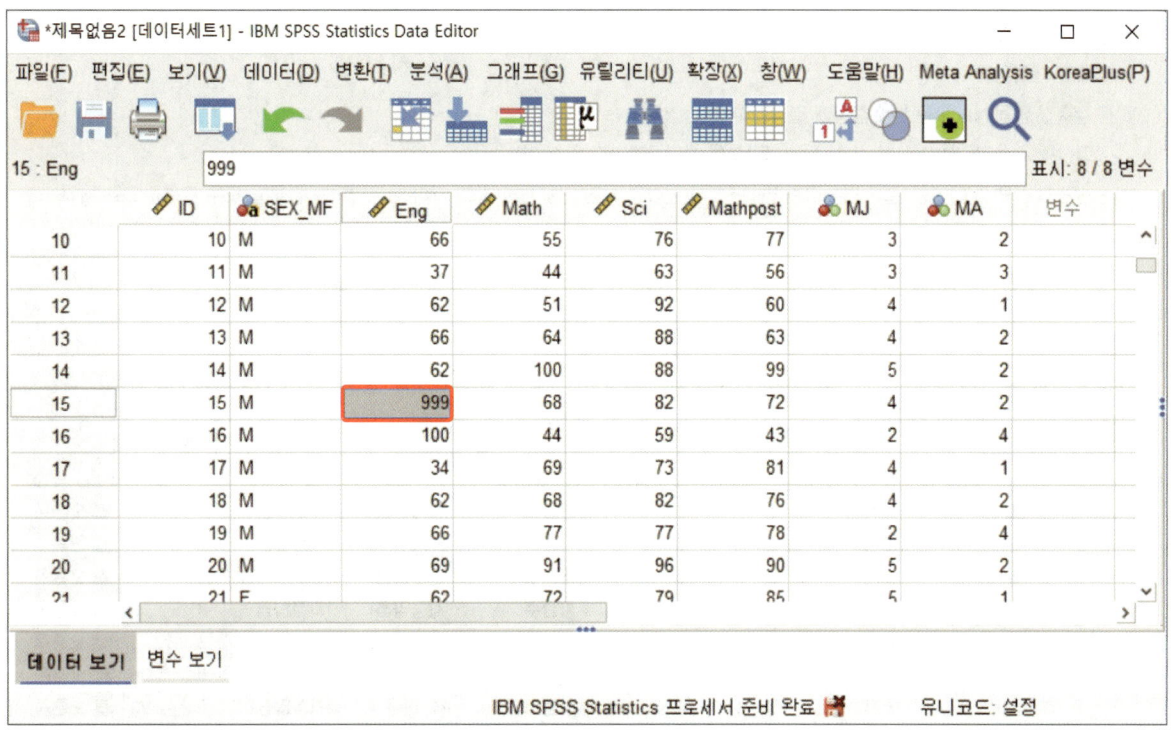

[그림40] 결측값 999 입력

③ 이 값을 결측값으로 처리하기 위해 Eng(영어점수) 변수의 결측값 셀을 선택하고 ⋯를 누른다. 결측값 대화상자에서, 이산형 결측값(D)을 선택하여 box에 '999'를 입력한다.

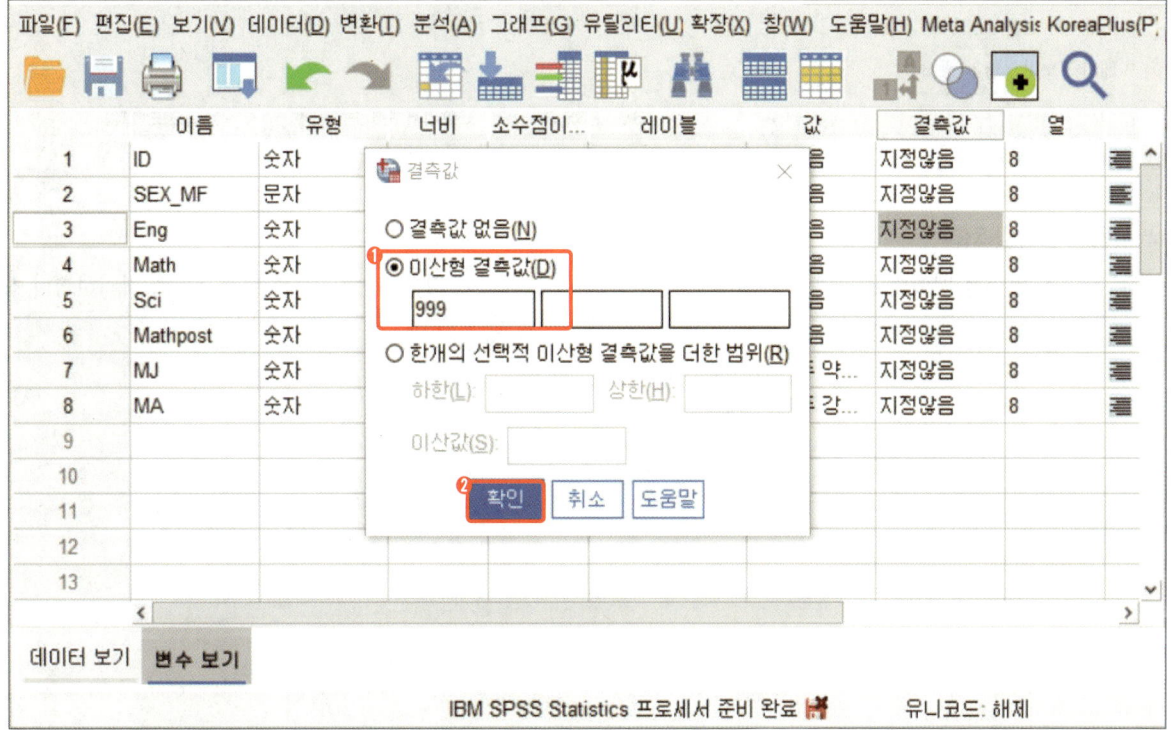

[그림41] 이산형 결측값 999 입력

CHAPTER 02 • 변수 정의   **31**

> **보충학습**
>
> **결측값 대화상자**
> - 결측값 없음(N): 모든 변수값들에 결측값이 없는 경우
> - 이산형 결측값(D): 이산형 결측값을 나타내며, 최대 3개까지 입력 가능
> - 한개의 선택적 이산형 결측값을 더한 범위(R): 하한값과 상한값을 정하여 그 사이에 포함되는 값들을 모두 결측값으로 처리

④ 확인을 누르면 변수 보기 창의 결측값 칸에 '999'가 확인된다.

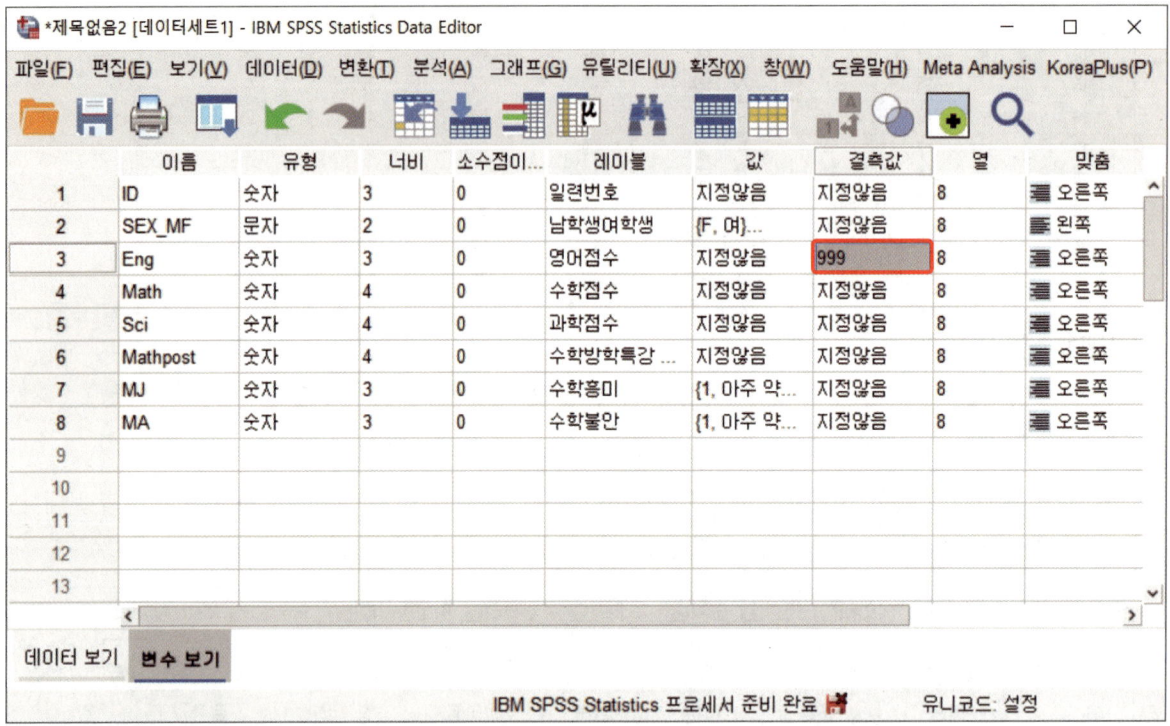

[그림42] 결측값 처리 확인

(4) 사용자 결측값 처리

① 응답의 범주를 벗어난 값을 오류값이라고 한다. 이러한 오류값이 확인되면 이 값을 결측값으로 처리하거나 해당 데이터를 삭제해야 한다.

② Eng(영어점수)의 값은 100점까지인데 131이 확인되므로 오류값이다.

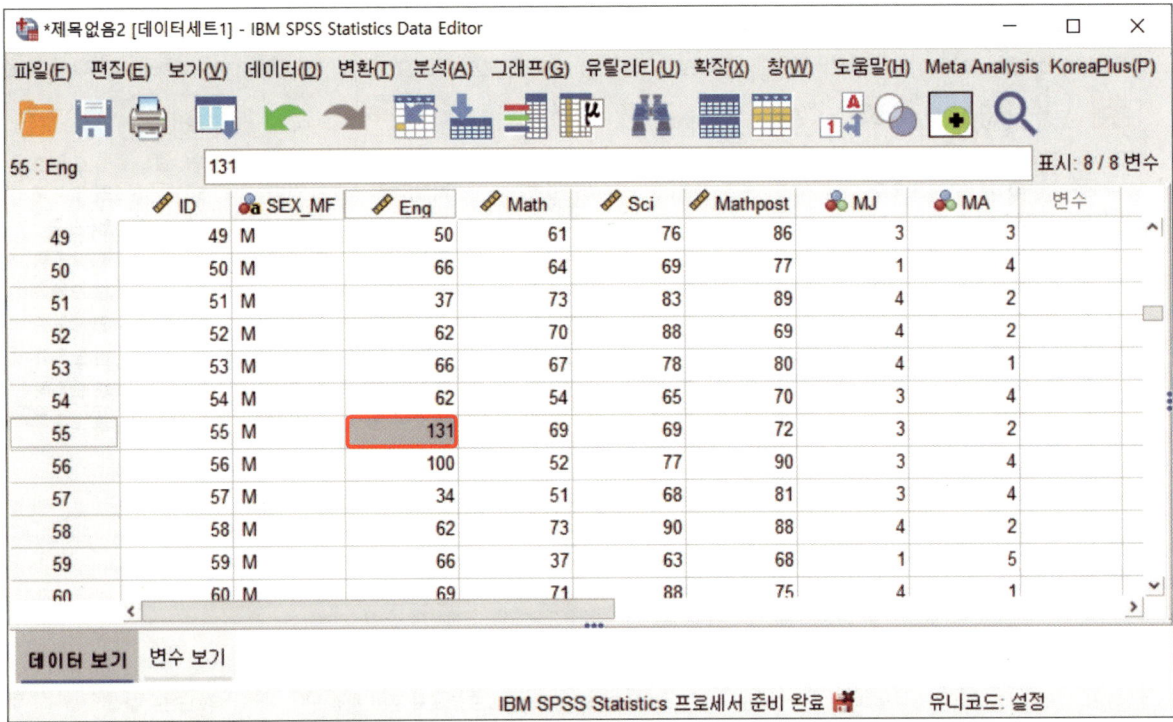

[그림43] 성적(고정 너비로 배열).txt의 오류값 확인

③ Eng(영어점수)의 오류값인 131을 결측값으로 처리하기 위해 Eng(영어점수) 변수의 **결측값** 셀을 선택하고 □를 누른다. 결측값 대화상자에서, **이산형 결측값(D)**을 선택하고 '131'을 추가로 입력한다.

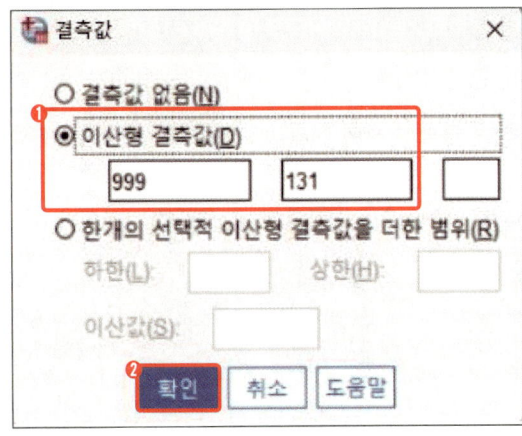

[그림44] 이산형 결측값 131 입력

④ 확인을 누르면 변수 보기 창의 결측값 칸에 '999, 131'이 확인된다.

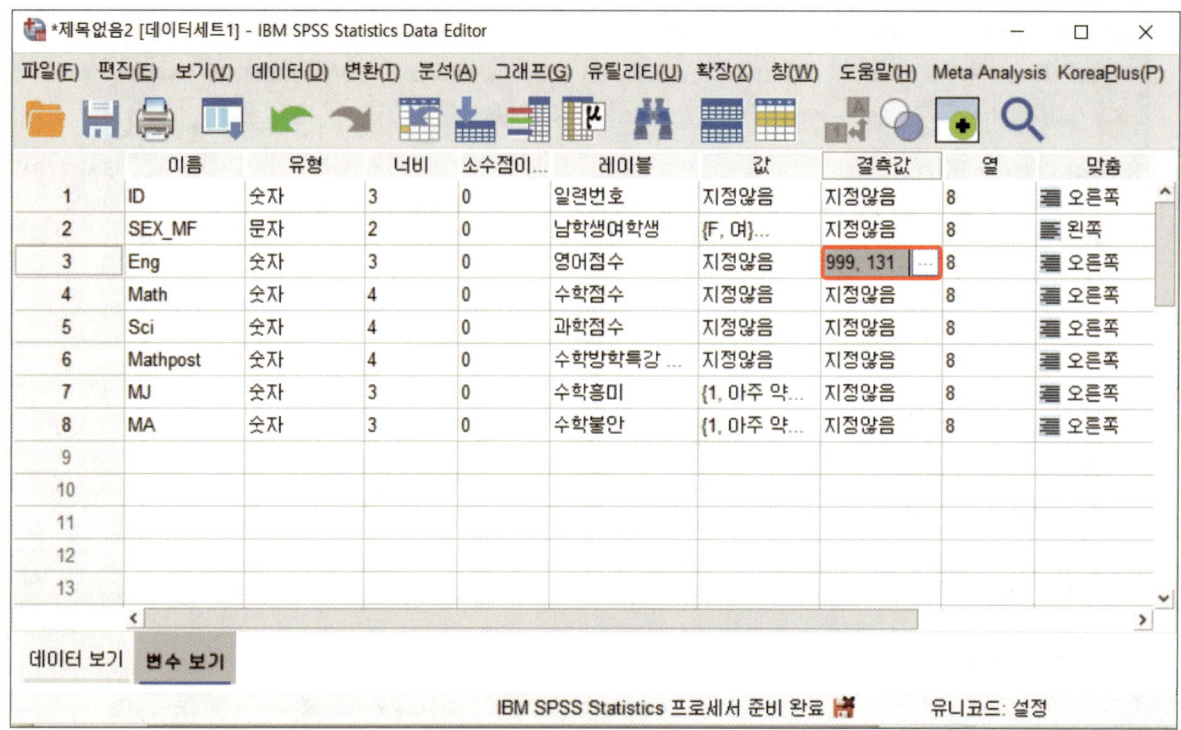

[그림45] 결측값 처리 확인

8. 측도 선택

(1) 개념

① SPSS에서 측도는 변수나 상수를 측정하는 도구인 척도를 의미한다.

② 어떤 척도를 사용하여 측정하였는가에 따라 조사자가 획득하는 정보의 양이 달라지고, 사용할 수 있는 분석 방법이 달라지므로 척도가 정확하게 결정되어야 한다.

③ SPSS에서 측도는 📏척도, 📊순서형, 🔵명목형으로 구분된다. 데이터를 확인하면서 선택 및 지정한다.

　㉠ 📏척도: 등간척도, 비율척도

　㉡ 📊순서형: 서열척도

　㉢ 🔵명목형: 명목척도

(2) **측도 선택**

① [표1] 성적에 대한 코딩 가이드에서 SEX_MF(남학생여학생) 변수는 성별을 나타내므로 명목척도이다. 따라서 명목형을 선택한다. 마찬가지로 Eng(영어점수) 변수는 비율척도이므로 척도를 선택하고, MJ(수학흥미) 변수는 서열척도이므로 순서형을 선택한다.

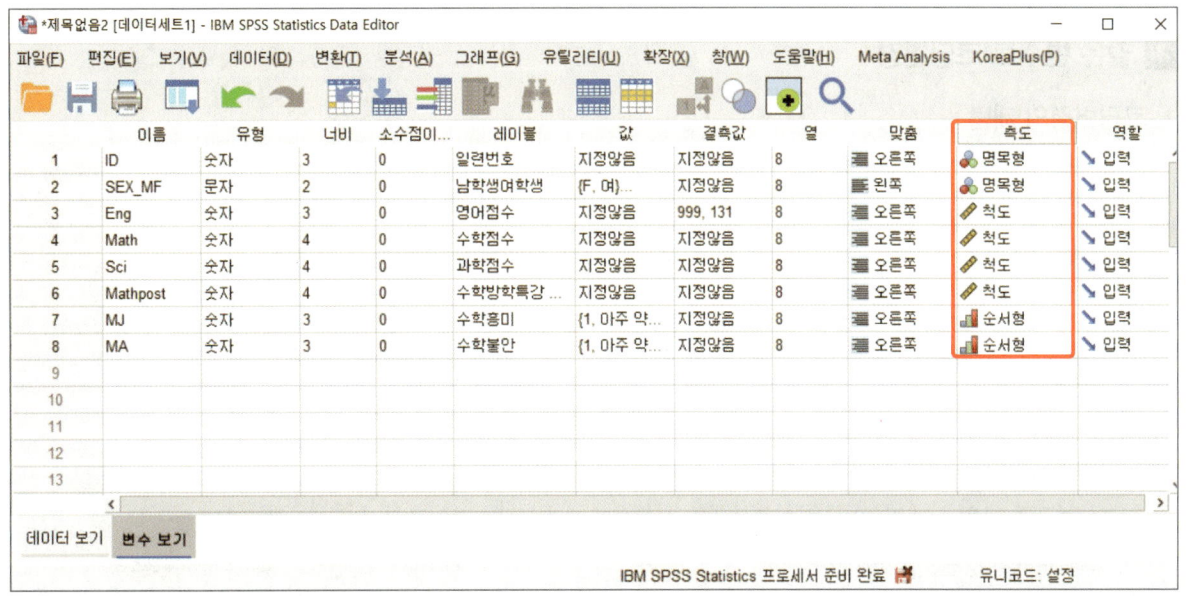

[그림46] 성적(고정 너비로 배열).txt의 측도 선택

② 대부분의 SPSS 분석에서는 변수를 어떤 측도로 설정하더라도 분석결과는 동일하다. 그러나 일부 분석에서 측도의 설정에 따라 제시되는 옵션의 형태가 다르게 나타나므로 올바른 분석을 위해 측도를 정확하게 설정해야 한다.

CHAPTER 03 코딩변경

1 같은 변수로 코딩변경

1. 코딩변경의 개념
① 원자료의 입력값 중에서 필요에 따라 일부 입력값을 다른 값으로 변경해야 하는 경우(분류, 역척도 등의 코딩 등)에 코딩을 변경한다.
② 코딩변경은 '같은 변수로 코딩변경'과 '다른 변수로 코딩변경' 두 가지 방법이 있다.

2. 같은 변수로 코딩변경

(1) 개념
① 기존 변수명을 유지한 상태로 입력값들을 수정하는 방법이다.
② "성적(고정 너비로 배열).txt"을 불러와 [표1] 성적에 대한 코딩 가이드를 참고해 변수 보기 창을 지정한다.
③ 변환(T) → 같은 변수로 코딩변경(S)...을 순서대로 눌러 실행한다.

> **빠른 클릭**
> 같은 변수로 코딩변경
> 변환(T) → 같은 변수로 코딩변경(S)...

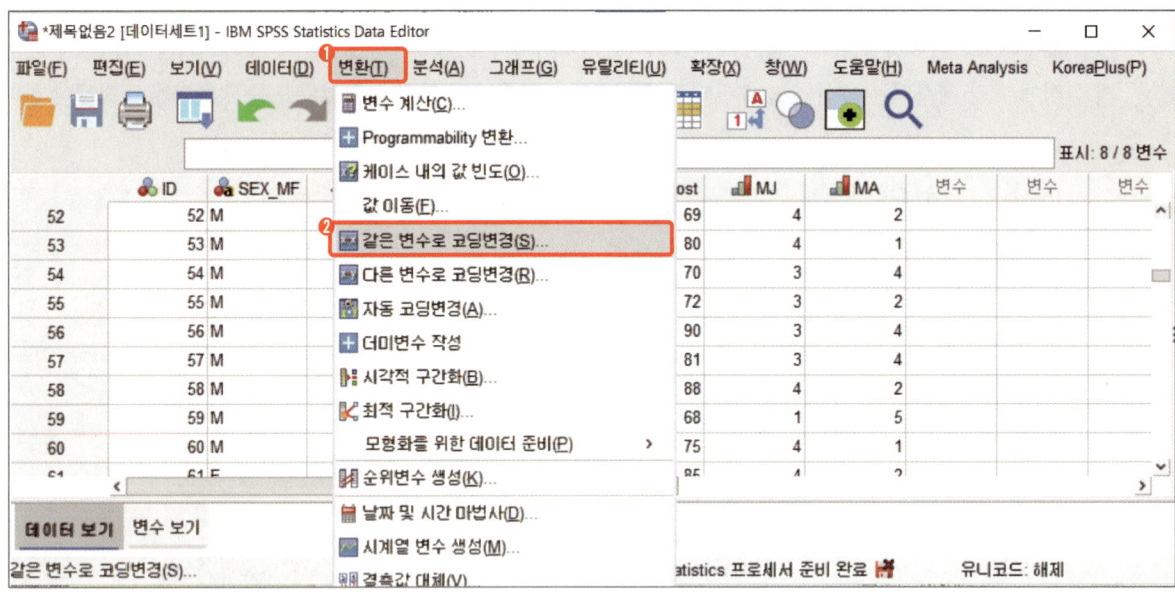

[그림47] 같은 변수로 코딩변경 메뉴

(2) **같은 변수로 코딩변경**

① 영어점수 [Eng] 변수를 학점(A+~F)으로 범주화하기 위해 'A+(95점 이상): 5, A(90점 이상 95점 미만): 4, B(80점 이상 90점 미만): 3, C(70점 이상 80점 미만): 2, D(60점 이상 70점 미만): 1, F(60점 미만): 0'으로 기존 점수를 묶고 변수를 지정할 수 있다.

기존 영어점수	점수	변환	범주화 변수
95점 이상	A+	⇒	5
90점 이상 95점 미만	A	⇒	4
80점 이상 90점 미만	B	⇒	3
70점 이상 80점 미만	C	⇒	2
60점 이상 70점 미만	D	⇒	1
60점 미만	F	⇒	0
시스템 또는 사용자 결측값	제외	⇒	시스템 결측값

② 같은 변수로 코딩변경 대화상자의 변수 중에서 영어점수 [Eng] 변수를 선택하고 ➡를 눌러 오른쪽 숫자 변수로 옮긴 후 기존값 및 새로운 값(O)...을 누른다.

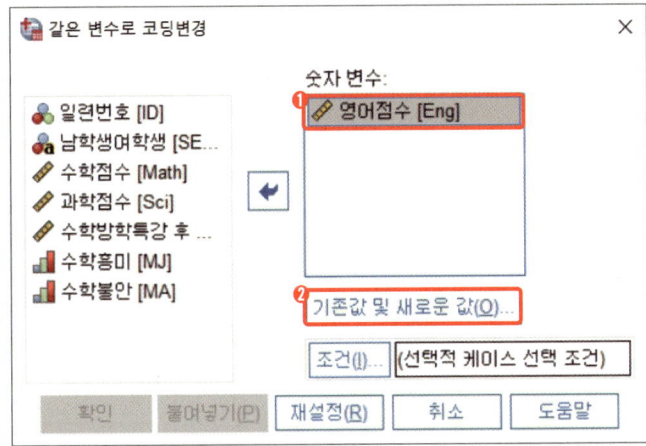

[그림48] 같은 변수로 코딩변경 대화상자

③ 같은 변수로 코딩변경: 기존값 및 새로운 값 대화상자에서 다음과 같이 입력한다.

㉠ '95 이상'을 '5'로 코딩변경

기존값의 다음 값에서 최고값까지 범위(E)에 '95'를 입력하고 새로운 값의 값(L)에 '5'를 입력한 다음 추가(A)를 누르면, 기존값 → 새로운 값(D)에 '95 thru Highest → 5'가 확인된다.

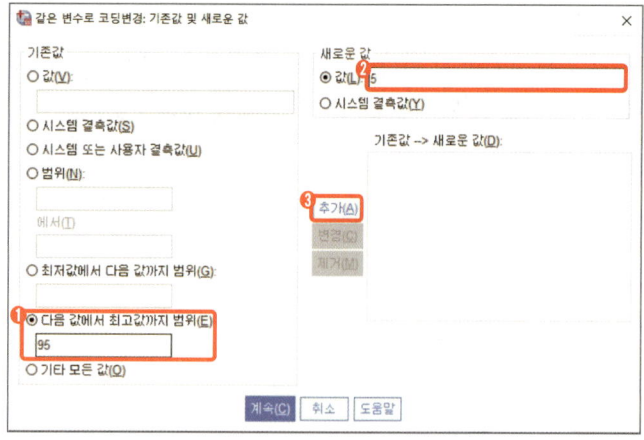

[그림49] 같은 변수로 코딩변경: 기존값 및 새로운 값 대화상자(1)

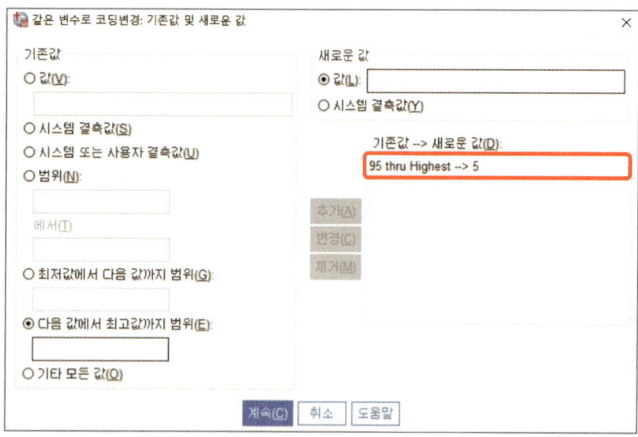

[그림50] 같은 변수로 코딩변경: 기존값 및 새로운 값 대화상자(2)

ⓒ '90점 이상 95점 미만'을 '4'로 코딩변경

기존값의 범위(N)에 '90'을, 에서(T)에 '94'를 입력하고, 새로운 값의 값(L)에 '4'를 입력한 다음 추가(A)를 누르면, 기존값 → 새로운 값(D)에 '90 thru 94 → 4'가 확인된다. 나머지 '80점 이상 90점 미만(80~89)'을 '3'으로, '70점 이상 80점 미만(70~79)'을 '2'로, '60점 이상 70점 미만(60~69)'을 '1'로 코딩변경한다.

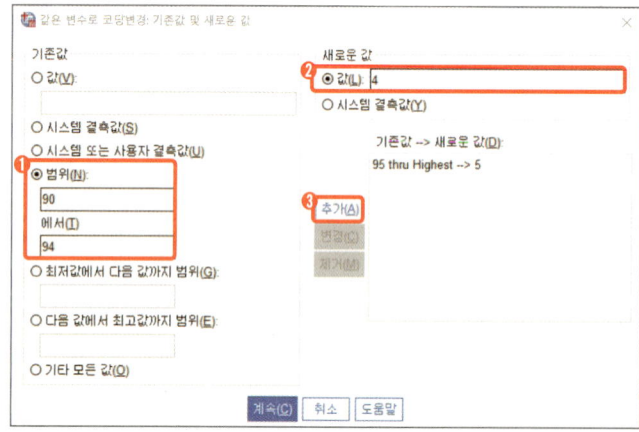

[그림51] 같은 변수로 코딩변경: 기존값 및 새로운 값 대화상자(3)

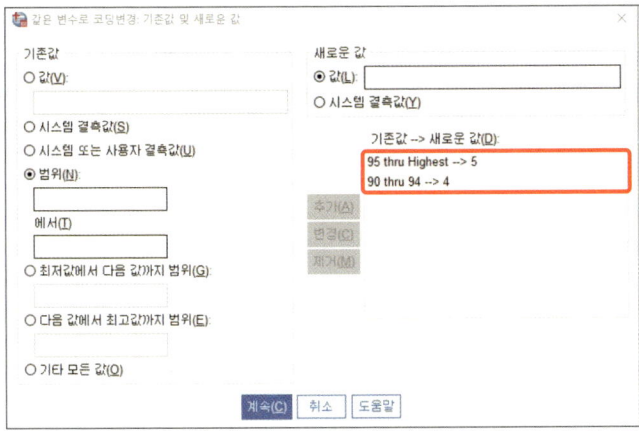

[그림52] 같은 변수로 코딩변경: 기존값 및 새로운 값 대화상자(4)

ⓒ '60점 미만'을 '0'으로 코딩변경

기존값의 최저값에서 다음 값까지 범위(G)에 '59'를 입력하고 새로운 값의 값(L)에 '0'을 입력한 다음 추가(A)를 누르면, 기존값 → 새로운 값(D)에 'Lowest thru 59 → 0'이 확인된다.

ⓓ 시스템 또는 사용자 결측값 코딩변경

기존값의 시스템 또는 사용자 결측값(U)을 선택하고 새로운 값의 시스템 결측값(Y)을 선택한 다음 추가(A)를 누르면, 기존값 → 새로운 값(D)에 'MISSING → SYSMIS'가 확인된다.

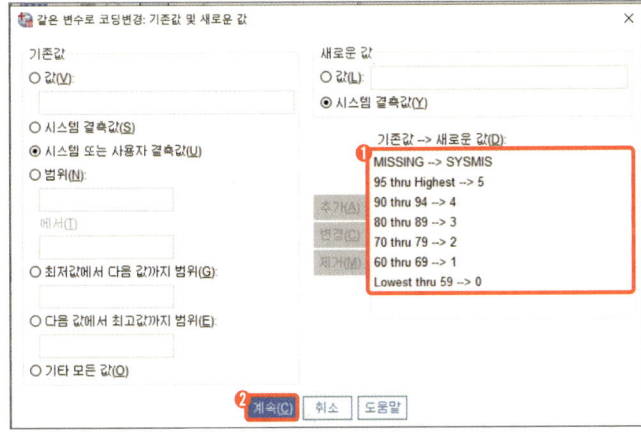

[그림53] 같은 변수로 코딩변경: 기존값 및 새로운 값 대화상자(5)

④ 계속(C)을 눌러 같은 변수로 코딩변경 대화상자로 돌아가 확인을 누르면, 데이터 보기 창에 **영어점수 [Eng]** 열이 범주형 변수(0, 1, 2, 3, 4, 5)로 바뀐 것을 확인할 수 있다.

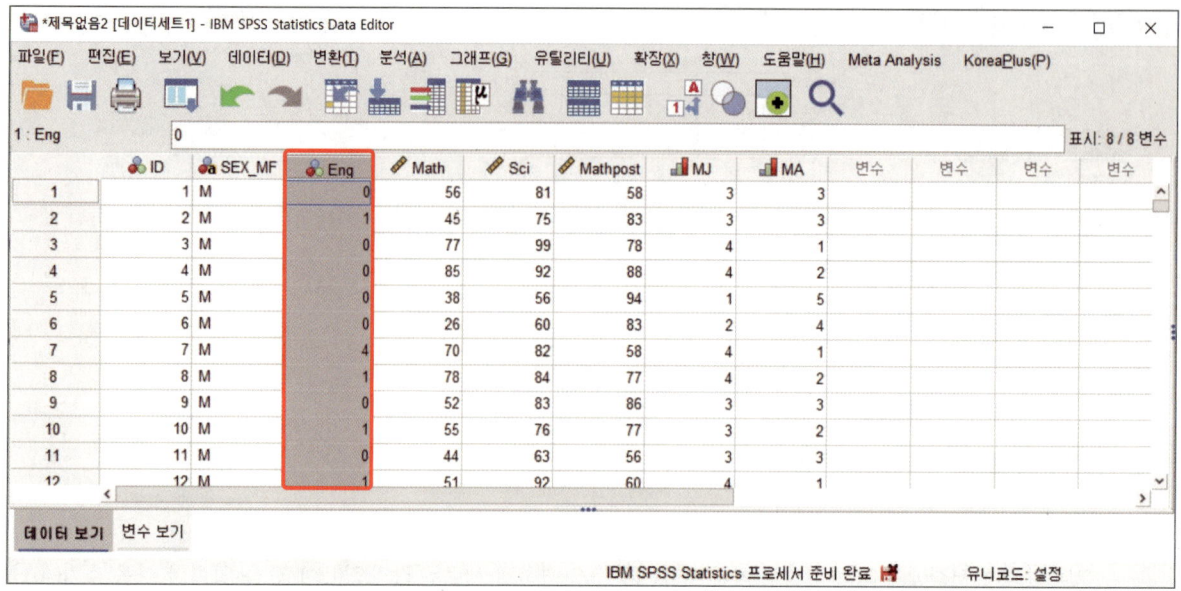

[그림54] 연속형 변수 영어점수를 범주형 변수로 변경

① 영어점수 [Eng] 변수가 범주형 변수로 바뀌면 변수 보기 창의 값의 값 레이블에 0="60 미만", 1="60 이상 70 미만", 2="70 이상 80 미만", 3="80 이상 90 미만", 4="90 이상 95 미만", 5="95 이상"을 입력한다.

2 다른 변수로 코딩변경

1. 개념

① 기존 변수와 새롭게 변경된 변수 모두 통계분석에 활용되는 경우에 이용된다.
② "성적(고정 너비로 배열).txt"을 다시 불러와 [표1] 성적에 대한 코딩 가이드를 참고해 변수 보기 창을 지정한다.
③ 기존 변수를 이용하여 새로운 변수를 만들기 위해 **변환(T)** → **다른 변수로 코딩변경(R)**...을 순서대로 누른다.

> 🖱 빠른 클릭
>
> **다른 변수로 코딩변경**
> 변환(T) → 다른 변수로 코딩변경(R)...

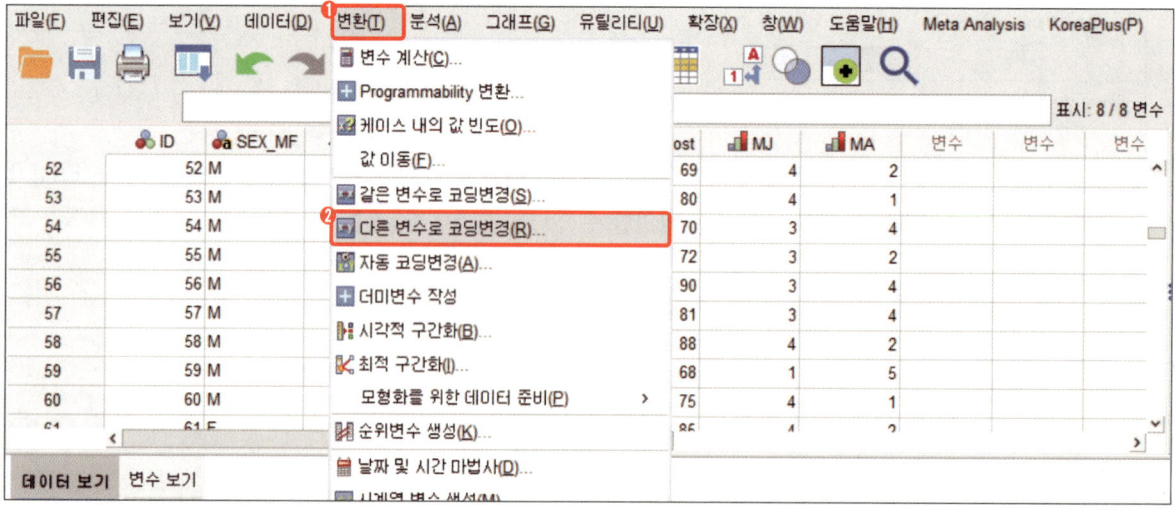

[그림55] 다른 변수로 코딩변경 메뉴

2. 다른 변수로 코딩변경

① 수학흥미 [MJ] 변수를 5점 척도에서 3점 척도로 새롭게 범주화하기 위해 '약함(아주 약함, 약함): 1, 보통(보통): 2, 강함(강함, 아주 강함): 3'으로 기존 척도를 묶고 새롭게 변수를 만들 수 있다.

수학흥미		변환	범주화 변수
기존 5점 척도	새로운 3점 척도		
1. 아주 약함	약함	⇒	1
2. 약함			
3. 보통	보통	⇒	2
4. 강함	강함	⇒	3
5. 아주 강함			
시스템 또는 사용자 결측값		⇒	시스템 결측값

② 다른 변수로 코딩변경 대화상자의 변수 중에서 수학흥미 [MJ]를 선택하고 ➡를 눌러 오른쪽 입력변수 → 출력변수(V)로 옮기면 숫자변수 → 출력변수에 'MJ → ?'가 생긴다.

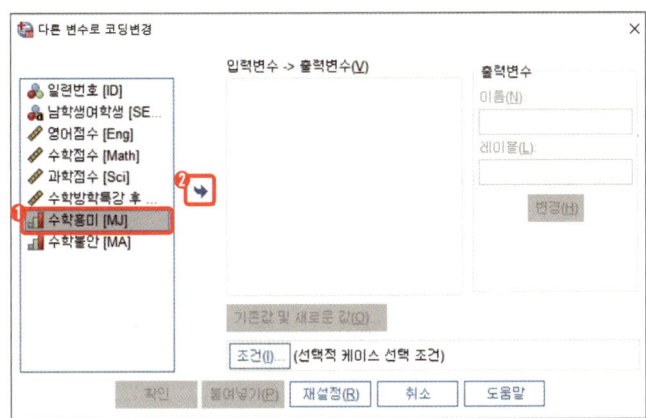

[그림56] 다른 변수로 코딩변경 대화상자(1)

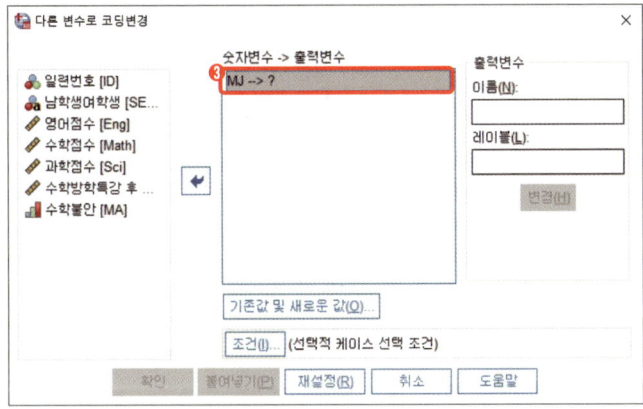

[그림57] 다른 변수로 코딩변경 대화상자(2)

③ 출력변수의 이름(N)에는 새롭게 코딩되는 변수의 이름인 'MJ_3'을 입력하고 레이블(L)에 '3점 척도'를 입력한 다음 변경(H)을 누르면 숫자변수 → 출력변수에 'MJ → MJ_3'이 생긴다. 다음으로 기존값 및 새로운 값(O)을 누른다.

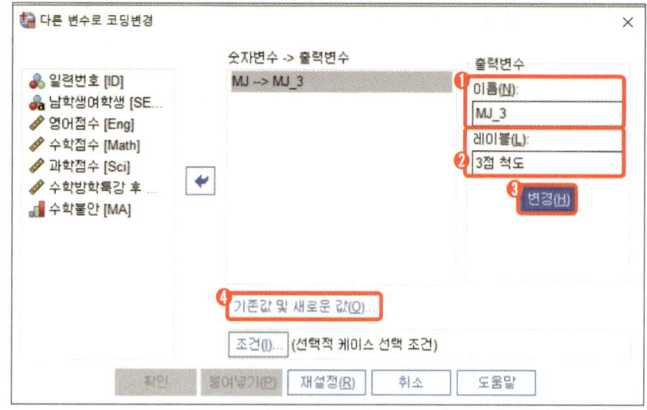

[그림58] 다른 변수로 코딩변경 대화상자(3)

④ 다른 변수로 코딩변경: 기존값 및 새로운 값 대화상자에서 다음과 같이 입력한다.

　㉠ '약함(아주 약함, 약함)'을 '1'로 코딩변경

　　기존값의 범위(N)에 '1'을, 에서(T)에 '2'를 입력하고 새로운 값의 값(L)에 '1'을 입력한 다음 추가(A)를 누르면, 기존값 → 새로운 값(D)에 '1 thru 2 → 1'이 확인된다.

　㉡ '보통(보통)'을 '2'로 코딩변경

　　기존값의 값(V)에 '3'을, 새로운 값의 값(L)에 '2'를 입력한 다음 추가(A)를 누르면, 기존값 → 새로운 값(D)에 '3 → 2'가 확인된다.

　㉢ '강함(강함, 아주 강함)'을 '3'으로 코딩변경

　　기존값의 범위(N)에 '4'를, 에서(T)에 '5'를 입력하고 새로운 값의 값(L)에 '3'을 입력한 다음 추가(A)를 누르면, 기존값 → 새로운 값(D)에 '4 thru 5 → 3'이 확인된다.

　㉣ 시스템 또는 사용자 결측값 코딩변경

　　기존값의 시스템 또는 사용자 결측값(U)을 선택하고 새로운 값의 시스템 결측값(Y)을 선택한 다음 추가(A)를 누르면, 기존값 → 새로운 값(D)에 'MISSING → SYSMIS'가 확인된다.

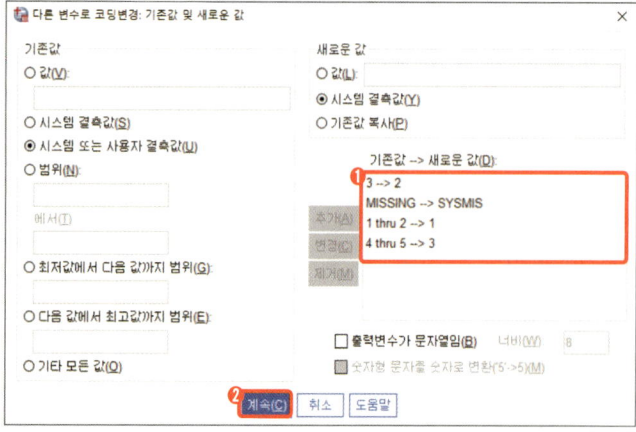

[그림59] 다른 변수로 코딩변경: 기존값 및 새로운 값 대화상자

⑤ 계속(C)을 눌러 다른 변수로 코딩변경 대화상자로 돌아가 확인을 누르면, 데이터 보기 창에 새로운 MJ_3 변수가 만들어진 것을 확인할 수 있다. 이때, 변수 보기 창에서 소수점이하자리를 0으로 바꾸면 정수값이 된다.

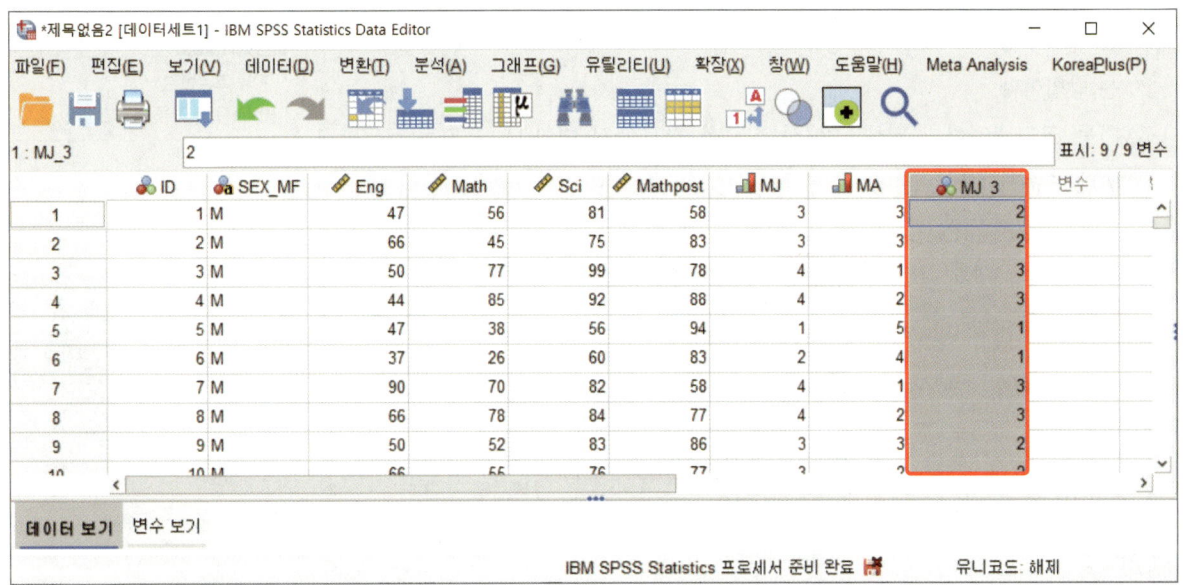

[그림60] 수학흥미 변수를 5점 척도에서 3점 척도로 변경

⑥ 변수 보기 창에서 MJ_3 행의 값의 값 레이블에 1="약함", 2="보통", 3="강함"을 입력한다.

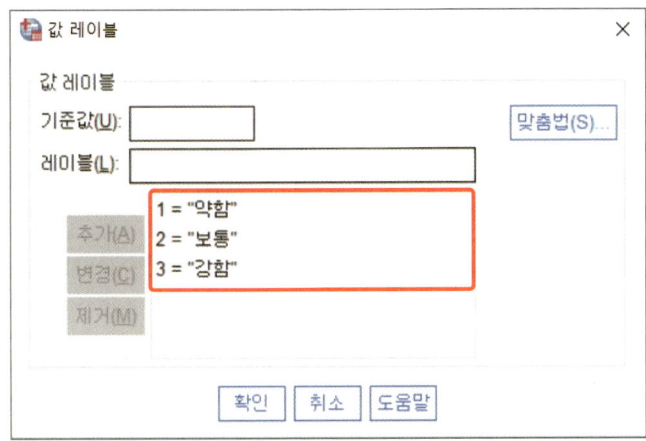

[그림61] 값 레이블 대화상자

3 자동 코딩변경

1. 개념

① 문자로 구성되어 있는 변수(여, 남)를 연속적인 숫자 변수(1, 2)로 자동 변경하는 방법이다.

② 자동 코딩변경하기 위해 앞에서 실습한 자료에서 **변환(T) → 자동 코딩변경(A)...**을 순서대로 누른다.

> 🖱 **빠른 클릭**
>
> 자동 코딩변경
> 변환(T) → 자동 코딩변경(A)...

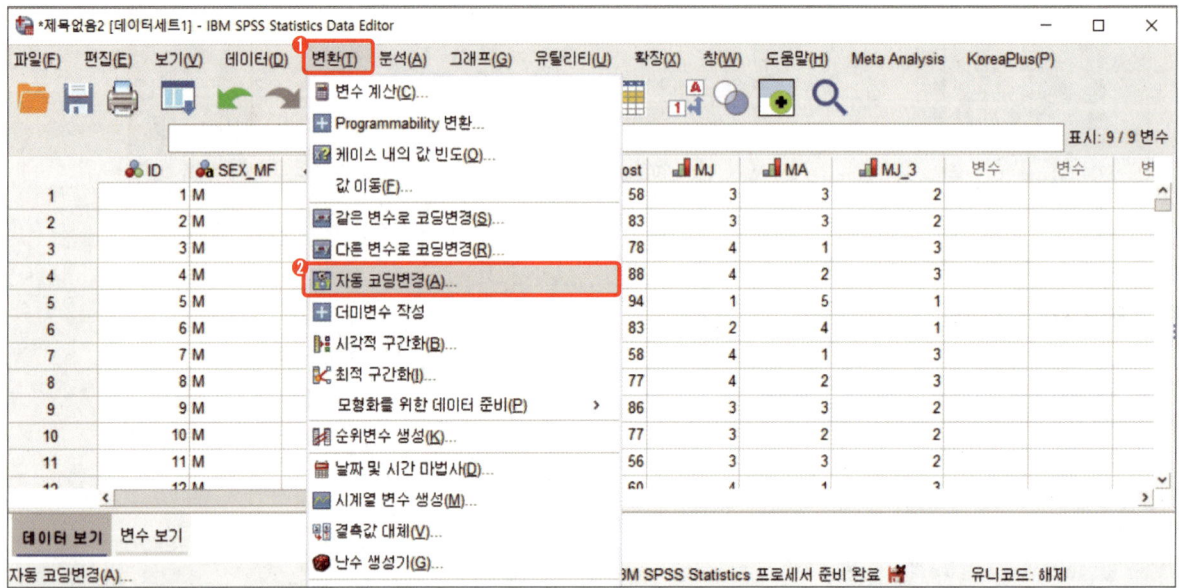

[그림62] 자동 코딩변경 메뉴

2. 자동 코딩변경

① 자동 코딩변경 대화상자의 변수 중에서 남학생여학생 [SEX_MF]을 선택하고 ➡를 눌러 오른쪽 변수 → 새 이름(V)으로 옮기면 'SEX_MF → ????????'이 생긴다.

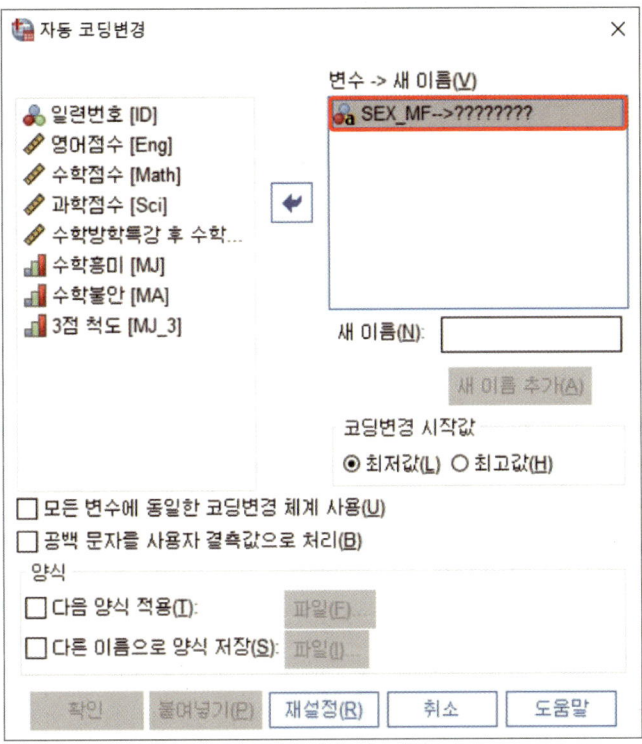

[그림63] 자동 코딩변경 대화상자(1)

② 새 이름(N)에 'SEX'를 입력한 다음 새 이름 추가(A)를 누른다.

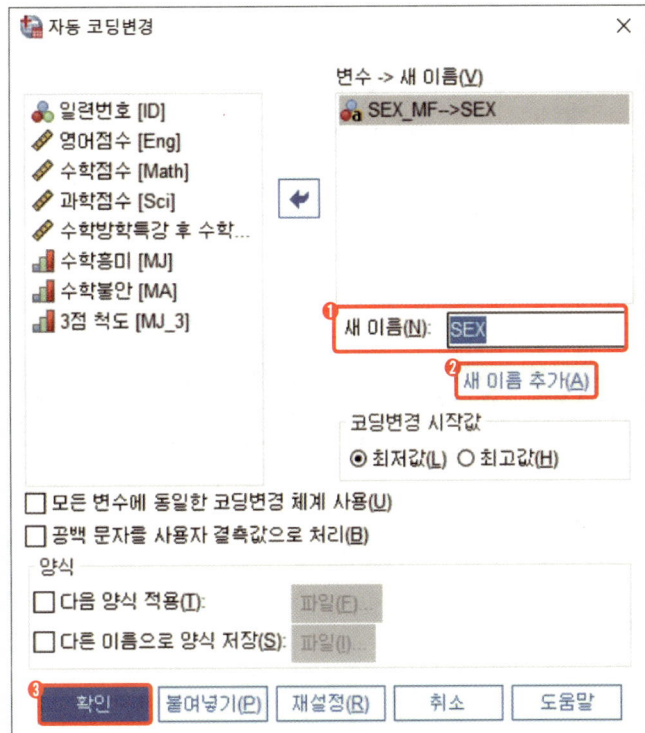

[그림64] 자동 코딩변경 대화상자(2)

③ 확인을 누르면 데이터 보기 창에 새로운 SEX 변수가 만들어진 것을 확인할 수 있다.

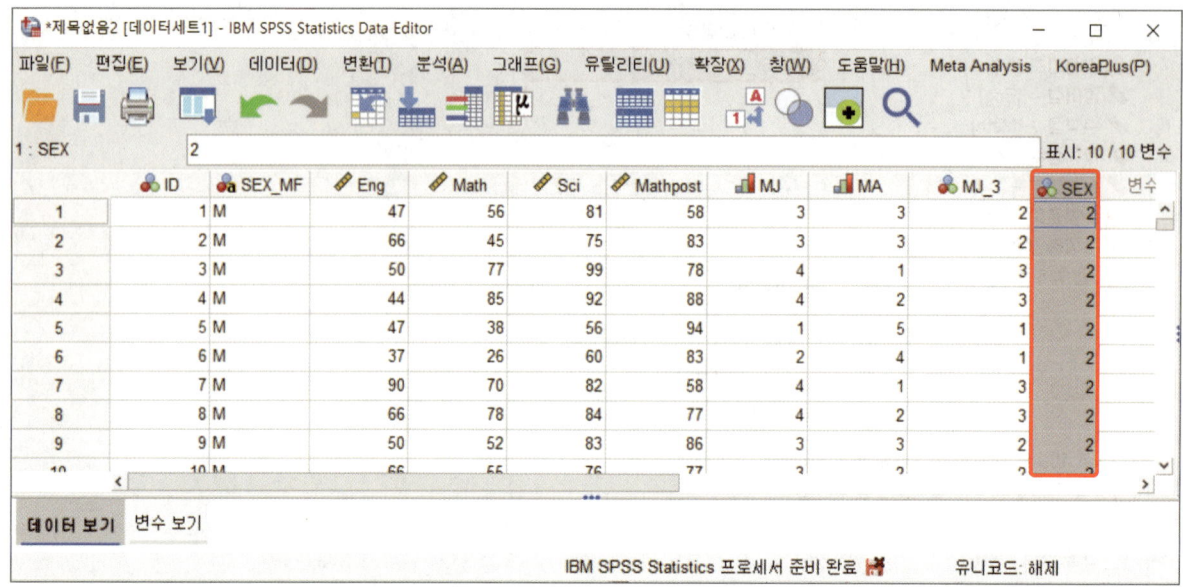

[그림65] 문자 변수를 연속적인 숫자 변수로 변경(데이터 보기 창)

④ 변수 보기 창에는 자동적으로 유형에 '숫자', 레이블에 '남학생여학생', 값에 '1, F...', 측도에 '명목형'이 지정되어 있다.

⑤ SEX_MF 변수와 레이블이 동일하므로, 구분을 위해 변수 보기 창에서 SEX 변수의 레이블을 '남학생여학생_1,2'로 변경한다.

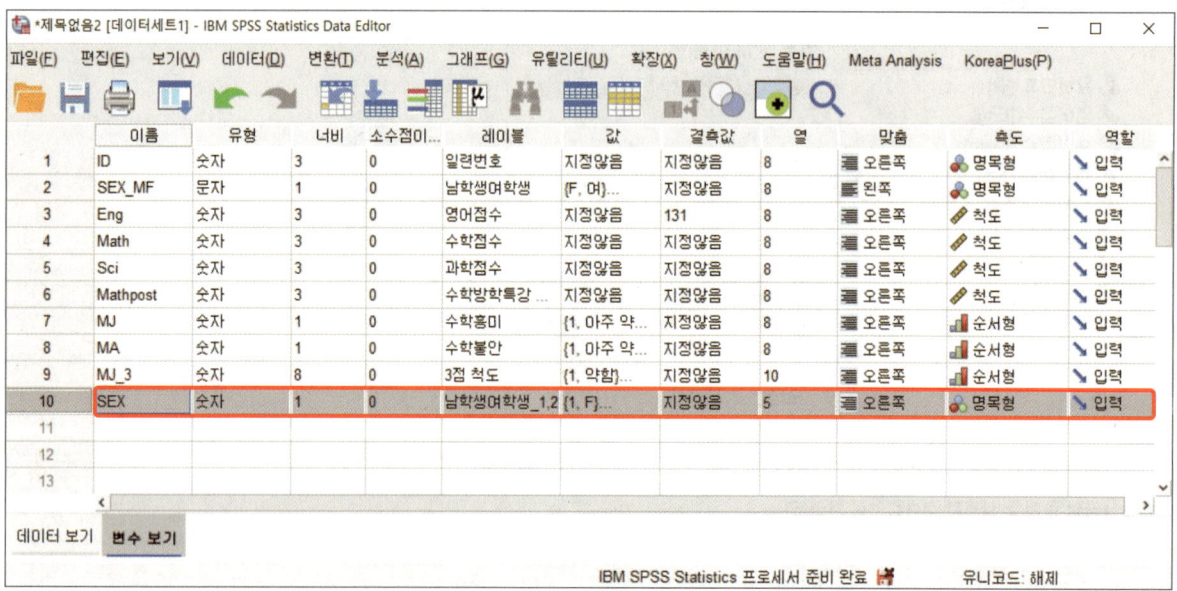

[그림66] 문자 변수를 연속적인 숫자 변수로 변경(변수 보기 창)

CHAPTER 04 변수 계산

1 계산하기

1. 계산하기의 개념

① 일반적으로 합, 평균, 퍼센트, 가중치 등을 계산할 수 있으며, 수식을 직접 입력하여 계산하는 경우와 이미 내장된 함수를 이용하여 계산하는 경우로 계산할 수 있다.

② '결측값을 해당 분석에서 제외하시오'라는 요구사항이 있을 경우, 수식을 직접 입력하여 계산하는 것이 바람직하다.

구분	수식을 직접 입력하여 계산	내장된 함수를 이용하여 계산
결측값이 포함되어 있지 않을 경우	계산 결과 동일	
결측값이 포함되어 있을 경우	결측값으로 처리	결측값을 제외하고 계산

③ 기존의 변수를 이용하여 새로운 변수를 계산하거나 역문항에 대해 역변환을 계산하기 위해 변수 계산을 이용한다.

④ 변수 계산을 위해 앞에서 실습한 자료에서 **변환(T) → 변수 계산(C)**...을 순서대로 누른다.

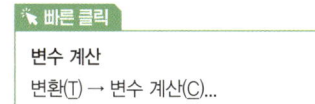

빠른 클릭

변수 계산
변환(T) → 변수 계산(C)...

[그림67] 변수 계산 메뉴

2. 합 계산하기

(1) 수식을 직접 입력하여 계산

① 수식을 직접 입력하여 영어점수, 수학점수, 과학점수를 합한 성적 합 [S_성적] 변수를 생성하도록 한다. 변수 계산 대화상자에서 목표변수(T)에 S_성적을 입력하고, 숫자표현식(E)에 Eng+Math+Sci를 입력한다.

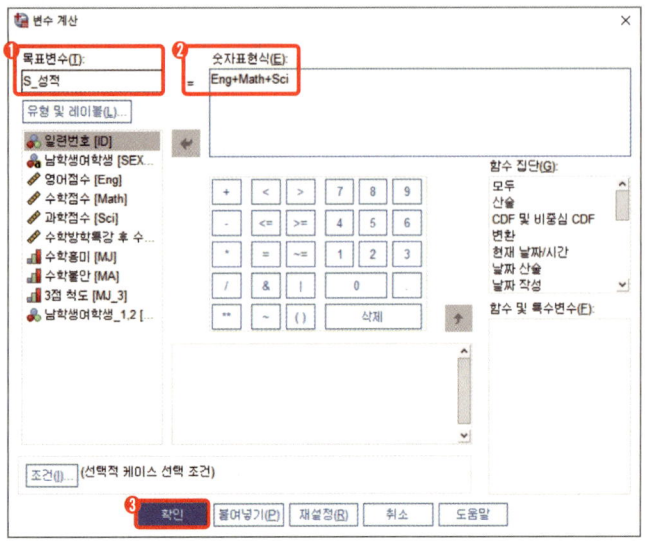

[그림68] 수식을 직접 입력하여 합 계산

② 확인을 누르면 데이터 보기 창에 새로운 S_성적 변수가 만들어진 것을 확인할 수 있다.

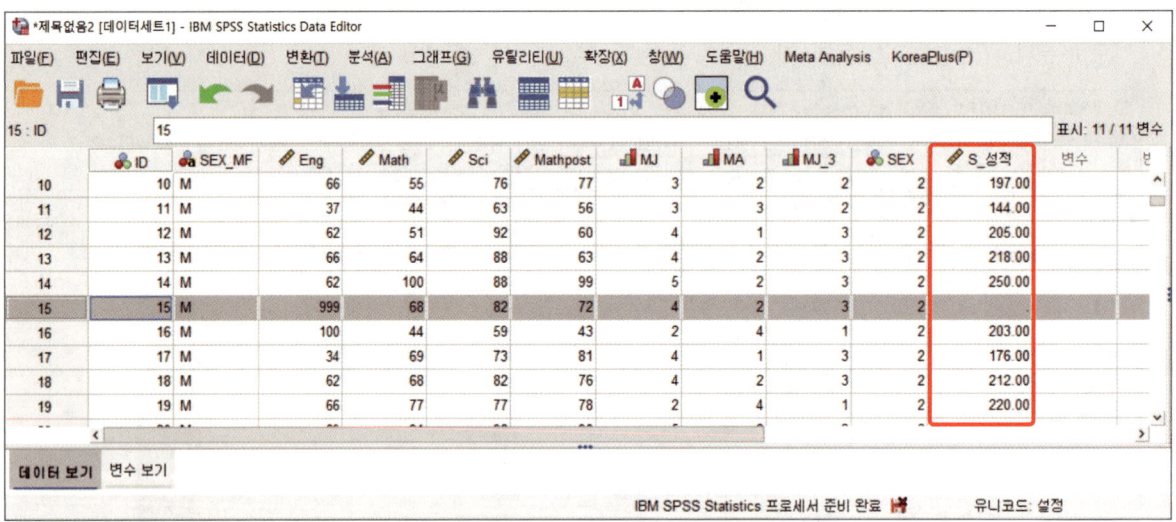

[그림69] 합 계산 결과 데이터 보기 창

③ 변수 보기 창에서 S_성적 행의 레이블에 '성적 합'을 입력한다.

(2) **내장된 함수를 이용하여 계산**

① 내장된 함수를 이용하여 영어점수, 수학점수, 과학점수를 합한 성적 합 [S_성적] 변수를 생성하도록 한다. 변수 계산 대화상자에서 **목표변수(T)**에 S_성적을 입력한다. 그리고 **함수 집단(G)**의 통계를 선택한 다음 함수 및 특수 변수(F)에서 합인 Sum을 선택하고(더블클릭) 숫자표현식(E)에 SUM(Eng, Math, Sci)를 입력한다.

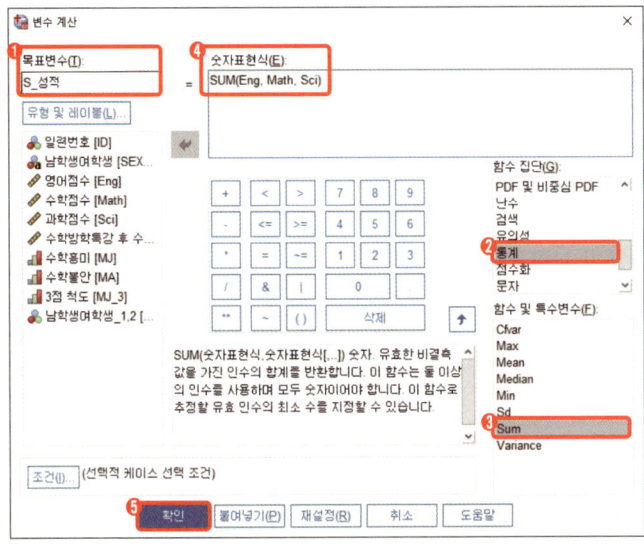

[그림70] 함수를 이용하여 합 계산

② 확인을 누르면 데이터 보기 창에 새로운 S_성적 변수가 만들어진 것을 확인할 수 있다.

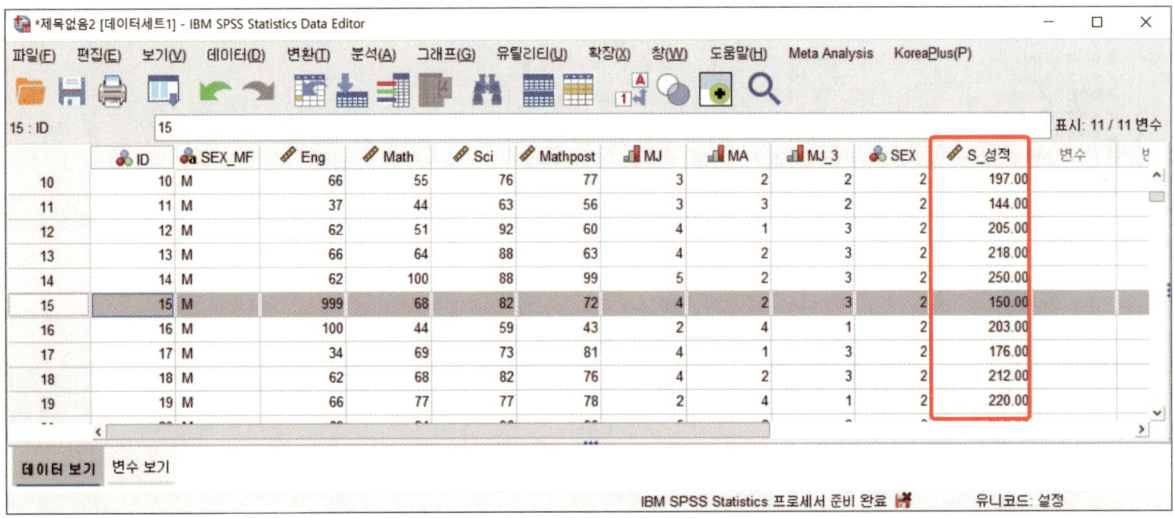

[그림71] 합 계산 결과 데이터 보기 창

③ 변수 보기 창에서 S_성적 행의 레이블에 '성적 합'을 입력한다.

(3) **결측값을 지정한 경우의 계산**

① 수식을 직접 입력하여 합을 구하면 그 결과는 시스템 결측치 "."이다.

② Sum함수를 이용하여 합을 구하면 그 결과는 150(=68+82)이다. SUM함수는 '제시된 모든 값을 더하시오'라고 기억되어 있으므로 결측값을 제외한 나머지 값에 대하여 계산한다.

ID	Eng	Math	Sci	수식 Eng+Math+Sci	Sum함수 SUM(Eng, Math, Sci)
15	999	68	82	.	150.00

(4) **결측값을 해당 분석에서 제외할 경우의 계산**

결측값이 분석에서 제외되도록 수식을 직접 입력하여 연산하는 것이 바람직하다.

3. 평균 계산하기

(1) **수식을 직접 입력하여 계산**

① 수식을 직접 입력하여 영어점수, 수학점수, 과학점수의 평균을 구한 **평균성적 [M_성적]** 변수를 생성하도록 한다. 변수 계산 대화상자에서 목표변수(T)에 M_성적을 입력하고, 숫자표현식(E)에 (Eng+Math+Sci)/3를 입력한다.

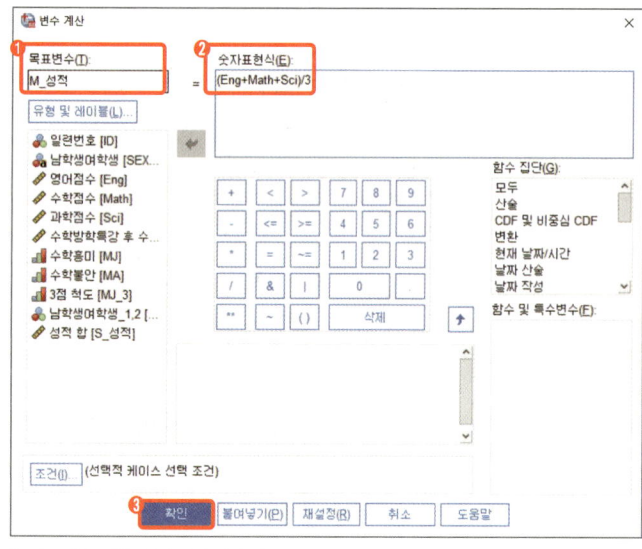

[그림72] 수식을 직접 입력하여 평균 계산

> **TIP**
> 앞의 작업을 통해 변수 계산 대화상자에 숫자표현식이 남아있는 경우, **재설정(R)** 버튼을 눌러 수식 초기화 후 작업하면 된다.

② 확인을 누르면 데이터 보기 창에 새로운 M_성적 변수가 만들어진 것을 확인할 수 있다. 변수 보기 창에서 M_성적 행의 레이블에 '평균성적'을 입력한다.

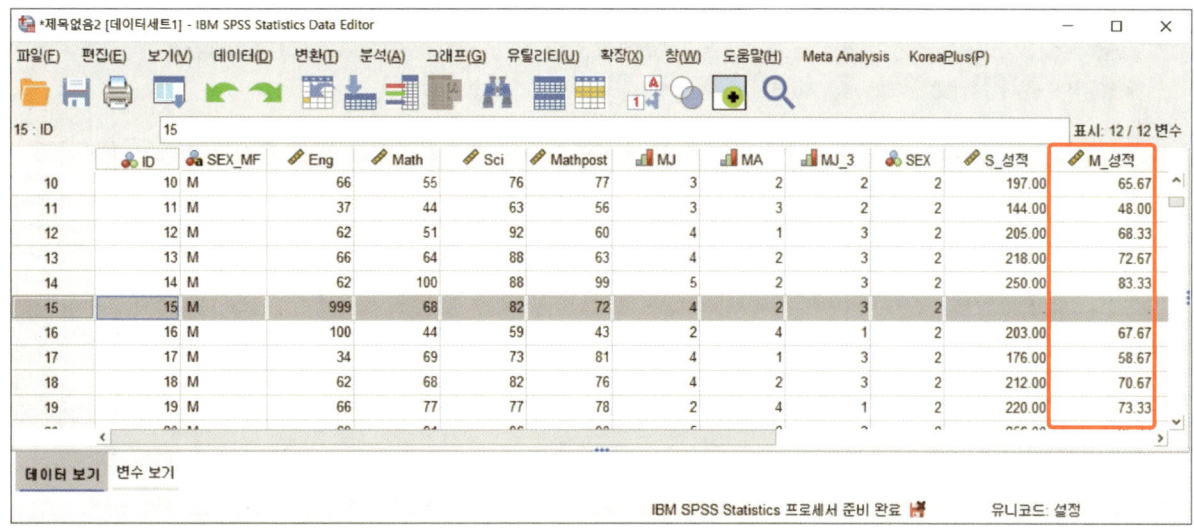

[그림73] 평균 계산 결과 데이터 보기 창

(2) **내장된 함수를 이용하여 계산**

① 내장된 함수를 이용해 영어점수, 수학점수, 과학점수의 평균을 구한 **평균성적 [M_성적]** 변수를 생성하도록 한다. 변수 계산 대화상자에서 **목표변수(T)**에 M_성적을 입력한다. 그리고 함수 집단(G)의 **통계**를 선택한 다음 함수 및 특수 변수(F)에서 평균인 Mean을 선택하고(더블클릭) 숫자표현식(E)에 MEAN(Eng, Math, Sci)를 입력한다.

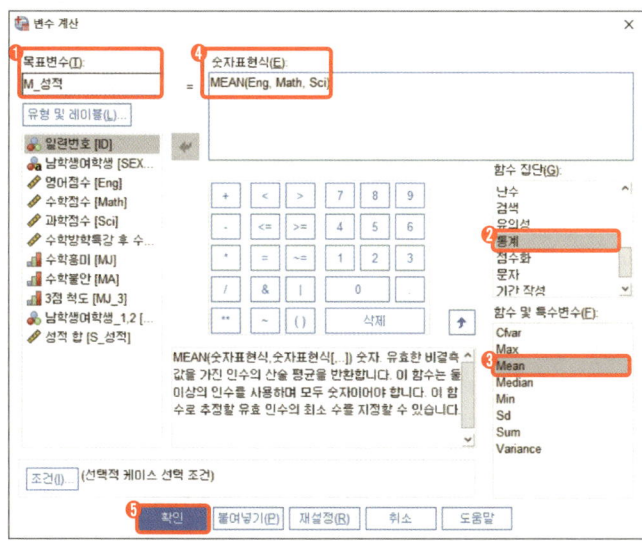

[그림74] 함수를 이용하여 평균 계산

CHAPTER 04 · 변수 계산 **51**

② 확인을 누르면 데이터 보기 창에 새로운 M_성적 변수가 만들어진 것을 확인할 수 있다. 변수 보기 창에서 M_성적 행의 레이블에 '평균성적'을 입력한다.

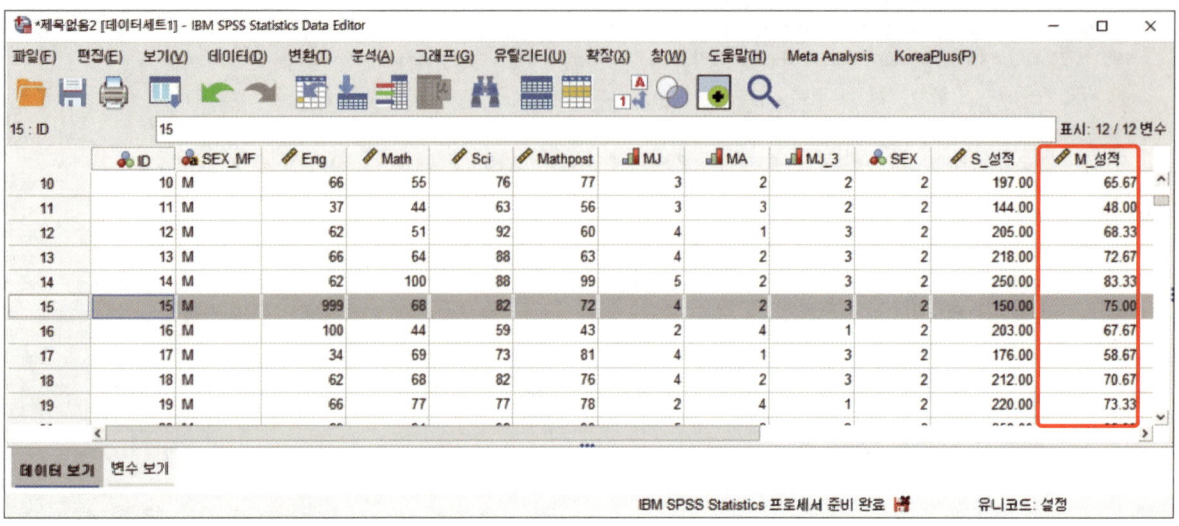

[그림75] 평균 계산 결과 데이터 보기 창

(3) 결측값을 지정한 경우의 계산

① 수식을 직접 입력하여 평균을 구하면 그 결과는 시스템 결측치 "."이다.

② Mean함수를 이용하여 평균을 구하면 그 결과는 75[=(68+82)/2]이다. Mean함수는 '제시된 모든 값의 평균을 구하시오'라고 기억되어 있으므로 결측값을 제외한 나머지 값에 대하여 계산한다.

ID	Eng	Math	Sci	수식	Mean함수
				(Eng+Math+Sci)/3	MEAN(Eng, Math, Sci)
15	999	68	82	.	75.00

2 역문항 처리

1. 역문항의 개념

① 역문항은 다른 문항들과 질문의 방향이 반대인 문항이다.

② 다음은 수학적 성향 조사를 위한 문항이다. 수학만족, 수학흥미, 수학끈기에 '4'나 '5'를 선택한 학생은 보통 수학불안에 '1'이나 '2'를 선택할 것이다.

내용	아주 약함	약함	보통	강함	아주 강함	
수학만족	1	2	3	4	5	
수학흥미	1	2	3	4	5	
수학불안	1	2	3	4	5	← 역문항
수학끈기	1	2	3	4	5	

③ 다른 문항들과 일관된 방향성 없이 응답되는 문항은 역문항에 해당되므로 다른 문항과 일관된 방향을 맞추고 문항의 신뢰성을 유지하기 위해 역변환을 한다.

기존 응답	변환	변경된 응답
1: 아주 약함	⇒	5: 아주 약함
2: 약함	⇒	4: 약함
3: 보통	⇒	3: 보통
4: 강함	⇒	2: 강함
5: 아주 강함	⇒	1: 아주 강함

2. 역문항 처리

(1) **역문항 처리방법(새로운 변수 만들기)**

① 역문항인 수학불안 [MA] 변수를 역변환하기 위해 변수 계산 대화상자에서 목표변수(T)에 'MA_역'을 입력하고 숫자표현식(E)에 '6-MA'를 입력한다.

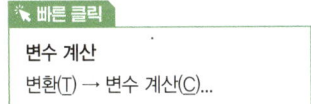

빠른 클릭

변수 계산
변환(T) → 변수 계산(C)...

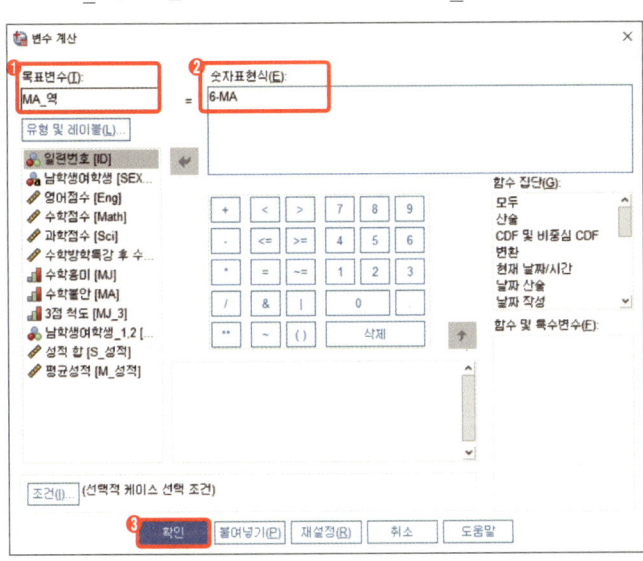

[그림76] 새로운 변수를 만들어 역문항 처리

② 확인을 누르면 데이터 보기 창에 새로운 MA_역 변수가 만들어진 것을 확인할 수 있다. 이때, 변수 보기 창에서 소수점이하자리를 0으로 바꾸면 정수값이 된다.

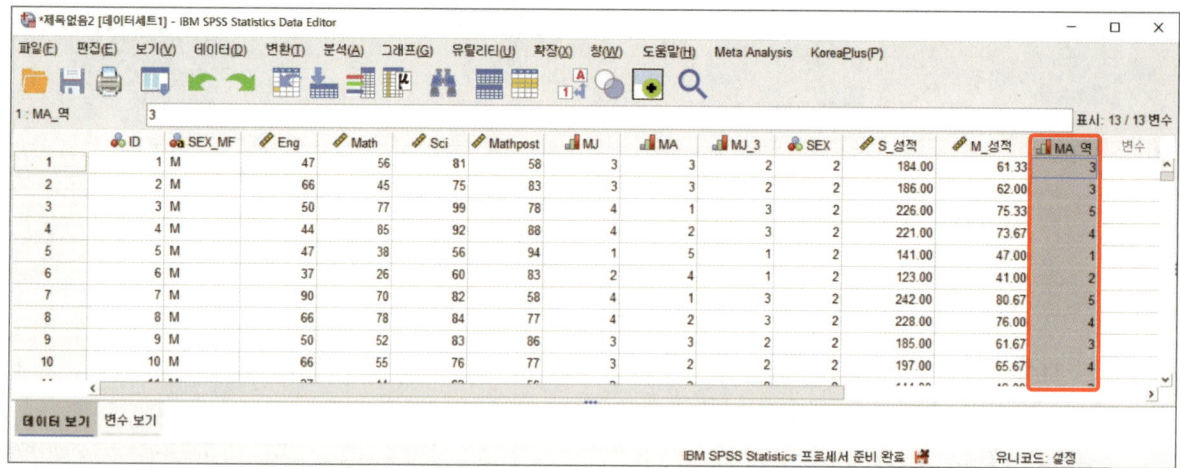

[그림77] 역변환 결과 데이터 보기 창

③ 변수 보기 창에서 MA_역 행의 레이블에 '수학불안_역'을 입력한다.

(2) **역문항 처리방법(기존 변수 유지하기)**

① 수학불안 [MA] 변수 그대로 역변환한 변수로 유지할 수 있다.
② 변수 계산 대화상자에서 **목표변수**(T)에 'MA'를 입력하고 **숫자표현식**(E)에 '6-MA'를 입력한 다음 확인을 누르면 '기존 변수를 변경하시겠습니까?'라는 메시지가 나타난다. 기존에 있던 변수와 목표변수가 같기 때문에 자료를 변경해도 되는지를 묻는 것이다.

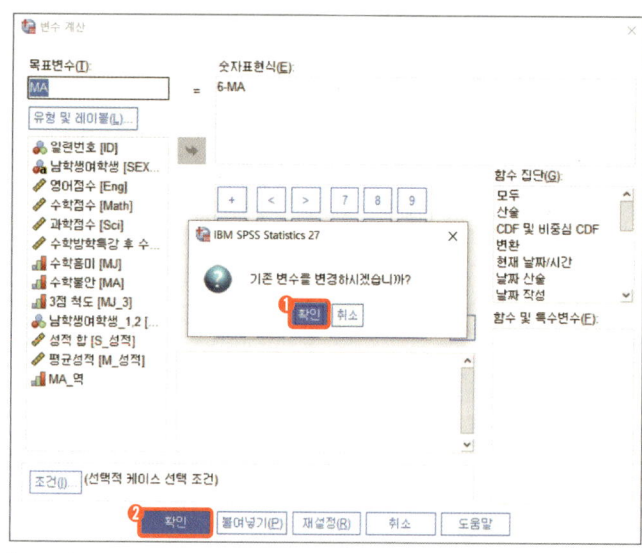

[그림78] 기존 변수를 역문항 처리

③ 확인을 누르면 데이터 보기 창에 기존의 수학불안 [MA] 변수가 앞서 실습한 MA_역의 결과와 같음을 확인할 수 있다.

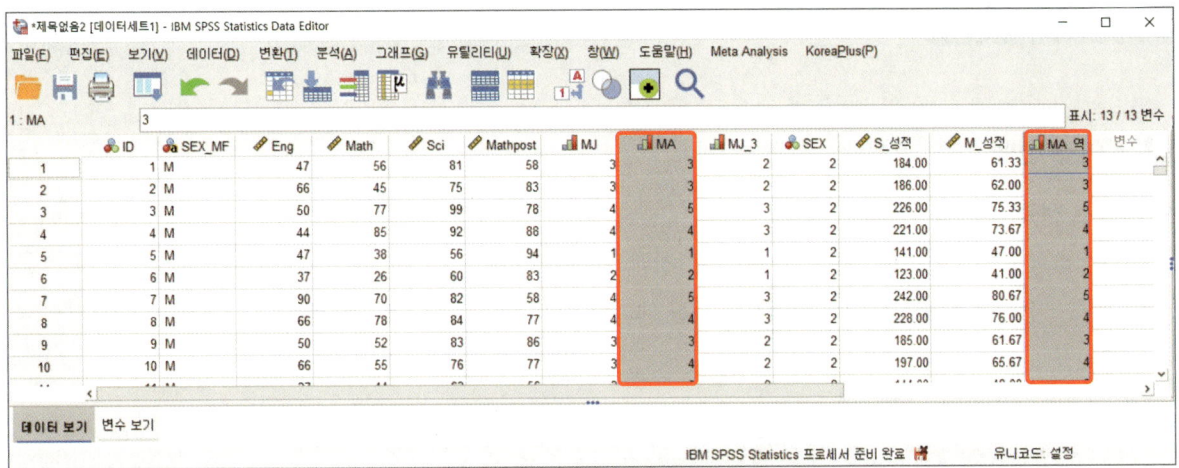

[그림79] 역변환 결과 데이터 보기 창

05 조건을 만족하는 케이스 분석

1 케이스 선택

1. 케이스 선택의 개념

① 데이터의 일부로 분석하고자 하는 케이스를 선택하는 방법이다.

② 케이스 선택을 실행하기 위해 앞에서 학습한 데이터에서 데이터(D) → 케이스 선택(S)...을 순서대로 누른다.

> **빠른 클릭**
> 케이스 선택
> 데이터(D) → 케이스 선택(S)...

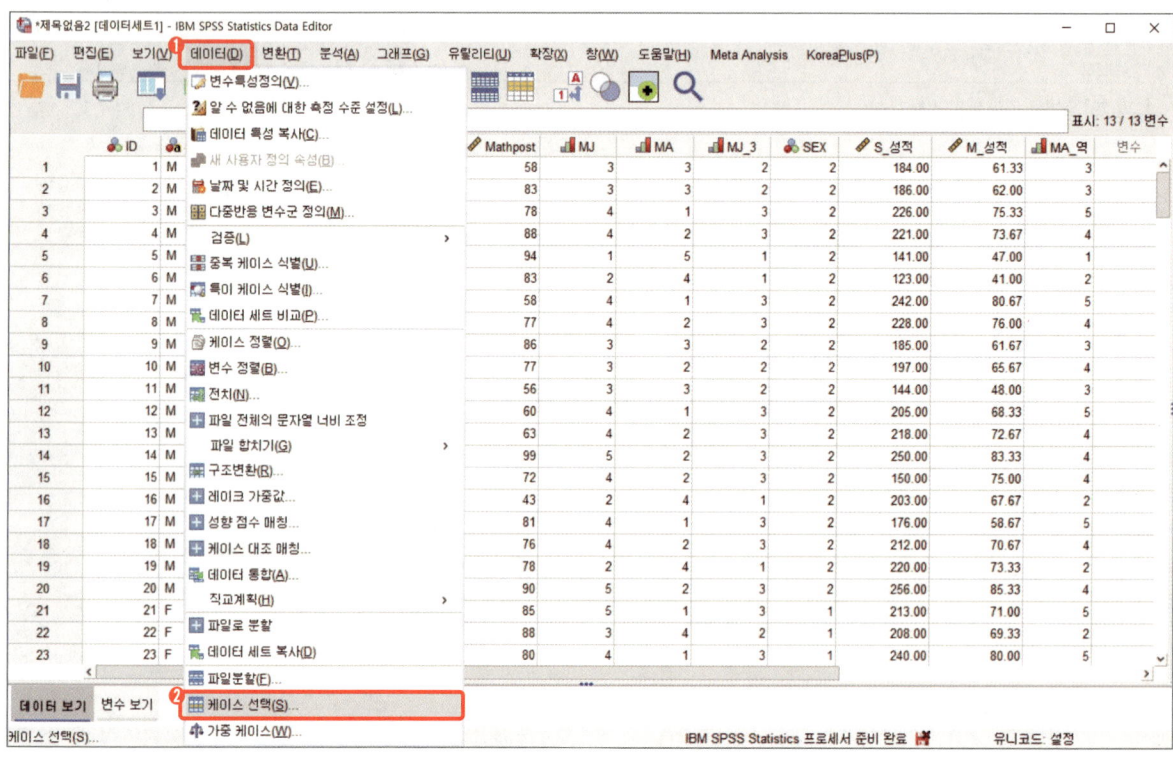

[그림80] 케이스 선택 메뉴

2. 케이스 선택

① 케이스 선택 대화상자에서 선택의 조건을 만족하는 케이스(C)를 선택한 다음 조건(I)을 누른다.

② 케이스 선택: 조건 대화상자에서 남학생여학생_1,2 [SEX]를 선택하고 ➡를 눌러 오른쪽 box로 옮긴 후 SEX=1을 입력한다.

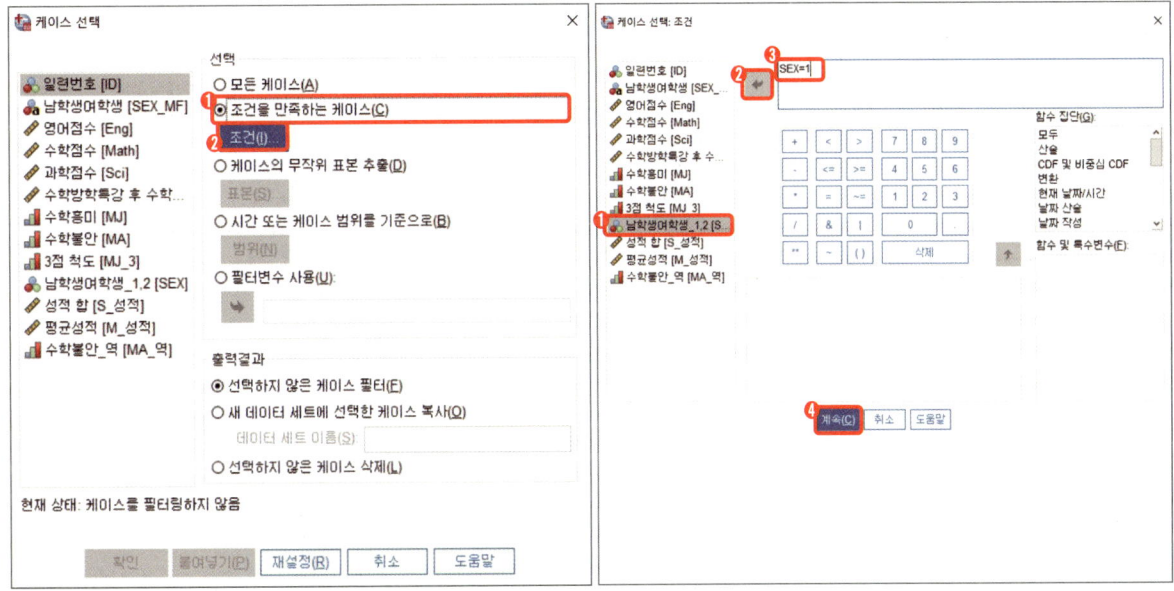

[그림81] 케이스 선택 대화상자 – 조건을 만족하는 케이스   [그림82] 케이스 선택: 조건 대화상자

③ 계속(C)을 눌러 케이스 선택 대화상자로 돌아가 확인을 누르면, 데이터 보기 창에 SEX가 2인 번호 위에 '/' 표시가 되어 있다.

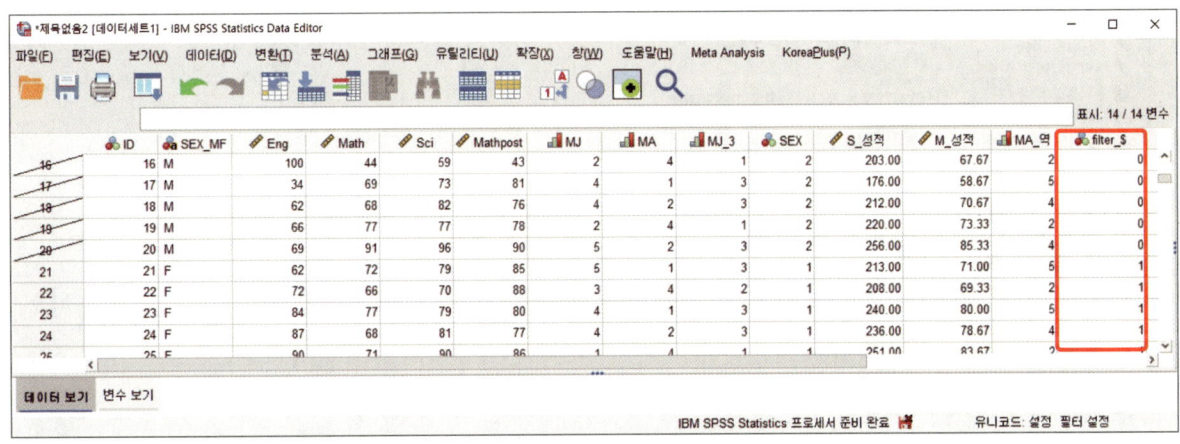

[그림83] 조건을 만족하는 케이스 결과(데이터 보기 창)

④ 변수 보기 창에 filter_$가 새롭게 추가되어 있으며 선택된 케이스는 1, 선택되지 않은 케이스는 0으로 구분되어 있다.

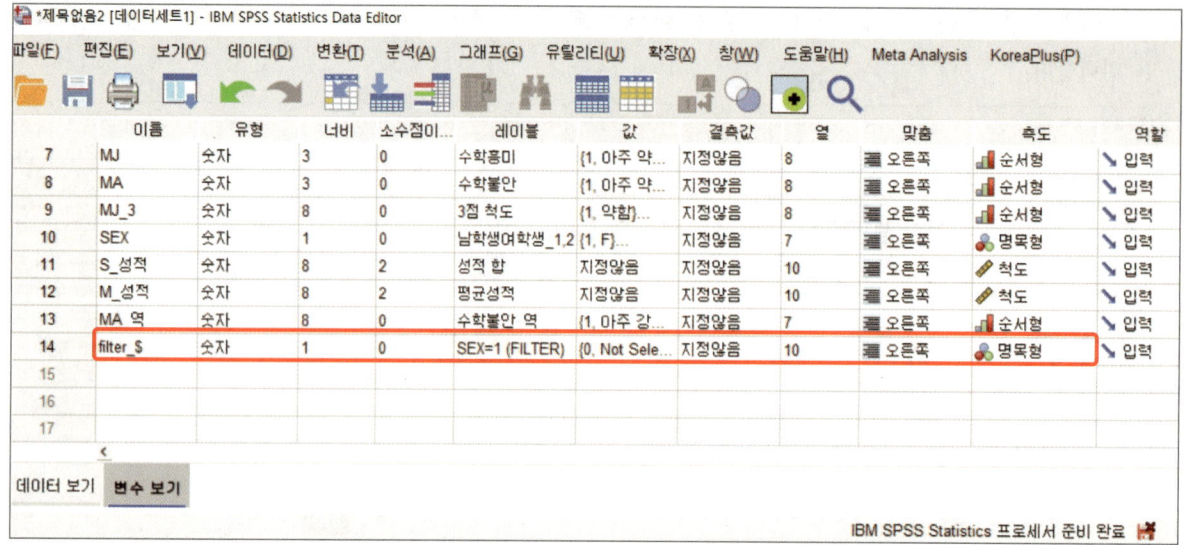

[그림84] 조건을 만족하는 케이스(변수 보기 창)

⑤ 케이스 선택을 이용하여 분석한 다음 케이스 선택을 해제하려면 케이스 선택 대화상자에서 **선택의 모든 케이스(A)**를 선택하고 확인을 누른다.

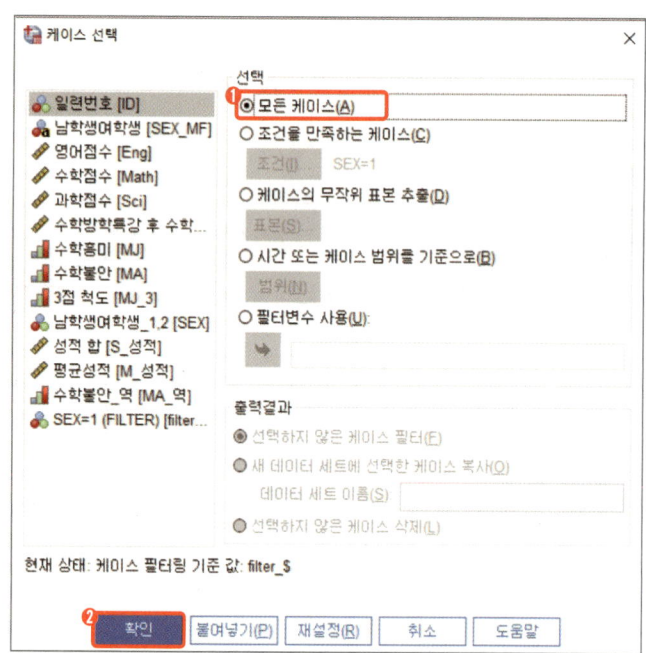

> **빠른 클릭**
>
> 케이스 선택
> 데이터(D) → 케이스 선택(S)...

[그림85] 케이스 선택 대화상자 – 모든 케이스

⑥ 데이터 보기 창에 '/' 표시는 제거되나, filter_$는 남아 있는 것을 확인할 수 있다.

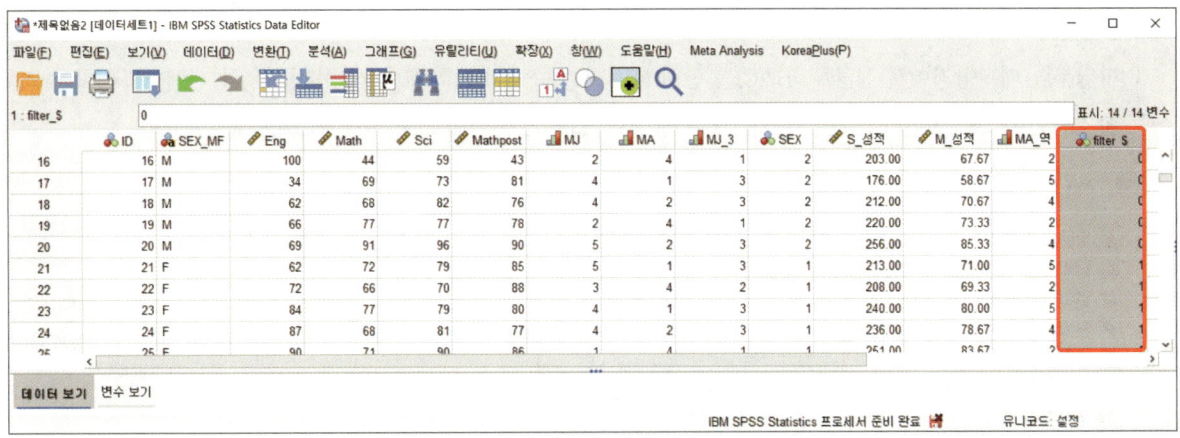

[그림86] 데이터 보기 창 filter_$ 변수

2 파일분할

1. 파일분할의 개념

① 자료를 몇 개의 집단으로 가상적으로 분할하는 방법이다.

② 파일분할이 실행되면 모든 분석은 분할된 집단 단위로 이루어진다.

③ 파일분할을 실행하기 위해 데이터(D) → 파일분할(F)...을 순서대로 누른다.

> **빠른 클릭**
>
> 파일분할
> 데이터(D) → 파일분할(F)...

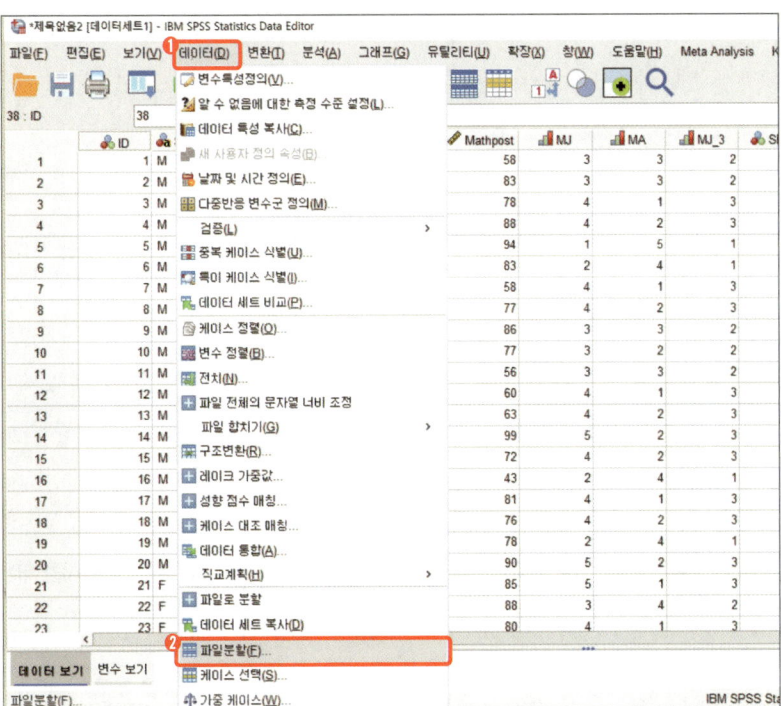

[그림87] 파일분할 메뉴

CHAPTER 05 · 조건을 만족하는 케이스 분석

2. 집단들 비교

(1) 파일분할하기

① 파일분할 대화상자에서 집단들 비교(C)를 선택하고 변수 중에서 남학생여학생_1,2 [SEX]를 선택 후 ➡를 눌러, 분할 집단변수(G)로 옮긴다. 집단변수 기준으로 케이스 정렬(S)은 기본값으로 유지하고 확인을 누른다.

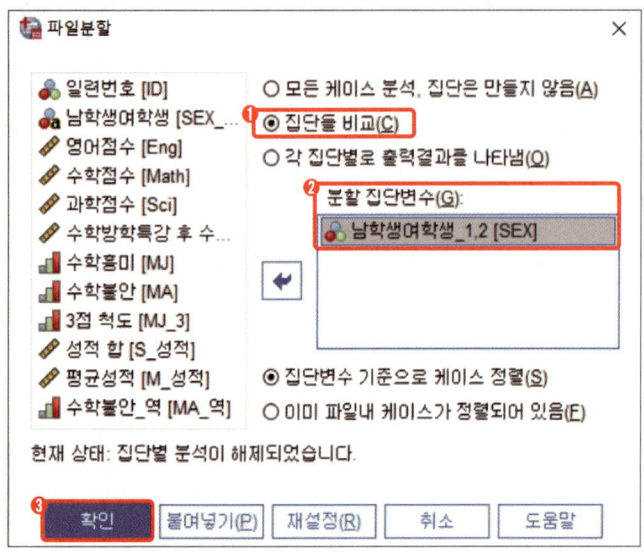

[그림88] 파일분할 대화상자 - 집단들 비교

② 출력결과 창에 다음과 같은 문구가 확인되면 집단들 비교(C)에 대한 파일분할이 정상적으로 진행된 것이다.

```
SORT CASES  BY SEX.
SPLIT FILE LAYERED BY SEX.
```

(2) 파일분할 확인하기

① 파일분할이 되었는지 확인하기 위해 성별(1: 여, 2: 남)에 따라 수학점수와 과학점수 사이의 상관계수를 구해본다.

② 상관계수를 구하기 위해 분석(A) → 상관분석(C) → 이변량 상관(B)...을 순서대로 누른다.

> **빠른 클릭**
> 이변량 상관
> 분석(A) → 상관분석(C) → 이변량 상관(B)...

> **참고**
> 파일분할이 되면 데이터 보기 창에 성별이 1인 여자가 나열되다가 성별이 2인 남자가 이어서 나열된다.
> 그리고 이후에 파일분할을 해제해도 데이터 보기 창의 순서는 파일분할 이전으로 돌아가지 않는다.
> 만약 ID를 1번부터 200번까지 원래대로 나열하고 싶다면 이름 ID를 클릭하고 마우스의 오른쪽을 클릭한 뒤 오름차순 정렬(A)를 이용하면 된다.

③ 이변량 상관계수 대화상자의 변수 목록 중에서 수학점수 [Math], 과학점수 [Sci]를 하나씩 선택하고 ➡를 눌러 오른쪽 변수(V)로 옮긴 후 상관계수에서 Pearson을 선택한다.

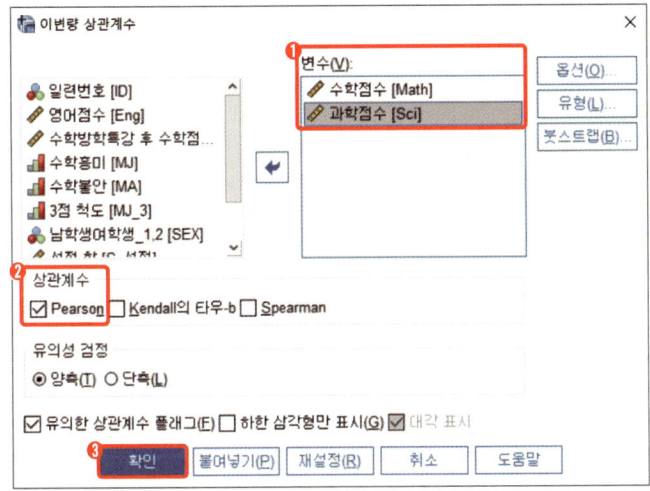

[그림89] 이변량 상관계수 대화상자

④ 확인을 누르면 출력결과 창에 다음을 얻을 수 있다. 상관관계 표에 F(여)와 M(남)의 상관관계를 비교할 수 있도록 결과가 분리되었음을 확인할 수 있다.

상관관계

남학생여학생_1,2			수학점수	과학점수
F	수학점수	Pearson 상관	1	.428**
		유의확률 (양측)		.000
		N	100	100
	과학점수	Pearson 상관	.428**	1
		유의확률 (양측)	.000	
		N	100	100
M	수학점수	Pearson 상관	1	.584**
		유의확률 (양측)		.000
		N	100	100
	과학점수	Pearson 상관	.584**	1
		유의확률 (양측)	.000	
		N	100	100

**. 상관관계가 0.01 수준에서 유의합니다(양측).

[표3] 출력결과

> **TIP**
> SPSS 버전에 따라 유의확률이 <.001이 나올 수도 있다. 이때 <.001은 .000과 동일한 값으로 본다.

(3) **파일분할 해제하기**

파일분할을 이용한 분석이 끝난 후 파일분할을 해제하기 위해 파일분할 대화상자에서 모든 케이스 분석, 집단은 만들지 않음(A)을 선택하고 확인을 누른다.

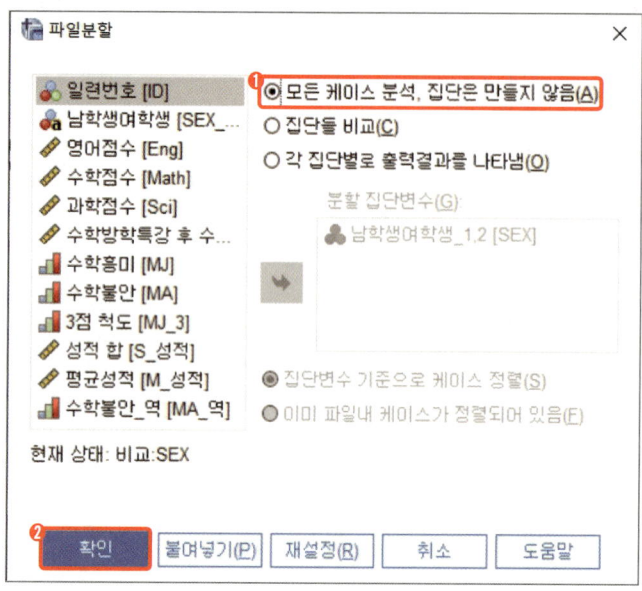

[그림90] 파일분할 대화상자 – 모든 케이스 분석, 집단은 만들지 않음

3. 집단별 비교

(1) **파일분할하기**

① 파일분할 대화상자에서 각 집단별로 출력결과를 나타냄(O)을 선택하고 변수 중에서 남학생여학생_1,2 [SEX]를 선택한다. 그리고 집단변수 기준으로 케이스 정렬(S)은 기본값으로 유지하고 확인을 누른다.

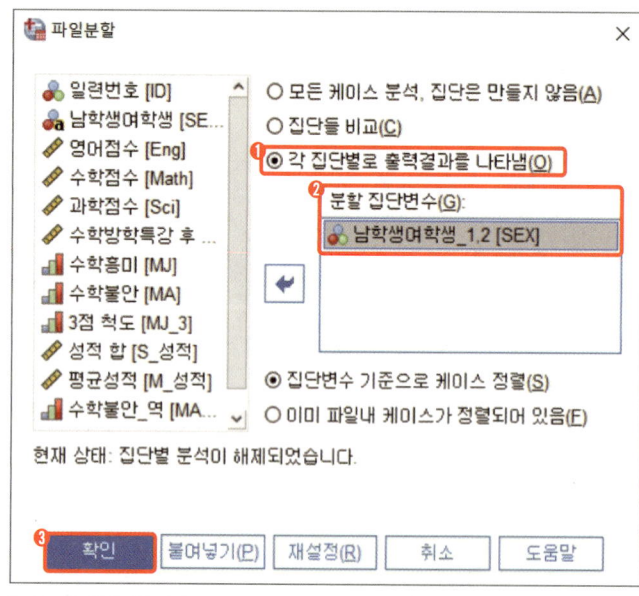

[그림91] 파일분할 대화상자 – 각 집단별로 출력결과를 나타냄

② 출력결과 창에 다음과 같은 문구가 확인되면 각 집단별로 출력결과를 나타냄(O)에 대한 파일분할이 정상적으로 진행된 것이다.

```
SORT CASES BY SEX.
SPLIT FILE SEPARATE BY SEX.
```

(2) 파일분할 확인하기

① 파일분할이 되었는지 확인하기 위해 성별(1: 여, 2: 남)에 따라 수학점수와 과학점수 사이의 상관계수를 구해본다.

② 이변량 상관계수 대화상자의 변수 목록 중에서 수학점수 [Math], 과학점수 [Sci]를 하나씩 선택하고 ▶를 눌러 오른쪽 변수(V)로 옮기고 상관계수에서 Pearson을 선택한다.

③ 확인을 누르면 출력결과 창에 다음을 얻을 수 있다. 상관관계 표에 F(여)와 M(남) 집단별로 수학점수와 과학점수에 대한 상관관계가 분리되어 있음을 확인할 수 있다.

> **빠른 클릭**
>
> 이변량 상관
> 분석(A) → 상관분석(C) → 이변량 상관(B)...

상관관계[a]

남학생여학생_1,2 = F

		수학점수	과학점수
수학점수	Pearson 상관	1	.428**
	유의확률 (양측)		.000
	N	100	100
과학점수	Pearson 상관	.428**	1
	유의확률 (양측)	.000	
	N	100	100

**. 상관관계가 0.01 수준에서 유의합니다(양측).
a. 남학생여학생_1,2 = F

상관관계[a]

남학생여학생_1,2 = M

		수학점수	과학점수
수학점수	Pearson 상관	1	.584**
	유의확률 (양측)		.000
	N	100	100
과학점수	Pearson 상관	.584**	1
	유의확률 (양측)	.000	
	N	100	100

**. 상관관계가 0.01 수준에서 유의합니다(양측).
a. 남학생여학생_1,2 = M

[표4] 출력결과

(3) **파일분할 해제하기**

파일분할을 이용한 분석이 끝난 후 파일분할을 해제하기 위해 파일분할 대화상자에서 모든 케이스 분석, 집단은 만들지 않음(A)을 선택하고 확인을 누른다.

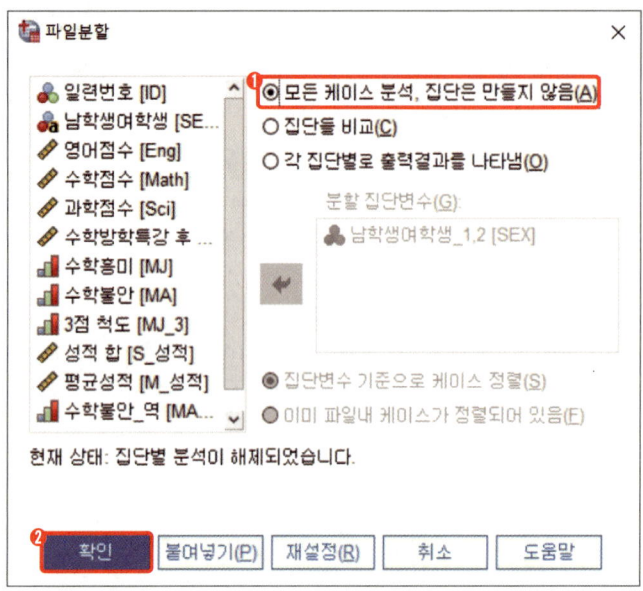

[그림92] 파일분할 대화상자 – 모든 케이스 분석, 집단은 만들지 않음

에듀윌이
너를
지지할게
ENERGY

도중에 포기하지 말라.
망설이지 말라.
최후의 성공을 거둘 때까지 밀고 나가자.

– 헨리 포드(Henry Ford)

작업형

SPSS
통계분석방법

SURVEY ANALYST

CHAPTER 01	기술통계량	68
CHAPTER 02	평균 비교	92
CHAPTER 03	상관분석	113
CHAPTER 04	회귀분석	125
CHAPTER 05	신뢰도 분석	147

CHAPTER 01 기술통계량

1 기술통계량 메뉴

1. 분석 종류

기술통계량(E) 메뉴에는 빈도분석(F), 기술통계(D), 데이터 탐색(E), 교차분석(C), TURF 분석, 비율통계량(R), P-P 도표, Q-Q 도표가 있다.

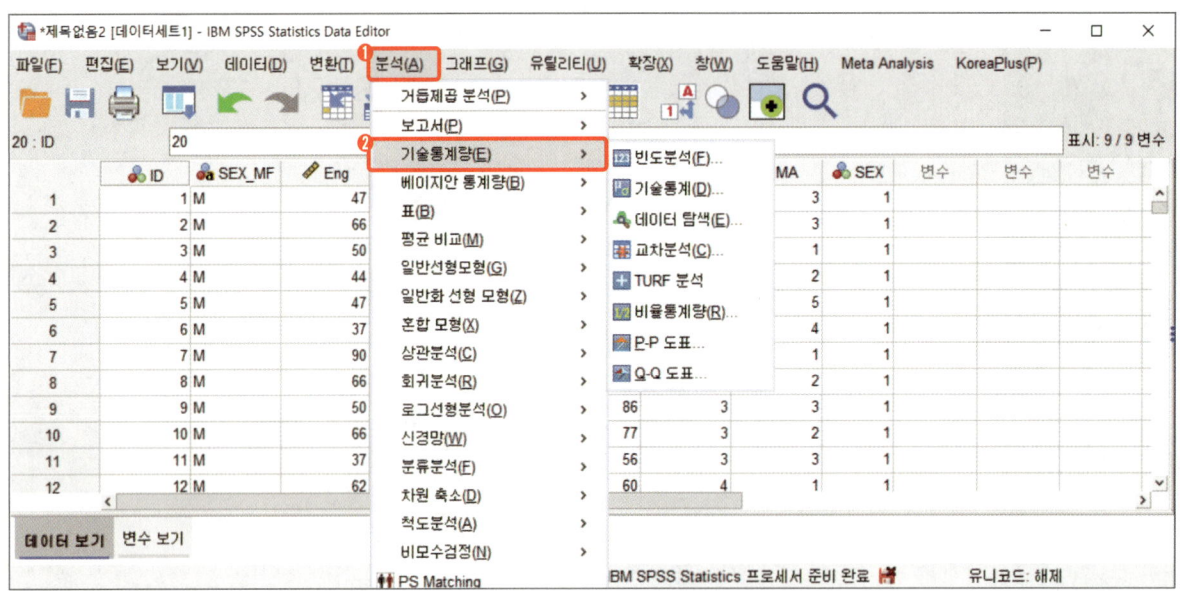

[그림93] 기술통계량 메뉴

2. 주요 분석

빈도분석(F), 기술통계(D), 교차분석(C)은 자주 활용된다.

① 빈도분석(F): 백분위, 중심경향, 산포도, 빈도와 퍼센트 등을 계산하고 범주를 벗어난 오류값과 결측값을 찾는 데 이용한다.

② 기술통계(D): 중심경향과 산포도 및 분포의 형태를 나타내주는 통계량을 구하는 데 이용한다.

③ 교차분석(C): 범주형 자료에 의한 교차표 분석에 이용한다.

2 빈도분석

1. 빈도분석의 개념

① 입력된 데이터들이 도수분포표 상에서 어떠한 분포적 특성을 가지고 있는지 파악하는 통계분석법이다.

② 빈도표를 이용하여 응답의 범주를 벗어난 오류값이나 결측값을 찾는 데 유용하게 이용된다.

③ 백분위수 값, 중심경향, 산포도, 분포 등의 통계량을 계산할 수 있다.

　㉠ 백분위수 값: 사분위수(Q), 절단점(U), 백분위수(P)

　㉡ 중심경향: 평균(M), 중위수(D), 최빈값(O), 합계(S)

　㉢ 산포도: 표준편차(T), 분산(V), 범위(N), 최솟값(I), 최댓값(X), 평균의 표준오차(E)

　㉣ 분포: 왜도(W), 첨도(K)

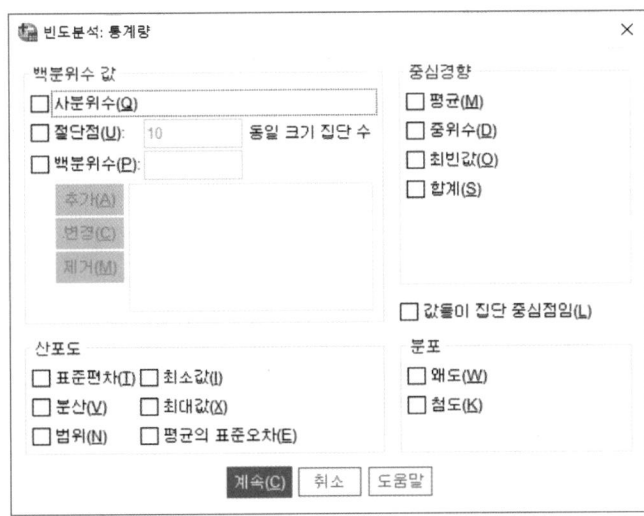

[그림94] 빈도분석: 통계량 대화상자

2. 빈도 및 비율 구하기

(1) 학습준비

"성적(구분자에 의한 배열).txt"을 열고 [표1] 성적에 대한 코딩 가이드를 참고해서 데이터를 준비한다. 남학생여학생 [SEX]은 남학생 1, 여학생 2로 다른 변수로 코딩변경하여 남학생여학생_1,2 [SEX]를 만든다.

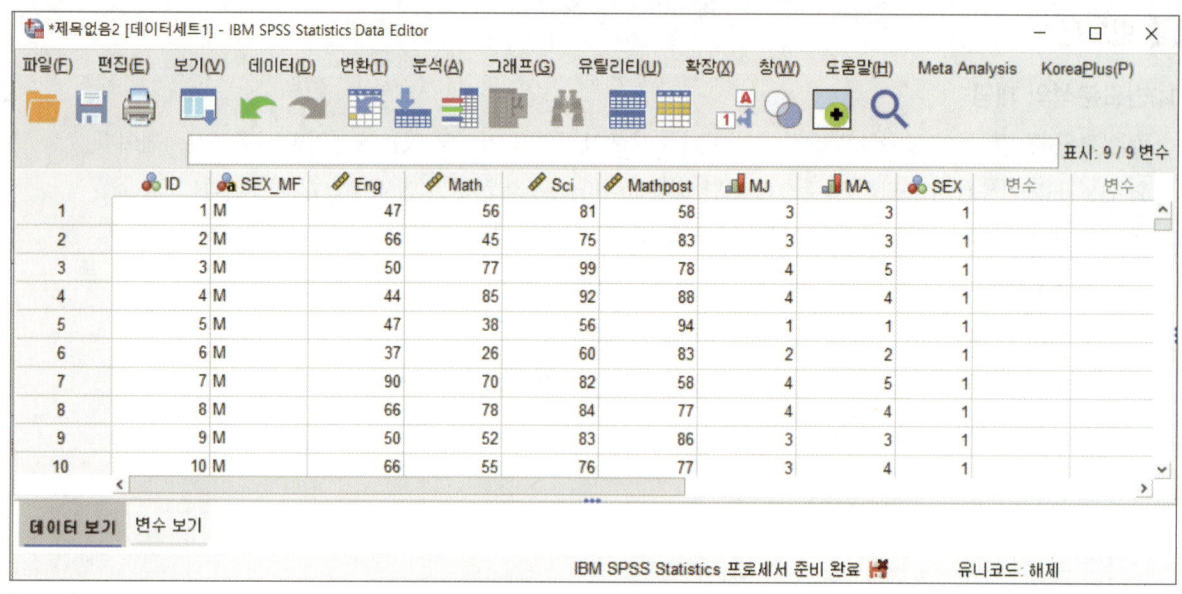

[그림95] 빈도분석 준비

(2) 빈도분석 실시

① 변수의 빈도 및 비율을 구하기 위해 분석(A) → 기술통계량(E) → 빈도분석(F)...을 순서대로 누른다.

② 빈도분석 대화상자의 변수에서 영어점수 [Eng]를 선택하고 ➡를 눌러 오른쪽 변수(V)로 이동시킨다.

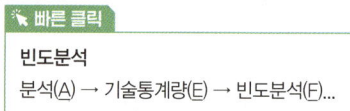

빈도분석
분석(A) → 기술통계량(E) → 빈도분석(F)...

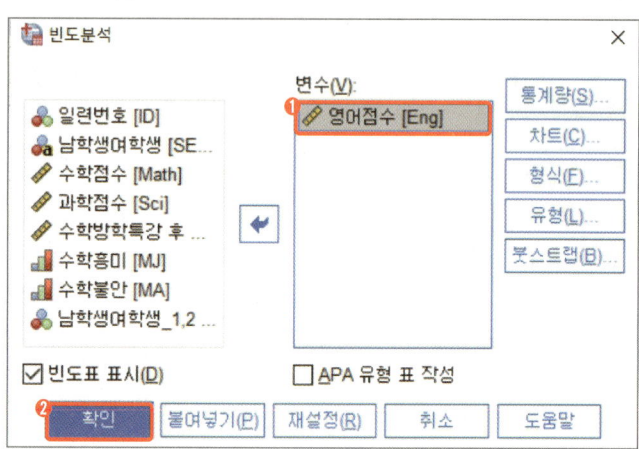

[그림96] 빈도분석 대화상자

③ 확인을 누르면 출력결과 창에 빈도표를 얻을 수 있다. 빈도표에는 빈도, 퍼센트, 유효 퍼센트, 누적 퍼센트가 확인된다.

　㉠ 퍼센트: 200명 전체에 대한 상대도수로 결측값을 포함한다.

　㉡ 유효 퍼센트: 결측값을 제외한 198명에 대한 상대도수이다.

　㉢ 누적 퍼센트: 결측값을 제외한 198명에 대한 누적상대도수이다.

영어점수

		빈도	퍼센트	유효 퍼센트	누적 퍼센트
유효	31	3	1.5	1.5	1.5
	34	9	4.5	4.5	6.1
	37	10	5.0	5.1	11.1
	41	5	2.5	2.5	13.6
	44	10	5.0	5.1	18.7
	47	20	10.0	10.1	28.8
	50	15	7.5	7.6	36.4
	59	10	5.0	5.1	41.4
	62	20	10.0	10.1	51.5
	66	35	17.5	17.7	69.2
	69	10	5.0	5.1	74.2
	72	10	5.0	5.1	79.3
	75	5	2.5	2.5	81.8
	84	10	5.0	5.1	86.9
	87	5	2.5	2.5	89.4
	90	10	5.0	5.1	94.4
	100	10	5.0	5.1	99.5
	131	1	.5	.5	100.0
	전체	198	99.0	100.0	
결측	시스템	2	1.0		
전체		200	100.0		

[표5] 출력결과

④ '결측값을 해당 분석에서 제외하시오'라는 요구사항이 있다면, 결측값을 분석에서 제외한 유효 퍼센트를 사용한다.

3. 오류값 및 결측값 찾기

(1) **오류값 찾기**

① 변수에 대해 오류값을 찾기 위해 빈도분석을 한 결과, 응답범주(최대 100점)에서 벗어난 131점 1명과 시스템 결측 2명을 확인할 수 있다.

② 오류값 131이 있는 일련번호를 찾기 위해서 데이터 보기 창에서 Eng 열을 선택한 다음 편집(E) → 찾기(F)...를 순서대로 누른다.

> 🖱 빠른 클릭
> **찾기**
> 편집(E) → 찾기(F)...

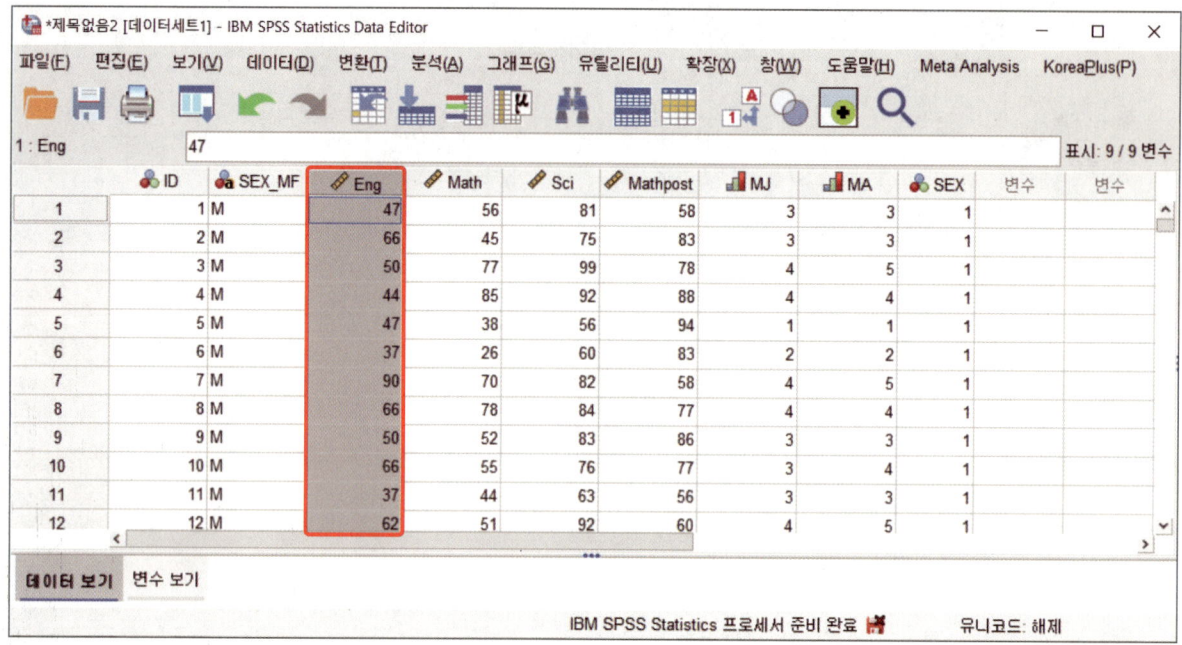

[그림97] Eng 열 선택

③ 찾기 및 바꾸기-데이터 보기 대화상자의 찾기(N)에 '131'을 입력하고 다음 찾기(F)를 누른다. 그러면 아래와 같이 일련번호 55에 오류값 '131'이 존재함을 알 수 있다.

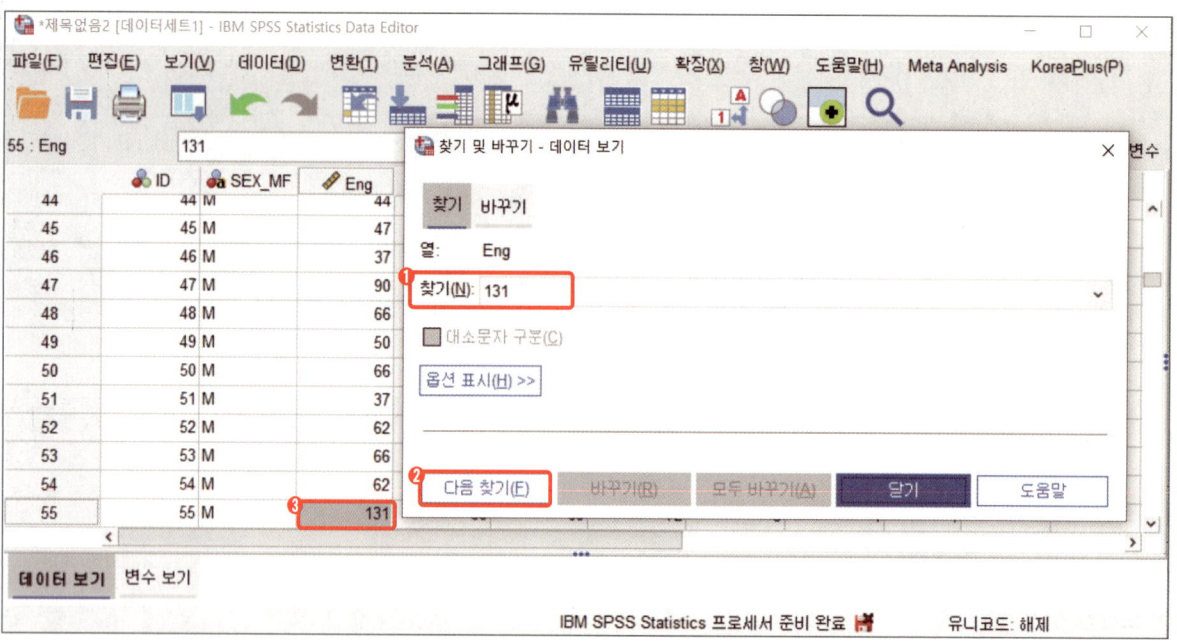

[그림98] 오류값 '131' 찾기

④ 다음 찾기(F)를 누르면 오류값 '131'이 있는 일련번호가 이어서 확인된다. 만약 더 이상 찾을 값이 없으면 닫기를 누른다.

(2) **결측값 찾기**

① 결측값을 찾기 위해 찾기(N)에 '.'을 입력하고 다음 찾기(F)를 누른다. 그러면 아래와 같이 일련번호 15에 결측값 '.'이 확인된다.

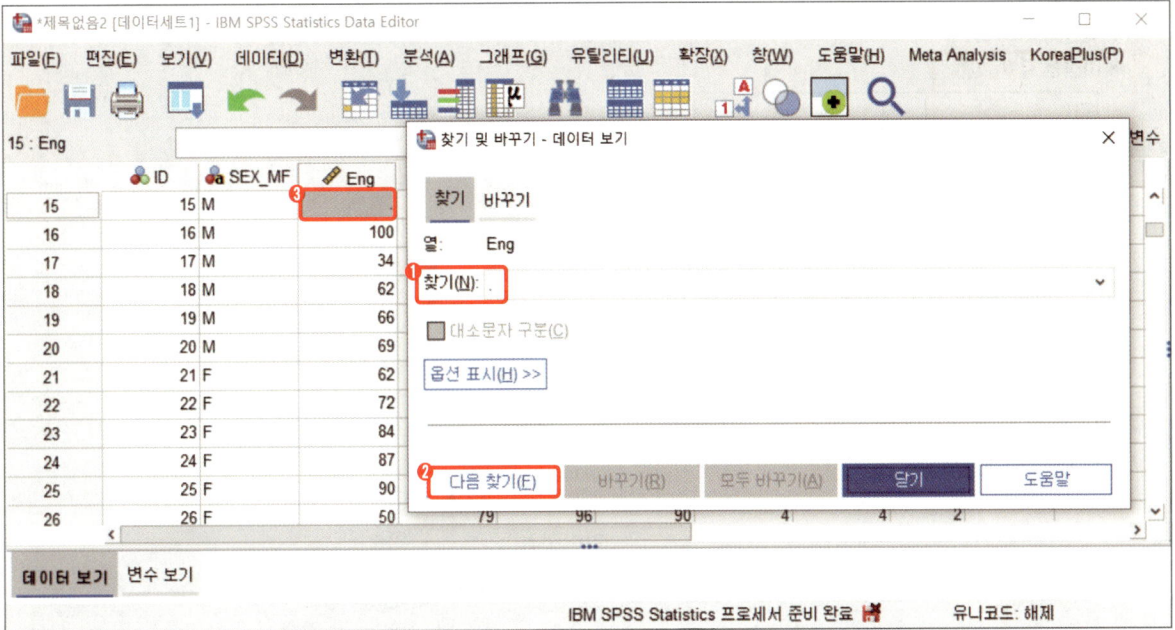

[그림99] 결측값 '.' 찾기(1)

② 다음 찾기(F)를 누르면 일련번호 113에 결측값 '.'이 한 번 더 확인된다.

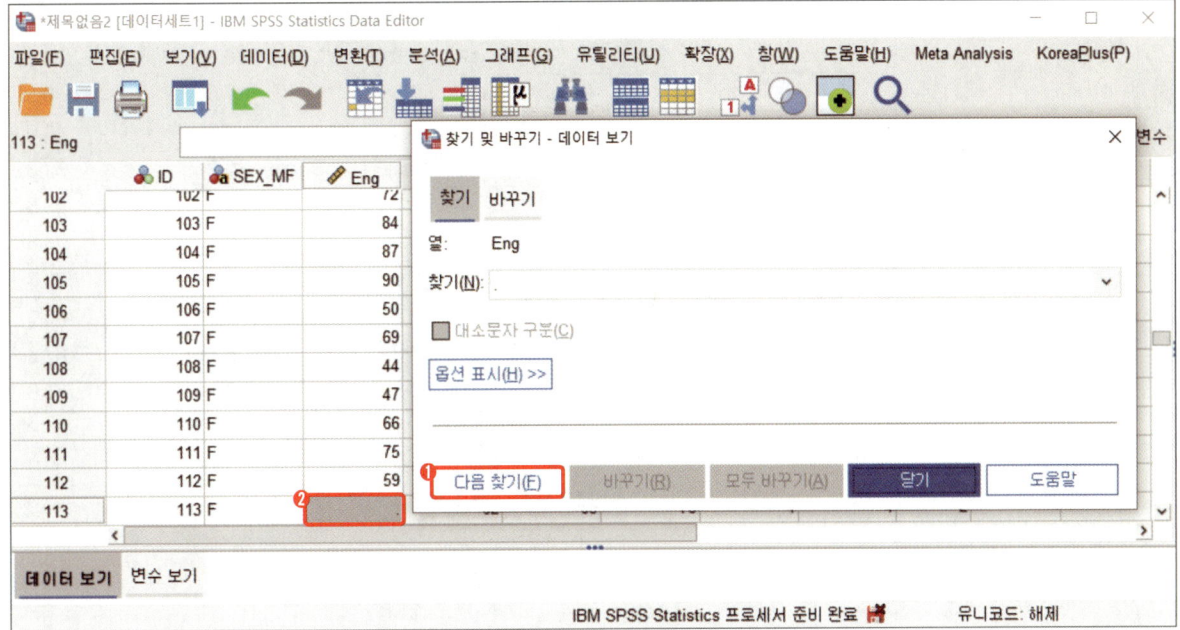

[그림100] 결측값 '.' 찾기(2)

(3) **오류값만 결측값 처리하기**

① 만약 오류값 '131'만을 결측값 처리하려면 변수 보기 창의 Eng 행의 결측값에서 다음과 같이 결측값 처리한다.

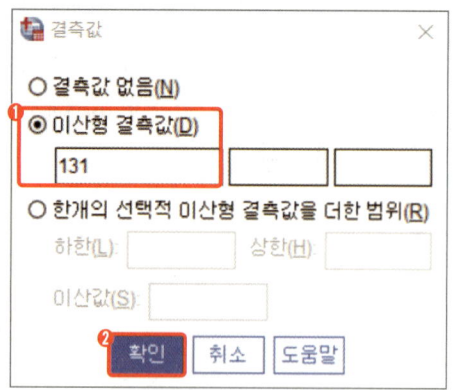

[그림102] 이산형 결측값 처리(2)

② 빈도분석을 시행하면 다음과 같이 '131'은 결측값으로 분류되고, 시스템 결측값은 2개가 유지되면서 전체 결측값이 3개임을 확인할 수 있다.

영어점수

		빈도	퍼센트	유효 퍼센트	누적 퍼센트
유효	31	3	1.5	1.5	1.5
	34	9	4.5	4.6	6.1
	37	10	5.0	5.1	11.2
	41	5	2.5	2.5	13.7
	44	10	5.0	5.1	18.8
	47	20	10.0	10.2	28.9
	50	15	7.5	7.6	36.5
	59	10	5.0	5.1	41.6
	62	20	10.0	10.2	51.8
	66	35	17.5	17.8	69.5
	69	10	5.0	5.1	74.6
	72	10	5.0	5.1	79.7
	75	5	2.5	2.5	82.2
	84	10	5.0	5.1	87.3
	87	5	2.5	2.5	89.8
	90	10	5.0	5.1	94.9
	100	10	5.0	5.1	100.0
	전체	197	98.5	100.0	
결측	131	1	.5		
	시스템	2	1.0		
	전체	3	1.5		
전체		200	100.0		

[표6] 출력결과

(4) **오류값과 결측값 모두 결측값 처리하기**

① 오류값 '131'과 결측값 '.'이 확인된 일련번호 15, 55, 113의 Eng 셀에 '999'를 입력한다. 그리고 변수 보기 창의 Eng 행의 결측값에서 이산형 결측값(D)에 '999'를 입력하여 결측값 처리한다.

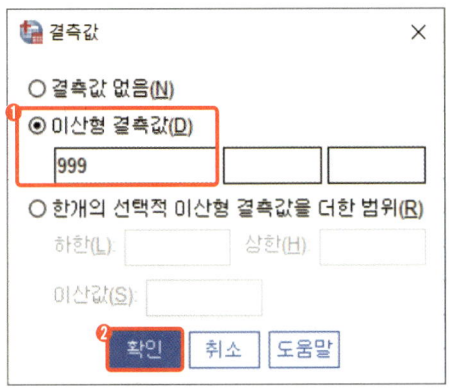

[그림101] 이산형 결측값 처리(1)

② 빈도분석을 시행하면 다음과 같이 결측값으로 분류된다.

영어점수

		빈도	퍼센트	유효 퍼센트	누적 퍼센트
유효	31	3	1.5	1.5	1.5
	34	9	4.5	4.6	6.1
	37	10	5.0	5.1	11.2
	41	5	2.5	2.5	13.7
	44	10	5.0	5.1	18.8
	47	20	10.0	10.2	28.9
	50	15	7.5	7.6	36.5
	59	10	5.0	5.1	41.6
	62	20	10.0	10.2	51.8
	66	35	17.5	17.8	69.5
	69	10	5.0	5.1	74.6
	72	10	5.0	5.1	79.7
	75	5	2.5	2.5	82.2
	84	10	5.0	5.1	87.3
	87	5	2.5	2.5	89.8
	90	10	5.0	5.1	94.9
	100	10	5.0	5.1	100.0
	전체	197	98.5	100.0	
결측	999	3	1.5		
전체		200	100.0		

[표7] 출력결과

4. 통계량 구하기

① 영어점수 [Eng], 수학점수 [Math], 과학점수 [Sci]에 대한 통계량(사분위수, 평균, 중위수, 표준편차, 최솟값, 최댓값, 평균의 표준오차)을 구하기 위해 빈도분석을 이용할 수 있다.

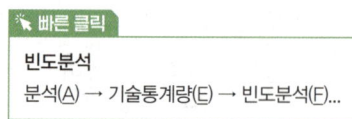

빠른 클릭

빈도분석
분석(A) → 기술통계량(E) → 빈도분석(F)...

② 빈도분석 대화상자에서 재설정(R)을 누르면 처음 상태로 정리된다.

③ 영어점수 [Eng], 수학점수 [Math], 과학점수 [Sci]를 하나씩 선택하고 ➡를 눌러 오른쪽 변수(V)로 옮긴다. 통계량(S)을 클릭하면 빈도분석: 통계량 대화상자가 나타난다.

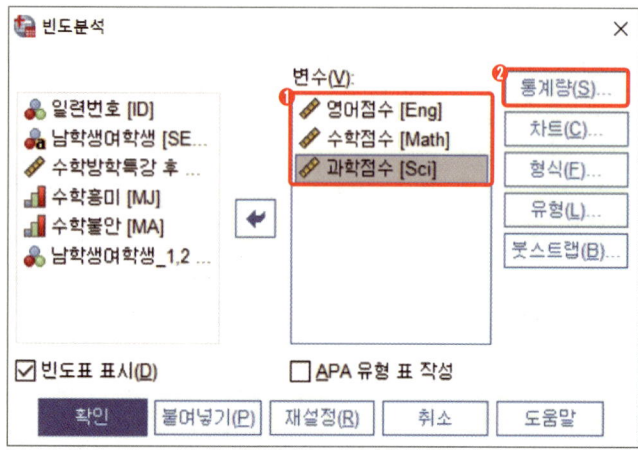

[그림103] 빈도분석 대화상자

④ 백분위수 값 중에서 사분위수(Q)를 선택하고, 중심경향에서 평균(M), 중위수(D)를 선택, 산포도에서 표준편차(T), 최소값(I), 최대값(X), 평균의 표준오차(E)를 선택한 다음 계속(C)을 눌러 빈도분석 대화상자로 돌아간다.

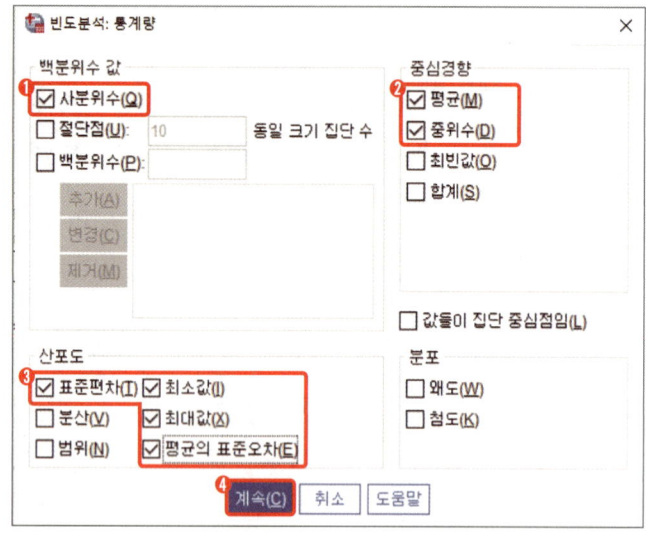

[그림104] 빈도분석: 통계량 대화상자

⑤ 확인을 누르면 출력결과 창에 다음을 얻을 수 있다.

통계량

		영어점수	수학점수	과학점수
N	유효	197	200	200
	결측	3	0	0
평균		61.95	67.72	80.35
표준화 평균 오차		1.262	.899	.746
중위수		62.00	68.00	81.00
표준화 편차		17.717	12.716	10.547
최소값		31	26	54
최대값		100	100	100
백분위수	25	47.00	61.00	73.00
	50	62.00	68.00	81.00
	75	72.00	76.00	88.00

[표8] 출력결과

⑥ [표8]에서 **통계량** 표를 이용하여 다음의 표를 완성한다. 이때 표준화 평균오차가 표본 평균의 표준오차 $SE(\overline{X})$이고, 표준화 편차가 표준편차 S이다.

변수	최솟값	Q_1	중앙값	Q_3	최댓값	평균	표준편차	표준오차
영어점수	31	47.00	62.00	72.00	100	61.95	17.717	1.262
수학점수	26	61.00	68.00	76.00	100	67.72	12.716	0.899
과학점수	54	73.00	81.00	88.00	100	80.35	10.547	0.746

3 기술통계

1. 기술통계의 개념

① 기술통계량(E)의 기술통계(D)는 평균, 산포도, 분포 등의 통계량을 계산할 수 있고 표준화 값을 변수로 저장(Z)할 수 있다.

　㉠ 평균(M), 합계(S)

　㉡ 산포도: 표준편차(T), 분산(V), 범위(R), 최소값(N), 최대값(X), 평균의 표준오차(E)

　㉢ 분포: 첨도(K), 왜도(W)

　㉣ 표시 순서: 변수 목록(B), 문자순(A), 평균값 오름차순(C), 평균값 내림차순(D)

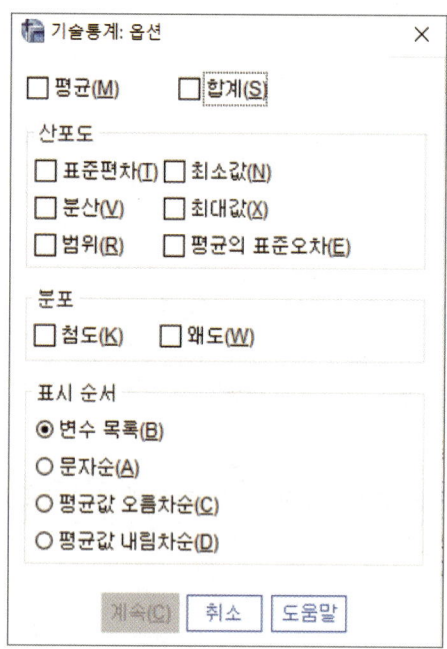

[그림105] 기술통계: 옵션 대화상자

② 기술통계 대화상자에서 **표준화 값을 변수로 저장(Z)**을 선택하면 데이터 보기 창에 각 변수에 대한 표준정규분포 값 열이 새롭게 생긴다.

　㉠ 표준화 변수 $Z = \left(\dfrac{X-\mu}{\sigma}\right)$: 확률변수 X가 평균이 μ이고 표준편차가 $\sigma(>0)$인 정규분포를 따른다면, 표준화된 확률변수는 $N(0, 1)$을 따른다.

　㉡ 자료의 단위가 다를 경우 표준화 변수는 회귀분석 또는 다변량분석에서 유용하게 사용된다.

> **보충학습**
>
> '기술통계: 옵션'과 '빈도분석: 통계량' 비교
> • 기술통계에서는 표시 순서를 결정할 수 있다.
> • 빈도분석에서는 중심경향(중위수, 최빈값)과 백분위수 값(사분위수, 절단점, 백분위수)을 구할 수 있다.

2. 평균, 표준편차, 왜도, 표준화 값 구하기

① "성적(구분자에 의한 배열).txt"에서 영어점수 [Eng], 수학점수 [Math], 과학점수 [Sci]에 대한 평균, 표준편차, 왜도를 구하고, 표준화 값을 변수로 저장하기 위해 기술통계를 이용한다.

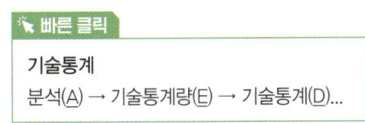

기술통계
분석(A) → 기술통계량(E) → 기술통계(D)...

② 기술통계 대화상자에서 영어점수 [Eng], 수학점수 [Math], 과학점수 [Sci]를 하나씩 선택하고 ➡를 눌러 오른쪽 변수(V)로 옮긴 다음 표준화 값을 변수로 저장(Z)을 선택하고 옵션(O)을 누른다.

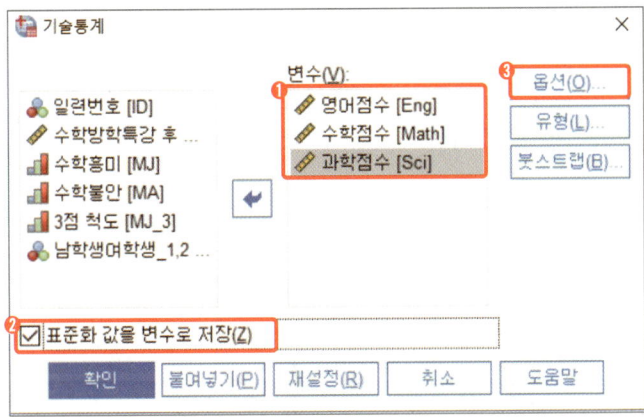

[그림106] 기술통계 대화상자

③ 기술통계: 옵션 대화상자의 평균(M)을 선택하고, 산포도에서 표준편차(T), 분포에서 왜도(W)를 선택한 다음 표시 순서에서 평균값 내림차순(D)을 선택하고 계속(C)을 눌러 기술통계 대화상자로 돌아간다.

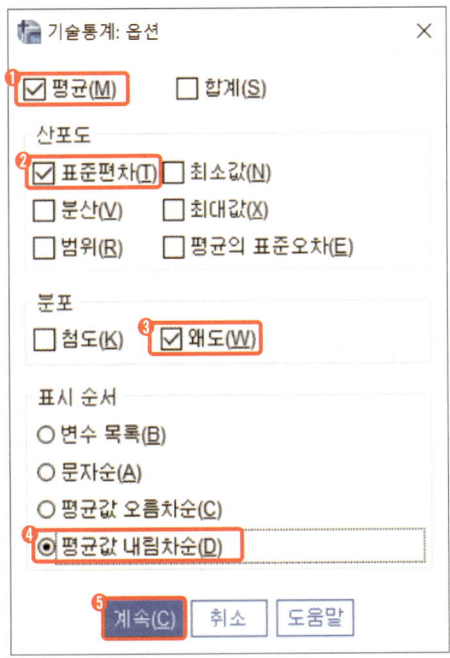

[그림107] 기술통계: 옵션 대화상자

④ 확인을 누르면 출력결과 창에 평균값이 큰 과학점수, 수학점수, 영어점수 순으로 값을 얻을 수 있다.

기술통계량

	N	평균	표준편차	왜도	
	통계량	통계량	통계량	통계량	표준오차
과학점수	200	80.35	10.547	-.161	.172
수학점수	200	67.72	12.716	-.081	.172
영어점수	197	61.95	17.717	.322	.173
유효 N(목록별)	197				

[표9] 출력결과

⑤ '표준화 값을 변수로 저장'을 선택하였으므로, 데이터 보기 창에 ZEng(표준화 점수: 영어점수), ZMath(표준화 점수: 수학점수), ZSci(표준화 점수: 과학점수)의 열이 새롭게 확인된다.

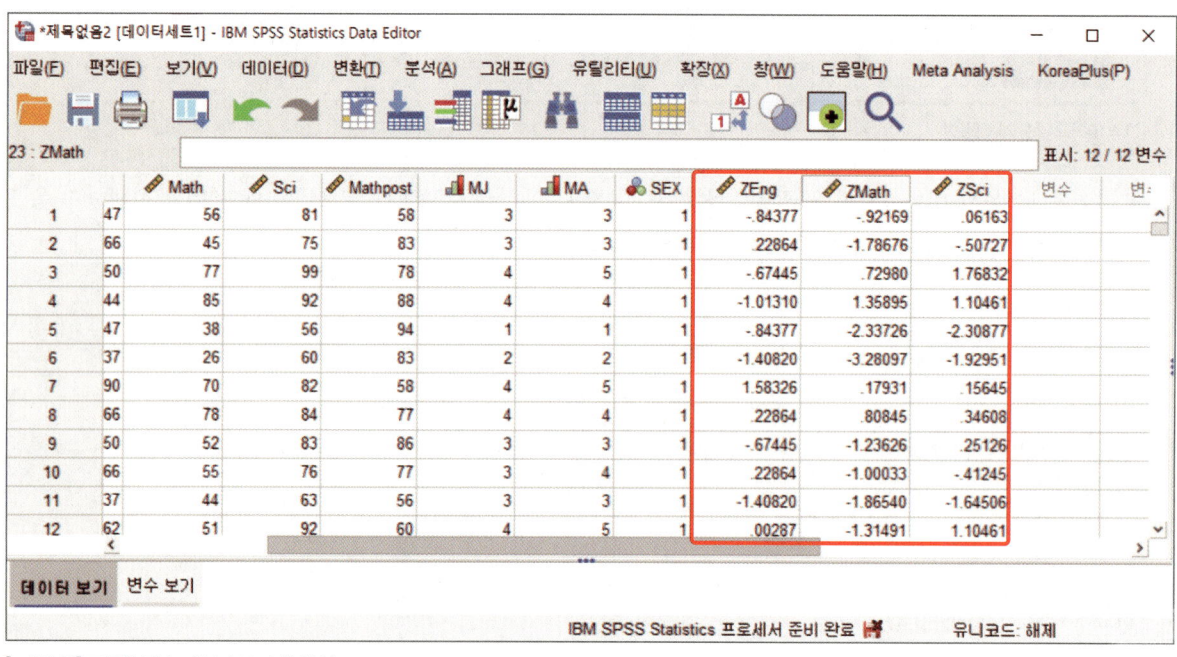

[그림108] 표준화 점수 데이터 보기 창 확인

3. 평균, 표준편차, 평균의 표준오차 구하기(파일분할 이용)

① 수학흥미(아주 강함, 강함, 보통, 약함, 아주 약함)에 따라 수학점수의 기술통계량을 구하기 위해 파일분할과 기술통계를 사용한다.

② 파일분할을 하기 위해 데이터(D) → 파일분할(F)...을 순서대로 누른다.

③ 파일분할 대화상자에서 집단들 비교(C)를 선택한다. 변수 중에서 수학흥미 [MJ]를 선택한 다음 ➡를 눌러 오른쪽 분할 집단변수(G)로 옮기고 확인을 누른다.

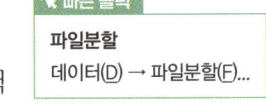

빠른 클릭
파일분할
데이터(D) → 파일분할(F)...

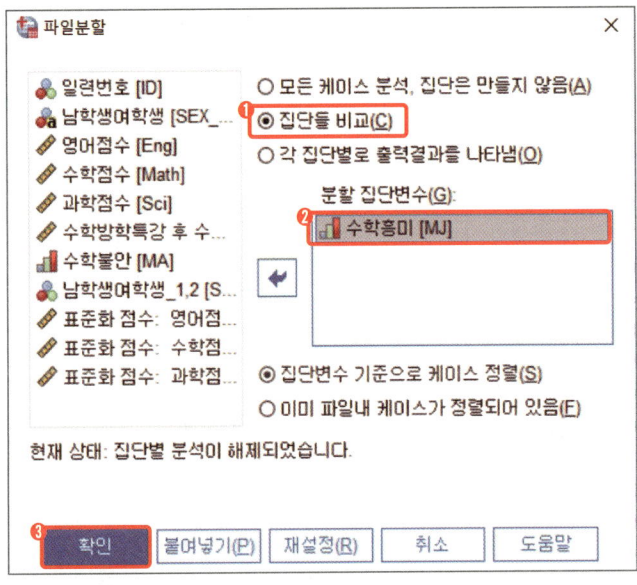

[그림109] 파일분할 대화상자

④ 수학흥미(아주 강함, 강함, 보통, 약함, 아주 약함)에 따라 수학점수에 대한 평균, 표준편차, 평균의 표준오차를 구하기 위해 기술통계를 이용한다.

빠른 클릭
기술통계
분석(A) → 기술통계량(E) → 기술통계(D)...

⑤ 기술통계 대화상자에서 수학점수 [Math]을 선택하고 ➡를 눌러 오른쪽 변수(V)로 옮긴 뒤 옵션(O)을 누른다.

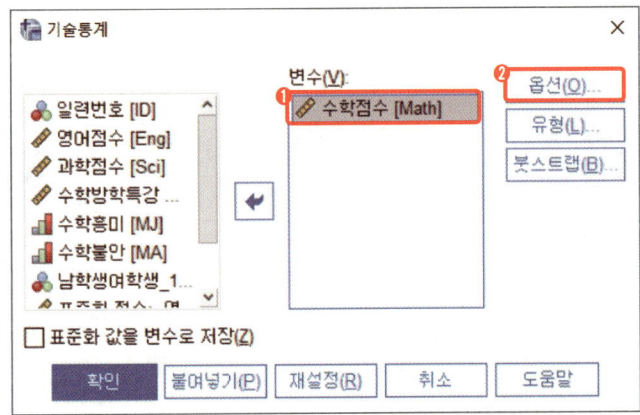

[그림110] 기술통계 대화상자

⑥ 기술통계: 옵션 대화상자의 **평균(M)**을 선택하고, 산포도에서 **표준편차(T)**와 평균의 **표준오차(E)** 그리고 표시순서의 **변수목록(B)**를 선택한 다음 계속(C)을 눌러 기술통계 대화상자로 돌아간다.

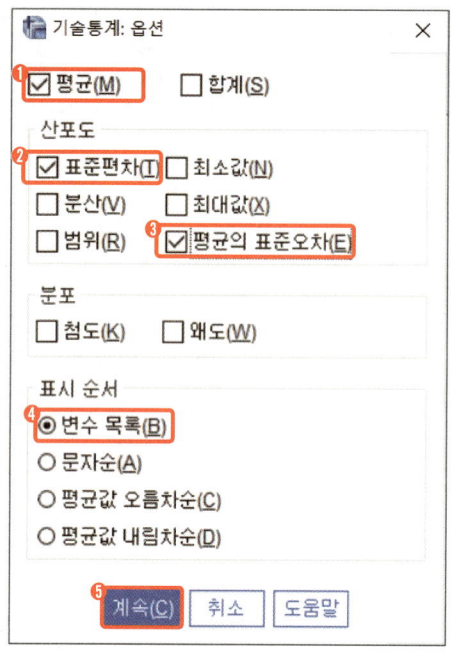

[그림111] 기술통계: 옵션 대화상자

⑦ 확인을 누르면 출력결과 창에 다음을 얻을 수 있다.

기술통계량

수학흥미		N	평균		표준편차
		통계량	통계량	표준오차	통계량
아주 약함	수학점수	13	63.00	4.049	14.600
	유효 N(목록별)	13			
약함	수학점수	12	61.67	4.668	16.171
	유효 N(목록별)	12			
보통	수학점수	51	58.82	1.343	9.589
	유효 N(목록별)	51			
강함	수학점수	101	69.71	0.821	8.248
	유효 N(목록별)	101			
아주 강함	수학점수	23	84.52	2.697	12.936
	유효 N(목록별)	23			

[표10] 출력결과

⑧ 파일분할을 이용하여 분석한 후 파일분할을 해제하려면 파일분할 대화상자에서 모든 케이스 분석, 집단을 만들지 않음(A)을 선택한다.

⑨ 수학흥미(아주 강함, 강함, 보통, 약함, 아주 약함)에 따라 수학점수에 대한 평균, 표준편차, 평균의 표준오차를 구하기 위해 기술통계량(E)의 기술통계(D) 외에도 일원배치 분산분석(O)의 옵션에서 통계량의 기술통계(D)를 이용할 수도 있다.

4 교차분석

1. 교차분석의 의의

① 질적자료(또는 범주형 자료)인 명목척도와 서열척도의 성격을 가진 변수의 각 범주에 해당되는 관측도수와 기대도수를 표시하여 교차표(또는 분할표)를 작성하고 변수 간의 관련성을 분석한다.

② 카이제곱분포를 이용하여 분석하므로 카이제곱 검정이라고도 한다.

③ 교차분석의 기본가정

　㉠ 명목척도나 서열척도에 의한 질적자료(또는 범주형 자료)를 대상으로 한다.

　㉡ 연속형 자료는 범주형 자료로 변환하여 분석한다.

　㉢ 기대도수가 5보다 작은 칸(Cell)이 전체 칸 수의 20% 이하여야 한다.

　㉣ 각 칸의 사례들은 서로 독립적인 관계여야 한다.

④ 교차표는 일반적으로 영향을 미친다고 여겨지는 변수를 행으로 하고, 영향을 받는다고 여겨지는 변수를 열로 하여 작성한다.

⑤ 기대도수가 0을 포함하거나 5보다 작은 셀이 전체의 20%를 초과하면 교차분석을 가정할 수 없기 때문에 교차분석을 시행하지 않는다. 만약 2×2 Table 인 경우 피셔정확검정법(Fisher's Exact Test)을 이용한다.

⑥ 두 질적변수의 유의성을 분석하는 교차분석에서 행 변수가 M개의 범주이고 열 변수가 N개의 범주인 교차표에서 행 변수와 열 변수가 서로 독립인지를 검정하기 위해 (i, j) 셀의 관측도수 O_{ij}와 귀무가설 하에서의 기대도수의 추정값 $\hat{E}_{ij}$에 대한 검정통계량은 모든 셀에 대해 $\dfrac{(O_{ij}-\hat{E}_{ij})^2}{\hat{E}_{ij}}$을 각각 구하여 합산한다.

$$\sum_{i=1}^{M}\sum_{j=1}^{N}\frac{(O_{ij}-\hat{E}_{ij})^2}{\hat{E}_{ij}}$$

⑦ 교차분석을 하기 위해 카이제곱 검정통계량의 자유도를 정해야 한다. 행변수의 범주가 M개, 열변수의 범주가 N개인 M행 N열($M \times N$)의 교차표에서 카이제곱 통계량의 자유도는 $(M-1)(N-1)$이다.

$$\sum_{i=1}^{M}\sum_{j=1}^{N}\frac{(O_{ij}-\hat{E}_{ij})^2}{\hat{E}_{ij}} \sim \chi^2((M-1)(N-1))$$

2. 교차분석의 종류

(1) 적합도 검정

① 개념: 범주형 자료에 대해 얻어진 관측도수와 이론적으로 계산된 기대도수와의 차이를 검정한다.

② 가설 세우기

귀무가설(H_0)	실제분포와 이론적 분포가 일치한다.
대립가설(H_1)	실제분포와 이론적 분포가 일치하지 않는다.

③ 기대도수 구하기

$$E_i = n \times p_i \,(n: \text{총 표본의 개수},\ p_i: \text{각 범주의 예상 확률})$$

④ 교차표 작성하기

범주	1	2	⋯	k	합계
관측도수(O_i)	O_1	O_2	⋯	O_k	n
기대도수(E_i)	$n \times p_1$	$n \times p_2$	⋯	$n \times p_k$	

⑤ 검정통계량과 분포 정하기

$$\chi^2 = \sum_{i=1}^{k} \frac{(O_i - E_i)^2}{E_i} = \frac{(O_1 - E_1)^2}{E_1} + \cdots + \frac{(O_k - E_k)^2}{E_k} \sim \chi^2(k-1)$$

⑥ 검정통계량의 χ^2값과 유의확률 $p-$값 구하기

⑦ 결론 내리기: '유의수준 $\alpha >$ 유의확률 $p-$값'이면 귀무가설 기각

(2) 독립성 검정

① 개념: 두 범주형 자료가 서로 독립인지 또는 연관성이 있는지를 검정한다.

② 가설 세우기

귀무가설(H_0)	두 변수가 서로 독립이다(서로 연관성이 없다).
대립가설(H_1)	두 변수가 서로 독립이 아니다(서로 연관성이 있다).

③ 기대도수 구하기

$$\text{기대도수 } E_{ji} = \frac{(\text{각 행의 주변 합}) \times (\text{각 열의 주변 합})}{\text{총합}} = \frac{T_{i\cdot} \times T_{\cdot j}}{n}$$
$$(n: \text{전체 자료 수},\ T_{i\cdot}: i\text{번째 행의 합},\ T_{\cdot j}: j\text{번째 열의 합})$$

④ 교차표 작성하기

A 변수에 대한 속성이 M개, B 변수에 대한 속성이 N개인 $M \times N$교차표 작성

A \ B		B_1	B_2	$\cdots$	B_N	합계
A_1	관측도수	O_{11}	O_{12}	$\cdots$	O_{1N}	$T_{1\cdot}$
	기대도수	$\hat{E}_{11}$	$\hat{E}_{12}$	$\cdots$	$\hat{E}_{1N}$	
A_2	관측도수	O_{21}	O_{22}	$\cdots$	O_{2N}	$T_{2\cdot}$
	기대도수	$\hat{E}_{21}$	$\hat{E}_{22}$	$\cdots$	$\hat{E}_{2N}$	
$\vdots$	관측도수	$\vdots$	$\vdots$	$\cdots$	$\vdots$	$\vdots$
	기대도수	$\vdots$	$\vdots$	$\cdots$	$\vdots$	
A_M	관측도수	O_{M1}	O_{M2}	$\cdots$	O_{MN}	$T_{M\cdot}$
	기대도수	$\hat{E}_{M1}$	$\hat{E}_{M2}$	$\cdots$	$\hat{E}_{MN}$	
합계		$T_{\cdot 1}$	$T_{\cdot 2}$	$\cdots$	$T_{\cdot N}$	n

⑤ 검정통계량과 분포 정하기

$$\chi^2 = \sum_{i=1}^{M} \sum_{j=1}^{N} \frac{(O_{ij} - \hat{E}_{ji})^2}{\hat{E}_{ij}} \sim \chi^2((M-1)(N-1))$$

(단, 행변수의 범주 M개, 열변수의 범주 N개)

⑥ 검정통계량의 χ^2값과 유의확률 p-값 구하기
⑦ 결론 내리기: '유의수준 $\alpha >$ 유의확률 p-값'이면 귀무가설 기각

(3) 동질성 검정

① 개념: 두 개 이상의 범주형 자료가 동일한 분포를 갖는 모집단에서 추출된 것인지 검정한다.
② 가설 세우기

귀무가설(H_0)	각 속성에 대해서 집단들의 분포가 동일하다($p_{1j} = p_{2j} = \cdots = p_{ij} = \cdots = p_{Mj}$, $j=1, 2, \cdots, N$). (단, p_{ij}: i번째 행과 j번째 열의 모비율, M: 마지막 행 번호, N: 마지막 열 번호)
대립가설(H_1)	각 속성에 대해서 집단들의 분포가 동일하지 않다.

③ 카이제곱 동질성 검정과 카이제곱 독립성 검정은 검정 과정과 결과가 모두 동일하다.

> **보충학습**
>
> 카이제곱 동질성 검정과 카이제곱 독립성 검정의 구분
> - '~에 차이가 있는지를 검정하시오'라고 물으면 카이제곱 동질성 검정을 시행한다.
> - '~ 사이에 연관성, 관련성, 독립성이 있는지를 검정하시오'라고 물으면 카이제곱 독립성 검정을 시행한다.

3. 카이제곱 독립성 검정 실행하기

① "성적(구분자에 의한 배열).txt"에서 남녀학생과 수학흥미 간의 독립성을 검정하기 위해 분석(A) → 기술통계량(E) → 교차분석(C)...을 순서대로 누른다.

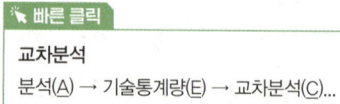

빠른 클릭

교차분석
분석(A) → 기술통계량(E) → 교차분석(C)...

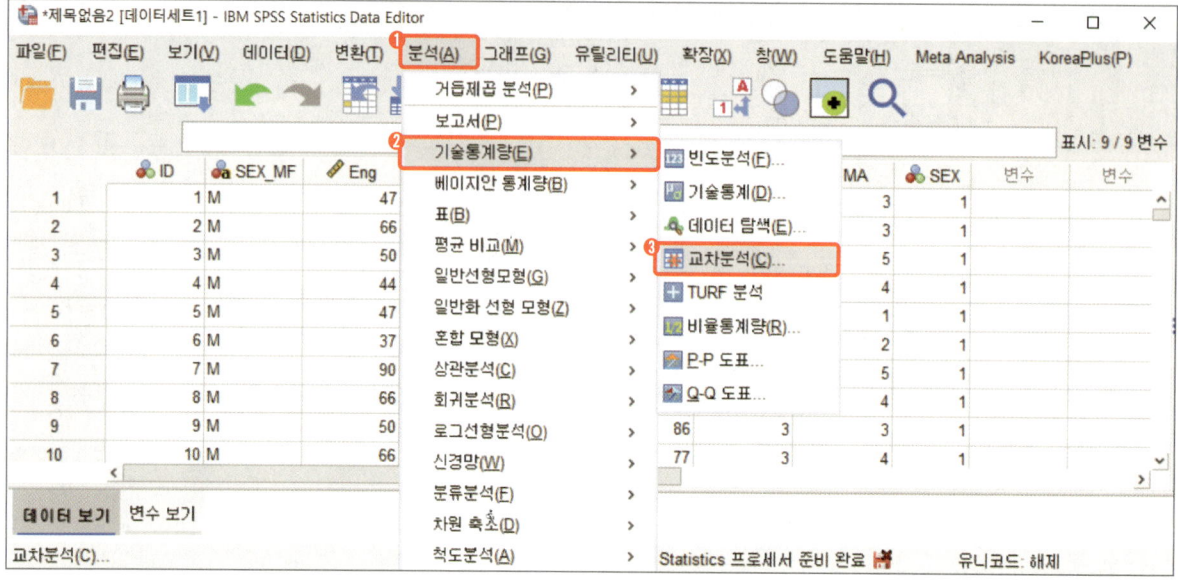

[그림112] 교차분석 메뉴

② 가설 세우기

귀무가설(H_0)	성별과 수학흥미는 서로 독립이다(서로 연관성이 없다).
대립가설(H_1)	성별과 수학흥미는 서로 독립이 아니다(서로 연관성이 있다).

③ 교차분석 대화상자의 변수 중에서 남학생여학생_1,2 [SEX]를 선택하고 ▶를 눌러 오른쪽 행(O)으로 옮기고, 수학흥미 [MJ]를 선택하고 ▶를 눌러 오른쪽 열(C)로 옮긴 후 통계량(S)을 누른다.

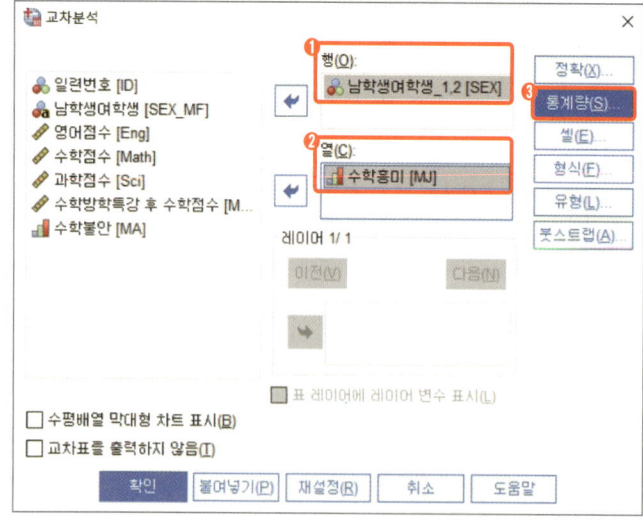

[그림113] 교차분석 대화상자

④ 교차분석: 통계량 대화상자에서 카이제곱(H)을 선택한 다음 계속(C)을 눌러 교차분석 대화상자로 돌아간다.

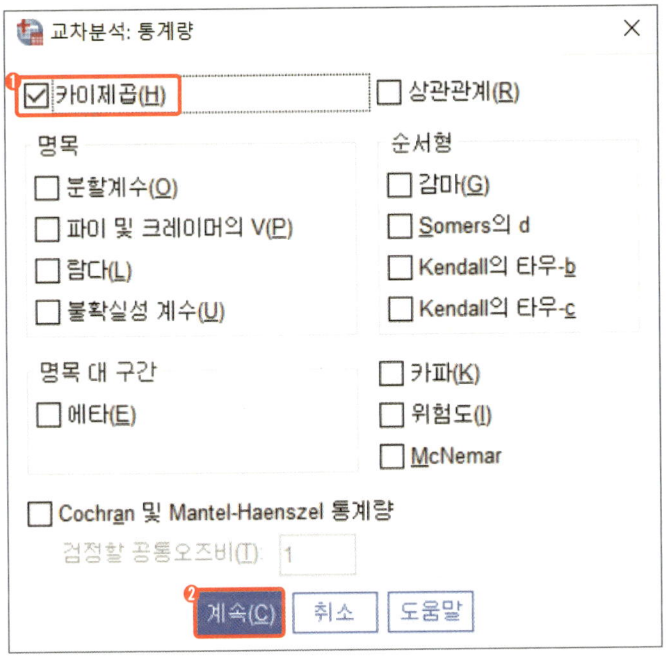

[그림114] 교차분석: 통계량 대화상자

⑤ 확인을 누르면 출력결과 창에 다음을 얻을 수 있다.

카이제곱 검정

	값	자유도	근사 유의확률 (양측검정)
Pearson 카이제곱	.910[a]	4	.923
우도비	.913	4	.923
선형 대 선형결합	.045	1	.831
유효 케이스 수	200		

a. 0 셀 (0.0%)은(는) 5보다 작은 기대 빈도를 가지는 셀입니다. 최소 기대빈도는 6.00입니다.

[표11] 출력결과

⑥ 결론 내리기

[표11]에서 카이제곱 검정 표의 Pearson 카이제곱 행의 값, 자유도, 근사 유의확률을 이용하여 검정통계량의 값과 자유도를 구하고 유의수준 5%에서 검정결과를 서술한다.

검정통계량의 값	0.910
자유도	4
검정결과	검정통계량의 값이 0.910이고 유의확률이 0.923으로 유의수준 0.05보다 크므로 귀무가설을 기각할 수 없다. 즉, 유의수준 5% 하에서 성별과 수학흥미는 서로 연관성이 있다고 할 수 없다.

4. 자료가 분할표로 주어진 경우

① 자료가 분할표로 주어졌으면 데이터의 가중 케이스를 이용하여 각 케이스에 가중값을 부여한 다음 교차분석을 실시한다.

② 대도시의 대학생 중에서 사회조사분석사 시험에 1회 이상 응시한 경험이 있는 대학생을 대상으로 학년별 사회조사분석사 시험응시 횟수에 차이가 있는지를 유의수준 5%에서 검정한다.

학년 \ 시험응시 횟수	1회	2회	3회 이상	합계
1학년	60	30	10	100
2학년	50	35	15	100
3학년	30	30	40	100
4학년	10	30	60	100
합계	150	125	125	400

③ 파일(F)에서 새로 만들기(N)의 데이터(D)를 열어 데이터 보기 창에 위의 자료를 [그림115]와 같이 입력하고, 변수 보기 창에 다음을 설정한다.

　㉠ 첫 번째 행의 이름에 '학년', 두 번째 행의 이름에 '횟수', 세 번째 행의 이름에 '인원'을 입력한다.

　㉡ 학년 행의 레이블에 '대학생 학년', 횟수 행의 레이블에 '시험응시 횟수', 인원 행의 레이블에 '시험응시 인원'을 입력한다.

　㉢ 학년, 횟수, 인원 변수의 측도를 알맞게 설정한다.

　㉣ 학년 행의 값에 1="1학년", 2="2학년", 3="3학년", 4="4학년", 횟수 행의 값에 1="1회", 2="2회", 3="3회 이상"을 입력한다.

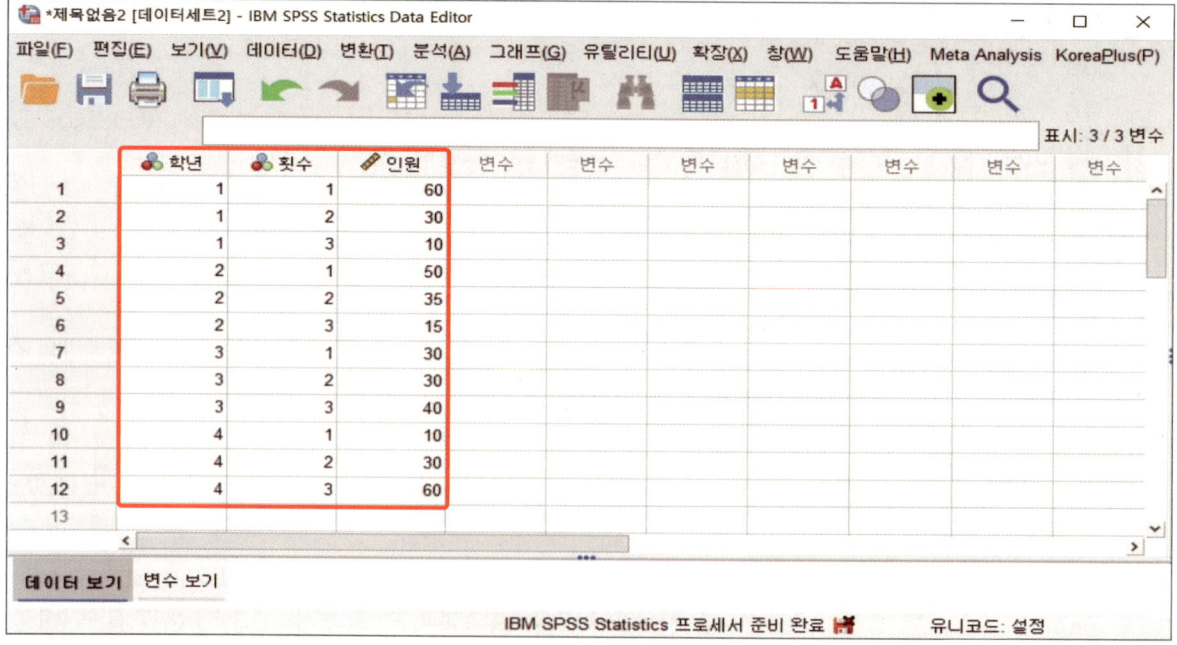

[그림115] 새로운 데이터 입력

④ 인원 변수에 가중값을 부여하기 위해 데이터(D) → 가중 케이스(W)...를 순서대로 누른다.

> **빠른 클릭**
> 가중 케이스
> 데이터(D) → 가중 케이스(W)...

⑤ 가중 케이스 대화상자에서 **가중 케이스 지정(W)**을 선택한 다음 시험응시 인원 [인원]을 선택하고 ➡를 눌러 오른쪽 빈도 변수(F)에 옮기고 확인을 누른다.

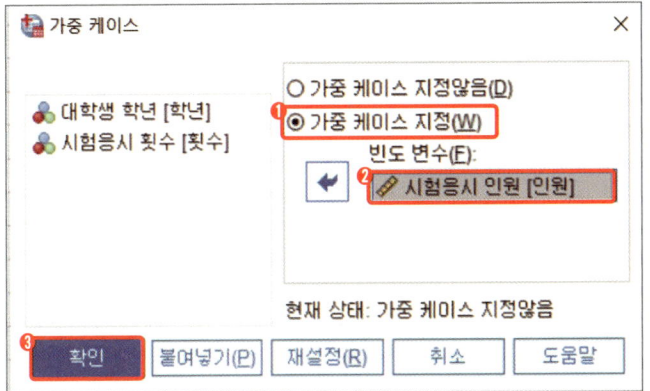

[그림116] 가중 케이스 대화상자

⑥ 대도시의 대학생 중에서 사회조사분석사에 1회 이상 응시한 경험이 있는 대학생을 대상으로 학년과 사회조사분석사 시험응시 횟수의 연관성을 검정하는 카이제곱 독립성 검정을 위해 교차분석을 이용한다.

> **빠른 클릭**
> 교차분석
> 분석(A) → 기술통계량(E) → 교차분석(C)...

⑦ 가설 세우기

귀무가설(H_0)	대학생 학년과 사회조사분석사 시험응시 횟수는 서로 독립이다(서로 연관성이 없다).
대립가설(H_1)	대학생 학년과 사회조사분석사 시험응시 횟수는 서로 독립이 아니다(서로 연관성이 있다).

⑧ 교차분석 대화상자의 변수 중에서 **대학생 학년 [학년]**을 선택하고 ➡를 눌러 오른쪽 행(O)으로 옮기고 시험응시 횟수 [횟수]를 선택하고 ➡를 눌러 오른쪽 열(C)로 옮긴 후 **통계량(S)**을 누른다.

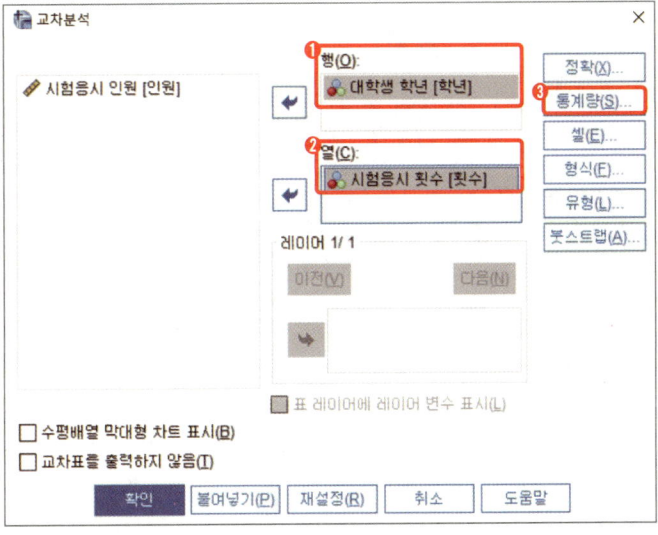

[그림117] 교차분석 대화상자

⑨ 교차분석: 통계량 대화상자에서 카이제곱(H)을 선택한 다음 계속(C)을 눌러 교차분석 대화상자로 돌아간다.

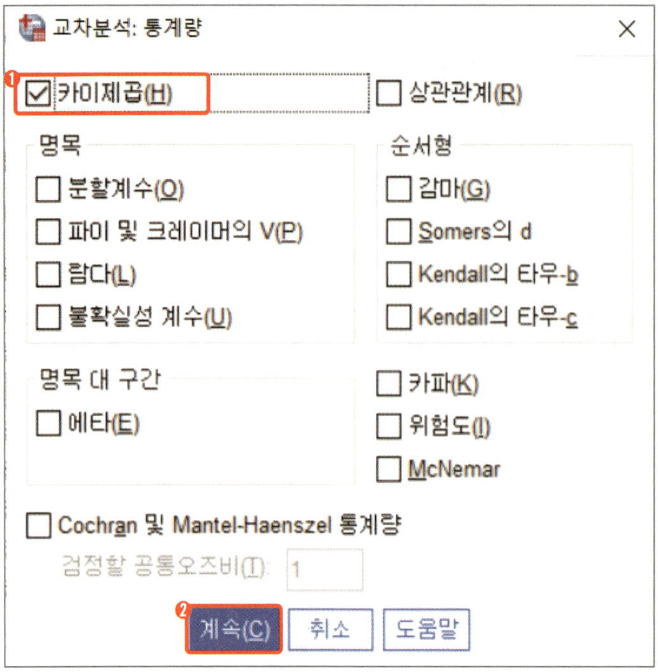

[그림118] 교차분석: 통계량 대화상자

⑩ 확인을 누르면 출력결과 창에 다음을 얻을 수 있다.

대학생 학년 * 시험응시 횟수 교차표

빈도					
		시험응시 횟수			전체
		1회	2회	3회 이상	
대학생 학년	1학년	60	30	10	100
	2학년	50	35	15	100
	3학년	30	30	40	100
	4학년	10	30	60	100
전체		150	125	125	400

카이제곱 검정

	값	자유도	근사 유의확률 (양측검정)
Pearson 카이제곱	91.733[a]	6	.000
우도비	99.150	6	.000
선형 대 선형결합	86.841	1	.000
유효 케이스 수	400		

a. 0 셀 (0.0%)은(는) 5보다 작은 기대 빈도를 가지는 셀입니다. 최소 기대빈도는 31.25입니다.

[표12] 출력결과

⑪ 결론 내리기

[표12]에서 카이제곱 검정 표의 Pearson 카이제곱 행의 값, 자유도, 근사 유의확률을 이용하여 검정통계량의 값과 자유도를 구하고 유의수준 5%에서 검정결과를 서술한다.

검정통계량의 값	91.733
자유도	6
검정결과	검정통계량의 값이 91.733이고 유의확률이 0.000으로 유의수준 0.05보다 작으므로 귀무가설을 기각한다. 즉, 유의수준 5% 하에서 대학생 학년과 사회조사분석사 시험응시 횟수 사이에 연관성이 있다고 할 수 있다.

02 평균 비교

1 평균 비교 메뉴

1. 분석 종류

① '성적(구분자에 의한 배열)_텍스트'를 다시 열어 새로운 환경으로 시작한다. 이때 영어점수(Eng)의 결측값(131)을 모두 결측처리한 뒤 분석한다. 평균 비교(M) 메뉴에는 평균분석(M), 일표본 T 검정(S), 독립표본 T 검정, 요약 독립표본 T 검정, 대응표본 T 검정(P), 일원배치 분산분석(O)이 있다.

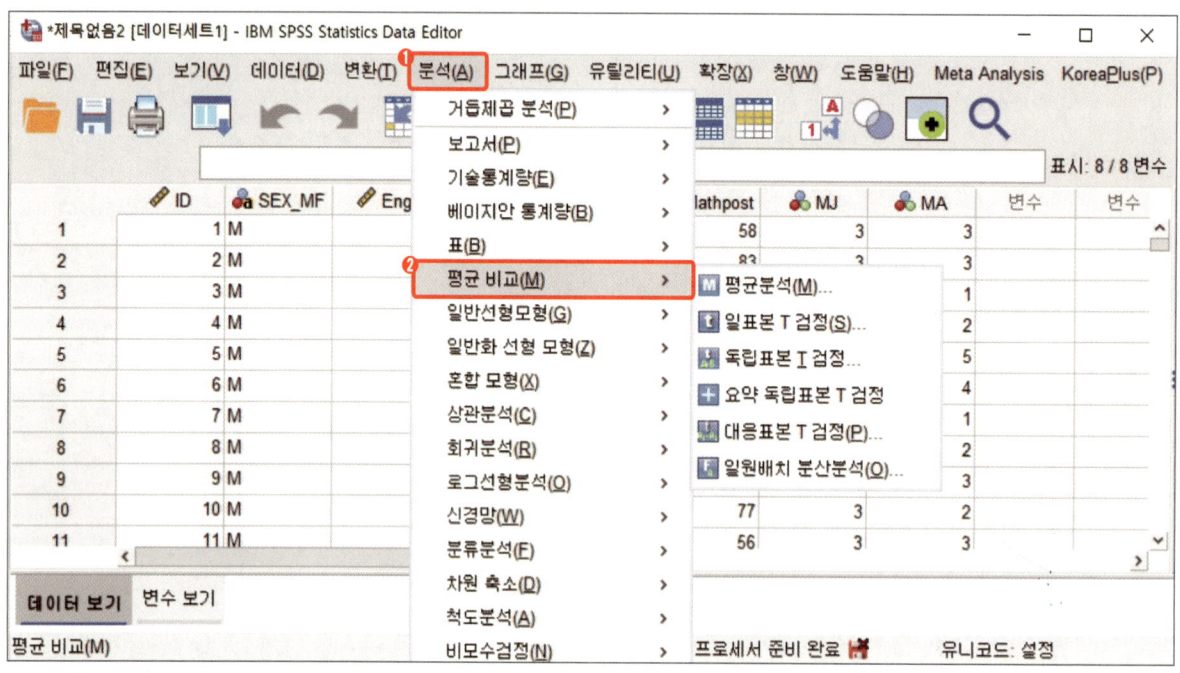

[그림119] 평균 비교 메뉴

② 독립변수는 질적변수이고 종속변수는 연속변수이다.

2. 주요 분석

① 평균분석(M): 특정변수에 대한 각 그룹별 기술통계량(그룹별 평균, 표준편차, 평균의 표준오차, 첨도, 왜도, 전체 합계의 퍼센트, 전체 N의 퍼센트 등)을 계산한다.
② 일표본 T 검정(S): 한 집단의 모평균에 대해 검정한다.
③ 독립표본 T 검정: 두 독립 집단 간 모평균의 차이에 대해 검정한다.
④ 대응표본 T 검정(P): 두 종속 집단 간 모평균의 차이에 대해 검정한다.

독립표본 T 검정	대응표본 T 검정
• '남성 vs 여성', '10대 vs 20대'와 같이 조사 대상 개체가 서로 다름 • 두 표본의 개체 수가 다를 수 있음 • 두 집단이 서로 독립이라는 가정이 제공됨	• '남편 vs 부인', '10년 전 vs 10년 후'와 같이 조사 대상 개체가 서로 연관이 있거나 동일함 • 반드시 짝이 지어짐 • 두 집단이 서로 독립이라는 가정이 제공되지 않음

⑤ 일원배치 분산분석(O): 세 독립 집단 이상 간 모평균의 차이에 대해 검정한다.

2 평균분석

1. 평균분석(레이어 1/1)

① "성적(구분자에 의한 배열).txt"을 열어 수학흥미에 따른 수학점수의 평균, 표준편차, 평균의 표준오차, 케이스 수, 전체 N의 퍼센트를 구하여 다음 표를 완성해본다. 이때 남학생여학생 [SEX]은 남학생 1, 여학생 2로 다른 변수로 코딩변경하여 남학생여학생_1,2 [SEX]를 만들고, 오류값과 결측값을 결측값 처리한 다음 통계분석을 실행한다.

구분	평균	표준편차	평균의 표준오차	케이스 수	전체 N 퍼센트
아주약함					
약함					
보통					
강함					
아주강함					
전체					

② 수학흥미에 따른 수학점수의 기술통계량을 구하기 위해 분석(A) → 평균 비교(M) → 평균분석(M)...을 순서대로 누른다.

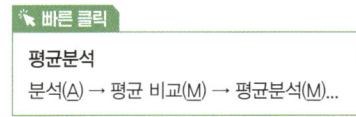

평균분석
분석(A) → 평균 비교(M) → 평균분석(M)...

③ 평균분석 대화상자의 변수 중에서 수학점수 [Math]를 선택하고 ▶를 눌러 오른쪽 종속변수(D)로 옮기고, 수학흥미 [MJ]를 선택하고 ▶를 눌러 오른쪽 레이어1/1로 옮긴 후 옵션(O)을 누른다.

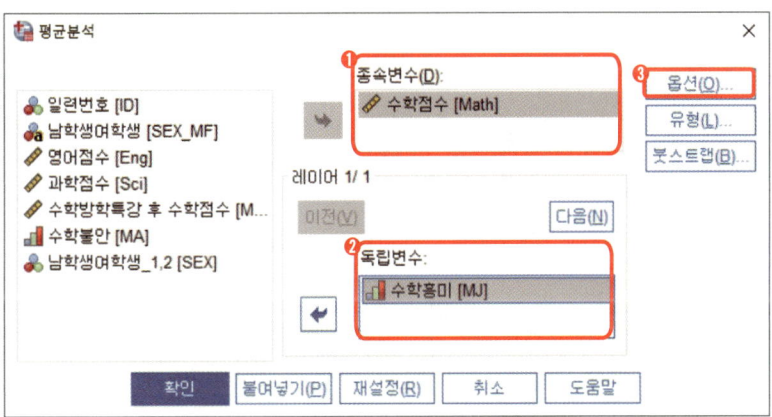

[그림120] 평균분석 대화상자

④ 평균분석: 옵션 대화상자의 통계량(S)에서 평균, 표준편차, 평균의 표준오차, 케이스 수, 전체 N의 퍼센트를 하나씩 선택하고 ➡를 눌러 오른쪽 셀 통계량(C)으로 옮긴 다음 계속(C)을 눌러 평균분석 대화상자로 돌아간다.

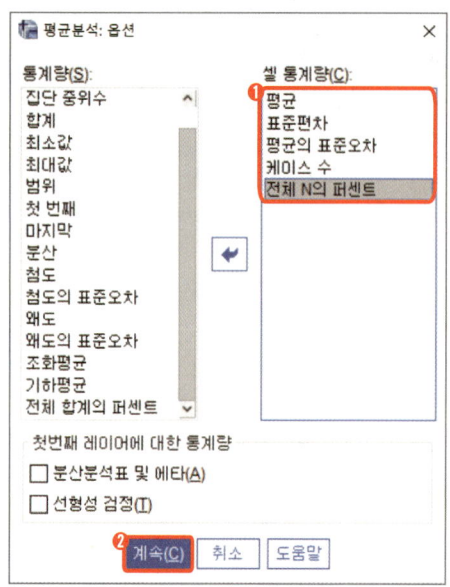

[그림121] 평균분석: 옵션 대화상자

⑤ 확인을 누르면 출력결과 창에 다음을 얻을 수 있다.

보고서

수학점수					
수학흥미	평균	표준편차	평균의 표준오차	N	전체 N의 퍼센트
아주 약함	63.00	14.600	4.049	13	6.5%
약함	61.67	16.171	4.668	12	6.0%
보통	58.82	9.589	1.343	51	25.5%
강함	69.71	8.248	.821	101	50.5%
아주 강함	84.52	12.936	2.697	23	11.5%
전체	67.72	12.716	.899	200	100.0%

[표13] 출력결과

⑥ [표13]에서 보고서 표를 이용하여 다음 표를 완성할 수 있다.

구분	평균	표준편차	평균의 표준오차	케이스 수	전체 N 퍼센트
아주 약함	63.00	14.600	4.049	13	6.5%
약함	61.67	16.171	4.668	12	6.0%
보통	58.82	9.589	1.343	51	25.5%
강함	69.71	8.248	0.821	101	50.5%
아주 강함	84.52	12.936	2.697	23	11.5%
전체	67.72	12.716	0.899	200	100.0%

2. 평균분석(레이어 2/2)

① 남학생과 여학생별 수학흥미에 따른 수학점수의 평균, 표준편차, 평균의 표준오차, 케이스 수, 전체 N의 퍼센트를 구하여 다음 표를 완성해본다.

구분		평균	표준편차	평균의 표준오차	케이스 수	전체 N의 퍼센트
남학생	아주 약함					
	약함					
	보통					
	강함					
	아주 강함					
	전체					
여학생	아주 약함					
	약함					
	보통					
	강함					
	아주 강함					
	전체					

② 남학생과 여학생별 수학흥미에 따른 수학점수의 기술통계량을 구하기 위해 평균분석을 이용한다.

③ 평균분석 대화상자의 변수 중에서 수학점수 [Math]를 선택하고 ➡를 눌러 오른쪽 종속변수(D)로 옮긴다. 그리고 남학생여학생_1,2 [SEX]를 선택하고 ➡를 눌러 오른쪽 레이어1/1로 옮긴다.

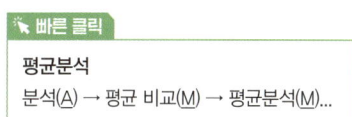

평균분석
분석(A) → 평균 비교(M) → 평균분석(M)...

[그림122] 평균분석 대화상자(1)

④ 다음(N)을 눌러 레이어2/2가 나오면, 수학흥미 [MJ]를 선택하고 →를 눌러 오른쪽 레이어2/2로 옮기고 옵션(O)을 누른다.

[그림123] 평균분석 대화상자(2)

⑤ 평균분석: 옵션 대화상자의 통계량(S)에서 평균, 표준편차, 평균의 표준오차, 케이스 수, 전체 N의 퍼센트를 하나씩 선택하고 →를 눌러 오른쪽 셀 통계량(C)으로 옮긴 다음 계속(C)을 눌러 평균분석 대화상자로 돌아간다.
⑥ 확인을 누르면 출력결과 창에 다음을 얻을 수 있다.

보고서

수학점수						
남학생여학생_1,2	수학흥미	평균	표준편차	평균의 표준오차	N	전체 N의 퍼센트
남학생	아주 약함	57.43	15.142	5.723	7	3.5%
	약함	58.40	22.700	10.152	5	2.5%
	보통	56.08	9.968	1.955	26	13.0%
	강함	69.06	8.414	1.167	52	26.0%
	아주 강함	89.60	13.525	4.277	10	5.0%
	전체	66.39	14.419	1.442	100	50.0%
여학생	아주 약함	69.50	11.929	4.870	6	3.0%
	약함	64.00	10.985	4.152	7	3.5%
	보통	61.68	8.449	1.690	25	12.5%
	강함	70.41	8.096	1.157	49	24.5%
	아주 강함	80.62	11.471	3.182	13	6.5%
	전체	69.05	10.656	1.066	100	50.0%
전체	아주 약함	63.00	14.600	4.049	13	6.5%
	약함	61.67	16.171	4.668	12	6.0%
	보통	58.82	9.589	1.343	51	25.5%
	강함	69.71	8.248	.821	101	50.5%
	아주 강함	84.52	12.936	2.697	23	11.5%
	전체	67.72	12.716	.899	200	100.0%

[표14] 출력결과

⑦ [표14]의 보고서 표를 이용하여 다음 표를 완성할 수 있다.

구분		평균	표준편차	평균의 표준오차	케이스 수	전체 N의 퍼센트
남학생	아주 약함	57.43	15.142	5.723	7	3.5%
	약함	58.40	22.700	10.152	5	2.5%
	보통	56.08	9.968	1.955	26	13.0%
	강함	69.06	8.414	1.167	52	26.0%
	아주 강함	89.60	13.525	4.277	10	5.0%
	전체	66.39	14.419	1.442	100	50.0%
여학생	아주 약함	69.50	11.929	4.870	6	3.0%
	약함	64.00	10.985	4.152	7	3.5%
	보통	61.68	8.449	1.690	25	12.5%
	강함	70.41	8.096	1.157	49	24.5%
	아주 강함	80.62	11.471	3.182	13	6.5%
	전체	69.05	10.656	1.066	100	50.0%

3 일표본 T 검정

1. 일표본 T 검정의 개념

① 한 집단에 대한 모평균을 검정하고 신뢰구간을 구하는 분석방법이다.
② 모분산이 알려져 있지 않을 경우 모집단이 정규분포를 따른다는 가정 하에 검정을 실시한다.
③ 일표본 T 검정 절차
  ㉠ 가설세우기

귀무가설(H_0)	모평균은 μ_0이다($\mu=\mu_0$).
대립가설(H_1)	모평균은 μ_0가 아니다($\mu \neq \mu_0$).

  ㉡ 검정통계량과 분포 정하기

  $$t = \frac{\overline{X} - \mu_0}{S/\sqrt{n}} \sim t(n-1) \, (S: \text{표본표준편차}, \, n: \text{표본개수})$$

  ㉢ 검정통계량의 t값과 유의확률 $p-$값 구하기
  ㉣ 결론 내리기: '유의수준 $\alpha >$ 유의확률 $p-$값'이면 귀무가설 기각
④ 모평균 μ에 대한 $100(1-\alpha)\%$ 신뢰구간
  ㉠ $n \geq 30$일 때 $\left(\overline{X} - z_{\alpha/2}\frac{S}{\sqrt{n}}, \; \overline{X} + z_{\alpha/2}\frac{S}{\sqrt{n}}\right)$이다.
  ㉡ $n < 30$일 때 $\left(\overline{X} - t_{\alpha/2}(n-1) \times \frac{S}{\sqrt{n}}, \; \overline{X} + t_{\alpha/2}(n-1) \times \frac{S}{\sqrt{n}}\right)$이다.

2. 일표본 T 검정 실행하기

"성적(구분자에 의한 배열).txt"에서 수학방학특강 실시 후에 수학점수가 달라졌는지 유의수준 5%에서 양측 검정 해본다.

① 수학방학특강 실시 전의 수학평균점수를 구해본 결과, 67.72점이었다. 수학방학특강 후 수학점수가 67.72점인지 일표본 T 검정을 위해 분석(A) → 평균 비교(M) → 일표본 T 검정(S)...을 순서대로 누른다.

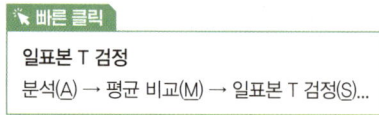

빠른 클릭
일표본 T 검정
분석(A) → 평균 비교(M) → 일표본 T 검정(S)...

② 가설 세우기

귀무가설(H_0)	수학방학특강 후 수학평균점수는 67.72점이다($\mu=67.72$).
대립가설(H_1)	수학방학특강 후 수학평균점수는 67.72점이 아니다($\mu \neq 67.72$).

③ 일표본 T 검정 대화상자의 변수 중에서 수학방학특강 후 수학점수 [Mathpost]를 선택하고 ▶를 눌러 오른쪽 검정 변수(T)로 옮긴다. 그리고 검정값(V)에 '67.72'를 입력하고 옵션(O)을 눌러 일표본 T 검정: 옵션 대화상자의 신뢰구간(P)에 '95'를 입력한다.

[그림124] 일표본 T 검정 대화상자

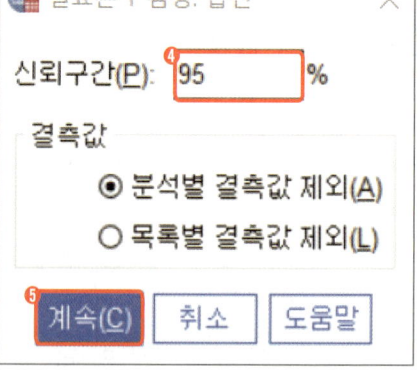

[그림125] 일표본 T 검정: 옵션

④ 계속(C)을 눌러 일표본 T 검정 대화상자로 돌아가 확인을 누르면, 출력결과 창에 다음을 얻을 수 있다.

일표본 통계량

	N	평균	표준편차	평균의 표준오차
수학방학특강 후 수학점수	200	80.84	10.498	.742

일표본 검정

	검정값 = 67.72					
	t	자유도	유의확률 (양측)	평균차이	차이의 95% 신뢰구간	
					하한	상한
수학방학특강 후 수학점수	17.668	199	.000	13.115	11.65	14.58

[표15] 출력결과

⑤ 결론 내리기: [표15]에서 일표본 검정 표의 t와 유의확률(양측)을 이용하여 검정통계량의 값과 유의확률(양측)을 쓰고 유의수준 5%에서 검정결과를 설명한다.

검정통계량의 값	17.668
유의확률(양측)	0.000
검정결과	검정통계량의 값이 17.668이고 유의확률이 0.000으로 유의수준 0.05보다 작으므로 귀무가설을 기각한다. 즉, 유의수준 5% 하에서 수학방학특강 실시 후 수학평균점수는 67.72점이라고 할 수 없다.

3. 95% 신뢰구간 구하기

수학방학특강 실시 후 수학점수의 모평균 μ에 대한 95% 신뢰구간을 구해본다.

① 일표본 T 검정 대화상자를 열어 변수 중에서 수학방학특강 후 수학점수 [Mathpost]를 선택하고 ➡를 눌러 오른쪽 검정 변수(T)로 옮긴다. 그리고 검정값(V)에 '0'을 입력하고 옵션(O)을 눌러 일표본 T 검정: 옵션 대화상자의 신뢰구간(P)에 '95'를 입력한다..

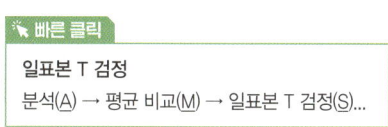

빠른 클릭

일표본 T 검정
분석(A) → 평균 비교(M) → 일표본 T 검정(S)...

[그림126] 일표본 T 검정 대화상자

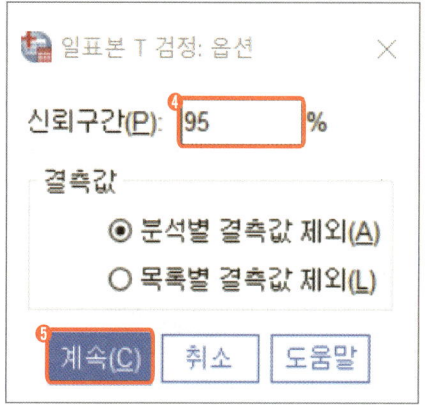

[그림127] 일표본 T 검정: 옵션

② 계속(C)을 눌러 일표본 T 검정 대화상자로 돌아가 확인을 누르면 출력결과 창에 다음을 얻을 수 있다.

일표본 통계량

	N	평균	표준편차	평균의 표준오차
수학방학특강 후 수학점수	200	80.84	10.498	.742

일표본 검정

	검정값 = 0				
	t	자유도	유의확률 (양측)	평균차이	차이의 95% 신뢰구간
					하한 / 상한
수학방학특강 후 수학점수	108.895	199	.000	80.835	79.37 / 82.30

[표16] 출력결과

③ 결론 내리기: [표16]에서 일표본 검정 표의 차이의 95% 신뢰구간의 하한 79.37과 상한 82.30을 이용하여 95% 신뢰구간을 서술한다.

| 95% 신뢰구간 | (79.37, 82.30) |

4 독립표본 T 검정

1. 독립표본 T 검정의 개념

① 두 독립집단 간의 모평균에 차이가 있는지를 검정하는 방법이다.
② 두 집단이 각각 $X_1 \sim N(\mu_1, \sigma_1^2)$, $X_2 \sim N(\mu_2, \sigma_2^2)$, 즉 정규분포를 따르고 서로 독립이라는 가정하에 두 집단 간 모평균에 차이가 있는지를 검정한다.
③ 독립표본 T 검정 절차
　㉠ 가설 세우기

귀무가설(H_0)	두 집단 간 모평균에 차이가 없다($\mu_1 = \mu_2$).
대립가설(H_1)	두 집단 간 모평균에 차이가 있다($\mu_1 \neq \mu_2$).

　㉡ 등분산 검정: 두 집단의 분산이 같은지 다른지를 확인하는 등분산 검정결과에 따라 검정통계량이 다르게 분석된다. SPSS에서는 레벤검정(Levene Test)을 이용해 두 집단 간의 등분산을 검정한다.
　　• 가설 세우기

귀무가설(H_0)	두 집단 간 모분산에 차이가 없다($\sigma_1^2 = \sigma_2^2$).
대립가설(H_1)	두 집단 간 모분산에 차이가 있다($\sigma_1^2 \neq \sigma_2^2$).

　　• 결론 내리기: '유의수준 α > 유의확률 $p-$값'이면 귀무가설 기각

ⓒ 검정통계량과 분포 정하기(단, n_1, n_2: 두 집단의 표본크기, $\overline{X}_1$, $\overline{X}_2$: 두 집단의 표본평균, S_1^2, S_2^2: 두 집단의 표본분산, 합동표본분산: $S_p^2 = \frac{(n_1-1)S_1^2 + (n_2-1)S_2^2}{n_1+n_2-2}$)

구분	두 집단 간 등분산 만족($\sigma_1^2 = \sigma_2^2$)	두 집단 간 등분산 만족하지 않음($\sigma_1^2 \neq \sigma_2^2$)
검정 통계량	$t = \dfrac{\overline{X}_1 - \overline{X}_2}{S_p\sqrt{\dfrac{1}{n_1} + \dfrac{1}{n_2}}}$	$t = \dfrac{\overline{X}_1 - \overline{X}_2}{\sqrt{\dfrac{S_1^2}{n_1} + \dfrac{S_2^2}{n_2}}}$
분포	자유도 $df = n_1 + n_2 - 2$인 t분포	자유도 $df = \dfrac{(S_1^2/n_1 + S_2^2/n_2)^2}{\dfrac{(S_1^2/n_1)^2}{n_1-1} + \dfrac{(S_2^2/n_2)^2}{n_2-1}}$ 인 t분포

ⓓ 검정통계량의 t값과 유의확률 p-값 구하기
ⓔ 결론 내리기: '유의수준 α > 유의확률 p-값'이면 귀무가설 기각

2. 독립표본 T 검정 실행하기

"성적(구분자에 의한 배열).txt"에서 남학생과 여학생에 따라 영어점수에 차이가 있는지를 유의수준 5%에서 양측검정해본다.

① 두 독립집단(남학생, 여학생)의 평균을 비교하기 위해 분석(A) → 평균 비교(M) → 독립표본 T 검정...을 순서대로 누른다.

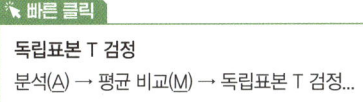

독립표본 T 검정
분석(A) → 평균 비교(M) → 독립표본 T 검정...

② 독립표본 T 검정 대화상자의 변수 중에서 영어점수 [Eng]를 선택하고 ▶를 눌러 오른쪽 검정 변수(T)로 이동시킨다. 그리고 남학생여학생_1,2 [SEX]를 선택하고 ▶를 눌러 오른쪽의 집단변수(G)로 이동시키고 집단 정의(D)를 누른다.

[그림128] 독립표본 T 검정 대화상자

③ 집단 정의 대화상자가 나타나면 지정값 사용(U)에서 집단 1에 1을 입력하고 집단 2에 2를 입력한다. 계속(C)을 누르면 독립표본 T 검정 대화상자의 집단변수(G)에 SEX(1 2)가 나타난다.

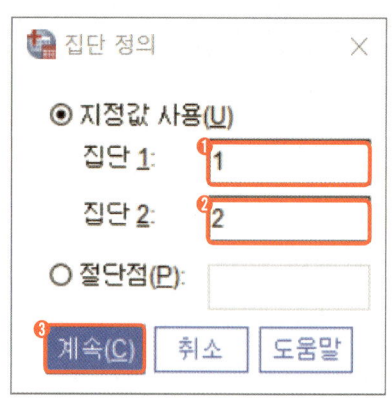

[그림129] 집단 정의

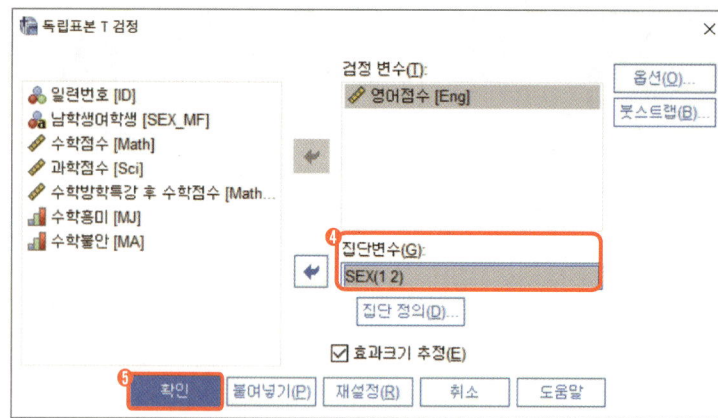

[그림130] 독립표본 T 검정 대화상자

④ 확인을 누르면 출력결과 창에 다음을 얻을 수 있다.

집단통계량

	남학생여학생_1,2	N	평균	표준편차	평균의 표준오차
영어점수	남학생	98	58.14	17.198	1.737
	여학생	99	65.72	17.499	1.759

독립표본 검정

		Levene의 등분산 검정		평균의 동일성에 대한 T 검정						
		F	유의확률	t	자유도	유의확률 (양측)	평균 차이	표준오차 차이	차이의 95% 신뢰구간	
									하한	상한
영어점수	등분산을 가정함	.141	.708	-3.064	195	.002	-7.574	2.472	-12.450	-2.698
	등분산을 가정하지 않음			-3.064	194.990	.002	-7.574	2.472	-12.450	-2.699

[표17] 출력결과

⑤ [표17]에서 독립표본 검정 표의 Levene의 등분산 검정 F값과 유의확률을 이용하여 유의수준 5%에서 검정결과를 서술한다.

검정통계량의 값	0.141
유의확률(양측)	0.708
검정결과	검정통계량의 값이 0.141이고 유의확률이 0.708로 유의수준 0.05보다 크므로 귀무가설을 기각할 수 없다. 즉, 유의수준 5% 하에서 두 집단의 등분산을 가정한다고 할 수 있다.

⑥ 결론 내리기: [표17]에서 독립표본 검정 표의 Levene의 등분산 검정의 등분산을 가정함 행의 t와 유의확률(양측)을 이용하여 검정통계량의 값을 구하고 유의수준 5%에서 검정결과를 서술한다.

검정통계량의 값	−3.064
유의확률(양측)	0.002
검정결과	검정통계량의 값이 −3.064이고 유의확률이 0.002로 유의수준 0.05보다 작으므로 귀무가설을 기각한다. 즉, 유의수준 5% 하에서 남학생과 여학생의 영어점수에 차이가 있다($\mu_1 \neq \mu_2$)고 할 수 있다.

> **보충학습**
>
> **단측검정**
> 만약 '남학생의 영어점수가 여학생의 영어점수보다 크다(대립가설)'를 검정하고자 하는 단측검정에서, 단측검정의 유의확률(p−값)은 양측검정의 유의확률(p−값)의 1/2로 계산한다. 즉, 독립표본 검정 표의 유의확률(양측)이 0.002이면, 단측검정의 p−값은 양측검정의 p−값의 1/2 즉, 0.002/2=0.001이다.

5 대응표본 T 검정

1. 대응표본 T 검정의 개념

① 두 종속인 집단 간의 모평균에 차이가 있는지 검정하는 방법이다.
② 두 집단의 각 쌍의 차이 $D_i = X_i - Y_i (i=1, 2, \cdots, n)$는 평균이 μ_D, 분산이 σ_D^2인 정규분포 $N(\mu_D, \sigma_D^2)$을 따른다고 가정한다.
③ 증가량이 필요한 경우와 감소량이 필요한 경우에 따라 두 집단의 각 쌍의 차이를 선택할 수 있다.
　㉠ 증가량 선택: 특강 후 점수 상승 등
　㉡ 감소량 선택: 다이어트 후 체중 감소 등

④ 대응표본 T 검정 절차
  ㉠ 가설 세우기

귀무가설(H_0)	두 집단 간 모평균에 차이가 없다($\mu_1-\mu_2=\mu_D=0$).
대립가설(H_1)	두 집단 간 모평균에 차이가 있다($\mu_1-\mu_2=\mu_D\neq 0$).

㉡ 검정통계량 $t=\dfrac{\overline{D}-0}{S_D/\sqrt{n}}$, 자유도 $df=n-1$인 t분포 정하기

㉢ 검정통계량의 t값과 유의확률 $p-$값 구하기

㉣ 결론 내리기: '유의수준 α > 유의확률 $p-$값'이면 귀무가설 기각

2. 대응표본 T 검정 실행하기

"성적(구분자에 의한 배열).txt"에서 수학방학특강 실시 전의 수학점수와 실시 후의 수학점수의 평균에 차이가 있는지를 유의수준 5%에서 양측 검정해본다.

① 수학방학특강 전과 후의 수학점수 평균에 차이가 있는지를 검정하기 위해 분석(A) → 평균 비교(M) → 대응표본 T 검정(P)…을 순서대로 누른다.

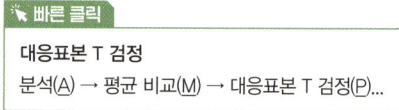

빠른 클릭

대응표본 T 검정
분석(A) → 평균 비교(M) → 대응표본 T 검정(P)…

② 대응표본 T 검정 대화상자의 변수 중에서 수학점수 [Math]를 선택하고 ▶를 눌러 오른쪽 대응 변수(V)의 변수1로 이동시키고, 수학방학특강 후 수학점수 [Mathpost]를 선택하고 ▶를 눌러 변수2로 이동시킨다.

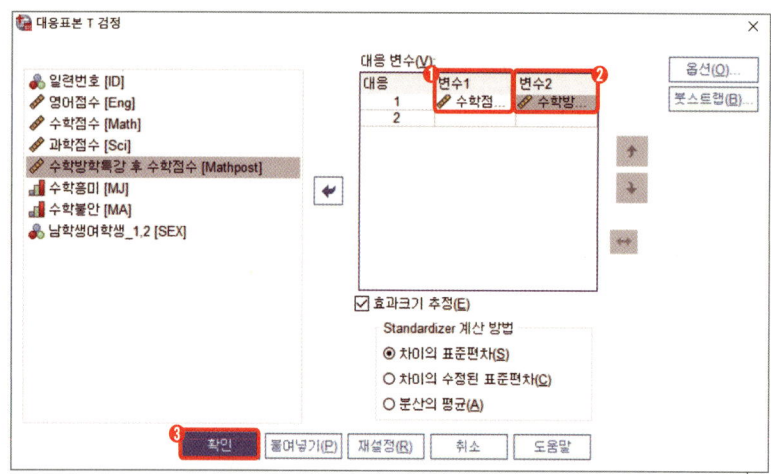

[그림131] 대응표본 T 검정 대화상자

③ 확인을 누르면 출력결과 창에 다음을 얻을 수 있다.

대응표본 통계량

		평균	N	표준편차	평균의 표준오차
대응 1	수학점수	67.72	200	12.716	.899
	수학방학특강 후 수학점수	80.84	200	10.498	.742

대응표본 상관계수

		N	상관관계	유의확률
대응 1	수학점수 & 수학방학특강 후 수학점수	200	.438	.000

대응표본 검정

		대응차					t	자유도	유의확률 (양측)
		평균	표준 편차	평균의 표준오차	차이의 95% 신뢰구간				
					하한	상한			
대응 1	수학점수 - 수학방학특강 후 수학점수	-13.115	12.443	.880	-14.850	-11.380	-14.906	199	.000

[표18] 출력결과

④ 결론 내리기: [표18]에서 대응표본 검정 표의 t와 유의확률(양측)을 이용하여 유의수준 5%에서 검정결과를 서술한다.

검정통계량의 값	-14.906
유의확률(양측)	0.000
검정결과	검정통계량의 값이 -14.906이고 유의확률이 0.000으로 유의수준 0.05보다 작으므로 귀무가설을 기각한다. 즉, 유의수준 5% 하에서 수학방학특강 전과 후의 수학점수의 평균에 차이가 있다고 할 수 있다.

⑤ 만약 대응표본 T 검정 대화상자의 변수 중에서 수학방학특강 후 수학점수 [Mathpost]를 대응 변수(V)의 변수1로, 수학점수 [Math]를 변수2로 이동시키면 검정통계량의 t값이 14.906이 된다.

대응표본 검정

		대응차					t	자유도	유의확률 (양측)
		평균	표준 편차	평균의 표준오차	차이의 95% 신뢰구간				
					하한	상한			
대응 1	수학방학특강 후 수학점수 - 수학점수	13.115	12.443	.880	11.380	14.850	14.906	199	.000

[표19] 출력결과

> **보충학습**
>
> 대응표본 T 검정은 서로 짝을 이룬 자료의 두 집단 간 모평균에 차이가 있는지 양측검정을 시행하기 때문에 '수학점수−수학방학특강 후 수학점수'와 '수학방학특강 후 수학점수−수학점수'의 검정결과는 동일하다(유의확률 0.000).

6 일원배치 분산분석

1. 분산분석의 개념

① 집단의 수가 3개 이상인 경우에 분산값들을 이용해서 세 개 이상의 집단 간 평균 차이를 검정한다.

② 관측값에 영향을 주는 요인, 즉 설명변수(독립변수)는 범주형 자료인 명목척도나 서열척도이고 반응변수(종속변수)는 연속형 자료인 등간척도나 비율척도이다.

③ 설명변수를 요인(Factor, 인자)이라고 하며, 요인이 가지는 값을 요인수준(인자수준, 처리)이라 한다.

④ 분산분석은 집단을 나타내는 변수인 요인의 수에 따라 구분된다.

　㉠ 일원배치 분산분석: 요인의 수가 1개인 경우

　㉡ 이원배치 분산분석: 요인의 수가 2개인 경우

　㉢ 다원배치 분산분석: 요인의 수가 3개 이상인 경우

⑤ 분산분석의 기본 가정

　㉠ 정규분포성: 각 모집단에서 설명변수는 정규분포를 따라야 한다.

　㉡ 등분산성: 설명변수의 분산은 모든 모집단에서 동일해야 한다.

　㉢ 독립성: 관측값들은 독립적이어야 한다.

⑥ 검정통계량은 집단 내 제곱합과 집단 간 제곱합으로 구하며 F-분포 통계량을 이용한다.

⑦ 두 개의 요인이 있을 때 각 요인의 주효과를 알아보기 위해서는 요인 간 교호작용이 없어야 한다.

⑧ 가설 세우기(집단의 수가 k개인 경우)

귀무가설(H_0)	$\mu_1 = \mu_2 = \cdots = \mu_k$
대립가설(H_1)	모든 μ_i가 같은 것은 아니다($i=1, 2, \cdots, k$). 즉, 적어도 한 쌍 이상의 평균이 다르다.

2. 일원배치 분산분석의 개념

① 자료의 구조(요인수준 k개, 각 요인수준에서 반복측정된 값이 $n_1, n_2, \cdots, n_k$)

수준(처리) 1	$y_{11}\ \ y_{12}\ \cdots\ y_{1n_1}$	→	$\bar{y}_1$	$\mu_1 = \sum_{j=1}^{n_1}(y_{1i}-\bar{y}_1)^2$
수준(처리) 2	$y_{21}\ \ y_{22}\ \cdots\ y_{2n_2}$	→	$\bar{y}_2$	$\mu_2 = \sum_{j=1}^{n_2}(y_{2i}-\bar{y}_2)^2$
⋮	⋮	⋮	⋮	⋮
수준(처리) k	$y_{k1}\ \ y_{k2}\ \cdots\ y_{kn_k}$	→	$\bar{y}_k$	$\mu_k = \sum_{j=1}^{n_k}(y_{kj}-\bar{y}_k)^2$
			총평균	$\mu = \sum_{i=1}^{k}\sum_{j=1}^{n_i}(y_{kj}-\bar{y}_1)^2$

*y_{35}: 3번째 수준의 다섯 번째 자료

② 일원배치 분산분석의 모집단 모형(Y_{ij}: 관측값, μ: 총평균, μ_i: i번째 수준의 평균, $\alpha_i = \mu_i - \mu$: i번째 처리효과, ε_{ij}: 오차항, 정규분포를 따르고 분산이 동일하며 서로 독립, k개의 각 처리에 대한 반복수가 n으로 모두 동일)

$$Y_{ij} = \mu + \alpha_i + \varepsilon_{ij} = \mu + (\mu_i - \mu) + \varepsilon_{ij}\ (i=1, \cdots, k,\ j=1, \cdots, n)$$

③ 분산분석표

요인	제곱합	자유도	평균제곱	F값
처리(인자)	SSB	$k-1$	$MSB = \dfrac{SSB}{k-1}$	$\dfrac{MSB}{MSW}$
잔차(오차)	SSW	$k(n-1)$	$MSW = \dfrac{SSW}{k(n-1)}$	
총합(계)	SST	$kn-1$		

④ 일원배치 분산분석의 절차
  ㉠ 가설 세우기

귀무가설(H_0)	각 수준 간의 평균은 차이가 없다($\mu_1 = \mu_2 = \cdots = \mu_k$).
대립가설(H_1)	모든 μ_i가 같은 것은 아니다($i=1, 2, \cdots, k$).

  ㉡ 검정통계량과 자유도 $df = (k-1, k(n-1))$인 F-분포 정하기

$$F\text{값} = \frac{MSB}{MSW} \sim F(k-1, k(n-1))$$

  ㉢ 분산분석표 작성하기
  ㉣ 결론 내리기: '유의수준 α > 유의확률 p-값'이면 귀무가설 기각

3. 다중비교(사후분석)

① 분산분석 결과 귀무가설이 기각되어 적어도 한 쌍의 모평균이 같지 않다고 판단되는 경우, 어느 집단의 모평균 사이에 차이가 있는지를 분석한다.
② 다중비교 방법에는 Duncan 검정법, Tukey 검정법, Scheffe 검정법, Dunnett T3 검정법 등이 있다.
③ 집단들 사이의 등분산이 가정되었을 때 Duncan 검정법, Tukey 검정법, Scheffe 검정법을 많이 사용한다.
  ㉠ Duncan 검정법과 Tukey 검정법은 비교 대상 표본 수가 비슷할 때 사용한다.
  ㉡ Scheffe 검정법은 비교 대상 표본 수가 일정하지 않을 때 사용한다.
④ 집단들 사이의 등분산이 가정되지 않았을 때 Dunnett T3 또는 Games-Howell을 사용한다.
⑤ 사후분석방법 선택의 절대적 기준은 없으나, 집단의 표본 수가 동일한지 아닌지에 대해 집단 분리 정도를 연구자가 판단해서 선택한다.
⑥ Duncan 다중범위 검정법
  ㉠ 인접하는 평균값들을 단계적으로 비교한다.
  ㉡ 비교 대상 표본 수가 비슷한 경우에 사용한다.
  ㉢ 오차비율을 통제하지 않아 상대적으로 기준이 엄격하지 않다.
  ㉣ 사후분석 방법 중에서 집단을 분리시키려는 성격이 가장 강하다.

⑦ Tukey 검정법
  ㉠ t-분포를 기초하여 모든 집단을 짝지어 비교한다.
  ㉡ 비교 대상 표본 수가 비슷한 경우에 사용한다. 그러나 Tukey의 다른 버전인 Tukey-Kramer 방법을 이용하면 표본 수가 달라도 된다.
  ㉢ Duncan에 비해 상대적으로 집단을 분리하는 정도가 낮다.
  ㉣ 표본 수가 적으면 정확도가 낮다.
⑧ Scheffe 검정법
  ㉠ 사후분석 방법 중 가장 보수적이고 엄격하게 집단을 분리한다.
  ㉡ 비교 대상 표본 수가 비슷하지 않은 경우에 사용한다.
  ㉢ F-분포에 기반하여 각 집단들의 평균값에 대한 모든 가능한 짝을 동시에 비교한다.
  ㉣ 단순히 두 집단 간의 비교 결과만 필요한 경우에는 추천되지 않는다.
⑨ Bonferroni 검정법
  ㉠ 분산분석, 공분산분석, 다변량분석, multiple t-test 등 다양한 통계분석 뒤에 사후검정 방법으로 사용한다.
  ㉡ 비교 대상 표본 수가 비슷하지 않은 경우에 사용한다.
  ㉢ t-분포에 기반한 임계값을 사용하여 검정하는 방법이다.
  ㉣ 집단을 분리하는 정도는 Tukey와 비슷하거나 낮다.
  ㉤ 비모수 통계분석 이후에도 사후검정 방법으로 사용 가능하다.
  ㉥ 집단의 개수가 많아 시행의 수가 많거나 검정통계량이 양의 상관관계를 가지는 경우에는 검정력이 약해진다.
⑩ Dunnett T3 검정법
  ㉠ 하나의 집단을 기준으로 다른 집단들과 차이에 대하여 분석한다.
  ㉡ 1개의 대조군과 여러 실험군과의 비교를 하는 연구에 사용된다.
  ㉢ Tukey보다 검정력이 높다.
  ㉣ 모든 집단 조합에 대하여 검정을 하지는 않는다.

4. 분산분석과 Scheffe 사후분석 실행하기

"성적(구분자에 의한 배열).txt"에서 수학흥미에 따라 수학방학특강 후 수학점수에 차이가 있는지를 유의수준 5%에서 양측 검정해본다(단, 등분산 검정은 평균을 기준으로 한 Levene 검정을 실시, 유의한 결과를 얻은 이후 Scheffe 검정법으로 사후분석 실시).

① 수학흥미에 따라 수학방학특강 후 수학점수에 차이가 있는지 구하기 위해 분석(A) → 평균 비교(M) → 일원배치 분산분석(O)...을 순서대로 누른다.

② 일원배치 분산분석 대화상자의 변수 중에서 수학방학특강 후 수학점수 [Mathpost]를 선택하고 ▶를 눌러 오른쪽 종속변수(E)로 옮기고, 수학흥미 [MJ]를 선택하고 ▶를 눌러 오른쪽 요인(F)으로 옮긴 후 옵션(O)을 누른다.

> **빠른 클릭**
> 일원배치 분산분석
> 분석(A) → 평균 비교(M) →
> 일원배치 분산분석(O)...

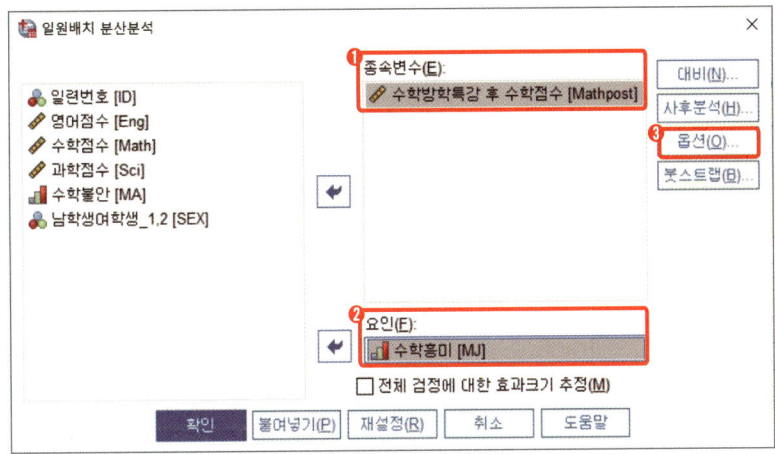

[그림132] 일원배치 분산분석 대화상자

③ 일원배치 분산분석: 옵션 대화상자의 통계량에서 분산 동질성 검정(H)을 선택한 다음 계속(C)을 눌러 일원배치 분산분석 대화상자로 돌아간다.

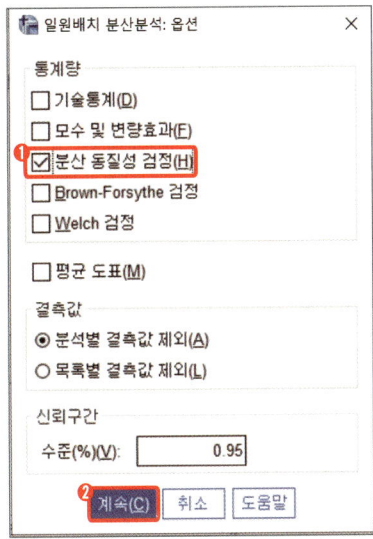

[그림133] 일원배치 분산분석: 옵션 대화상자

④ 확인을 누르면 출력결과 창에 다음을 얻을 수 있다.

분산의 동질성 검정

		Levene 통계량	df1	df2	유의확률
수학방학특강 후 수학점수	평균을 기준으로 합니다.	.468	4	195	.759
	중위수를 기준으로 합니다.	.265	4	195	.900
	자유도를 수정한 상태에서 중위수를 기준으로 합니다.	.265	4	179.666	.900
	절삭평균을 기준으로 합니다.	.481	4	195	.750

[표20] 출력결과

⑤ [표20]에서 분산의 동질성 검정 표의 평균을 기준으로 합니다 행에서 Levene 통계량을 이용하여 다음의 표를 완성한다.

검정통계량의 값	0.468
유의확률(양측)	0.759
검정결과	Levene 검정통계량의 값이 0.468이고 유의확률이 0.759로 유의수준 0.05보다 크므로 귀무가설을 기각할 수 없다. 즉, 유의수준 5% 하에서 두 집단의 등분산을 가정한다고 할 수 있다.

⑥ 출력결과 창에서 ANOVA 표의 집단-간, 집단-내의 결과를 확인한다.

ANOVA

수학방학특강 후 수학점수					
	제곱합	자유도	평균제곱	F	유의확률
집단-간	2441.542	4	610.385	6.107	.000
집단-내	19490.013	195	99.949		
전체	21931.555	199			

[표21] 출력결과

⑦ 가설 세우기

귀무가설(H_0)	수학흥미에 따라 수학방학특강 후 수학점수에 차이가 없다.
대립가설(H_1)	수학흥미에 따라 수학방학특강 후 수학점수에 차이가 있다.

⑧ 가설검정은 [표21]에서 ANOVA 표의 F값과 유의확률을 이용하여 다음의 표를 완성한다.

검정통계량의 값	6.107
유의확률(양측)	0.000
검정결과	검정통계량의 값이 6.107이고 유의확률이 0.000로 유의수준 0.05보다 작으므로 귀무가설을 기각할 수 있다. 즉, 유의수준 5% 하에서 수학흥미에 따라 수학방학특강 후 수학점수에 차이가 있다고 할 수 있다.

⑨ Scheffe 검정법으로 사후분석을 실시하기 위해 분석(A) → 평균 비교(M) → 일원배치 분산분석(O)...을 순서대로 누른다.

⑩ 일원배치 분산분석 대화상자에서 사후분석(H)을 누르면 일원배치 분산분석: 사후분석 - 다중비교 창이 나타난다. 등분산을 가정함의 Scheffe를 선택하고 계속(C)을 눌러 일원배치 분산분석 대화상자로 돌아간다.

> 빠른 클릭
>
> **일원배치 분산분석**
> 분석(A) → 평균 비교(M) →
> 일원배치 분산분석(O)...

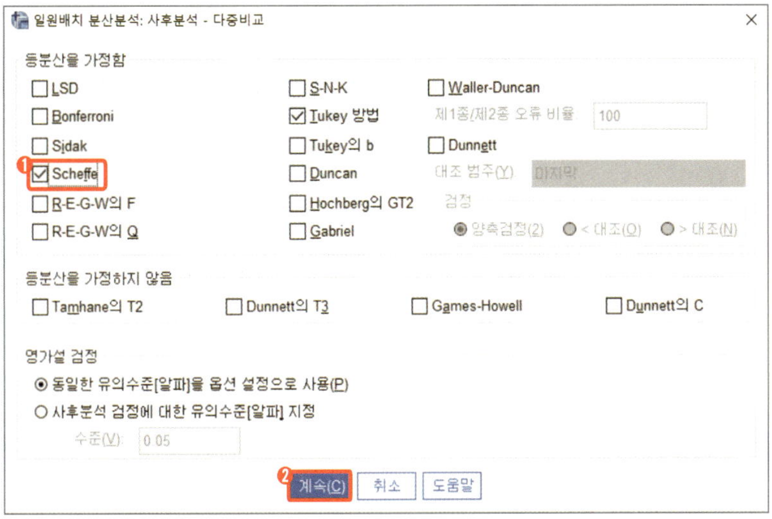

[그림134] 일원배치 분산분석: 사후분석-다중비교

⑪ 확인을 누르면 출력결과 창에 다음을 얻을 수 있다.

다중비교

종속변수: 수학방학특강 후 수학점수
Scheffe

(I) 수학흥미	(J) 수학흥미	평균차이(I-J)	표준오차	유의확률	95% 신뢰구간	
					하한	상한
아주 약함	약함	9.410	4.002	.242	-3.04	21.86
	보통	2.724	3.106	.942	-6.94	12.38
	강함	1.522	2.946	.992	-7.64	10.68
	아주 강함	-6.836	3.469	.425	-17.62	3.95
약함	아주 약함	-9.410	4.002	.242	-21.86	3.04
	보통	-6.686	3.208	.365	-16.66	3.29
	강함	-7.888	3.053	.159	-17.38	1.61
	아주 강함	-16.246*	3.560	.001	-27.32	-5.17
보통	아주 약함	-2.724	3.106	.942	-12.38	6.94
	약함	6.686	3.208	.365	-3.29	16.66
	강함	-1.202	1.717	.974	-6.54	4.14
	아주 강함	-9.560*	2.511	.007	-17.37	-1.75
강함	아주 약함	-1.522	2.946	.992	-10.68	7.64
	약함	7.888	3.053	.159	-1.61	17.38
	보통	1.202	1.717	.974	-4.14	6.54
	아주 강함	-8.359*	2.310	.013	-15.54	-1.18
아주 강함	아주 약함	6.836	3.469	.425	-3.95	17.62
	약함	16.246*	3.560	.001	5.17	27.32
	보통	9.560*	2.511	.007	1.75	17.37
	강함	8.359*	2.310	.013	1.18	15.54

*. 평균차이는 0.05 수준에서 유의합니다.

수학방학특강 후 수학점수

Scheffe[a,b]			
수학흥미	N	유의수준 = 0.05에 대한 부분집합	
		1	2
약함	12	72.67	
보통	51	79.35	
강함	101	80.55	80.55
아주 약함	13	82.08	82.08
아주 강함	23		88.91
유의확률		.054	.117

동질적 부분집합에 있는 집단에 대한 평균이 표시됩니다.
a. 조화평균 표본크기 21.437을(를) 사용합니다.
b. 집단 크기가 동일하지 않습니다. 집단 크기의 조화평균이 사용됩니다. I 유형 오차 수준은 보장되지 않습니다.

[표22] 출력결과

⑫ 결론 내리기: [표22]에서 Scheffe의 수학방학특강 후 수학점수 표의 유의수준 0.05에 대한 부분집합을 이용하여 통계적으로 유의한 부분집합을 구분한다.

부분집합 1	약함, 보통, 강함, 아주 약함
부분집합 2	강함, 아주 약함, 아주 강함
검정결과	유의수준 0.05에 대해 수학 흥미가 '아주 약함, 약함, 보통, 강함'과 '아주 약함, 강함, 아주 강함'을 동일집단으로 분류하고 있다. 따라서 유의수준 5% 하에서 통계적으로 유의한 차이를 보이는 집단의 쌍은 [수학흥미가 약한 집단, 아주 강한 집단] 또는 [보통인 집단, 아주 강한 집단]이다.

03 상관분석

1 상관분석과 상관계수

1. 상관분석의 개념

① 두 변수 간에 어떤 선형적 관계를 갖고 있는지를 알아보는 통계분석 방법이다.

② 상관분석을 할 때 산점도를 그려서 변수들 간의 상호 연관성(선형 또는 비선형 관계의 여부, 이상점의 존재 여부, 자료의 군집 형태 및 층화 여부 등)을 대략적으로 파악한다.

③ 상관분석은 단순상관분석, 다중상관분석, 편상관분석 등으로 구분된다.

㉠ 단순상관분석: 두 변수 간 선형관계 정도를 분석한다.

㉡ 다중상관분석: 2개 이상의 변수 간 관계 정도를 분석한다.

㉢ 편상관분석: 다중상관분석에서 다른 변수와의 관계를 고정하고 두 변수 간 관계 정도를 분석한다.

④ SPSS의 상관분석 메뉴에는 이변량 상관(B), 편상관(R), 거리측도(D), 정준 상관이 있으며, 이변량 상관(B)을 많이 활용한다.

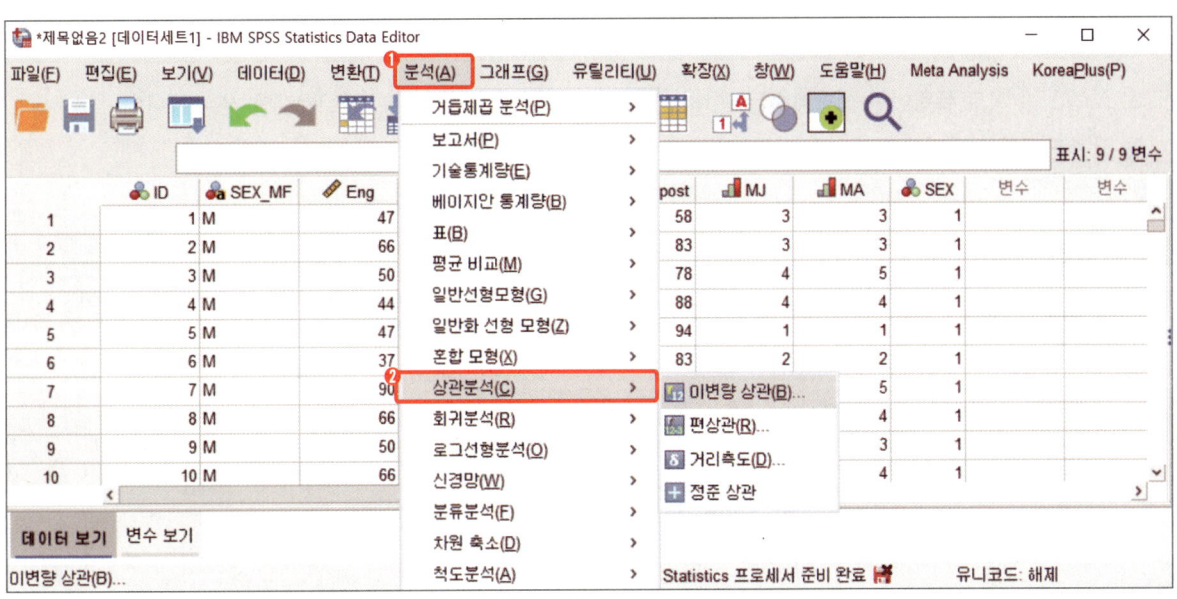

[그림135] 상관분석 메뉴

CHAPTER 03 · 상관분석 **113**

2. 상관계수의 개념

① 두 변수의 직선(선형)관계의 밀접성 정도를 나타내는 척도이다.
② 보통 상관계수는 두 변수가 등간척도 또는 비율척도인 피어슨의 단순적률상관계수를 의미한다.
③ SPSS의 이변량 상관계수에 Pearson 상관계수, Kendall의 타우-b, Spearman 순위상관계수가 구분되어 있다. 특히, Kendall의 타우-b와 Spearman 순위상관계수 두 방법에 따라 얻어진 상관계수 값은 조금 다르지만 p-value는 거의 비슷하다.

피어슨 상관계수	Kendall의 타우-b	Spearman 순위상관계수
두 연속변수의 선형관계 판단	두 순위변수의 단조(증가 또는 감소)성 판단	
모수방법	비모수방법	

④ 상관계수의 범위는 -1에서 1이며, 상관계수의 절댓값이 1에 가까울수록 직선관계가 강하며 0에 가까울수록 직선관계가 약함을 의미한다.

상관계수의 범위	상관관계의 해석
±.000~0.20	상관이 거의 없음
±0.20~0.40	상관이 낮음
±0.40~0.60	상관이 있음
±0.60~0.80	상관이 높음
±0.80~1.00	상관이 매우 높음

⑤ X와 Y가 서로 독립이면 상관계수는 0이지만, 상관관계수가 0이라 해서 서로 독립인 것은 아니다.
⑥ 상관관계가 인과관계를 담보하지 않는다.

2 피어슨(Pearson) 상관계수

1. 상관계수의 계산

① 두 확률변수의 공분산을 각 표준편차로 나눈 값이다.
② 표본상관계수 r_{XY}는 표본공분산(S_{XY})을 표본표준편차(S_X, S_Y)로 나눈 값이다.

$$r_{XY} = \frac{S_{XY}}{S_X S_Y} = \frac{\frac{1}{n-1}\sum_{i=1}^{n}(X_i - \overline{X})(Y_i - \overline{Y})}{\sqrt{\frac{1}{n-1}\sum_{i=1}^{n}(X_i - \overline{X})^2}\sqrt{\frac{1}{n-1}\sum_{i=1}^{n}(Y_i - \overline{Y})^2}}$$

$$= \frac{\sum_{i=1}^{n}(X_i - \overline{X})(Y_i - \overline{Y})}{\sqrt{\sum_{i=1}^{n}(X_i - \overline{X})^2}\sqrt{\sum_{i=1}^{n}(Y_i - \overline{Y})^2}}$$

(S_{XY}: 확률변수 X와 Y의 표본공분산, S_X: X의 표본표준편차, S_Y: Y의 표본표준편차)

2. 상관계수의 유의성 검정

표본상관계수 r_{XY}를 이용하여 두 변수 X, Y의 모상관계수 ρ_{XY}에 대한 유의성 검정을 할 수 있다.

① 가설 세우기

귀무가설(H_0)	두 변수 간에 상관관계가 없다($\rho_{XY}=0$).
대립가설(H_1)	두 변수 간에 상관관계가 있다($\rho_{XY} \neq 0$).

② 검정통계량의 값과 자유도 $df=n-2$인 t-분포 정하기

$$t = \sqrt{n-2} \frac{r_{XY}}{\sqrt{1-r_{XY}^2}} \sim t(n-2)$$

③ 검정통계량의 t값과 유의확률 $p-$값 구하기
④ 결론 내리기: '유의수준 $\alpha >$ 유의확률 $p-$값'이면 귀무가설 기각

3. 상관분석 실행

"성적(구분자에 의한 배열).txt"을 열어 영어점수, 수학점수, 과학점수 사이의 Pearson 상관계수를 구하고 상관계수의 유의성 검정을 유의수준 5%에서 양측 검정해본다. 이때 남학생여학생 [SEX]은 남학생 1, 여학생 2로 다른 변수로 코딩변경하여 **남학생여학생_1,2 [SEX]**를 만들고, 오류값과 결측값을 결측값 처리한 다음 통계분석을 실행한다.

(1) Pearson 상관계수 구하기

① 영어점수 [Eng], 수학점수 [Math], 과학점수 [Sci]의 상관계수를 구하기 위해 분석(A) → 상관분석(C) → 이변량 상관(B)...을 순서대로 누른다.

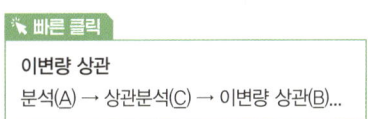

빠른 클릭
이변량 상관
분석(A) → 상관분석(C) → 이변량 상관(B)...

② 이변량 상관계수 대화상자의 변수 목록 중에서 **영어점수 [Eng], 수학점수 [Math], 과학점수 [Sci]**를 하나씩 선택하고 ➡를 눌러 오른쪽 변수(V)로 옮긴 후 상관계수에서 Pearson을 선택한다.

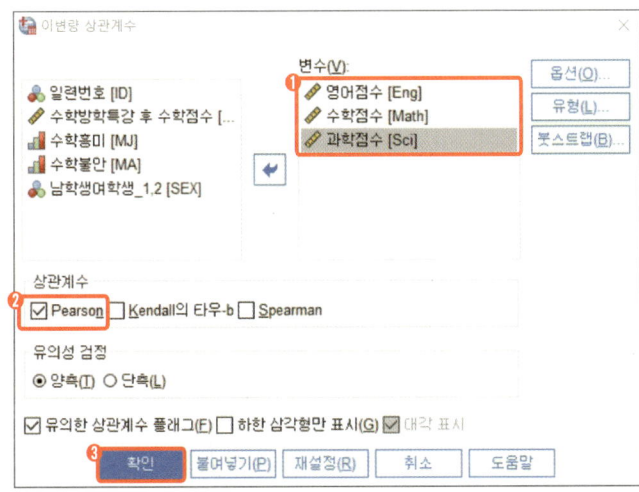

[그림136] 이변량 상관계수 대화상자

③ 확인을 누르면 출력결과 창에 다음을 얻을 수 있다.

상관관계

		영어점수	수학점수	과학점수
영어점수	Pearson 상관	1	.126	-.073
	유의확률 (양측)		.078	.306
	N	197	197	197
수학점수	Pearson 상관	.126	1	.512**
	유의확률 (양측)	.078		.000
	N	197	200	200
과학점수	Pearson 상관	-.073	.512**	1
	유의확률 (양측)	.306	.000	
	N	197	200	200

**. 상관관계가 0.01 수준에서 유의합니다(양측).

[표23] 출력결과

④ [표23]에서 상관관계 표를 이용하여 영어점수 [Eng], 수학점수 [Math], 과학점수 [Sci]에 대한 Pearson 상관계수를 완성한다.

구분	영어점수	수학점수	과학점수
영어점수			
수학점수	0.126		
과학점수	−0.073	0.512**	

*p<0.05, **p<0.01

(2) 상관계수의 유의성 검정 실행하기

① 가설 세우기

귀무가설(H_0)	변수 간에 상관성이 없다($\rho_{XY} = 0$).
대립가설(H_1)	변수 간에 상관성이 있다($\rho_{XY} \neq 0$).

② 결론 내리기

[표23]에서 상관관계 표의 Pearson 상관을 이용하여 상관계수의 값을 구하고 유의수준 5%에서 검정결과를 서술한다.

상관계수의 값	영어점수와 수학점수 간의 상관계수는 0.126, 영어점수와 과학점수 간의 상관계수는 −0.073으로 상관이 낮은 편이며, 수학점수와 과학점수 간의 상관계수는 0.512로 높은 상관을 나타내고 있다.
검정결과	수학점수와 과학점수 간의 상관계수가 0.512이고 유의확률이 0.000으로 유의수준 0.05보다 작으므로 귀무가설을 기각한다. 즉, 유의수준 5%하에서 수학점수와 과학점수는 상관성이 있다고 할 수 있다.

3 켄달(Kendall)타우 상관계수

1. 켄달타우 상관계수의 개념

① 두 변수들 간의 순위를 비교하여 연관성을 계산하는 순위상관계수의 한 종류이다.

② 비모수적 방법이다. 즉, 모집단이 정규성 검정에서 정규분포를 따르지 않고 표본의 개수가 10개 미만일 때 사용한다.

③ 두 순위변수의 단조성을 판단할 수 있다.

④ 표본 수가 작을 때 유용하다.

⑤ 켄달타우 상관계수

> $r = \dfrac{C-D}{C+D}$ (C: Concordant Pair의 수, D: Concordant Pair가 아닌 수)
>
> * Concordant Pair: 각 변수의 비교 대상의 상하관계가 같은 대상

㉠ 켄달타우 상관계수가 1.0인 경우(키와 몸무게 순위)

구분	사람 A	사람 B	사람 C	사람 D	사람 E
키	1	2	3	4	5
몸무게	1	2	3	4	5

㉡ 켄달타우 상관계수가 −1.0인 경우(키와 몸무게 순위)

구분	사람 A	사람 B	사람 C	사람 D	사람 E
키	1	2	3	4	5
몸무게	5	4	3	2	1

2. 상관분석 실행

조사자 5명의 키와 몸무게에 대한 켄달타우 상관계수를 구하고 상관계수의 유의성 검정을 유의수준 5%에서 양측 검정해본다.

(1) 켄달타우 상관계수의 적용

구분	사람 A	사람 B	사람 C	사람 D	사람 E
키	168	170	175	179	182
몸무게	79	82	69	75	85

① 사람 A와 B 사이에 B가 A보다 순위가 높으면 A와 B는 Concordant Pair이다.

② 사람 B와 C 사이에 키는 C가 B보다 크지만 몸무게는 B가 C보다 크므로 Concordant Pair가 아니다.

③ C: A-B, A-E, B-E, C-D, C-E, D-E로 Concordant Pair의 수는 6이다.

④ D: Concordant Pair가 아닌 수는 $10(={}_5C_2)-6=4$이다.

⑤ 켄달타우 상관계수는 $r=\dfrac{C-D}{C+D}=\dfrac{6-4}{6+4}=0.2$ 이다.

> **보충학습**
> SPSS에 자료를 순위로 수정하지 않고 바로 입력하면 자동적으로 순위를 매겨 순위상관계수가 구해진다.

(2) 켄달타우 상관계수 구하기

구분	사람 A	사람 B	사람 C	사람 D	사람 E
키 [키]	168	170	175	179	182
몸무게 [몸무게]	79	82	69	75	85

① 파일(F)에서 새로 만들기(N)의 데이터(D)를 열어 데이터 보기 창에 위의 자료를 [그림137]과 같이 입력하고, 변수 보기 창에 다음을 설정한다.

　㉠ 첫 번째 행의 이름에 '키', 두 번째 행의 이름에 '몸무게'를 입력한다.

　㉡ 키 행의 레이블에 '키', 몸무게 행의 레이블에 '몸무게'를 입력한다.

　㉢ 키, 몸무게 변수의 측도를 알맞게 설정한다.

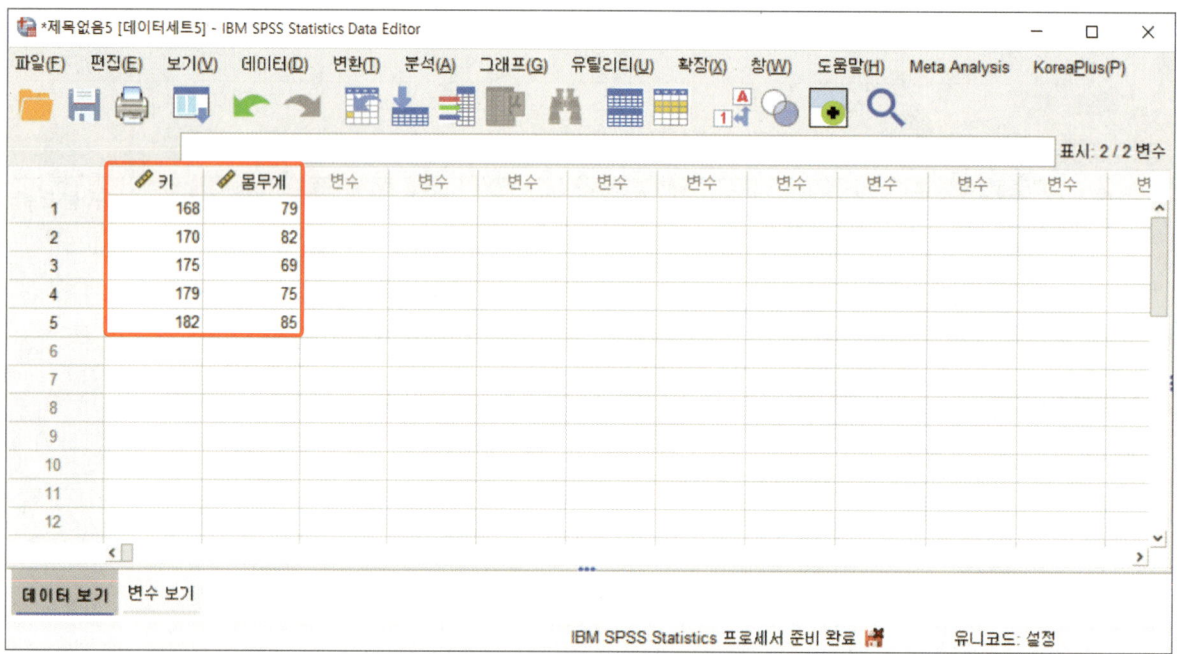

[그림137] 새로운 데이터 입력

② 이변량 상관계수 대화상자의 변수 목록 중에서 키 [키], 몸무게 [몸무게]를 하나씩 선택하고 ▶를 눌러 오른쪽 변수(V)로 옮기고 상관계수에서 Kendall 타우-b를 선택한다.

> **빠른 클릭**
> 이변량 상관
> 분석(A) → 상관분석(C) → 이변량 상관(B)...

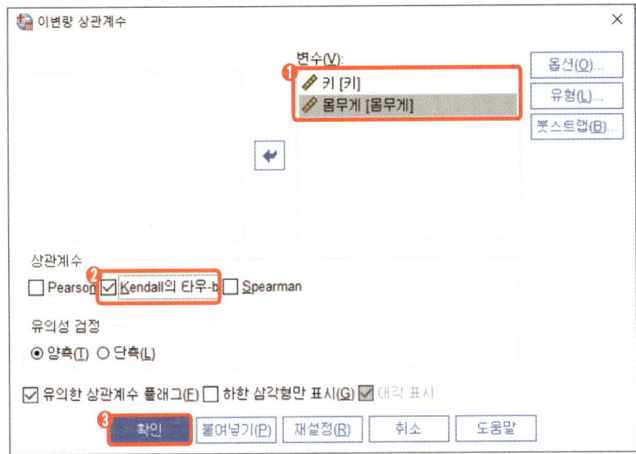

[그림138] 이변량 상관계수 대화상자

③ 확인을 누르면 출력결과 창에 다음을 얻을 수 있다.

상관관계

			키	몸무게
Kendall의 타우-b	키	상관계수	1.000	.200
		유의확률 (양측)	.	.624
		N	5	5
	몸무게	상관계수	.200	1.000
		유의확률 (양측)	.624	.
		N	5	5

[표24] 출력결과

(3) 상관계수의 유의성 검정 실행하기

① 가설 세우기

귀무가설(H_0)	키와 몸무게 간에 연관성이 없다($\rho_{XY} = 0$).
대립가설(H_1)	키와 몸무게 간에 연관성이 있다($\rho_{XY} \neq 0$).

② 결론 내리기

[표24]에서 상관관계 표의 상관계수와 유의확률(양측)을 이용하여 상관계수의 값을 구하고 유의수준 5%에서 검정 결과를 서술한다.

상관계수의 값	0.200
유의확률(양측)	0.624
검정결과	키와 몸무게 간의 상관계수는 0.200이고 유의확률이 0.624로 유의수준 0.05보다 크므로 귀무가설을 기각할 수 없다. 즉, 유의수준 5% 하에서 키와 몸무게 사이에 연관성이 없다고 할 수 있다.

4 스피어만(Spearman) 순위상관계수

1. 스피어만 순위상관계수의 개념

① 두 확률변수들 간에 순위를 매겨 그 순위에 대해 상관계수를 구하는 순위상관계수의 한 종류이다.

② 두 확률변수의 단조성을 판단할 수 있다.

③ 비모수적 방법이다. 즉 모집단이 정규성 검정에서 정규분포를 따르지 않고 표본의 개수가 10개 미만일 때 사용한다.

④ 스피어만 순위상관계수 계산: 각 변수의 순위에 대한 편차를 구하고, 이를 제곱한 편차제곱합을 이용한다.

$$r = 1 - \frac{6\sum_{i=1}^{n} d_i^2}{n(n^2-1)} \quad (d_i: x_i\text{의 순위} - y_i\text{의 순위})$$

⑤ 스피어만 상관계수는 데이터 내 편차와 에러에 민감하여 일반적으로 켄달타우 상관계수보다 높은 값을 갖는다.

2. 상관분석 실행

키와 몸무게 사이의 스피어만 순위상관계수를 구하고 상관계수의 유의성 검정을 유의수준 5%에서 양측 검정해 본다.

(1) 스피어만 순위상관계수 구하기

① 파일(F)에서 새로 만들기(N)의 데이터(D)를 열어 키와 몸무게를 직접 입력한다.

구분	사람 A	사람 B	사람 C	사람 D	사람 E
키 [키]	168	170	175	179	182
몸무게 [몸무게]	79	82	69	75	85

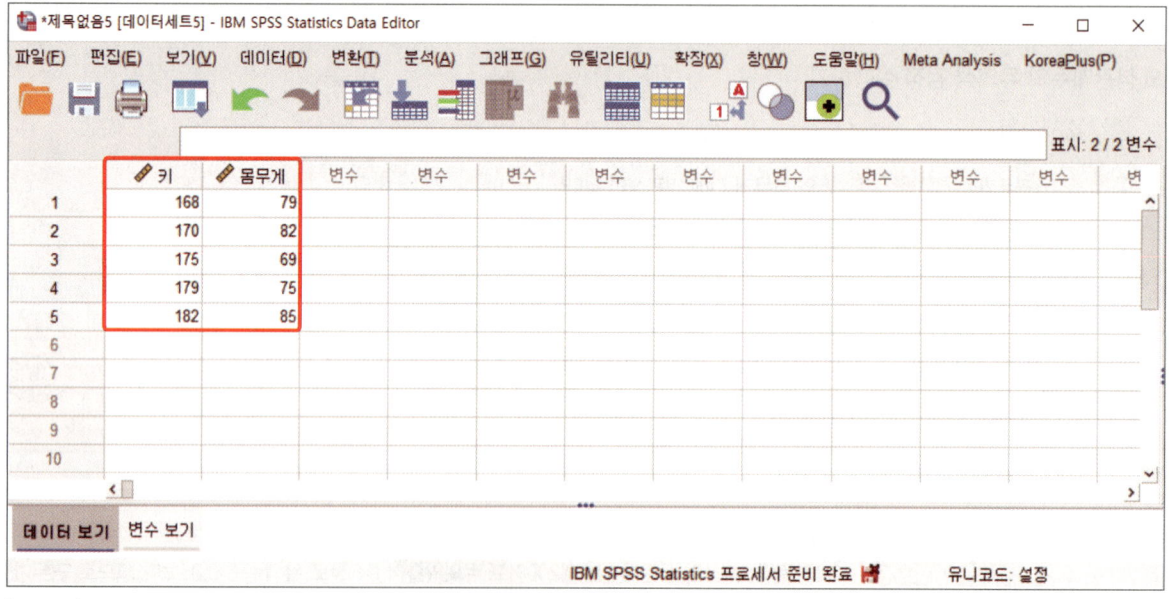

[그림139] 새로운 데이터 입력

② 이변량 상관계수 대화상자의 변수 목록 중에서 키 [키], 몸무게 [몸무게]를 하나씩 선택하고 ➡를 눌러 오른쪽 변수(V)로 옮기고 상관계수에서 Spearman을 선택한다.

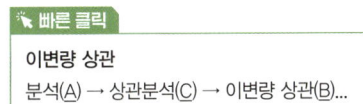

이변량 상관
분석(A) → 상관분석(C) → 이변량 상관(B)...

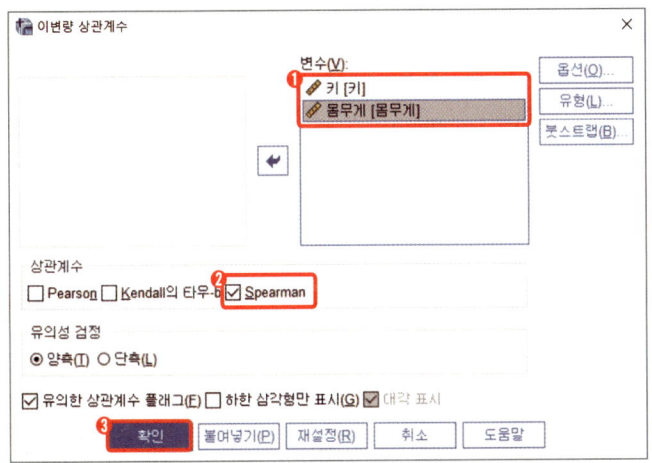

[그림140] 이변량 상관계수 대화상자

③ 확인을 누르면 출력결과 창에 다음을 얻을 수 있다.

상관관계

			키	몸무게
Spearman의 rho	키	상관계수	1.000	.200
		유의확률 (양측)	.	.747
		N	5	5
	몸무게	상관계수	.200	1.000
		유의확률 (양측)	.747	.
		N	5	5

[표25] 출력결과

(2) 상관계수의 유의성 검정 실행하기

① 가설 세우기

귀무가설(H_0)	키와 몸무게 간에 연관성이 없다($\rho_{XY} = 0$).
대립가설(H_1)	키와 몸무게 간에 연관성이 있다($\rho_{XY} \neq 0$).

② 결론 내리기

[표25]에서 상관관계 표의 상관계수와 유의확률(양측)을 이용하여 상관계수의 값을 구하고 유의수준 5%에서 검정 결과를 서술한다.

상관계수의 값	0.200
유의확률(양측)	0.747
검정결과	키와 몸무게 간의 상관계수는 0.200이고 유의확률이 0.747로 유의수준 0.05보다 크므로 귀무가설을 기각할 수 없다. 즉, 유의수준 5% 하에서 키와 몸무게 사이에 연관성이 없다고 할 수 있다.

5 상관계수의 비교

① 7명 학생의 영어점수와 수학점수가 다음과 같을 때, Pearson 상관계수, 켄달타우 상관계수 그리고 스피어만 상관계수를 비교해본다.

구분	학생1	학생2	학생3	학생4	학생5	학생6	학생7
영어점수 [Eng]	65	60	62	70	75	80	85
수학점수 [Math]	80	75	77	81	85	83	90

② 파일(F)에서 새로 만들기(N)의 데이터(D)를 열어 데이터 보기 창 위의 자료를 [그림141]과 같이 입력하고, 변수 보기 창에 다음을 설정한다.

㉠ 첫 번째 행의 이름에 'Eng', 두 번째 행의 이름에 'Math'를 입력한다.
㉡ Eng 행의 레이블에 '영어점수', Math 행의 레이블에 '수학점수'를 입력한다.
㉢ Eng, Math 변수의 측도를 알맞게 설정한다.

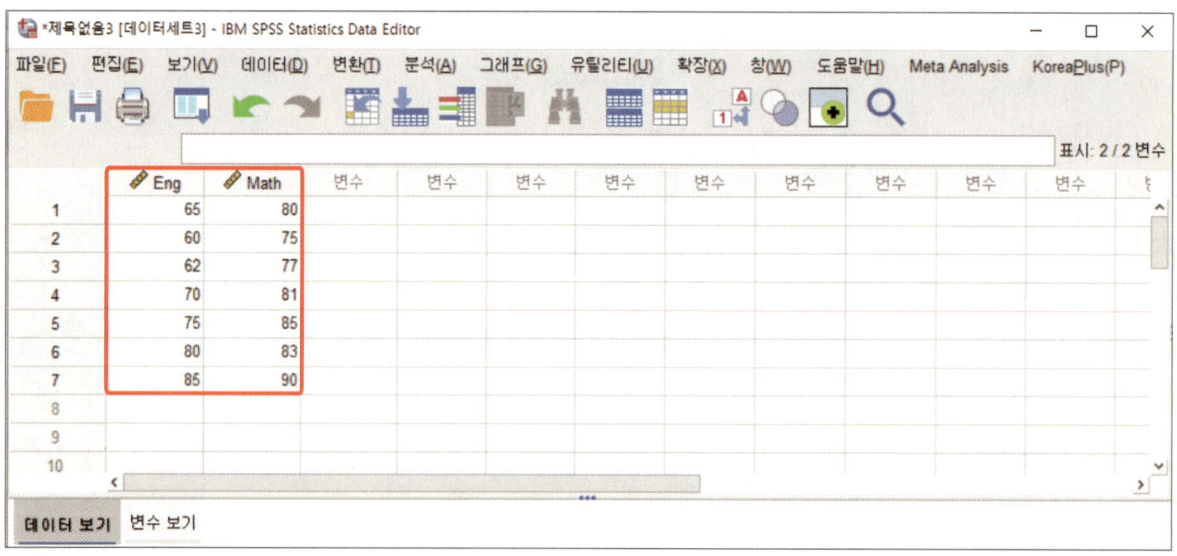

[그림141] 새로운 데이터 입력

③ 이변량 상관계수 대화상자의 변수 목록 중에서 영어점수 [Eng], 수학점수 [Math]를 하나씩 선택하고 ➡를 눌러 오른쪽 변수(V)로 옮기고 상관계수에서 Pearson, Kendall의 타우-b, Spearman을 선택한다.

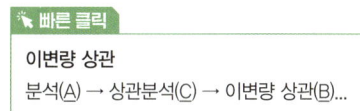

빠른 클릭

이변량 상관
분석(A) → 상관분석(C) → 이변량 상관(B)...

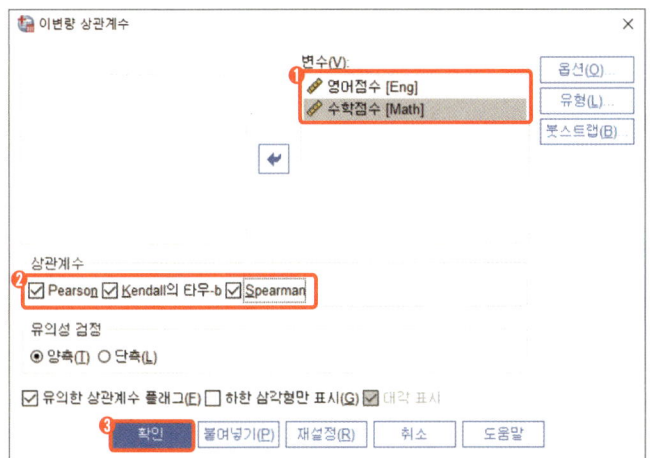

[그림142] 이변량 상관계수 대화상자

④ 확인을 누르면 출력결과 창에 다음을 얻을 수 있다.

상관관계

		영어점수	수학점수
영어점수	Pearson 상관	1	.943**
	유의확률 (양측)		.001
	N	7	7
수학점수	Pearson 상관	.943**	1
	유의확률 (양측)	.001	
	N	7	7

**. 상관관계가 0.01 수준에서 유의합니다(양측).

상관관계

			영어점수	수학점수
Kendall의 타우-b	영어점수	상관계수	1.000	.905**
		유의확률 (양측)	.	.004
		N	7	7
	수학점수	상관계수	.905**	1.000
		유의확률 (양측)	.004	.
		N	7	7
Spearman의 rho	영어점수	상관계수	1.000	.964**
		유의확률 (양측)	.	.000
		N	7	7
	수학점수	상관계수	.964**	1.000
		유의확률 (양측)	.000	.
		N	7	7

**. 상관관계가 0.01 수준에서 유의합니다(양측).

[표26] 출력결과

⑤ 결론 내리기

[표26]에서 상관관계 표의 상관계수와 유의확률(양측)을 이용하여 Pearson 상관계수, 켄달타우 상관계수, 스피어만 상관계수를 구하고, 상관계수의 유의성 검정을 유의수준 5%에서 양측 검정해본다.

Pearson 상관계수	0.943	유의확률(양측)	0.001
켄달타우 상관계수	0.905	유의확률(양측)	0.004
스피어만 상관계수	0.964	유의확률(양측)	0.000
검정결과	Pearson 상관계수는 0.943이고 유의확률이 0.001로 유의수준 5% 하에서 귀무가설을 기각한다. 또한 켄달타우 상관계수는 0.905이고 유의확률이 0.004, 스피어만 상관계수는 0.964이고 유의확률이 0.000로 유의수준 5% 하에서 귀무가설을 기각한다. 따라서 수학점수와 영어점수는 통계적으로 유의한 상관관계가 보이는 것으로 볼 수 있다.		

CHAPTER 04 회귀분석

1 회귀분석

① 두 연속자료인 독립변수(또는 설명변수)와 종속변수(또는 반응변수) 간의 함수관계를 통계적으로 규명하는 통계분석 방법이다.
  ㉠ 독립변수(또는 설명변수, 원인변수): 종속변수에 영향을 주는 변수
  ㉡ 종속변수(또는 반응변수, 결과변수): 독립변수로부터 영향을 받는 변수
② 먼저 독립변수와 종속변수의 산점도를 그려서 두 변수 간의 관계가 직선으로 확인되면 회귀직선식을 구한다.
③ 독립변수가 하나이면 단순(선형)회귀분석이라 하며, 독립변수가 둘 이상이면 다중(선형)회귀분석이라 한다.
④ 오차항의 가정
  ㉠ 선형성: 독립변수와 종속변수 간에 선형적인 관계를 가져야 한다.
  ㉡ 독립성: 다중회귀분석에서 독립변수들은 서로 독립적이어야 한다.
  ㉢ 등분산성: 잔차들의 분산은 모두 동일해야 한다.
  ㉣ 정규성: 잔차들의 분포가 정규분포를 이루어야 한다.
⑤ 회귀모형의 유의성 검정은 $F-$검정을 사용하고, 회귀계수의 유의성 검정은 $t-$검정을 사용한다.
⑥ 만약 독립변수가 범주형 변수이면 이를 가변수(더미변수)로 만들어 회귀분석을 한다.
⑦ 만약 종속변수가 이변량 변수이면 로지스틱 회귀분석을 이용한다.

2 단순회귀분석

1. 단순회귀분석의 개념

(1) 단순회귀모형

$$y_i = \beta_0 + \beta_1 x_i + \varepsilon_i \ (i=1, 2, \cdots, n)$$
단, $\varepsilon_i \sim N(0, \sigma^2)$이고 서로 독립($\beta_0, \beta_1, \sigma$는 미지의 모수)

① $E(y_i|x_i) = \beta_0 + \beta_1 x_i$의 추정량 $\hat{y}_i = b_0 + b_1 x_i$
② β_0, β_1: 회귀계수로 추정해야 할 모수
③ $\hat{y}_i, b_0, b_1$: 모수 $y_i|x_i, \beta_0, \beta_1$의 추정값
④ 잔차 $e_i = y_i - \hat{y}_i$: 관측값과 예측값의 차

(2) 회귀식 추정(최소제곱법)

① 개념: 단순선형회귀모형 $y_i = \beta_0 + \beta_1 x_i + \varepsilon_i$에서 잔차($e_i = y_i - \hat{y}_i$)의 제곱합이 최솟값을 만족하는 β_0와 β_1을 추정하는 방법이다. 이때 얻어지는 추정량을 최소제곱추정량이라 한다.

② 최소제곱법을 이용하여 β_0와 β_1에 대한 최소제곱추정량 b_0, b_1을 구하고 회귀식 $\hat{y}=b_0+b_1x$를 추정한다. 이때, b_0, b_1을 추정회귀계수라고 부른다.

b_0	b_1
β_0의 추정값	β_1의 추정값
추정된 회귀선의 y절편	추정된 회귀식의 기울기
$x_i=0$에서 $\hat{y}_i$값	x_i가 한 단위 증가할 때에 $\hat{y}_i$의 증가량
$b_0=\bar{y}-b_1\times\bar{x}$ (단, $\bar{y}$는 y의 표본평균, $\bar{x}$는 x의 표본평균)	$b_1=r_{XY}\dfrac{S_Y}{S_X}=\dfrac{S_{XY}}{S_{XX}}=\dfrac{\sum(x_i-\bar{x})(y_i-\bar{y})}{\sum(x_i-\bar{x})^2}=\dfrac{\sum x_iy_i-n\bar{x}\bar{y}}{\sum x_i^2-n\bar{x}^2}$

③ 절편이 없는 회귀모형의 경우 최소제곱법에 의한 β_1의 추정값은 $b_1=\dfrac{\sum x_iy_i}{\sum x_i^2}$이다.

(3) 단순회귀모형의 유의성 검정

① 가설 세우기

귀무가설(H_0)	회귀모형은 유의하지 않다($\beta_1=0$).
대립가설(H_1)	회귀모형은 유의하다($\beta_1\neq 0$).

② 검정통계량과 자유도 $df=(1, n-2)$인 F-분포 정하기

$$F값=\dfrac{MSR}{MSE}\sim F(1, n-2)$$

③ 분산분석표 작성하기

요인	제곱합(SS)	자유도(df)	평균제곱합(MS)	F값
회귀	$SSR=\sum_{i=1}^{n}(\hat{y}_i-\bar{y})^2$	1	$MSR=\dfrac{SSR}{1}$	$\dfrac{MSR}{MSE}$
잔차 (오차)	$SSE=\sum_{i=1}^{n}(y_i-\hat{y}_i)^2$	$n-2$	$MSE=\dfrac{SSE}{(n-2)}$	
전체	$SST=\sum_{i=1}^{n}(y_i-\bar{y})^2$	$n-1$		

④ 검정통계량의 F값과 유의확률 p-값 구하기

⑤ 결론 내리기: '유의수준 α > 유의확률 p-값'이면 귀무가설 기각

⑥ 단순회귀모형의 적합성: 결정계수 R^2

㉠ 표본자료로부터 추정된 회귀선이 관찰값에 얼마나 적합한지를 측정할 수 있는 척도로, 독립변수가 종속변수를 얼마나 잘 설명하고 있는지를 의미한다.

㉡ $R^2=\dfrac{SSR}{SST}=1-\dfrac{SSE}{SST}$

㉢ 예를 들어, $R^2=0.3$이면 총변동 중에서 회귀선에 의해 설명되는 비율이 30%라고 볼 수 있다.

② $o \leq R^2 \leq 1$: 1에 가까울수록 회귀선의 적합도는 높아지고, 0에 가까울수록 회귀선의 적합도는 낮아진다.
  ⑩ 단순회귀분석에서 결정계수 R^2은 상관계수 r의 제곱과 같다(단, 다중회귀분석에서는 상관계수의 제곱과 동일하지 않다).

(4) **단순회귀계수의 유의성 검정**

① 가설 세우기

귀무가설(H_0)	회귀계수가 유의하지 않다($\beta_1 = 0$).
대립가설(H_1)	회귀계수가 유의하다($\beta_1 \neq 0$).

② 검정통계량과 자유도 $df = n-2$인 $t-$분포 정하기

$$t = \frac{b_1 - \beta_1}{\sqrt{Var(b_1)}} = \frac{b_1 - \beta_1}{\sqrt{MSE/S_{xx}}} \sim t(n-2)$$

③ 검정통계량의 t값과 유의확률 $p-$값 구하기
④ 결론 내리기: '유의수준 $\alpha >$ 유의확률 $p-$값'이면 귀무가설 기각

2. 회귀분석 실행하기(절편이 0이 아닌 경우)

"성적(구분자에 의한 배열).txt"을 열어 독립변수가 수학점수 [Math]이고 종속변수가 수학방학특강 후 수학점수 [Mathpost]인 회귀모형의 적합성 및 유의성 검정을 실시한다. 그리고 회귀계수의 유의성 검정을 유의수준 5%에서 분석하고, 회귀식의 의미를 설명해본다. 이때 남학생여학생 [SEX]은 남학생 1, 여학생 2로 다른 변수로 코딩변경하여 남학생여학생_1,2 [SEX]를 만들고, 오류값과 결측값을 결측값 처리한 다음 통계분석을 실행한다.

(1) **회귀분석 실시**

① 선택된 독립변수와 종속변수 사이의 회귀분석을 실시하기 위해 분석(A) → 회귀분석(R) → 선형(L)...을 순서대로 누른다.

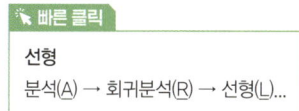

빠른 클릭
선형
분석(A) → 회귀분석(R) → 선형(L)...

[그림143] 선형 메뉴

② 선형 회귀 대화상자의 변수 중에서 수학방학특강 후 수학점수 [Mathpost]를 선택하고 ▶를 눌러 오른쪽 종속변수 (D)로 이동시키고, 수학점수 [Math]를 선택하고 ▶를 눌러 오른쪽의 독립변수(I)로 이동시킨다.

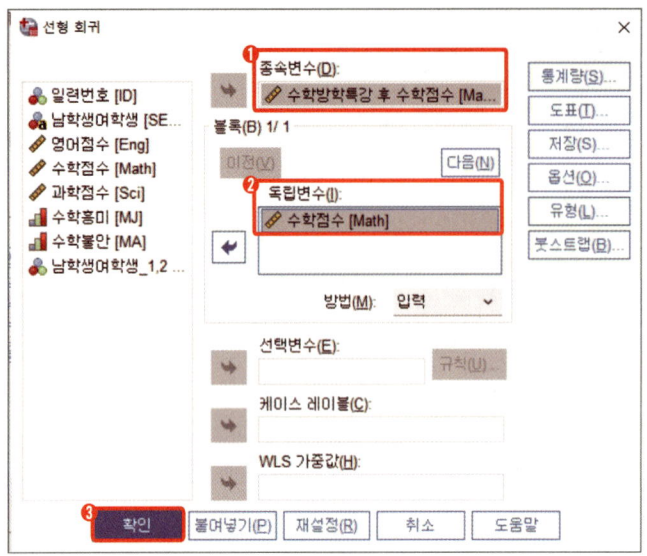

[그림144] 선형 회귀 대화상자

③ 확인을 누르면 출력결과 창에 다음을 얻을 수 있다.

모형 요약

모형	R	R 제곱	수정된 R 제곱	추정값의 표준오차
1	.438[a]	.192	.188	9.459

a. 예측자: (상수), 수학점수

ANOVA[a]

모형		제곱합	자유도	평균제곱	F	유의확률
1	회귀	4216.465	1	4216.465	47.127	.000[b]
	잔차	17715.090	198	89.470		
	전체	21931.555	199			

a. 종속변수: 수학방학특강 후 수학점수
b. 예측자: (상수), 수학점수

계수[a]

모형		비표준화 계수		표준화 계수	t	유의확률
		B	표준화 오류	베타		
1	(상수)	56.321	3.633		15.502	.000
	수학점수	.362	.053	.438	6.865	.000

a. 종속변수: 수학방학특강 후 수학점수

[표27] 출력결과

(2) 결론 내리기

① [표27]의 **모형 요약** 표로부터, 회귀모형의 적합성은 결정계수 R^2값이 0.192로 총변동 중에서 회귀선에 의해 설명되는 비율이 19.2%이다.

① [표27]의 **ANOVA** 표로부터, 회귀모형의 유의성 검정결과는 검정통계량의 F값이 47.127이고 유의확률이 0.000으로 유의수준 0.05보다 작으므로 귀무가설($\beta=0$)을 기각한다. 즉, 유의수준 5% 하에서 회귀모형은 유의하다고 할 수 있다.

② [표27]의 **계수** 표로부터, 회귀계수의 유의성 검정결과는 회귀계수 b의 검정통계량의 t값이 6.865이고 **유의확률**이 0.000으로 유의수준 0.05보다 작으므로 귀무가설($\beta=0$)을 기각한다. 즉, 유의수준 5% 하에서 회귀계수 b는 유의하다고 할 수 있다.

③ [표27]의 **계수** 표로부터, 비표준화계수 B를 이용하여 추정된 회귀식은 $\hat{y}=56.321+0.362x$이다. 즉, 회귀계수 b의 의미는 수학점수가 1점 증가할 때 수학방학특강 후 수학점수는 0.362점 증가한다는 의미이다.

3. 회귀분석 실행하기(절편이 0인 경우)

"성적(구분자에 의한 배열).txt"에서 독립변수가 수학점수 [Math]이고 종속변수가 수학방학특강 후 수학점수 [Mathpost]인 선형관계에 대해 절편이 없는 회귀식을 구하고, 회귀모형의 유의성 검정을 유의수준 5%에서 분석해 본다.

(1) 회귀분석 실시

① 선택된 독립변수와 종속변수 사이의 회귀분석을 실시하기 위해 선형을 이용한다.

② 선형 회귀 대화상자의 변수 중에서 수학방학특강 후 수학점수 [Mathpost]를 선택하고 ▶를 눌러 오른쪽 **종속변수(D)**로 이동시키고, 수학점수 [Math]를 선택하고 ▶를 눌러 오른쪽의 **독립변수(I)**로 이동시킨다. **방법(M)**에는 입력을 선택한다.

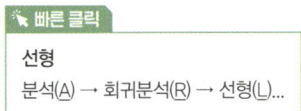

> **빠른 클릭**
> 선형
> 분석(A) → 회귀분석(R) → 선형(L)...

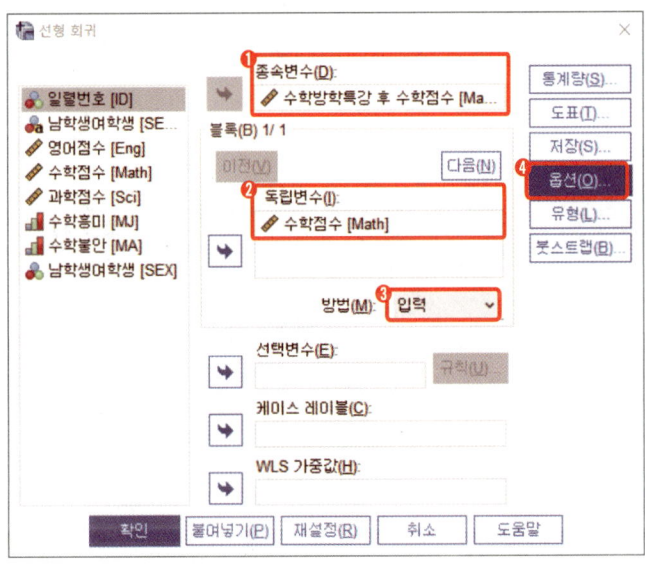

[그림145] 선형 회귀 대화상자

③ 절편이 없는 회귀식을 구하기 위해 선형 회귀 대화상자에서 옵션(O)을 누르면 선형 회귀: 옵션 대화상자가 나타난다. 방정식에 상수항 포함(I)의 체크 표시를 제거한 다음 계속(C)을 눌러 선형 회귀 대화상자로 돌아간다.

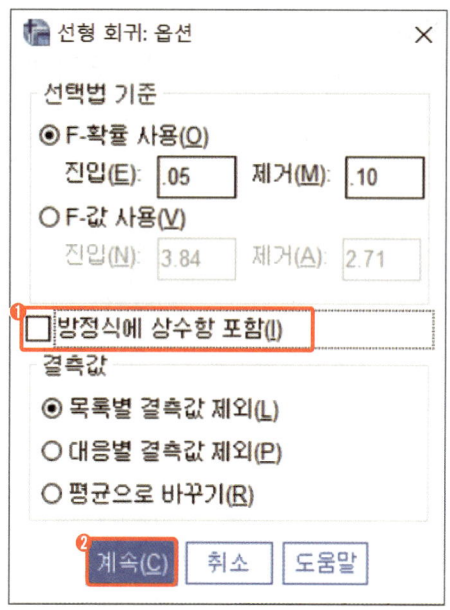

[그림146] 선형 회귀:옵션 대화상자

④ 확인을 누르면 출력결과 창에 다음을 얻을 수 있다.

모형 요약

모형	R	R 제곱[b]	수정된 R 제곱	추정값의 표준오차
1	.985[a]	.970	.970	14.038

a. 예측자: 수학점수
b. 원점을 지나 회귀하는 경우 (비절편 모형) R 제곱은 회귀에 의해 설명되는 원점에 대한 종속변수 내의 변동 비율을 측도합니다. 이것은 절편을 포함하는 모형에 대한 R 제곱과 비교될 수 없습니다.

ANOVA[a,b]

모형		제곱합	자유도	평균제곱	F	유의확률
1	회귀	1289574.785	1	1289574.785	6543.859	.000[c]
	잔차	39216.215	199	197.066		
	전체	1328791.000[d]	200			

a. 종속변수: 수학방학특강 후 수학점수
b. 원점을 통한 선형 회귀
c. 예측자: 수학점수
d. 해당 상수가 원점으로부터의 회귀에 대해 0이므로 이 전체 제곱합은 상수에 대해 수정되지 않습니다.

계수^{a,b}

모형		비표준화 계수		표준화 계수	t	유의확률
		B	표준화 오류	베타		
1	수학점수	1.165	.014	.985	80.894	.000

a. 종속변수: 수학방학특강 후 수학점수
b. 원점을 통한 선형 회귀

[표28] 출력결과

(2) 결론 내리기

① [표28]의 ANOVA 표로부터, 절편이 없는 회귀모형의 유의성 검정결과는 검정통계량의 F값이 6543.859이고, 유의확률이 0.000으로 유의수준 0.05보다 작으므로 귀무가설($\beta=0$)을 기각한다. 즉, 유의수준 5% 하에서 회귀모형은 유의하다고 할 수 있다.

② [표28]의 계수 표로부터, 비표준화계수 B를 이용하여 추정된 절편이 없는 회귀식은 $\hat{y}=1.165x$이다.

3 다중회귀분석

1. 다중회귀분석의 개념

(1) 다중회귀모형

$$y_i = \beta_0 + \beta_1 x_{1i} + \beta_2 x_{2i} + \cdots + \beta_k x_{ki} + \varepsilon_i \ (i=1, 2, \cdots, n)$$

$\varepsilon_i \sim N(0, \sigma^2)$이고 서로 독립(단, $\beta_0, \beta_1, \beta_2, \cdots, \beta_k, \sigma$는 미지의 모수)

① 다중회귀식 $E(y_i | x_1 \cdots x_k) = \beta_0 + \beta_1 x_1 + \beta_2 x_2 + \cdots + \beta_k x_k$를 $\hat{y} = \hat{\beta}_0 + \hat{\beta}_1 x_1 + \hat{\beta}_2 x_2 + \cdots + \hat{\beta}_k x_k$로 추정한다.

② 단순회귀와 마찬가지로 최소제곱법을 이용해서 모수를 추정한다.

③ 독립변수가 k개인 다중회귀모형을 행렬로 표시하면 $y = X\beta + \varepsilon$로 나타난다.

㉠ 최소제곱법에 의한 회귀계수 벡터 β의 추정식 $b = (X'X)^{-1} X'y$ (단, X'은 X의 전치행렬)

$$y = X\beta + \varepsilon$$

$$y = \begin{bmatrix} y_1 \\ y_2 \\ \vdots \\ y_n \end{bmatrix}, \ X = \begin{bmatrix} 1 & x_{11} & x_{12} \cdots x_{1k} \\ 1 & x_{21} & x_{22} \cdots x_{2k} \\ & & \vdots \\ 1 & x_{n1} & x_{n2} \cdots x_{nk} \end{bmatrix}, \ \beta = \begin{bmatrix} \beta_0 \\ \beta_1 \\ \beta_2 \\ \vdots \\ \beta_k \end{bmatrix}, \ \varepsilon = \begin{bmatrix} \varepsilon_1 \\ \varepsilon_2 \\ \vdots \\ \varepsilon_n \end{bmatrix}$$

㉡ 추정량 b의 분산-공분산 행렬 $Var(b) = (X'X)^{-1} \sigma^2$ (단, $Var(\varepsilon) = \sigma^2 I$)

(2) 다중회귀모형의 유의성 검정

① 가설 세우기

귀무가설(H_0)	다중회귀모형은 유의하지 않다($\beta_1=\beta_2=\cdots=\beta_k=0$).
대립가설(H_1)	다중회귀모형은 유의하다[최소한 한 개의 β_i는 0이 아니다($i=1, 2, \cdots, k$)].

② 검정통계량과 자유도 $df=(k, n-k-1)$인 F-분포 정하기

$$F값 = \frac{MSR}{MSE} \sim F(k, n-k-1) \text{ (단, } n\text{: 표본 수, } k\text{: 독립변수의 개수)}$$

③ 분산분석표 작성하기

요인	제곱합	자유도	평균제곱합	F
회귀	$SSR=\sum_{i=1}^{n}(\hat{y}_i-\bar{y})^2$	k	$MSR=\dfrac{SSR}{k}$	$\dfrac{MSR}{MSE}$
잔차 (오차)	$SSE=\sum_{i=1}^{n}(y_i-\hat{y}_i)^2$	$n-k-1$	$MSE=\dfrac{SSE}{n-k-1}$	
전체	$SST=\sum_{i=1}^{n}(y_i-\bar{y})^2$	$n-1$		

④ 검정통계량의 F값과 유의확률 p-값 구하기

⑤ 결론 내리기: '유의수준 α > 유의확률 p-값'이면 귀무가설 기각

(3) 다중회귀계수의 유의성 검정

① 가설 세우기

귀무가설(H_0)	회귀계수 β_i가 유의하지 않다($\beta_i=0$)
대립가설(H_1)	회귀계수 β_i가 유의하다($\beta_i \neq 0$)

② 검정통계량과 자유도 $df=(n-k-1)$인 t-분포 정하기

$$t = \frac{b_i - \beta_i}{\sqrt{Var(b_i)}} = \frac{b_i - \beta_i}{\sqrt{MSE/S_{xx}}} \sim t(n-k-1)$$

③ 검정통계량의 t값과 유의확률 p-값 구하기

④ 결론 내리기: '유의수준 α > 유의확률 p-값'이면 귀무가설 기각

(4) 수정결정계수($adj\ R^2$)
독립변수의 개수가 늘어날수록 결정계수(R^2)가 높아지는 단점을 보완한 결정계수이다.

$$adj\ R^2 = 1 - \frac{SSE/(n-k-1)}{SST/(n-1)} = \frac{(n-1)R^2 - k}{n-k-1} \text{ (}n\text{: 표본 수, } k\text{: 독립변수의 개수)}$$

(5) 다중회귀분석 시 유의점

① 다중공선성은 독립변수가 여러 개일 때 비슷한 독립변수가 포함되어 있어 하나의 독립변수의 증감이 다른 독립변수의 증감에 영향을 미치는 현상으로, 설명력이 겹치는 것을 의미한다. 다중공선성의 문제가 발생하면 문제가 있는 변수를 제거하거나 주성분회귀모형(Principle Component Regression)이나 능형회귀모형(Ridge Regression)을 적용하여 문제를 해결해야 한다.

  ㉠ 분산팽창요인(VIF)이 4보다 크면 다중공선성이 존재한다고 볼 수 있지만 보통 10 미만이면 큰 문제가 없다고 하며, 10보다 크면 분석에 문제가 될 수 있다고 본다.

  ㉡ SPSS에서는 다중공선성이 일정기준 이상으로 크면 자동적으로 그 변수를 제외하고 나머지 변수의 다중공선성을 확인한다.

② 잔차의 독립성 가정을 만족하는지 확인한다. 즉, 실제 자료 값에서 예측값(회귀선을 통해 예측하는 값)을 뺀 나머지 잔차끼리는 서로 상관을 보여서는 안 되며, 잔차의 독립성 가정이 깨져 잔차들끼리 상관을 보이면 검증과정에서 검정치를 과대추정(실제보다 큰 t값, F값, R^2값을 추정)하게 되는 오류가 발생할 수 있다.

  ㉠ 더빈–왓슨통계량 d를 이용하여 잔차의 독립성 가정 여부를 검정한다.

$$d = \frac{\sum_{i=2}^{n}(e_i - e_{i-1})^2}{\sum_{i=1}^{n} e_i^2}$$

  ㉡ d가 1에서 3 사이의 값을 보이면 큰 문제가 없다고 한다.
  - 0에 가까우면 잔차들끼리 양의 상관을 보임
  - 2(1~3 사이)에 가까우면 잔차의 독립성 가정 만족
  - 4에 가까우면 잔차들끼리 음의 상관을 보임

(6) 독립변수의 선택 방법

① 입력: 모든 독립변수를 고려한다.
② 전진: 변수가 존재하지 않는 영(Null) 모형에서 설명력이 가장 큰 독립변수부터 차례로 추가한다.
③ 후진: 독립변수가 모두 포함된 모형에서 설명력이 가장 작은 독립변수부터 차례로 제거한다.
④ 단계: 전진 선택 방법에 의해 변수를 추가하면서 새롭게 추가된 변수에 기인해 기존 변수의 중요도가 약화되면 해당변수를 제거하는 등 단계별로 추가 또는 제거한다.

(7) 가변수(더미변수)

① 두 개의 값(1, 0)만을 취하는 변수이다. 예를 들어, 관측대상이 해당범주에 속하면 1, 그렇지 않으면 0을 취한다.
② 다중회귀모형 설정 시, 관심의 대상이 되는 종속변수가 질적인 독립변수, 예를 들어 성별, 지역, 종교, 학력 등에 의해서도 영향을 받을 때, 이러한 질적 효과를 고려할 수 있는 독립변수를 가변수로 변환하여 다중회귀분석을 시행한다.

③ 수준이 k인 변수에 대해 $k-1$개의 가변수를 사용한다. 예를 들어, 연령(20대, 30대, 40대, 50대, 60대 이상)의 수준이 5이므로 가변수는 4개의 범주로 표현된다.

연령	연령_D_1	연령_D_2	연령_D_3	연령_D_4
20대	0	0	0	0
30대	1	0	0	0
40대	0	1	0	0
50대	0	0	1	0
60대 이상	0	0	0	1

2. ('입력'을 선택하여) 다중회귀분석 실행하기

"성적(구분자에 의한 배열).txt"에서 독립변수가 영어점수 [Eng], 수학점수 [Math], 과학점수 [Sci]이고 종속변수가 수학방학특강 후 수학점수 [Mathpost]인 선형관계에 대해 독립변수의 선택방법으로 입력을 선택하여, 다음을 실시한다.

① 독립변수와 종속변수를 확인한다.
② 회귀모형의 적합성을 분석해본다.
③ 회귀모형의 유의성 검정을 유의수준 5%에서 분석해본다.
④ 독립변수의 다중공선성 여부를 파악한다.
⑤ 잔차의 독립성 가정을 파악한다.
⑥ 회귀계수의 유의성 검정을 유의수준 5%에서 분석해본다.
⑦ 다중회귀식을 구한다.
⑧ 종속변수에 영향을 미치는 독립변수들의 상대적 중요도에 대해 설명해본다.
⑨ 종속변수의 표준화 잔차 절댓값이 3을 넘으면 이상치로 간주한다고 할 때 어떤 케이스가 이상치에 해당하는지 진단해본다.

(1) 회귀분석 실시

① 선택된 독립변수와 종속변수 사이의 회귀분석을 실시하기 위해 선형을 이용한다.

> **빠른 클릭**
> 선형
> 분석(A) → 회귀분석(R) → 선형(L)...

② 선형 회귀 대화상자의 변수 중에서 수학방학특강 후 수학점수 [Mathpost]를 선택하고 ➡를 눌러 오른쪽 종속변수 (D)로 이동시키고, 영어점수 [Eng], 수학점수 [Math], 과학점수 [Sci]를 하나씩 선택하고 ➡를 눌러 오른쪽의 독립변수(I)로 이동시킨다. 방법(M)에는 입력을 선택하고 통계량(S)을 클릭한다.

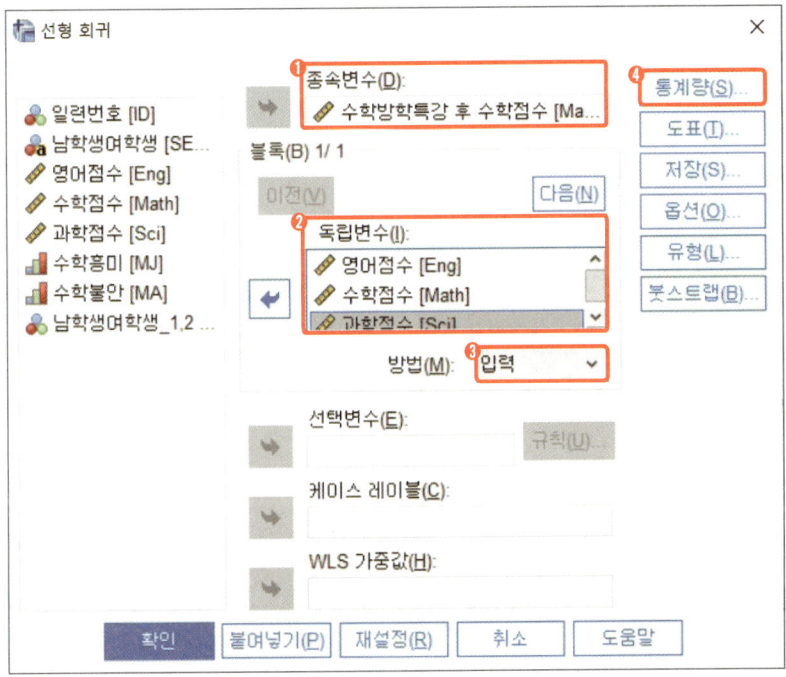

[그림147] 선형 회귀 대화상자

③ 선형 회귀: 통계량 대화상자의 회귀계수에서 추정값(E)과 모형 적합(M), 공선성 진단(L)을 선택하고, 잔차에서 Durbin-Watson과 케이스별 진단(C)을 선택한 다음 계속(C)을 눌러 선형 회귀 대화상자로 돌아간다.

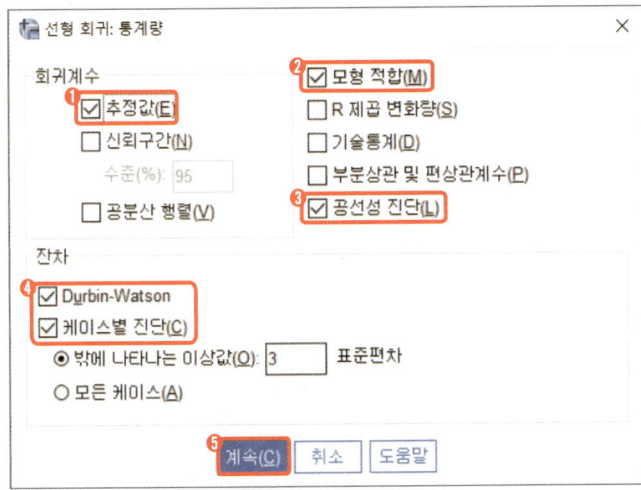

[그림148] 선형 회귀: 통계량 대화상자

④ 확인을 누르면 출력결과 창에 다음을 얻을 수 있다.

입력/제거된 변수[a]

모형	입력된 변수	제거된 변수	방법
1	과학점수, 영어점수, 수학점수[b]	.	입력

a. 종속변수: 수학방학특강 후 수학점수
b. 요청된 모든 변수가 입력되었습니다.

모형 요약[b]

모형	R	R 제곱	수정된 R 제곱	추정값의 표준오차	Durbin-Watson
1	.487[a]	.237	.225	9.271	1.614

a. 예측자: (상수), 과학점수, 영어점수, 수학점수
b. 종속변수: 수학방학특강 후 수학점수

ANOVA[a]

모형		제곱합	자유도	평균제곱	F	유의확률
1	회귀	5149.694	3	1716.565	19.971	.000[b]
	잔차	16588.895	193	85.953		
	전체	21738.589	196			

a. 종속변수: 수학방학특강 후 수학점수
b. 예측자: (상수), 과학점수, 영어점수, 수학점수

계수[a]

모형		비표준화 계수		표준화 계수	t	유의확률	공선성 통계량	
		B	표준화 오류	베타			공차	VIF
1	(상수)	68.734	5.766		11.921	.000		
	영어점수	-.118	.038	-.199	-3.094	.002	.958	1.043
	수학점수	.435	.061	.529	7.077	.000	.708	1.412
	과학점수	-.123	.074	-.124	-1.670	.097	.716	1.397

a. 종속변수: 수학방학특강 후 수학점수

공선성 진단[a]

모형	차원	고유값	상태지수	분산비율			
				(상수)	영어점수	수학점수	과학점수
1	1	3.913	1.000	.00	.00	.00	.00
	2	.063	7.912	.01	.85	.04	.03
	3	.018	14.808	.22	.02	.83	.06
	4	.007	23.500	.77	.12	.13	.92

a. 종속변수: 수학방학특강 후 수학점수

케이스별 진단ª

케이스 번호	표준화 잔차	수학방학특강 후 수학점수	예측값	잔차
150	3.391	95	63.57	31.434

a. 종속변수: 수학방학특강 후 수학점수

[표29] 출력결과

(2) 결론 내리기

① 독립변수와 종속변수를 확인한다.

[표29]의 입력/제거된 변수 표로부터 입력된 변수가 '과학점수, 영어점수, 수학점수'이고 종속변수가 '수학방학특강 후 수학점수'임을 확인한다.

② 회귀모형의 적합성을 분석해본다.

[표29]의 모형 요약 표로부터 회귀모형의 적합성은 결정계수 R^2값이 0.237이고 수정된 결정계수가 0.225로 총변동 중에서 회귀선에 의해 설명되는 비율이 23.7%이다.

③ 회귀모형의 유의성 검정을 유의수준 5%에서 분석해본다.

[표29]의 ANOVA 표로부터 회귀모형의 유의성 검정결과는 검정통계량의 F값이 19.971이고 유의확률이 0.000으로 유의수준 0.05보다 작으므로 귀무가설($\beta_0=\beta_1=\beta_2=\beta_3=0$)을 기각한다. 즉, 유의수준 5% 하에서 회귀모형은 유의하다고 할 수 있다.

④ 독립변수의 다중공선성 여부를 파악한다.

[표29]의 계수 표로부터 공선성 통계량 VIF는 영어점수, 수학점수, 과학점수의 공선성 통계량 VIF가 1.043, 1.412, 1.397로 모두 4보다 작은 1점대이므로, 다중공선성 문제는 없다고 할 수 있다.

⑤ 잔차의 독립성 가정을 파악한다.

[표29]의 모형 요약 표로부터 Durbin-Watson 값이 1.614이고 1에서 3 사이의 2에 가까운 값이므로 잔차의 독립성 가정이 만족된 것으로 볼 수 있다.

⑥ 회귀계수의 유의성 검정을 유의수준 5%에서 분석해본다.

[표29]의 계수 표로부터 회귀계수의 유의성 검정결과는 영어점수, 수학점수에 대한 회귀계수의 검정통계량의 t값이 -3.094, 7.077이고 유의확률이 0.002, 0.000으로 유의수준 0.05보다 작으므로 영어점수와 수학점수는 유의수준 5% 하에서 유의하다고 할 수 있다. 그러나 과학점수에 대한 회귀계수의 검정통계량의 t값이 -1.670이고 유의확률이 0.097로 유의수준 0.05보다 크므로 과학점수는 유의수준 5% 하에서 유의하다고 할 수 없다.

⑦ 다중회귀식을 구한다.

[표29]의 계수 표로부터 비표준화계수 B를 이용하여 추정된 다중회귀식은 $\hat{y}=68.734-0.118\text{Eng}+0.435\text{Math}-0.123\text{Sci}$이다.

⑧ 종속변수에 영향을 미치는 독립변수들의 상대적 중요도에 대해 설명해본다.

[표29]의 계수 표로부터 종속변수에 영향을 미치는 독립변수들의 상대적 중요도는 **표준화계수 베타**를 이용하여 수학점수|0.529|>영어점수|-0.199|>과학점수|-0.124| 순으로 수학방학특강 후 수학점수를 설명하는 데 더 중요한 변수임이 확인된다.

⑨ 종속변수의 표준화 잔차 절댓값이 3을 넘으면 이상치로 간주한다고 할 때 어떤 케이스가 이상치에 해당하는지 진단해본다.

[표29]의 케이스별 진단 표로부터 표준화 잔차의 절댓값이 3을 넘는 케이스는 150으로 해당 케이스는 이상치로 판단된다.

3. ('단계'를 선택하여) 다중회귀분석 실행하기

"성적(구분자에 의한 배열).txt"에서 영어점수, 수학점수, 과학점수에 따른 수학방학특강 후 수학점수에 대한 회귀분석을 실시한다. 이때, 변수 선택 방법으로 '단계'를 이용하여 최종적으로 추정된 회귀식을 구해본다.

(1) **회귀분석 실시(선택법 기준으로 F-확률이 변수진입 0.05, 변수제거 0.10으로 설정)**

① 선형 회귀 대화상자의 변수 중에서 수학방학특강 후 수학점수 [Mathpost]를 선택하고 ▶를 눌러 오른쪽 종속변수(D)로 이동시키고, 변수 중에서 영어점수 [Eng], 수학점수 [Math], 과학점수 [Sci]를 선택하고 ▶를 눌러 오른쪽의 독립변수(I)로 이동시킨다. 방법(M)에는 단계 선택을 선택하고 옵션(O)을 클릭한다.

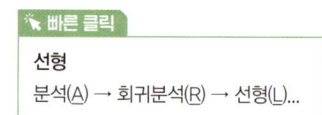

빠른 클릭

선형

분석(A) → 회귀분석(R) → 선형(L)...

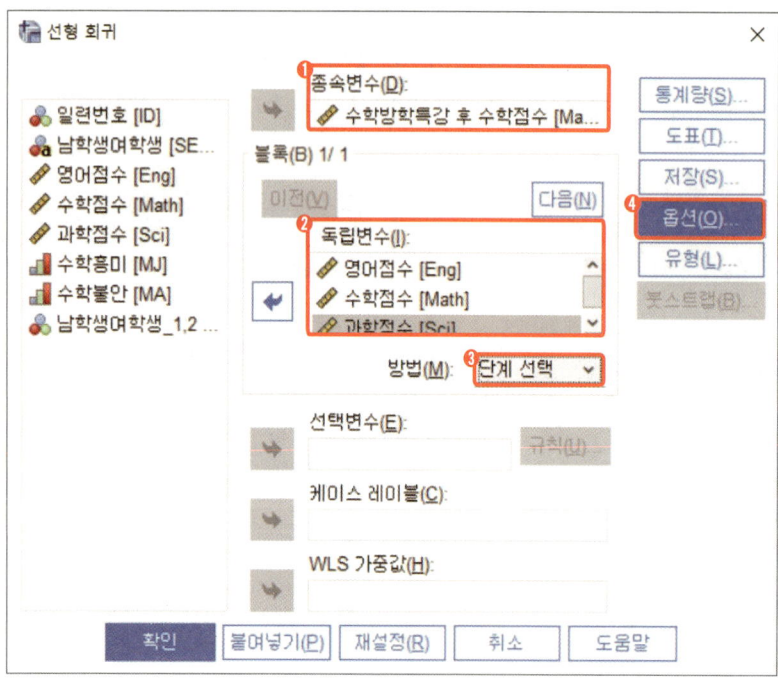

[그림149] 선형 회귀 대화상자

② 선형 회귀: 옵션의 선택법 기준에서 F-확률 사용(O)의 진입(E)에 '.05', 제거(M)에 '.10'을 입력한다. 그리고 계속(C)을 눌러 선형 회귀 대화상자로 돌아간다.

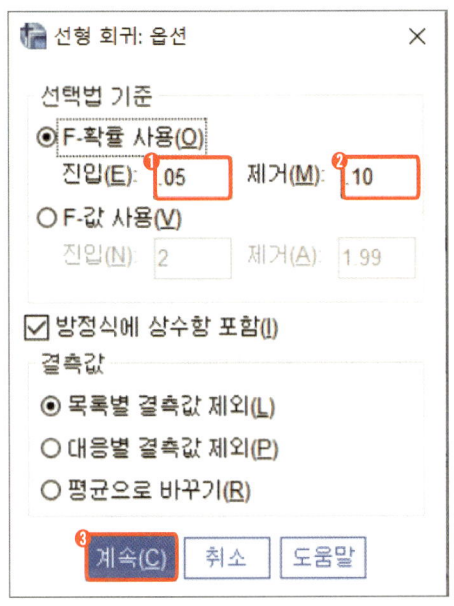

[그림150] 선형 회귀:옵션 대화상자

③ 확인을 누르면 출력결과 창에 다음을 얻을 수 있다.

입력/제거된 변수[a]

모형	입력된 변수	제거된 변수	방법
1	수학점수	.	단계선택 (기준: 입력에 대한 F의 확률 <= .050, 제거에 대한 F의 확률 >= .100).
2	영어점수	.	단계선택 (기준: 입력에 대한 F의 확률 <= .050, 제거에 대한 F의 확률 >= .100).

a. 종속변수: 수학방학특강 후 수학점수

계수[a]

모형		비표준화 계수		표준화 계수	t	유의확률
		B	표준화 오류	베타		
1	(상수)	56.448	3.646		15.483	.000
	수학점수	.362	.053	.440	6.840	.000
2	(상수)	61.856	4.054		15.260	.000
	수학점수	.381	.052	.463	7.266	.000
	영어점수	-.108	.038	-.181	-2.848	.005

a. 종속변수: 수학방학특강 후 수학점수

[표30] 출력결과

④ 결론 내리기
　㉠ [표30]의 입력/제거된 변수 표로부터 모형1에서는 수학점수가 선택되었고 모형2에서는 영어점수가 선택되었음을 확인할 수 있다.
　㉡ [표30]의 계수 표로부터 모형2의 수학점수, 영어점수의 유의확률이 0.000, 0.005로 모두 0.05보다 작아 유의한 것으로 나타났으며, 비표준화계수 B를 이용하여 추정된 다중회귀식은 $\hat{y}=61.856+0.381\text{Math}-0.108\text{Eng}$이다.

(2) 회귀분석 실시(선택법 기준으로 검정통계량의 F-값이 2 이상이면 유의하다고 판단, 1.99 이하이면 유의하지 않다고 판단)
　① 선형 회귀 대화상자의 변수 중에서 수학방학특강 후 수학점수 [Mathpost]를 선택하고 ▶를 눌러 오른쪽 종속변수(D)로 이동시키고, 변수 중에서 영어점수 [Eng], 수학점수 [Math], 과학점수 [Sci]를 선택하고 ▶를 눌러 오른쪽의 독립변수(I)로 이동시킨다. 방법(M)에는 단계 선택을 선택하고 옵션(O)을 클릭한다.

> **빠른 클릭**
> 선형
> 분석(A) → 회귀분석(R) → 선형(L)...

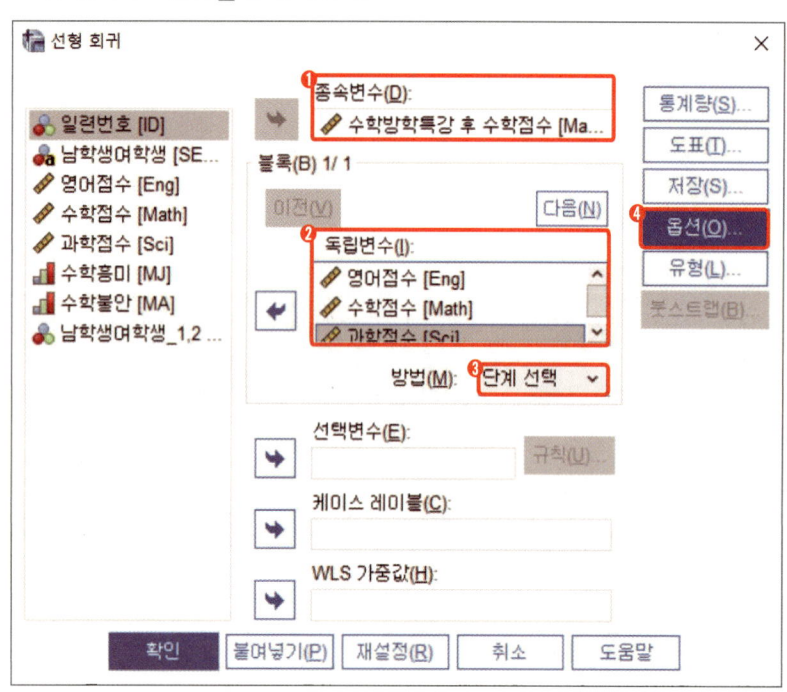

[그림151] 선형 회귀 대화상자

② 선형 회귀: 옵션의 선택법 기준에서 F-값 사용(V)의 진입(N)에 '2', 제거(A)에 '1.99'를 입력한다. 그리고 계속(C)을 눌러 선형 회귀 대화상자로 돌아간다.

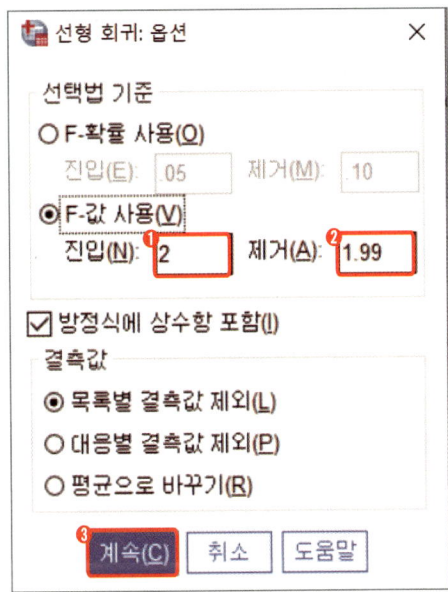

[그림152] 선형 회귀:옵션 대화상자

③ 확인을 누르면 출력결과 창에 다음을 얻을 수 있다.

입력/제거된 변수[a]

모형	입력된 변수	제거된 변수	방법
1	수학점수	·	단계선택 (기준: 입력에 대한 F >= 2.000, 제거에 대한 F <= 1.990).
2	영어점수	·	단계선택 (기준: 입력에 대한 F >= 2.000, 제거에 대한 F <= 1.990).
3	과학점수	·	단계선택 (기준: 입력에 대한 F >= 2.000, 제거에 대한 F <= 1.990).

a. 종속변수: 수학방학특강 후 수학점수

계수ᵃ

모형		비표준화 계수		표준화 계수	t	유의확률
		B	표준화 오류	베타		
1	(상수)	56.448	3.646		15.483	.000
	수학점수	.362	.053	.440	6.840	.000
2	(상수)	61.856	4.054		15.260	.000
	수학점수	.381	.052	.463	7.266	.000
	영어점수	-.108	.038	-.181	-2.848	.005
3	(상수)	68.734	5.766		11.921	.000
	수학점수	.435	.061	.529	7.077	.000
	영어점수	-.118	.038	-.199	-3.094	.002
	과학점수	-.123	.074	-.124	-1.670	.097

a. 종속변수: 수학방학특강 후 수학점수

[표31] 출력결과

④ 결론 내리기

ⓐ [표31]의 입력/제거된 변수 표로부터 모형1에서는 수학점수가 선택되었고 모형2에서는 영어점수, 모형3에서는 과학점수가 선택되었음을 확인할 수 있다.

ⓑ [표31]의 계수 표로부터 모형3의 비표준화계수 B를 이용하여 추정된 다중회귀식은 $\hat{y}=68.734+0.435\text{Math}-0.118\text{Eng}-0.123\text{Sci}$이다. 만약, 유의하지 않은 변수를 제거하고 다중회귀식을 작성하면 과학점수의 유의확률이 $0.097(>0.05)$ 이므로 과학점수를 제거한 $\hat{y}=68.734+0.435\text{Math}-0.118\text{Eng}$이다.

ⓒ 위의 추정된 회귀식에서 독립변수를 표준화하여 구한 표준화 회귀계수 중 종속변수에 가장 영향을 많이 미치는 변수는 **표준화 회귀계수**의 절댓값이 0.529로 가장 큰 '수학점수'이다.

4. (가변수 포함) 다중회귀분석 실행하기

"성적(구분자에 의한 배열).txt"에서 '수학흥미'에 대한 더미변수를 만든다. 영어점수, 수학점수, 과학점수, 수학흥미 더미변수를 독립변수로 하고 수학방학특강 후 수학점수를 종속변수로 하여 추정된 회귀식을 구해본다.

(1) **더미변수 만들기**

① 수학흥미에 대한 가변수를 만들기 위해 변환(T) → 더미변수 작성을 순서대로 누른다.

② 더미변수 작성 대화상자에서 변수(I) 중에서 수학흥미 [MJ]를 선택하고 ➡를 눌러 오른쪽 다음에 대한 더미변수 작성(C)로 이동시킨다. 주효과 더미변수의 루트 이름(선택한 변수당 한 개)(O)에 'MJ_D'를 적는다.

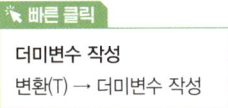

빠른 클릭

더미변수 작성
변환(T) → 더미변수 작성

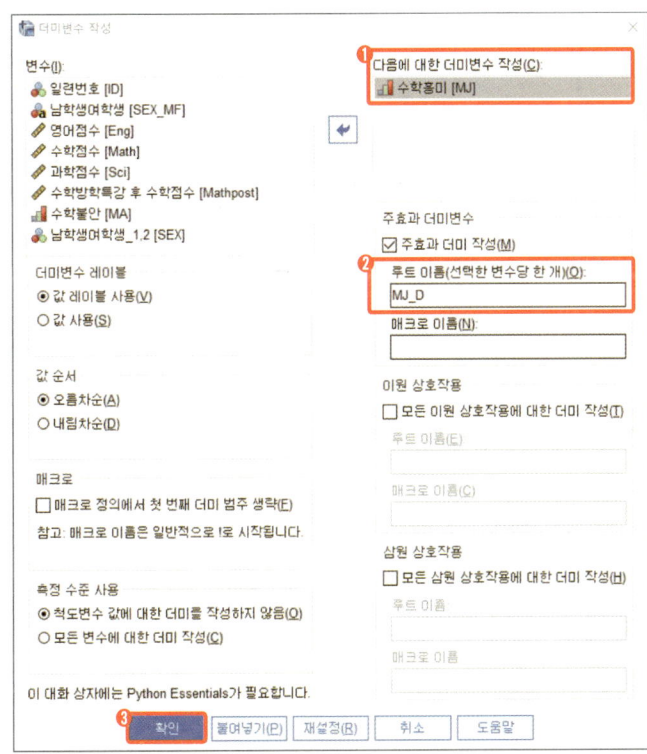

[그림153] 더미변수 작성 대화상자

③ 확인을 누르면 출력결과 창에 다음을 얻을 수 있다.

변수 작성

	레이블
MJ_D_1	MJ=아주 약함
MJ_D_2	MJ=약함
MJ_D_3	MJ=보통
MJ_D_4	MJ=강함
MJ_D_5	MJ=아주 강함

[표32] 출력결과

④ 데이터 보기 창의 10열부터 14열까지 새로운 더미변수 5개(MJ_D_1, MJ_D_2, MJ_D_3, MJ_D_4, MJ_D_5)가 만들어진다. 데이터 보기 창에서도 새로운 더미변수를 확인할 수 있다.

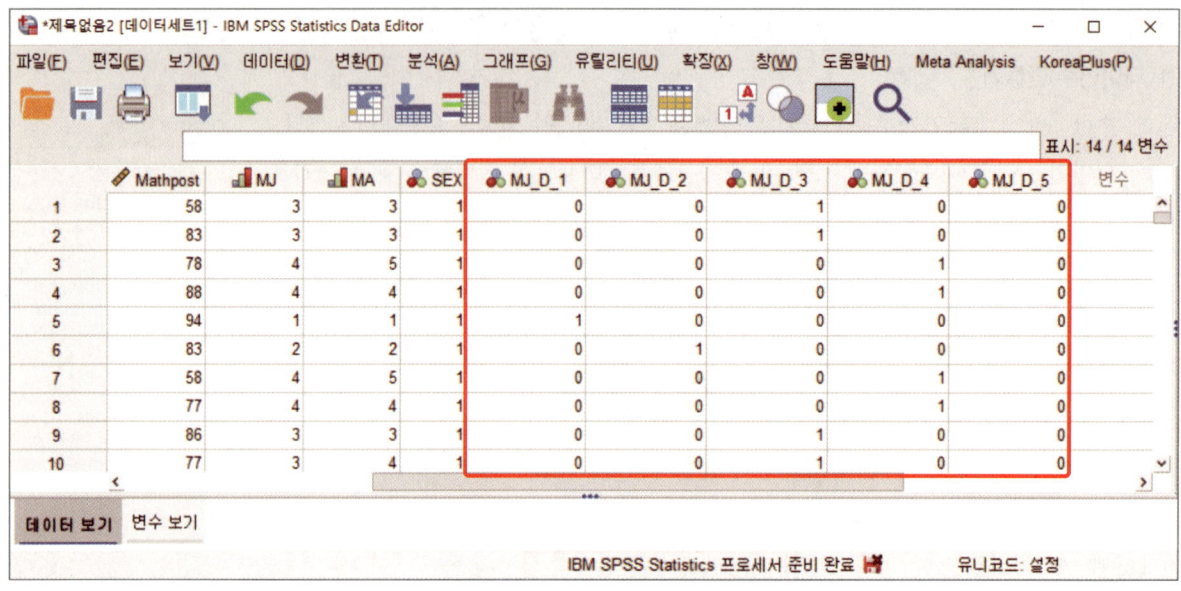

[그림154] 새로운 더미변수 변수 보기

(2) 회귀분석 실시

① 선택된 독립변수와 종속변수 사이의 회귀분석을 실시하기 위해 선형을 이용한다.

② 선형 회귀 대화상자의 변수 중에서 수학방학특강 후 수학점수 [Mathpost]를 선택하고 ▶를 눌러 오른쪽 종속변수(D)로 이동시키고, 영어점수 [Eng], 수학점수 [Math], 과학점수 [Sci]와 (MJ_D_1을 기준으로 하여) MJ_D_2, MJ_D_3, MJ_D_4, MJ_D_5를 선택하고 ▶를 눌러 오른쪽의 독립변수(I)로 이동시킨다. 방법(M)에는 단계 선택을 선택하고 옵션(O)을 누른다.

빠른 클릭

선형
분석(A) → 회귀분석(R) → 선형(L)...

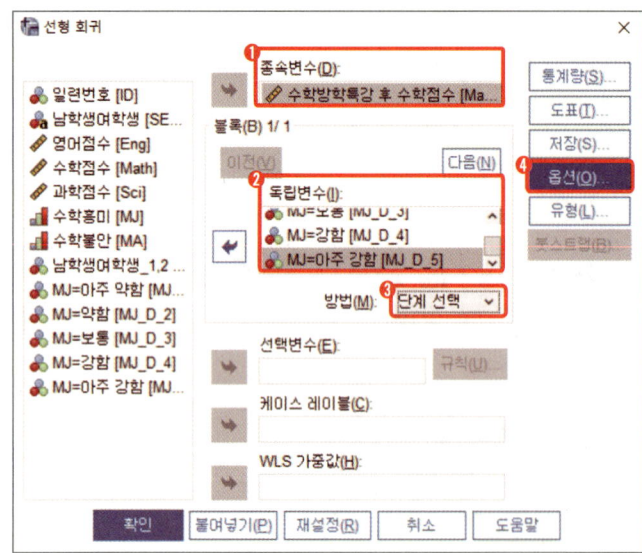

[그림155] 선형 회귀 대화상자

③ 선형 회귀: 옵션의 선택법 기준에서 F-확률 사용(O)의 진입(E)에 '.05', 제거(M)에 '.10'을 입력하고 계속(C)을 눌러 선형 회귀 대화상자로 돌아간다.

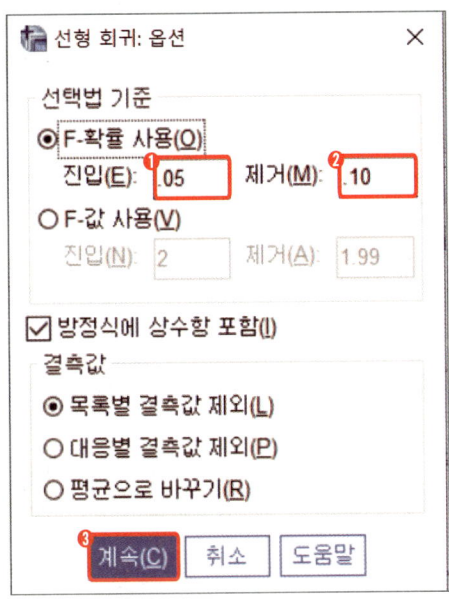

[그림156] 선형 회귀: 옵션 대화상자

> **보충학습**
>
> SPSS에서는 변수의 그룹수 만큼 더미변수가 지정되는데, 그 이유는 기준으로 잡을 변수를 SPSS가 판단하지 않기 때문이다. 따라서 더미변수를 활용한 분석에서 연구자가 기준변수를 선택하여 빼고 나머지 가변수로 분석해야 한다. 앞에서는 MJ_D_1을 기준으로 하여 나머지 MJ_D_2, MJ_D_3, MJ_D_4, MJ_D_5를 더미변수로 선택하였다.

④ 확인을 누르면 출력결과 창에 다음을 얻을 수 있다.

입력/제거된 변수[a]

모형	입력된 변수	제거된 변수	방법
1	수학점수	.	단계선택 (기준: 입력에 대한 F의 확률 <= .050, 제거에 대한 F의 확률 >= .100).
2	영어점수	.	단계선택 (기준: 입력에 대한 F의 확률 <= .050, 제거에 대한 F의 확률 >= .100).
3	MJ=약함	.	단계선택 (기준: 입력에 대한 F의 확률 <= .050, 제거에 대한 F의 확률 >= .100).
4	MJ=강함	.	단계선택 (기준: 입력에 대한 F의 확률 <= .050, 제거에 대한 F의 확률 >= .100).

a. 종속변수: 수학방학특강 후 수학점수

계수[a]

모형		비표준화 계수		표준화 계수	t	유의확률
		B	표준화 오류	베타		
1	(상수)	56.448	3.646		15.483	.000
	수학점수	.362	.053	.440	6.840	.000
2	(상수)	61.856	4.054		15.260	.000
	수학점수	.381	.052	.463	7.266	.000
	영어점수	-.108	.038	-.181	-2.848	.005
3	(상수)	62.954	4.043		15.571	.000
	수학점수	.366	.052	.445	6.998	.000
	영어점수	-.103	.038	-.174	-2.752	.006
	MJ=약함	-6.170	2.771	-.140	-2.227	.027
4	(상수)	63.728	4.010		15.894	.000
	수학점수	.383	.052	.466	7.343	.000
	영어점수	-.107	.037	-.181	-2.892	.004
	MJ=약함	-7.757	2.821	-.177	-2.750	.007
	MJ=강함	-3.199	1.358	-.152	-2.356	.019

a. 종속변수: 수학방학특강 후 수학점수

[표33] 출력결과

(3) 결론 내리기

① [표33]의 입력/제거된 변수 표로부터 모형1에서는 '수학점수'가 선택되었고 모형2에서는 '영어점수', 모형3에서는 'MJ=약함', 모형4에서는 'MJ=강함'이 선택되었음을 확인할 수 있다.

① [표33]의 계수 표로부터 모형4의 비표준화계수 B를 이용하여 추정된 다중회귀식은 $\hat{y} = 63.728 + 0.383 \text{Math} - 0.107 \text{Eng} - 7.757 \times (\text{MJ}=약함) - 3.199 \times (\text{MJ}=강함)$이다.

보충학습

더미변수를 만드는 과정에서 다음과 같은 경고 메시지가 나올 수 있다.

> 경고
> 명령문: SPSSINC CREATE DUMMIES
> SPSSINC CREATE DUMMIES 확장 명령문은 유니코드 모드에서만 지원됩니다.
> 이 명령 실행이 중단되었습니다.

이 경우 다음에 따라 설정을 변경해야 한다.

① 데이터를 열지 않은 상태에서 '편집→옵션→데이터 및 명령문을 위한 문자 인코딩'을 '유니코드(범용 문자 집합)'로 변경한다.
② '텍스트 데이터 읽기' 메뉴로 데이터를 불러올 때 인코딩을 '로컬 인코딩'으로 변경 후 불러온다.
③ '파일 → 열기 → 데이터'로 자료를 불러오는 경우, 파일유형을 반드시 '텍스트(*.txt, *.dat, *.csv, *.tab)'로 변경하고 인코딩을 '로컬 인코딩'으로 선택하여 불러온다.

CHAPTER 05 신뢰도 분석

1 신뢰도의 개념

1. 신뢰도의 의미
① 비교 가능한 독립된 측정 방법에 의해 대상을 측정하는 경우 비슷한 결과를 얻게 되는 것을 의미한다.
② 동일한 측정 도구로 조사할 때마다 그 결과가 다르면 측정도구의 신뢰도가 떨어진다는 의미이다.

2. 신뢰도의 측정방법
SPSS에서는 크론바흐 알파계수를 계산하여 신뢰도를 확인할 수 있다.

3. 내적일관성(Internal Consistency Reliability)
① 신뢰도의 측정방법 중 하나로, 동일한 개념을 측정하기 위하여 여러 개의 항목을 이용하는 경우 신뢰도를 저해하는 항목을 찾아내어 측정 도구에서 제외시킴으로써 측정도구의 신뢰도를 높이는 방법이다.
② 크론바흐 알파(Cronbach's Alpha)계수를 대표적으로 이용한다.
  ㉠ 척도를 구성하는 항목들 간에 나타난 상관관계 값의 평균을 구하며, 평균 상관계수가 높을수록 문항의 수가 많을수록 크론바흐 알파계수가 커진다.
  ㉡ 0~1의 값을 가지며, 계수가 클수록 신뢰도가 높다.
  ㉢ 0.6 이상이 되어야 만족할 만한 수준이라고 보며, 0.8~0.9 정도이면 신뢰도가 높은 것으로 본다.

2 크론바흐 알파계수

1. 크론바흐 알파계수의 개념
크론바흐 알파(α)계수는 각 참가자가 모든 문항에 대해서 체크한 값의 분산(총분산)과 문항별 분산을 이용해 구한다.

$$\alpha = \frac{N}{N-1}\left[1 - \Sigma \frac{\sigma_{i^2}}{\sigma_{s^2}}\right]$$

(N=문항수, σ_{i^2}=각 문항의 분산, σ_{s^2}=총 분산)

2. 크론바흐 알파계수의 계산

① 대인관계에 대한 리커트척도(5점 척도)의 설문문항은 다음과 같다.

번호	문항	전혀 그렇지 않다	그렇지 않다	보통 이다	그렇다	매우 그렇다
1	나는 대개 사람들이 많은 자리를 피한다.	①	②	③	④	⑤
2	나는 대개 낯선 사람들에게 먼저 다가가지 못한다.	①	②	③	④	⑤
3	나는 사람들이 많으면 평소보다 더 긴장하게 된다.	①	②	③	④	⑤
4	나는 처음 보는 사람과 이야기하는 게 힘들다.	①	②	③	④	⑤

② 참여자 A, B, C, D, E는 각 문항에 1~5점 사이의 점수를 다음과 같이 선택하였다.

참여자	문항1	문항2	문항3	문항4
A	5	4	4	4
B	2	3	4	2
C	1	1	1	2
D	4	4	4	4
E	3	3	1	2

③ 각 참여자가 모든 문항에 대해서 체크한 값의 분산(총분산)과 문항별 분산을 구하면 다음과 같다.

참여자	문항1	문항2	문항3	문항4	합계
A	5	4	4	4	17
B	2	3	4	2	11
C	1	1	1	2	5
D	4	4	4	4	16
E	3	3	1	2	9
분산	2.5	1.5	2.7	1.2	24.8
			합계	7.9	

④ 문항 별 분산(2.5, 1.5, 2.7, 1.2)의 합계(7.9)와 총 합계의 분산(17, 11, 5, 16, 9의 분산 24.8)과 문항 수 4를 공식에 대입하면 크론바흐 알파값이 0.91로 계산된다.

$$\alpha = \frac{N}{N-1}\left[1 - \sum \frac{\sigma_i^2}{\sigma_s^2}\right] = \frac{4}{4-1}\left[1 - \frac{7.9}{24.8}\right] \fallingdotseq 0.9086$$

⑤ 크론바흐 알파계수가 0.8 이상인 경우 '신뢰도가 높다'고 말할 수 있으므로 각 문항들은 높은 신뢰도를 보이고 있다고 할 수 있다.

3. 신뢰도 분석 실행

다음 근무기간과 삶의 질에 대한 연구에서 삶의 질을 구성하는 하위영역은 전반적인 삶의 질(LQ), 전반적인 건강상태(LC), 신체적 건강(LH01~LH07), 심리적 건강(LP01~LP06), 생활환경(LL01~LL08), 사회적 관계(LS01~LS03)이다. "근무기간과 삶의 질.txt"을 열어 '신체적 건강', '심리적 건강', '생활환경', '사회적 관계'의 크론바흐 알파계수를 구하여 신뢰도를 분석해보고, 삶의 질이 다른 변수와 관련이 있는지 검정해본다. 코딩양식은 [표34]를 참고한다.

변수명	변수설명	변수값 설명				
ID	일련번호	응답자 일련번호				
SEX	성별	1: 남자	2: 여자			
MAR	결혼	1: 기혼	2: 미혼	3: 이혼	4: 별거 및 사별	
RELI	종교	1: 있음	2: 없음			
JOB	근무기간	단위: 년				
LQ	전반적인 삶의 질	1: 매우 나쁨	2: 나쁨	3: 나쁘지도 좋지도 않음	4: 좋음	5: 매우 좋음
LC	전반적인 건강 상태					
LH01	신체적 건강1	1: 전혀 그렇지 않다 2: 거의 그렇지 않다 3: 보통이다 4: 대체로 그렇다 5: 매우 그렇다				
LH02	신체적 건강2					
LP01	심리적 건강1					
LP02	심리적 건강2					
LP03	심리적 건강3					
LL01	생활환경1					
LL02	생활환경2					
LH03	신체적 건강3					
LP04	심리적 건강4					
LL03	생활환경3					
LL04	생활환경4					
LL05	생활환경5					
LH04	신체적 건강4					

LH05	신체적 건강5	
LH06	신체적 건강6	
LH07	신체적 건강7	
LP05	심리적 건강5	1: 매우 불만족
LS01	사회적 관계1	2: 불만족
LS02	사회적 관계2	3: 만족하지도 불만족하지도 않음
LS03	사회적 관계3	4: 만족
LL06	생활환경6	5: 매우 만족
LL07	생활환경7	
LL08	생활환경8	
LP06*	심리적 건강6	1: 전혀 아니다 2: 드물게 그렇다 3: 제법 그렇다 4: 자주 그렇다 5: 항상 그렇다 *역채점
SAT	주관적 삶의 만족도	이산형 자료

[표34] 데이터 파일의 코딩양식

(1) 크론바흐 알파계수 구하기

① 신체적 건강(LH01~LH07)의 크론바흐 알파계수를 구하기 위해 분석(A)
→ 척도분석(A) → 신뢰도 분석(R)...을 순서대로 누른다.

빠른 클릭

크론바흐 알파계수 구하기
분석(A) → 척도분석(A) → 신뢰도 분석(R)...

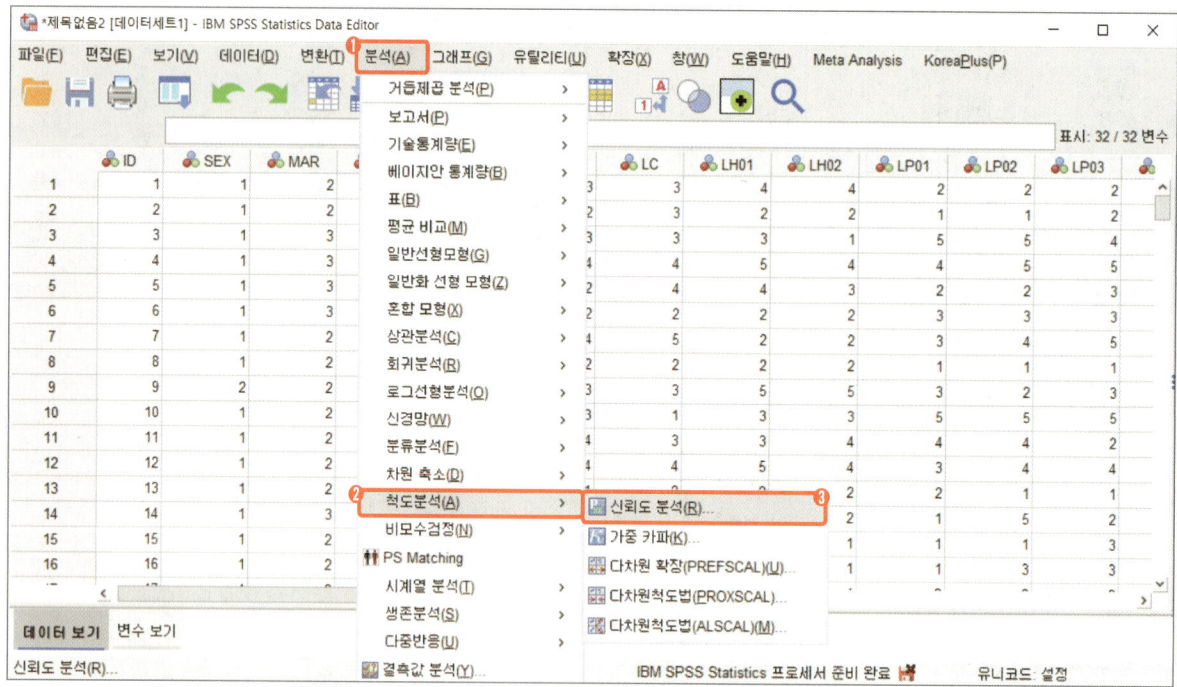

[그림157] 신뢰도 분석 메뉴

② 신뢰도 분석 대화상자의 변수 목록 중에서 신체적 건강1 [LH01], 신체적 건강2 [LH02], 신체적 건강3 [LH03], 신체적 건강4 [LH04], 신체적 건강5 [LH05], 신체적 건강6 [LH06], 신체적 건강7 [LH07]을 하나씩 선택하고 ➡를 눌러 오른쪽 항목(I)으로 옮긴다.

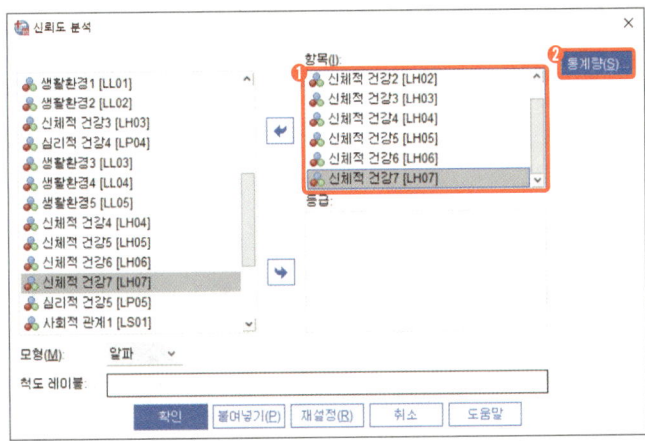

[그림158] 신뢰도 분석 대화상자

③ 통계량(S)을 누르고 신뢰도 분석: 통계량 대화상자가 나타나면, 다음에 대한 기술통계량에서 항목(I), 척도(S), 항목 제거시 척도(A)를 선택하고 계속(C)을 눌러 신뢰도 분석 대화상자로 돌아간다.

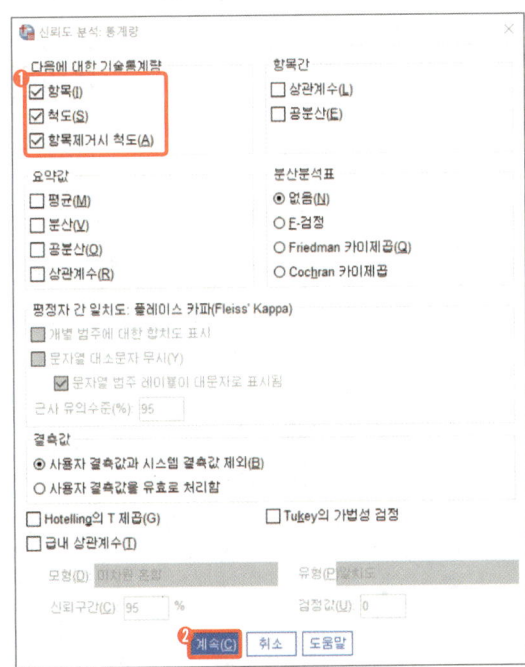

[그림159] 신뢰도 분석: 통계량 대화상자

④ 확인을 누르면 출력결과 창에 다음을 얻을 수 있다.

케이스 처리 요약

		N	%
케이스	유효	211	100.0
	제외됨[a]	0	.0
	전체	211	100.0

a. 목록별 삭제는 프로시저의 모든 변수를 기준으로 합니다.

신뢰도 통계량

Cronbach의 알파	항목 수
.795	7

항목 통계량

	평균	표준편차	N
신체적 건강1	3.77	1.023	211
신체적 건강2	3.32	1.199	211
신체적 건강3	3.27	1.004	211
신체적 건강4	3.67	1.066	211
신체적 건강5	3.51	.978	211
신체적 건강6	3.57	.883	211
신체적 건강7	3.55	.921	211

항목 총계 통계량

	항목이 삭제된 경우 척도 평균	항목이 삭제된 경우 척도 분산	수정된 항목-전체 상관계수	항목이 삭제된 경우 Cronbach 알파
신체적 건강1	20.90	17.608	.464	.780
신체적 건강2	21.35	18.104	.303	.817
신체적 건강3	21.39	16.421	.640	.747
신체적 건강4	20.99	17.133	.495	.775
신체적 건강5	21.15	17.301	.538	.766
신체적 건강6	21.09	16.867	.688	.743
신체적 건강7	21.11	16.945	.638	.750

척도 통계량

평균	분산	표준편차	항목 수
24.66	22.634	4.758	7

[표35] 출력결과

⑤ [표35]에서 신뢰도 통계량 표의 Cronbach의 알파 값 0.795는 0.6 이상으로 높게 나오므로, 신체적 건강의 문항 간에 관련성이 높다고 할 수 있다.

(2) 크론바흐 알파계수 수정하기

① 심리적 건강(LP01~LP06)의 크론바흐 알파계수를 구하기 위해 신뢰도 분석을 이용한다.

신뢰도 분석 대화상자의 변수 목록 중에서 심리적 건강1 [LP01], 심리적 건강2 [LP02], 심리적 건강3 [LP03], 심리적 건강4 [LP04], 심리적 건강5 [LP05], 심리적 건강6 [LP06]을 하나씩 선택하고 ➡를 눌러 오른쪽 항목(I)으로 옮긴다.

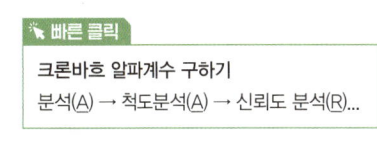

빠른 클릭

크론바흐 알파계수 구하기
분석(A) → 척도분석(A) → 신뢰도 분석(R)...

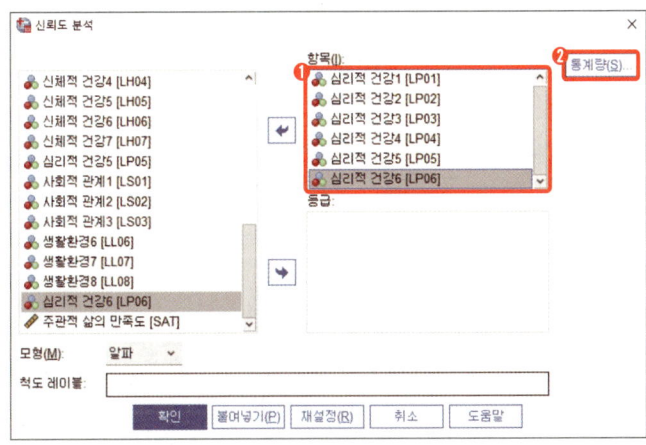

[그림160] 신뢰도 분석 대화상자

② 통계량(S)을 누르고 신뢰도 분석: 통계량 대화상자가 나타나면, 다음에 대한 기술통계량에서 항목(I), 척도(S), 항목 제거시 척도(A)를 선택하고 계속(C)을 눌러 신뢰도 분석 대화상자로 돌아간다.

[그림161] 신뢰도 분석: 통계량 대화상자

③ 확인을 누르면 출력결과 창에 다음을 얻을 수 있다.

케이스 처리 요약

		N	%
케이스	유효	211	100.0
	제외됨[a]	0	.0
	전체	211	100.0

a. 목록별 삭제는 프로시저의 모든 변수를 기준으로 합니다.

신뢰도 통계량

Cronbach의 알파	항목 수
.686	6

항목 통계량

	평균	표준편차	N
심리적 건강1	3.11	1.043	211
심리적 건강2	3.52	1.053	211
심리적 건강3	3.36	1.034	211
심리적 건강4	3.08	1.044	211
심리적 건강5	3.57	.909	211
심리적 건강6	2.48	.948	211

항목 총계 통계량

	항목이 삭제된 경우 척도 평균	항목이 삭제된 경우 척도 분산	수정된 항목-전체 상관계수	항목이 삭제된 경우 Cronbach 알파
심리적 건강1	16.00	8.705	.716	.533
심리적 건강2	15.59	8.681	.712	.534
심리적 건강3	15.75	8.872	.692	.544
심리적 건강4	16.03	9.556	.551	.597
심리적 건강5	15.54	9.717	.646	.574
심리적 건강6	16.63	17.358	-.513	.877

척도 통계량

평균	분산	표준편차	항목 수
19.11	14.202	3.769	6

[표36] 출력결과

④ [표36]에서 신뢰도 통계량 표의 Cronbach의 알파 값은 0.686으로 0.6보다 높게 나오므로, 심리적 건강의 문항 간에 관련성이 높다고 할 수 있다.

⑤ 그러나 [표36]에서 항목 총계 통계량 표의 항목이 삭제된 경우 Cronbach 알파 값은 가장 높은 변수를 신뢰도 분석 시 변수 선정에서 제외하고 분석할 수 있다. 예를 들어, 항목 총계 통계량 표에서 항목이 삭제된 경우 Cronbach 알파 값이 가장 높은 심리적 건강6 변수를 변수 선정에서 제외하고 심리적 건강 5문항을 신뢰도 분석하면, Cronbach 알파계수가 0.877로 바뀌게 된다.

   ※ 단, 심리적 건강6은 역채점을 해야 하며, 변수 변환 후의 Cronbach 알파값은 0.873으로 높게 나온다.

(3) 신뢰도 분석 결과

① 생활환경 변수와 사회적 관계 변수에 대해서도 신뢰도 분석을 실시하면 신뢰도가 모두 0.6 이상으로 높음을 알 수 있다.

척도명	하위영역	문항수	문항번호	신뢰도(α)
삶의 질	신체적 건강	7	LH01, LH02, LH03, LH04, LH05, LH06, LH07	.795
	심리적 건강	5	LP01, LP02, LP03, LP04, LP05	.877
	생활환경	8	LL01, LL02, LL03, LL04, LL05, LL06, LL07, LL08	.864
	사회적 관계	3	LS01, LS02, LS03	.753

② 따라서 신뢰도 분석 결과 각 하위영역의 문항 간에 관련성이 높다고 할 수 있다.

결과	'삶의 질'의 하위영역 신체적 건강, 심리적 건강, 생활환경, 사회적 관계에 대한 신뢰도 분석 결과, 신뢰도가 모두 0.6 이상으로 높게 나와 각 하위영역의 문항 간에 관련성이 높다고 할 수 있다.

에듀윌이 너를 지지할게

ENERGY

끝을 맺기를 처음과 같이하면 실패가 없다.
마지막에 이르기까지
처음과 마찬가지로 주의를 기울이면
어떤 일도 해낼 수 있을 것이다.

– 노자

작업형
기출동형문제

안내사항

모든 질문에 대한 답안은 통계 Package를 이용하여 수행한 결과(화면이용)를 바탕으로 하여 답안지에 직접 작성하시오. 모든 결과값은 특별한 지시가 없는 한 요구하는 자릿수 아래에서 반올림하여 작성하시오.

SURVEY ANALYST

제1회	기출동형문제	160
	분석 및 풀이	166
제2회	기출동형문제	204
	분석 및 풀이	209
제3회	기출동형문제	242
	분석 및 풀이	248
제4회	기출동형문제	292
	분석 및 풀이	297
제5회	기출동형문제	346
	분석 및 풀이	352

제 1 회 기출동형문제

S대학교 졸업생 중에서 현재 30대를 대상으로 근무기간과 삶의 질 사이의 관계를 조사한 자료이다. 설문은 삶의 질(하위 요인: 전반적인 삶의 질, 전반적인 건강 상태, 신체적 건강, 심리적 건강, 사회적 관계, 생활환경)과 주관적 삶의 만족도로 구성되어 있다. 인구통계학적 변수는 성별(SEX), 결혼(MAR), 종교(RELI), 근무기간(JOB)이다. 데이터 파일은 "근무기간과 삶의 질.txt"로 저장되어 있다. [표] 데이터 파일의 코딩양식이 정리되어 있으며, 결측값은 없고 자료는 탭(Tap)으로 구분되어 있다.

변수명	변수설명	변수값 설명
ID	일련번호	응답자 일련번호
SEX	성별	1: 남자　　2: 여자
MAR	결혼	1: 기혼　2: 미혼　3: 이혼　4: 별거 및 사별
RELI	종교	1: 있음　2: 없음
JOB	근무기간	단위: 년
LQ	전반적인 삶의 질	1: 매우 나쁨　　2: 나쁨　　3: 나쁘지도 좋지도 않음
LC	전반적인 건강 상태	4: 좋음　　5: 매우 좋음
LH01	신체적 건강1	
LH02	신체적 건강2	
LP01	심리적 건강1	
LP02	심리적 건강2	
LP03	심리적 건강3	1: 전혀 그렇지 않다
LL01	생활환경1	2: 거의 그렇지 않다
LL02	생활환경2	3: 보통이다
LH03	신체적 건강3	4: 대체로 그렇다
LP04	심리적 건강4	5: 매우 그렇다
LL03	생활환경3	
LL04	생활환경4	
LL05	생활환경5	
LH04	신체적 건강4	
LH05	신체적 건강5	
LH06	신체적 건강6	
LH07	신체적 건강7	1: 매우 불만족
LP05	심리적 건강5	2: 불만족
LS01	사회적 관계1	3: 만족하지도 불만족하지도 않음
LS02	사회적 관계2	4: 만족
LS03	사회적 관계3	5: 매우 만족
LL06	생활환경6	
LL07	생활환경7	
LL08	생활환경8	
LP06*	심리적 건강6	1: 전혀 아니다　　2: 드물게 그렇다 3: 제법 그렇다　4: 자주 그렇다　5: 항상 그렇다 *역채점
SAT	주관적 삶의 만족도	이산형 자료

[표] 데이터 파일의 코딩양식

문제 1 S대학교 졸업생 성별에 따라 삶의 질에 차이가 있는지 분석하고자 한다.

[문제 1-1] 다음 빈도표를 완성하시오.

성별	빈도(명)	유효 퍼센트(%)
남자	☐	☐.☐
여자	☐	☐.☐
전체	211	100.0

[문제 1-2] 삶의 질의 하위요인에 대한 신체적 건강 [A1], 심리적 건강 [A2], 생활환경 [A3], 사회적 관계 [A4] 변수를 다음과 같이 생성하고자 한다(단, LP06은 반대로 질문하였으므로 역으로 채점한 후 생성하고 이후 분석에서도 변경된 채점값을 사용한다).

> A1 = 신체적 건강(LH) 요인들의 평균 A2 = 심리적 건강(LP) 요인들의 평균
> A3 = 생활환경(LL) 요인들의 평균   A4 = 사회적 관계(LS) 요인들의 평균

(1) 응답자들의 설문조사 결과로부터 A1, A2, A3, A4에 대한 다음 표를 완성하시오.

변수	최솟값	최댓값	평균	표준편차
A1	☐.☐☐	***	***	☐.☐☐
A2	***	***	☐.☐☐	***
A3	☐.☐☐	***	☐.☐☐	☐.☐☐
A4	***	***	***	***

(2) 신체적 건강, 심리적 건강, 생활환경, 사회적 관계에 대한 선형관계의 정도를 파악하기 위해 상관분석을 실시하고, 다음 표를 완성하시오.

변수	A1	A2	A3	A4
A1	1.000	☐.☐☐☐	***	☐.☐☐☐
A2	***	1.000	☐.☐☐☐	***
A3	***	***	1.000	☐.☐☐☐
A4	***	***	***	1.000

문제 2 성별에 따라 전체 삶의 질에 차이가 있는지를 분석하고자 한다. 이때 전체 삶의 질 [Qua] 변수는 다음과 같이 정의한다.

> 전체 삶의 질 [Qua] = (전반적인 삶의 질 [LQ] + 전반적인 건강상태 [LC] + 신체적 건강 [A1]
> + 심리적 건강 [A2] + 생활환경 [A3] + 사회적 관계 [A4]) / 6

(1) 가설을 μ_1, μ_2의 수식으로 나타내시오.

귀무가설(H_0)	
대립가설(H_1)	

(2) 다음 표를 완성하시오.

구분	하한	상한
$\mu_1-\mu_2$의 95% 신뢰구간	☐☐.☐☐☐	☐☐.☐☐☐
$\mu_1-\mu_2$의 추정치	☐.☐☐☐	
추정량 표준오차	☐.☐☐☐	

(3) 검정통계량의 값과 유의확률(양측)을 쓰고, 유의수준 5%에서 검정 결과를 설명하시오.

검정통계량의 값	☐.☐☐☐
유의확률(양측)	☐.☐☐☐
검정 결과	

문제 3 S대학교 졸업생의 결혼상태와 근무기간 사이에 연관성이 있는지 알아보고자 한다.

[문제 3-1] 근무기간 변수를 범주화(2년 이하, 3~5년, 6년 이상)한 후, 다음 표를 완성하시오.

근무기간	빈도	퍼센트(%)	누적 퍼센트(%)
2년 이하		.	***
3~5년		***	.
6년 이상		.	100.0
전체	211	100.0	

[문제 3-2] 근무기간에 따라 가장 빈도가 높은 결혼상태를 확인하기 위해 다음 표를 완성하시오.

근무기간	결혼상태	빈도수	비율(%)
2년 이하	미혼		.
3~5년			.
6년 이상		***	.

[문제 3-3] 근무기간과 결혼상태 간에 연관성이 있는지를 유의수준 5%에서 검정하시오.

(1) 가설을 세우시오.

귀무가설(H_0)	
대립가설(H_1)	

(2) 검정통계량의 값과 유의확률(양측)을 쓰고, 유의수준 5%에서 검정 결과를 설명하시오.

검정통계량의 값	.
유의확률(양측)	.
검정 결과	

문제 4 범주화한 근무기간(2년 이하, 3~5년, 6년 이상) 별로 전체 삶의 질에 차이가 있는지를 유의수준 5%에서 검정하고자 한다.

[문제 4-1] 다음 분산분석표를 완성하시오.

변수	구분	제곱합	자유도	평균제곱	F	유의확률
Qua	집단-간	***		***	☐.☐☐☐	☐.☐☐☐
	집단-내	***	***	***		
	전체	***	***	***		

[문제 4-2] 가설을 세우고 유의수준 5%에서 검정하시오.

(1) 가설을 세우시오.

귀무가설(H_0)	
대립가설(H_1)	

(2) 검정통계량의 값과 유의확률(양측)을 쓰고, 유의수준 5%에서 검정 결과를 설명하시오.

검정통계량의 값	☐.☐☐☐
유의확률(양측)	☐.☐☐☐
검정 결과	

[문제 4-3] 분석 결과 유의한 차이가 있다고 판단되는 경우 Duncan 방법으로 사후분석한 후, 유의수준 5%에서 동일 집단군에 포함된다고 여겨지는 집단의 평균을 쓰시오.

기간별	집단	
	1	2
2년 이하	☐.☐☐☐	
3~5년		☐.☐☐☐☐
6년 이상		☐.☐☐☐☐
유의확률	1.000	***

문제 5 근무기간과 주관적 삶의 만족도가 전체 삶의 질에 어느 정도 영향을 미치는지 알아보고자 회귀분석을 실시한다. 단, 변수 선택 방법은 '입력'으로 한다.

[문제 5-1] 근무기간, 주관적 삶의 만족도, 전체 삶의 질 사이의 상관분석을 실시하고 전체 삶의 질에 영향을 미치는 독립변수를 쓰시오.

독립변수	
종속변수	***

[문제 5-2] 선택된 독립변수와 종속변수 사이의 회귀분석을 실시한 후 다음 분산분석표를 완성하시오.

구분	제곱합	자유도	평균제곱	F	유의확률
회귀	***	***	***	☐.☐☐	***
잔차	***	☐	***		
전체	***	***	***		

[문제 5-3] 회귀분석 결과를 토대로 유의수준 5%에서 회귀모형에 대한 유의성 검정 결과를 설명하고, 수정된 결정계수(%)를 쓰시오.

검정 결과	
수정된 결정계수	☐.☐ %

[문제 5-4] 추정된 회귀식을 쓰시오. 단, 소수점은 반올림하여 소수 셋째 자리로 나타내시오.

추정 회귀식	

제 1 회　　분석 및 풀이

1 분석 준비

(1) 자료 파일 불러오기

① 데이터 열기

㉠ "근무기간과 삶의 질.txt"을 열어 변수값이 '탭'이나 '쉼표'에 의해 구분되어 있는지, '고정 너비 열'로 정렬되어 있는지 확인한다. "근무기간과 삶의 질.txt"은 '탭'으로 구분되어 있다.

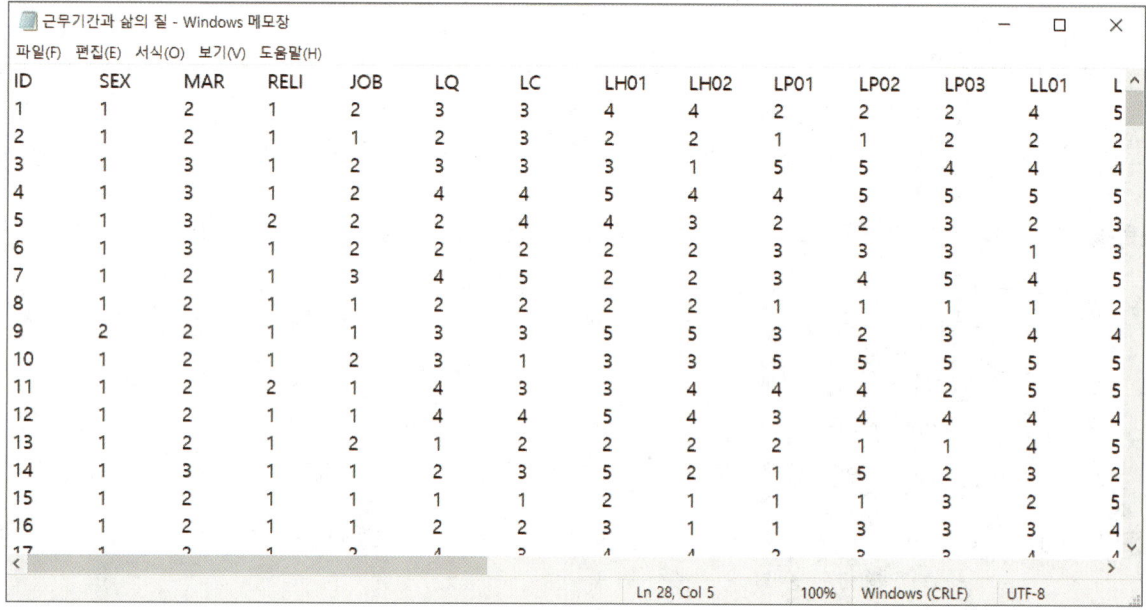

㉡ 자료를 SPSS로 불러오기 위해 파일(F) → 데이터 가져오기(D) → 텍스트 데이터(T)를 순서대로 누른다.

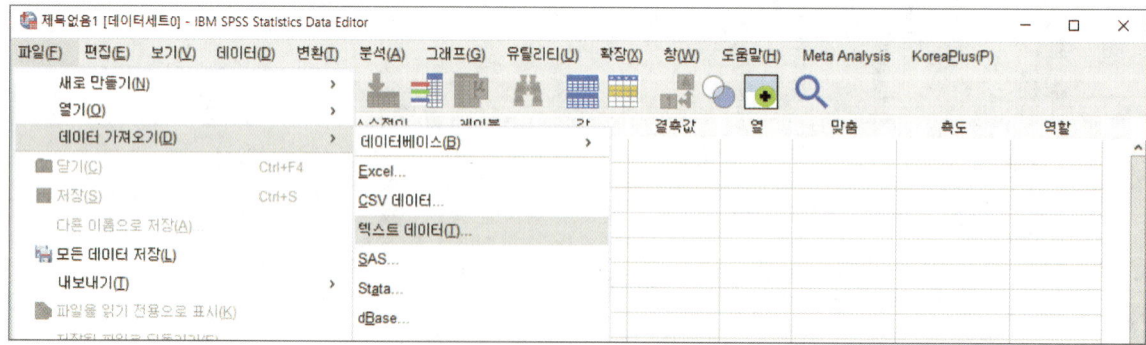

ⓒ 데이터 열기 대화상자에서 "근무기간과 삶의 질.txt"을 선택하고 인코딩(E)을 로컬 인코딩으로 선택하여 열기(O)를 누르면, 텍스트 가져오기 마법사 – 6단계 중 1단계 대화상자가 나타난다.

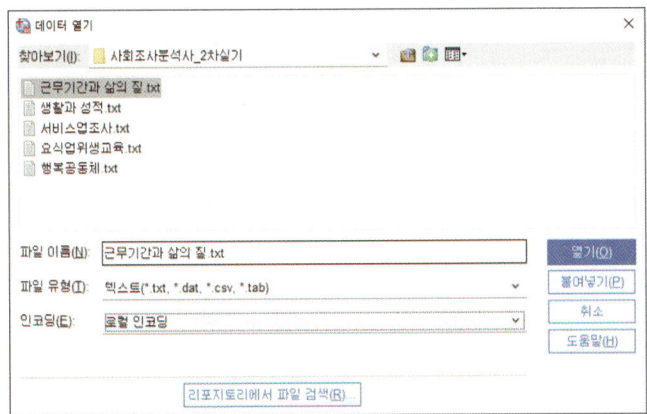

② 텍스트 가져오기 마법사 – 6단계 중 1단계

   ㉠ 텍스트 파일이 사전 정의된 형식과 일치하는지를 묻는 단계이다.
   ㉡ 사전에 정의한 형식이 없으므로 초기값 상태인 아니오(O)를 선택하고 다음(N)을 누른다.

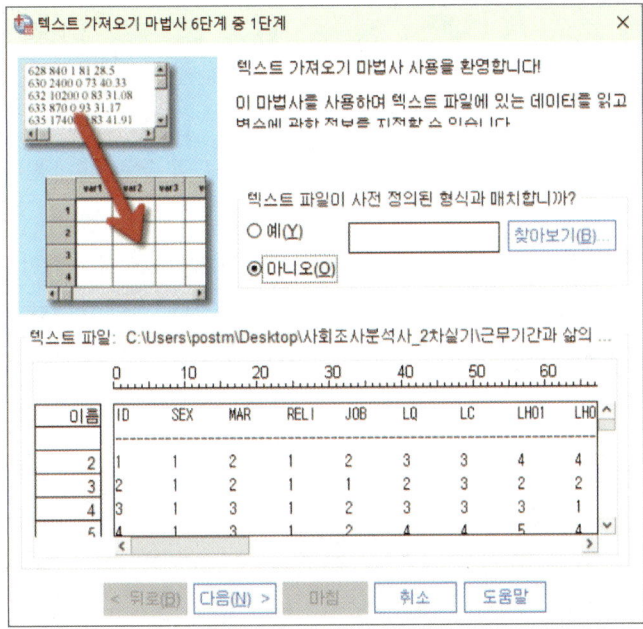

③ 텍스트 가져오기 마법사 – 6단계 중 2단계

   ㉠ 변수의 배열과 이름을 묻는 단계이다.
   ㉡ '변수는 어떻게 배열되어 있습니까?' 질문에 **구분자에 의한 배열(D)**을 선택한다.
   ㉢ '변수 이름이 파일의 처음에 있습니까?' 질문에 변수의 이름이 파일의 처음에 있으므로 예(Y)를 선택한다.
   ㉣ '소수점 기호'에 주기(P)를 선택하고 다음(N)을 누른다.

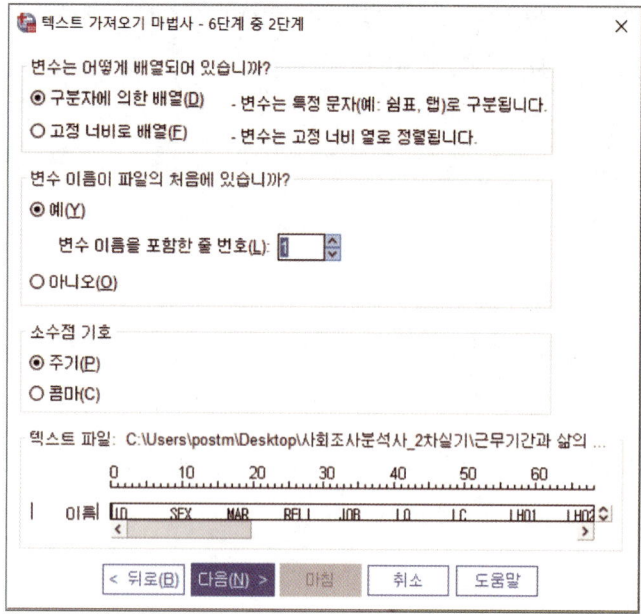

④ 텍스트 가져오기 마법사 – 6단계 중 3단계(구분자에 의한 배열)

㉠ 데이터의 범위를 설정하는 단계이다.

㉡ '데이터의 첫 번째 케이스가 몇 번째 줄에서 시작합니까?' 질문에 데이터가 두 번째 줄부터 시작되고 있으므로 초기값 2를 유지한다.

㉢ '케이스가 어떻게 표시되고 있습니까?' 질문에 각 줄이 하나의 케이스를 나타내므로 각 줄은 케이스를 나타냅니다.(L)를 선택한다.

㉣ '몇 개의 케이스를 가져오시겠습니까?' 질문에 모든 케이스를 불러와야 하므로 모든 케이스(A)를 선택한다.

㉤ 데이터 미리보기로부터 데이터가 올바르게 정렬되어 있는지 확인하고 다음(N)을 누른다. 만약 데이터가 올바르게 정렬되어 있지 않다면 뒤로(B)를 눌러 이전 단계를 확인한다.

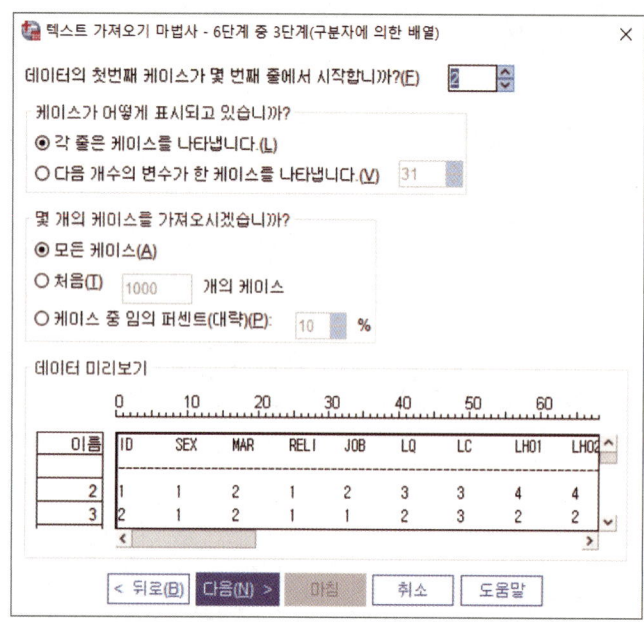

⑤ 텍스트 가져오기 마법사 – 6단계 중 4단계(구분자에 의한 배열)

　㉠ 변수의 구분을 어떻게 했는지 묻는 단계이다.

　㉡ '변수 사이에 어떤 구분자를 사용했습니까?' 질문에 탭으로 구분되어 있으므로 탭(T)을 선택한다.

　㉢ '데이터 미리보기'에서 데이터가 올바르게 정렬되어 있는지 확인하고 다음(N)을 누른다.

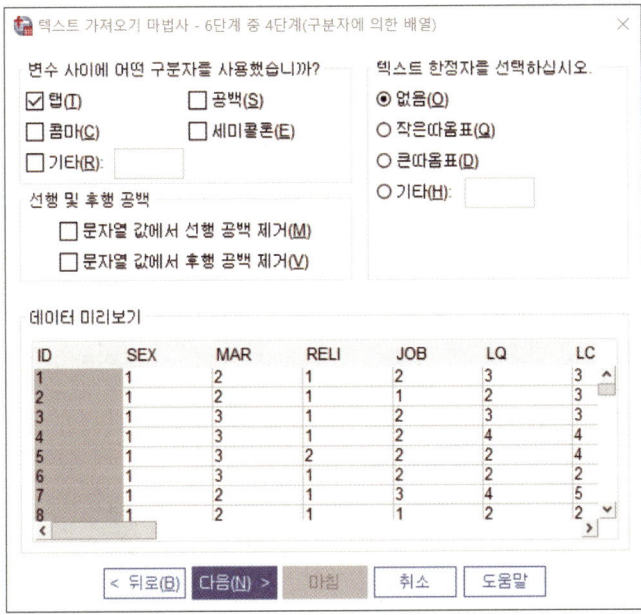

⑥ 텍스트 가져오기 마법사 – 6단계 중 5단계

　㉠ 변수의 이름과 데이터 형식을 지정하는 단계이다.

　㉡ 변수 보기 창에서 지정하기 위해 '데이터 미리보기 상자에서 선택된 변수 양식'은 기본값을 유지하고 다음(N)을 누른다.

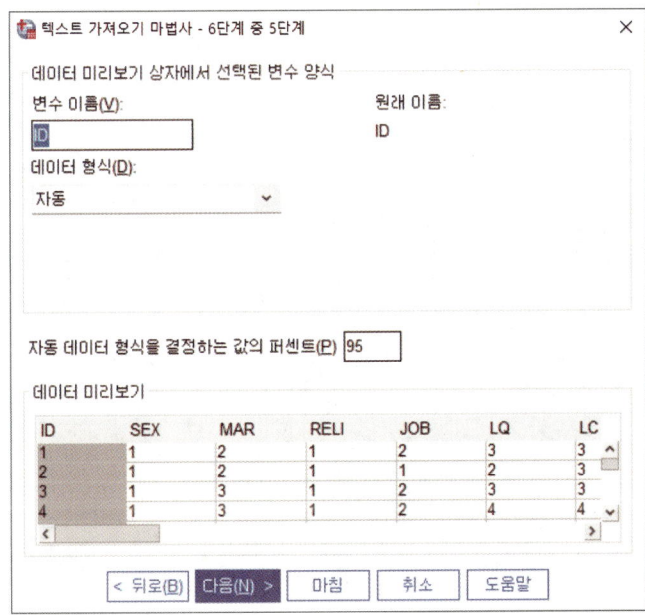

제1회 분석 및 풀이 **169**

⑦ 텍스트 가져오기 마법사 – 6단계 중 6단계

㉠ 파일 형식을 저장할 것인지, 명령문을 생성할 것인지 묻는 단계이다.

㉡ 각 질문에 기본값 아니오를 유지하고 마침을 누른다.

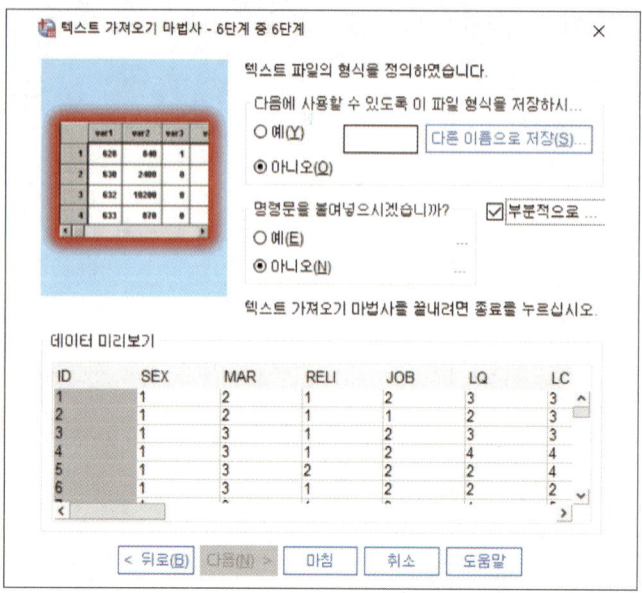

(2) 데이터 보기 창 확인

다음과 같이 "근무기간과 삶의 질.txt"을 데이터 보기 창에서 확인할 수 있다.

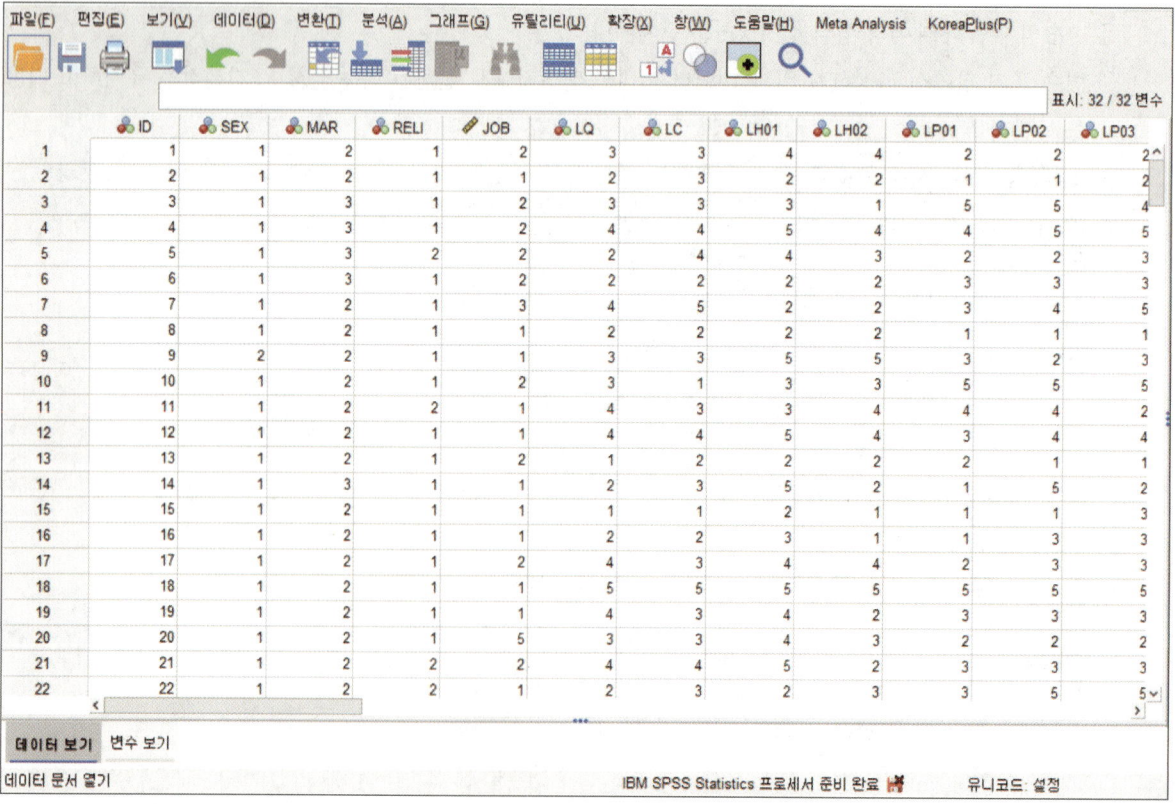

2 변수 보기 입력

① 조건으로 제공된 [표] 데이터 파일의 코딩양식을 확인한다.

② 불러온 데이터의 변수 보기 창에서 [표] 데이터 파일의 코딩양식에 맞추어 레이블, 값, 결측값, 측도를 입력한다.

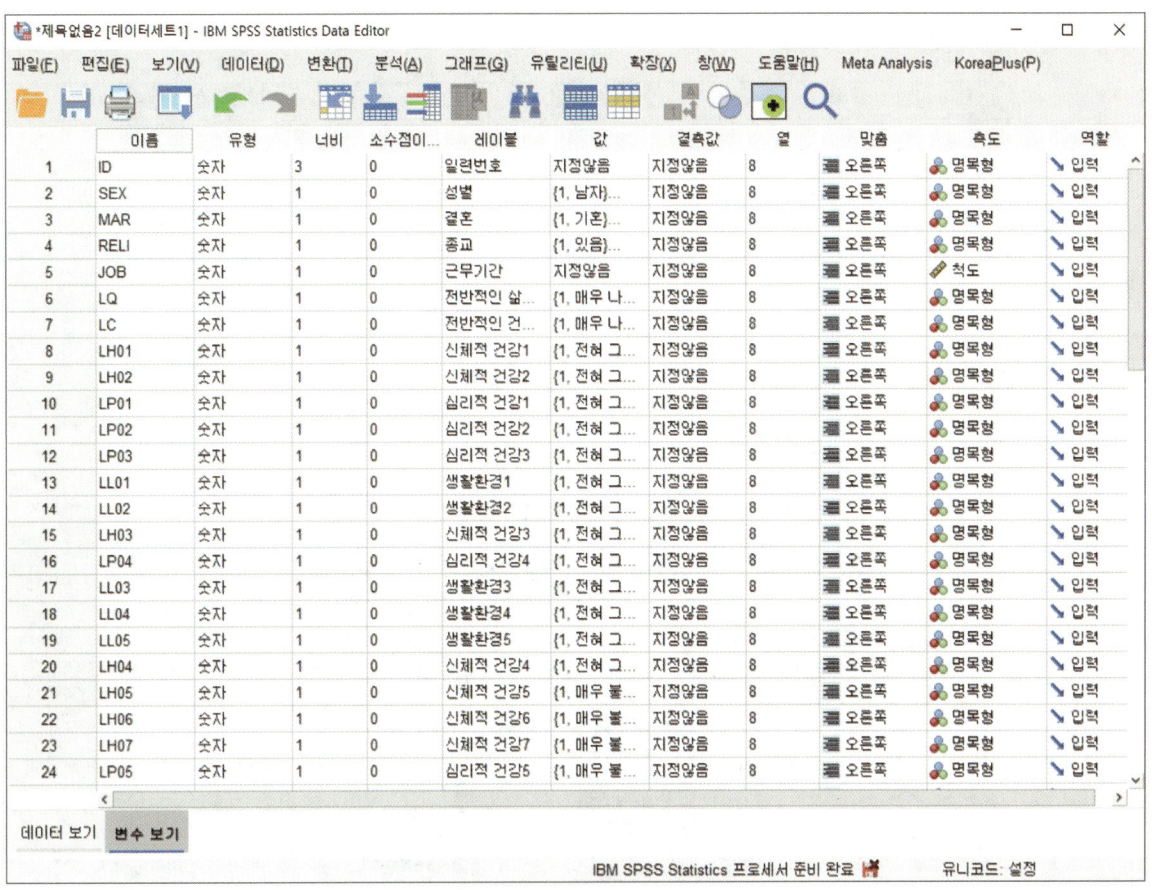

3 분석

문제 1 S대학교 졸업생 성별에 따라 삶의 질에 차이가 있는지 분석하고자 한다.

[문제 1-1] 다음 빈도표를 완성하시오.

성별	빈도(명)	유효 퍼센트(%)
남자		.
여자		.
전체	211	100.0

실행POINT

빈도분석 실시하기

① 성별에 따른 응답자들의 빈도 및 비율을 구하기 위해서 다음의 메뉴를 이용한다.

분석(A) → 기술통계량(E) → 빈도분석(F)...

② 빈도분석 대화상자의 변수에서 성별 [SEX]을 선택하고 ➡를 눌러 오른쪽 변수(V)로 이동시킨다.

③ 확인을 누르면 출력결과 창에 다음을 얻을 수 있다.

성별

		빈도	퍼센트	유효 퍼센트	누적 퍼센트
유효	남자	163	77.3	77.3	77.3
	여자	48	22.7	22.7	100.0
	전체	211	100.0	100.0	

④ 성별 표를 이용하여 다음 빈도표를 완성한다.

성별	빈도(명)	유효 퍼센트(%)
남자	163	77.3
여자	48	22.7
전체	211	100.0

[문제 1-2] 삶의 질의 하위요인에 대한 신체적 건강 [A1], 심리적 건강 [A2], 생활환경 [A3], 사회적 관계 [A4] 변수를 다음과 같이 생성하고자 한다(단, LP06은 반대로 질문하였으므로 역으로 채점한 후 생성하고 이후 분석에서도 변경된 채점값을 사용한다).

> A1 = 신체적 건강(LH) 요인들의 평균　　A2 = 심리적 건강(LP) 요인들의 평균
> A3 = 생활환경(LL) 요인들의 평균　　A4 = 사회적 관계(LS) 요인들의 평균

(1) 응답자들의 설문조사 결과로부터 각 A1, A2, A3, A4에 대한 다음 표를 완성하시오.

변수	최솟값	최댓값	평균	표준편차
A1	☐.☐	***	***	☐.☐
A2	***	***	☐.☐	***
A3	☐.☐	***	☐.☐	☐.☐
A4	***	***	***	***

실행POINT

- 역문항 처리하기
- 변수계산을 이용하여 평균 및 합구하기
- 기술통계량 실시하기

① 삶의 질의 각 하위요인의 평균 A1, A2, A3, A4를 만들기 위해 다음의 메뉴를 이용한다.

> 변환(T) → 변수 계산(C)...

② 변수계산 대화상자에서 목표변수(T)에 A1을 입력하고, 숫자표현식(E)에 (LH01+LH02+LH03+LH04+LH05+LH06+LH07)/7을 입력한다.

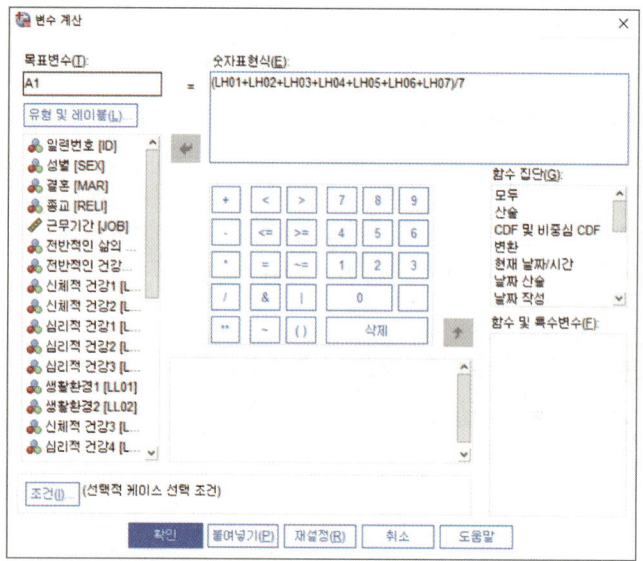

보충학습

본 자료 "근무기간과 삶의 질.txt"에서는 결측값이 포함되어 있지 않으므로 '수식을 직접 입력하여 계산한 결과'와 '내장된 함수를 이용하여 계산한 결과'가 동일하다. 그러나 결측값이 포함되어 있는 경우 수식을 직접 입력하여 계산하면 결측값으로 처리하여 계산되므로, 함수를 사용하는 것을 권장한다.

③ 확인을 누르면 출력결과 창에 다음을 얻을 수 있다.

```
COMPUTE A1=(LH01+LH02+LH03+LH04+LH05+LH06+LH07)/7.
EXECUTE.
```

④ 같은 방법으로 새로운 변수 A3과 A4를 다음과 같이 만든다.

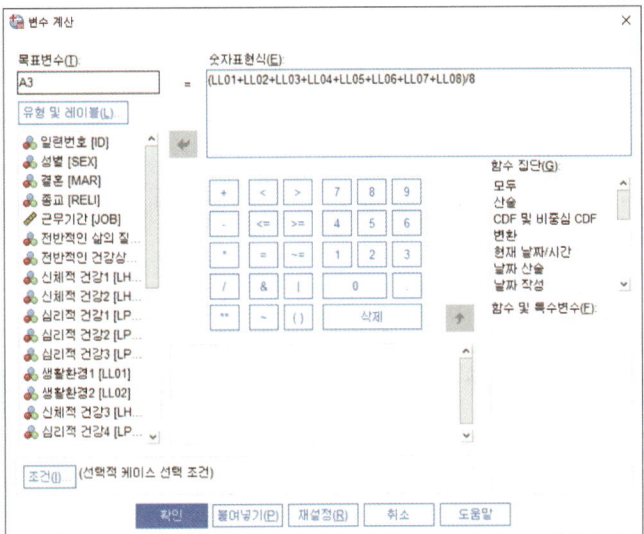

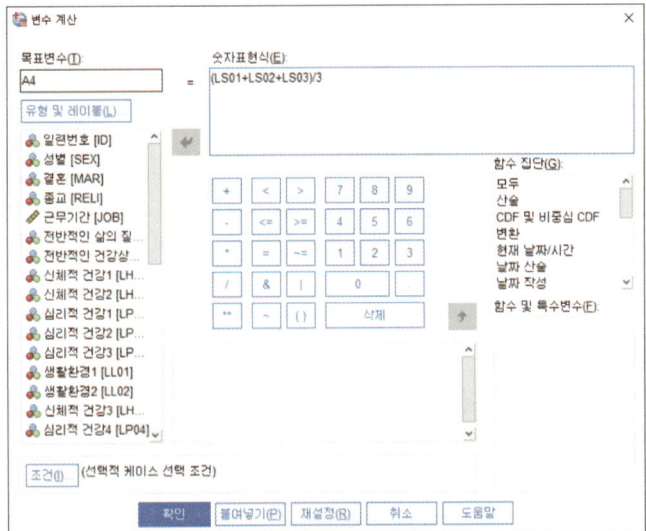

⑤ 확인을 누르면 출력결과 창에 다음을 얻을 수 있다.

```
COMPUTE A3=(LL01+LL02+LL03+LL04+LL05+LL06+LL07+LL08)/8.
EXECUTE.
COMPUTE A4=(LS01+LS02+LS03)/3.
EXECUTE.
```

⑥ 변수 보기 창의 33~35 행에 새로운 이름 A1, A3, A4가 만들어진다. A1, A3, A4 변수의 레이블에 '신체적 건강', '생활환경', '사회적 관계'를 입력한다.

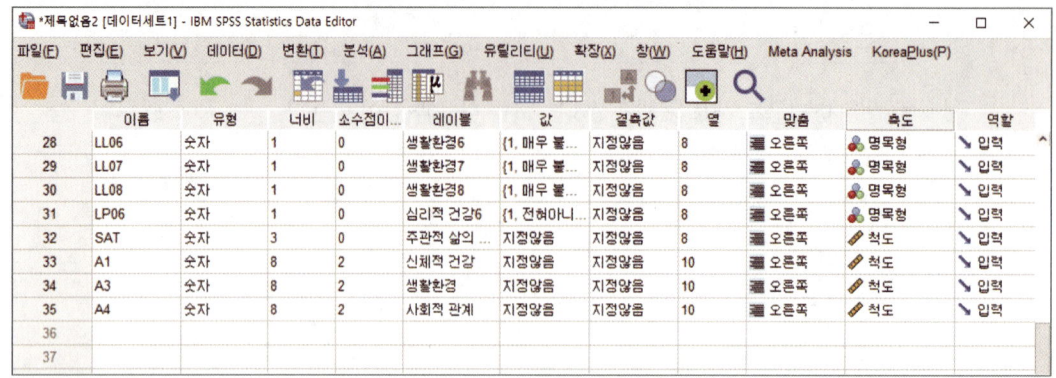

⑦ 새로운 변수 A2를 계산하기 전에 LP06은 반대로 질문하였으므로 역으로 채점하고 이후 분석에서는 변경된 채점값을 사용해야 한다. 따라서 변수 계산 대화상자에서 목표변수(T)에 LP06을 입력하고, 숫자표현식(E)에 6-LP06을 입력한 다음 확인을 누른다.

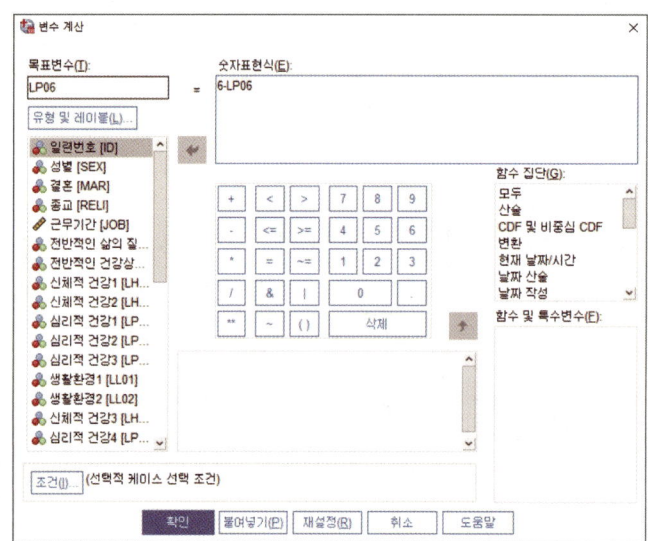

⑧ '기존 변수를 변경하시겠습니까?'에 확인을 누르면 출력결과 창에 다음을 얻을 수 있다.

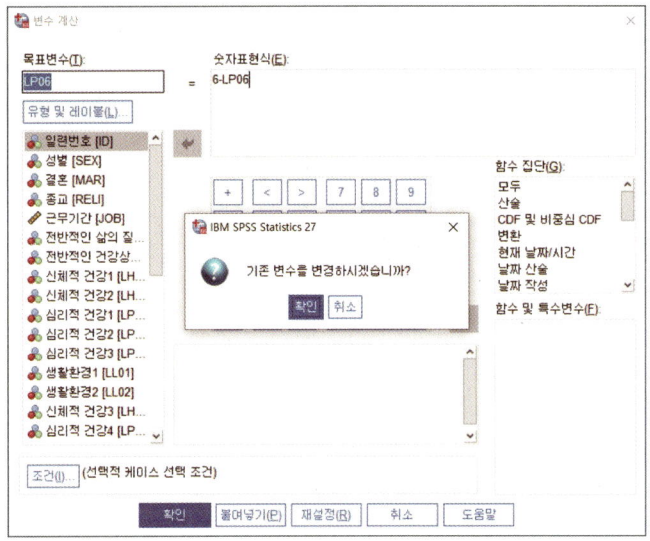

```
COMPUTE LP06=6-LP06.
EXECUTE.
```

보충학습

LP06은 응답 범주가 5점 척도(1~5)이므로 1점을 5점으로 바꾸고 5점을 1점으로 바꾸기 위해서 '6-LP06' 수식을 이용한다. 만약 응답 범주가 7점 척도(1~7)라면 '8-LP06' 수식을 이용한다.

기존 응답	변환 수식: 6-기존 응답=변경된 응답	변경된 응답
전혀 아니다	⇒	항상 그렇다
드물게 그렇다	⇒	자주 그렇다
제법 그렇다	⇒	제법 그렇다
자주 그렇다	⇒	드물게 그렇다
항상 그렇다	⇒	전혀 아니다

⑨ 심리적 건강6 [LP06]이 역채점되었으므로 새로운 A2 변수를 만들기 위해 변수 계산 대화상자에서 목표변수(T)에 A2를 입력하고, 숫자표현식(E)에 (LP01+LP02+LP03+LP04+LP05+LP06)/6을 입력한 다음 확인을 누른다.

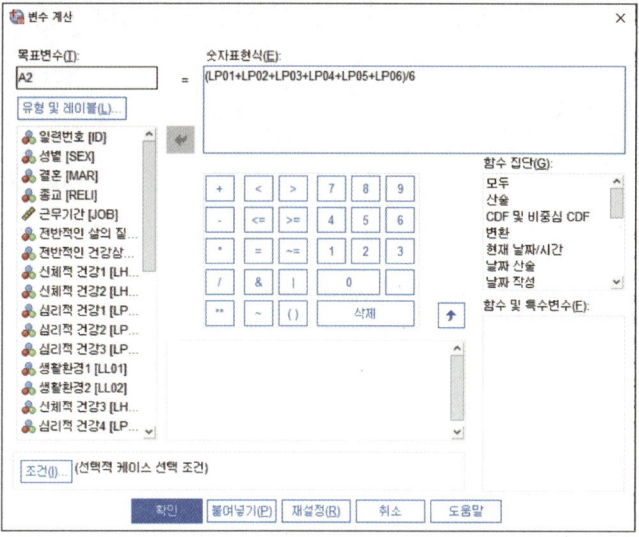

⑩ 변수 보기 창의 36행에 새로운 이름 A2가 만들어진다. A2 변수의 레이블에 '심리적 건강'을 입력한다.

⑪ 신체적 건강, 심리적 건강, 생활환경, 사회적 관계에 대한 최솟값, 최댓값, 평균, 표준편차를 구하기 위해 다음의 메뉴를 이용한다.

분석(A) → 기술통계량(E) → 빈도분석(F)...

⑫ 빈도분석 대화상자에서 신체적 건강 [A1], 심리적 건강 [A2], 생활환경 [A3], 사회적 관계 [A4]를 하나씩 선택하고 ➡를 눌러 오른쪽 변수(V)로 옮기고, 통계량(S)을 누른다.

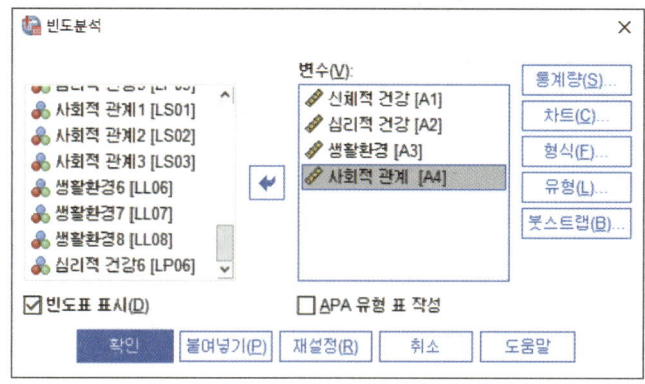

⑬ 빈도분석: 통계량 대화상자의 중심경향에서 평균(M), 중위수(D)를 선택하고, 산포도에서 표준편차(T), 최소값(I), 최대값(X)을 선택한 다음 계속(C)을 눌러 빈도분석 대화상자로 돌아간다.

⑭ 확인을 누르면 출력결과 창에 다음을 얻을 수 있다.

통계량

		신체적 건강	심리적 건강	생활환경	사회적 관계
N	유효	211	211	211	211
	결측	0	0	0	0
평균		3.5234	3.3586	3.3572	3.2417
중위수		3.5714	3.3333	3.3750	3.3333
표준화 편차		.67964	.78723	.71971	.74679
최소값		1.29	1.00	1.13	1.00
최대값		5.00	5.00	5.00	5.00

⑮ 통계량 표를 이용하여 다음 표를 완성한다.

변수	최솟값	최댓값	평균	표준편차
A1	1.29	***	***	0.68
A2	***	***	3.36	***
A3	1.13	***	3.36	0.72
A4	***	***	***	***

(2) 신체적 건강, 심리적 건강, 생활환경, 사회적 관계에 대한 선형관계의 정도를 파악하기 위해 상관분석을 실시하고 다음 표를 완성하시오.

변수	A1	A2	A3	A4
A1	1.000	☐.☐☐☐	***	☐.☐☐☐
A2	***	1.000	☐.☐☐☐	***
A3	***	***	1.000	☐.☐☐☐
A4	***	***	***	1.000

실행 POINT

피어슨 상관계수 구하고 상관분석 실시하기

① 삶의 질의 하위요인 A1, A2, A3, A4의 상관계수를 구하기 위해 다음의 메뉴를 이용한다.

분석(A) → 상관분석(C) → 이변량 상관(B)...

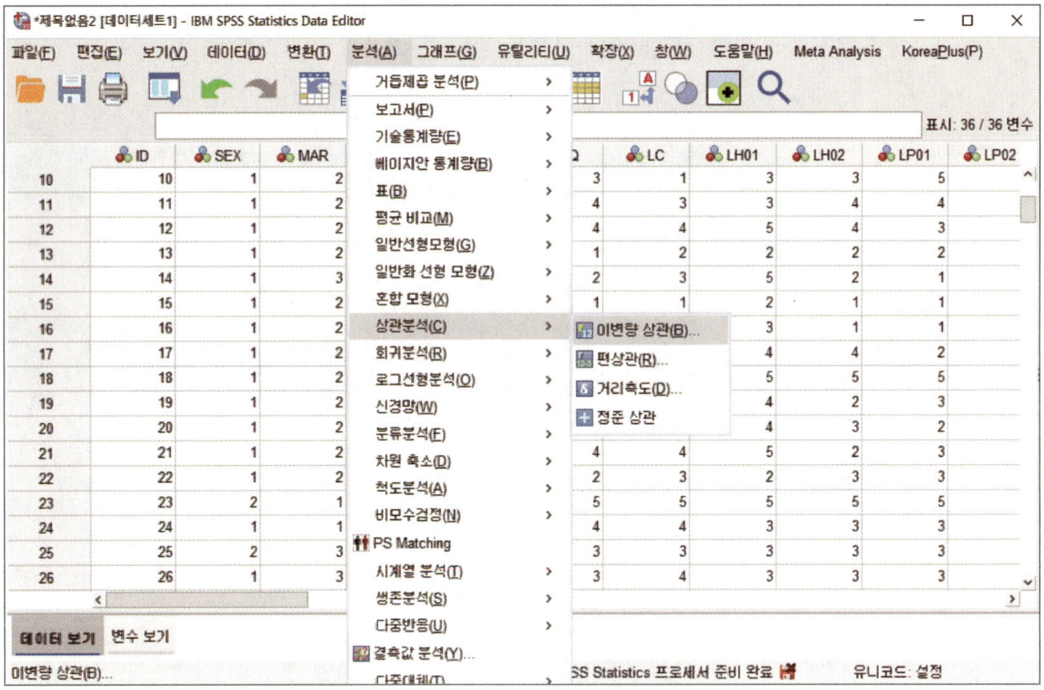

② 이변량 상관계수 대화상자의 변수 목록 중에서 신체적 건강 [A1], 심리적 건강 [A2], 생활환경 [A3], 사회적 관계 [A4]를 하나씩 선택하고 ➡를 눌러 오른쪽 변수(V)로 옮긴 후, 상관계수에서 Pearson을 선택한다.

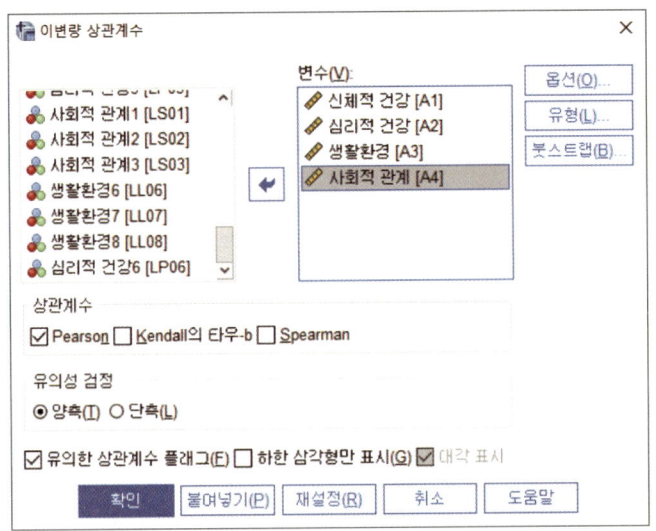

③ 확인을 누르면 출력결과 창에 다음을 얻을 수 있다.

상관관계

		신체적 건강	심리적 건강	생활환경	사회적 관계
신체적 건강	Pearson 상관	1	.802**	.726**	.542**
	유의확률 (양측)		.000	.000	.000
	N	211	211	211	211
심리적 건강	Pearson 상관	.802**	1	.761**	.649**
	유의확률 (양측)	.000		.000	.000
	N	211	211	211	211
생활환경	Pearson 상관	.726**	.761**	1	.589**
	유의확률 (양측)	.000	.000		.000
	N	211	211	211	211
사회적 관계	Pearson 상관	.542**	.649**	.589**	1
	유의확률 (양측)	.000	.000	.000	
	N	211	211	211	211

**. 상관관계가 0.01 수준에서 유의합니다(양측).

④ 상관관계 표를 이용하여 다음 표를 완성한다.

변수	A1	A2	A3	A4
A1	1.000	0.802	***	0.542
A2	***	1.000	0.761	***
A3	***	***	1.000	0.589
A4	***	***	***	1.000

문제 2 성별에 따라 전체 삶의 질에 차이가 있는지를 분석하고자 한다. 이때 전체 삶의 질 [Qua] 변수는 다음과 같이 정의한다.

> 전체 삶의 질 [Qua] = (전반적인 삶의 질 [LQ] + 전반적인 건강상태 [LC] + 신체적 건강 [A1]
> + 심리적 건강 [A2] + 생활환경 [A3] + 사회적 관계 [A4]) / 6

(1) 가설을 μ_1, μ_2의 수식으로 나타내시오.

귀무가설(H_0)	
대립가설(H_1)	

남자의 전체 삶의 질 평균을 μ_1, 여자의 전체 삶의 질 평균을 μ_2라고 할 때, 귀무가설은 '성별에 따른 전체 삶의 질 평균 사이에 차이가 없다($\mu_1=\mu_2$)'이고, 대립가설은 '차이가 있다($\mu_1 \neq \mu_2$)'이다.

귀무가설(H_0)	성별에 따른 전체 삶의 질 평균 사이에 차이가 없다($\mu_1 = \mu_2$).
대립가설(H_1)	성별에 따른 전체 삶의 질 평균 사이에 차이가 있다($\mu_1 \neq \mu_2$).

(2) 다음 표를 완성하시오.

구분	하한	상한
$\mu_1-\mu_2$의 95% 신뢰구간	.	.
$\mu_1-\mu_2$의 추정치		.
추정량 표준오차		.

실행 POINT

두 독립표본 t-검정 실시하기

① 전체 삶의 질 [Qua] 변수를 만들기 위해 다음의 메뉴를 이용한다.

변환(T) → 변수 계산(C)...

② 변수 계산 대화상자에서 목표변수(T)에 Qua를 입력하고, 숫자표현식(E)에 (LQ+LC+A1+A2+A3+A4)/6 를 입력한다.

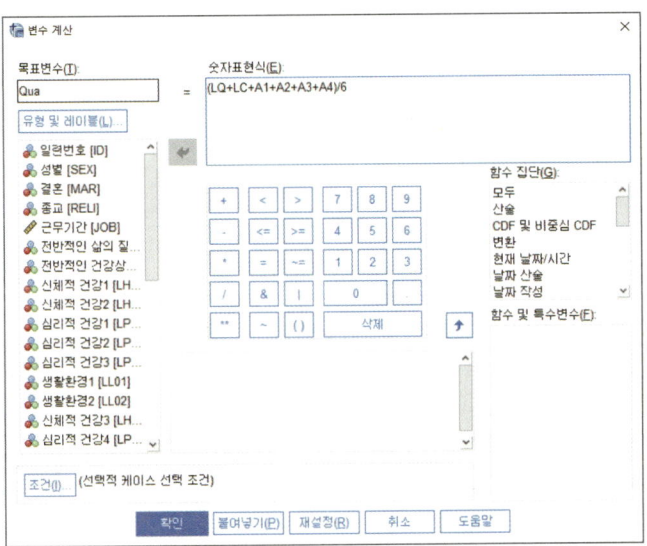

③ 확인을 누르면 데이터 보기 창에 새로운 Qua 변수가 만들어진 것을 확인할 수 있다. 변수 보기 창에서 Qua 행의 레이블에 '전체 삶의 질'을 입력한다.

④ 성별에 따른 전체 삶의 질 사이에 차이가 있는지 검정하기 위해 다음의 메뉴를 이용한다.

분석(A) → 평균 비교(M) → 독립표본 T 검정...

⑤ 독립표본 T 검정 대화상자의 변수 중에서 전체 삶의 질 [Qua]을 선택하고 ▶를 눌러 오른쪽 검정 변수(T)로 이동시키고, 성별 [SEX]을 선택하고 ▶를 눌러 오른쪽의 **집단변수(G)**로 이동시킨 후, **집단 정의(D)**를 누른다.

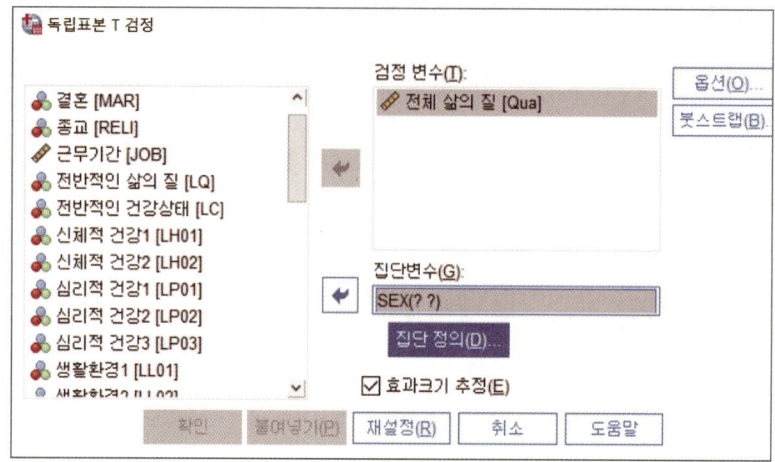

⑥ 집단 정의 대화상자의 **지정값 사용(U)**에서 집단 1에 1을 입력하고 집단 2에 2를 입력한 다음 계속(C)을 누르면, 독립표본 T 검정 대화상자의 **집단변수(G)**에 SEX(1 2)가 나타난다.

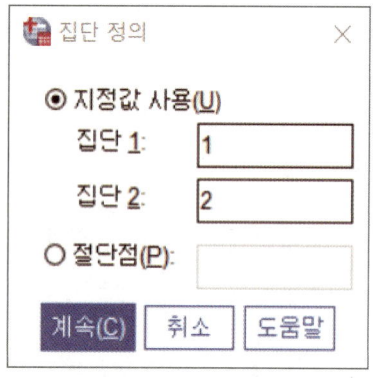

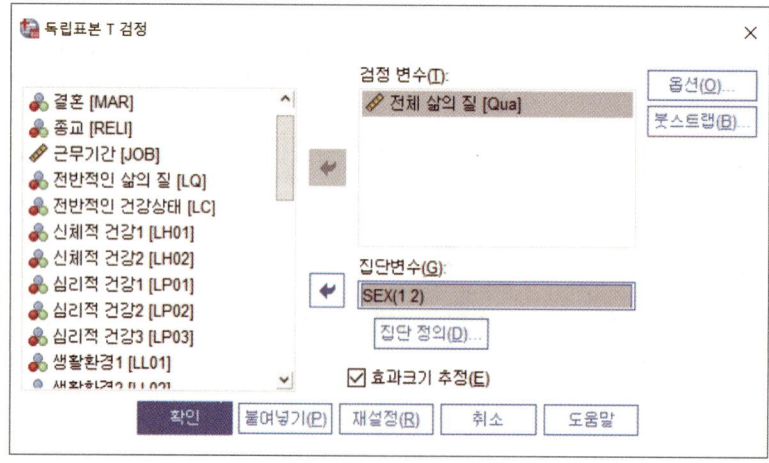

⑦ 확인을 누르면 출력결과 창에 다음을 얻을 수 있다.

독립표본 검정

		Levene의 등분산 검정		평균의 동일성에 대한 T 검정						
		F	유의 확률	t	자유도	유의확률 (양측)	평균 차이	표준오차 차이	차이의 95% 신뢰구간	
									하한	상한
전체 삶의 질	등분산을 가정함	0.150	0.699	-.700	209	.485	-.07309	.10442	-.27894	.13275
	등분산을 가정하지 않음			-.738	83.414	.463	-.07309	.09910	-.27019	.12400

⑧ 독립표본 검정 표의 Levene의 등분산 검정에서 F가 0.151이고 유의확률이 0.698로 유의수준 0.05보다 크다. 따라서 등분산을 가정함 행의 결과를 이용하여 다음 표를 완성한다.

구분	하한	상한
$\mu_1-\mu_2$의 95% 신뢰구간	-0.279	0.133
$\mu_1-\mu_2$의 추정치	-0.073	
추정량 표준오차	0.104	

(3) 검정통계량의 값과 유의확률(양측)을 쓰고, 유의수준 5%에서 검정 결과를 설명하시오.

검정통계량의 값	.
유의확률(양측)	.
검정 결과	

독립표본 검정 표의 등분산을 가정함 행의 평균의 동일성에 대한 T검정 결과를 이용하여 검정통계량 값과 유의확률을 쓰고, 유의수준 5%에서 검정 결과를 설명한다.

검정통계량의 값	-0.700
유의확률(양측)	0.485
검정 결과	검정통계량의 값이 -0.700이고 유의확률이 0.485로 유의수준 0.05보다 크기 때문에 귀무가설을 기각하지 못한다. 즉, 유의수준 5% 하에서 성별에 따른 전체 삶의 질에 차이가 없다고 할 수 있다.

문제 3 S대학교 졸업생의 결혼상태와 근무기간 사이에 연관성이 있는지 알아보고자 한다.

[문제 3-1] 근무기간 변수를 범주화(2년 이하, 3~5년, 6년 이상)한 후, 다음 표를 완성하시오.

근무기간	빈도	퍼센트(%)	누적 퍼센트(%)
2년 이하		☐.☐	***
3~5년		***	☐.☐
6년 이상		☐.☐	100.0
전체	211	100.0	

실행POINT

빈도분석 실시하기

① 기존 근무기간 [JOB] 변수를 이용하여 새로운 근무기간 범주 [CJOB] 변수를 만들기 위해 다음의 메뉴를 이용한다.

변환(T) → 다른 변수로 코딩변경(R)...

기존 근무기간 변수	변환	근무기간 범주 변수
2년 이하	⇒	1
3~5년	⇒	2
6년 이상	⇒	3
시스템 또는 사용자 결측값	⇒	시스템 결측값

② 다른 변수로 코딩변경 대화상자의 변수 중에서 근무기간 [JOB]을 선택하고 ➡를 눌러 오른쪽 입력변수 → 출력변수(V)로 옮기면, 숫자변수 → 출력변수에 'JOB → ?'가 나타난다.

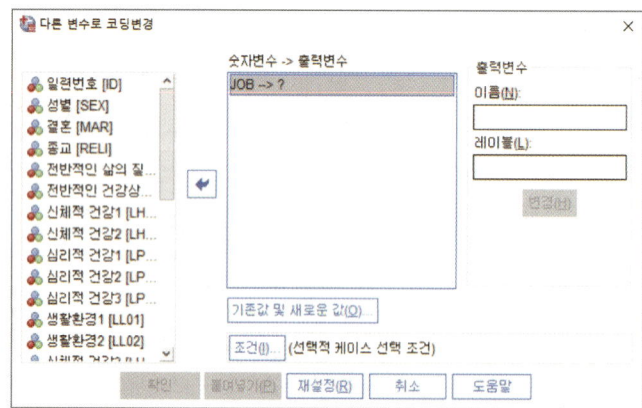

③ 출력변수의 이름(N)에는 새롭게 코딩되는 변수의 이름인 'CJOB'를 입력하고 레이블(L)에 '근무기간 범주'를 입력한 후 변경(H)을 누르면, 숫자변수 → 출력변수에 'JOB → CJOB'이 나타난다. 다음으로 기존값 및 새로운 값(O)을 누른다.

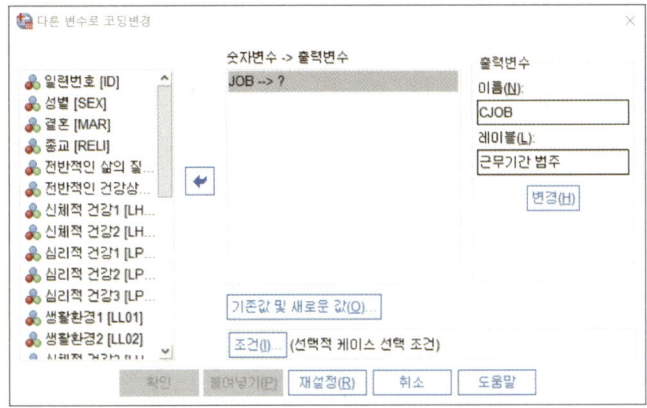

④ 다른 변수로 코딩변경: 기존값 및 새로운 값 대화상자에서 다음과 같이 입력한다.
　㉠ '2년 이하'를 '1'로 코딩변경하기: 기존값의 최저값에서 다음 값까지 범위(G)에 '2'를 입력하고 새로운 값의 값(L)에 '1'을 입력한 다음 추가(A)를 누르면, 기존값 → 새로운 값(D)에 'Lowest thru 2 → 1'이 확인된다.
　㉡ '3~5년'을 '2'로 코딩변경하기: 기존값의 범위(N)에 '3'을 입력하고 에서(T)에 '5'를 입력하고 새로운 값의 값(L)에 '2'를 입력한 다음 추가(A)를 누르면, 기존값 → 새로운 값(D)에 '3 thru 5 → 2'가 확인된다.
　㉢ '6년 이상'을 '3'으로 코딩변경하기: 기존값의 다음 값에서 최고값까지 범위(E)에 '6'을 입력하고 새로운 값의 값(L)에 '3'을 입력한 다음 추가(A)를 누르면, 기존값 → 새로운 값(D)에 '6 thru Highest → 3'이 확인된다.
　㉣ 시스템 또는 사용자 결측값 코딩변경하기: 기존값의 시스템 또는 사용자 결측값(U)을 선택하고 새로운 값의 시스템 결측값(Y)을 선택한 다음 추가(A)를 누르면, 기존값 → 새로운 값(D)에 'MISSING → SYSMIS'가 확인된다.

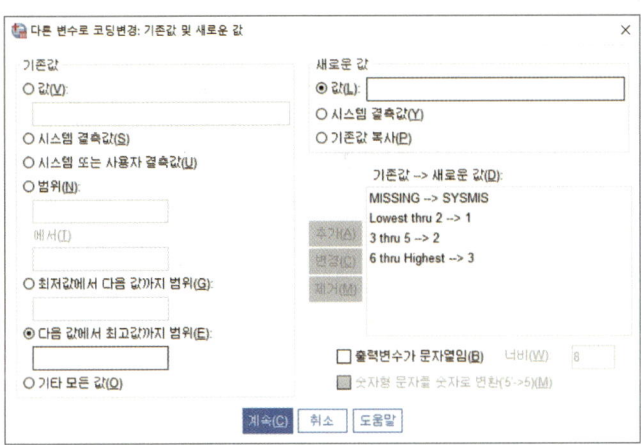

⑤ 계속(C)을 눌러 다른 변수로 코딩변경 대화상자로 돌아가 확인을 누르면, 데이터 보기 창에 새로운 근무기간 범주 [CJOB] 변수가 만들어진 것을 확인할 수 있다. 이때, 변수 보기 창에서 소수점이하자리를 0으로 바꾸면 정수값이 된다.

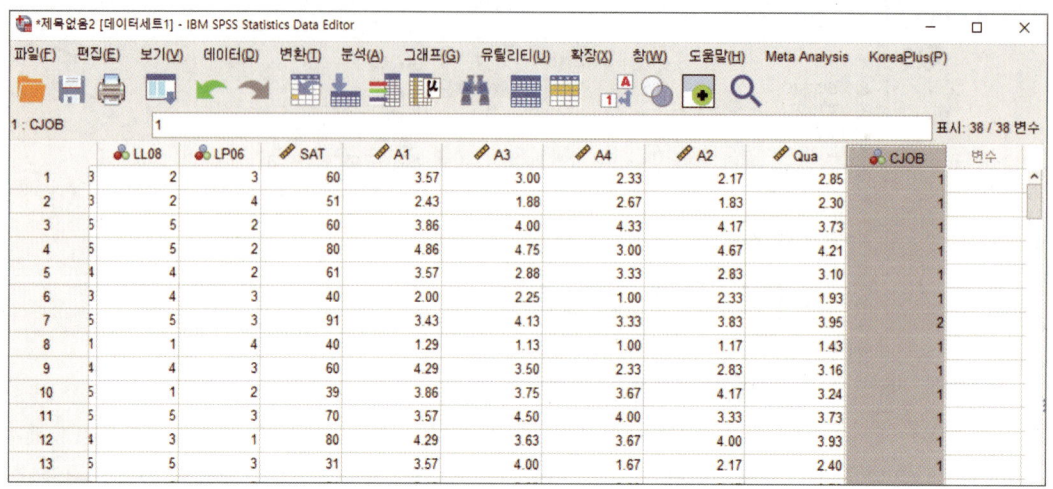

⑥ 새로운 근무기간 범주 [CJOB] 변수가 만들어지면 변수 보기 창의 값의 값 레이블에 1="2년 이하", 2="3~5년", 3="6년 이상"을 입력한다.

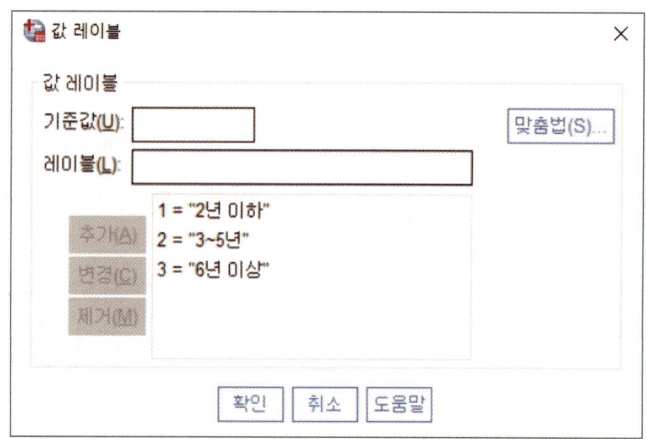

⑦ 근무기간 범주의 빈도 및 비율을 구하기 위해서 다음의 메뉴를 이용한다.

분석(A) → 기술통계량(E) → 빈도분석(F)...

⑧ 빈도분석 대화상자의 변수에 근무기간 범주 [CJOB]를 선택하고 ➡를 눌러 오른쪽 변수(V)로 이동시킨다.

⑨ 확인을 누르면 출력결과 창에 다음을 얻을 수 있다.

근무기간 범주

		빈도	퍼센트	유효 퍼센트	누적 퍼센트
유효	2년 이하	68	32.2	32.2	32.2
	3~5년	61	28.9	28.9	61.1
	6년 이상	82	38.9	38.9	100.0
	전체	211	100.0	100.0	

⑩ 근무기간 범주 표의 빈도, 퍼센트, 누적 퍼센트를 이용하여 다음 표를 완성한다.

근무기간	빈도	퍼센트(%)	누적 퍼센트(%)
2년 이하	68	32.2	***
3~5년	61	***	61.1
6년 이상	82	38.9	100.0
전체	211	100.0	

[문제 3-2] 근무기간에 따라 가장 빈도가 높은 결혼상태를 확인하기 위해 다음 표를 완성하시오.

근무기간	결혼상태	빈도수	비율(%)
2년 이하	미혼		.
3~5년			.
6년 이상		***	.

실행 POINT

교차분석 실시하기

① 근무기간에 따른 결혼상태의 빈도를 구하기 위해 다음의 메뉴를 이용한다.

분석(A) → 기술통계량(E) → 교차분석(C)...

② 교차분석 대화상자의 변수 중에서 근무기간 범주 [CJOB]를 선택하고 ➡를 눌러 오른쪽 행(O)으로 옮기고, 결혼 [MAR]을 선택하고 ➡를 눌러 오른쪽 열(C)로 옮긴 후 셀(E)을 누른다.

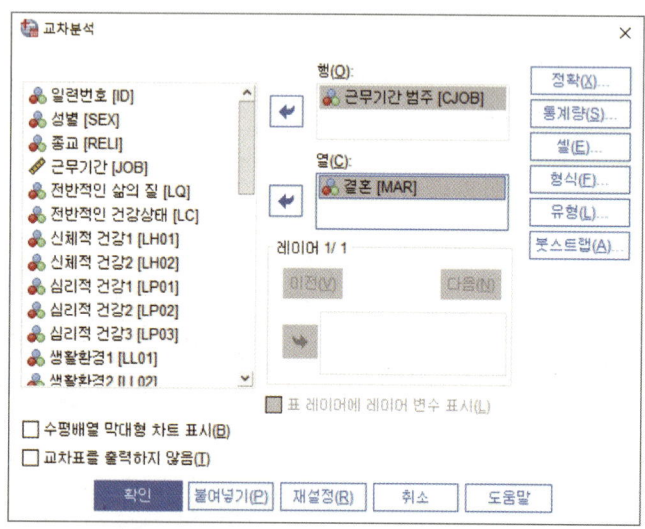

③ 교차분석: 셀 표시 대화상자의 빈도(T)에서 관측빈도(O)를 선택하고 퍼센트에서 행(R)을 선택한 다음, 계속(C)을 눌러 교차분석 대화상자로 돌아간다.

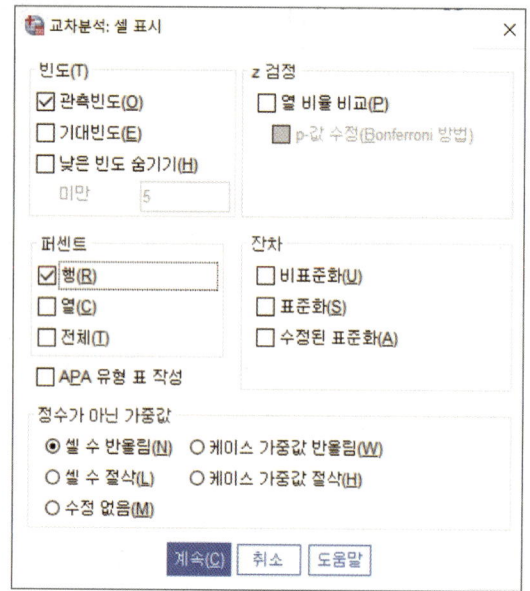

④ 확인을 누르면 출력결과 창에 다음을 얻을 수 있다.

근무기간 범주 * 결혼 교차표

			결혼				전체
			기혼	미혼	이혼	별거 및 사별	
근무기간 범주	2년 이하	빈도	10	38	14	6	68
		근무기간 범주 중 %	14.7%	55.9%	20.6%	8.8%	100.0%
	3~5년	빈도	17	23	18	3	61
		근무기간 범주 중 %	27.9%	37.7%	29.5%	4.9%	100.0%
	6년 이상	빈도	38	17	21	6	82
		근무기간 범주 중 %	46.3%	20.7%	25.6%	7.3%	100.0%
전체		빈도	65	78	53	15	211
		근무기간 범주 중 %	30.8%	37.0%	25.1%	7.1%	100.0%

⑤ 근무기간 범주 * 결혼 교차표를 이용하여 근무기간에 따라 빈도가 가장 높은 결혼상태의 빈도수와 비율을 다음 표에 작성한다.

근무기간	결혼상태	빈도수	비율(%)
2년 이하	미혼	38	55.9
3~5년	미혼	23	37.7
6년 이상	기혼	***	46.3

[문제 3-3] 근무기간과 결혼상태 간에 연관성이 있는지를 유의수준 5%에서 검정하시오.

(1) 가설을 세우시오.

귀무가설(H_0)	
대립가설(H_1)	

귀무가설은 '근무기간과 결혼상태 간에 연관성이 없다'이고, 대립가설은 '연관성이 있다'이다.

귀무가설(H_0)	근무기간과 결혼상태 간에 연관성이 없다.
대립가설(H_1)	근무기간과 결혼상태 간에 연관성이 있다.

(2) 검정통계량의 값과 유의확률(양측)을 쓰고, 유의수준 5%에서 검정 결과를 설명하시오.

검정통계량의 값	□□.□□□
유의확률(양측)	□.□□□
검정 결과	

① 근무기간에 따른 결혼상태 간의 연관성을 구하기 위해 다음의 메뉴를 이용한다.

분석(A) → 기술통계량(E) → 교차분석(C)...

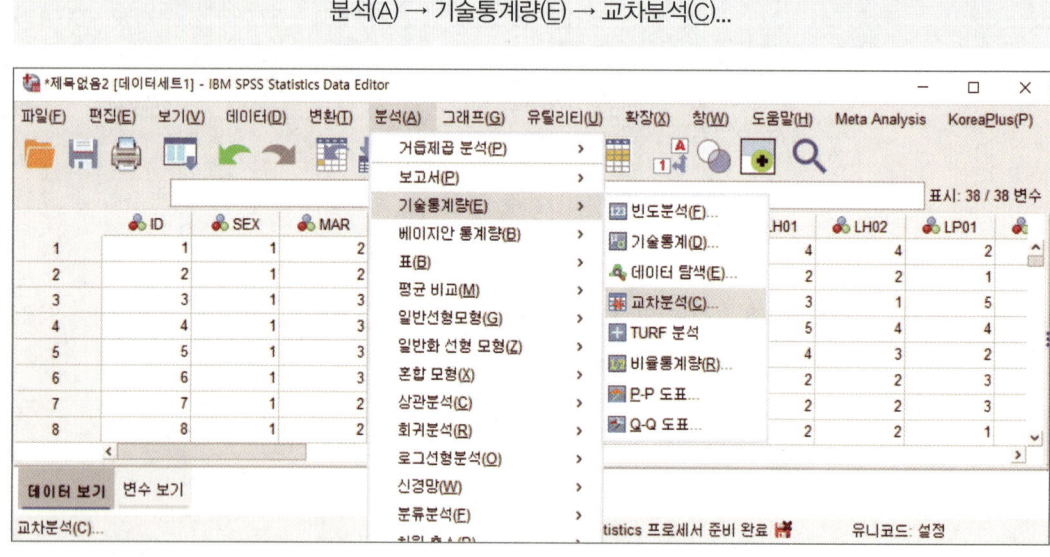

② 교차분석 대화상자의 변수 중에서 근무기간 범주 [CJOB]를 선택하고 ➡를 눌러 오른쪽 행(O)으로 옮기고, 결혼 [MAR]을 선택하고 ➡를 눌러 오른쪽 열(C)로 옮긴 후 통계량(S)을 누른다.

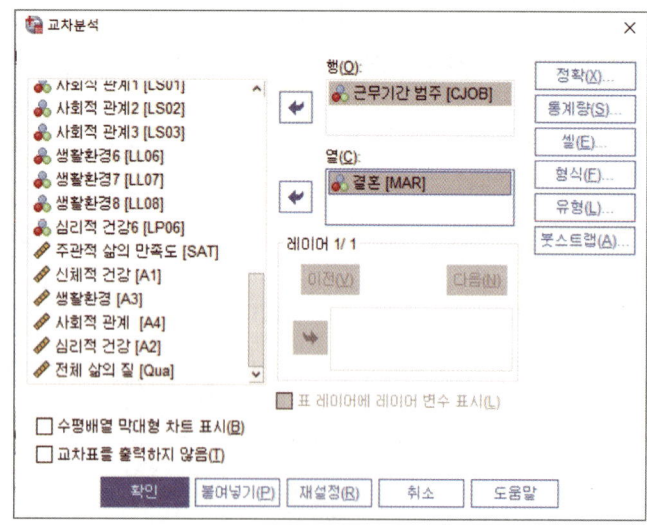

③ 교차분석: 통계량 대화상자에서 카이제곱(H)을 선택한 다음 계속(C)을 눌러 교차분석 대화상자로 돌아간다.

④ 확인을 누르면 출력결과 창에 다음을 얻을 수 있다.

카이제곱 검정

	값	자유도	근사 유의확률 (양측검정)
Pearson 카이제곱	26.484[a]	6	.000
우도비	27.260	6	.000
선형 대 선형결합	3.932	1	.047
유효 케이스 수	211		

a. 2 셀 (16.7%)은(는) 5보다 작은 기대 빈도를 가지는 셀입니다. 최소 기대빈도는 4.34입니다.

⑤ 카이제곱 검정 표의 Pearson 카이제곱 행의 값, 자유도, 근사 유의확률을 이용하여 검정통계량 값과 자유도를 쓰고, 유의수준 5%에서 검정 결과를 설명한다.

검정통계량의 값	26.484
유의확률(양측)	0.000
검정 결과	검정통계량 값이 26.484이고 유의확률이 0.000으로 유의수준 0.05보다 작으므로 귀무가설을 기각한다. 즉, 유의수준 5% 하에서 근무기간과 결혼상태는 연관성이 있다고 할 수 있다.

문제 4   범주화한 근무기간(2년 이하, 3~5년, 6년 이상) 별로 전체 삶의 질에 차이가 있는지를 유의수준 5%에서 검정하고자 한다.

[문제 4-1]   다음 분산분석표를 완성하시오.

변수	구분	제곱합	자유도	평균제곱	F	유의확률
Qua	집단-간	***		***	☐☐.☐☐☐	☐.☐☐☐
	집단-내	***	***	***		
	전체	***	***	***		

> **실행 POINT**
> 일원배치 분산분석 실시하기

① 범주화한 근무기간(2년 이하, 3~5년, 6년 이상)에 따른 전체 삶의 질에 차이가 있는지 검정하기 위해 다음의 메뉴를 이용한다.

분석(A) → 평균 비교(M) → 일원배치 분산분석(O)...

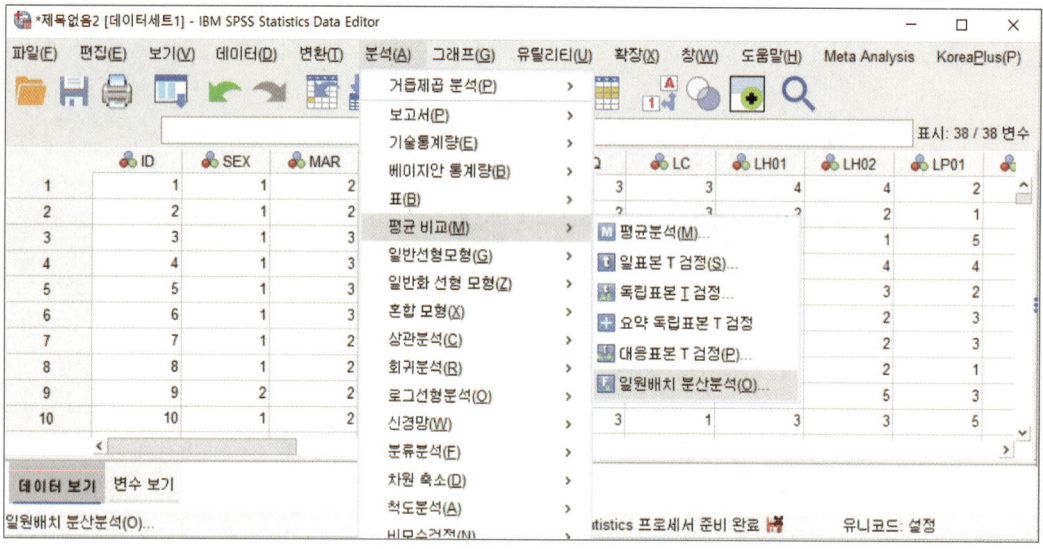

② 일원배치 분산분석 대화상자의 변수 중에서 전체 삶의 질 [Qua]을 선택하고 ▶를 눌러 오른쪽 종속변수(E)로 옮기고, 근무기간 범주 [CJOB]를 선택하고 ▶를 눌러 오른쪽 요인(F)으로 옮긴다.

③ 확인을 누르면 출력결과 창에 다음을 얻을 수 있다.

ANOVA

전체 삶의 질

	제곱합	자유도	평균제곱	F	유의확률
집단-간	3.353	2	1.677	4.287	.015
집단-내	81.338	208	.391		
전체	84.691	210			

④ ANOVA 표를 이용하여 다음 표를 완성한다.

변수	구분	제곱합	자유도	평균제곱	F	유의확률
Qua	집단-간	***	2	***	4.287	0.015
	집단-내	***	***	***		
	전체	***	***	***		

[문제 4-2] 가설을 세우고 유의수준 5%에서 검정하시오.

(1) 가설을 세우시오.

귀무가설(H_0)	
대립가설(H_1)	

귀무가설은 '근무기간 별로 전체 삶의 질에 차이가 없다'이고, 대립가설은 '차이가 있다'이다.

귀무가설(H_0)	근무기간 별로 전체 삶의 질에 차이가 없다.
대립가설(H_1)	근무기간 별로 전체 삶의 질에 차이가 있다.

(2) 검정통계량의 값과 유의확률(양측)을 쓰고, 유의수준 5%에서 검정 결과를 설명하시오.

검정통계량의 값	☐.☐☐☐
유의확률(양측)	☐.☐☐☐
검정 결과	

ANOVA 표의 F와 유의확률을 이용하여 검정통계량의 값과 유의확률(양측)을 쓰고, 검정 결과를 설명한다.

검정통계량의 값	4.291
유의확률(양측)	0.015
검정 결과	검정통계량의 값이 4.291이고 유의확률이 0.015로 유의수준 0.05보다 작으므로 귀무가설을 기각한다. 즉, 유의수준 5% 하에서 범주화한 근무기간 별로 전체 삶의 질(Qua)에 차이가 있다고 할 수 있다.

[문제 4-3] 분석 결과 유의한 차이가 있다고 판단되는 경우 Duncan 방법으로 사후분석한 후, 유의수준 5%에서 동일 집단군에 포함된다고 여겨지는 집단의 평균을 쓰시오.

기간별	집단	
	1	2
2년 이하	☐.☐☐☐☐	
3~5년		☐.☐☐☐☐
6년 이상		☐.☐☐☐☐
유의확률	1.000	***

실행 POINT

Duncan 방법을 이용한 사후검정 실시하기

① 다시 일원배치 분산분석 대화상자를 열어 **사후분석(H)**을 누른다.
② 일원배치 분산분석: 사후분석-다중비교 대화상자에서 **등분산**을 가정함의 Duncan을 선택하고 계속(C)을 눌러 일원배치 분산분석 대화상자로 돌아간다.

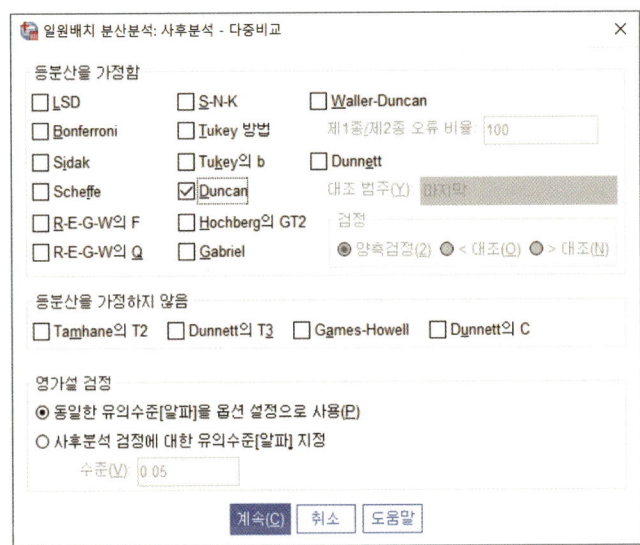

③ 확인을 누르면 출력결과 창에 다음을 얻을 수 있다.

전체 삶의 질

Duncan[a,b]		유의수준 = 0.05에 대한 부분집합	
근무기간 범주	N	1	2
2년 이하	68	3.2378	
3~5년	61		3.5066
6년 이상	82		3.5085
유의확률		1.000	.986

동질적 부분집합에 있는 집단에 대한 평균이 표시됩니다.
a. 조화평균 표본크기 69.293을(를) 사용합니다.
b. 집단 크기가 동일하지 않습니다. 집단 크기의 조화평균이 사용됩니다.
 I 유형 오차 수준은 보장되지 않습니다.

④ 전체 삶의 질 표를 이용하여 다음 표를 완성한다.

기간별	집단	
	1	2
2년 이하	3.2378	
3~5년		3.5066
6년 이상		3.5082
유의확률	1.000	***

문제 5 근무기간과 주관적 삶의 만족도가 전체 삶의 질에 어느 정도 영향을 미치는지 알아보고자 회귀분석을 실시한다. 단, 변수 선택 방법은 '입력'으로 한다.

[문제 5-1] 근무기간(JOB), 주관적 삶의 만족도(SAT), 전체 삶의 질(Qua) 사이의 상관분석을 실시하고 전체 삶의 질(Qua)에 영향을 미치는 독립변수를 쓰시오.

독립변수	
종속변수	***

실행 POINT

피어슨 상관계수 구하고 상관분석 실시하기

① 상관분석을 실시하기 위해 다음의 메뉴를 이용한다.

분석(A) → 상관분석(C) → 이변량 상관(B)...

② 이변량 상관계수 대화상자의 변수 목록 중에서 근무기간 [JOB], 주관적 삶의 만족도 [SAT], 전체 삶의 질 [Qua]을 하나씩 선택하고 ➡를 눌러 오른쪽 변수(V)로 옮기고 상관계수에서 Pearson을 선택한다.

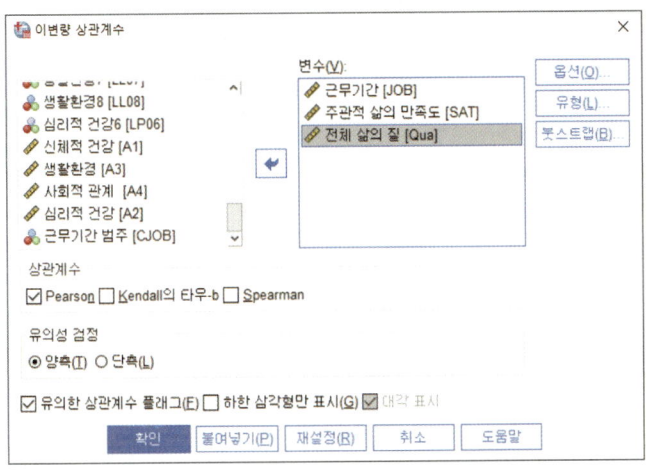

③ 확인을 누르면 출력결과 창에 다음을 얻을 수 있다.

상관관계

		근무기간	주관적 삶의 만족도	전체 삶의 질
근무기간	Pearson 상관	1	.146*	.169*
	유의확률 (양측)		.034	.014
	N	211	211	211
주관적 삶의 만족도	Pearson 상관	.146*	1	.879**
	유의확률 (양측)	.034		.000
	N	211	211	211
전체 삶의 질	Pearson 상관	.169*	.879**	1
	유의확률 (양측)	.014	.000	
	N	211	211	211

*. 상관관계가 0.05 수준에서 유의합니다(양측).
**. 상관관계가 0.01 수준에서 유의합니다(양측).

④ 상관관계 표로부터 전체 삶의 질은 근무기간과 0.05 수준에서 유의하고 주관적 삶의 만족도와 0.01 수준에서 유의하므로, 근무기간과 주관적 삶의 만족도 모두 전체 삶의 질과 유의한 양의 상관관계임을 확인할 수 있다.

독립변수	근무기간, 주관적 삶의 만족도
종속변수	***

[문제 5-2] 선택된 독립변수와 종속변수 사이의 회귀분석을 실시한 후 다음 분산분석표를 완성하시오.

구분	제곱합	자유도	평균제곱	F	유의확률
회귀	***	***	***	☐.☐☐☐	***
잔차	***	☐	***		
전체	***	***	***		

실행 POINT

- 다중회귀모형의 유의성 검정 실시하기
- '입력' 방법으로 회귀분석 실시하기

① 선택된 독립변수와 종속변수 사이의 회귀분석을 실시하기 위해 다음의 메뉴를 이용한다.

분석(A) → 회귀분석(R) → 선형(L)...

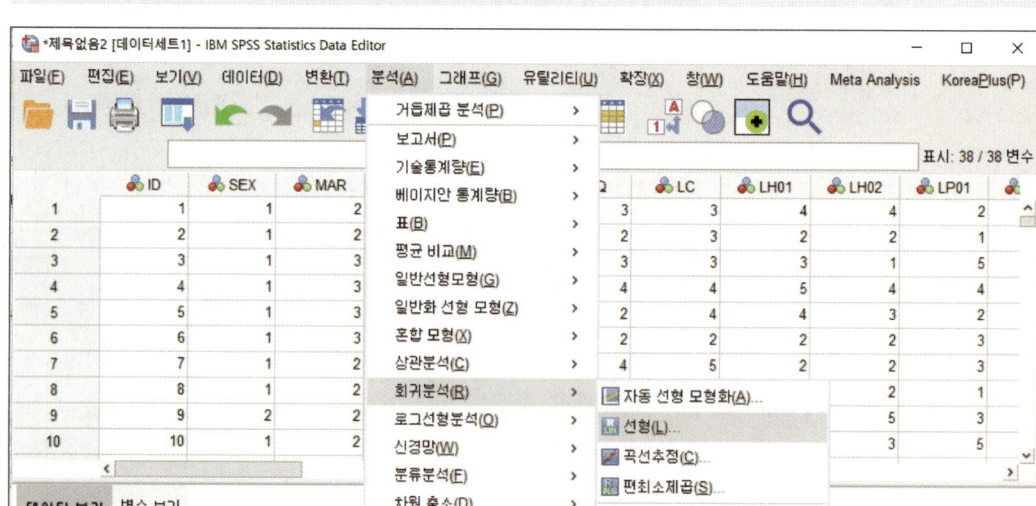

② 선형 회귀 대화상자의 변수 중에서 전체 삶의 질 [Qua]을 선택하고 ➡를 눌러 오른쪽 종속변수(D)로 이동시킨다. 그리고 근무기간 [JOB]과 주관적 삶의 만족도 [SAT]를 각각 선택하고 ➡를 눌러 오른쪽의 독립변수(I)로 이동시킨 후 방법(M)에는 입력을 선택한다.

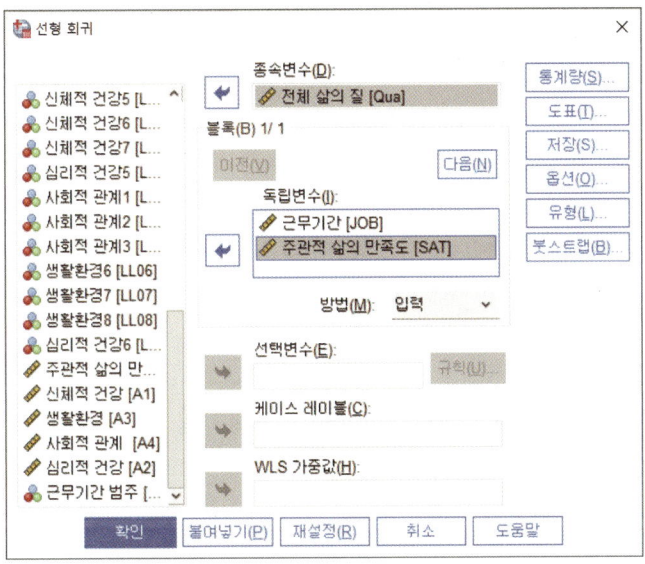

③ 확인을 누르면 출력결과 창에 다음을 얻을 수 있다.

모형 요약

모형	R	R 제곱	수정된 R 제곱	추정값의 표준오차
1	.880[a]	.774	.772	.30313

a. 예측자: (상수), 주관적 삶의 만족도, 근무기간

ANOVA[a]

모형		제곱합	자유도	평균제곱	F	유의확률
1	회귀	65.578	2	32.789	356.832	.000[b]
	잔차	19.113	208	.092		
	전체	84.691	210			

a. 종속변수: 전체 삶의 질
b. 예측자: (상수), 주관적 삶의 만족도, 근무기간

계수[a]

모형		비표준화 계수		표준화 계수	t	유의확률
		B	표준화 오류	베타		
1	(상수)	.841	.100		8.374	.000
	근무기간	.010	.008	.041	1.236	.218
	주관적 삶의 만족도	.036	.001	.873	26.218	.000

a. 종속변수: 전체 삶의 질

④ ANOVA 표를 이용하여 다음 분산분석표를 완성한다.

구분	제곱합	자유도	평균제곱	F	유의확률
회귀	***	***	***	356.832	***
잔차	***	208	***		
전체	***	***	***		

[문제 5-3] 회귀분석 결과를 토대로 유의수준 5%에서 회귀모형에 대한 유의성 검정 결과를 설명하고, 수정된 결정계수(%)를 쓰시오.

검정 결과	
수정된 결정계수	. %

실행 POINT

수정결정계수 구하기

① 귀무가설은 '회귀모형은 유의하지 않다'이고, 대립가설은 '유의하다'이다.

귀무가설(H_0)	회귀모형은 유의하지 않다.
대립가설(H_1)	회귀모형은 유의하다.

② 회귀모형에 대한 유의성 검정은 ANOVA 표의 F와 유의확률을 이용한다. 수정된 결정계수(%)는 모형 요약 표의 수정된 R 제곱 값을 확인한다.

검정 결과	검정통계량 F값이 356.718이고 유의확률이 0.000으로 유의수준 0.05보다 작으므로 귀무가설을 기각한다. 즉 유의수준 5% 하에서 회귀모형은 유의하다고 할 수 있다.
수정된 결정계수	77.2 %

[문제 5-4] 추정된 회귀식을 쓰시오. 단, 소수점은 반올림하여 소수 셋째 자리로 나타내시오.

추정 회귀식	

실행 POINT

다중회귀식 추정하기

① 추정된 회귀식은 계수 표의 비표준화 계수 내의 B를 확인한다.
② (상수) 0.841, 근무기간 0.010, 주관적 삶의 만족도 0.036을 이용하여 추정된 회귀식을 작성한다.

추정 회귀식	Qua = 0.841 + 0.010 × JOB + 0.036 × SAT

제 2 회 기출동형문제

다음 자료는 A아파트에서 행복한 공동체 만들기를 위해 아파트 주민 300명을 대상으로 실시한 조사 자료이다. A아파트의 교육, 교통, 생활환경에 대한 설문 문항과 아파트에 대한 주관적 자부심, 이웃과의 친밀도, 관리인과의 친밀도에 점수를 부여(10점 만점)하는 방식으로 종합적인 의견을 파악하여 행복한 공동체 만들기 수립의 기초 자료로 활용하고자 실시한 것이다. 조사 결과는 데이터 파일 양식 "행복공동체.txt"로 저장되어 있으며, [표] 데이터 파일의 코딩양식이 정리되어 있다. 변수로는 일련번호(ID), 성별(GENDER), 연령(AGE), 학력(EDU), 거주기간(YEAR), 가족 수(FM), 교육 관련 문항(A1~A5), 교통 관련 문항(B1~B5), 생활환경 관련 문항(C1~C5), 주관적 자부심(PRI), 이웃과의 친밀도(NEI), 관리인과의 친밀도(MAG) 순서로 구성되어 있으며 결측값은 없다.

변수명	변수설명	변수값 설명	
ID	일련번호	세 자리 숫자	
GENDER	성별	1: 여자　　2: 남자	
AGE	연령	두 자리 숫자	
EDU	학력	1: 고졸 이하　　2: 전문대졸 3: 대졸　　4: 대학원졸 이상	
YEAR	거주기간	A아파트 거주 년수(년)	
FM	가족 수	가족 수	
A1~A5	교육 관련 문항	1: 매우 불만　　2: 약간 불만　　3: 보통 4: 약간 만족　　5: 매우 만족	
B1~B5	교통 관련 문항		
C1~C5	생활환경 관련 문항		
PRI	주관적 자부심	아파트에 대한 주관적 자부심	10점 만점
NEI	이웃과의 친밀도	이웃 주민들과의 친밀도	
MAG	관리인과의 친밀도	아파트 관리인과의 친밀도	

[표] 데이터 파일의 코딩양식

문제 1 교육 관련 문항(A1~A5), 교통 관련 문항(B1~B5), 생활환경 관련 문항(C1~C5)의 평균에 대한 새로운 교육만족도 [A], 교통만족도 [B], 생활환경만족도 [C] 변수를 생성한 후 다음의 문제를 해결하고자 한다.

[문제 1-1] 교육만족도, 교통만족도, 생활환경만족도에 대한 다음 표를 완성하시오.

구분	평균	표준편차	표준오차	왜도
교육만족도	☐.☐☐☐	***	☐.☐☐☐	***
교통만족도	***	***	☐.☐☐☐	***
생활환경만족도	***	☐.☐☐☐	***	☐.☐☐☐

[문제 1-2] 교육만족도, 교통만족도, 생활환경만족도의 분포를 살펴보기 위해 상자그림(BOX-PLOT)을 그리고자 한다. 상자그림에 필요한 최솟값, 제1사분위수, 중앙값, 제3사분위수, 최댓값을 계산하여 다음 표를 완성하시오.

구분	최솟값	제1사분위수	중앙값	제3사분위수	최댓값
교육만족도	☐.☐	***	☐.☐	☐.☐	☐.☐
교통만족도	***	☐.☐	***	☐.☐	***
생활환경만족도	***	☐.☐	***	***	***

문제 2 거주기간을 3년 이하, 4년, 5년, 6년 이상으로 구분하여 새로운 거주기간 범주 [GYEAR] 변수를 생성하고 아래의 빈도표를 완성하시오.

거주기간 범주	빈도	퍼센트(%)
3년 이하	☐	***
4년	***	☐.☐
5년	***	***
6년 이상	☐	☐.☐
전체	300	100.0

문제 3 학력과 거주기간 범주가 서로 연관성이 있는지 유의수준 5%에서 검정하고자 한다.

[문제 3-1] 학력과 거주기간 범주의 관계를 살펴보기 위한 다음 교차표를 완성하시오.

학력 \ 거주기간 범주	3년 이하	4년	5년	6년 이상	전체
고졸 이하	☐	☐	☐	***	***
전문대졸	***	***	☐	☐	***
대졸	☐	***	***	☐	***
대학원졸 이상	☐	☐	☐	***	***
전체	***	***	***	***	300

[문제 3-2] 학력과 거주기간 범주가 서로 관련이 있는지 검정하기 위한 검정통계량의 분포와 값을 쓰시오.

검정통계량의 분포	검정통계량의 값
	☐.☐☐

[문제 3-3] 가설을 세우고, 유의수준 5%에서 검정 결과를 설명하시오.

귀무가설(H_0)	
대립가설(H_1)	
검정 결과	

문제 4 학력에 따라 주관적 자부심에 차이가 있는지 유의수준 5%에서 검정하고자 한다.

[문제 4-1] 학력에 따라 주관적 자부심에 차이가 있는지 검정하기 위한 검정통계량의 분포와 값을 쓰시오.

검정통계량의 분포	검정통계량의 값
	☐.☐☐

[문제 4-2] 가설을 세우고 유의수준 5%에서 검정 결과를 설명하시오.

귀무가설(H_0)	
대립가설(H_1)	
검정 결과	

[문제 4-3] 만일 유의수준 5%에서 귀무가설이 기각되었다면, 어느 학력에서 주관적 자부심에 차이가 있는지 Tukey의 다중비교를 이용하여 분석한 후 확인된 동질집단군을 다음 표에 (V)로 표시하시오.

학력	1	2	3
고졸 이하			
전문대졸			
대졸			
대학원졸 이상			

문제 5 주관적 자부심과 교육만족도, 교통만족도, 생활환경만족도 사이의 연관성을 알아보기 위해 상관분석을 실시하고, 주관적 자부심에 대한 개별 만족도의 상관계수를 쓰시오.

구분	교육만족도	교통만족도	생활환경만족도
주관적 자부심	☐.☐☐☐	☐.☐☐☐	☐.☐☐☐

문제 6 성별을 더미변수화하여 새로운 성별더미(1: 여자, 0: 남자) 변수를 만든 후 교육만족도, 교통만족도, 생활환경만족도, 연령, 거주기간, 가족 수, 성별더미가 주관적 자부심에 어느 정도 영향을 미치는지 회귀분석을 시행해보고자 한다. 단, 분석에 사용하는 모든 독립변수는 서로 독립을 가정하여 다중공선성을 고려하지 않는다. 그리고 변수 선택 방법은 '입력'으로 한다.

[문제 6-1] 생활환경만족도가 주관적 자부심에 영향을 미친다는 주장에 대하여 단순회귀분석을 실시하시오.

(1) 가설을 세우시오.

귀무가설(H_0)	
대립가설(H_1)	

(2) 가설을 검정하기 위한 검정통계량의 분포와 값을 쓰고, 유의수준 5%에서 검정 결과를 설명하시오.

검정통계량의 분포	
검정통계량의 값	☐.☐☐☐
검정 결과	

[문제 6-2] 교육만족도 [A], 교통만족도 [B], 생활환경만족도 [C], 연령 [AGE], 거주기간 [YEAR], 가족수 [FM], 성별더미 [GENDERDummy] 변수를 독립변수로 하고 주관적 자부심 [PRI] 변수를 종속변수로 하여 다중회귀분석을 하고자 한다.

(1) 다음 분산분석표를 완성하시오.

구분	제곱합	자유도	평균제곱	F	유의확률
회귀	***	☐	***	☐.☐☐☐	***
잔차	***	☐	***		
전체	***	***	***		

(2) 다중회귀계수의 유의성 검정 결과 유의수준 5%에서 다음 표를 완성하시오.

변수	회귀계수($\hat{\beta}$)	p-값	유의성 여부
교육만족도	☐.☐☐☐	☐.☐☐☐	
교통만족도	***	***	유의하다
생활환경만족도	☐.☐☐☐	***	***
연령	***	***	***
거주기간	***	***	
가족 수	***	***	유의하지 않다
성별더미	☐.☐☐☐	☐.☐☐☐	

[문제 6-3] 회귀계수의 유의성 검정 결과를 바탕으로 주관적 자부심에 유의한 영향을 주는 변수만을 이용하여 추정된 회귀식을 쓰시오. 단, 소수점은 반올림하여 소수 셋째 자리로 나타내시오.

추정 회귀식	

> 제 2 회   **분석 및 풀이**

---

1 분석 준비

(1) 자료 파일 불러오기

① 데이터 열기

　㉠ "행복공동체.txt"을 열어 변수값이 '탭'이나 '쉼표'에 의해 구분되어 있는지, '고정 너비 열'로 정렬되어 있는지 확인한다. "행복공동체.txt"은 '고정 너비 열'로 정렬되어 있다.

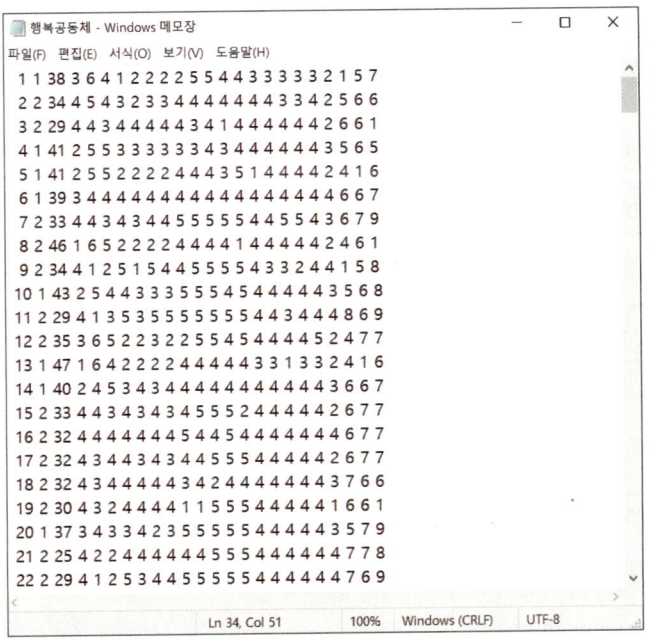

　㉡ 자료를 SPSS로 불러오기 위해 다음의 메뉴를 이용한다.

> 파일(F) → 데이터 가져오기(D) → 텍스트 데이터(T)

　㉢ 데이터 열기 대화상자에서 "행복공동체.txt"을 선택하고 인코딩(E)을 로컬 인코딩으로 선택하여 열기(O)를 누르면 텍스트 가져오기 마법사 – 6단계 중 1단계 대화상자가 나온다.

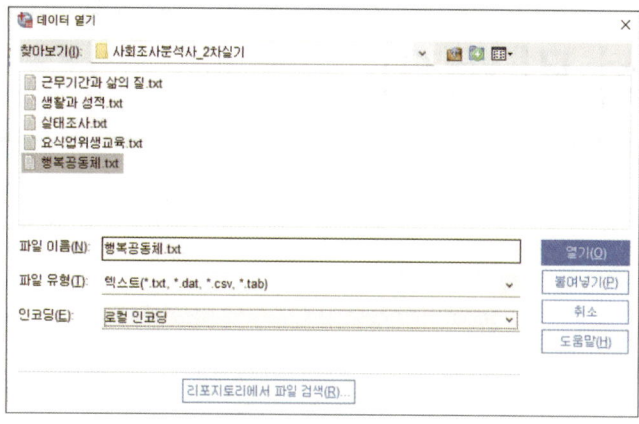

② 텍스트 가져오기 마법사 – 6단계 중 1단계

㉠ 텍스트 파일이 사전 정의된 형식과 일치하는지를 묻는 단계이다.

㉡ 사전에 정의한 형식이 없으므로 초기값 상태인 아니오(O)를 선택하고 다음(N)을 누른다.

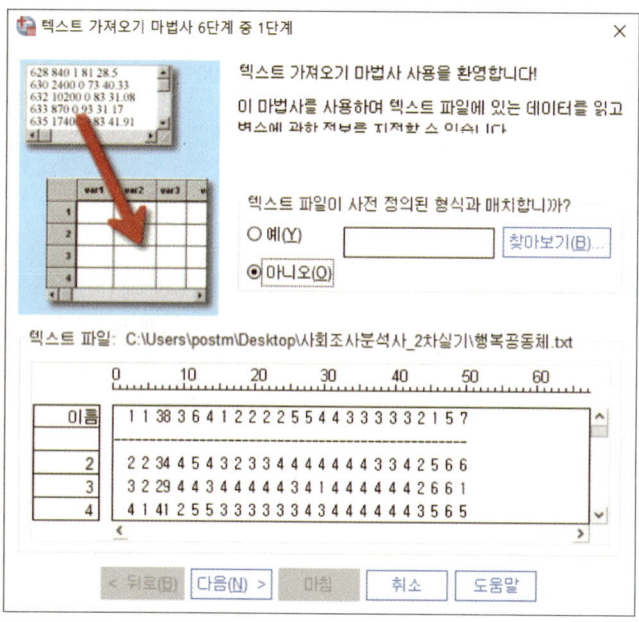

③ 텍스트 가져오기 마법사 – 6단계 중 2단계

㉠ 변수의 배열과 이름을 묻는 단계이다.

㉡ '변수는 어떻게 배열되어 있습니까?' 질문에 고정 너비로 배열(F)을 선택한다.

㉢ '변수 이름이 파일의 처음에 있습니까?' 질문에 변수 이름이 파일의 처음에 있지 않으므로 아니오(O)를 선택하고, '소수점 기호'에 주기(P)를 선택하고 다음(N)을 누른다.

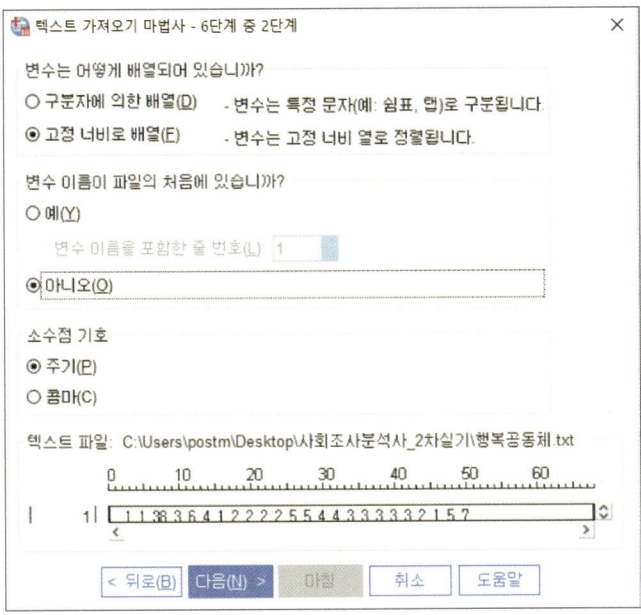

④ 텍스트 가져오기 마법사 – 6단계 중 3단계(고정 너비로 배열)

㉠ 데이터의 범위를 설정하는 단계이다.

㉡ '데이터의 첫 번째 케이스가 몇 번째 줄에서 시작합니까?' 질문에 데이터가 첫 번째 줄부터 시작되고 있으므로 초기값 1을 유지한다.

㉢ '몇 개의 줄이 한 케이스를 나타내고 있습니까?' 질문에 각 줄이 하나의 케이스를 나타내므로 초기값 1을 유지한다.

㉣ '몇 개의 케이스를 가져오시겠습니까?' 질문에 모든 케이스를 불러와야 하므로 모든 케이스(A)를 선택한다.

㉤ 데이터 미리보기로부터 데이터가 올바르게 정렬되어 있는지 확인하고 다음(N)을 누른다.

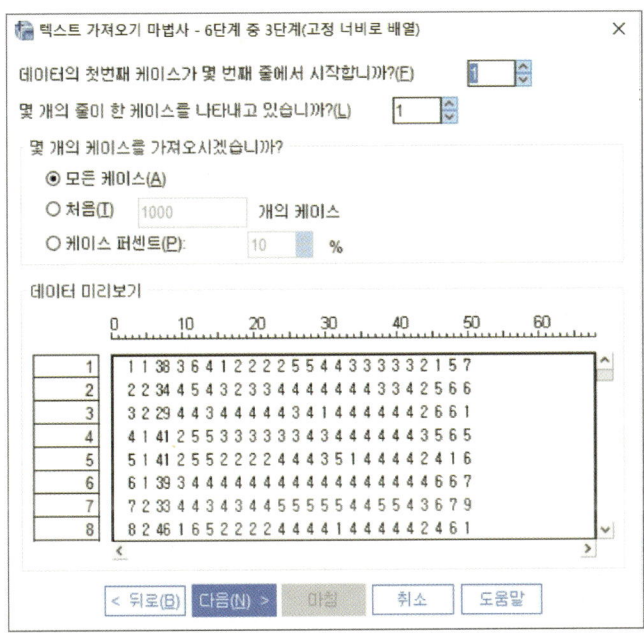

⑤ 텍스트 가져오기 마법사 – 6단계 중 4단계(고정 너비로 배열)
  ㉠ 구분선을 사용해 변수를 구분하는 단계이다.
  ㉡ 변수 구분선이 바르게 위치하는지 확인하고 다음(N)을 누른다.

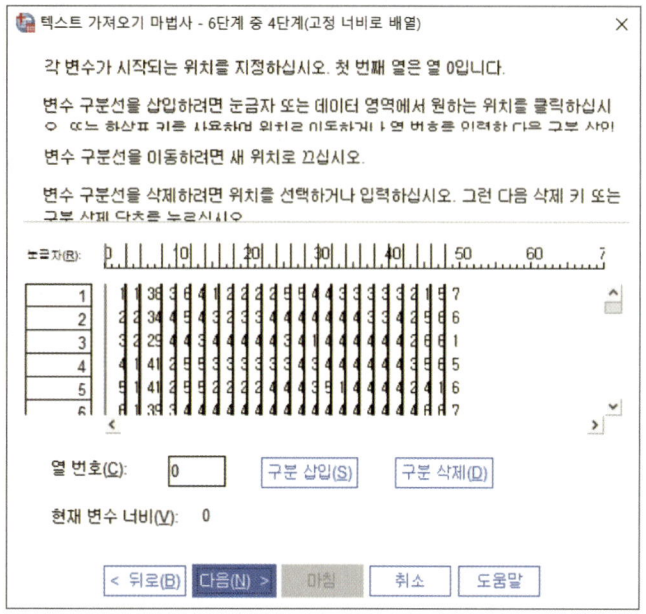

⑥ 텍스트 가져오기 마법사 – 6단계 중 5단계
  ㉠ 변수의 이름과 데이터 형식을 지정하는 단계이다.
  ㉡ 변수 보기 창에서 지정하기 위해 '데이터 미리보기 상자에서 선택된 변수 양식'은 기본값을 유지하고 다음(N)을 누른다. 이때 변수 이름(V)에 기본값으로 'V1'이 지정되는데, 변수 이름은 데이터가 SPSS로 옮겨진 이후에 수정하는 것을 권한다.

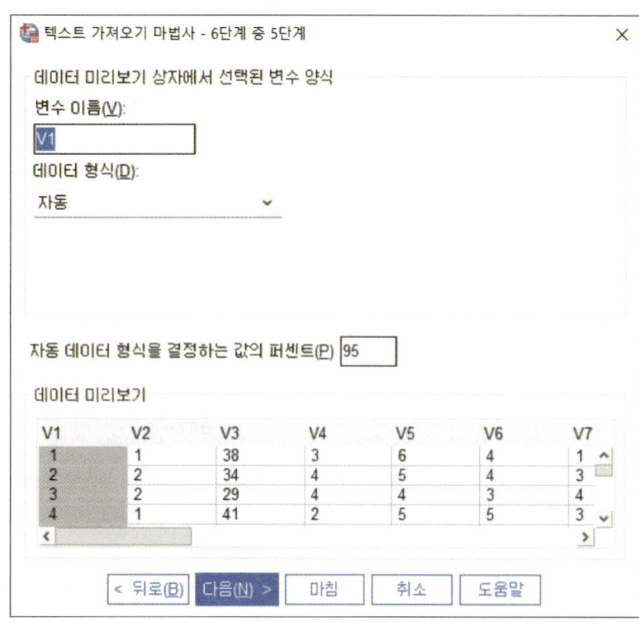

⑦ 텍스트 가져오기 마법사 – 6단계 중 6단계

　㉠ 파일 형식을 저장할 것인지, 명령문을 생성할 것인지 묻는 단계이다.

　㉡ 각 질문에 기본값 아니오를 유지하고 마침을 누른다.

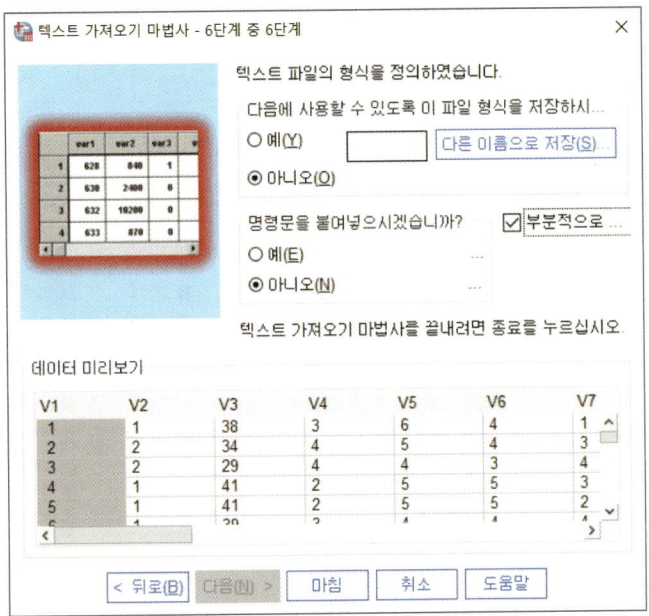

⑧ 다음과 같이 "행복공동체.txt"을 변수 보기 창에서 확인할 수 있다.

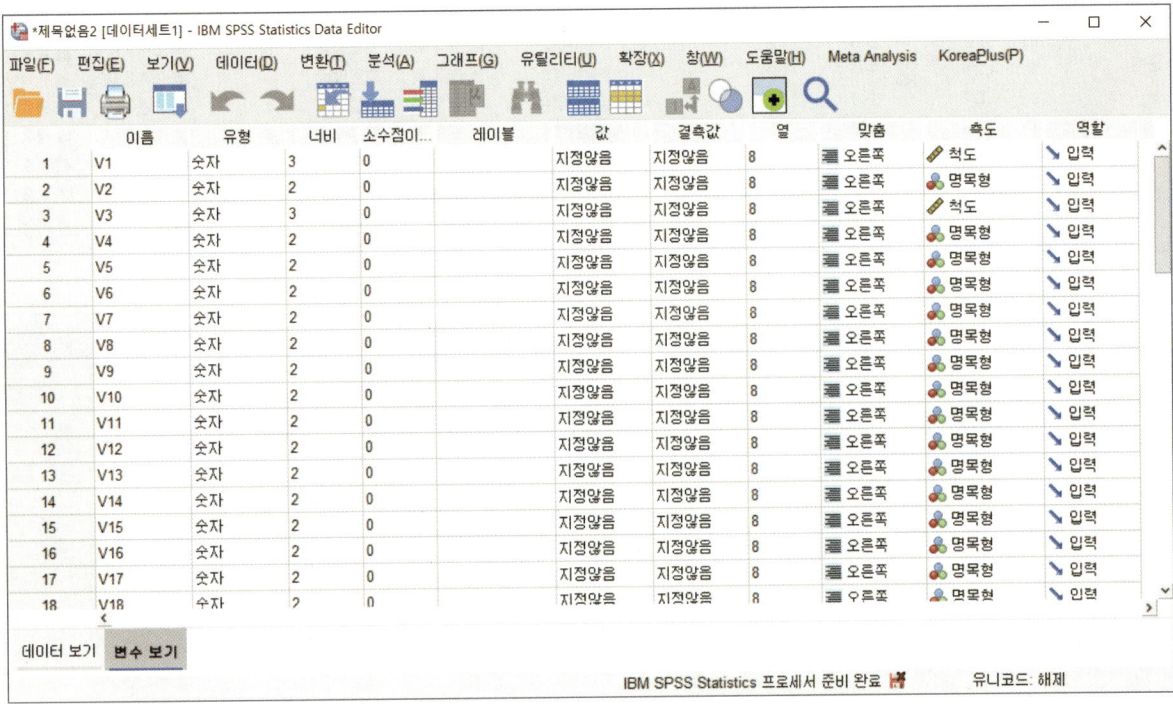

2 변수 보기 입력

① 조건으로 제공된 [표] 데이터 파일의 코딩양식을 확인한다.
② 불러온 데이터의 변수 보기 창에서 [표] 데이터 파일의 코딩양식에 맞추어 **이름, 레이블, 값, 결측값, 측도**를 입력한다.

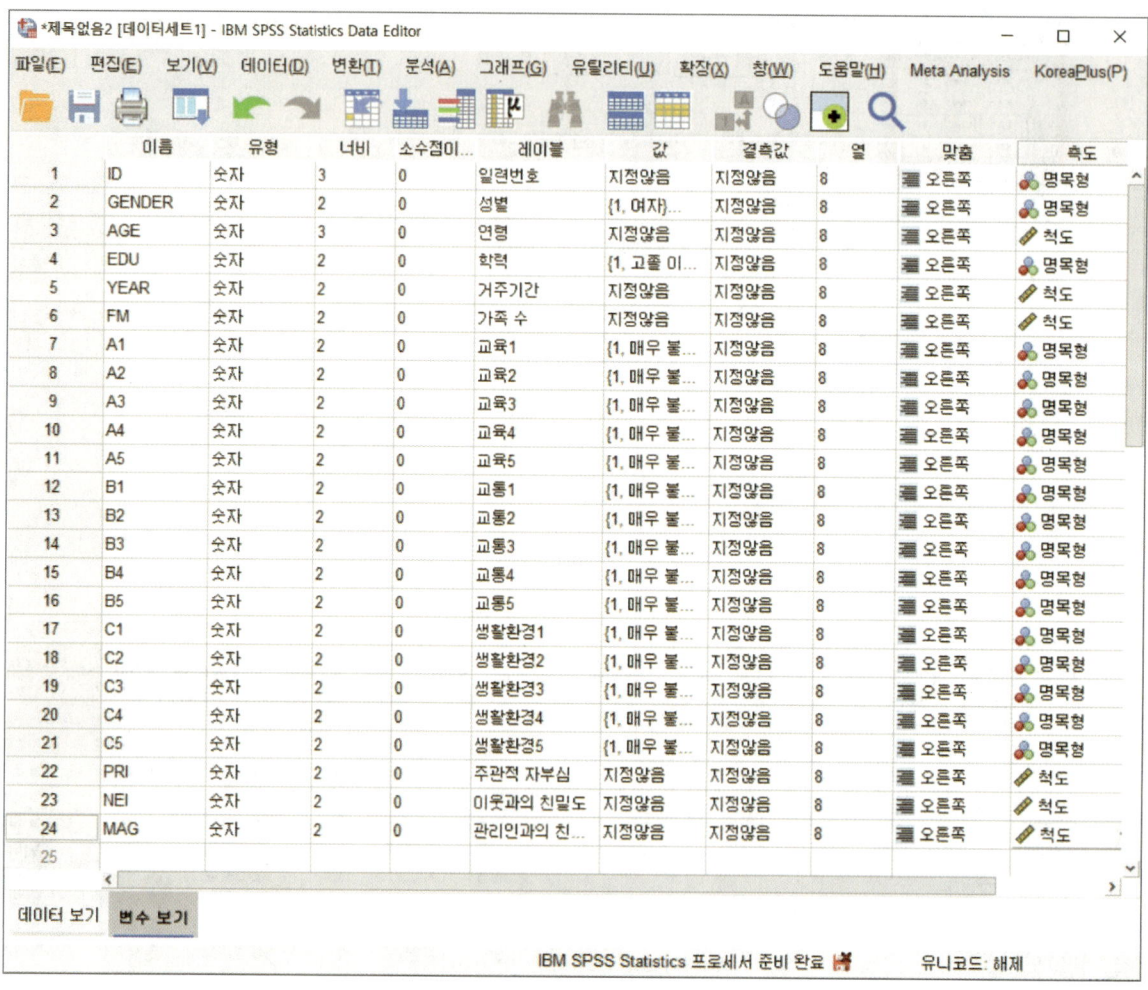

3 분석

문제 1 교육 관련 문항(A1~A5), 교통 관련 문항(B1~B5), 생활환경 관련 문항(C1~C5)의 평균에 대한 새로운 교육만족도 [A], 교통만족도 [B], 생활환경만족도 [C] 변수를 생성한 후 다음의 문제를 해결하고자 한다.

[문제 1-1] 교육만족도, 교통만족도, 생활환경만족도에 대한 다음 표를 완성하시오.

구분	평균	표준편차	표준오차	왜도
교육만족도	□.□□	***	□.□□	***
교통만족도	***	***	□.□□	***
생활환경만족도	***	□.□□	***	□.□□

실행 POINT
- 고정 너비 열로 구분되어 있는 데이터 불러오기
- 변수계산을 이용하여 평균 구하기
- 빈도분석 실시하기

① 새로운 교육만족도 [A], 교통만족도 [B], 생활환경만족도 [C] 변수를 만들기 위해 다음의 메뉴를 이용한다.

변환(T) → 변수 계산(C)...

② 변수 계산 대화상자에서 목표변수(T)에 A를 입력하고, 숫자표현식(E)에 (A1+A2+A3+A4+A5)/5를 입력한다.

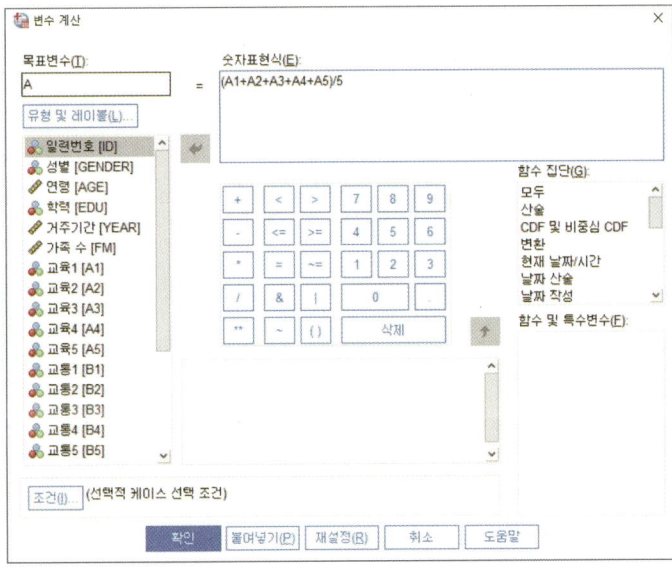

> **보충학습**
>
> 본 자료 "행복공동체.txt"에서는 결측값이 포함되어 있지 않으므로 '수식을 직접 입력하여 계산한 결과'와 '내장된 함수를 이용하여 계산한 결과'가 동일하다. 그러나 결측값이 포함되어 있는 경우 수식을 직접 입력하여 계산하면 결측값으로 처리하여 계산되므로, 함수를 사용하는 것을 권장한다.

③ 확인을 누르면 데이터 보기 창에 새로운 교육만족도 [A] 변수가 만들어진 것을 확인할 수 있다.

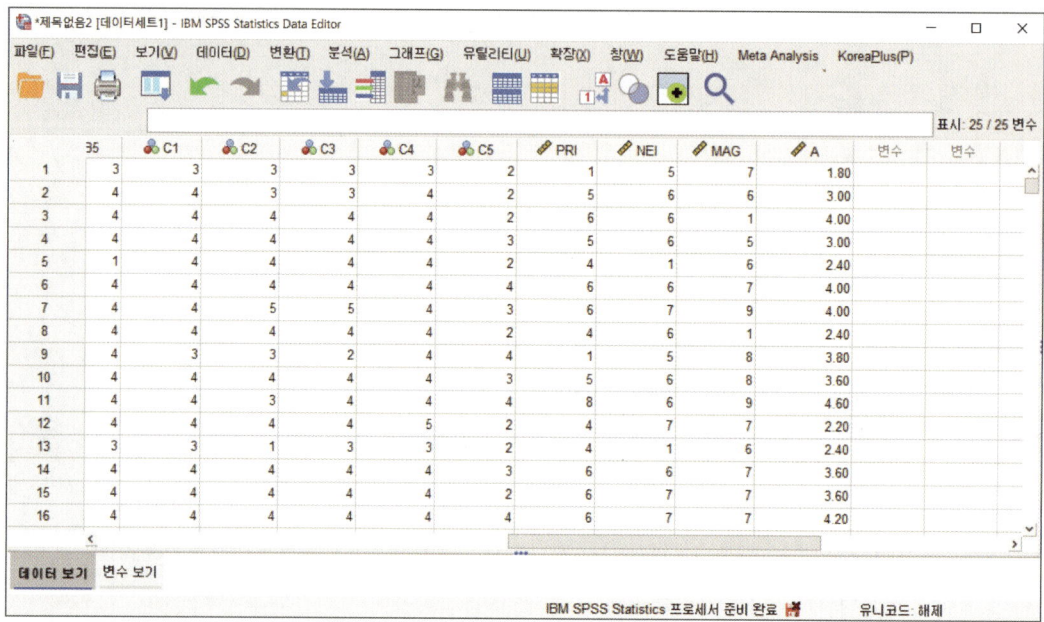

④ 같은 방법으로 새로운 교통만족도 [B], 생활환경만족도 [C] 변수를 다음과 같이 생성한다.

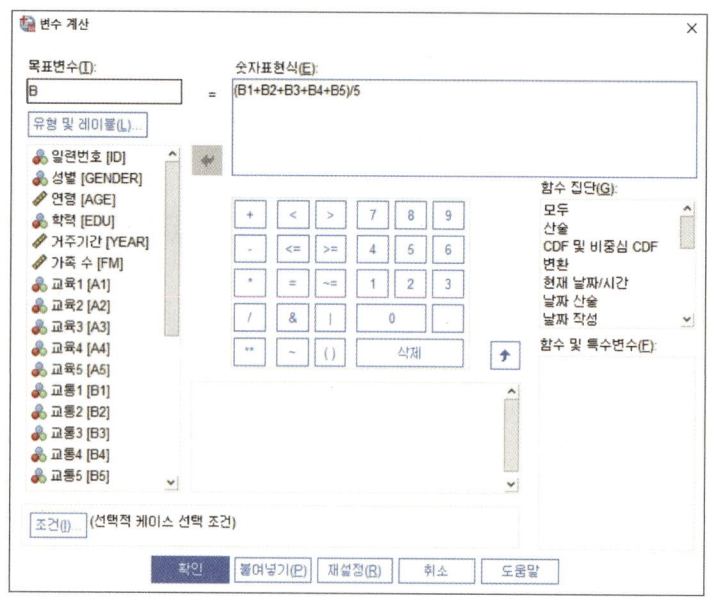

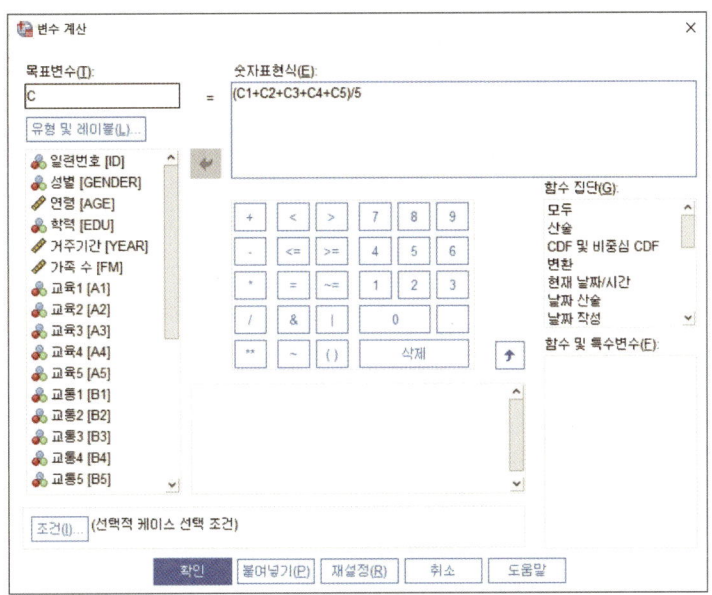

⑤ 변수 보기 창에서 A, B, C 행의 레이블에 '교육만족도', '교통만족도', '생활환경만족도'를 입력한다.
⑥ 교육만족도, 교통만족도, 생활환경만족도에 대한 기술통계량(평균, 표준편차, 표준오차, 왜도)을 구하기 위해서 다음의 메뉴를 이용한다.

분석(A) → 기술통계량(E) → 빈도분석(F)...

⑦ 빈도분석 대화상자에서 교육만족도 [A], 교통만족도 [B], 생활환경만족도 [C]를 하나씩 선택하고 ➡를 눌러 오른쪽 변수(V)로 옮긴 후 통계량(S)을 누른다.

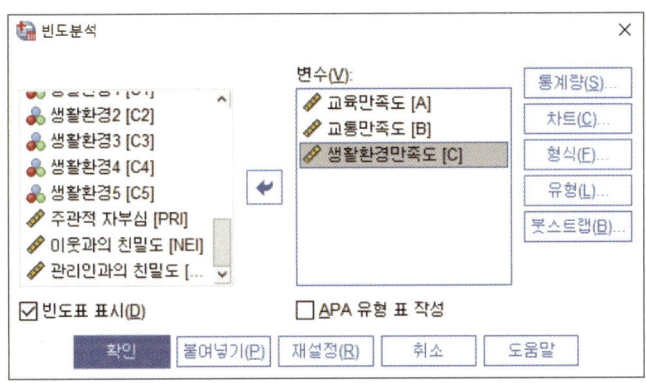

⑧ 빈도분석: 통계량 대화상자의 중심경향에서 평균(M)을 선택하고, 산포도에서 표준편차(T), 평균의 표준오차(E)를 선택한다. 분포에서 왜도(W)를 선택한 다음 계속(C)을 눌러 빈도분석 대화상자로 돌아간다.

⑨ 확인을 누르면 출력결과 창에 다음을 얻을 수 있다.

통계량

		교육만족도	교통만족도	생활환경만족도
N	유효	300	300	300
	결측	0	0	0
평균		3.3427	4.3433	3.7453
표준화 평균 오차		.03627	.03014	.03259
표준화 편차		.62814	.52201	.56445
왜도		-.110	-.982	-.518
표준화 왜도 오차		.141	.141	.141

⑩ 통계량 표의 평균, 표준화 편차, 표준화 평균 오차, 왜도를 이용하여 다음 표를 완성한다.

구분	평균	표준편차	표준오차	왜도
교육만족도	3.343	***	0.036	***
교통만족도	***	***	0.030	***
생활환경만족도	***	0.564	***	-0.518

[문제 1-2] 교육만족도, 교통만족도, 생활환경만족도의 분포를 살펴보기 위해 상자그림(BOX-PLOT)을 그리고자 한다. 상자그림에 필요한 최솟값, 제1사분위수, 중앙값, 제3사분위수, 최댓값을 계산하여 다음 표를 완성하시오.

구분	최솟값	제1사분위수	중앙값	제3사분위수	최댓값
교육만족도	☐.☐	***	☐.☐	☐.☐	☐.☐
교통만족도	***	☐.☐	***	☐.☐	***
생활환경만족도	***	☐.☐	***	***	***

> **실행POINT**
>
> 빈도분석 실시하기

① 교육만족도, 교통만족도, 생활환경만족도의 상자그림에 필요한 기술통계량(최솟값, 제1사분위수, 중앙값, 제3사분위수, 최댓값)을 구하기 위해서 다음의 메뉴를 이용한다.

분석(A) → 기술통계량(E) → 빈도분석(F)...

② 빈도분석 대화상자에서 교육만족도 [A], 교통만족도 [B], 생활환경만족도 [C]를 하나씩 선택하여 ➡를 눌러 오른쪽 변수(V)로 옮기고, 통계량(S)을 누른다.

③ 빈도분석: 통계량 대화상자의 백분위수 값에서 사분위수(Q)를 선택하고, 중심경향에서 중위수(D), 산포도에서 최소값(I), 최대값(X)을 선택한 다음 계속(C)을 눌러 빈도분석 대화상자로 돌아간다.

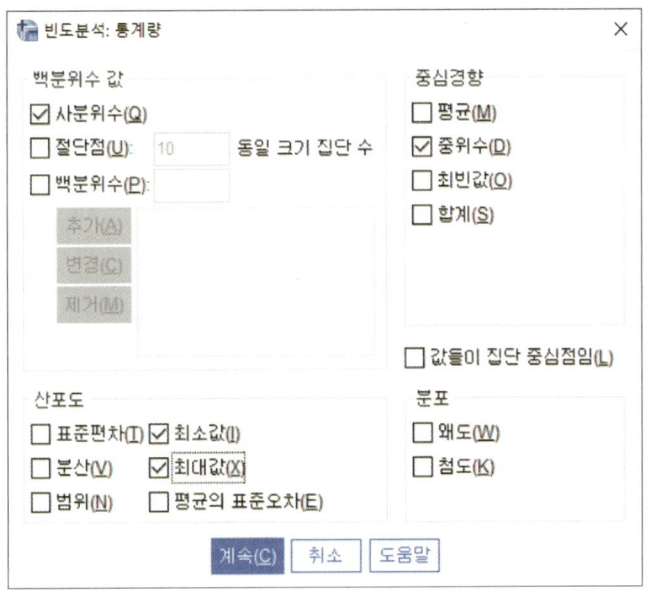

④ 확인을 누르면 출력결과 창에 다음을 얻을 수 있다.

통계량

		교육만족도	교통만족도	생활환경만족도
N	유효	300	300	300
	결측	0	0	0
중위수		3.4000	4.4000	3.8000
최소값		1.80	2.20	1.80
최대값		4.80	5.00	5.00
백분위수	25	2.8500	4.0000	3.4000
	50	3.4000	4.4000	3.8000
	75	3.8000	4.8000	4.0000

⑤ 통계량 표를 이용하여 다음 표를 완성한다.

구분	최솟값	제1사분위수	중앙값	제3사분위수	최댓값
교육만족도	1.80	***	3.40	3.80	4.80
교통만족도	***	4.00	***	4.80	***
생활환경만족도	***	3.40	***	***	***

문제 2 거주기간을 3년 이하, 4년, 5년, 6년 이상으로 구분하여 새로운 거주기간 범주 [GYEAR] 변수를 생성하고 아래의 빈도표를 완성하시오.

거주기간 범주	빈도	퍼센트(%)
3년 이하	☐	***
4년	***	☐.☐
5년	***	***
6년 이상	☐	☐.☐
전체	300	100.0

실행 POINT
- 다른 변수로 코딩변경을 이용한 범주화 변수 만들기
- 범주형 자료의 빈도표 작성하기

① 기존 거주기간 [YEAR] 변수를 이용하여 새로운 거주기간 범주 [GYEAR] 변수를 만들기 위해 다음의 메뉴를 이용한다.

변환(T) → 다른 변수로 코딩변경(R)...

기존 거주기간 변수	변환	거주기간 범주 변수
3년 이하	⇒	1
4년	⇒	2
5년	⇒	3
6년 이상	⇒	4

② 다른 변수로 코딩변경 대화상자의 변수 중에서 거주기간 [YEAR]을 선택하고 ➡를 눌러 오른쪽 입력변수 → 출력변수(V)로 옮기면, 숫자변수 → 출력변수에 'YEAR → ?'를 확인할 수 있다.

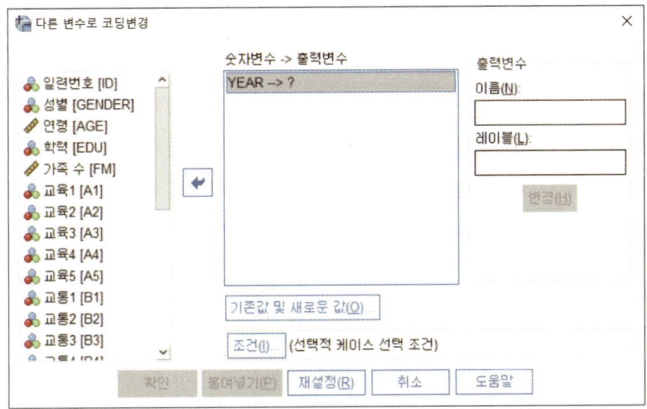

③ 출력변수의 이름(N)에는 새롭게 코딩되는 변수의 이름인 'GYEAR'를 입력하고 레이블(L)에 '거주기간 범주'를 입력한 후 변경(H)을 누르면, 숫자변수 → 출력변수에 'YEAR → GYEAR'가 나타난다. 다음으로 기존값 및 새로운 값(O)을 누른다.

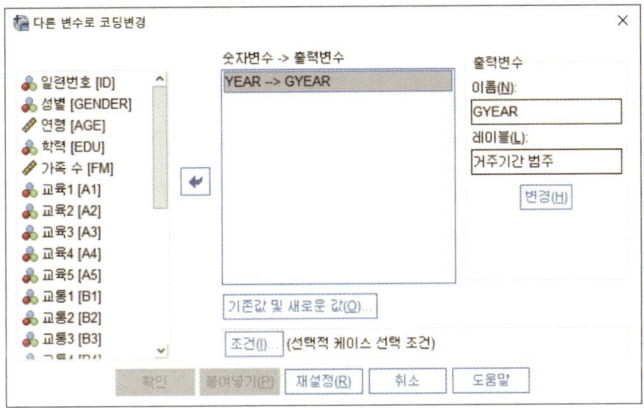

④ 다른 변수로 코딩변경: 기존값 및 새로운 값 대화상자에서 다음과 같이 입력한다.
　㉠ '3년 이하'를 '1'로 코딩변경하기: 기존값의 최저값에서 다음 값까지 범위(G)에 '3'을 입력하고 새로운 값의 값(L)에 '1'을 입력한 다음 추가(A)를 누르면, 기존값 → 새로운 값(D)에 'Lowest thru 3 → 1'이 확인된다.
　㉡ '4년'을 '2', '5년'을 '3'으로 코딩변경하기: 기존값의 값(V)에 '4'를 입력하고, 새로운 값의 값(L)에 '2'를 입력한 다음 추가(A)를 누르면, 기존값 → 새로운 값(D)에 '4 → 2'가 확인된다. '5 → 3'도 동일하게 변경한다.
　㉢ '6년 이상'을 '4'로 코딩변경하기: 기존값의 다음 값에서 최고값까지 범위(E)에 '6'을 입력하고 새로운 값의 값(L)에 '4'를 입력한 다음 추가(A)를 누르면, 기존값 → 새로운 값(D)에 '6 thru Highest → 4'가 확인된다.

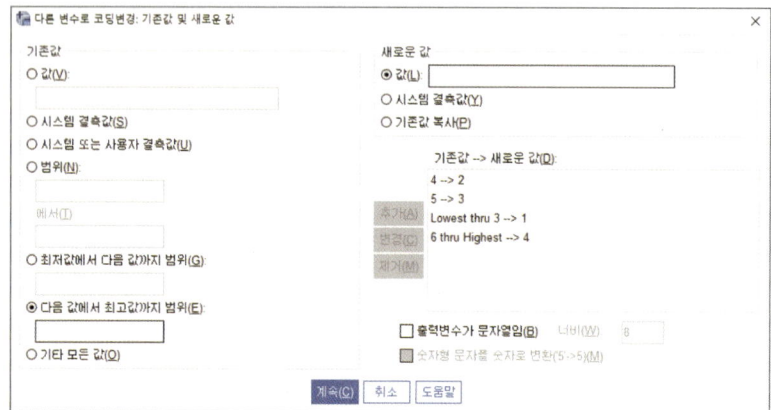

⑤ 계속(C)을 눌러 다른 변수로 코딩변경 대화상자로 돌아가 확인을 누르면, 데이터 보기 창에 새로운 거주기간 범주 [GYEAR] 변수가 만들어진 것을 확인할 수 있다. 변수 보기 창에서 소수점이하자리를 0으로 바꾸면 정수값이 된다.

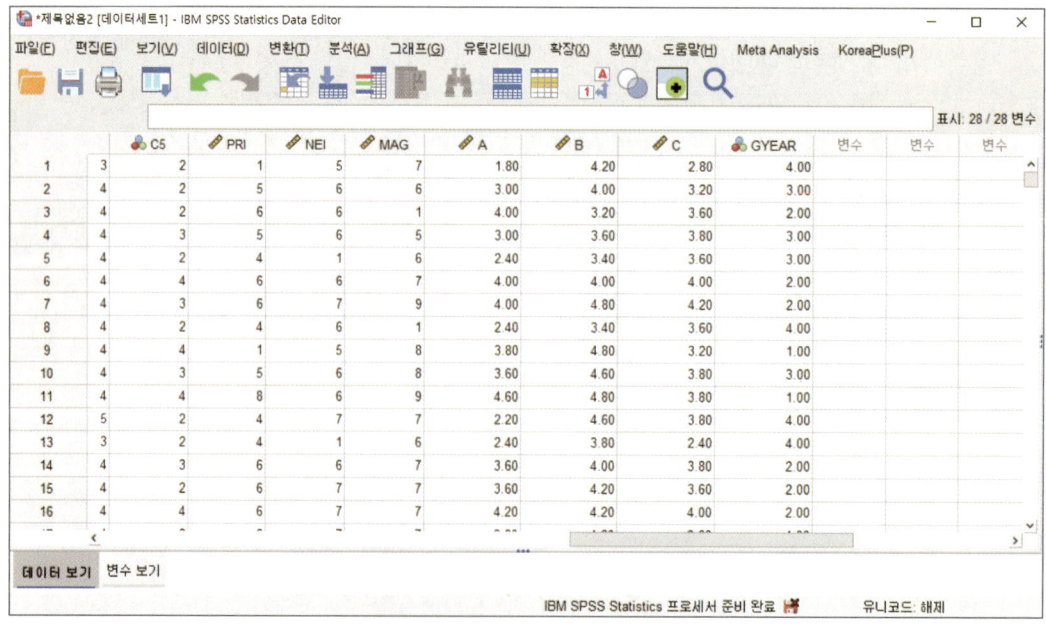

⑥ 새로운 거주기간 범주 [GYEAR] 변수가 만들어지면 변수 보기 창의 값의 값 레이블에 1="3년 이하", 2="4년", 3="5년", 4="6년 이상"을 입력한다.

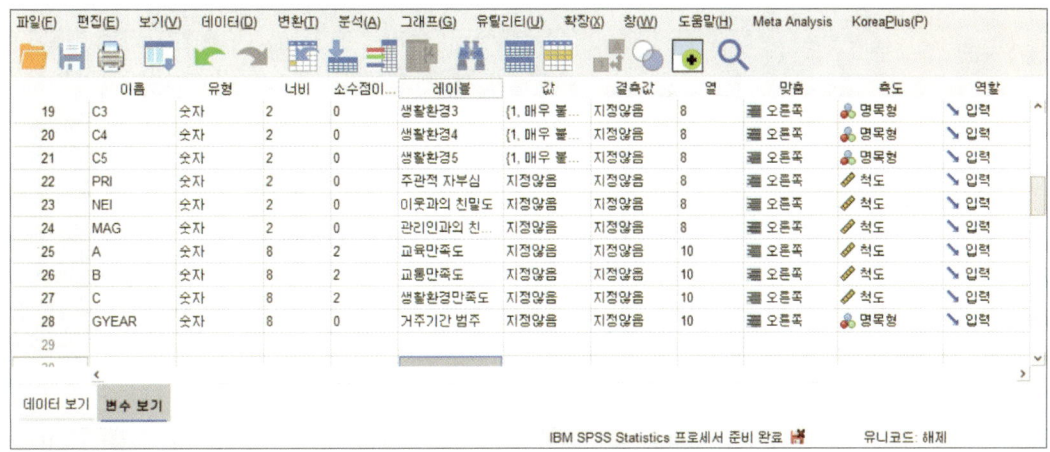

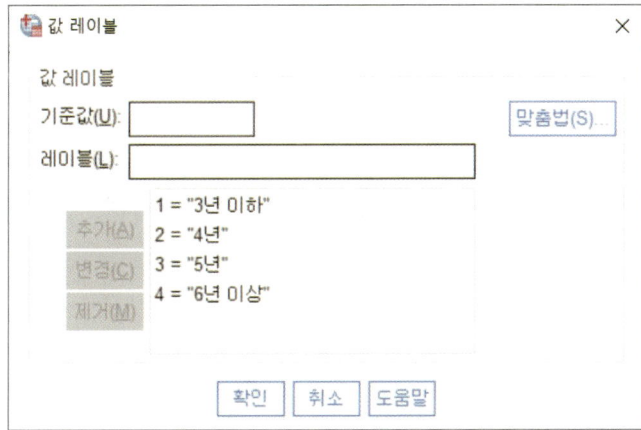

⑦ 거주기간 범주의 빈도 및 퍼센트를 구하기 위해서 다음의 메뉴를 이용한다.

분석(A) → 기술통계량(E) → 빈도분석(F)...

⑧ 빈도분석 대화상자의 변수에 거주기간 범주 [GYEAR]를 선택하고 ➡를 눌러 오른쪽 변수(V)로 이동시킨다.

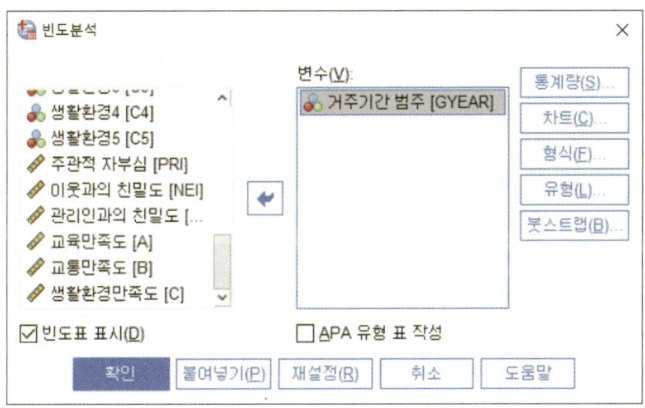

⑨ 확인을 누르면 출력결과 창에 다음을 얻을 수 있다.

거주기간 범주

		빈도	퍼센트	유효 퍼센트	누적 퍼센트
유효	3년 이하	64	21.3	21.3	21.3
	4년	90	30.0	30.0	51.3
	5년	90	30.0	30.0	81.3
	6년 이상	56	18.7	18.7	100.0
	전체	300	100.0	100.0	

⑩ 거주기간 범주 표를 이용하여 다음 빈도표를 완성한다.

거주기간 범주	빈도	퍼센트(%)
3년 이하	64	***
4년	***	30.0
5년	***	***
6년 이상	56	18.7
전체	300	100.0

문제 3 학력과 거주기간 범주가 서로 연관성이 있는지 유의수준 5%에서 검정하고자 한다.

[문제 3-1] 학력과 거주기간 범주의 관계를 살펴보기 위한 다음 교차표를 완성하시오.

학력 \ 거주기간 범주	3년 이하	4년	5년	6년 이상	전체
고졸 이하				***	***
전문대졸	***	***			***
대졸		***	***		***
대학원졸 이상				***	***
전체	***	***	***	***	300

실행 POINT

교차분석 실시하기

① 학력과 거주기간 범주에 대한 교차표를 구하기 위해 다음의 메뉴를 이용한다.

분석(A) → 기술통계량(E) → 교차분석(C)...

② 교차분석 대화상자의 변수 중에서 학력 [EDU]을 선택하고 ➡를 눌러 오른쪽 행(O)으로 옮기고, 거주기간 범주 [GYEAR]를 선택하고 ➡를 눌러 오른쪽 열(C)로 옮긴다.

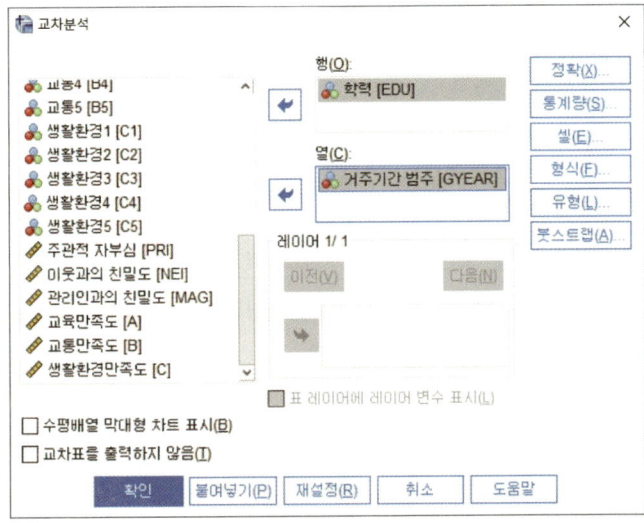

③ 확인을 누르면 출력결과 창에 다음을 얻을 수 있다.

학력 * 거주기간 범주 교차표

		거주기간 범주				전체
		3년 이하	4년	5년	6년 이상	
학력	고졸 이하	3	7	19	25	54
	전문대졸	8	16	35	16	75
	대졸	13	20	18	13	64
	대학원졸 이상	40	47	18	2	107
전체		64	90	90	56	300

④ 학력 * 거주기간 범주 교차표를 이용하여 다음 교차표를 완성한다.

학력 \ 거주기간 범주	3년 이하	4년	5년	6년 이상	전체
고졸 이하	3	7	19	***	***
전문대졸	***	***	35	16	***
대졸	13	***	***	13	***
대학원졸 이상	40	47	18	***	***
전체	***	***	***	***	300

[문제 3-2] 학력과 거주기간 범주가 서로 관련이 있는지 검정하기 위한 검정통계량의 분포와 값을 쓰시오.

검정통계량의 분포	검정통계량의 값
	☐☐.☐☐

실행 POINT

교차분석 실시하기

① 학력과 거주기간 범주 간의 연관성을 구하기 위해 다음의 메뉴를 이용한다.

분석(A) → 기술통계량(E) → 교차분석(C)...

② 교차분석 대화상자의 변수 중에서 학력 [EDU]을 선택하고 ➡를 눌러 오른쪽 행(O)으로 옮기고, 거주기간 범주 [GYEAR]를 선택하고 ➡를 눌러 오른쪽 열(C)로 옮긴 후 통계량(S)을 누른다.

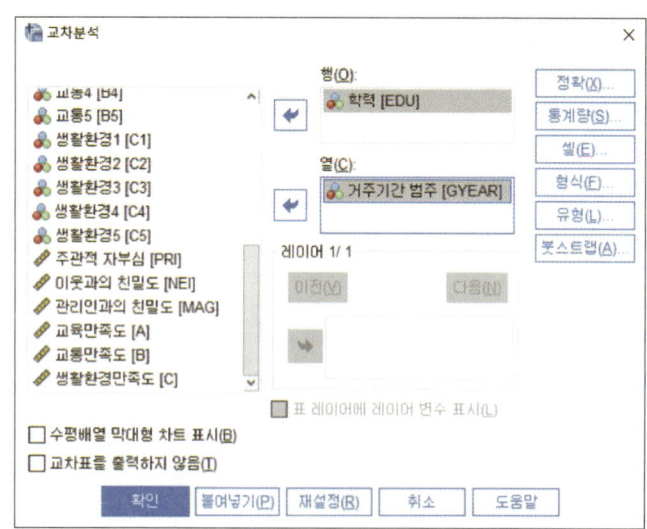

③ 교차분석: 통계량 대화상자에서 카이제곱(H)을 선택한 다음 계속(C)을 눌러 교차분석 대화상자로 돌아간다.

④ 확인을 누르면 출력결과 창에 다음을 얻을 수 있다.

카이제곱 검정

	값	자유도	근사 유의확률 (양측검정)
Pearson 카이제곱	89.638[a]	9	.000
우도비	95.774	9	.000
선형 대 선형결합	76.028	1	.000
유효 케이스 수	300		

a. 0 셀 (0.0%)은(는) 5보다 작은 기대 빈도를 가지는 셀입니다. 최소 기대빈도는 10.08입니다.

⑤ 카이제곱 검정 표를 이용하여 검정통계량의 분포와 값을 작성한다.

검정통계량의 분포	검정통계량의 값
카이제곱 분포	89 . 6 3 8

[문제 3-3] 가설을 세우고, 유의수준 5%에서 검정 결과를 설명하시오.

귀무가설(H_0)	
대립가설(H_1)	
검정 결과	

① 귀무가설은 '학력과 거주기간 범주는 서로 독립이다'이고, 대립가설은 '서로 독립이 아니다'이다.

귀무가설(H_0)	학력과 거주기간 범주는 서로 독립이다.
대립가설(H_1)	학력과 거주기간 범주는 서로 독립이 아니다.

② 카이제곱 검정통계량 값과 유의확률(p-값)로 귀무가설 기각 여부를 결정한다. [문제 3-2]의 출력결과 카이제곱 검정 표에서 유의확률이 0.05보다 작기 때문에 귀무가설을 기각한다.

검정 결과	카이제곱 검정통계량 값이 89.638이고 유의확률이 0.000으로 유의수준 0.05보다 작기 때문에 귀무가설을 기각한다. 즉, 유의수준 5% 하에서 학력과 거주기간 범주 사이에는 서로 독립이 아니라고 할 수 있다. 즉, 연관성이 있다고 할 수 있다.

문제 4 학력에 따라 주관적 자부심에 차이가 있는지 유의수준 5%에서 검정하고자 한다.

[문제 4-1] 학력에 따라 주관적 자부심에 차이가 있는지 검정하기 위한 검정통계량의 분포와 값을 쓰시오.

검정통계량의 분포	검정통계량의 값
	□□.□□□

실행 POINT

일원배치 분산분석 실시하기

① 학력(1: 고졸 이하, 2: 전문대졸, 3: 대졸, 4: 대학원졸 이상)에 따른 주관적 자부심(PRI)에 차이가 있는지 검정하기 위해 다음의 메뉴를 이용한다.

분석(A) → 평균 비교(M) → 일원배치 분산분석(O)...

② 일원배치 분산분석 대화상자의 변수 중에서 주관적 자부심 [PRI]을 선택하고 →를 눌러 오른쪽 종속변수(E)로 옮기고, 학력 [EDU]을 선택하고 →를 눌러 오른쪽 요인(F)으로 옮긴다.

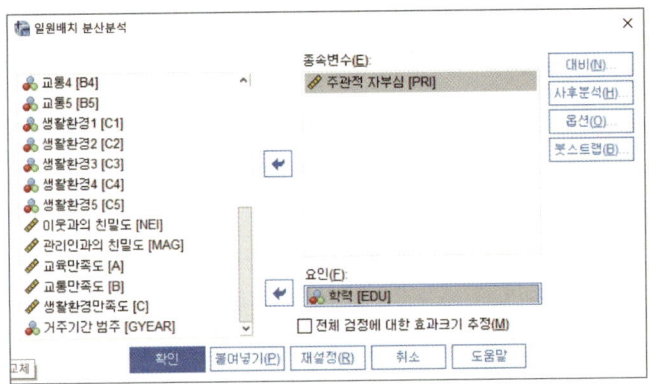

③ 확인을 누르면 출력결과 창에 다음을 얻을 수 있다.

ANOVA

주관적 자부심					
	제곱합	자유도	평균제곱	F	유의확률
집단-간	41.341	3	13.780	12.801	.000
집단-내	318.646	296	1.077		
전체	359.987	299			

④ ANOVA 표를 이용하여 검정통계량의 분포와 값을 작성한다.

검정통계량의 분포	검정통계량의 값
F분포	12 . 8 0 1

[문제 4-2] 가설을 세우고 유의수준 5%에서 검정 결과를 설명하시오.

귀무가설(H_0)	
대립가설(H_1)	
검정 결과	

① 귀무가설은 '학력에 따라 주관적 자부심에는 차이가 없다'이고, 대립가설은 '차이가 있다'이다.

귀무가설(H_0)	학력에 따라 주관적 자부심에는 차이가 없다.
대립가설(H_1)	학력에 따라 주관적 자부심에는 차이가 있다.

② 검정통계량 값과 유의확률로 귀무가설 기각 여부를 결정한다. [문제 4-1]의 출력결과 ANOVA 표에서 유의확률이 0.000으로 0.05보다 작기 때문에 귀무가설을 기각한다.

검정 결과	분산분석 결과 검정통계량 값이 12.801이고 유의확률이 0.000으로 유의수준 0.05보다 작기 때문에 귀무가설을 기각한다. 즉, 유의수준 5% 하에서 학력에 따라 주관적 자부심에 차이가 있다고 할 수 있다.

[문제 4-3] 만일 유의수준 5%에서 귀무가설이 기각되었다면, 어느 학력에서 주관적 자부심에 차이가 있는지 Tukey의 다중비교를 이용하여 분석한 후 확인된 동질집단군을 다음 표에 표시(V)하시오.

학력	1	2	3
고졸 이하			
전문대졸			
대졸			
대학원졸 이상			

실행 POINT

Tukey 방법을 이용한 사후검정 실시하기

① 다시 일원배치 분산분석 대화상자를 열어 **사후분석(H)**을 누른다.
② 일원배치 분산분석: 사후분석 – 다중비교 대화상자에서 등분산을 가정함의 Tukey 방법을 선택하고 계속(C)을 눌러 일원배치 분산분석 대화상자로 돌아간다.

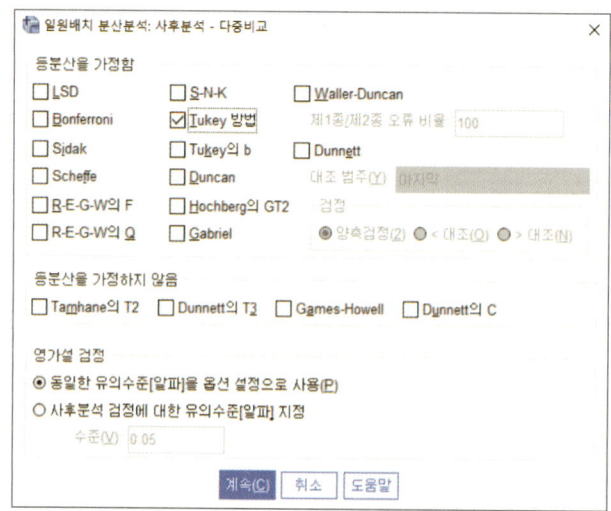

③ 확인을 누르면 출력결과 창에 다음을 얻을 수 있다.

다중비교

종속변수: 주관적 자부심

Tukey HSD

(I) 학력	(J) 학력	평균차이(I-J)	표준오차	유의확률	95% 신뢰구간 하한	95% 신뢰구간 상한
고졸 이하	전문대졸	-.284	.185	.420	-.76	.19
	대졸	-.516*	.192	.037	-1.01	-.02
	대학원졸 이상	-.979*	.173	.000	-1.43	-.53
전문대졸	고졸이하	.284	.185	.420	-.19	.76
	대졸	-.232	.177	.553	-.69	.22
	대학원졸 이상	-.696*	.156	.000	-1.10	-.29
대졸	고졸이하	.516*	.192	.037	.02	1.01
	전문대졸	.232	.177	.553	-.22	.69
	대학원졸 이상	-.463*	.164	.026	-.89	-.04
대학원졸 이상	고졸이하	.979*	.173	.000	.53	1.43
	전문대졸	.696*	.156	.000	.29	1.10
	대졸	.463*	.164	.026	.04	.89

*. 평균차이는 0.05 수준에서 유의합니다.

주관적 자부심

Tukey HSD[a,b]

학력	N	유의수준 = 0.05에 대한 부분집합 1	2	3
고졸 이하	54	4.80		
전문대졸	75	5.08	5.08	
대졸	64		5.31	
대학원졸 이상	107			5.78
유의확률		.368	.545	1.000

동질적 부분집합에 있는 집단에 대한 평균이 표시됩니다.
a. 조화평균 표본크기 70.394을(를) 사용합니다.
b. 집단 크기가 동일하지 않습니다. 집단 크기의 조화평균이 사용됩니다. I 유형 오차 수준은 보장되지 않습니다.

④ Tukey의 주관적 자부심 표를 이용하여 다음 표를 완성한다.

학력	1	2	3
고졸 이하	V		
전문대졸	V	V	
대졸		V	
대학원졸			V

문제 5 주관적 자부심과 교육만족도, 교통만족도, 생활환경만족도 사이의 연관성을 알아보기 위해 상관분석을 실시하고, 주관적 자부심에 대한 개별 만족도의 상관계수를 쓰시오.

구분	교육만족도	교통만족도	생활환경만족도
주관적 자부심	☐.☐☐☐	☐.☐☐☐	☐.☐☐☐

실행 POINT

피어슨 상관계수 구하고 상관분석 실시하기

① 상관계수를 구하기 위해 다음의 메뉴를 이용한다.

분석(A) → 상관분석(C) → 이변량 상관(B)...

② 이변량 상관계수 대화상자의 변수 목록 중에서 주관적 자부심 [PRI], 교육만족도 [A], 교통만족도 [B], 생활환경만족도 [C]를 하나씩 선택하고 ▶를 눌러 오른쪽 변수(V)로 옮기고, 상관계수에서 Pearson을 선택한다.

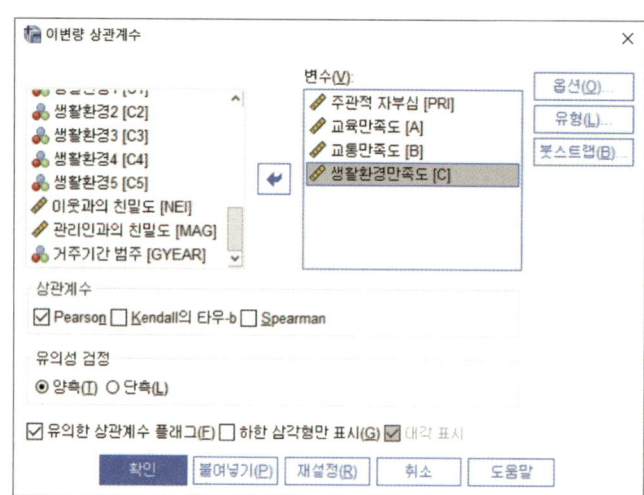

③ 확인을 누르면 출력결과 창에 다음을 얻을 수 있다.

상관관계

		주관적 자부심	교육만족도	교통만족도	생활환경만족도
주관적 자부심	Pearson 상관	1	.871**	.243**	.458**
	유의확률 (양측)		.000	.000	.000
	N	300	300	300	300
교육 만족도	Pearson 상관	.871**	1	.366**	.524**
	유의확률 (양측)	.000		.000	.000
	N	300	300	300	300
교통 만족도	Pearson 상관	.243**	.366**	1	.517**
	유의확률 (양측)	.000	.000		.000
	N	300	300	300	300
생활 환경 만족도	Pearson 상관	.458**	.524**	.517**	1
	유의확률 (양측)	.000	.000	.000	
	N	300	300	300	300

**. 상관관계가 0.01 수준에서 유의합니다(양측).

④ 상관관계 표의 Pearson 상관을 이용하여 다음 표를 완성한다.

구분	교육만족도	교통만족도	생활환경만족도
주관적 자부심	0.871	0.243	0.458

문제 6 성별을 더미변수화하여 새로운 성별더미(1: 여자, 0: 남자) 변수를 만든 후 교육만족도, 교통만족도, 생활환경만족도, 연령, 거주기간, 가족 수, 성별더미가 주관적 자부심에 어느 정도 영향을 미치는지 회귀분석을 시행해보고자 한다. 단, 분석에 사용하는 모든 독립변수는 서로 독립을 가정하여 다중공선성을 고려하지 않는다. 그리고 변수 선택 방법은 '입력'으로 한다.

[문제 6-1] 생활환경만족도가 주관적 자부심에 영향을 미친다는 주장에 대하여 단순회귀분석을 실시하시오.

(1) 가설을 세우시오.

귀무가설(H_0)	
대립가설(H_1)	

회귀모형의 유의성 검정에서 귀무가설은 '회귀모형은 유의하지 않다($\beta = 0$)'이고, 대립가설은 '유의하다($\beta \neq 0$)'이다.

귀무가설(H_0)	회귀모형은 유의하지 않다($\beta = 0$).
대립가설(H_1)	회귀모형은 유의하다($\beta \neq 0$).

(2) 가설을 검정하기 위한 검정통계량의 분포와 값을 쓰고, 유의수준 5%에서 검정 결과를 설명하시오.

검정통계량의 분포	
검정통계량의 값	☐☐.☐☐
검정 결과	

실행 POINT

단순회귀분석 실시하기

① 선택된 독립변수와 종속변수 사이의 회귀분석을 실시하기 위해 다음의 메뉴를 이용한다.

분석(A) → 회귀분석(R) → 선형(L)...

② 선형 회귀 대화상자의 변수 중에서 **주관적 자부심 [PRI]**을 선택하고 ▶를 눌러 오른쪽 **종속변수(D)**로 이동시키고, **생활환경만족도 [C]**를 선택하고 ▶를 눌러 오른쪽의 **독립변수(I)**로 이동시킨 후 **방법(M)**에는 입력을 선택한다.

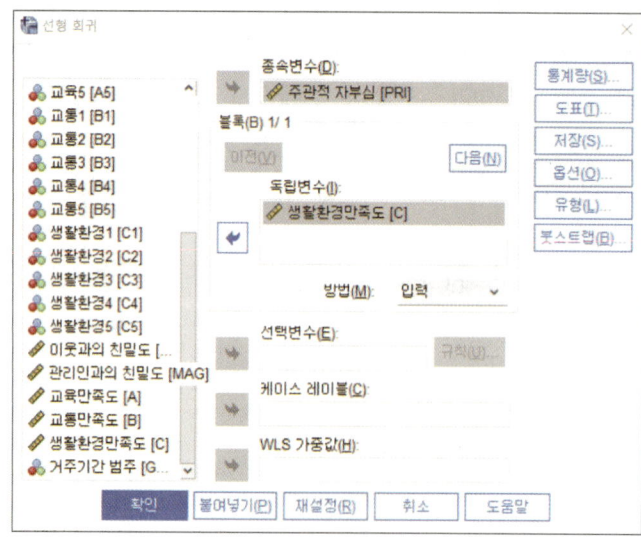

③ 확인을 누르면 출력결과 창에 다음을 얻을 수 있다.

ANOVA[a]

모형		제곱합	자유도	평균제곱	F	유의확률
1	회귀	75.410	1	75.410	78.967	.000[b]
	잔차	284.577	298	.955		
	전체	359.987	299			

a. 종속변수: 주관적 자부심
b. 예측자: (상수), 생활환경만족도

④ ANOVA 표의 F를 이용하여 검정통계량의 값을 쓰고, F와 유의확률을 이용하여 검정 결과를 설명한다.

검정통계량의 분포	F 분포
검정통계량의 값	78 . 9 6 7
검정 결과	검정통계량 F값이 78.967이고 유의확률이 0.000으로 유의수준 0.05보다 작으므로 귀무가설을 기각한다. 즉, 유의수준 5% 하에서 회귀모형은 유의하다고 할 수 있다.

[문제 6-2] 교육만족도 [A], 교통만족도 [B], 생활환경만족도 [C], 연령 [AGE], 거주기간 [YEAR], 가족 수 [FM], 성별더미 [GENDERDummy] 변수를 독립변수로 하고 주관적 자부심 [PRI] 변수를 종속변수로 하여 다중회귀분석을 하고자 한다.

(1) 다음 분산분석표를 완성하시오.

구분	제곱합	자유도	평균제곱	F	유의확률
회귀	***		***	.	***
잔차	***		***		
전체	***	***	***		

실행 POINT

- 다른 변수로 코딩변경 이용하여 더미변수 만들기
- 더미변수를 포함한 다중회귀분석 실시하기
- 유의한 변수만을 이용하여 다중회귀식 추정하기

① 기존 성별 [GENDER] 변수를 이용하여 새로운 성별더미 [GENDERDummy] 변수를 만들기 위해 다음의 메뉴를 이용한다.

변환(T) → 다른 변수로 코딩변경(R)...

기존 성별 변수	변환	범주화 변수
1: 여자	⇒	1: 여자
2: 남자	⇒	0: 남자

② 다른 변수로 코딩변경 대화상자의 변수 중에서 성별 [GENDER]을 선택하고 ➡를 눌러 오른쪽 **입력변수 → 출력변수(V)**로 옮기면, 숫자변수 → 출력변수에 'GENDER → ?'가 생긴다.

③ 출력변수의 이름(N)에는 새롭게 코딩되는 변수의 이름인 'GENDERDummy'를 입력하고 레이블(L)에 '성별더미'를 입력한 후 변경(H)을 누르면, 숫자변수 → 출력변수에 'GENDER → GENDERDummy'가 생긴다. 다음으로 기존값 및 새로운 값(O)을 누른다.

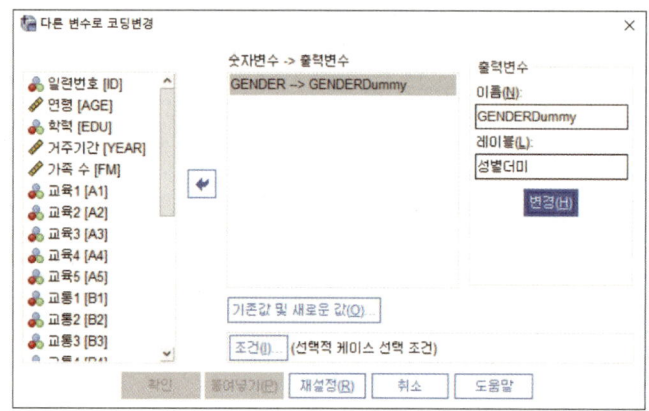

④ 다른 변수로 코딩변경: 기존값 및 새로운 값 대화상자에서 다음과 같이 입력한다.
　㉠ '1'을 '1'로 코딩변경하기: 기존값의 값(V)에 '1', 새로운 값의 값(L)에 '1'을 입력한 다음 추가(A)를 누르면, 기존값 → 새로운 값(D)에 '1 → 1'이 확인된다.
　㉡ '2'를 '0'으로 코딩변경하기: 기존값의 값(V)에 '2', 새로운 값의 값(L)에 '0'을 입력한 다음 추가(A)를 누르면, 기존값 → 새로운 값(D)에 '2 → 0'이 확인된다.

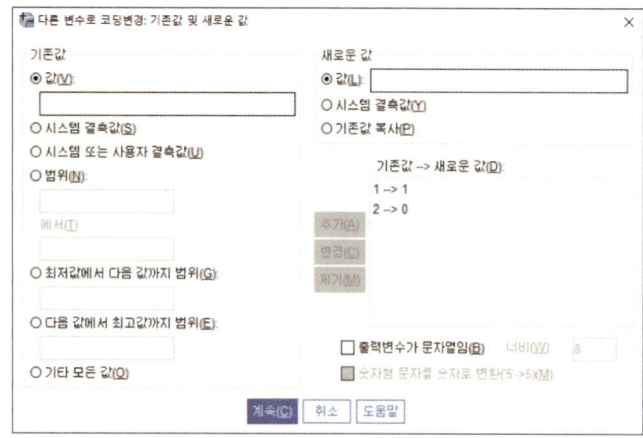

⑤ 계속(C)을 눌러 다른 변수로 코딩변경 대화상자로 돌아가 확인을 누르면, 데이터 보기 창에 새로운 성별더미 [GENDERDummy] 변수가 만들어진 것을 확인할 수 있다. 이때, 변수 보기 창에서 소수점이하자리를 0으로 바꾸면 정수값이 된다.

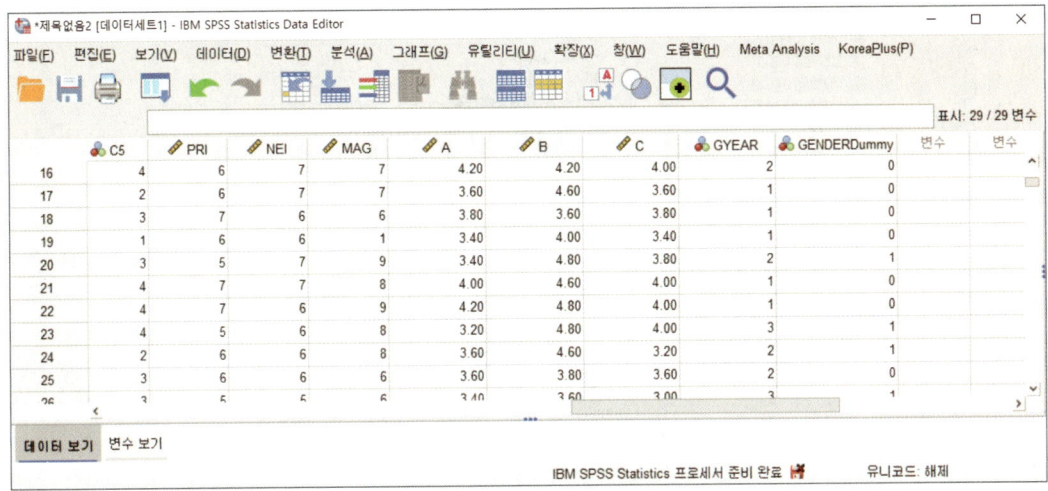

⑥ 변수 보기 창에서 GENDERDummy 행의 값의 값 레이블에 1="여자Dummy", 0="남자Dummy"를 입력한다.

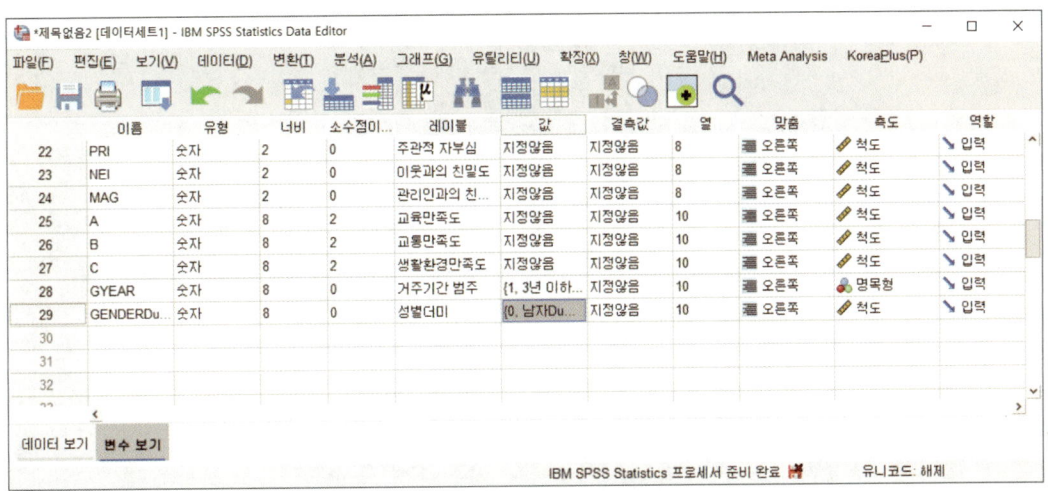

⑦ 선택된 독립변수와 종속변수 사이의 회귀분석을 실시하기 위해 다음의 메뉴를 이용한다.

분석(A) → 회귀분석(R) → 선형(L)...

⑧ 선형 회귀 대화상자의 변수 중에서 주관적 자부심 [PRI]을 선택하고 ➡를 눌러 오른쪽 종속변수(D)로 이동시키고, 교육만족도 [A], 교통만족도 [B], 생활환경만족도 [C], 연령 [AGE], 거주기간 [YEAR], 가족 수 [FM], 성별더미 [GENDERDummy]를 각각 선택하고 ➡를 눌러 오른쪽의 독립변수(I)로 이동시킨 후 방법(M)에는 입력을 선택한다.

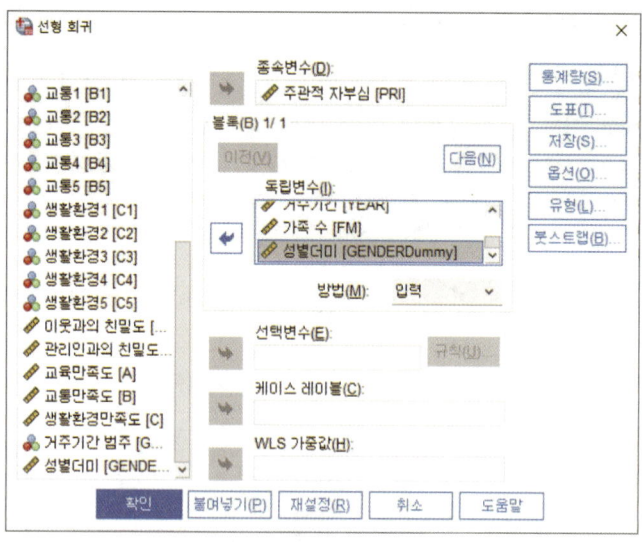

⑨ 확인을 누르면 출력결과 창에 다음을 얻을 수 있다.

ANOVA[a]

모형		제곱합	자유도	평균제곱	F	유의확률
1	회귀	290.199	7	41.457	173.462	.000[b]
	잔차	69.787	292	.239		
	전체	359.987	299			

a. 종속변수: 주관적 자부심
b. 예측자: (상수), 성별더미, 교통만족도, 가족 수, 교육만족도, 연령, 생활환경만족도, 거주기간

계수[a]

모형		비표준화 계수		표준화 계수	t	유의확률
		B	표준화 오류	베타		
1	(상수)	2.693	.374		7.204	.000
	교육만족도	1.264	.065	.724	19.466	.000
	교통만족도	-.211	.064	-.100	-3.286	.001
	생활환경만족도	.076	.066	.039	1.165	.245
	연령	-.004	.004	-.030	-.936	.350
	거주기간	-.216	.031	-.258	-6.980	.000
	가족 수	.030	.027	.029	1.084	.279
	성별더미	.021	.076	.010	.281	.779

a. 종속변수: 주관적 자부심

⑩ ANOVA 표를 이용하여 다음 분산분석표를 완성한다.

구분	제곱합	자유도	평균제곱	F	유의확률
회귀	***	7	***	173.462	***
잔차	***	292	***		
전체	***	***	***		

(2) 다중회귀계수의 유의성 검정 결과 유의수준 5%에서 다음 표를 완성하시오.

변수	회귀계수($\hat{\beta}$)	p-값	유의성 여부
교육만족도	.□□□	.□□□	
교통만족도	***	***	유의하다
생활환경만족도	.□□□	***	***
연령	***	***	***
거주기간	***	***	
가족 수	***	***	유의하지 않다
성별더미	.□□□	.□□□	

계수 표의 비표준화 계수 내의 B와 유의확률을 이용하여 다음 표를 완성한다.

변수	회귀계수($\hat{\beta}$)	p-값	유의성 여부
교육만족도	1.264	0.000	유의하다
교통만족도	***	***	유의하다
생활환경만족도	0.076	***	***
연령	***	***	***
거주기간	***	***	유의하다
가족 수	***	***	유의하지 않다
성별더미	0.021	0.779	유의하지 않다

[문제 6-3] 회귀계수의 유의성 검정 결과를 바탕으로 주관적 자부심에 유의한 영향을 주는 변수만을 이용하여 추정된 회귀식을 쓰시오. 단, 소수점은 반올림하여 소수 셋째 자리로 나타내시오.

추정 회귀식	

실행 POINT

유의한 변수만을 이용하여 다중회귀식 추정하기

① 선택된 독립변수와 종속변수 사이의 회귀분석을 실시하기 위해 다음의 메뉴를 이용한다.

분석(A) → 회귀분석(R) → 선형(L)...

회귀계수의 유의성 검정 결과 주관적 자주심에 유의한 영향을 주는 변수는 거주기간, 교육만족도, 교통만족도 변수이므로, 주관적 자부심 [PRI]을 선택하고 ▶를 눌러 오른쪽 종속변수(D)로 이동시키고, 거주기간 [YEAR], 교육만족도 [A], 교통만족도 [B]를 선택하고 ▶를 눌러 오른쪽의 독립변수(I)로 이동시킨 후 방법(M)에는 입력을 선택한다.

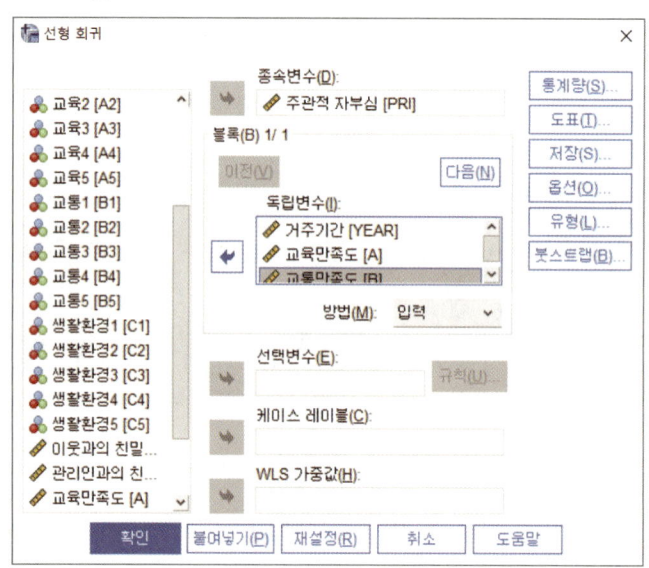

② 확인을 누르면 출력결과 창에 다음을 얻을 수 있다.

계수[a]

모형		비표준화 계수		표준화 계수	t	유의확률
		B	표준화 오류	베타		
1	(상수)	2.781	.350		7.940	.000
	거주기간	-.218	.028	-.260	-7.733	.000
	교육만족도	1.283	.061	.735	20.899	.000
	교통만족도	-.184	.058	-.087	-3.159	.002

a. 종속변수: 주관적 자부심

③ 계수 표의 유의확률이 모두 0.05보다 작으므로 거주기간, 교육만족도, 교통만족도 모두 주관적 자부심에 유의한 영향을 준다고 할 수 있다. 따라서 비표준화 계수 내의 B를 이용하여 추정된 회귀식을 작성한다.

추정 회귀식	PRI = 2.781 − 0.218 × YEAR + 1.283 × A − 0.184 × B

제 3 회 기출동형문제

다음 자료는 A지역 중학생 264명을 대상으로 생활과 성적에 대한 실태를 조사한 자료이다. 조사결과는 데이터 파일 양식 "생활과 성적.txt"로 저장되어 있으며 아래 [표1], [표2]에 데이터 파일의 코딩양식과 수록된 자료의 입력형태가 정리되어 있다. 변수로는 일련번호(ID), 성별(Gender), 나이(Age), …, 시험3(Test3) 순서로 구성되어 있다. 자료값들은 탭(Tab)으로 구분되어 있다.

변수명	변수설명	변수값 설명			
ID	일련번호	중학생 일련번호(1~264)			
Gender	성별	F: 여학생	M: 남학생		
Age	나이	15~17살			
Famsize	가족	1: 3명 미만	2: 3명 이상		
Pstatus	동거유무	1: 가족과 함께	2: 가족과 따로		
Traveltime	이동시간	1: 15분 미만　　　　　2: 15분 이상 30분 미만 3: 30분 이상 1시간 미만　4: 1시간 이상			
Studytime	학습시간	1: 2시간 미만	2: 2시간 이상 5시간 미만	3: 5시간 이상	
Extstudy	학원참여	1: 학원 다님	2: 학원 안 다님		
Higher	대학입학	1: 대학입학 원함	2: 대학입학 원하지 않음		
Internet	인터넷 유무	1: 인터넷 있음	2: 인터넷 없음		
Famrel	가족관계	1: 매우 나쁨	2: 나쁨　3: 보통	4: 좋음	5: 매우 좋음
Freetime	자유시간	1: 매우 적음　　2: 적음　　　3: 적당 4: 많음　　　　5: 매우 많음			
Celltime	핸드폰 이용시간				
Stress	스트레스				
Absences	결석횟수 (0~30일)	이산형 변수			
Test1	시험1 (1~20점)	연속형 변수			
Test2	시험2 (1~20점)				
Test3	시험3 (1~20점)				

[표1] 데이터 파일의 코딩양식

ID	Gender	Age	Famsize	…	Test1	Test2	Test3
1	F	16	2	…	15	16	16
2	F	16	2	…	13	14	14
⋮	⋮	⋮	⋮	⋮	⋮	⋮	⋮
263	F	16	2	…	16	16	17
264	F	16	2	…	8	6	8

[표2] 자료의 입력형태

문제 1 학생들 나이를 15세에서 17세로 정할 때 잘못 입력된 값들이 있다. 먼저 이들을 모두 찾아 해당 자료의 응답자 일련번호와 잘못 입력되어 있는 자료값을 쓰고, 이후의 모든 분석에서 이 응답자들을 제외하고 분석하시오.

잘못 입력되어 있는 자료	
응답자 일련번호	자료값

문제 2 대학에 입학하기를 원하는 학생 중에서 나이에 따른 학습시간에 대한 다음 표를 완성하시오.

나이	2시간 미만		2시간 이상 5시간 미만		5시간 이상	
	학생 수	비중(%)	학생 수	비중(%)	학생 수	비중(%)
15	☐	***	***	***	***	☐.☐
16	***	☐.☐	***	***	☐	***
17	***	***	***	☐.☐	***	***
전체	75	***	129	***	44	***

문제 3 시험1, 시험2, 시험3 점수에 5:3:2의 가중치를 넣어 그 합이 100점 만점인 총점수 [TTest] 변수를 만들고, 다음 기술통계표를 완성하시오.

변수	평균	중앙값	표준편차	표준오차	최솟값	최댓값
TTest	☐.☐	***	***	☐.☐	☐	***

문제 4 학습시간에 따라 총점수가 관련성이 있는지를 알아보고자 한다.

(1) 학습시간 범주 각각에 대한 총점수의 평균과 표준편차를 쓰시오.

학습시간	N	평균	표준편차
2시간 미만	***	☐.☐☐	***
2시간 이상 5시간 미만	***	***	☐.☐
5시간 이상	☐	***	***
전체	261	***	***

(2) 분산의 동질성을 검정하기 위한 가설을 세우시오. 그리고 검정통계량의 값과 유의확률을 쓰고, 그 결과를 유의수준 5%에서 해석하시오(단, 평균을 기준으로 한 Levene 검정을 실시하시오).

귀무가설(H_0)	
대립가설(H_1)	
검정통계량의 값	☐.☐☐☐
유의확률(양측)	☐.☐☐☐
검정 결과	

(3) 다음 분산분석표를 완성하시오.

구분	제곱합	자유도	평균제곱	F	유의확률
집단-간	***	☐	***	☐.☐☐☐	☐.☐☐☐
집단-내	☐	***	***		
전체	***	***	***		

(4) 학습시간에 따라 총점수에 차이가 있는지 가설을 세우시오. 그리고 검정통계량의 값과 유의확률을 쓰고, 유의수준 5%에서 검정 결과를 설명하시오.

귀무가설(H_0)	
대립가설(H_1)	
검정통계량의 값	☐.☐☐☐
유의확률(양측)	☐.☐☐☐
검정 결과	

(5) Scheffe 방법으로 사후분석하여 유의수준 5%에서 통계적으로 차이가 유의한 집단의 쌍을 모두 쓰시오.

문제 5 결석이 스트레스와 관련성이 있는지 알아보고자 한다.

(1) 결석 [Absences] 변수에 대한 새로운 결석범주 [GAbsences] 변수를 만들어 다음 빈도표를 완성하시오.

결석범주	빈도	퍼센트(%)	누적 퍼센트(%)
0번	☐	☐.☐	***
1번 이상 4번 미만	***	***	☐.☐
4번 이상 7번 미만	☐	☐.☐	☐.☐
7번 이상	***	***	100
합계	***	100	

(2) 가설을 세우시오. 그리고 가설을 검정하기 위한 검정 방법과 검정통계량의 값 및 유의확률을 쓰고, 유의수준 5%에서 검정 결과를 설명하시오.

귀무가설(H_0)	
대립가설(H_1)	
검정 방법	
검정통계량의 값	☐.☐☐☐
유의확률(양측)	☐.☐☐☐
검정 결과	

문제 6 학원참여에 따른 시험3에 차이가 있는지 검정하고자 한다.

(1) 가설을 세우시오.

귀무가설(H_0)	
대립가설(H_1)	

(2) 학원참여에 따른 관측값의 수와 시험3의 평균 및 표준편차를 쓰시오.

학원참여	N	평균	표준편차
학원 다님	☐	☐.☐☐	***
학원 안 다님	***	***	☐.☐☐

(3) Levene의 등분산 검정통계량과 유의확률을 쓰시오.

검정통계량의 값	☐.☐☐☐
유의확률(양측)	☐.☐☐☐

(4) 가설 검정에 대한 검정통계량의 값과 유의확률(양측)을 쓰고, 유의수준 5%에서 검정 결과를 설명하시오.

검정통계량의 값	☐.☐☐☐
유의확률(양측)	☐.☐☐☐
검정 결과	

문제 7 총점수에 영향을 미치는 학습시간, 학원참여, 대학입학, 결석횟수를 포함하여 다중회귀분석을 실시하고자 한다. 회귀분석의 방법은 단계 선택 방법[변수 진입(E): 0.05, 제거(M): 0.1]을 사용하시오. 그리고 학습시간, 학원참여, 대학입학은 '2시간 미만, 학원 안 다님, 대학입학 원하지 않음'을 기준으로 가변수를 만드시오.

(1) 추정된 최종 회귀모형에 대한 분산분석표를 완성하시오. 수정된 결정계수와 검정통계량의 값을 쓰고, 그 결과를 유의수준 5%에서 설명하시오.

구분	제곱합	자유도	평균제곱	F	유의확률
회귀	☐.☐☐	☐	***	☐.☐☐	☐.☐☐
잔차	***	***	☐.☐☐		
전체	***	☐	***		

수정된 결정계수	☐.☐☐☐
검정통계량의 값	☐.☐☐☐
검정 결과	

(2) 최종 회귀모형에 포함된 독립변수를 모두 쓰고 추정된 회귀식을 쓰시오. 단, 소수점은 반올림하여 소수 셋째 자리로 나타내시오.

독립변수	
추정 회귀식	

(3) 추정된 회귀식에서 독립변수를 표준화하여 구한 표준화 회귀계수 중 종속변수에 가장 영향을 많이 미치는 변수를 쓰고 그 이유를 적으시오.

변수 명	
이유	

> 제 3 회   **분석 및 풀이**

1 분석 준비

(1) 자료 파일 불러오기

① 데이터 열기

㉠ "생활과 성적.txt"을 열어 변수값이 '탭'이나 '쉼표'에 의해 구분되어 있는지, '고정 너비 열'로 정렬되어 있는지 확인한다. "생활과 성적.txt"은 '탭'으로 구분되어 있다.

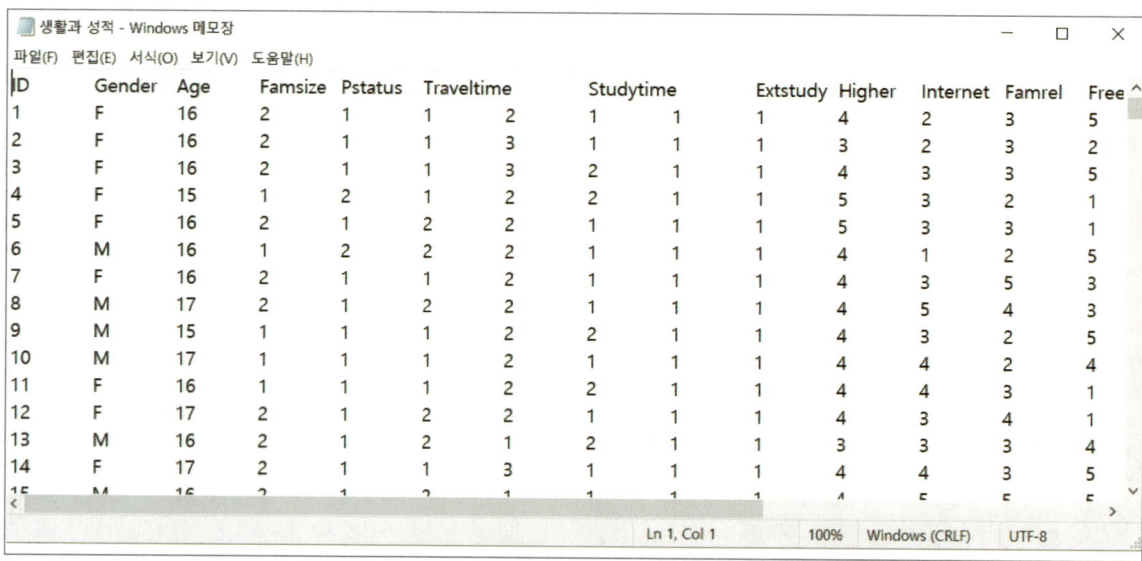

㉡ 자료를 SPSS로 불러오기 위해 다음의 메뉴를 이용한다.

파일(F) → 데이터 가져오기(D) → 텍스트 데이터(T)

㉢ 데이터 열기 대화상자에서 "생활과 성적.txt"을 선택하고 인코딩(E)을 로컬 인코딩으로 선택하여 열기(O)를 누르면, 텍스트 가져오기 마법사 - 6단계 중 1단계 대화상자가 나타난다.

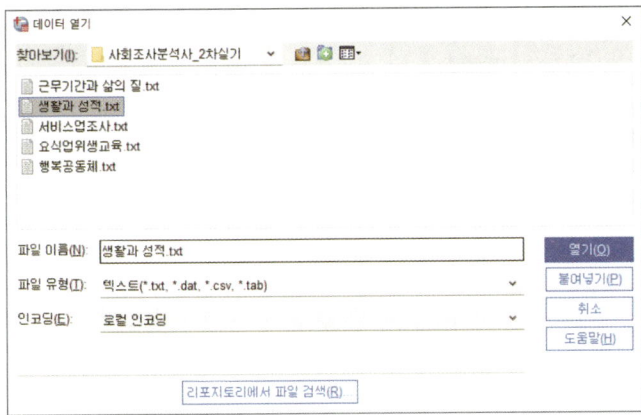

② 텍스트 가져오기 마법사 – 6단계 중 1단계

   ㉠ 텍스트 파일이 사전 정의된 형식과 일치하는지를 묻는 단계이다.

   ㉡ 사전에 정의한 형식이 없으므로 초기값 상태인 아니오(O)를 선택하고 다음(N)을 누른다.

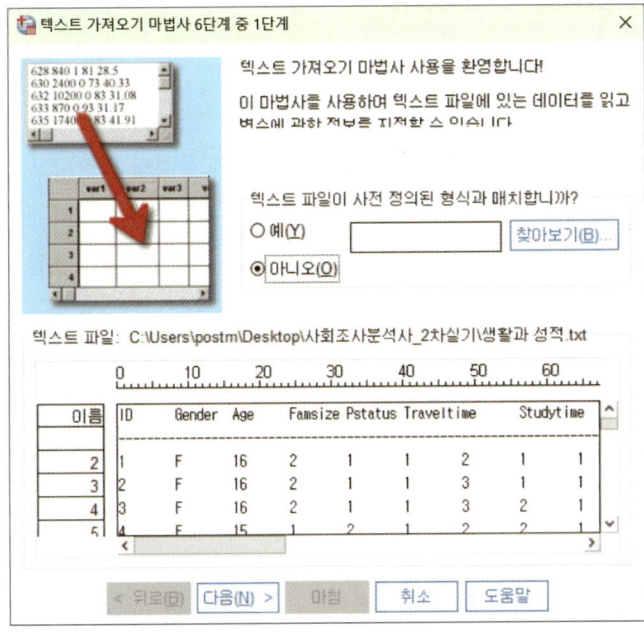

③ 텍스트 가져오기 마법사 – 6단계 중 2단계

   ㉠ 변수의 배열과 이름을 묻는 단계이다.

   ㉡ '변수는 어떻게 배열되어 있습니까?' 질문에 **구분자에 의한 배열(D)**을 선택한다.

   ㉢ '변수 이름이 파일의 처음에 있습니까?' 질문에 변수의 이름이 파일의 처음에 있으므로 예(Y)를 선택한다.

   ㉣ '소수점 기호'에 주기(P)를 선택하고 다음(N)을 누른다.

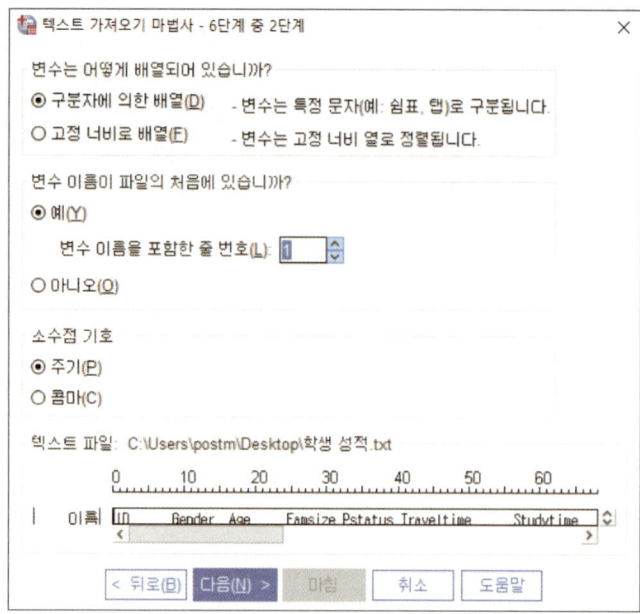

④ 텍스트 가져오기 마법사 – 6단계 중 3단계(구분자에 의한 배열)

　㉠ 데이터의 범위를 설정하는 단계이다.

　㉡ '데이터의 첫 번째 케이스가 몇 번째 줄에서 시작합니까?' 질문에 데이터가 두 번째 줄부터 시작되고 있으므로 초기값 2를 유지한다.

　㉢ '케이스가 어떻게 표시되고 있습니까?' 질문에 각 줄이 하나의 케이스를 나타내므로 각 줄은 케이스를 나타냅니다.(L)를 선택한다.

　㉣ '몇 개의 케이스를 가져오시겠습니까?' 질문에 모든 케이스를 불러와야 하므로 모든 케이스(A)를 선택한다.

　㉤ 데이터 미리보기로부터 데이터가 올바르게 정렬되어 있는지 확인하고 다음(N)을 누른다. 만약 데이터가 올바르게 정렬되어 있지 않다면 뒤로(B)를 눌러 이전 단계를 확인한다.

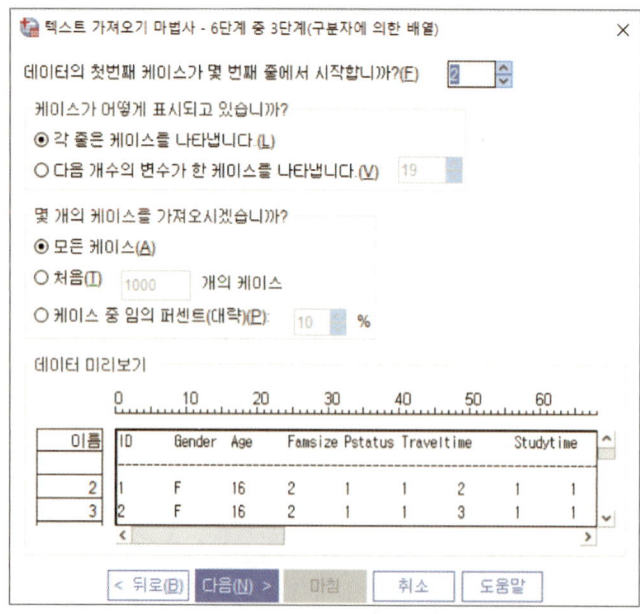

⑤ 텍스트 가져오기 마법사 – 6단계 중 4단계(구분자에 의한 배열)

ㄱ 변수의 구분을 어떻게 했는지 묻는 단계이다.

ㄴ '변수 사이에 어떤 구분자를 사용했습니까?' 질문에 기본값으로 **탭**(T)과 **공백**(S)에 체크되어 있다. '데이터 미리보기'에서 공백이 확인되므로 **공백**(S)에 체크되어 있는 것을 해제한다.

ㄷ '데이터 미리보기'에서 데이터가 올바르게 정렬되어 있는지 확인하고 **다음**(N)을 누른다. 만약 데이터가 올바르게 정렬되어 있지 않다면 **뒤로**(B)를 눌러 이전 단계를 확인한다.

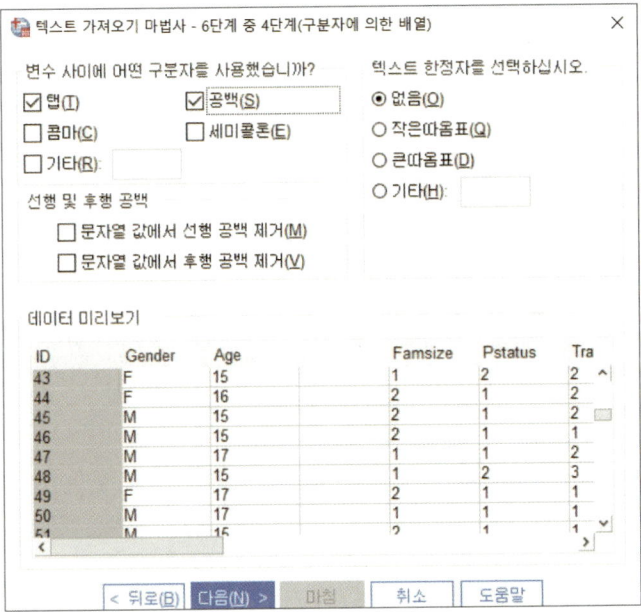

⑥ 텍스트 가져오기 마법사 – 6단계 중 5단계

ㄱ 변수의 이름과 데이터 형식을 지정하는 단계이다.

ㄴ 변수 보기 창에서 지정하기 위해 '데이터 미리보기 상자에서 선택된 변수 양식'은 기본값을 유지하고 **다음**(N)을 누른다.

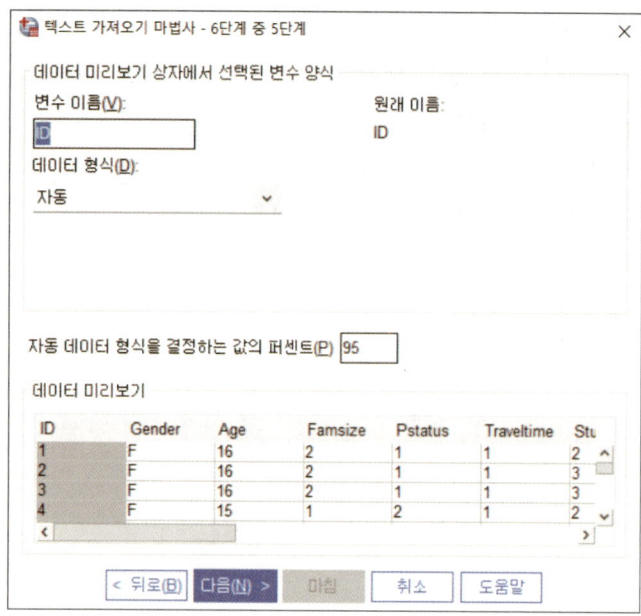

ⓒ 만약, "이 애플리케이션에 잘못된 변수 이름이 발견되어 변경되었습니다."라는 메시지가 나타난다면 확인을 누르고 다음 단계로 넘어간다.

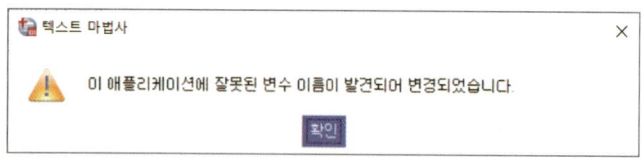

⑦ 텍스트 가져오기 마법사 – 6단계 중 6단계

㉠ 파일 형식을 저장할 것인지, 명령문을 생성할 것인지 묻는 단계이다.

㉡ 각 질문에 기본값 아니오를 유지하고 마침을 누른다.

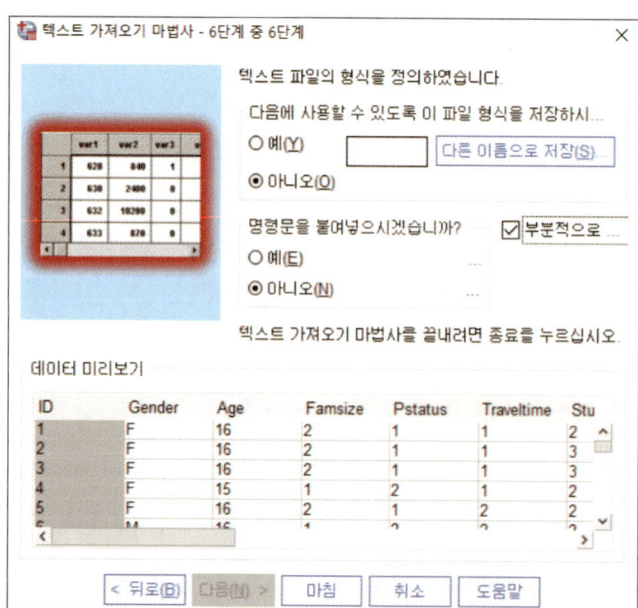

(2) 데이터 보기 창 확인

다음과 같이 "생활과 성적.txt"을 데이터 보기 창에서 확인할 수 있다.

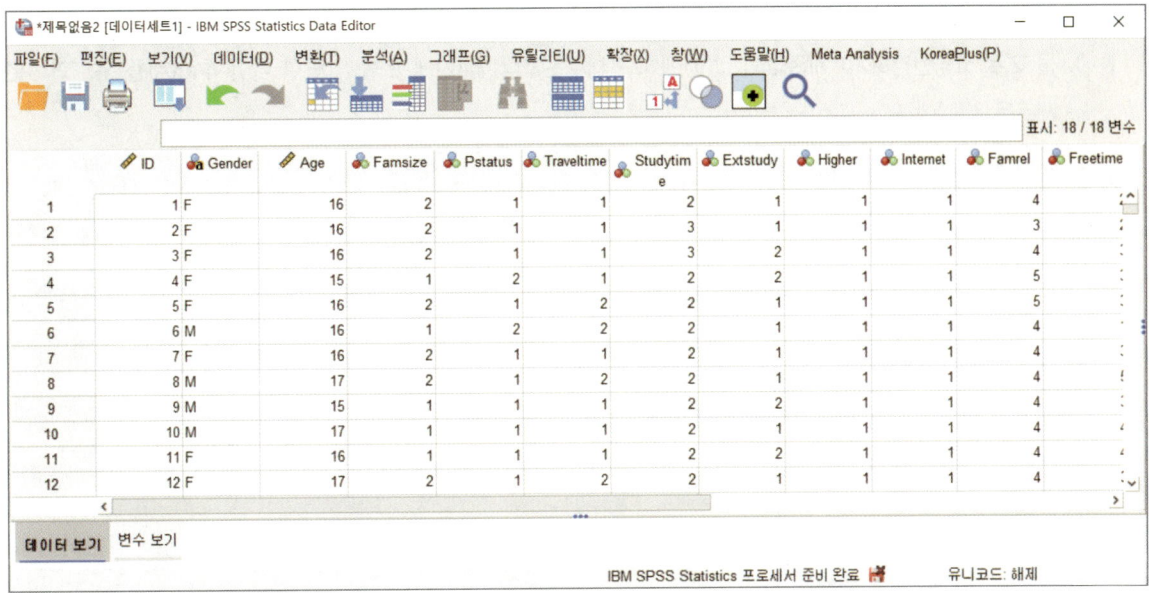

(3) 문자형 변수를 숫자형 변수로 바꾸기

① 성별 [Gender] 변수가 문자형이므로 이후 독립변수 T 분석 등을 위해 숫자형 변수로 바꾸어야 한다. 다음의 메뉴를 이용한다.

변환(T) → 같은 변수로 코딩변경(S)...

기존 성별 변수	변환	범주화 변수
F: 여학생	⇒	1: 여학생
M: 남학생	⇒	2: 남학생

② 같은 변수로 코딩변경 대화상자의 변수 중에서 Gender를 선택하고 ⬅를 눌러 오른쪽 문자변수로 옮긴 후 기존값 및 새로운 값(O)을 누른다.

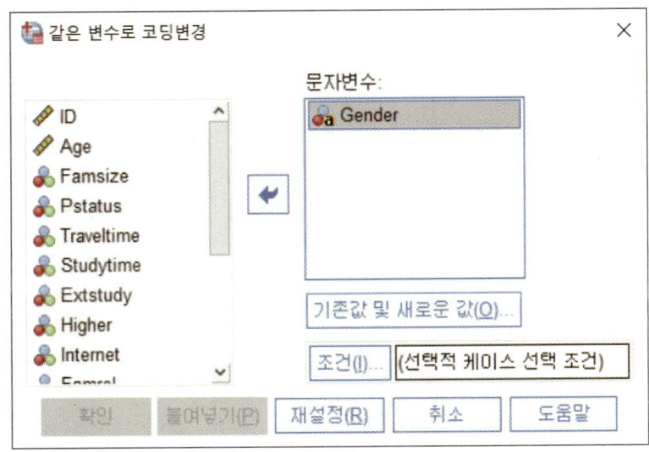

③ 같은 변수로 코딩변경: 기존값 및 새로운 값 대화상자에서 다음과 같이 입력한다.
　㉠ 'F'를 '1'로 코딩변경하기: 기존값의 값(V)에 'F', 새로운 값의 값(L)에 '1'을 입력한 다음 추가(A)를 누르면 기존값
　　→ 새로운 값(D)에 'F' → '1'이 확인된다.
　㉡ 'M'을 '2'로 코딩변경하기: 기존값의 값(V)에 'M', 새로운 값의 값(L)에 '2'를 입력한 다음 추가(A)를 누르면 기존값
　　→ 새로운 값(D)에 'M' → '2'가 확인된다.

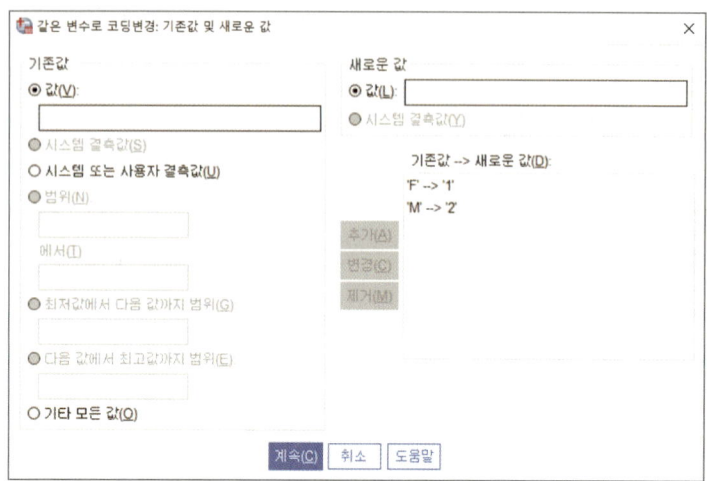

④ 계속(C)을 눌러 같은 변수로 코딩변경 대화상자로 돌아가 확인을 누르면 데이터 보기 창에 Gender 열이 문자(F, M)에서 숫자(1, 2)로 변경되어 있음을 확인할 수 있다.

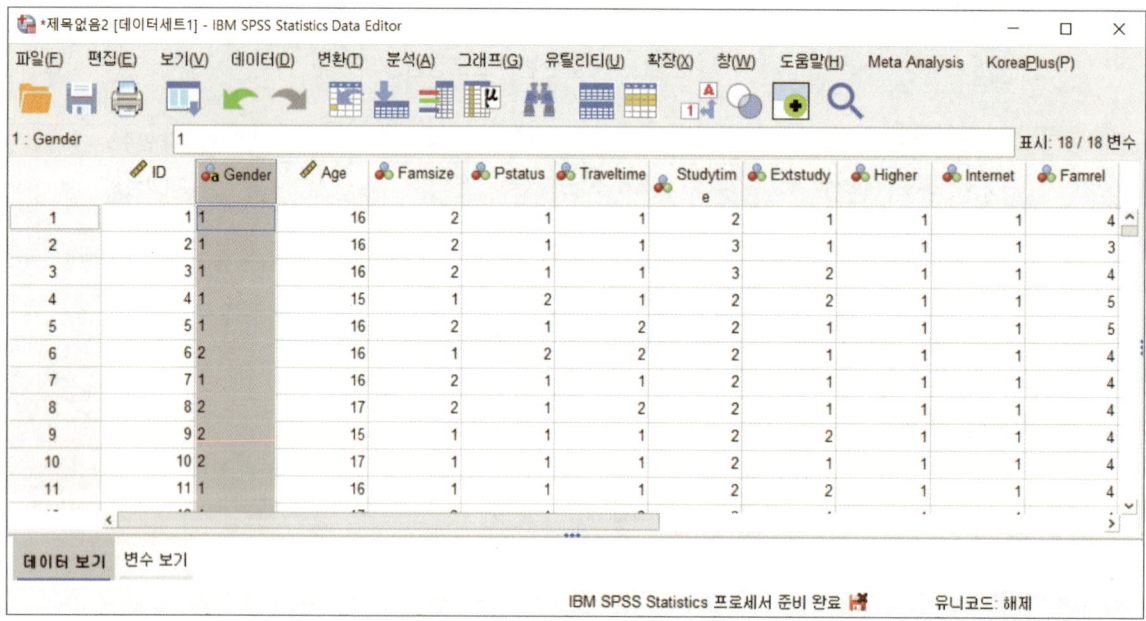

2 변수 보기 입력

① 조건으로 제공된 [표1] 데이터 파일의 코딩양식을 확인한다.
② 불러온 데이터의 변수 보기 창에서 [표1] 데이터 파일의 코딩양식에 맞추어 레이블, 값, 측도를 입력한다.
③ 특히, 문자형 변수를 숫자형 변수로 바꾼 Gender 변수는 유형을 문자에서 숫자로 바꾸고 값의 값 레이블에 1="여학생", 2="남학생"을 입력한다.
④ 측도 설정 시 Age, Absences, Test1, Test2, Test3 변수는 모두 양적 변수이므로 측도에서 척도를 선택하고 나머지는 명목형을 선택한다.

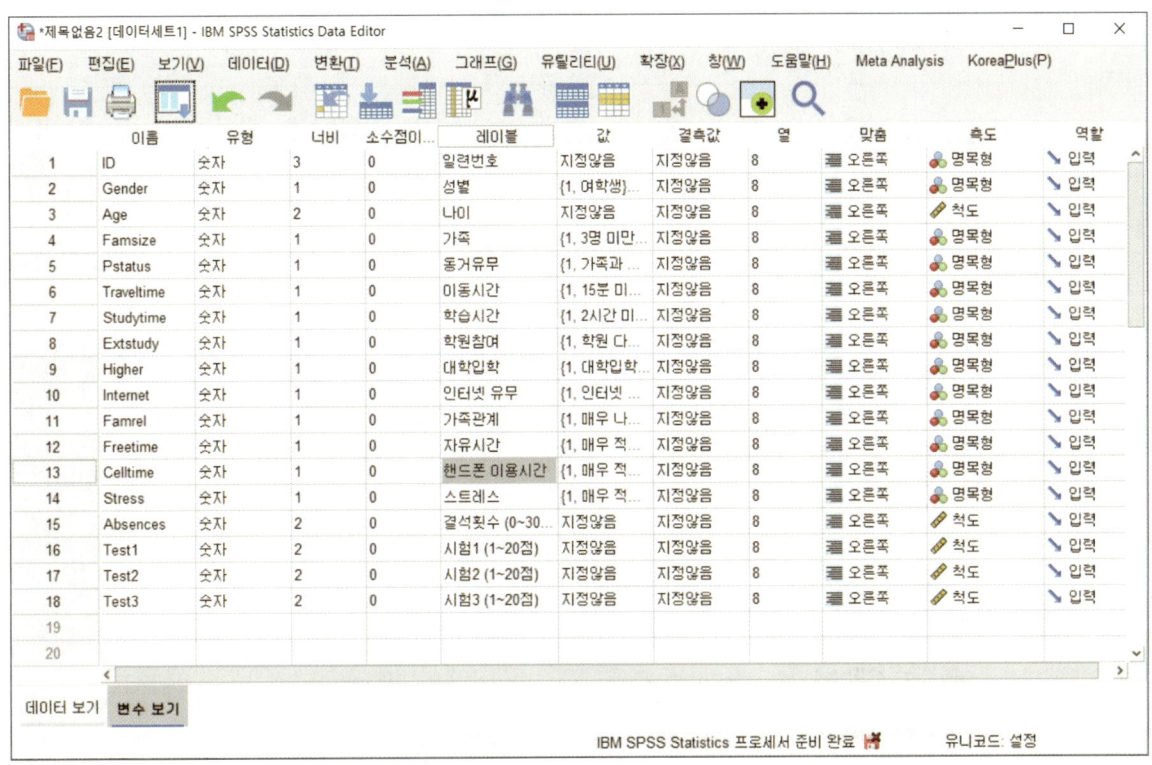

3 분석

문제 1 학생들 나이를 15세에서 17세로 정할 때 잘못 입력된 값들이 있다. 먼저 이들을 모두 찾아 해당 자료의 응답자 일련번호와 잘못 입력되어 있는 자료값을 쓰고, 이후의 모든 분석에서 이 응답자들을 제외하고 분석하시오.

잘못 입력되어 있는 자료	
응답자 일련번호	자료값

실행 POINT
- 오류값 찾기
- 조건을 만족하는 케이스 분석

① 나이 [Age] 변수에 대해 오류값을 찾기 위해 다음의 메뉴를 이용한다.

분석(A) → 기술통계량(E) → 빈도분석(F)...

② 빈도분석 대화상자의 변수 중에서 나이 [Age]를 선택하고 ▶를 눌러 오른쪽 변수(V)로 이동시킨다.

③ 확인을 누르면 출력결과 창에 다음을 얻을 수 있다.

나이

		빈도	퍼센트	유효 퍼센트	누적 퍼센트
유효	15	62	23.5	23.5	23.5
	16	102	38.6	38.6	62.1
	17	97	36.7	36.7	98.9
	18	2	.8	.8	99.6
	19	1	.4	.4	100.0
	전체	264	100.0	100.0	

④ 빈도분석 결과, 18세 2명, 19세 1명으로 응답 범주(15세~17세)를 벗어난 3명을 확인할 수 있다.

⑤ 오류값 18이 있는 일련번호를 찾기 위해 데이터 보기 창에서 Age 열을 선택한 후 다음의 메뉴를 이용한다.

편집(E) → 찾기(F)...

⑥ 찾기 및 바꾸기 – 데이터 보기 대화상자의 찾기(N)에 '18'을 입력하고 다음 찾기(F)를 누른다.

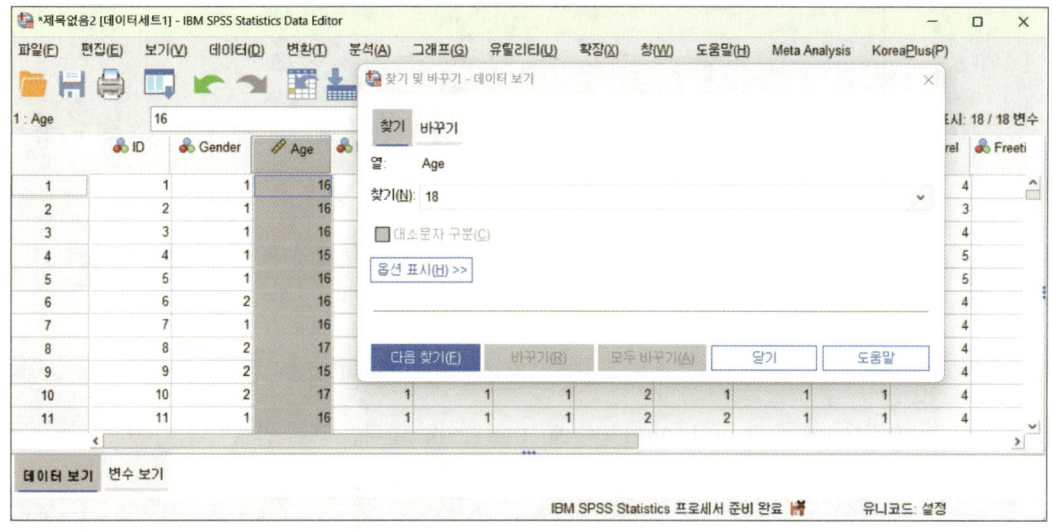

⑦ 그러면 다음과 같이 일련번호 120에 오류값 18이 존재함을 알 수 있다. 다음 찾기(F)를 누르면 122에 오류값 18이 한 번 더 확인된다.

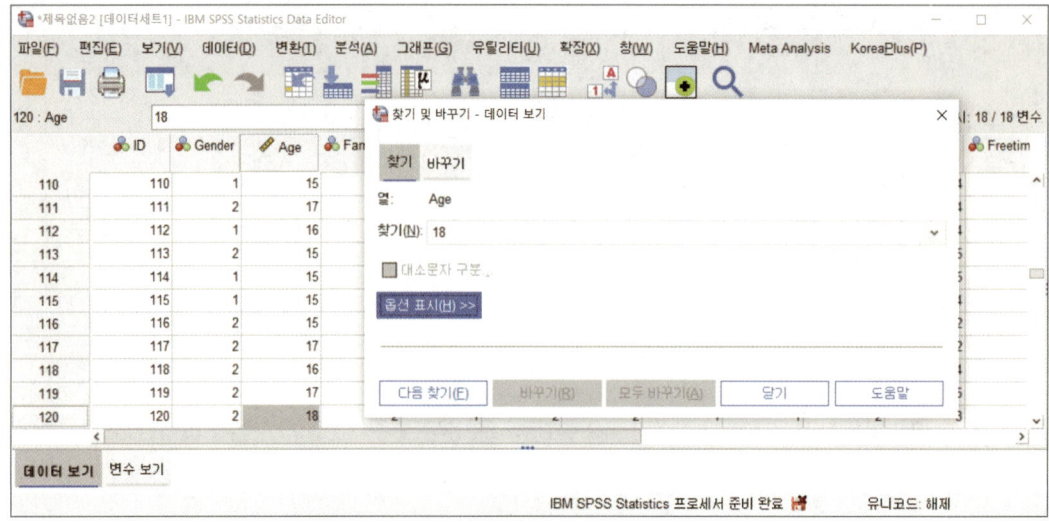

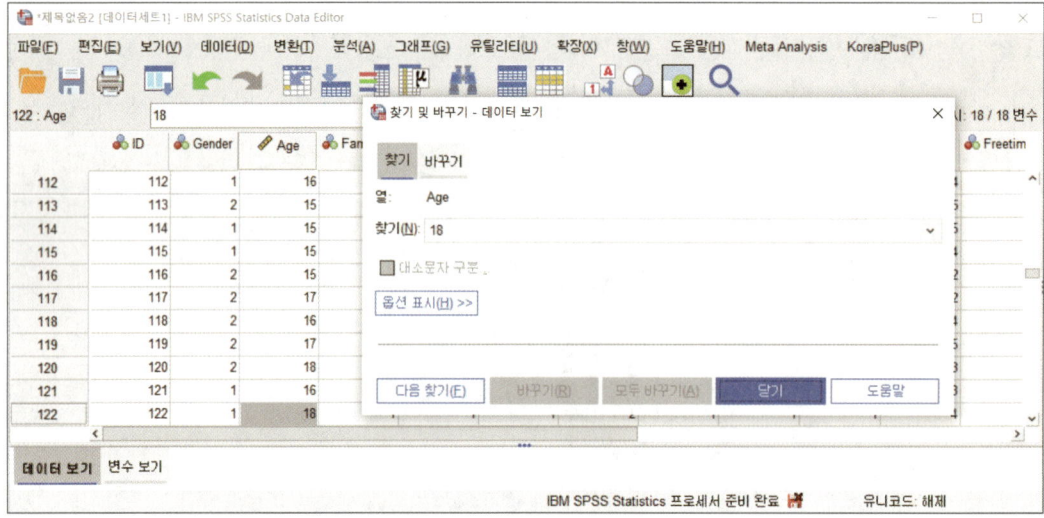

⑧ 같은 방법으로 나이 [Age] 변수에 19를 확인하고 다음 표를 완성한다.

잘못 입력되어 있는 자료	
응답자 일련번호	자료값
120	18
122	18
186	19

⑨ 이후의 모든 분석에서 이 응답자들을 제외하고 분석하기 위해 15세에서 17세 사이의 학생들만을 선택해야 한다. 이를 위해 다음의 메뉴를 이용한다.

데이터(D) → 케이스 선택(S)...

⑩ 케이스 선택 대화상자에서 선택의 조건을 만족하는 케이스(C)를 선택한 후 조건(I)을 누른다.

⑪ 케이스 선택: 조건 대화상자에서 나이 [Age]를 선택하고 ➡를 눌러 오른쪽으로 옮긴 후, '15＜=Age & Age＜=17'을 입력한다.

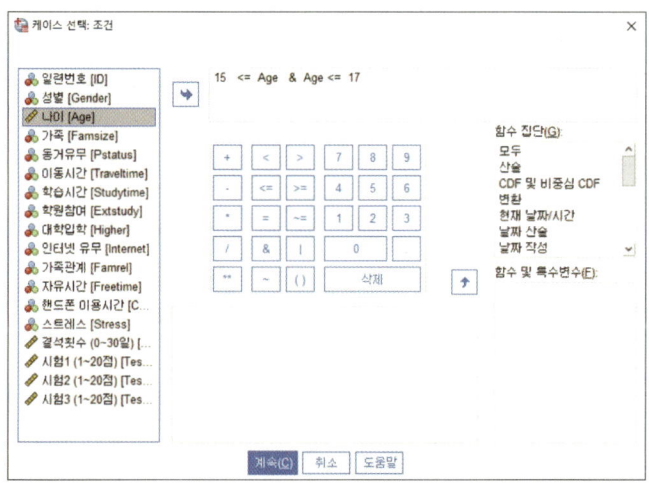

⑫ 계속(C)을 눌러 케이스 선택 대화상자로 돌아가 확인을 누르면 데이터 보기 창에 Age가 18, 19인 일련번호 위에 '/' 표시가 되어 있다.

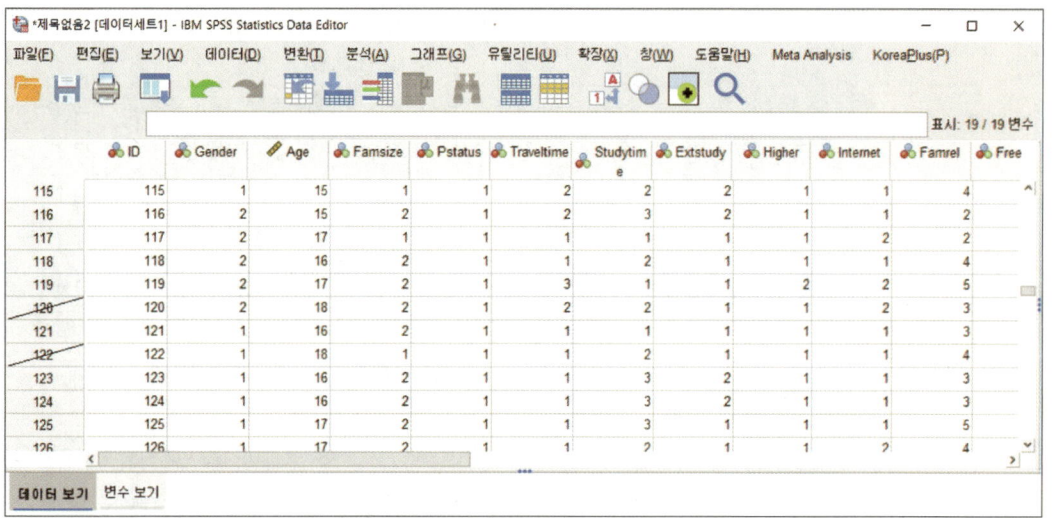

⑬ 변수 보기 창에 filter_$가 새롭게 추가되어 있으며 선택된 케이스는 1, 선택되지 않은 케이스는 0으로 구분되어 있다.

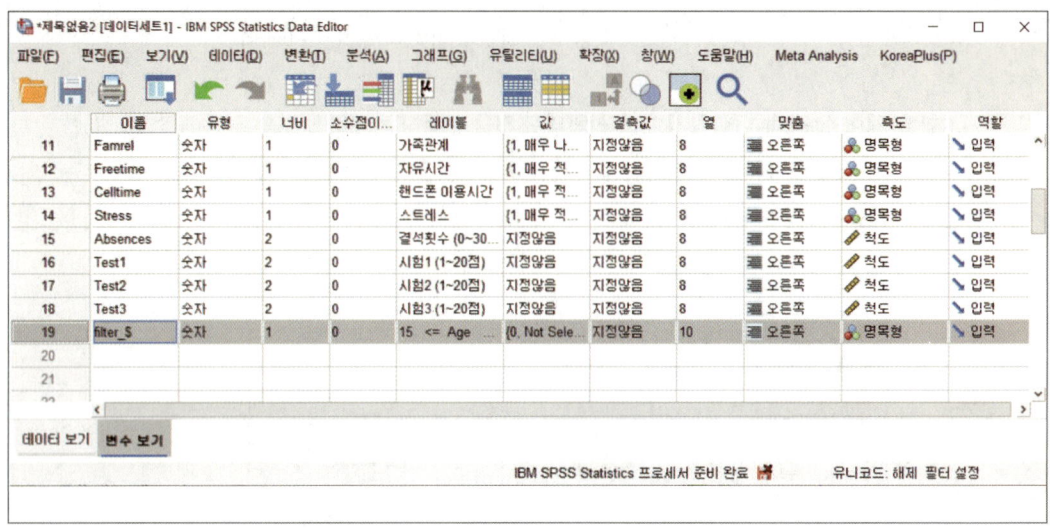

⑭ 나이 [Age] 변수에 대해 다시 한 번 빈도분석을 실시하면 유효 학생수는 18세와 19세 3명이 빠진 261명이고 15세부터 17세까지만 분포되어 있음을 확인할 수 있다.

통계량

나이		
N	유효	261
	결측	0

나이

		빈도	퍼센트	유효 퍼센트	누적 퍼센트
유효	15	62	23.8	23.8	23.8
	16	102	39.1	39.1	62.8
	17	97	37.2	37.2	100.0
	전체	261	100.0	100.0	

보충학습

Q. 이 경우, 과감하게 입력값이 18, 19인 일련번호 120, 122, 186의 데이터를 제거해도 되나요?
A. 제거한다면 이후 분석에서 완전히 삭제된 상태에서 분석을 하게 되기 때문에 제거해도 됩니다. 하지만, 일반적으로 데이터를 삭제하는 데에는 상당히 주의해야 합니다. 이후 어떠한 조건에서 분석이 될지 모르기 때문입니다. 그러나 분석과정에서 제거하라는 안내가 있다면 과감하게 데이터 자체를 제거할 수도 있습니다.

주의) '조건을 만족하는 케이스(C)' 선택 후, 분석이 끝나면 전체 자료분석을 위해 '모든 케이스(A)'를 선택한다.

문제 2   대학에 입학하기를 원하는 학생 중에서 나이에 따른 학습시간에 대한 다음 표를 완성하시오.

나이	2시간 미만		2시간 이상 5시간 미만		5시간 이상	
	학생 수	비중(%)	학생 수	비중(%)	학생 수	비중(%)
15	☐	***	***	***	***	☐.☐
16	***	☐.☐	***	***	☐	***
17	***	***	***	☐.☐	***	***
전체	75	***	129	***	44	***

실행 POINT
- 교차분석으로 통계적으로 유의한 변수 선택하기
- 교차분석 실시하기

① 대학에 입학하기를 원하는 학생만을 대상으로 분석해야 하므로 대학에 입학하기를 원하는 학생과 그렇지 않은 학생으로 분할하기 위해 다음의 메뉴를 이용한다.

데이터(D) → 파일분할(F)...

② 파일분할 대화상자에서 집단들 비교(C)를 선택하고, 변수 중에서 대학입학 [Higher]을 선택하고 ➡를 눌러 오른쪽 분할 집단변수(G)로 옮긴다. 집단변수 기준으로 케이스 정렬(S)은 기본값으로 유지하고 확인을 누른다.

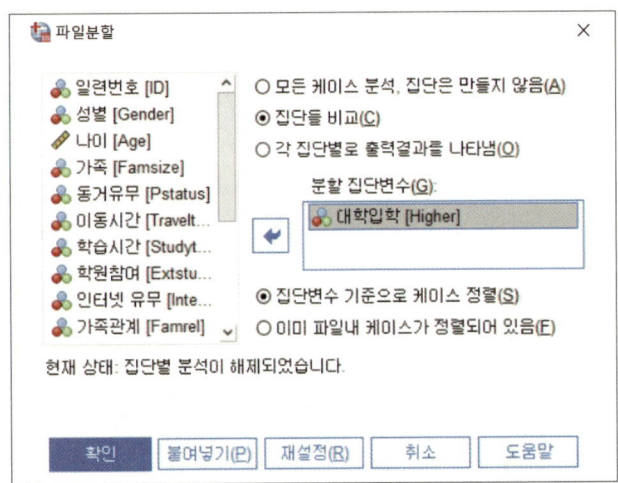

③ 출력결과 창에 다음과 같은 문구가 확인되면 집단들 비교(C)에 대한 파일분할이 정상적으로 진행된 것이다.

```
SORT CASES BY Higher.
SPLIT FILE LAYERED BY Higher.
```

④ 나이에 따른 학습시간에 대한 빈도를 구하기 위해 다음의 메뉴를 이용한다. 단, 본 조사에서는 나이 변수가 연속변수이지만 15, 16, 17로 구분되어 있으므로 질적변수로 취급하고 빈도를 구한다.

분석(A) → 기술통계량(E) → 교차분석(C)...

⑤ 교차분석 대화상자의 변수 중에서 나이 [Age]를 선택하고 →를 눌러 오른쪽 행(O)으로 옮기고, 학습시간 [Studytime]을 선택하고 →를 눌러 오른쪽 열(C)로 옮긴 후 셀(E)을 누른다.

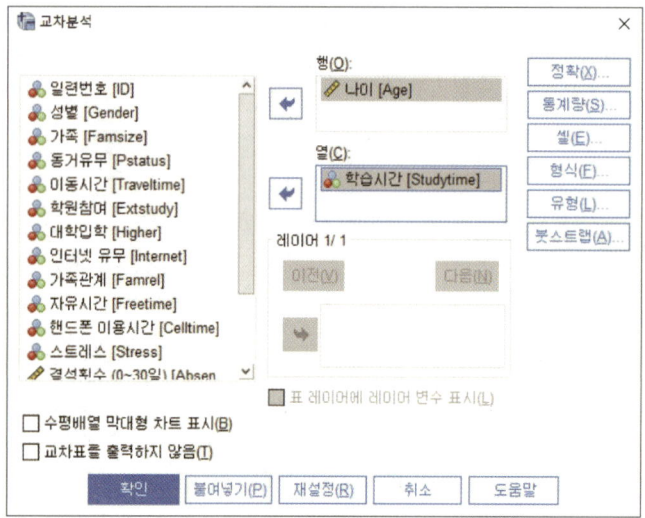

⑥ 교차분석: 셀 표시 대화상자의 빈도(T)에서 관측빈도(O)를 선택하고, 퍼센트에서 행(R)을 선택한 다음 계속(C)을 눌러 교차분석 대화상자로 돌아간다.

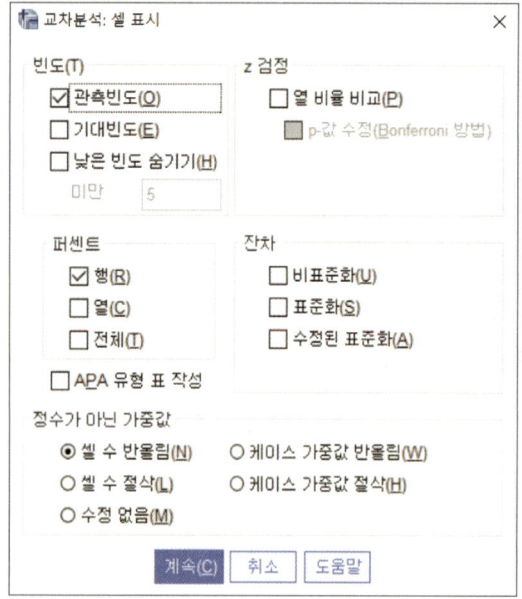

⑦ 확인을 누르면 출력결과 창에 다음을 얻을 수 있다.

케이스 처리 요약

대학입학		케이스					
		유효		결측		전체	
		N	퍼센트	N	퍼센트	N	퍼센트
대학입학 원함	나이 * 학습시간	248	100.0%	0	0.0%	248	100.0%
대학입학 원하지 않음	나이 * 학습시간	13	100.0%	0	0.0%	13	100.0%

나이 * 학습시간 교차표

대학입학				학습시간			전체
				2시간 미만	2시간 이상 5시간 미만	5시간 이상	
대학입학 원함	나이	15	빈도	19	34	7	60
			나이 중 %	31.7%	56.7%	11.7%	100.0%
		16	빈도	30	48	20	98
			나이 중 %	30.6%	49.0%	20.4%	100.0%
		17	빈도	26	47	17	90
			나이 중 %	28.9%	52.2%	18.9%	100.0%
	전체		빈도	75	129	44	248
			나이 중 %	30.2%	52.0%	17.7%	100.0%
대학입학 원하지 않음	나이	15	빈도	2	0	0	2
			나이 중 %	100.0%	0.0%	0.0%	100.0%
		16	빈도	3	0	1	4
			나이 중 %	75.0%	0.0%	25.0%	100.0%
		17	빈도	6	1	0	7
			나이 중 %	85.7%	14.3%	0.0%	100.0%
	전체		빈도	11	1	1	13
			나이 중 %	84.6%	7.7%	7.7%	100.0%

⑧ 나이 * 학습시간 교차표의 대학입학 원함을 이용하여 다음 표를 완성한다.

나이	2시간 미만		2시간 이상 5시간 미만		5시간 이상	
	학생 수	비중(%)	학생 수	비중(%)	학생 수	비중(%)
15	19	***	***	***	***	11.7
16	***	30.6	***	***	20	***
17	***	***	***	52.2	***	***
전체	75	***	129	***	44	***

⑨ 파일분할을 이용한 분석이 끝난 후 파일분할을 해제하기 위해 파일분할 대화상자에서 모든 케이스 분석, 집단은 만들지 않음(A)을 선택하고 확인을 누른다.

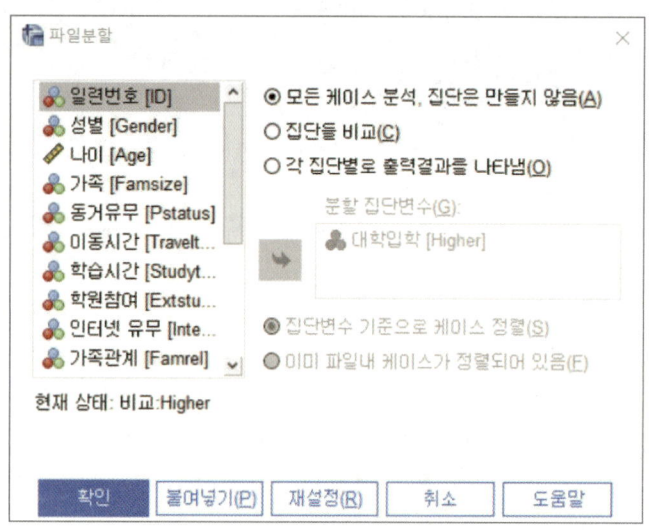

문제 3 시험1, 시험2, 시험3 점수에 5:3:2의 가중치를 넣어 그 합이 100점 만점인 총점수 [TTest] 변수를 만들고, 다음 기술통계표를 완성하시오.

변수	평균	중앙값	표준편차	표준오차	최솟값	최댓값
TTest	☐ . ☐	***	***	☐ . ☐	☐	***

> **실행 POINT**
> • 변수계산을 이용하여 평균 및 합 구하기
> • 빈도분석으로 기술통계량 계산

① 100점 만점의 새로운 총점수 (100점 만점) [TTest] 변수를 만들기 위해 다음의 메뉴를 이용한다.

변환(T) → 변수 계산(C)...

② 변수 계산 대화상자에서 목표변수(T)에 TTest를 입력하고 숫자표현식(E)에 (Test1*5/2) + (Test2*3/2) + (Test3)를 입력한다.
 ㉠ Test1은 20점 만점을 50점 만점으로 배점을 수정하기 위해 Test1*5/2로 계산한다.
 ㉡ Test2는 20점 만점을 30점 만점으로 배점을 수정하기 위해 Test2*3/2으로 계산한다.

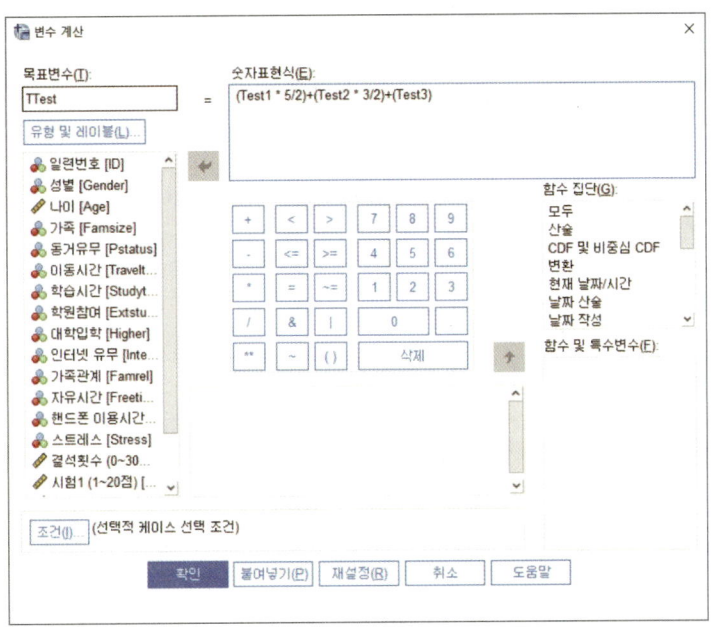

③ 확인을 누르면 데이터 보기 창에 새로운 TTest 변수가 만들어진 것을 확인할 수 있다. 변수 보기 창에서 TTest 행의 레이블에 '총점수 (100점 만점)'를 입력한다.

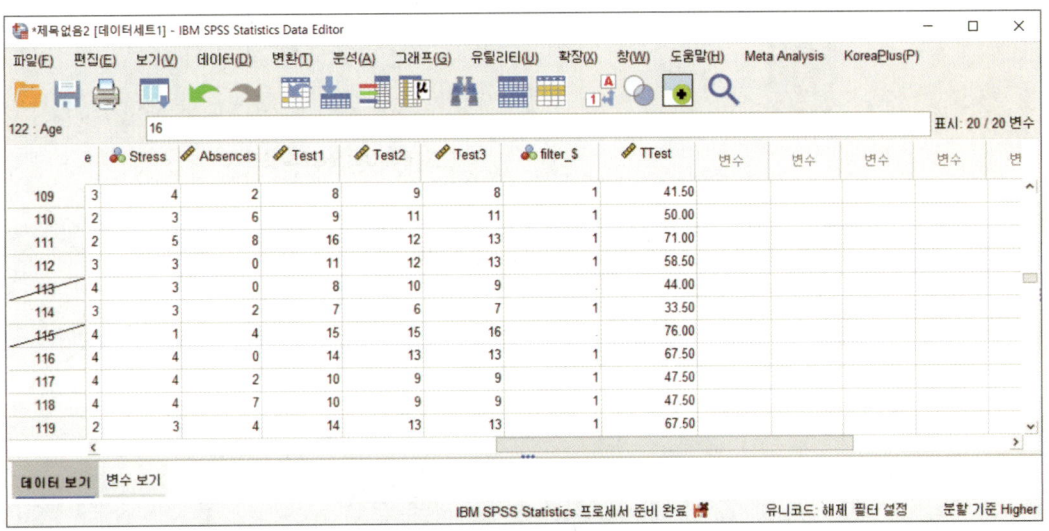

④ 총점수에 대한 기술통계량을 구하기 위해 다음의 메뉴를 이용한다.

분석(A) → 기술통계량(E) → 빈도분석(F)...

⑤ 빈도분석 대화상자에서 재설정(R)을 눌러 변수(V)를 비운 뒤, 총점수 (100점 만점) [TTest]를 선택하고 ➡를 눌러 오른쪽 변수(V)로 옮긴 후 통계량(S)을 누른다.

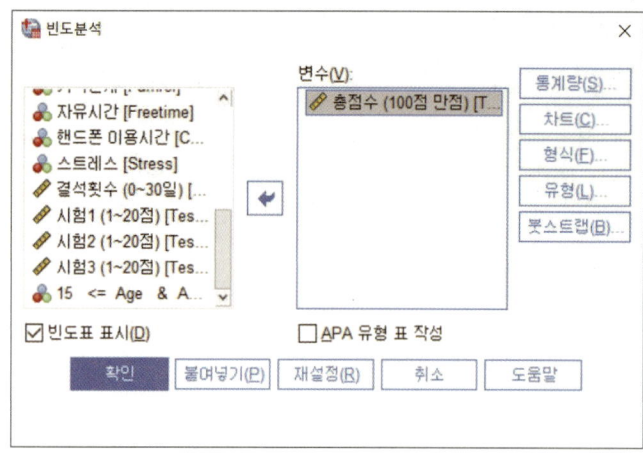

⑥ 빈도분석: 통계량 대화상자의 중심경향에서 **평균(M)**, **중위수(D)**를 선택하고, 산포도에서 **표준편차(T)**, **최소값(I)**, **최대값(X)**, **평균의 표준오차(E)**를 선택한 다음 계속(C)을 눌러 빈도분석 대화상자로 돌아간다.

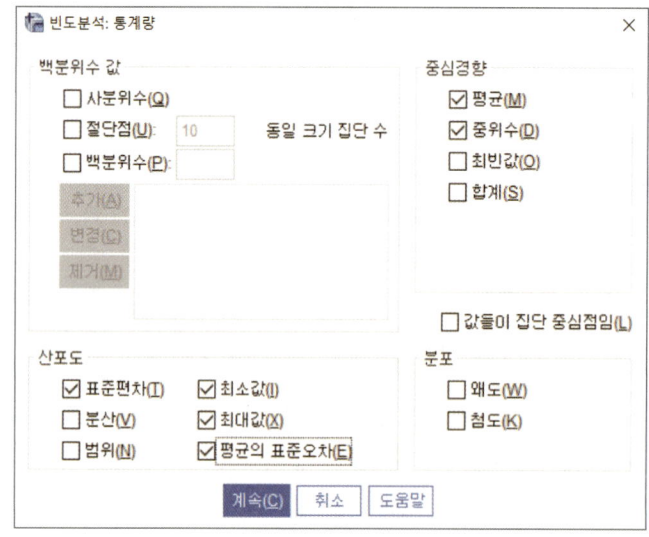

⑦ 확인을 누르면 출력결과 창에 다음을 얻을 수 있다.

통계량

총점수 (100점 만점)		
N	유효	261
	결측	0
평균		58.2835
표준화 평균 오차		.95168
중위수		57.5000
표준화 편차		15.37487
최소값		10.00
최대값		92.50

⑧ 통계량 표의 평균, 중위수, 표준화 편차, 표준화 평균오차, 최소값, 최대값을 이용하여 다음 표를 완성한다.

변수	평균	중앙값	표준편차	표준오차	최솟값	최댓값
TTest	58.28	***	***	0.95	10	***

문제 4
학습시간에 따라 총점수가 관련성이 있는지를 알아보고자 한다.

(1) 학습시간 범주 각각에 대한 총점수의 평균과 표준편차를 쓰시오.

학습시간	N	평균	표준편차
2시간 미만	***	☐.☐☐	***
2시간 이상 5시간 미만	***	***	☐.☐☐
5시간 이상	☐	***	***
전체	261	***	***

실행 POINT

일원배치 분산분석 실시하기

① 학습시간 범주에 대한 총점수의 평균과 표준편차를 구하기 위해 다음의 메뉴를 이용한다.

분석(A) → 평균 비교(M) → 일원배치 분산분석(O)...

② 일원배치 분산분석 대화상자의 변수 중에서 **총점수 (100점 만점) [TTest]**를 선택하고 ➡를 눌러 오른쪽 종속변수(E)로 옮기고, **학습시간 [Studytime]**을 선택하고 ➡를 눌러 오른쪽 요인(F)으로 옮긴 후 옵션(O)을 누른다.

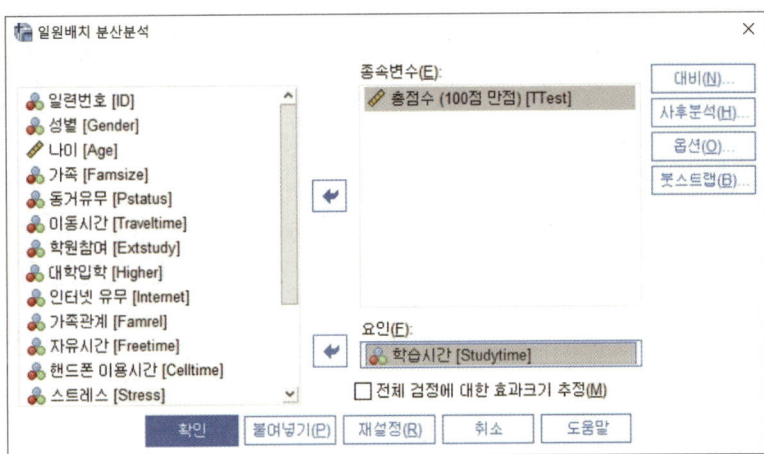

③ 일원배치 분산분석: 옵션 대화상자의 통계량에서 기술통계(D)를 선택한 다음 계속(C)을 눌러 일원배치 분산분석 대화상자로 돌아간다.

④ 확인을 누르면 출력결과 창에 다음을 얻을 수 있다.

기술통계

총점수 (100점 만점)

	N	평균	표준편차	표준오차	평균의 95% 신뢰구간		최소값	최대값
					하한	상한		
2시간 미만	86	54.9360	16.46686	1.77567	51.4055	58.4665	10.00	92.50
2시간 이상 5시간 미만	130	58.8923	14.78122	1.29640	56.3274	61.4573	22.50	87.50
5시간 이상	45	62.9222	13.69097	2.04093	58.8090	67.0354	34.00	90.00
전체	261	58.2835	15.37487	.95168	56.4095	60.1575	10.00	92.50

보충학습

학습시간 범주 각각에 대한 총점수의 평균과 표준편차는 평균분석을 이용하여 구할 수도 있다.

⑤ 기술통계 표의 N, 평균, 표준편차를 이용하여 다음 표를 완성한다.

학습시간	N	평균	표준편차
2시간 미만	***	54.94	***
2시간 이상 5시간 미만	***	***	14.78
5시간 이상	45	***	***
전체	261	***	***

(2) 분산의 동질성을 검정하기 위한 가설을 세우시오. 그리고 검정통계량의 값과 유의확률을 쓰고, 그 결과를 유의수준 5%에서 해석하시오(단, 평균을 기준으로 한 Levene 검정을 실시하시오).

귀무가설(H_0)	
대립가설(H_1)	
검정통계량의 값	☐.☐☐☐
유의확률(양측)	☐.☐☐☐
검정 결과	

실행 POINT

Levene(레벤) 등분산 검정 실시하기

① 귀무가설은 '각 집단의 분산이 동질적이다'이고, 대립가설은 '동질적이지 않다'이다.

귀무가설(H_0)	각 집단의 분산이 동질적이다.
대립가설(H_1)	각 집단의 분산이 동질적이지 않다.

② 분산의 동질성을 검정하기 위해 다음의 메뉴를 이용한다.

분석(A) → 평균 비교(M) → 일원배치 분산분석(O)...

③ 일원배치 분산분석 대화상자를 열면 종속변수(E)에 총점수 (100점 만점) [TTest], 요인(F)에 학습시간 [Studytime]이 선택되어 있다. 옵션(O)을 눌러 일원배치 분산분석: 옵션 대화상자의 통계량에서 분산 동질성 검정(H)을 선택한 다음 계속(C)을 눌러 일원배치 분산분석 대화상자로 돌아간다.

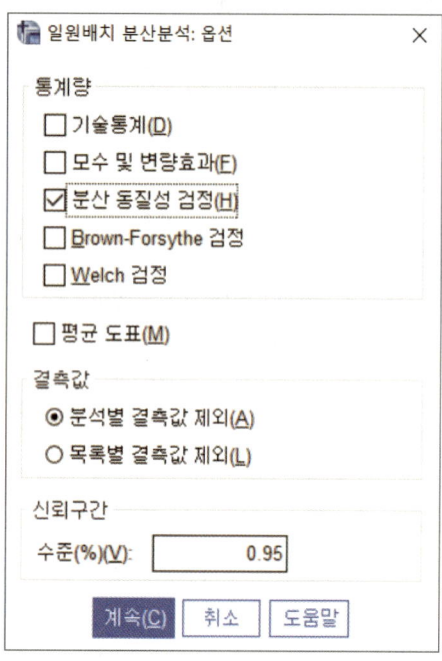

④ 확인을 누르면 출력결과 창에 다음을 얻을 수 있다.

분산의 동질성 검정

		Levene 통계량	df1	df2	유의확률
총점수 (100점 만점)	평균을 기준으로 합니다.	.104	2	258	.902
	중위수를 기준으로 합니다.	.154	2	258	.857
	자유도를 수정한 상태에서 중위수를 기준으로 합니다.	.154	2	238.842	.857
	절삭평균을 기준으로 합니다.	.108	2	258	.898

⑤ 분산의 동질성 검정 표의 평균을 기준으로 합니다 행에서 Levene 통계량을 이용하여 다음 표를 완성한다.

검정통계량의 값	0.104
유의확률(양측)	0.902
검정 결과	Levene 통계량 값이 0.104이고 유의확률이 0.902로 0.05보다 크므로 귀무가설을 기각할 수 없다. 즉, 각 집단의 분산이 동질적이다.

(3) 다음 분산분석표를 완성하시오.

구분	제곱합	자유도	평균제곱	F	유의확률
집단-간	***		***	☐.☐☐☐	☐.☐☐☐
집단-내		***	***		
전체	***	***	***		

실행 POINT

일원배치 분산분석 실시하기

① 학습시간 범주에 따른 총점수에 차이가 있는지 검정하기 위해 다음의 메뉴를 이용한다.

분석(A) → 평균 비교(M) → 일원배치 분산분석(O)...

② 일원배치 분산분석 대화상자를 열면 종속변수(E)에 총점수 (100점 만점) [TTest], 요인(F)에 학습시간 [Studytime]이 선택되어 있다. 확인을 누르면 출력결과 창에 다음을 얻을 수 있다.

ANOVA

총점수 (100점 만점)					
	제곱합	자유도	평균제곱	F	유의확률
집단-간	1980.151	2	990.075	4.295	.015
집단-내	59480.368	258	230.544		
전체	61460.519	260			

③ ANOVA 표를 이용하여 다음 표를 완성한다.

구분	제곱합	자유도	평균제곱	F	유의확률
집단-간	***	2	***	4.295	0.015
집단-내	59480	***	***		
전체	***	***	***		

(4) 학습시간에 따라 총점수에 차이가 있는지 가설을 세우시오. 그리고 검정통계량의 값과 유의확률을 쓰고, 유의수준 5%에서 검정 결과를 설명하시오.

귀무가설(H_0)	
대립가설(H_1)	
검정통계량의 값	.
유의확률(양측)	.
검정 결과	

① 귀무가설은 '학습시간과 총점수에는 차이가 없다'이고, 대립가설은 '차이가 있다'이다.

귀무가설(H_0)	학습시간에 따라 총점수에 차이가 없다.
대립가설(H_1)	학습시간에 따라 총점수에 차이가 있다.

② ANOVA 표의 F와 유의확률을 이용하여 검정통계량의 값과 유의확률을 쓰고, 검정 결과를 설명한다.

검정통계량의 값	4.295
유의확률(양측)	0.015
검정 결과	검정통계량 F값이 4.295이고 유의확률이 0.015로 유의수준 0.05보다 작으므로 귀무가설을 기각한다. 즉, 유의수준 5% 하에서 학습시간에 따라 총점수에 차이가 있다고 할 수 있다.

(5) Scheffe 방법으로 사후분석하여 유의수준 5%에서 통계적으로 차이가 유의한 집단의 쌍을 모두 쓰시오.

실행POINT

Scheffe 방법을 이용한 사후분석하기

① Scheffe 방법으로 사후분석을 실시하기 위해 다음의 메뉴를 이용한다.

분석(A) → 평균 비교(M) → 일원배치 분산분석(O)...

② 일원배치 분산분석 대화상자를 열면 종속변수(E)에 총점수 (100점 만점) [TTest], 요인(F)에 학습시간 [Studytime]이 선택되어 있다. 사후분석(H)을 누르면, 일원배치 분산분석: 사후분석 – 다중비교 창이 나타난다.

③ 등분산을 가정함의 Scheffe을 선택하고 계속(C)을 눌러 일원배치 분산분석 대화상자로 돌아간다.

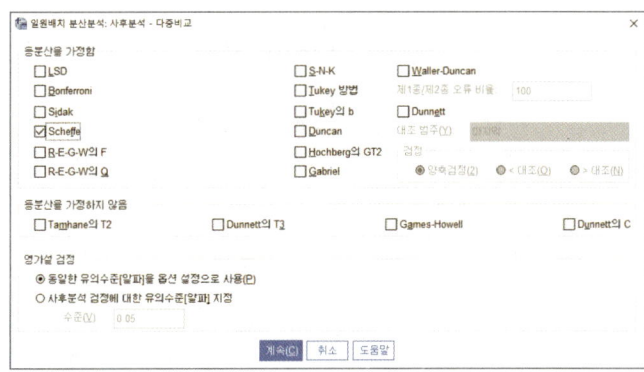

④ 확인을 누르면 출력결과 창에 다음을 얻을 수 있다.

다중비교

종속변수: 총점수 (100점 만점)

Scheffe

(I) 학습시간	(J) 학습시간	평균차이(I-J)	표준오차	유의확률	95% 신뢰구간	
					하한	상한
2시간 미만	2시간 이상 5시간 미만	-3.95626	2.11049	.175	-9.1523	1.2398
	5시간 이상	-7.98618*	2.79355	.018	-14.8640	-1.1084
2시간 이상 5시간 미만	2시간 미만	3.95626	2.11049	.175	-1.2398	9.1523
	5시간 이상	-4.02991	2.62614	.310	-10.4955	2.4357
5시간 이상	2시간 미만	7.98618*	2.79355	.018	1.1084	14.8640
	2시간 이상 5시간 미만	4.02991	2.62614	.310	-2.4357	10.4955

*. 평균차이는 0.05 수준에서 유의합니다.

총점수 (100점 만점)

Scheffe[a,b]

학습시간	N	유의수준 = 0.05에 대한 부분집합	
		1	2
2시간 미만	86	54.9360	
2시간 이상 5시간 미만	130	58.8923	58.8923
5시간 이상	45		62.9222
유의확률		.295	.282

동질적 부분집합에 있는 집단에 대한 평균이 표시됩니다.
a. 조화평균 표본크기 72.215을(를) 사용합니다.
b. 집단 크기가 동일하지 않습니다. 집단 크기의 조화평균이 사용됩니다. I 유형 오차 수준은 보장되지 않습니다.

⑤ 다중비교 표에서 2시간 미만과 5시간 이상 사이에 −7.98618*임을 확인할 수 있다. 따라서 유의수준 5%에서 통계적으로 차이가 유의한 집단의 쌍은 2시간 미만과 5시간 이상이다.

2시간 미만, 5시간 이상

문제 5 결석이 스트레스와 관련성이 있는지 알아보고자 한다.

(1) 결석 [Absences] 변수에 대한 새로운 결석범주 [GAbsences] 변수를 만들어 다음 빈도표를 완성하시오.

결석범주	빈도	퍼센트(%)	누적 퍼센트(%)
0번	☐	☐.☐	***
1번 이상 4번 미만	***	***	☐.☐
4번 이상 7번 미만	☐	☐.☐	☐.☐
7번 이상	***	***	100
합계	***	100	

실행POINT

다른 변수로 코딩변경 이용하여 가변수 만들기

① 기존 결석 [Absences] 변수를 이용하여 새로운 결석범주 [GAbsences] 변수를 만들기 위해 다음의 메뉴를 이용한다.

변환(T) → 다른 변수로 코딩변경(R)...

기존 결석 변수	변환	범주화 변수
0번	⇒	1
1번 이상 4번 미만	⇒	2
4번 이상 7번 미만	⇒	3
7번 이상	⇒	4

② 다른 변수로 코딩변경 대화상자의 변수 중에서 결석 [Absences]을 선택하고 ▶를 눌러 오른쪽 입력변수 → 출력변수(V)로 옮기면, 숫자변수 → 출력변수에 'Absences → ?'가 생긴다.

③ 출력변수의 이름(N)에는 새롭게 코딩되는 변수의 이름인 'GAbsences'를 입력하고 레이블(L)에 '결석범주'를 입력한 후 변경(H)을 누르면, 숫자변수 → 출력변수에 'Absences → GAbsences'가 생긴다. 다음으로 기존값 및 새로운 값(O)을 누른다.

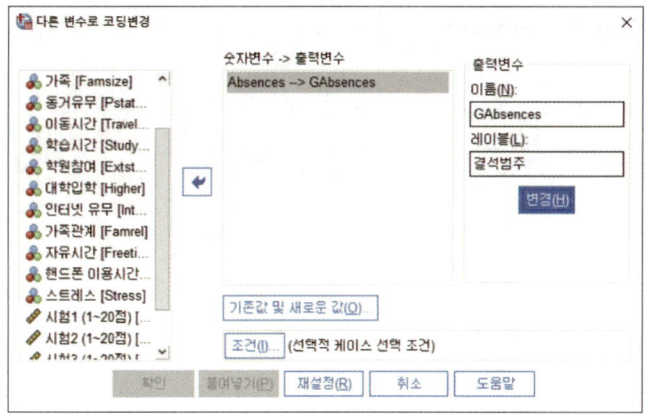

④ 다른 변수로 코딩변경: 기존값 및 새로운 값 대화상자에서 다음과 같이 입력한다.

　㉠ '0번'을 '1'로 코딩변경하기: 기존값의 값(V)에 '0', 새로운 값의 값(L)에 '1'을 입력한 다음 추가(A)를 누르면, 기존값 → 새로운 값(D)에 '0 → 1'이 확인된다.

　㉡ '1번 이상 4번 미만'을 '2', '4번 이상 7번 미만'을 '3'으로 코딩변경하기: 기존값의 범위(N)에 '1', 에서(T)에 '3', 새로운 값의 값(L)에 '2'를 입력한 다음 추가(A)를 누르면, 기존값 → 새로운 값(D)에 '1 thru 3 → 2'가 확인된다. '4 thru 6 → 3'도 동일하게 변경한다.

　㉢ '7번 이상'를 '4'로 코딩변경하기: 기존값의 다음 값에서 최고값까지 범위(E)에 '7'을 입력하고 새로운 값의 값(L)에 '4'를 입력한 다음 추가(A)를 누르면, 기존값 → 새로운 값(D)에 '7 thru Highest → 4'가 확인된다.

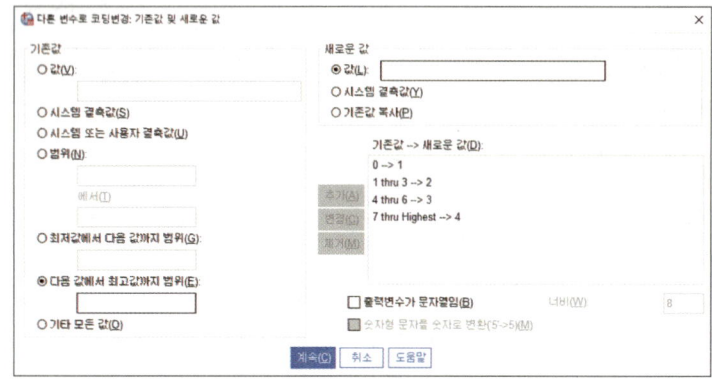

⑤ 계속(C)을 눌러 다른 변수로 코딩변경 대화상자로 돌아가 확인을 누르면, 데이터 보기 창에 새로운 결석범주 [GAbsences] 변수가 만들어진 것을 확인할 수 있다. 이때, 변수 보기 창에서 소수점이하자리를 0으로 바꾸면 정수값이 된다.

⑥ 새로운 결석범주 [GAbsences] 변수가 만들어지면 변수 보기 창의 값의 값 레이블에 1="0번", 2="1번 이상 4번 미만", 3="4번 이상 7번 미만", 4="7번 이상"을 입력한다.

⑦ 결석범주 [GAbsences]에 대한 빈도표를 완성하기 위해 다음의 메뉴를 이용한다.

분석(A) → 기술통계량(E) → 빈도분석(F)...

⑧ 빈도분석 대화상자에서 재설정(R)을 눌러 변수(V)를 비운 뒤, 결석범주 [GAbsences]를 선택하고 ➡를 눌러 오른쪽 변수(V)로 옮긴다.

⑨ 확인을 누르면 출력결과 창에 다음을 얻을 수 있다.

결석범주

		빈도	퍼센트	유효 퍼센트	누적 퍼센트
유효	0번	99	37.9	37.9	37.9
	1번 이상 4번 미만	54	20.7	20.7	58.6
	4번 이상 7번 미만	64	24.5	24.5	83.1
	7번 이상	44	16.9	16.9	100.0
	전체	261	100.0	100.0	

⑩ 결석범주 표의 빈도, 퍼센트, 누적 퍼센트를 이용하여 다음 빈도표를 완성한다.

결석범주	빈도	퍼센트(%)	누적 퍼센트(%)
0번	99	37.9	***
1번 이상 4번 미만	***	***	58.6
4번 이상 7번 미만	64	24.5	83.1
7번 이상	***	***	100
합계	***	100	

(2) 가설을 세우시오. 그리고 가설을 검정하기 위한 검정 방법과 검정통계량의 값 및 유의확률을 쓰고, 유의수준 5%에서 검정 결과를 설명하시오.

귀무가설(H_0)	
대립가설(H_1)	

검정방법			
검정통계량의 값	☐	.	☐☐☐
유의확률(양측)	☐	.	☐☐☐
검정 결과			

실행 POINT

교차분석 실시하기

① 귀무가설은 '결석과 스트레스는 관련성이 없다'이고, 대립가설은 '관련성이 있다'이다.

귀무가설(H_0)	결석과 스트레스는 관련성이 없다.
대립가설(H_1)	결석과 스트레스는 관련성이 있다.

② 결석과 스트레스 간의 독립성을 검정하기 위해 다음의 메뉴를 이용한다.

분석(A) → 기술통계량(E) → 교차분석(C)...

③ 교차분석 대화상자의 변수 중에서 결석범주 [GAbsences]를 선택하여 ➡를 눌러 오른쪽 행(O)으로 옮기고, 스트레스 [Stress]를 선택하여 ➡를 눌러 오른쪽 열(C)로 옮긴 후 통계량(S)을 누른다.

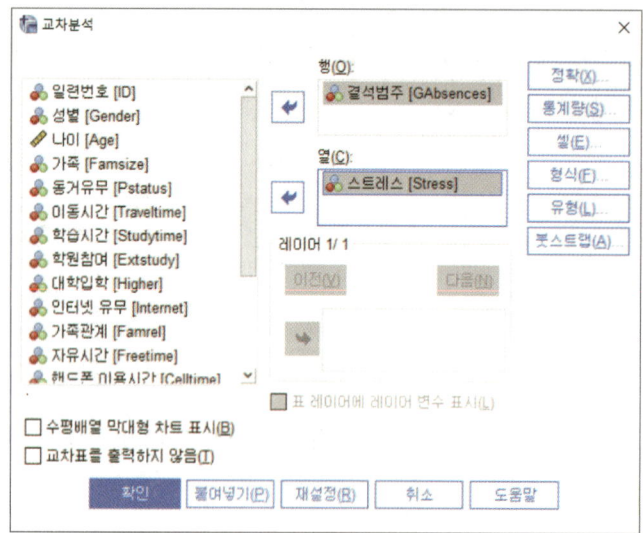

④ 교차분석: 통계량 대화상자에서 카이제곱(H)을 선택한 다음 계속(C)을 눌러 교차분석 대화상자로 돌아간다.

⑤ 확인을 누르면 출력결과 창에 다음을 얻을 수 있다.

카이제곱 검정

	값	자유도	근사 유의확률 (양측검정)
Pearson 카이제곱	5.560[a]	12	.937
우도비	5.494	12	.939
선형 대 선형결합	.236	1	.627
유효 케이스 수	261		

a. 0 셀 (0.0%)은(는) 5보다 작은 기대 빈도를 가지는 셀입니다. 최소 기대빈도는 5.23입니다.

⑥ 카이제곱 검정 표의 Pearson 카이제곱 행의 값과 근사 유의확률을 이용하여 검정통계량의 값과 유의확률(양측)을 작성한다.

검정방법	교차분석
검정통계량의 값	5.560
유의확률(양측)	0.937

⑦ 카이제곱 검정 표의 Pearson 카이제곱 행의 값과 근사 유의확률을 이용하여 유의수준 5%에서 검정 결과를 서술한다.

검정 결과	검정통계량의 값이 5.560이고 유의확률이 0.937로 0.005보다 크므로 귀무가설을 기각할 수 없다. 즉, 결석과 스트레스는 관련성이 있다고 할 수 없다.

문제 6 학원참여에 따른 시험3에 차이가 있는지 검정하고자 한다.

(1) 가설을 세우시오.

귀무가설(H_0)	
대립가설(H_1)	

귀무가설은 '학원참여에 따른 시험3 평균 성적에 차이가 없다'이고, 대립가설은 '차이가 있다'이다.

귀무가설(H_0)	학원참여(Extstudy)에 따른 시험3(Test3) 평균에 차이가 없다.
대립가설(H_1)	학원참여(Extstudy)에 따른 시험3(Test3) 평균에 차이가 있다.

(2) 학원참여에 따른 관측값의 수와 시험3의 평균 및 표준편차를 쓰시오.

학원참여	N	평균	표준편차
학원 다님	☐	☐.☐☐	***
학원 안 다님	***	***	☐.☐☐

실행 POINT

독립표본 T 검정 실시하기

① 학원참여(학원 다님, 학원 안 다님 2개 집단)에 따른 시험3에 차이가 있는지 검정하기 위해 다음의 메뉴를 이용한다.

분석(A) → 평균 비교(M) → 독립표본 T 검정...

② 독립표본 T 검정 대화상자의 변수 중에서 시험3 (1~20점) [Test3]를 선택하고 ▶를 눌러 오른쪽 검정변수(T)로 이동시킨다. 그리고 변수 중에서 학원참여 [Extstudy]를 선택하고 ▶를 눌러 오른쪽의 집단변수(G)로 이동시킨 후 집단 정의(D)를 누른다.

③ 집단 정의 대화상자의 지정값 사용(U)에서 집단 1에 1을 입력하고 집단 2에 2를 입력한 다음 계속(C)을 누르면, 독립표본 T 검정 대화상자의 집단변수(G)에 Extstudy(1 2)가 나타난다.

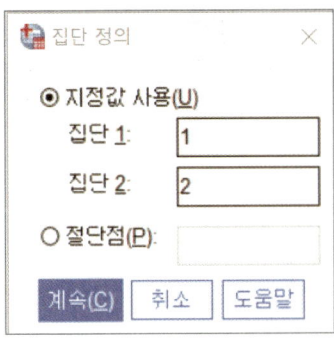

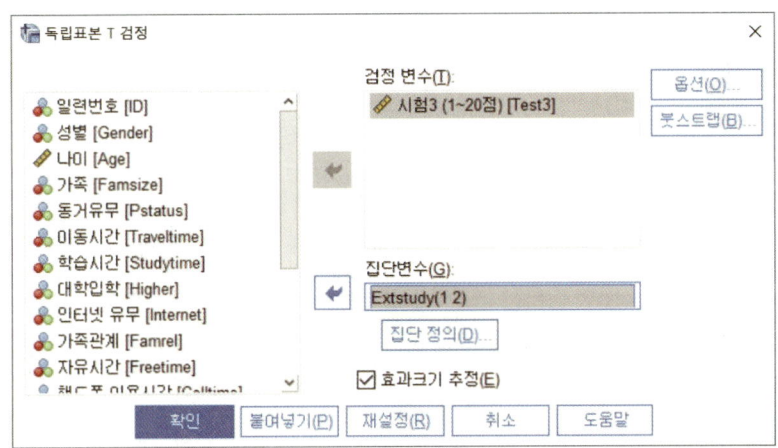

④ 확인을 누르면 출력결과 창에 다음을 얻을 수 있다.

집단통계량

	학원참여	N	평균	표준편차	평균의 표준오차
시험3 (1~20점)	학원 다님	223	12.15	3.577	.240
	학원 안 다님	38	10.39	2.853	.463

독립표본 검정

		Levene의 등분산 검정		평균의 동일성에 대한 T 검정						
		F	유의확률	t	자유도	유의확률 (양측)	평균 차이	표준오차 차이	차이의 95% 신뢰구간	
									하한	상한
시험3 (1~20점)	등분산을 가정함	1.265	.262	2.876	259	.004	1.758	.611	.554	2.961
	등분산을 가정하지 않음			3.373	58.783	.001	1.758	.521	.715	2.800

⑤ 집단통계량 표의 N, 평균, 표준편차를 이용하여 관측값의 수와 시험3의 평균과 표준편차를 작성한다.

학원참여	N	평균	표준편차
학원 다님	223	12.15	***
학원 안 다님	***	***	2.85

(3) Levene의 등분산 검정통계량과 유의확률을 쓰시오.

검정통계량의 값	.
유의확률(양측)	.

실행POINT

Levene(레벤) 등분산 검정 실시하기

독립표본 검정 표에서 Levene의 등분산 검정의 등분산을 가정함에 F와 유의확률을 이용하여 검정통계량의 값과 유의확률을 작성한다.

검정통계량의 값	1.265
유의확률(양측)	0.262

(4) 가설 검정에 대한 검정통계량의 값과 유의확률(양측)을 쓰고, 유의수준 5%에서 검정 결과를 설명하시오.

검정통계량의 값	.
유의확률(양측)	.
검정 결과	

독립표본 검정 표의 등분산을 가정함 행의 평균의 동일성에 대한 T검정 결과 중 t와 유의확률을 이용하여 유의수준 5%에 검정 결과를 설명한다.

검정통계량의 값	2.876
유의확률(양측)	0.004
검정 결과	검정통계량의 값은 2.876이고 유의확률이 0.004로 유의수준 0.05보다 작으므로 귀무가설을 기각한다. 즉, 유의수준 5% 하에서 학원참여(Extstudy)에 따른 시험3(Test3)에 차이가 있다고 할 수 있다.

문제 7

총점수에 영향을 미치는 학습시간, 학원참여, 대학입학, 결석횟수를 포함하여 다중회귀분석을 실시하고자 한다. 회귀분석의 방법은 단계 선택 방법(변수 진입(E): 0.05, 제거(M): 0.1)을 사용하시오. 그리고 학습시간, 학원참여, 대학입학은 '2시간 미만, 학원 안 다님, 대학입학 원하지 않음'을 기준으로 가변수를 만드시오.

(1) 추정된 최종 회귀모형에 대한 분산분석표를 완성하시오. 수정된 결정계수와 검정통계량의 값을 쓰고, 그 결과를 유의수준 5%에서 설명하시오.

구분	제곱합	자유도	평균제곱	F	유의확률
회귀	□.□□		***	□.□	□.□□
잔차	***	***	□.□□		
전체	***	□	***		

수정된 결정계수	□.□□□
검정통계량의 값	□.□□□
검정 결과	

실행 POINT
- 가변수 만들기
- 다중회귀모형에 대한 결정계수와 유의성 검정 실시하기

① 학습시간, 학원참여, 대학입학에 대한 가변수를 만들기 위해 다음의 메뉴를 이용한다.

변환(T) → 더미변수 작성

기존 학원시간 변수	변환	범주화 변수
1: 2시간 미만	⇒	0 0: 2시간 미만
2: 2시간 이상 5시간 미만	⇒	1 0: 2시간 이상 5시간 미만
3: 5시간 이상	⇒	0 1: 5시간 이상

기존 학원참여 변수	변환	범주화 변수
1: 학원 다님	⇒	1: 학원 다님
2: 학원 안 다님	⇒	0: 학원 안 다님

기존 대학입학 변수	변환	범주화 변수
1: 대학입학 원함	⇒	1: 대학입학 원함
2: 대학입학 원하지 않음	⇒	0: 대학입학 원하지 않음

② 먼저 학습시간에 대한 가변수를 만든다. 더미변수 작성 대화상자에서 변수(I) 중에서 학습시간 [Studytime]을 선택하고 ➡를 눌러 오른쪽 다음에 대한 더미변수 작성(C)으로 이동시킨다. 주효과 더미 변수의 루트 이름(선택한 변수당 한 개)(O)에 'StudytimeDummy'를 적는다.

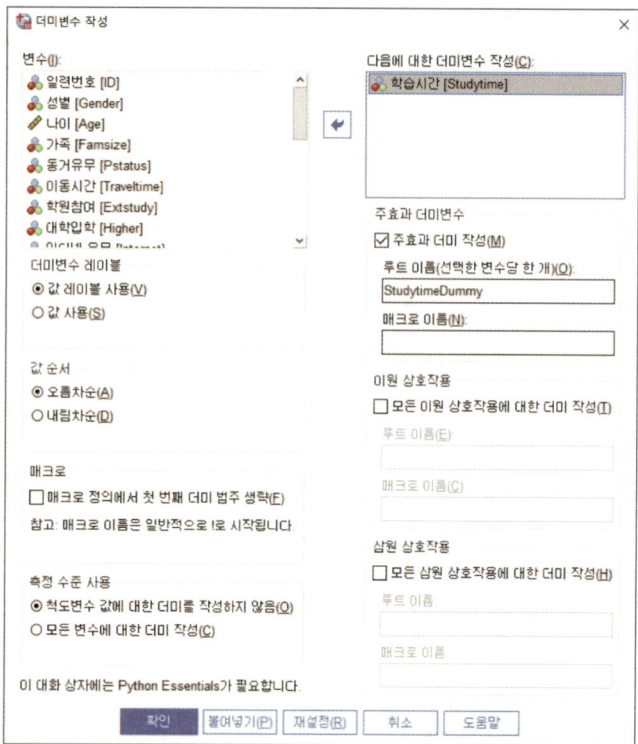

③ 확인을 누르면 출력결과 창에 다음을 얻을 수 있다.

변수 작성	
	레이블
StudytimeDummy_1	Studytime=2시간 미만
StudytimeDummy_2	Studytime=2시간 이상 5시간 미만
StudytimeDummy_3	Studytime=5시간 이상

④ 변수 보기 창의 22행부터 24행까지 새로운 더미변수 3개, StudytimeDummy_1, StudytimeDummy_2, StudytimeDummy_3이 만들어졌다. 그리고 데이터 보기 창에서 각각의 더미변수를 확인할 수 있다.

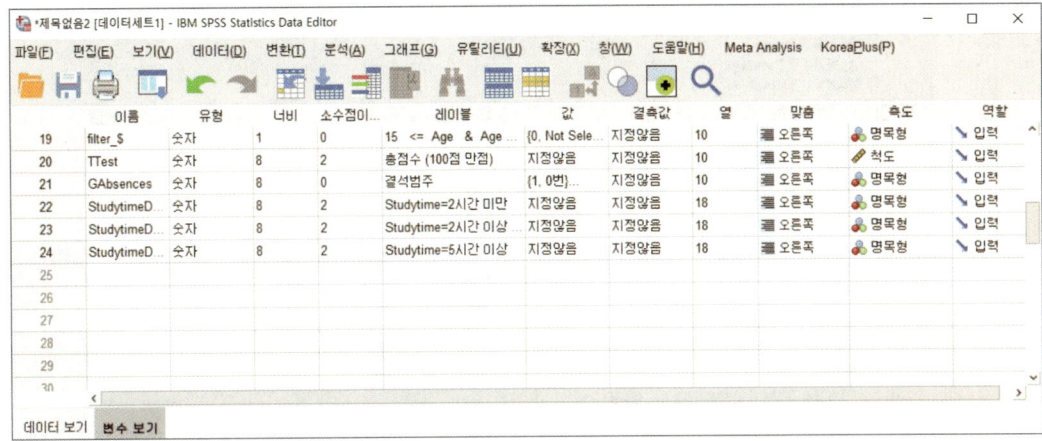

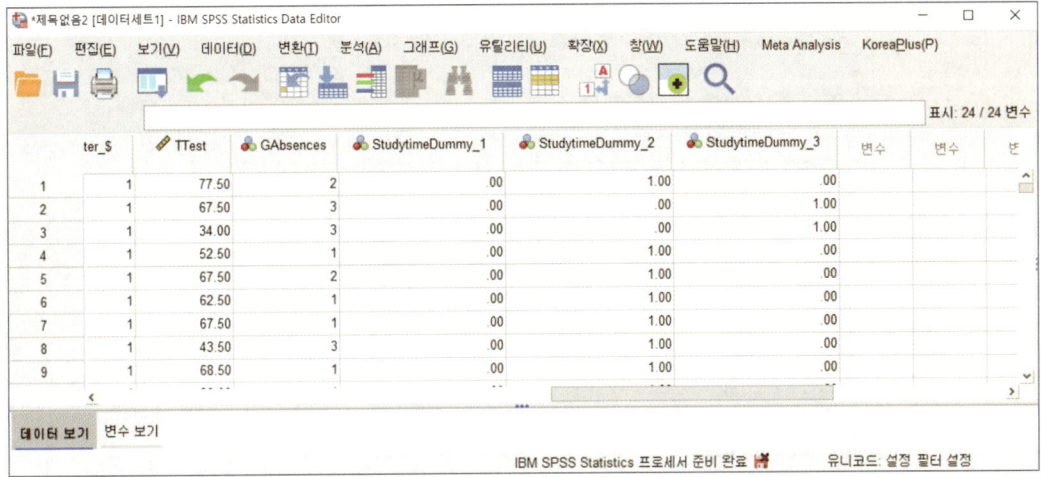

⑤ 같은 방법으로 학원참여, 대학입학에 대해서도 가변수를 만든다. 이때, 재설정(R)을 누르면 이전의 기록이 지워지므로 새롭게 가변수를 만들 수 있다.

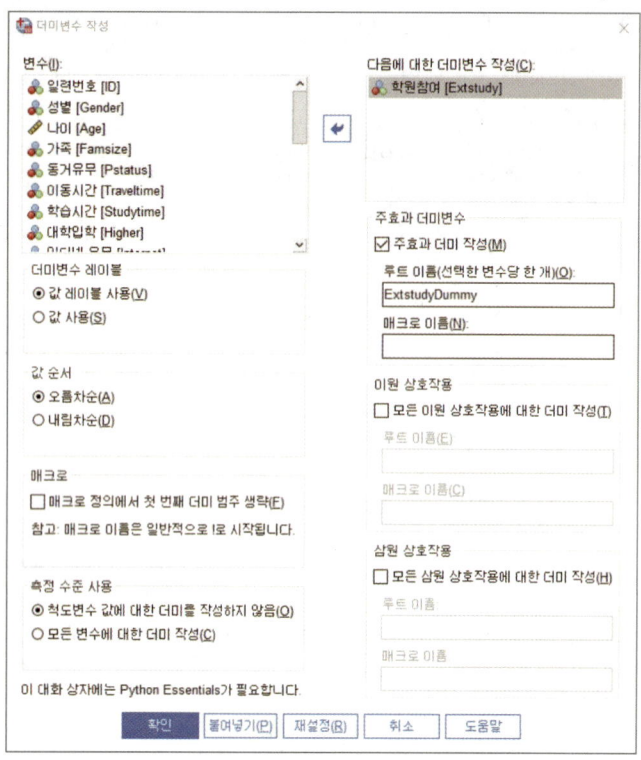

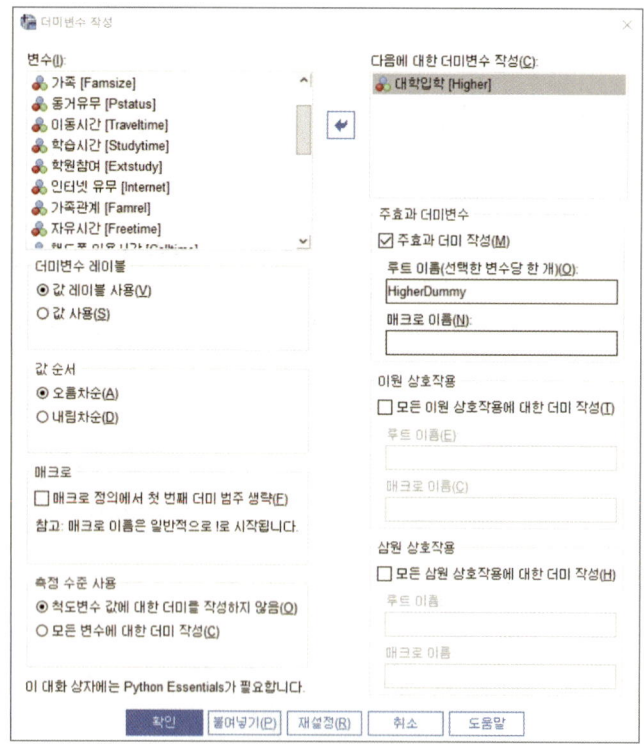

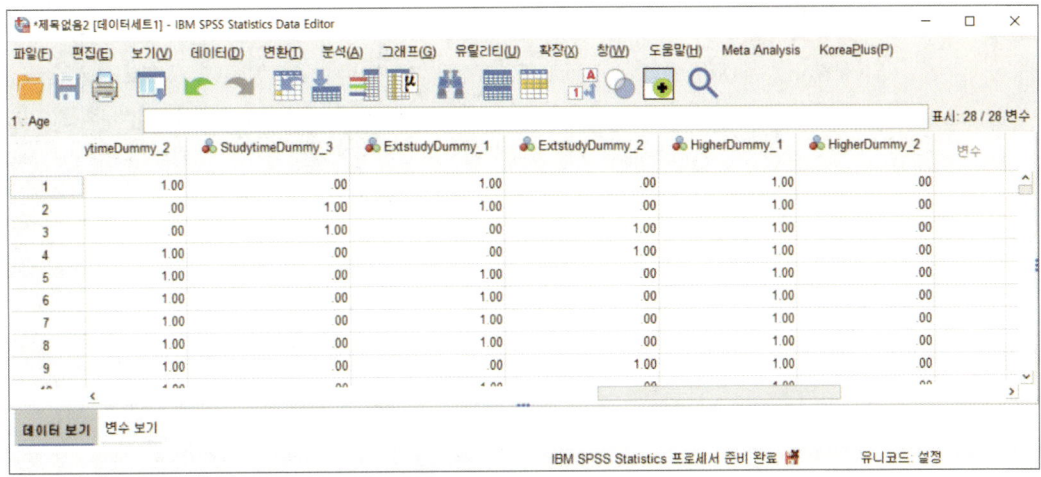

⑥ 선택된 독립변수와 종속변수 사이의 회귀분석을 실시하기 위해 다음의 메뉴를 이용한다.

분석(A) → 회귀분석(R) → 선형(L)...

⑦ 선형 회귀 대화상자의 변수 중에서 **총점수 [TTest]**를 선택하고 ➡를 눌러 오른쪽 **종속변수(D)**로 이동시키고, 결석횟수 [Absences]와 Studytime=2시간 이상 5시간 미만 [StudytimeDummy_2], Studytime=5시간 이상 [StudytimeDummy_3], Extstudy=학원 다님 [ExtstudyDummy_1], Higher=대학입학 원함 [HigherDummy_1]을 각각 선택하고 ➡를 눌러 오른쪽의 **독립변수(I)**로 이동시킨다.

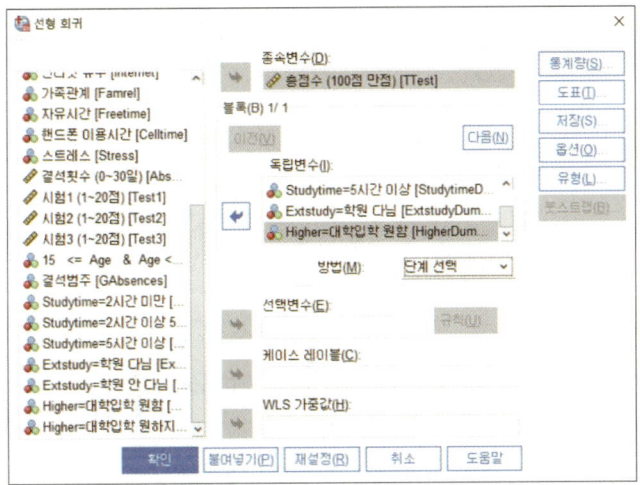

⑧ **방법(M)**에는 단계 선택을 선택하고 **옵션(O)**을 누르면 선형 회귀: 옵션 대화상자가 나타난다. 선택법 기준에서 F-확률 사용(O)의 진입(E)에 '.05', 제거(M)에 '.10'을 입력하고 계속(C)을 눌러 선형 회귀 대화상자를 돌아간다.

> **보충학습**
>
> 학원시간(Studytime)은 'Studytime=2시간 미만'을 기준으로 가변수를 만들어야 하므로 Studytime=2시간 이상 5시간 미만 [StudytimeDummy_2], Studytime=5시간 이상 [StudytimeDummy_3]을 선택하며, 학원참여는 'Extstudy=학원 안 다님', 대학입학은 'Higher=대학입학 원하지 않음'을 기준으로 가변수를 만들어야 하므로 Extstudy=학원 다님 [ExtstudyDummy_1]과 Higher=대학입학 원함 [HigherDummy_1]을 선택한다.

⑨ 확인을 누르면 출력결과 창에 다음을 얻을 수 있다.

모형 요약

모형	R	R 제곱	수정된 R 제곱	추정값의 표준오차
1	.189[a]	.036	.032	15.12628
2	.263[b]	.069	.062	14.89163
3	.307[c]	.094	.084	14.71755
4	.336[d]	.113	.099	14.59582

a. 예측자: (상수), Extstudy=학원 다님
b. 예측자: (상수), Extstudy=학원 다님, Higher=대학입학 원함
c. 예측자: (상수), Extstudy=학원 다님, Higher=대학입학 원함, 결석횟수 (0~30일)
d. 예측자: (상수), Extstudy=학원 다님, Higher=대학입학 원함, 결석횟수 (0~30일), Studytime=5시간 이상

ANOVA[a]

모형		제곱합	자유도	평균제곱	F	유의확률
1	회귀	2200.216	1	2200.216	9.616	.002[b]
	잔차	59260.303	259	228.804		
	전체	61460.519	260			
2	회귀	4246.293	2	2123.146	9.574	.000[c]
	잔차	57214.226	258	221.761		
	전체	61460.519	260			
3	회귀	5792.728	3	1930.909	8.914	.000[d]
	잔차	55667.791	257	216.606		
	전체	61460.519	260			
4	회귀	6922.770	4	1730.692	8.124	.000[e]
	잔차	54537.749	256	213.038		
	전체	61460.519	260			

a. 종속변수: 총점수 (100점 만점)
b. 예측자: (상수), Extstudy=학원 다님
c. 예측자: (상수), Extstudy=학원 다님, Higher=대학입학 원함
d. 예측자: (상수), Extstudy=학원 다님, Higher=대학입학 원함, 결석횟수 (0~30일)
e. 예측자: (상수), Extstudy=학원 다님, Higher=대학입학 원함, 결석횟수 (0~30일), Studytime=5시간 이상

계수ª

모형		비표준화 계수 B	비표준화 계수 표준화 오류	표준화 계수 베타	t	유의확률
1	(상수)	51.250	2.454		20.886	.000
	Extstudy=학원 다님	8.232	2.655	.189	3.101	.002
2	(상수)	38.322	4.894		7.831	.000
	Extstudy=학원 다님	8.986	2.625	.207	3.423	.001
	Higher=대학입학 원함	12.928	4.256	.183	3.038	.003
3	(상수)	40.851	4.928		8.289	.000
	Extstudy=학원 다님	8.588	2.599	.197	3.305	.001
	Higher=대학입학 원함	12.521	4.209	.178	2.975	.003
	결석횟수 (0~30일)	-.495	.185	-.159	-2.672	.008
4	(상수)	40.201	4.896		8.211	.000
	Extstudy=학원 다님	8.805	2.579	.202	3.414	.001
	Higher=대학입학 원함	12.001	4.180	.170	2.871	.004
	결석횟수 (0~30일)	-.493	.184	-.158	-2.684	.008
	Studytime=5시간 이상	5.521	2.397	.136	2.303	.022

a. 종속변수: 총점수 (100점 만점)

입력/제거된 변수ª

모형	입력된 변수	제거된 변수	방법
1	Extstudy=학원 다님	.	단계선택 (기준: 입력에 대한 F의 확률 <= .050, 제거에 대한 F의 확률 >= .100).
2	Higher=대학입학 원함	.	단계선택 (기준: 입력에 대한 F의 확률 <= .050, 제거에 대한 F의 확률 >= .100).
3	결석횟수 (0~30일)	.	단계선택 (기준: 입력에 대한 F의 확률 <= .050, 제거에 대한 F의 확률 >= .100).
4	Studytime=5시간 이상	.	단계선택 (기준: 입력에 대한 F의 확률 <= .050, 제거에 대한 F의 확률 >= .100).

a. 종속변수: 총점수 (100점 만점)

⑩ ANOVA 표를 이용하여 다음 분산분석표를 완성한다.

구분	제곱합	자유도	평균제곱	F	유의확률
회귀	6922.77	4	***	8.12	0.00
잔차	***	***	213.04		
전체	***	260	***		

⑪ ANOVA 표의 F를 이용하여 검정통계량의 값을 쓰고 검정 결과를 설명한다. 그리고 모형 요약 표의 수정된 R 제곱을 이용하여 수정된 결정계수를 작성한다.

수정된 결정계수	0.099
검정통계량의 값	8.124
검정 결과	회귀모형의 유의성 검정 결과 검정통계량 F값이 8.124이고 유의확률이 0.000으로 유의수준 0.05보다 작기 때문에 귀무가설을 기각한다. 즉, 유의수준 5% 하에서 회귀모형은 유의하다고 할 수 있다.

⑫ 최종 회귀모형에 포함된 독립변수를 모두 쓰고 추정된 회귀식을 쓰시오. 단, 소수점은 반올림하여 소수 셋째 자리로 나타내시오.

독립변수	
추정 회귀식	

> **실행POINT**
>
> 다중회귀식 추정하기

① 입력/제거된 변수 표에서 네 번의 단계를 거치면서 Extstudy=학원 다님, Higher=대학입학 원함, 결석횟수, Studytime=5시간 이상이 입력되었으므로, 이를 이용하여 최종 회귀모형에 포함된 독립변수를 모두 작성한다.

독립변수	Extstudy=학원 다님, Higher=대학입학 원함, 결석횟수, Studytime=5시간 이상

② 계수 표의 비표준화 계수 내의 B를 이용하여 추정 회귀식을 작성한다.

추정 회귀식	y = 40.201 + 8.805 × (ExtstudyDummy_1) + 12.001 × (HigherDummy_1) − 0.493 Absences + 5.521 × (StudytimeDummy_3)

⑬ 추정된 회귀식에서 독립변수를 표준화하여 구한 표준화 회귀계수 중 종속변수에 가장 영향을 많이 미치는 변수를 쓰고 그 이유를 적으시오.

변수 명	
이유	

종속변수에 영향을 미치는 독립변수들의 상대적 중요도는 표준화 회귀계수의 절댓값으로 설명할 수 있다. 계수 표의 **표준화 계수 베타**에서 절댓값이 가장 큰 Extstudy=학원 다님(0.202)이 총점수에 가장 영향을 많이 미친다고 볼 수 있다.

변수 명	Extstudy = 학원 다님
이유	표준화 회귀계수의 절댓값이 0.202로 가장 크기 때문이다.

제 4 회 기출동형문제

다음 자료는 20××년 요식업 관계자를 대상으로 요식업 위생교육 온라인 연수 만족도를 조사한 것이다. 당시 요식업에 종사하는 20~60대 남녀 3,000명을 대상으로 요식업 위생교육을 8회에 걸쳐 진행하였으며, 그 중 699명이 온라인 연수 만족도 조사와 위생에 대한 인식변화에 대한 본 조사에 참여하였다. 자료는 "요식업위생교육.txt"로 저장되어 있고 변수 간에는 TAB으로 구분되어 있다. 각각의 문항들에 대하여 무응답이나 이상값을 결측값(Missing Value) 처리한 후 분석한다.

설문번호	변수명		변수설명	변수값 설명
1	ID		ID	일련번호
2	Gender		성별	1: 남 2: 여
3	Age		연령	1: 20대 2: 30대 3: 40대 4: 50대 5: 60대
4	Period		종사 기간	1: 5년 미만 2: 5년 이상 10년 미만 3: 10년 이상 20년 미만 4: 20년 이상 30년 미만 5: 30년 이상
5	Edu		최종 학력	1: 고등학교 졸업 2: 대학 졸업 3: 석사 졸업 4: 박사 수료 이상
6	Agency		근무지	1: 특별시 2: 광역시 3: 도 4: 그 외
7	L1_L2		1~2강의 만족도	1: 만족함 2: 만족하지 않음
8	L3_L4		3~4강의 만족도	
9	L5_L6		5~6강의 만족도	
10	L7_L8		7~8강의 만족도	
11~12	4가지 핵심 내용	Saf_Pre/Post	식품안전관리이해_전/후	1: 전혀 모른다 2: 모른다 3: 보통이다 4: 안다 5: 잘 안다
13~14		Hyg_Pre/Post	식품위생법이해_전/후	
15~16		Mag_Pre/Post	세무관리 및 노무관리이해_전/후	
17~18		Cul_Pre/Post	음식문화개선이해_전/후	
19	Lecturer		강사 만족도	1: 전혀 만족하지 않는다 2: 만족하지 않는다 3: 보통이다 4: 만족한다 5: 매우 만족한다
20	Contents		강의내용 만족도	
21	Online		온라인 환경 만족도	
22	Time		수업시간 만족도	
23	Test		시험방법 만족도	
24	Unders		연수내용 이해 정도	1: 10% 이하 2: 11~30% 3: 31~50% 4: 51~70% 5: 71~90% 6: 91% 이상
25	Test_Post		연수 후 Test (100점 만점)	연속형 변수
26	Self_Sat		참여 만족도 (20점 만점)	연속형 변수

[표] 데이터 파일의 코딩양식

문제 1 위생교육 연수자들의 연수에 대한 만족도 조사 결과에 결측값과 잘못 입력된 값인 이상값이 확인된다(이후 모든 분석에서 결측값과 이상값을 제외하시오).

[문제 1-1] 입력값이 빠진 결측값을 찾아 해당 자료의 응답자 ID와 변수명을 쓰고 결측값(999) 처리하시오.

입력값이 빠진 결측값	
응답자 ID	변수명

[문제 1-2] 잘못 입력된 값들을 모두 찾아 해당 자료의 응답자 ID, 변수명, 자료값을 쓰고 결측값 처리하시오.

잘못 입력되어 있는 자료		
응답자 ID	변수명	자료값

문제 2 총 8회로 진행된 강의에 대하여 성별에 따라 만족도에 차이가 있는지 검정하고자 한다.

[문제 2-1] 1~2강의, 3~4강의, 5~6강의, 7~8강의에 만족하는 남성과 여성을 각각 구분하여 다음 표를 완성하시오.

강의 만족도 비율	남성		여성	
	빈도수	비율(%)	빈도수	비율(%)
1~2강의	☐	***	***	***
3~4강의	***	☐.☐	***	***
5~6강의	***	***	☐	☐.☐
7~8강의	☐	☐.☐	***	☐.☐

[문제 2-2] 총 8회의 강의에 대한 만족도가 남녀 사이에 차이가 있는지 검정하시오.

(1) 1~2강의, 3~4강의, 5~6강의, 7~8강의에 대한 만족도로부터 만족함을 '1', 만족하지 않음을 '0'으로 한 변수를 생성하시오. 그리고 이를 이용해 다음과 같이 정의된 새로운 연속변수 강의 만족도 [Lec_Sat]를 만들고 다음 표를 완성하시오.

강의 만족도 [Lec_Sat]: 1~2강의, 3~4강의, 5~6강의, 7~8강의 중 만족하는 강의 개수			
구분	평균	중위수	최빈값
강의 만족도	☐.☐☐	☐	☐

(2) 가설을 세우시오. 그리고 검정방법, 검정통계량의 값과 유의확률(양측)을 쓰고, 유의수준 5%에서 검정 결과를 설명하시오.

귀무가설(H_0)	
대립가설(H_1)	
검정방법	
검정통계량의 값	☐.☐☐☐
유의확률(양측)	☐.☐☐☐
검정 결과	

문제 3 위생교육 연수를 받기 전과 후에 4가지 핵심 내용 '식품안전관리, 식품위생법, 세무관리 및 노무관리, 음식문화개선'의 이해에 대한 평균 차이가 있는지 유의수준 5%에서 검정하고자 한다.

[문제 3-1] 위생교육 연수의 참여를 전후로 4가지 핵심 내용의 이해에 대한 평균차이('교육 후−교육 전'으로 계산) 검정을 실시한 후 다음 표를 완성하고, 연수 이후에 이해도가 높아진 내용을 쓰시오.

내용	평균	표준편차	t-값	자유도	유의확률
식품안전관리	***	☐.☐☐☐	***	***	***
식품위생법	☐.☐☐	☐.☐☐☐	***	☐	☐.☐☐☐
세무관리 및 노무관리	☐.☐☐	***	***	***	***
음식문화개선	***	☐.☐☐☐	☐.☐☐☐	☐	☐.☐☐☐
연수 이후에 이해도가 높아진 내용					

[문제 3-2] 종사 기간(Period)에 따라 4가지 핵심 내용의 이해에 차이가 있는지 유의수준 5%에서 검정하시오.

(1) 4가지 핵심 내용에 대하여 교육 전과 후의 변화('교육 후-교육 전'으로 계산)에 대한 새로운 연속변수(Saf_Post_Pre, Hyg_Post_Pre, Mag_Post_Pre, Cul_Post_Pre)를 만들고, 연수 참여자의 종사 기간에 따라 연수 전후로 이해도에 차이가 있는 변수를 쓰시오.

연수 전후로 이해도에 차이가 있는 내용	

(2) 연수 참여자의 종사 기간에 따라 연수 전후로 이해도에 차이가 있는 변수에 대하여 가설을 세우시오. 그리고 검정통계량의 값과 유의확률을 쓰고, 유의수준 5%에서 검정 결과를 설명하시오.

귀무가설(H_0)	
대립가설(H_1)	
검정통계량의 값	□.□□
유의확률(양측)	□.□□
검정 결과	

(3) 검정 결과 종사 기간에 따라 이해도에 차이가 있는 변수가 확인되었다면, Scheffe 방법을 이용하여 유의한 종사 기간을 짝지으시오.

유의한 종사 기간	

문제 4 연수 후 Test, 참여 만족도, 수업 만족도 사이에 유의한 상관관계가 있는지 검정하고자 한다. 수업 만족도 [TSat] 변수는 다음과 같으며 연속변수로 정한다.

수업 만족도 [TSat] = Lecturer + Contents + Online + Time + Test

(1) 새로운 수업 만족도 [TSat] 변수를 만들고 사분위수를 쓰시오.

Q_1	Q_2	Q_3

(2) 연수 후 Test, 참여 만족도, 수업 만족도 사이의 상관관계를 확인하고 다음 표를 완성하시오. 그리고 상관관계가 가장 높은 두 변수를 쓰시오.

구분	연수 후 Test	참여 만족도	수업 만족도
연수 후 Test		***	***
참여 만족도	☐.☐☐☐		***
수업 만족도	☐.☐☐☐	☐.☐☐☐	
상관관계가 가장 높은 두 변수	( ) 변수와 ( ) 변수		

문제 5 종사 기간이 10년 이상인 응답자에 한해서 성별, 연수 후 Test, 수업 만족도가 참여 만족도에 얼마나 영향을 미치는지 회귀분석하고자 한다. 성별 변수에 대한 가변수로 더미성(남성기준)을 만들고, 변수 선택 방법은 Stepwise Regression 방법(F-값 사용 진입: 2, 제거: 1.99)을 사용하시오.

[문제 5-1] 다음 분산분석표를 완성하시오.

구분	제곱합	자유도	평균제곱	F	유의확률
회귀	***	☐	***	☐.☐☐☐	☐.☐☐☐
잔차	☐.☐☐☐	☐	***		
전체	***	***	***		

[문제 5-2] 다중회귀계수의 유의성 검정 결과를 근거로 참여 만족도에 유의한 영향을 주는 변수에 대한 추정된 회귀식을 쓰시오.

추정 회귀식	

[문제 5-3] 독립변수를 표준화하여 구한 표준화 회귀계수 중 종속변수에 영향을 가장 많이 미치는 변수를 쓰고, 그 이유를 설명하시오.

변수명	
이유	

제 4 회 분석 및 풀이

1 분석 준비

(1) **자료 파일 불러오기**

① 데이터 열기

㉠ "요식업위생교육.txt"을 열어 변수값이 '탭'이나 '쉼표'에 의해 구분되어 있는지, '고정 너비 열'로 정렬되어 있는지 확인한다. "요식업위생교육.txt"은 변수값이 '탭'으로 구분되어 있다.

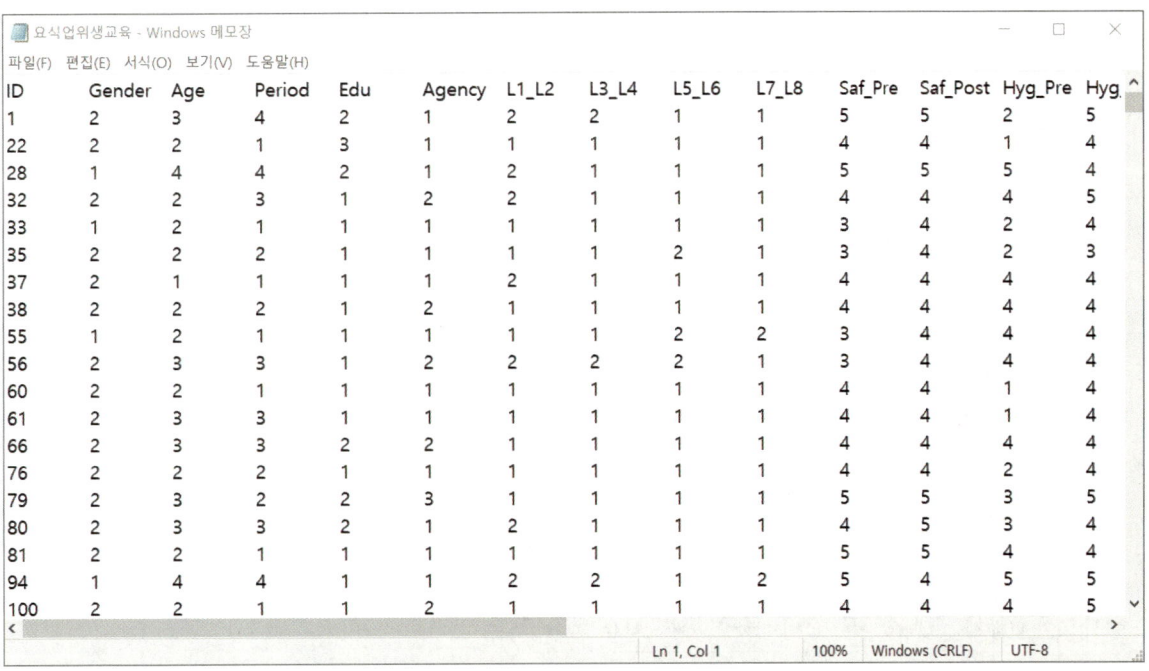

㉡ 자료를 SPSS로 불러오기 위해 다음의 메뉴를 이용한다.

파일(F) → 데이터 가져오기(D) → 텍스트 데이터(T)

② 데이터 열기 대화상자에서 "요식업위생교육.txt"을 선택하고 인코딩(E)을 로컬 인코딩으로 선택하여 열기(O)를 누르면 텍스트 가져오기 마법사 – 6단계 중 1단계 대화상자가 나온다.

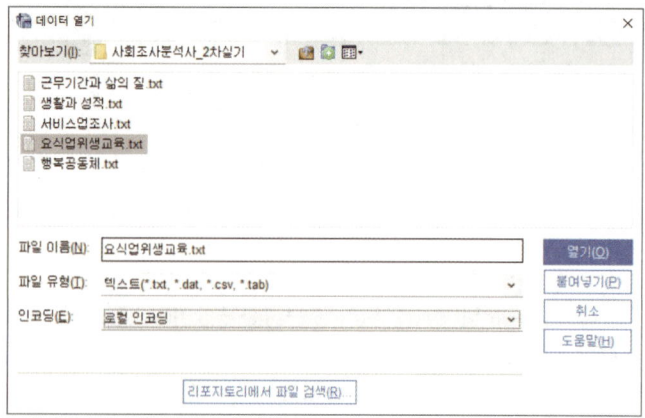

③ 텍스트 가져오기 마법사 – 6단계 중 1단계

  ㉠ 텍스트 파일이 사전 정의된 형식과 일치하는지를 묻는 단계이다.

  ㉡ 사전에 정의한 형식이 없으므로 초기값 상태인 아니오(O)를 선택하고 다음(N)을 누른다.

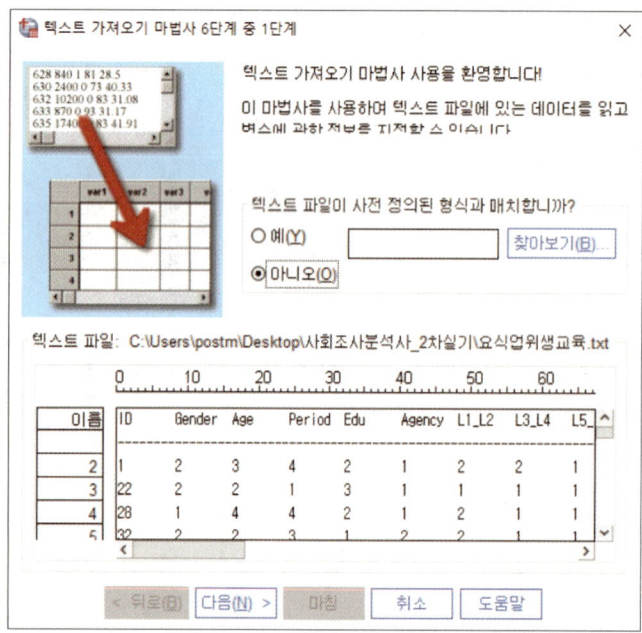

④ 텍스트 가져오기 마법사 – 6단계 중 2단계

  ㉠ 변수의 배열과 이름을 묻는 단계이다.

  ㉡ '변수는 어떻게 배열되어 있습니까?' 질문에 구분자에 의한 배열(D)을 선택한다.

  ㉢ '변수 이름이 파일의 처음에 있습니까?' 질문에 변수의 이름이 파일의 처음에 있으므로 예(Y)를 선택한다.

  ㉣ '소수점 기호'에 주기(P)를 선택하고 다음(N)을 누른다.

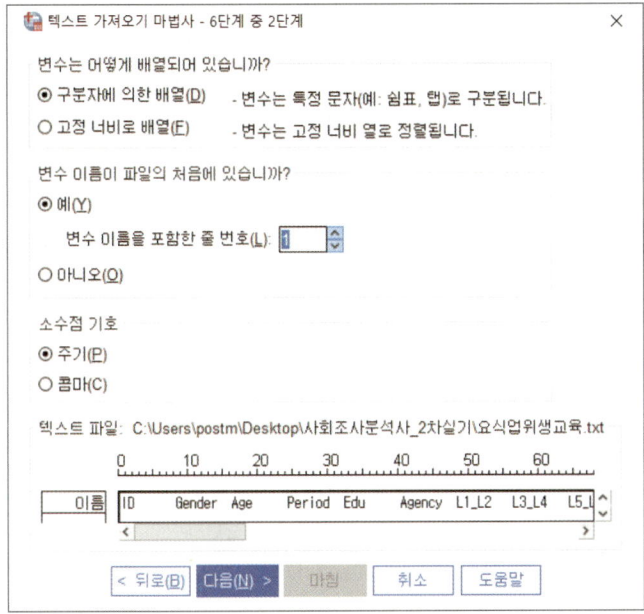

⑤ 텍스트 가져오기 마법사 – 6단계 중 3단계(구분자에 의한 배열)

㉠ 데이터의 범위를 설정하는 단계이다.

㉡ '데이터의 첫 번째 케이스가 몇 번째 줄에서 시작합니까?' 질문에 데이터가 두 번째 줄부터 시작되고 있으므로 초기값 2를 유지한다.

㉢ '케이스가 어떻게 표시되고 있습니까?' 질문에 각 줄이 하나의 케이스를 나타내므로 **각 줄은 케이스를 나타냅니다.(L)**를 선택한다.

㉣ '몇 개의 케이스를 가져오시겠습니까?' 질문에 모든 케이스를 불러와야 하므로 **모든 케이스(A)**를 선택한다.

㉤ 데이터 미리보기로부터 데이터가 올바르게 정렬되어 있는지 확인하고 다음(N)을 누른다. 만약 데이터가 올바르게 정렬되어 있지 않다면 뒤로(B)를 눌러 이전 단계를 확인한다.

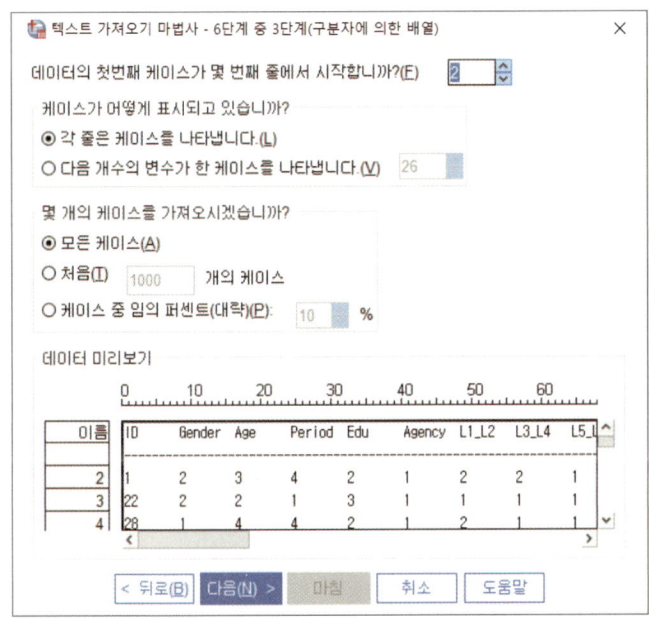

⑥ 텍스트 가져오기 마법사 – 6단계 중 4단계(구분자에 의한 배열)

   ㉠ 변수의 구분을 어떻게 했는지 묻는 단계이다.

   ㉡ '변수 사이에 어떤 구분자를 사용했습니까?' 질문에 탭으로 구분되어 있으므로 탭(T)을 선택한다.

   ㉢ '데이터 미리보기'에서 데이터가 올바르게 정렬되어 있는지 확인하고 다음(N)을 누른다.

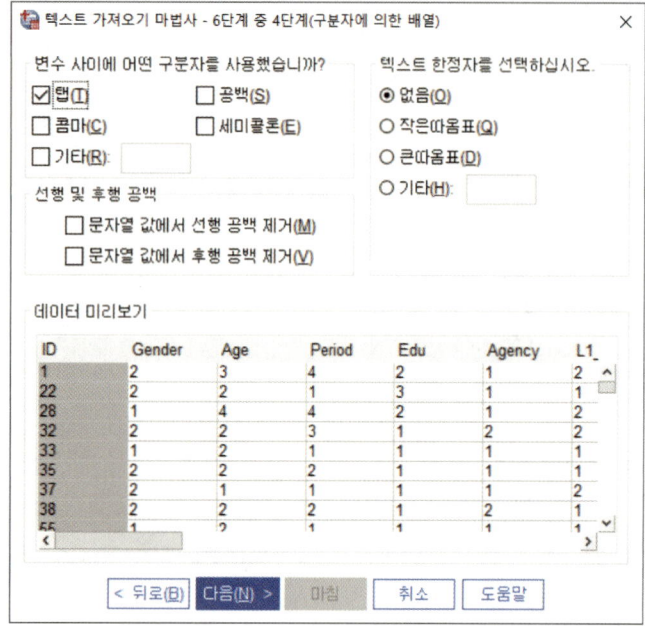

⑦ 텍스트 가져오기 마법사 – 6단계 중 5단계

   ㉠ 변수의 이름과 데이터 형식을 지정하는 단계이다.

   ㉡ 변수 보기 창에서 지정하기 위해 '데이터 미리보기 상자에서 선택된 변수 양식'은 기본값을 유지하고 다음(N)을 누른다.

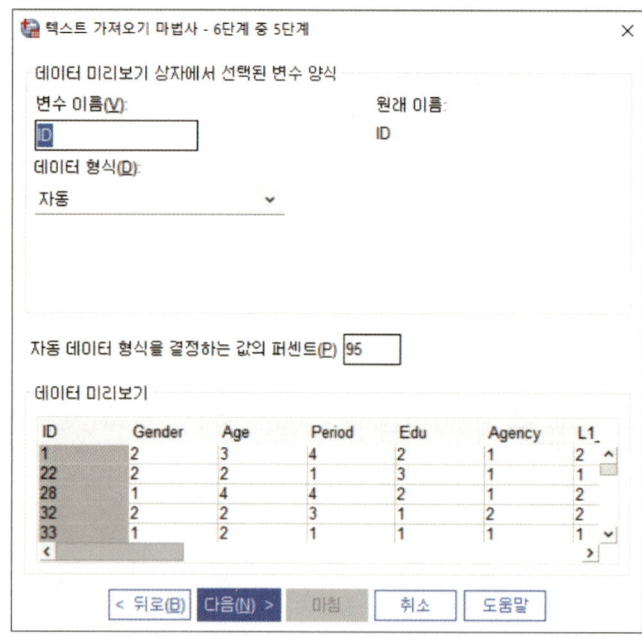

⑧ 텍스트 가져오기 마법사 – 6단계 중 6단계

㉠ 파일 형식을 저장할 것인지, 명령문을 생성할 것인지 묻는 단계이다.

㉡ 각 질문에 기본값 아니오를 유지하고 마침을 누른다.

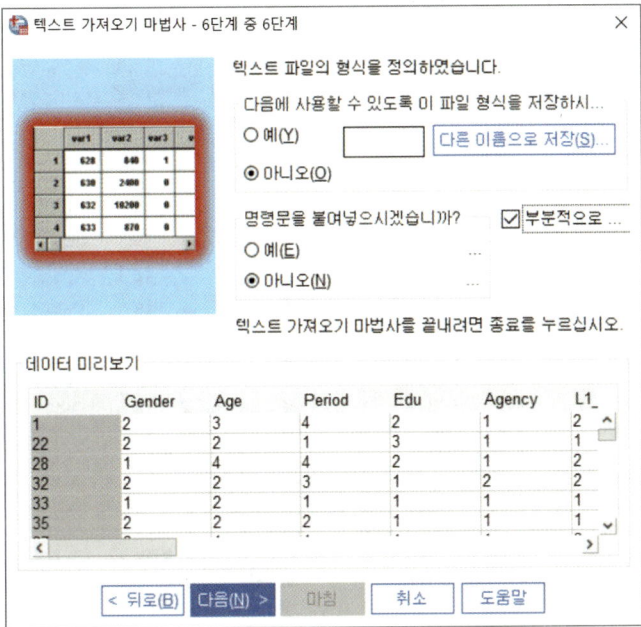

(2) 데이터 보기 창 확인

다음과 같이 "요식업위생교육.txt"을 데이터 보기 창에서 확인할 수 있다.

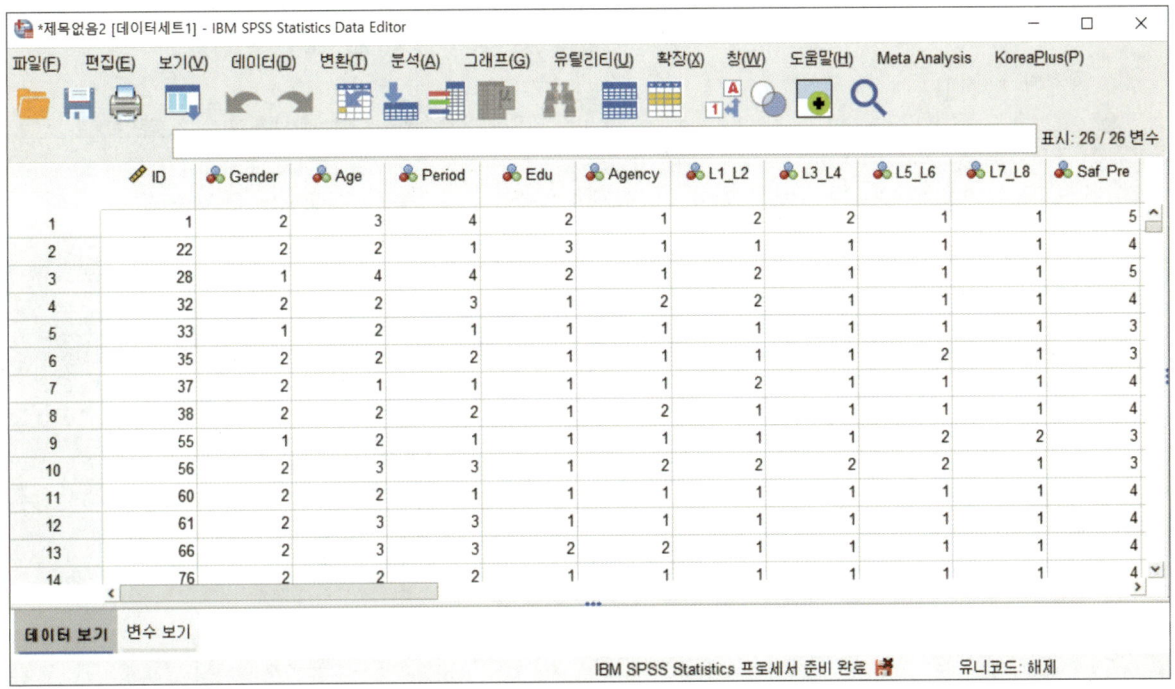

2 변수 보기 입력

① 조건으로 제공된 [표] 데이터 파일의 코딩양식을 확인한다.

② 불러온 데이터의 변수 보기 창에서 [표] 데이터 파일의 코딩양식에 맞추어 **레이블, 값, 측도**를 입력한다.

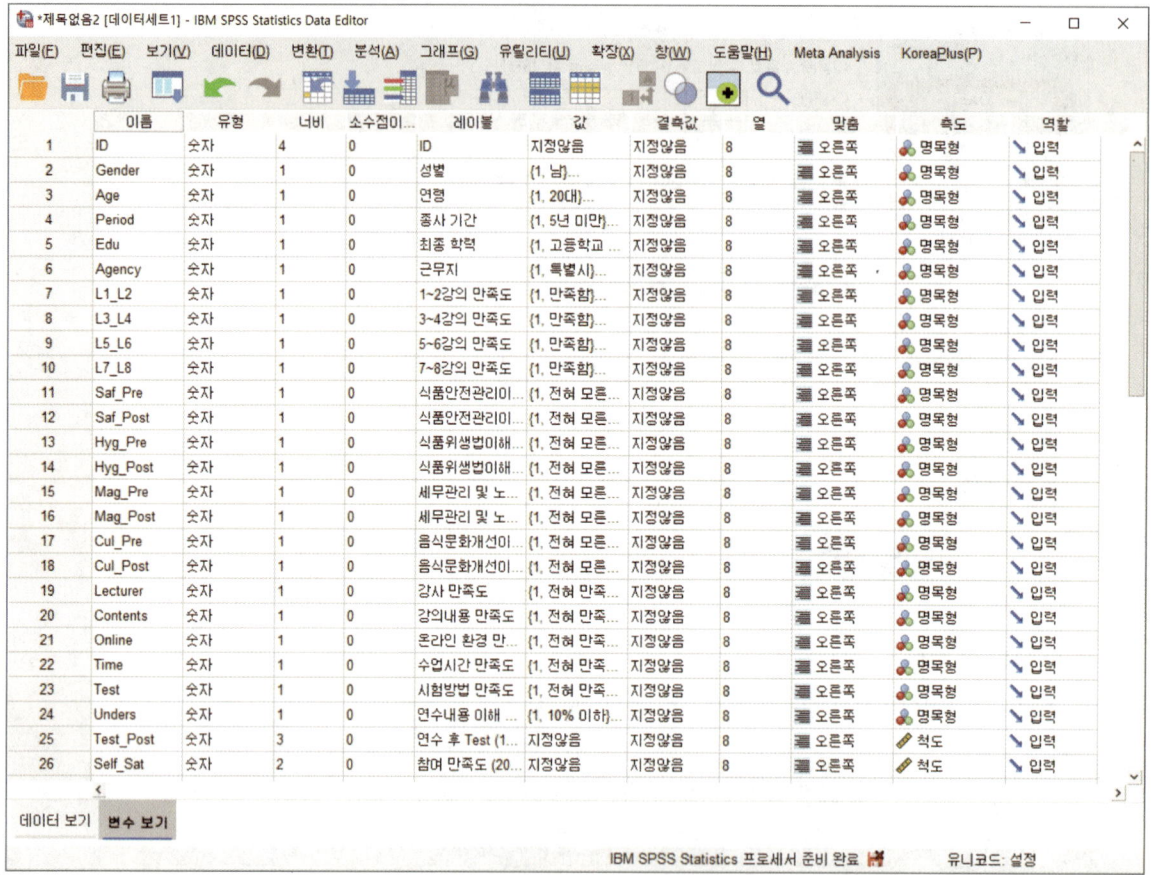

3 분석

문제 1 위생교육 연수자들의 연수에 대한 만족도 조사 결과에 결측값과 잘못 입력된 값인 이상값이 확인된다(이후 모든 분석에서 결측값과 이상값을 제외하시오).

[문제 1-1] 입력값이 빠진 결측값을 찾아 해당 자료의 응답자 ID와 변수명을 쓰고 결측값(999) 처리하시오.

입력값이 빠진 결측값	
응답자 ID	변수명

실행 POINT

빈도분석으로 오류값 찾기 및 결측값 처리

① 변수의 빈도 및 비율을 확인하기 위해서 다음의 메뉴를 이용한다.

분석(A) → 기술통계량(E) → 빈도분석(F)...

② 빈도분석 대화상자의 변수에서 ID [ID]를 제외한 모든 변수를 선택하고 ➡를 눌러 오른쪽 변수(V)로 이동시킨다.

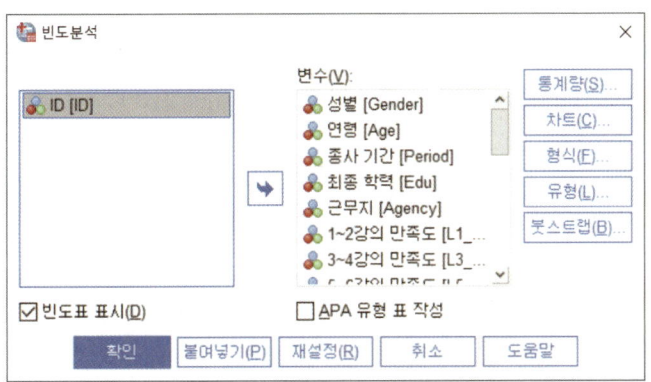

③ 확인을 누르면 출력결과 창에 다음을 얻을 수 있다.

통계량

		성별	연령	종사기간	최종학력	근무지	1~2 강의 만족도	3~4 강의 만족도	5~6 강의 만족도	7~8 강의 만족도	식품안전관리이해_전	식품안전관리이해_후	식품위생법이해_전	식품위생법이해_후
N	유효	699	699	699	699	698	699	699	699	699	698	699	699	699
	결측	0	0	0	0	1	0	0	0	0	1	0	0	0

통계량

		세무관리 및 노무관리이해_전	세무관리 및 노무관리이해_후	음식문화개선이해_전	음식문화개선이해_후	강사만족도	강의내용만족도	온라인환경만족도	수업시간만족도	시험방법만족도	연수내용이해정도	연수 후 Test (100점 만점)	참여만족도 (20점 만점)
N	유효	698	698	699	699	699	699	699	699	699	699	699	699
	결측	1	1	0	0	0	0	0	0	0	0	0	0

④ 통계량 표의 근무지, 식품안전관리이해_전, 세무관리 및 노무관리이해_전, 세무관리 및 노무관리이해_후 변수에서 결측값이 1개씩 확인된다. 또한 이 변수의 빈도표에서 결측 시스템을 확인할 수 있다.

근무지

		빈도	퍼센트	유효 퍼센트	누적 퍼센트
유효	특별시	442	63.2	63.3	63.3
	광역시	135	19.3	19.3	82.7
	도	104	14.9	14.9	97.6
	그 외	17	2.4	2.4	100.0
	전체	698	99.9	100.0	
결측	시스템	1	.1		
전체		699	100.0		

식품안전관리이해_전

		빈도	퍼센트	유효 퍼센트	누적 퍼센트
유효	전혀 모른다	10	1.4	1.4	1.4
	모른다	24	3.4	3.4	4.9
	보통이다	114	16.3	16.3	21.2
	안다	412	58.9	59.0	80.2
	잘 안다	138	19.7	19.8	100.0
	전체	698	99.9	100.0	
결측	시스템	1	.1		
전체		699	100.0		

세무관리 및 노무관리이해_전

		빈도	퍼센트	유효 퍼센트	누적 퍼센트
유효	전혀 모른다	4	.6	.6	.6
	모른다	19	2.7	2.7	3.3
	보통이다	165	23.6	23.6	26.9
	안다	396	56.7	56.7	83.7
	잘 안다	113	16.2	16.2	99.9
	7	1	.1	.1	100.0
	전체	698	99.9	100.0	
결측	시스템	1	.1		
전체		699	100.0		

세무관리 및 노무관리이해_후

		빈도	퍼센트	유효 퍼센트	누적 퍼센트
유효	전혀 모른다	1	.1	.1	.1
	모른다	1	.1	.1	.3
	보통이다	20	2.9	2.9	3.2
	안다	464	66.4	66.5	69.6
	잘 안다	212	30.3	30.4	100.0
	전체	698	99.9	100.0	
결측	시스템	1	.1		
전체		699	100.0		

⑤ 각 변수에서 입력값이 빠진 결측값을 확인해야 한다. 먼저 근무지 [Agency] 변수에서 결측값을 찾기 위해 데이터 보기 창에서 Agency 열을 선택한 후 다음의 메뉴를 이용한다.

편집(E) → 찾기(F)...

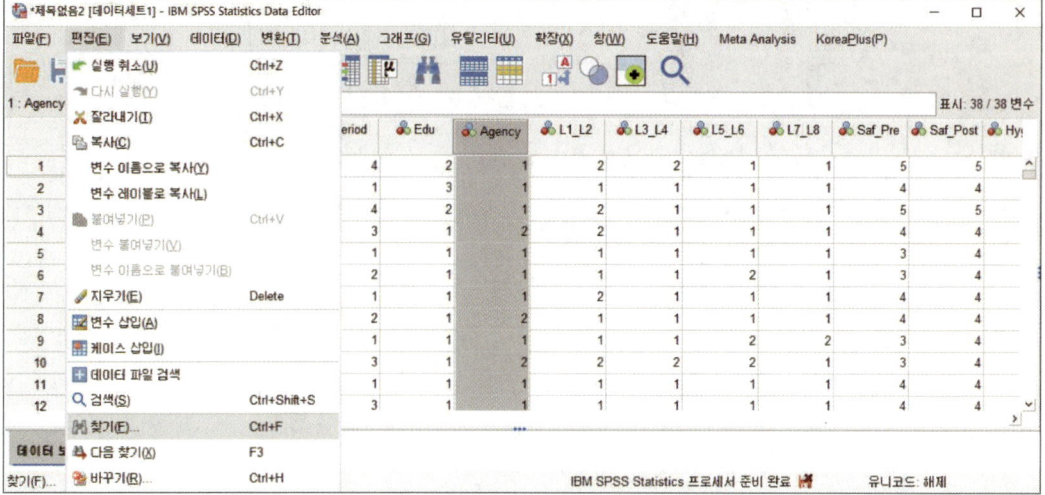

⑥ 찾기 및 바꾸기 – 데이터 보기 대화상자의 찾기(N)에 '.'을 입력하고 다음 찾기(F)를 누른다.

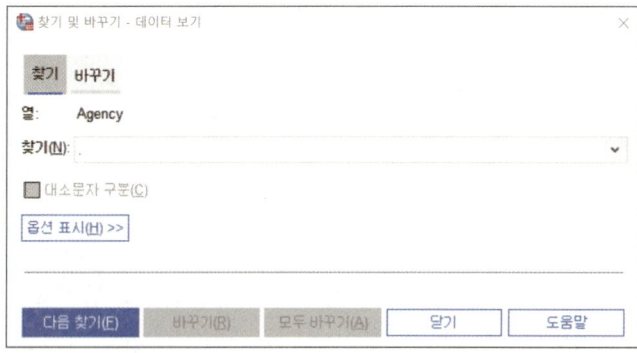

⑦ 그러면 아래와 같이 ID 1475에 결측값 '.'이 존재함을 알 수 있다.

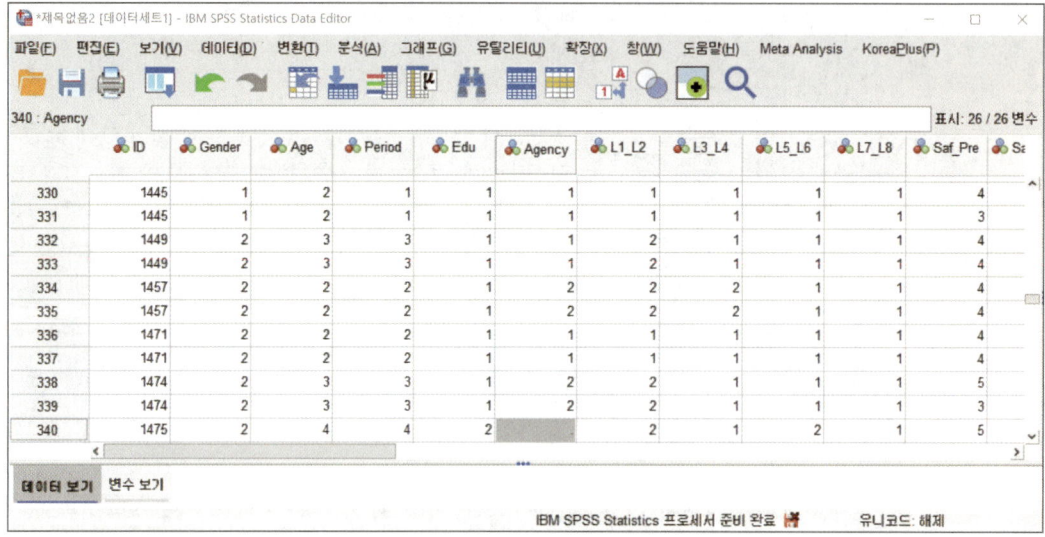

⑧ 다른 변수도 동일한 절차로 결측값을 찾는다. 다음은 식품안전관리이해_전 [Saf_Pre] 변수의 결측값을 찾은 결과이다.

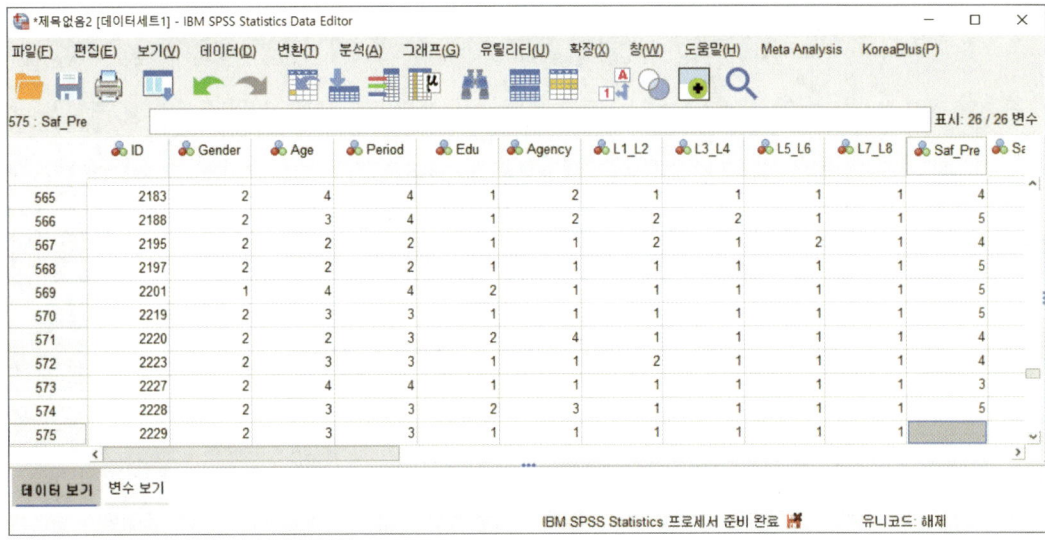

⑨ 같은 방법으로 세무관리 및 노무관리이해_전 [Mag_Pre], 세무관리 및 노무관리이해_후[Mag_Post] 변수의 결측값을 찾고, 결측값으로 확인된 각 변수명의 응답자 ID와 변수명을 작성한다.

입력값이 빠진 결측값	
응답자 ID	변수명
1475	Agency
2229	Saf_Pre, Mag_Pre, Mag_Post

⑩ 데이터 보기 창에서 결측값이 확인된 ID 1475와 2229의 셀에 '999'를 입력한다.

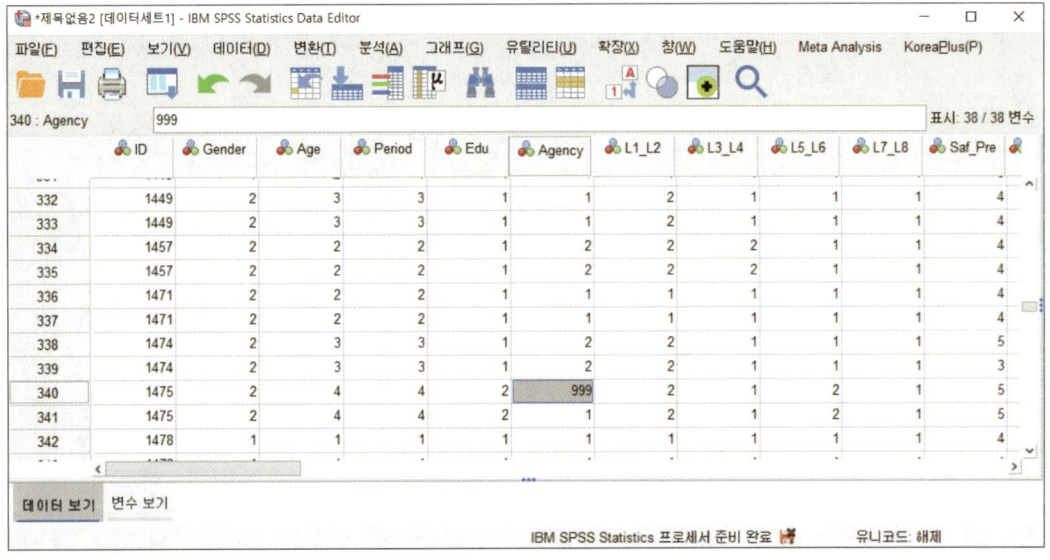

⑪ 변수 보기 창의 Agency 행의 결측값에서 이산형 결측값(D)의 칸에 '999'를 입력하고 확인을 누른다.

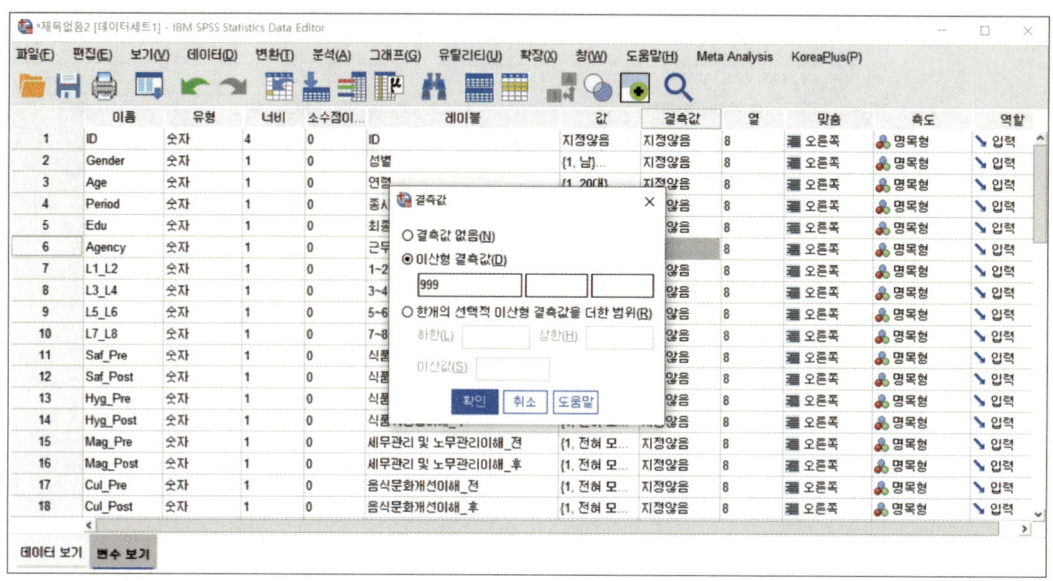

⑫ Saf_Pre, Mag_Pre, Mag_Post 변수에 대해서도 결측값 '999'를 입력한다.
⑬ 다시 빈도분석을 실시하면 다음과 같이 결측(999)으로 분리되어 있음을 확인할 수 있다.

근무지

		빈도	퍼센트	유효 퍼센트	누적 퍼센트
유효	특별시	442	63.2	63.3	63.3
	광역시	135	19.3	19.3	82.7
	도	104	14.9	14.9	97.6
	그 외	17	2.4	2.4	100.0
	전체	698	99.9	100.0	
결측	999	1	.1		
전체		699	100.0		

식품안전관리이해_전

		빈도	퍼센트	유효 퍼센트	누적 퍼센트
유효	전혀 모른다	10	1.4	1.4	1.4
	모른다	24	3.4	3.4	4.9
	보통이다	114	16.3	16.3	21.2
	안다	412	58.9	59.0	80.2
	잘 안다	138	19.7	19.8	100.0
	전체	698	99.9	100.0	
결측	999	1	.1		
전체		699	100.0		

세무관리 및 노무관리이해_전

		빈도	퍼센트	유효 퍼센트	누적 퍼센트
유효	전혀 모른다	4	.6	.6	.6
	모른다	19	2.7	2.7	3.3
	보통이다	165	23.6	23.6	26.9
	안다	396	56.7	56.7	83.7
	잘 안다	113	16.2	16.2	99.9
	7	1	.1	.1	100.0
	전체	698	99.9	100.0	
결측	999	1	.1		
전체		699	100.0		

세무관리 및 노무관리이해_후

		빈도	퍼센트	유효 퍼센트	누적 퍼센트
유효	전혀 모른다	1	.1	.1	.1
	모른다	1	.1	.1	.3
	보통이다	20	2.9	2.9	3.2
	안다	464	66.4	66.5	69.6
	잘 안다	212	30.3	30.4	100.0
	전체	698	99.9	100.0	
결측	999	1	.1		
전체		699	100.0		

[문제 1-2] 잘못 입력된 값들을 모두 찾아 해당 자료의 응답자 ID, 변수명, 자료값을 쓰고 결측값 처리하시오.

잘못 입력되어 있는 자료		
응답자 ID	변수명	자료값

실행POINT
오류값 찾기 및 결측값 처리

① [문제 1-1]의 빈도분석 결과인 빈도표를 각 변수마다 확인하면 최종 학력 [Edu], 3~4강의 만족도 [L3_L4], 식품위생법이해_후 [Hyg_Post], 세무관리 및 노무관리이해_전 [Mag_Pre], 온라인 환경 만족도 [Online] 변수에 정해진 범주를 벗어난 값이 확인된다.

최종 학력

		빈도	퍼센트	유효 퍼센트	누적 퍼센트
유효	고등학교 졸업	408	58.4	58.4	58.4
	대학 졸업	259	37.1	37.1	95.4
	석사 졸업	28	4.0	4.0	99.4
	박사 수료 이상	3	.4	.4	99.9
	6	1	.1	.1	100.0
	전체	699	100.0	100.0	

3~4강의 만족도

		빈도	퍼센트	유효 퍼센트	누적 퍼센트
유효	0	1	.1	.1	.1
	만족함	585	83.7	83.7	83.8
	만족하지 않음	113	16.2	16.2	100.0
	전체	699	100.0	100.0	

식품위생법이해_후

		빈도	퍼센트	유효 퍼센트	누적 퍼센트
유효	모른다	4	.6	.6	.6
	보통이다	91	13.0	13.0	13.6
	안다	401	57.4	57.4	71.0
	잘 안다	202	28.9	28.9	99.9
	7	1	.1	.1	100.0
	전체	699	100.0	100.0	

세무관리 및 노무관리이해_전

		빈도	퍼센트	유효 퍼센트	누적 퍼센트
유효	전혀 모른다	4	.6	.6	.6
	모른다	19	2.7	2.7	3.3
	보통이다	165	23.6	23.6	26.9
	안다	396	56.7	56.7	83.7
	잘 안다	113	16.2	16.2	99.9
	7	1	.1	.1	100.0
	전체	698	99.9	100.0	
결측	시스템	1	.1		
전체		699	100.0		

온라인 환경 만족도

		빈도	퍼센트	유효 퍼센트	누적 퍼센트
유효	0	1	.1	.1	.1
	전혀 만족하지 않는다	38	5.4	5.4	5.6
	만족하지 않는다	120	17.2	17.2	22.7
	보통이다	176	25.2	25.2	47.9
	만족한다	198	28.3	28.3	76.3
	매우 만족한다	166	23.7	23.7	100.0
	전체	699	100.0	100.0	

② 먼저 최종 학력 변수에서 잘못 입력되어 있는 값을 찾기 위해 데이터 보기 창에서 Edu 열을 선택한 후 다음의 메뉴를 이용한다.

편집(E) → 찾기(F)...

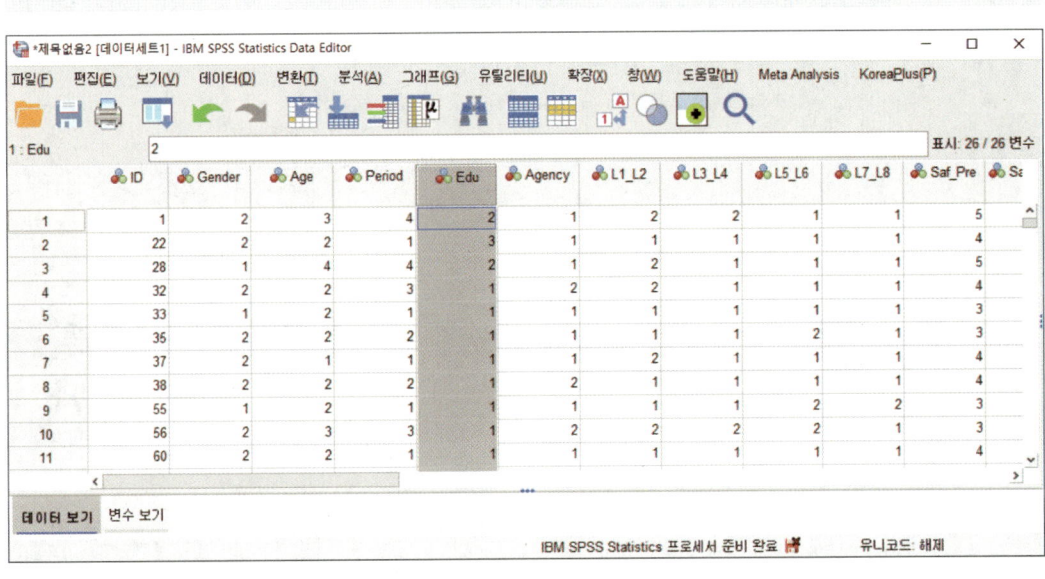

③ 찾기 및 바꾸기 - 데이터 보기 대화상자의 찾기(N)에 '6'을 입력하고 다음 찾기(F)를 누른다. 그러면 다음과 같이 ID 1270에 6이 존재함을 알 수 있다.

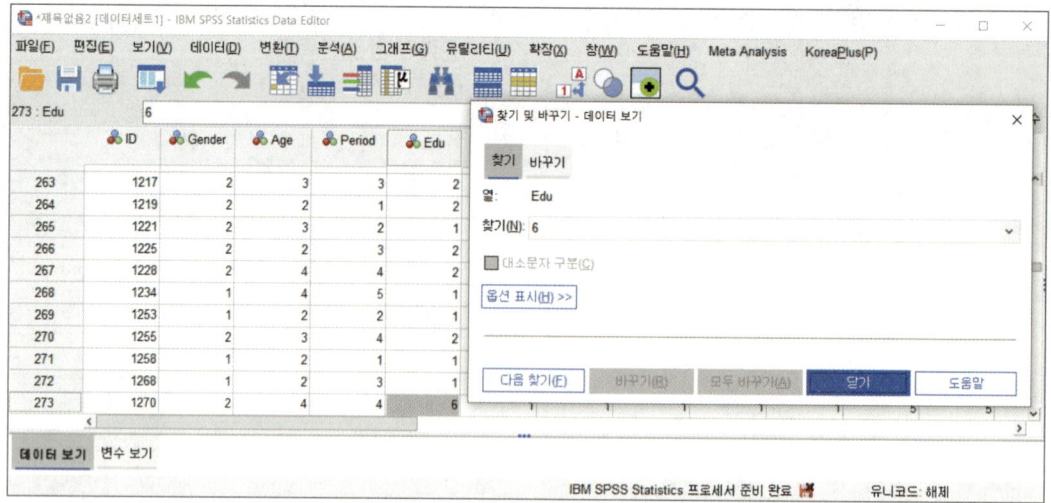

④ 다른 변수도 이와 동일한 절차로 잘못 입력되어 있는 자료를 찾는다. 다음은 3~4강 만족도 [L3_L4] 변수와 식품위생법이해_후 [Hyg_post] 변수의 이상값을 찾은 결과이다.

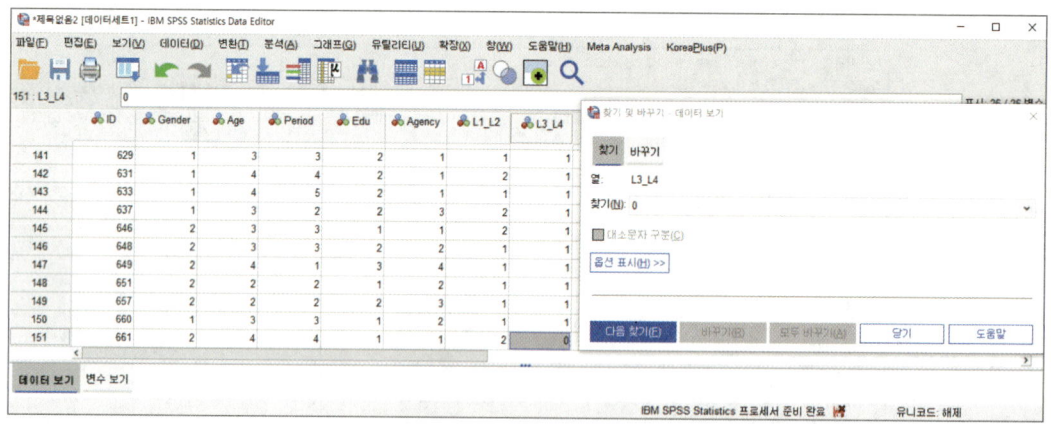

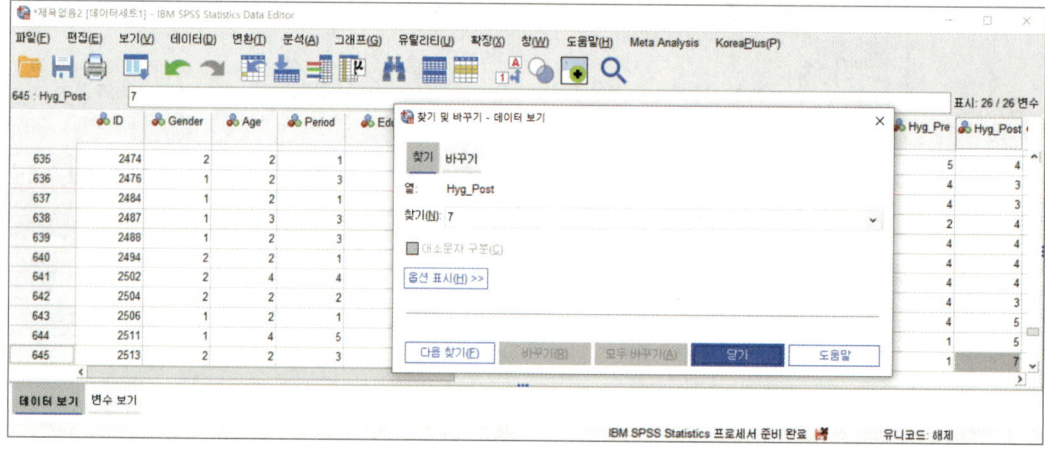

⑤ 잘못 입력되어 있는 자료로 확인된 각 변수명의 응답자 ID, 변수명, 자료값을 작성한다.

잘못 입력되어 있는 자료		
응답자 ID	변수명	자료값
1270	Edu	6
661	L3_L4	0
2513	Hyg_Post	7
2083	Mag_Pre	7
1984	Online	0

⑥ 이상값을 결측값 처리하기 위해 변수 보기 창의 각 변수명 행의 **결측값**에서 **이산형 결측값(D)**의 칸에 잘못 입력되어 있는 자료값을 입력하고 확인을 누른다.

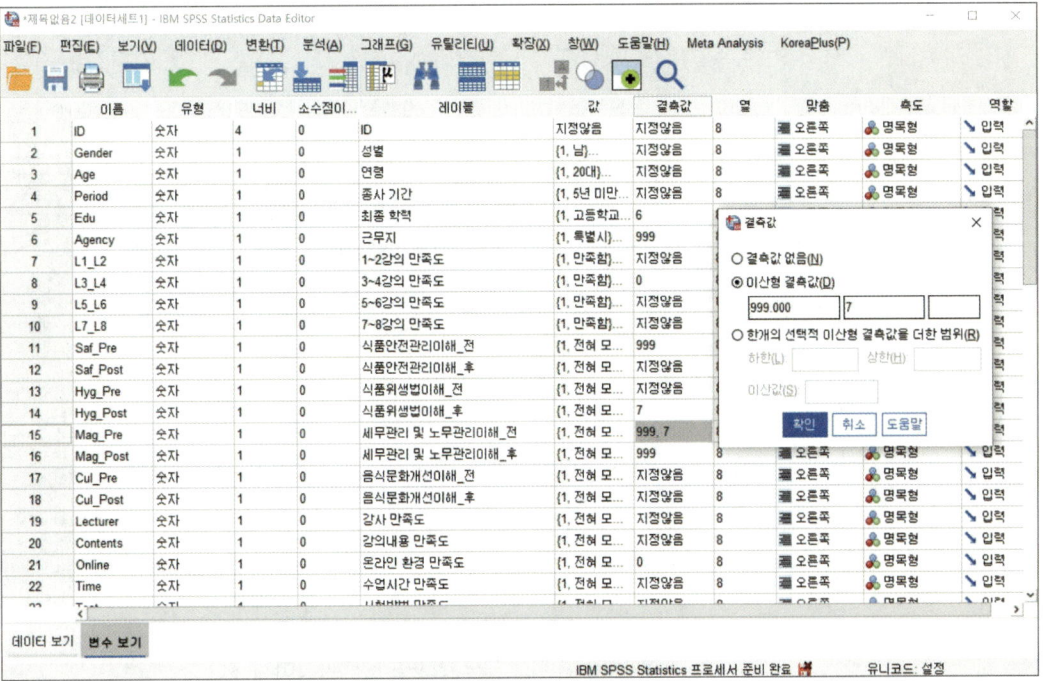

⑦ 다시 최종 학력 [Edu], 3~4강의 만족도 [L3_L4], 식품위생법이해_후 [Hyg_Post], 세무관리 및 노무관리이해_전 [Mag_Pre], 온라인 환경 만족도 [Online] 변수에 대해 빈도분석을 실시하면 다음과 같이 결측으로 분리되어 있음을 확인할 수 있다. 특히 세무관리 및 노무관리이해_전 [Mag_Pre] 변수는 결측값 999와 이상값 7이 함께 확인되므로 전체 결측이 2개로 표시된다.

최종 학력

		빈도	퍼센트	유효 퍼센트	누적 퍼센트
유효	고등학교 졸업	408	58.4	58.5	58.5
	대학 졸업	259	37.1	37.1	95.6
	석사 졸업	28	4.0	4.0	99.6
	박사 수료 이상	3	.4	.4	100.0
	전체	698	99.9	100.0	
결측	6	1	.1		
전체		699	100.0		

3~4강의 만족도

		빈도	퍼센트	유효 퍼센트	누적 퍼센트
유효	만족함	585	83.7	83.8	83.8
	만족하지 않음	113	16.2	16.2	100.0
	전체	698	99.9	100.0	
결측	0	1	.1		
전체		699	100.0		

식품위생법이해_후

		빈도	퍼센트	유효 퍼센트	누적 퍼센트
유효	모른다	4	.6	.6	.6
	보통이다	91	13.0	13.0	13.6
	안다	401	57.4	57.4	71.1
	잘 안다	202	28.9	28.9	100.0
	전체	698	99.9	100.0	
결측	7	1	.1		
전체		699	100.0		

세무관리 및 노무관리이해_전

		빈도	퍼센트	유효 퍼센트	누적 퍼센트
유효	전혀 모른다	4	.6	.6	.6
	모른다	19	2.7	2.7	3.3
	보통이다	165	23.6	23.7	27.0
	안다	396	56.7	56.8	83.8
	잘 안다	113	16.2	16.2	100.0
	전체	697	99.7	100.0	
결측	7	1	.1		
	999	1	.1		
	전체	2	.3		
전체		699	100.0		

온라인 환경 만족도

		빈도	퍼센트	유효 퍼센트	누적 퍼센트
유효	전혀 만족하지 않는다	38	5.4	5.4	5.4
	만족하지 않는다	120	17.2	17.2	22.6
	보통이다	176	25.2	25.2	47.9
	만족한다	198	28.3	28.4	76.2
	매우 만족한다	166	23.7	23.8	100.0
	전체	698	99.9	100.0	
결측	0		1	.1	
전체		699	100.0		

문제 2 총 8회로 진행된 강의에 대하여 성별에 따라 만족도에 차이가 있는지 검정하고자 한다.

[문제 2-1] 1~2강의, 3~4강의, 5~6강의, 7~8강의에 만족하는 남성과 여성을 각각 구분하여 다음 표를 완성하시오.

강의 만족도 비율	남성		여성	
	빈도수	비율(%)	빈도수	비율(%)
1~2강의	☐	***	***	***
3~4강의	***	☐.☐	***	***
5~6강의	***	***	☐	☐.☐
7~8강의	☐	☐.☐	***	☐.☐

> **실행 POINT**
>
> 교차표 작성 및 교차분석

① 성별과 1~2강의 만족도, 3~4강의 만족도, 5~6강의 만족도, 7~8강의 만족도 간의 빈도수와 비율을 구하기 위해 다음의 메뉴를 이용한다.

분석(A) → 기술통계량(E) → 교차분석(C)...

② 교차분석 대화상자의 변수 중에서 1~2강의 만족도 [L1_L2], 3~4강의 만족도 [L3_L4], 5~6강의 만족도 [L5_L6], 7~8강의 만족도 [L7_L8]를 선택하고 ➡를 눌러 오른쪽 행(O)으로 옮긴다. 성별 [Gender]을 선택하고 ➡를 눌러 오른쪽 열(C)로 옮기고 셀(E)을 누른다.

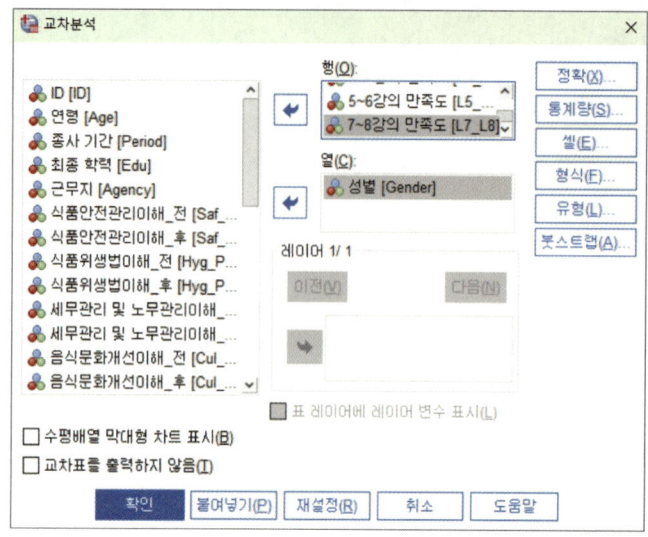

③ 교차분석: 셀 표시 대화상자에서 빈도(T)의 관측빈도(O)를 선택하고, 퍼센트의 열(C)을 선택한 다음 계속(C)을 눌러 교차분석 대화상자로 돌아간다. 남성 중에서 만족하는 남성의 비율, 여성 중에서 만족하는 여성의 비율을 구해야 하므로 전체 남성 100%, 여성 100%를 기준으로 잡기 위해 퍼센트의 열(C)을 체크한다. 만약 만족하는 남녀 전체 중에서 남성과 여성의 비율을 구할 때에는 퍼센트의 행(R)을 체크한다.

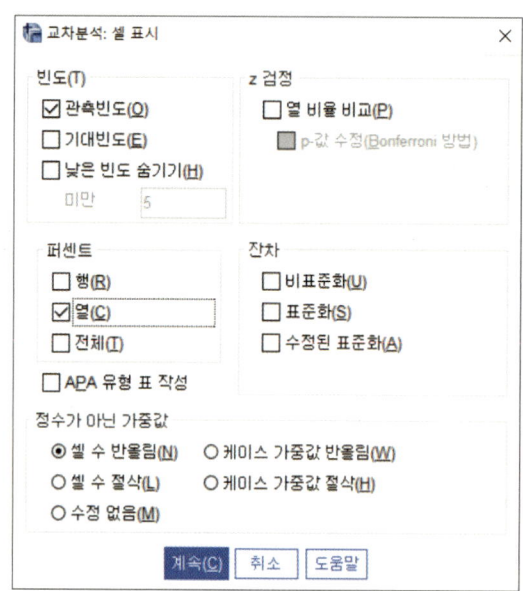

④ 확인을 누르면 출력결과 창에 다음을 얻을 수 있다.

1~2강의 만족도 * 성별 교차표

			성별		전체
			남	여	
1~2강의 만족도	만족함	빈도	129	259	388
		성별 중 %	51.8%	57.6%	55.5%
	만족하지 않음	빈도	120	191	311
		성별 중 %	48.2%	42.4%	44.5%
전체		빈도	249	450	699
		성별 중 %	100.0%	100.0%	100.0%

3~4강의 만족도 * 성별 교차표

			성별		전체
			남	여	
3~4강의 만족도	만족함	빈도	198	387	585
		성별 중 %	79.5%	86.2%	83.8%
	만족하지 않음	빈도	51	62	113
		성별 중 %	20.5%	13.8%	16.2%
전체		빈도	249	449	698
		성별 중 %	100.0%	100.0%	100.0%

5~6강의 만족도 * 성별 교차표

			성별		전체
			남	여	
5~6강의 만족도	만족함	빈도	158	347	505
		성별 중 %	63.5%	77.1%	72.2%
	만족하지 않음	빈도	91	103	194
		성별 중 %	36.5%	22.9%	27.8%
전체		빈도	249	450	699
		성별 중 %	100.0%	100.0%	100.0%

7~8강의 만족도 * 성별 교차표

			성별		전체
			남	여	
7~8강의 만족도	만족함	빈도	200	406	606
		성별 중 %	80.3%	90.2%	86.7%
	만족하지 않음	빈도	49	44	93
		성별 중 %	19.7%	9.8%	13.3%
전체		빈도	249	450	699
		성별 중 %	100.0%	100.0%	100.0%

⑤ 각 교차표의 만족함의 빈도와 성별 중 %를 이용해서 다음 표를 완성한다.

강의 만족도 비율	남성		여성	
	빈도수	비율(%)	빈도수	비율(%)
1~2강의	129	***	***	***
3~4강의	***	79.5	***	***
5~6강의	***	***	347	77.1
7~8강의	200	80.3	***	90.2

[문제 2-2] 총 8회의 강의에 대한 만족도가 남녀 사이에 차이가 있는지 검정하시오.

⑴ 1~2강의, 3~4강의, 5~6강의, 7~8강의에 대한 만족도로부터 만족함을 '1', 만족하지 않음을 '0'으로 한 변수를 생성하시오. 그리고 이를 이용해 다음과 같이 정의된 새로운 연속변수 강의 만족도 [Lec_Sat]를 만들고 다음 표를 완성하시오.

강의 만족도 [Lec_Sat]: 1~2강의, 3~4강의, 5~6강의, 7~8강의 중 만족하는 강의 개수			
구분	평균	중위수	최빈값
강의 만족도	.		

> **실행POINT**
> - 기존변수를 다른 변수로 코딩변경
> - 변수의 계산을 이용하여 새로운 변수 만들기
> - 빈도분석으로 기술통계량 계산

① 기존 1~2강의 [L1_L2], 3~4강의 [L3_L4], 5~6강의 [L5_L6], 7~8강의 [L7_L8] 변수를 이용하여 만족함(1), 만족하지 않음(0)인 새로운 1~2강의 만족도_01 [L1_L2_01], 3~4강의 만족도_01 [L3_L4_01], 5~6강의 만족도_01 [L5_L6_01], 7~8강의 만족도_01 [L7_L8_01] 변수를 만들기 위해 다음의 메뉴를 이용한다.

변환(T) → 다른 변수로 코딩변경(R)...

② 다른 변수로 코딩변경 대화상자의 변수 중에서 1~2강의 [L1_L2]를 선택하고 ➡를 눌러 오른쪽 입력변수 → 출력변수(V)로 옮기면, 숫자변수 → 출력변수에 'L1_L2 → ?'이 생긴다.

③ 출력변수의 이름(N)에는 새롭게 코딩되는 변수의 이름인 'L1_L2_01'을 입력하고 레이블(L)에 '1~2강의 만족도_01'을 입력한 후 변경(H)을 누르면, 숫자변수 → 출력변수에 'L1_L2 → L1_L2_01'이 생긴다. 다음으로 기존값 및 새로운 값(O)을 누른다.

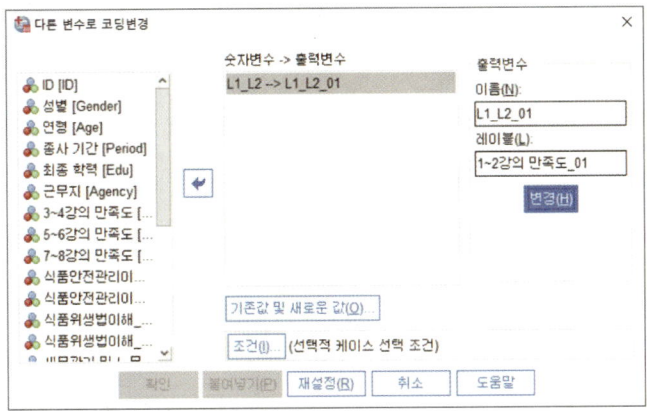

④ 다른 변수로 코딩변경: 기존값 및 새로운 값 대화상자에서 다음과 같이 입력한다.
   ㉠ '1'을 '1'로 코딩변경하기: 기존값의 값(V)에 '1', 새로운 값의 값(L)에 '1'을 입력한 다음 추가(A)를 누르면 기존값 → 새로운 값(D)에 '1 → 1'이 확인된다.
   ㉡ '2'를 '0'으로 코딩변경하기: 기존값의 값(V)에 '2', 새로운 값의 값(L)에 '0'을 입력한 다음 추가(A)를 누르면 기존값 → 새로운 값(D)에 '2 → 0'이 확인된다.

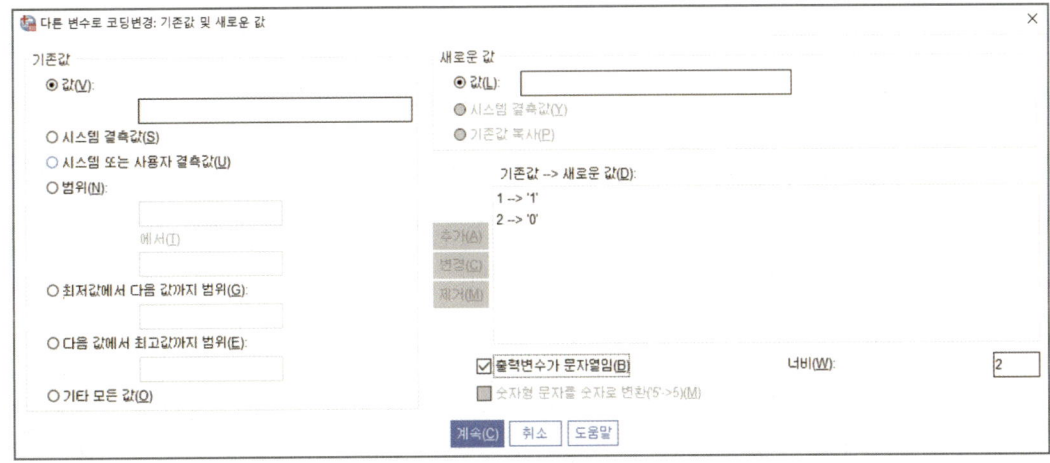

⑤ 계속(C)을 눌러 다른 변수로 코딩변경 대화상자로 돌아가 확인을 누르면, 데이터 보기 창에 새로운 L1_L2_01 변수가 만들어진 것을 확인할 수 있다. 이때, 변수 보기 창에서 소수점이하자리를 0으로 바꾸면 정수값이 된다. 이후 나머지 변수에 대해서로 동일한 과정에 따라 새로운 변수를 만든다.

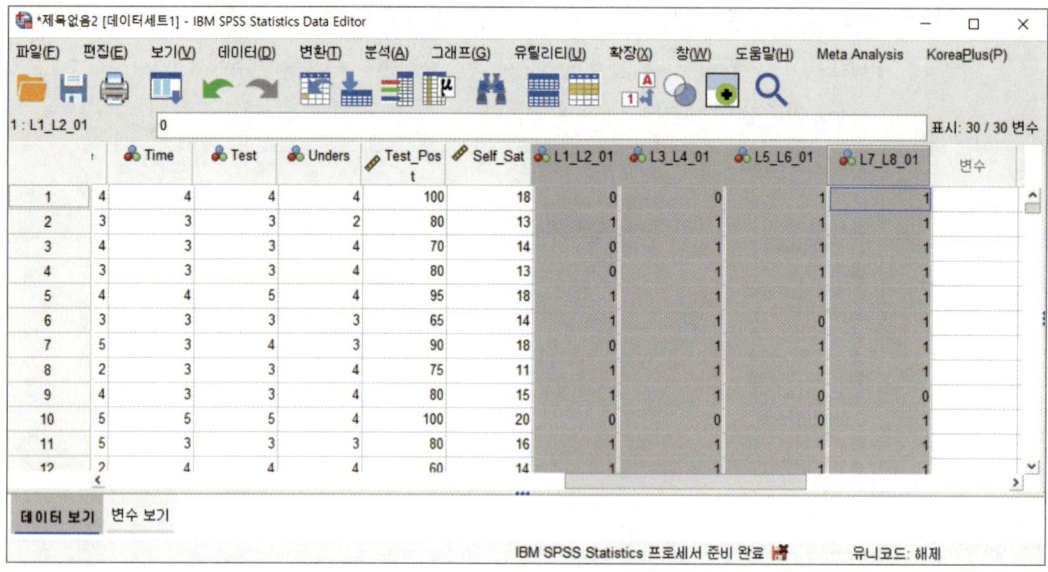

⑥ 새로운 1~2강의 만족도_01 [L1_L2_01], 3~4강의 만족도_01 [L3_L4_01], 5~6강의 만족도_01 [L5_L6_01], 7~8강의 만족도_01 [L7_L8_01] 변수가 만들어지면 변수 보기 창에서 각 행의 값의 값 레이블에 0="만족하지 않음", 1="만족함"을 입력한다.

⑦ 새로운 연속변수 강의 만족도 [Lec_Sat]를 만들기 위해 다음의 메뉴를 이용한다.

변환(T) → 변수 계산(C)...

⑧ 강의 만족도 [Lec_Sat] 변수는 1~2강의, 3~4강의, 5~6강의, 7~8강의 중 만족하는 강의 개수이므로, 1~2강의 만족도_01 [L1_L2_01], 3~4강의 만족도_01 [L3_L4_01], 5~6강의 만족도_01 [L5_L6_01], 7~8강의 만족도_01 [L7_L8_01] 변수의 합으로 구할 수 있다.

⑨ 변수 계산 대화상자에서 목표변수(T)에 Lec_Sat를 입력하고, 숫자표현식(E)에 L1_L2_01+L3_L4_01+L5_L6_01+ L7_L8_01을 입력한다.

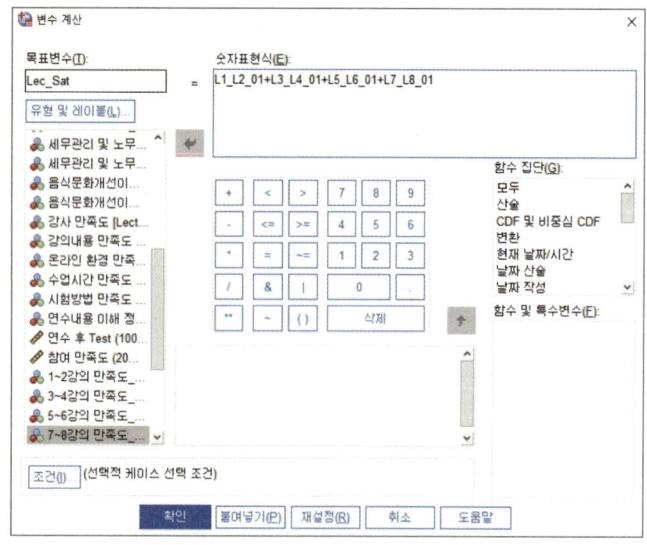

⑩ 확인을 누르면 데이터 보기 창에 새로운 변수인 Lec_Sat가 만들어진다. 변수 보기 창에서 레이블에 강의 만족도를 입력하고, 측도를 척도로 바꾼다.

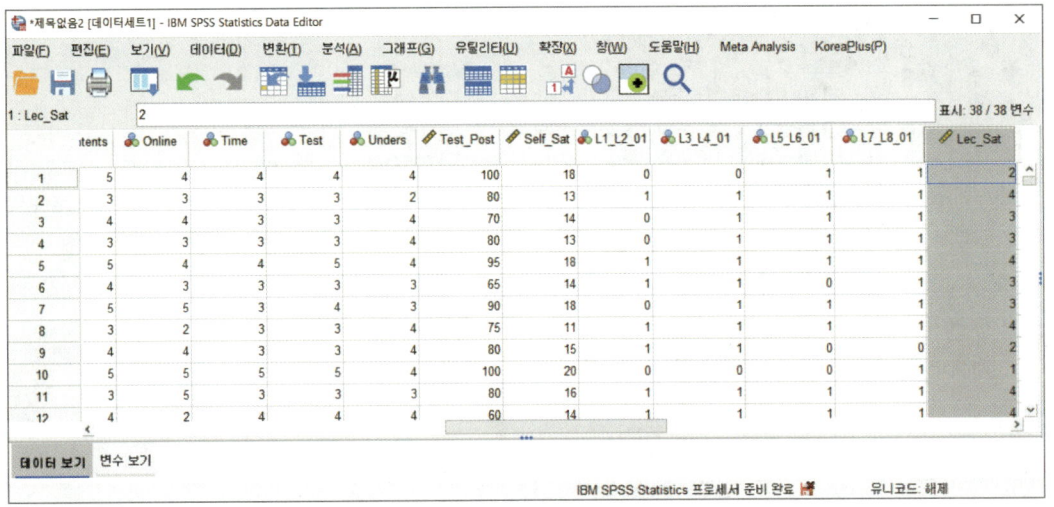

⑪ 새로운 연속변수 강의 만족도 [Lec_Sat] 변수의 평균, 중위수, 최빈값을 구하기 위해서 다음의 메뉴를 이용한다.

분석(A) → 기술통계량(E) → 빈도분석(F)...

⑫ 빈도분석 대화상자의 변수에 강의 만족도 [Lec_Sat]를 선택하고 ➡를 눌러 오른쪽 변수(V)로 옮기고 통계량(S)을 누른다.

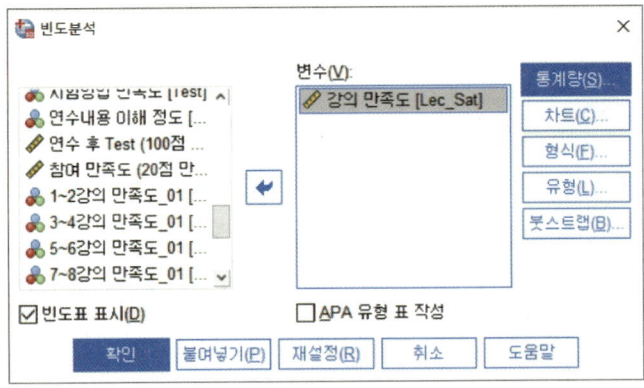

⑬ 빈도분석: 통계량 대화상자의 중심경향에서 평균(M), 중위수(D), 최빈값(O)을 선택한 다음 계속(C)을 눌러 빈도분석 대화상자로 돌아간다.

⑭ 확인을 누르면 출력결과 창에 다음을 얻을 수 있다.

통계량

강의 만족도		
N	유효	698
	결측	1
평균		2.9828
중위수		3.0000
최빈값		4.00

⑮ 통계량 표의 평균, 중위수, 최빈값을 이용하여 다음 표를 완성한다.

구분	평균	중위수	최빈값
강의 만족도	2.98	3	4

(2) 가설을 세우시오. 그리고 검정방법, 검정통계량의 값과 유의확률(양측)을 쓰고, 유의수준 5%에서 검정 결과를 설명하시오.

귀무가설(H_0)	
대립가설(H_1)	
검정방법	
검정통계량의 값	☐.☐☐☐
유의확률(양측)	☐.☐☐☐
검정 결과	

실행 POINT
- 두 집단에 대한 독립표본 T 검정
- Levene(레벤) 등분산 검정 실시하기

① 귀무가설은 '성별에 따라 총 8회의 강의에 대한 만족도에 차이가 없다'이고, 대립가설은 '차이가 있다'이다.

귀무가설(H_0)	성별에 따라 총 8회의 강의에 대한 만족도에 차이가 없다.
대립가설(H_1)	성별에 따라 총 8회의 강의에 대한 만족도에 차이가 있다.

② 성별에 따라 총 8회의 강의에 대한 만족도에 차이가 있는지 검정하기 위해 다음의 메뉴를 이용한다.

분석(A) → 평균 비교(M) → 독립표본 T 검정...

③ 독립표본 T 검정 대화상자의 변수 중에서 강의 만족도 [Lec_Sat]를 선택하고 ▶를 눌러 오른쪽 검정 변수(T)로 이동시킨다. 그리고 변수 중에서 성별 [Gender]을 선택하고 ▶를 눌러 오른쪽의 집단변수(G)로 이동시키고 집단 정의(D)...를 누른다.

④ 집단 정의 대화상자가 나타나면 지정값 사용(U)에서 집단 1에 '1'을 입력하고 집단 2에 '2'를 입력한다. 그리고 계속(C)을 누르면 독립표본 T 검정 대화상자의 집단변수(G)에 Gender(1 2)가 나타난다.

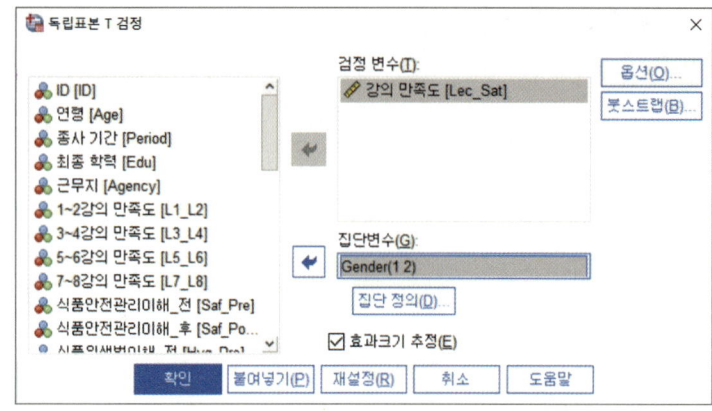

⑤ 확인을 누르면 출력결과 창에 다음을 얻을 수 있다.

집단통계량

	성별	N	평균	표준편차	평균의 표준오차
강의 만족도	남성	249	2.7510	1.42070	.09003
	여성	449	3.1114	1.15769	.05463

독립표본 검정

		Levene의 등분산 검정		평균의 동일성에 대한 T 검정						
		F	유의 확률	t	자유도	유의 확률 (양측)	평균 차이	표준 오차 차이	차이의 95% 신뢰구간	
									하한	상한
강의 만족도	등분산을 가정함	27.367	.000	-3.626	696	.000	-.360	.099	-.555	-.165
	등분산을 가정 하지 않음			-3.422	431.859	.001	-.360	.105	-.567	-.153

⑥ 독립표본 검정 표의 Levene의 등분산 검정에서 F가 27.367이고 유의확률이 0.000로 유의수준 0.05보다 작다. 따라서 등분산을 가정하지 않음 행의 평균의 동일성에 대한 T검정 결과를 이용하여 검정통계량 값과 유의확률을 쓰고, 유의수준 5%에서 검정 결과를 서술한다.

검정방법	두 독립표본 T 검정
검정통계량의 값	-3.422
유의확률(양측)	0.001
검정 결과	검정통계량의 값이 -3.422이고 유의확률이 0.001로 유의수준 0.05보다 작기 때문에 귀무가설을 기각한다. 즉, 유의수준 5% 하에서 성별에 따라 8회 강의에 대한 만족도에 차이가 있다고 할 수 있다.

문제 3 위생교육 연수를 받기 전과 후에 4가지 핵심 내용 '식품안전관리, 식품위생법, 세무관리 및 노무관리, 음식문화개선'의 이해에 대한 평균 차이가 있는지 유의수준 5%에서 검정하고자 한다.

[문제 3-1] 위생교육 연수의 참여를 전후로 4가지 핵심 내용의 이해에 대한 평균차이('교육 후-교육 전'으로 계산) 검정을 실시한 후 다음 표를 완성하고, 연수 이후에 이해도가 높아진 내용을 쓰시오.

내용	평균	표준편차	t-값	자유도	유의확률
식품안전관리	***	☐.☐☐☐	***	***	***
식품위생법	☐.☐☐☐	☐.☐☐☐	***	☐	☐.☐☐☐
세무관리 및 노무관리	☐.☐☐☐	***	***	***	***
음식문화개선	***	☐.☐☐☐	☐.☐☐☐		☐.☐☐☐
연수 이후에 이해도가 높아진 내용					

실행 POINT

대응표본 T 검정

① 위생교육 연수의 참여를 전후로 4가지 핵심 내용 '식품안전관리, 식품위생법, 세무관리 및 노무관리, 음식문화개선'의 이해에 대한 평균에 차이('교육 후-교육 전'으로 계산)가 있는지를 검정하기 위해 다음의 메뉴를 이용한다.

분석(A) → 평균 비교(M) → 대응표본 T 검정(P)...

② 대응표본 T 검정 대화상자의 변수 중에서 식품안전관리이해_후 [Saf_Post]를 선택하고 ▶를 눌러 오른쪽 대응 변수(V)의 변수1로 이동하고, 식품안전관리이해_전 [Saf_Pre]을 선택하고 ▶를 눌러 변수2로 이동한다. 나머지 변수도 '후'는 변수1로 이동하고, '전'은 변수2로 이동한다.

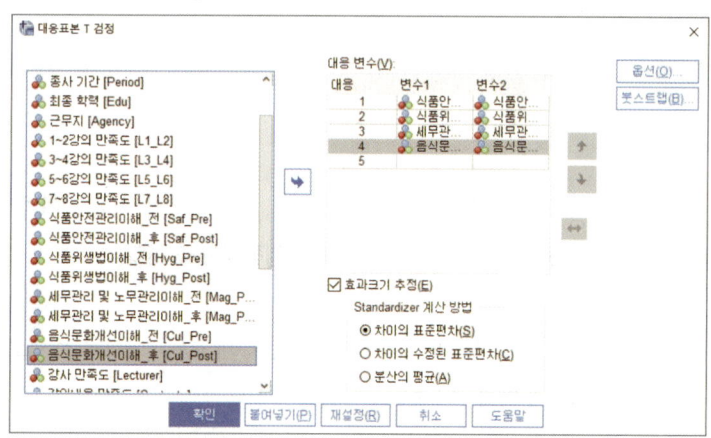

③ 확인을 누르면 출력결과 창에 다음을 얻을 수 있다.

대응표본 검정

		대응차					t	자유도	유의확률 (양측)
		평균	표준편차	평균의 표준오차	차이의 95% 신뢰구간				
					하한	상한			
대응 1	식품안전관리 이해_후 - 식품 안전관리이해_전	.302	.822	.031	.241	.363	9.713	697	.000
대응 2	식품위생법이해_후 - 식품위생법이해_전	.334	1.150	.044	.248	.419	7.671	697	.000
대응 3	세무관리 및 노무관리이해_후 - 세무관리 및 노무관리이해_전	.413	.683	.026	.362	.464	15.964	696	.000
대응 4	음식문화개선이해_후 - 음식문화개선이해_전	-.003	.569	.022	-.045	.039	-.133	698	.894

④ 대응표본 검정 표의 평균, 표준편차, t, 자유도, 유의확률(양측)을 이용하여 다음 표를 완성한다.

내용	평균	표준편차	t-값	자유도	유의확률
식품안전관리	***	0.822	***	***	***
식품위생법	0.334	1.150	***	697	0.000
세무관리 및 노무관리	0.413	***	***	***	***
음식문화개선	***	0.569	-0.133	698	0.894

⑤ 연수 이후에 이해도가 높아진 내용은 유의확률이 유의수준 0.05보다 작은 식품안전관리, 식품위생법, 세무관리 및 노무관리 변수이다.

연수 이후에 이해도가 높아진 내용	식품안전관리, 식품위생법, 세무관리 및 노무관리

[문제 3-2] 종사 기간(Period)에 따라 4가지 핵심 내용의 이해에 차이가 있는지 유의수준 5%에서 검정하시오.

(1) 4가지 핵심 내용에 대하여 교육 전과 후의 변화('교육 후-교육 전'으로 계산)에 대한 새로운 연속변수(Saf_Post_Pre, Hyg_Post_Pre, Mag_Post_Pre, Cul_Post_Pre)를 만들고, 연수 참여자의 종사 기간에 따라 연수 전후로 이해도에 차이가 있는 변수를 쓰시오.

연수 전후로 이해도에 차이가 있는 내용	

실행 POINT
- 변수계산을 이용하여 새로운 변수 만들기
- 일원배치 분산분석 실시하기

① 새로운 변수(Saf_Post_Pre, Hyg_Post_Pre, Mag_Post_Pre, Cul_Post_Pre)를 만들기 위해 다음의 메뉴를 이용한다.

변환(T) → 변수 계산(C)...

② 변수 계산 대화상자에서 **목표변수(T)**에 Saf_Post_Pre를 입력하고, **숫자표현식(E)**에 Saf_Post-Saf_Pre를 입력한다.

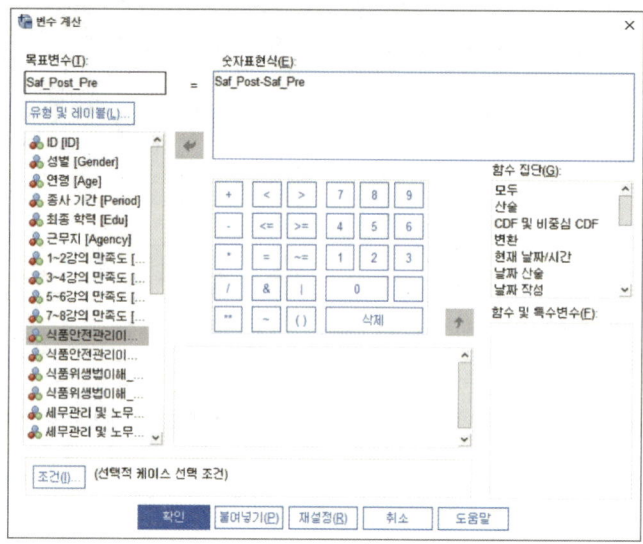

③ 확인을 누르면 데이터 보기 창에 새로운 Saf_Post_Pre 변수가 만들어진 것을 확인할 수 있다. 그리고 나머지 변수에 대해서도 새로운 Hyg_Post_Pre, Mag_Post_Pre, Cul_Post_Pre 변수를 만든다.

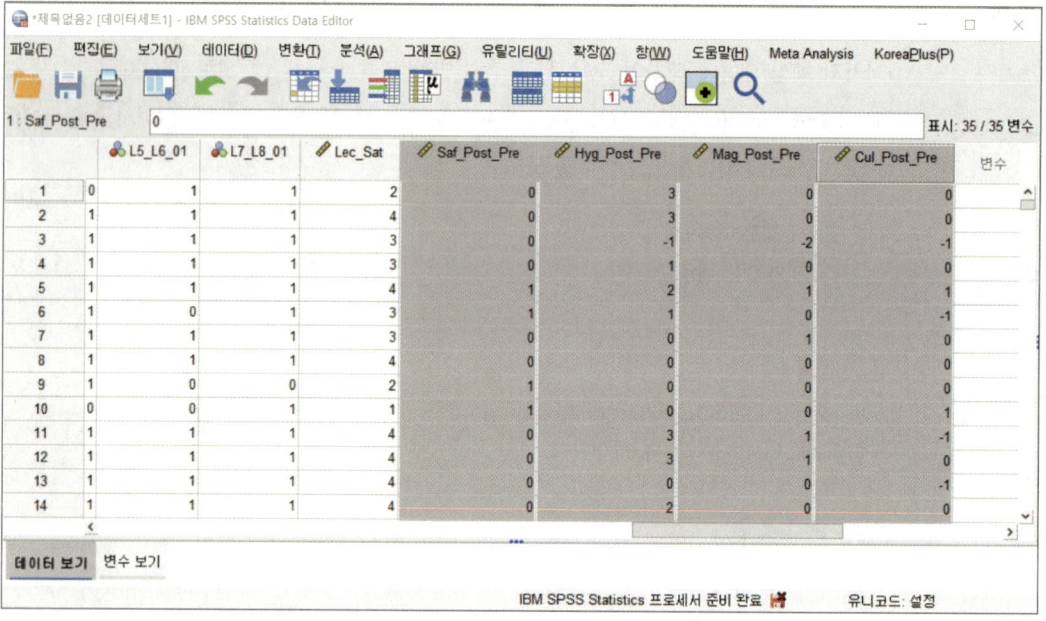

④ 변수 보기 창에서 Saf_Post_Pre, Hyg_Post_Pre, Mag_Post_Pre, Cul_Post_Pre 행의 레이블에 '식품안전관리이해_전후', '식품위생법이해_전후', '세무관리 및 노무관리이해_전후', '음식문화개선이해_전후'를 입력한다.

⑤ 연수 참여자의 종사 기간에 따라 연수 전후로 이해도에 차이가 있는지 구하기 위해 다음의 메뉴를 이용한다.

분석(A) → 평균 비교(M) → 일원배치 분산분석(O)...

⑥ 일원배치 분산분석 대화상자의 변수 중에서 식품안전관리이해_전후 [Saf_Post_Pre], 식품위생법이해_전후 [Hyg_Post_Pre], 세무관리 및 노무관리이해_전후 [Mag_Post_Pre], 음식문화개선이해_전후 [Cul_Post_Pre]를 선택하고 ➡를 눌러 오른쪽 종속변수(E)로 옮기고, 종사 기간 [Period]을 선택하고 ➡를 눌러 오른쪽 요인(F)으로 옮긴다.

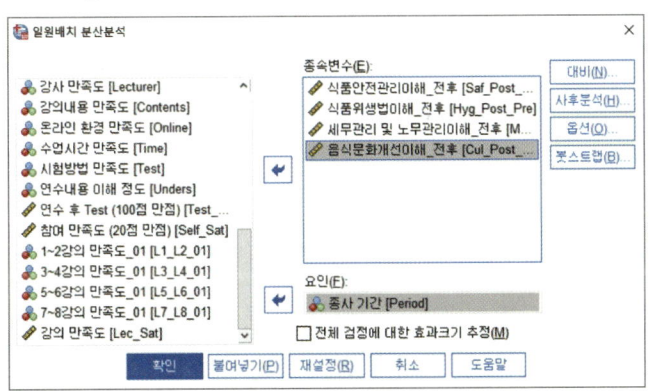

⑦ 확인을 누르면 출력결과 창에 다음을 얻을 수 있다.

ANOVA

		제곱합	자유도	평균제곱	F	유의확률
식품안전관리 이해_전후	집단-간	4.802	4	1.201	1.784	.130
	집단-내	466.414	693	.673		
	전체	471.216	697			
식품위생법 이해_전후	집단-간	7.988	4	1.997	1.515	.196
	집단-내	913.234	693	1.318		
	전체	921.222	697			
세무관리 및 노무관리 이해_전후	집단-간	6.674	4	1.669	3.627	.006
	집단-내	318.324	692	.460		
	전체	324.999	696			
음식문화개선 이해_전후	집단-간	2.961	4	.740	2.303	.057
	집단-내	223.033	694	.321		
	전체	225.994	698			

⑧ ANOVA 표의 유의확률이 유의수준 0.05보다 작은 변수는 세무관리 및 노무관리이해_전후 [Mag_Post_Pre] 변수이다. 따라서 연수 전후로 이해도에 차이가 있는 내용은 세무관리 및 노무관리이다.

연수 전후로 이해도에 차이가 있는 내용	세무관리 및 노무관리

(2) 연수 참여자의 종사 기간에 따라 연수 전후로 이해도에 차이가 있는 변수에 대하여 가설을 세우시오. 그리고 검정통계량의 값과 유의확률을 쓰고, 유의수준 5%에서 검정 결과를 설명하시오.

귀무가설(H_0)	
대립가설(H_1)	
검정통계량의 값	☐.☐☐☐
유의확률(양측)	☐.☐☐☐
검정 결과	

실행 POINT

일원배치 분산분석 결과 해석하기

① 귀무가설은 '종사 기간에 따라 연수 전후로 세무관리 및 노무관리의 이해도에 차이가 없다'이고, 대립가설은 '차이가 있다'이다.

귀무가설(H_0)	종사 기간에 따라 연수 전후로 세무관리 및 노무관리의 이해도에 차이가 없다.
대립가설(H_1)	종사 기간에 따라 연수 전후로 세무관리 및 노무관리의 이해도에 차이가 있다.

② ANOVA 표의 세무관리 및 노무관리이해_전후 행의 F와 유의확률(양측)을 이용하여 검정통계량의 값과 유의확률을 쓰고, 검정 결과를 설명한다.

검정통계량의 값	3.627
유의확률(양측)	0.006
검정 결과	검정통계량 값이 3.627이고 유의확률이 0.006으로 유의수준 0.05보다 작으므로 귀무가설을 기각한다. 즉, 유의수준 5% 하에서 종사 기간에 따라 세무관리 및 노무관리에 차이가 있다고 할 수 있다.

⑶ 검정 결과 종사 기간에 따라 이해도에 차이가 있는 변수가 확인되었다면, Scheffe 방법을 이용하여 유의한 종사 기간을 짝지으시오.

유의한 종사 기간

실행 POINT

Scheffe 방법을 이용한 사후검정

① Scheffe 방법으로 사후분석을 실시하기 위해 다음의 메뉴를 이용한다.

분석(A) → 평균 비교(M) → 일원배치 분산분석(O)

② 일원배치 분산분석 대화상자의 변수 중에서 세무관리 및 노무관리이해_전후 [Mag_Post_Pre]를 선택하고 ➡를 눌러 오른쪽 종속변수(E)로 옮기고, 종사 기간 [Period]을 선택하고 ➡를 눌러 오른쪽 요인(F)으로 옮긴 후 사후분석(H)을 누른다.

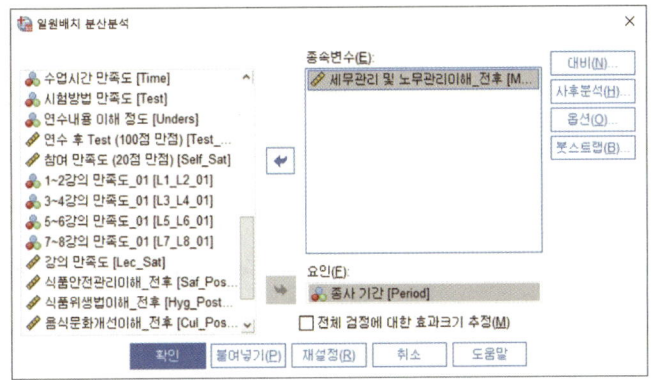

③ 일원배치 분산분석: 사후분석 – 다중비교 대화상자에서 등분산을 가정함의 Scheffe를 선택하고 계속(C)을 눌러 일원배치 분산분석 대화상자로 돌아간다.

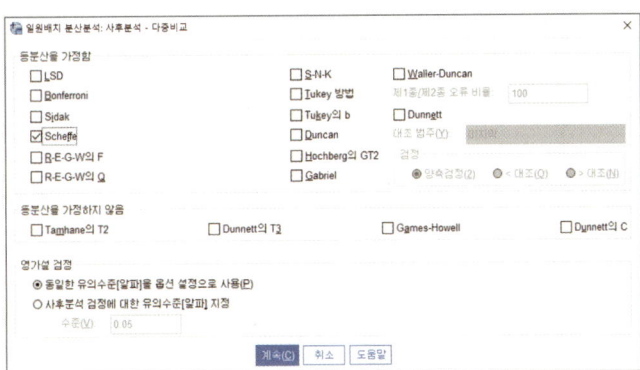

④ 확인을 누르면 출력결과 창에 다음을 얻을 수 있다.

다중비교

종속변수: 세무관리 및 노무관리이해_전후
Scheffe

(I) 종사 기간	(J) 종사 기간	평균차이 (I-J)	표준오차	유의확률	95% 신뢰구간	
					하한	상한
5년 미만	5년 이상 10년 미만	.133	.087	.672	-.13	.40
	10년 이상 20년 미만	.181	.076	.221	-.05	.41
	20년 이상 30년 미만	.168	.098	.569	-.13	.47
	30년 이상	.484*	.132	.010	.08	.89
5년 이상 10년 미만	5년 미만	-.133	.087	.672	-.40	.13
	10년 이상 20년 미만	.049	.068	.972	-.16	.26
	20년 이상 30년 미만	.035	.092	.997	-.25	.32
	30년 이상	.352	.128	.110	-.04	.75
10년 이상 20년 미만	5년 미만	-.181	.076	.221	-.41	.05
	5년 이상 10년 미만	-.049	.068	.972	-.26	.16
	20년 이상 30년 미만	-.013	.082	1.000	-.27	.24
	30년 이상	.303	.121	.178	-.07	.68
20년 이상 30년 미만	5년 미만	-.168	.098	.569	-.47	.13
	5년 이상 10년 미만	-.035	.092	.997	-.32	.25
	10년 이상 20년 미만	.013	.082	1.000	-.24	.27
	30년 이상	.317	.136	.246	-.10	.74
30년 이상	5년 미만	-.484*	.132	.010	-.89	-.08
	5년 이상 10년 미만	-.352	.128	.110	-.75	.04
	10년 이상 20년 미만	-.303	.121	.178	-.68	.07
	20년 이상 30년 미만	-.317	.136	.246	-.74	.10

*. 평균차이는 0.05 수준에서 유의합니다.

세무관리 및 노무관리이해_전후

Scheffe[a,b]

종사 기간	N	유의수준 = 0.05에 대한 부분집합	
		1	2
30년 이상	35	.09	
10년 이상 20년 미만	324	.39	.39
20년 이상 30년 미만	87	.40	.40
5년 이상 10년 미만	144		.44
5년 미만	107		.57
유의확률		.058	.558

동질적 부분집합에 있는 집단에 대한 평균이 표시됩니다.
a. 조화평균 표본크기 84.115을(를) 사용합니다.
b. 집단 크기가 동일하지 않습니다. 집단 크기의 조화평균이 사용됩니다. I 유형 오차 수준은 보장되지 않습니다.

⑤ 다중비교 표의 5년 미만이 30년 이상과 평균차이가 0.05 수준에서 유의하다고 '*' 표시되어 있다. 그리고 세무관리 및 노무관리이해_전후 표의 유의수준 = 0.05에 대한 부분집합 1과 2에서 30년 이상과 5년 미만이 통계적으로 유의한 차이를 보이고 있다.

유의한 종사 기간	5년 미만, 30년 이상

문제 4 연수 후 Test, 참여 만족도, 수업 만족도 사이에 유의한 상관관계가 있는지 검정하고자 한다. 수업 만족도 [TSat] 변수는 다음과 같으며 연속변수로 정한다.

> 수업 만족도 [TSat] = Lecturer + Contents + Online + Time + Test

(1) 새로운 수업 만족도 [TSat] 변수를 만들고 사분위수를 쓰시오.

Q_1	Q_2	Q_3

실행 POINT
- 변수계산을 이용하여 새로운 변수 만들기
- 빈도분석으로 기술통계량 계산

① 새로운 변수를 만들기 위해 다음의 메뉴를 이용한다.

> 변환(T) → 변수 계산(C)...

② 변수 계산 대화상자에서 목표변수(T)에 TSat를 입력하고, 숫자표현식(E)에 Lecturer+Contents+Online+Time+Test를 입력한다.

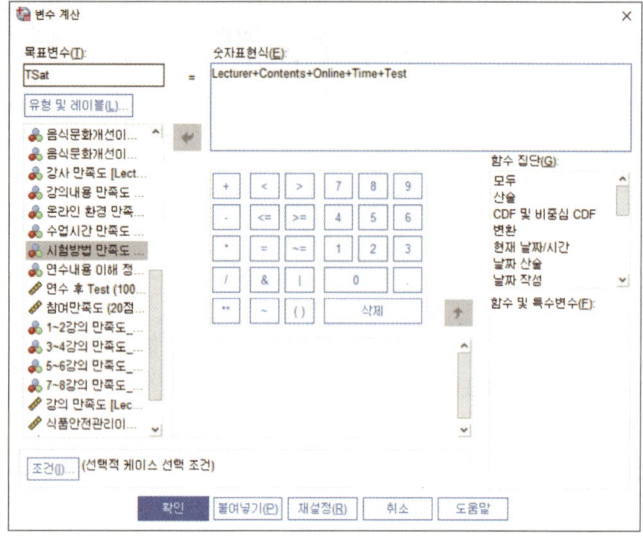

③ 확인을 누르면 데이터 보기 창에 새로운 TSat 변수가 만들어진다. 변수 보기 창에서 TSat 행의 레이블에 '수업 만족도'를 입력하고 측도를 척도로 변경한다.

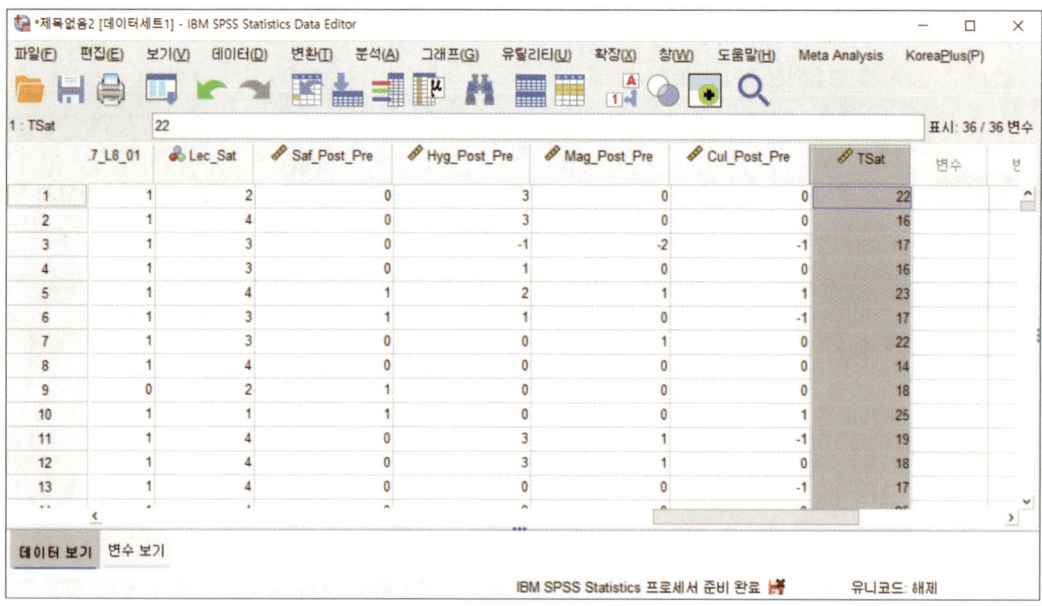

④ 수업 만족도에 대한 사분위수를 구하기 위해 다음의 메뉴를 이용한다.

분석(A) → 기술통계량(E) → 빈도분석(F)...

⑤ 빈도분석 대화상자에서 재설정(R)을 누르면 처음 상태로 정리된다. 수업 만족도 [TSat]를 선택하고 ⬅ 를 눌러 오른쪽 변수(V)로 옮긴 후 통계량(S)을 누른다.

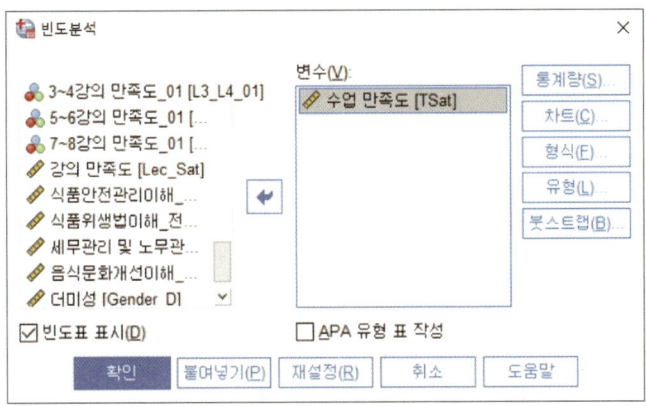

⑥ 빈도분석: 통계량 대화상자의 백분위수 값 중에서 사분위수(Q)를 선택한 다음 계속(C)을 눌러 빈도분석 대화상자로 돌아간다.

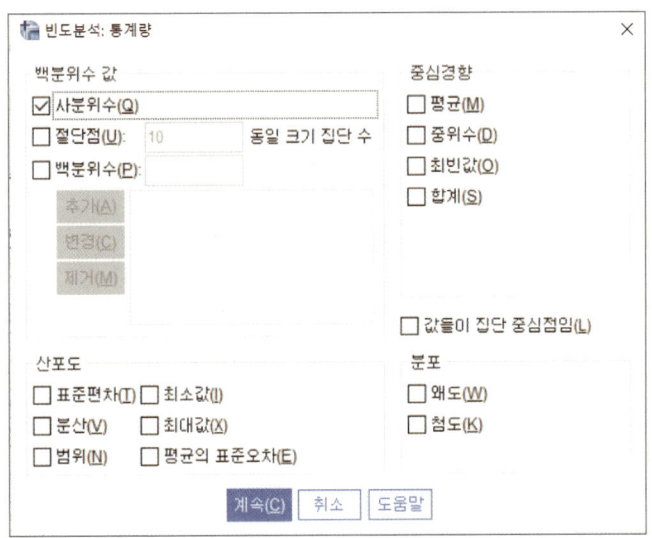

⑦ 확인을 누르면 출력결과 창에 다음을 얻을 수 있다.

통계량

수업 만족도			
N	유효		698
	결측		1
백분위수	25		16.00
	50		19.00
	75		21.00

⑧ 통계량 표의 백분위수를 이용하여 다음 표를 완성한다.

Q_1	Q_2	Q_3
16	19	21

(2) 연수 후 Test, 참여 만족도, 수업 만족도 사이의 상관관계를 확인하고 다음 표를 완성하시오. 그리고 상관관계가 가장 높은 두 변수를 쓰시오.

구분	연수 후 Test	참여 만족도	수업 만족도
연수 후 Test		***	***
참여 만족도	☐.☐☐☐		***
수업 만족도	☐.☐☐☐	☐.☐☐☐	
상관관계가 가장 높은 두 변수	( ) 변수와 ( ) 변수		

실행 POINT

피어슨 상관계수 구하고 상관분석 실시하기

① 상관계수를 구하기 위해 다음의 메뉴를 이용한다.

분석(A) → 상관분석(C) → 이변량 상관(B)...

② 이변량 상관계수 대화상자의 변수 목록 중에서 연수 후 Test (100점 만점) [Test_Post], 참여 만족도 (20점 만점) [Self_Sat], 수업 만족도 [TSat]를 하나씩 선택하고 ➡를 눌러 오른쪽 변수(V)로 옮긴 후 상관계수에서 Pearson을 선택한다.

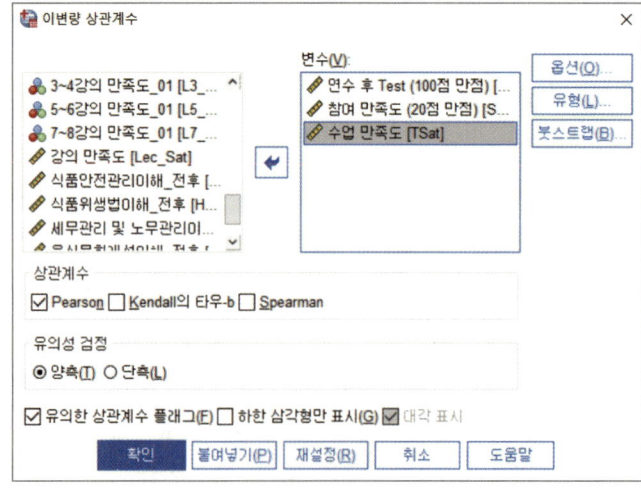

③ 확인을 누르면 출력결과 창에 다음을 얻을 수 있다.

상관관계

		연수 후 Test (100점 만점)	참여 만족도 (20점 만점)	수업 만족도
연수 후 Test (100점 만점)	Pearson 상관	1	.652**	.712**
	유의확률 (양측)		.000	.000
	N	699	699	698
참여 만족도 (20점 만점)	Pearson 상관	.652**	1	.983**
	유의확률 (양측)	.000		.000
	N	699	699	698
수업 만족도	Pearson 상관	.712**	.983**	1
	유의확률 (양측)	.000	.000	
	N	698	698	698

**. 상관관계가 0.01 수준에서 유의합니다(양측).

④ 상관관계 표의 Pearson 상관을 이용하여 다음 표를 완성한다.

구분	연수 후 Test	참여 만족도	수업 만족도
연수 후 Test		***	***
참여 만족도	0.652		***
수업 만족도	0.712	0.983	

⑤ 상관관계가 가장 높은 두 변수는 상관계수가 가장 큰 수업 만족도 변수와 참여 만족도 변수이다.

상관관계가 가장 높은 두 변수	(참여 만족도) 변수와 (수업 만족도) 변수

문제 5 종사 기간이 10년 이상인 응답자에 한해서 성별, 연수 후 Test, 수업 만족도가 참여 만족도에 얼마나 영향을 미치는지 회귀분석하고자 한다. 성별 변수에 대한 가변수로 더미성(남성기준)을 만들고, 변수 선택 방법은 Stepwise Regression 방법(F-값 사용 진입: 2, 제거: 1.99)을 사용하시오.

[문제 5-1] 다음 분산분석표를 완성하시오.

구분	제곱합	자유도	평균제곱	F	유의확률
회귀	***	☐	***	☐.☐☐☐	☐.☐☐☐
잔차	☐.☐☐☐	☐	***		
전체	***	***	***		

실행 POINT
- 기존변수를 다른 변수로 코딩변경
- 회귀모형의 유의성 검정
- 데이터의 케이스 선택

① 성별 [Gender] 변수에 대한 가변수인 더미성 [GenderD] 변수는 기존 성별 [Gender] 변수의 1을 0으로, 2를 1로 변환하여 만든다.

기존 성별 변수	변환	더미성
1: 남	⇒	0: 남
2: 여	⇒	1: 여

② 기존 성별 [Gender] 변수를 이용하여 새로운 더미성 [GenderD] 변수를 만들기 위해 다음의 메뉴를 이용한다.

변환(T) → 다른 변수로 코딩변경(R)...

③ 다른 변수로 코딩변경 대화상자의 변수 중에서 성별 [Gender]을 선택하고 ▶를 눌러 오른쪽 입력변수 → 출력변수(V)로 옮기면, 숫자변수 → 출력변수에 'Gender → ?'가 생긴다.

④ 출력변수의 이름(N)에는 새롭게 코딩되는 변수의 이름인 'GenderD'를 입력하고 레이블(L)에 '더미성'을 입력한 후 변경(H)을 누르면, 숫자변수 → 출력변수에 'Gender → GenderD'가 생긴다. 다음으로 기존값 및 새로운 값(O)을 누른다.

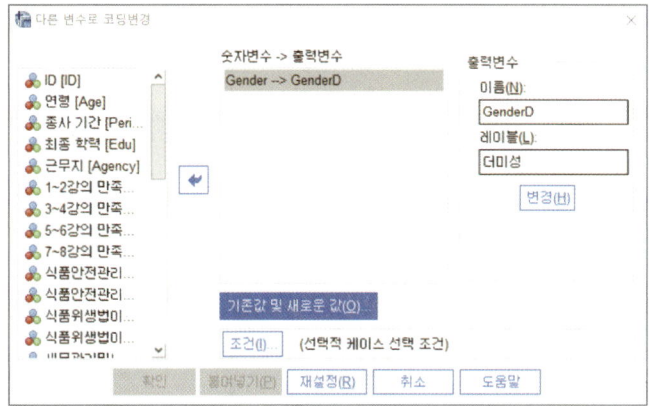

⑤ 다른 변수로 코딩변경: 기존값 및 새로운 값 대화상자에서 다음과 같이 입력한다.
  ㉠ '1'을 '0'으로 코딩변경하기: 기존값의 값(V)에 '1', 새로운 값의 값(L)에 '0'을 입력한 다음 추가(A)를 누르면, 기존값 → 새로운 값(D)에 '1 → 0'이 확인된다.
  ㉡ '2'를 '1'로 코딩변경하기: 기존값의 값(V)에 '2', 새로운 값의 값(L)에 '1'을 입력한 다음 추가(A)를 누르면, 기존값 → 새로운 값(D)에 '2 → 1'이 확인된다.

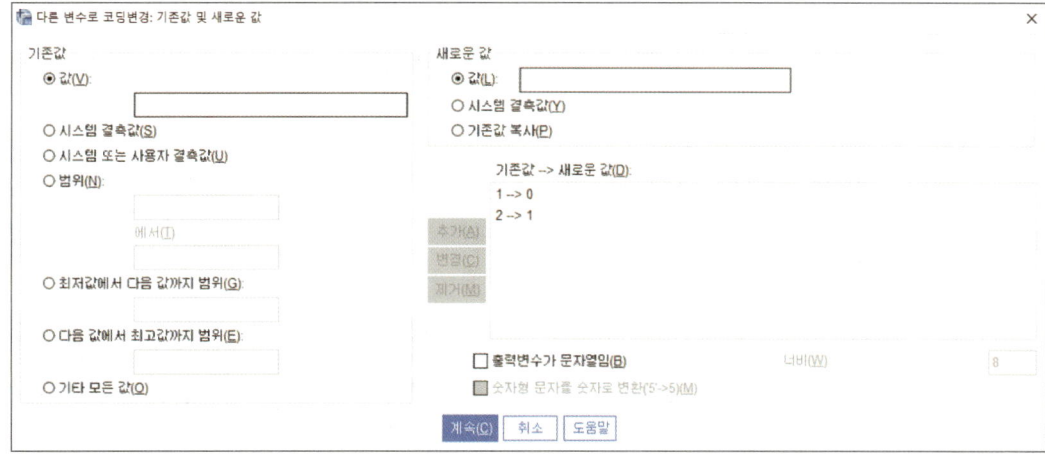

⑥ 계속(C)을 눌러 다른 변수로 코딩변경 대화상자로 돌아가 확인을 누르면, 데이터 보기 창에 새로운 더미성 [GenderD] 변수가 만들어진 것을 확인할 수 있다. 이때, 변수 보기 창에서 소수점이하자리를 0으로 바꾸면 정수값이 된다.

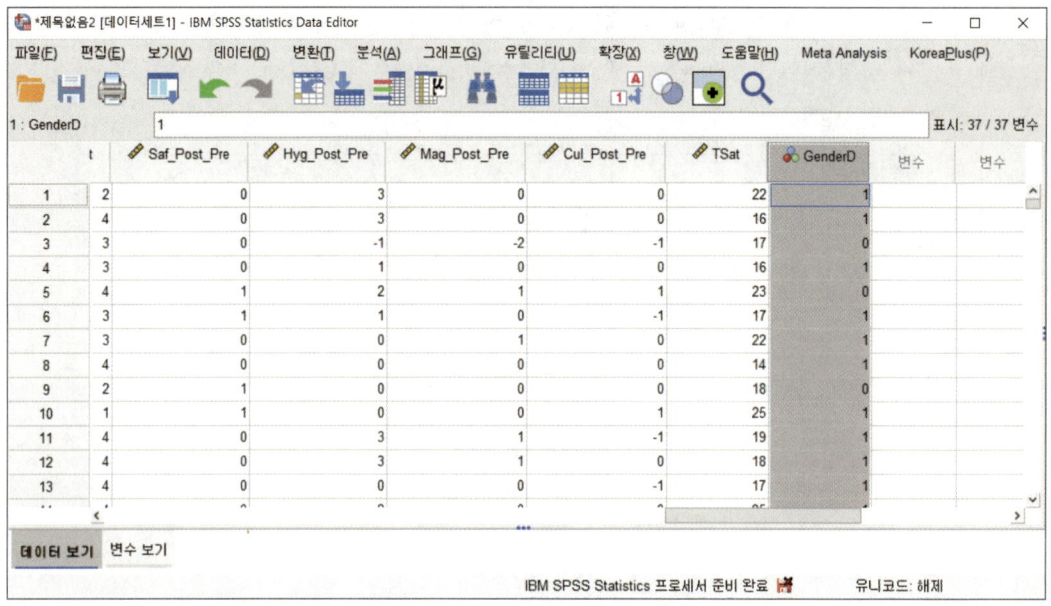

⑦ 새로운 더미성 [GenderD] 변수가 만들어지면 변수 보기 창의 값의 값 레이블에 0="1", 1="2"를 입력한다.

⑧ 종사 기간이 10년 이상인 응답자만 선택하기 위해 다음의 메뉴를 이용한다.

데이터(D) → 케이스 선택(S)...

⑨ 케이스 선택 대화상자에서 선택의 조건을 만족하는 케이스(C)를 선택한 후 조건(I)을 누른다.

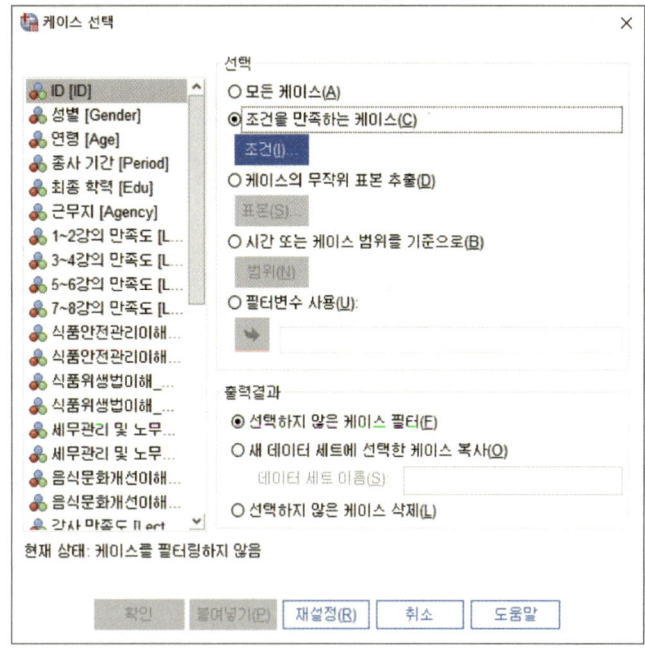

⑩ 케이스 선택: 조건 대화상자에서 **종사 기간 [Period]**을 선택하고 →를 눌러 오른쪽 box로 옮기고 'Period>=3'을 입력한다. 종사 기간은 1(5년 미만), 2(5년 이상 10년 미만), 3(10년 이상 20년 미만), 4(20년 이상 30년 미만), 5(30년 이상)로 구분되어 있으므로 10년 이상은 '3 이상'이어야 한다.

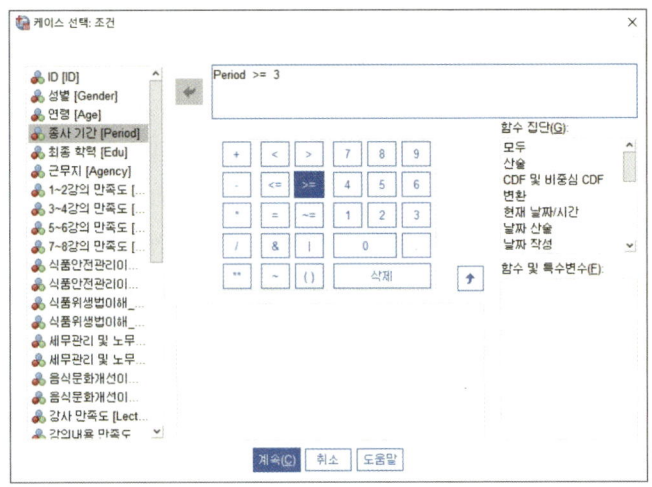

⑪ **계속(C)**을 눌러 케이스 선택 대화상자로 돌아가 확인을 누르면 데이터 보기 창에 Period가 1과 2인 번호 위에 '/' 표시가 되어 있다. 그리고 변수 보기 창에 filter_$가 새롭게 추가되어 있으며, 선택된 케이스는 1, 선택되지 않은 케이스는 0으로 구분되어 있다.

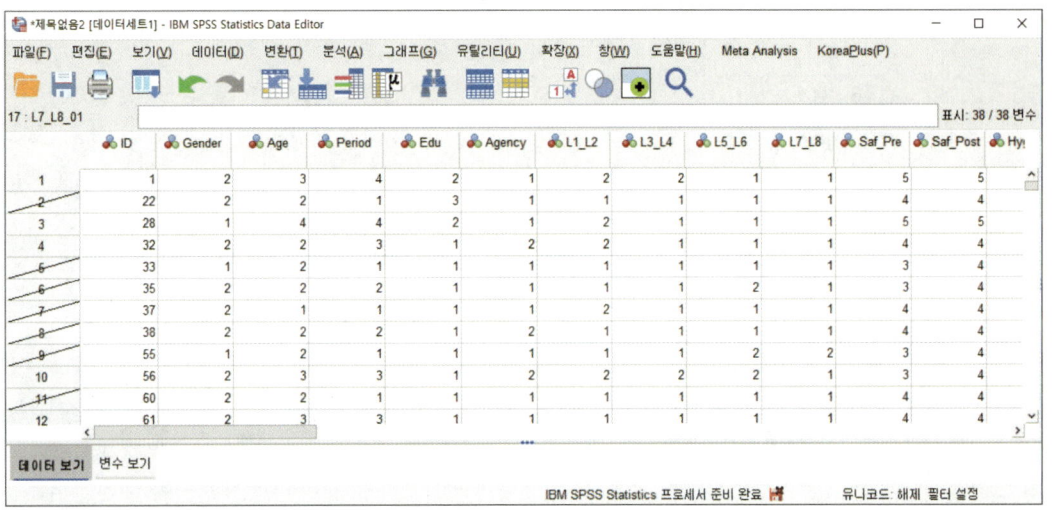

⑫ 독립변수인 더미성 [GenderD], 연수 후 Test (100점 만점) [Test_Post], 수업 만족도 [TSat] 변수와 종속변수인 참여 만족도 (20점 만점) [Self_Sat] 변수 사이의 회귀분석을 실시하기 위해 다음의 메뉴를 이용한다.

분석(A) → 회귀분석(R) → 선형(L)...

⑬ 선형 회귀 대화상자의 변수 중에서 **참여 만족도 (20점 만점) [Self_Sat]**를 선택하고 ➡를 눌러 오른쪽 종속변수(D)로 이동시키고, 연수 후 Test (100점 만점) [Test_Post], 수업 만족도 [TSat], 더미성 [GenderD]을 각각 선택하고 ➡를 눌러 오른쪽의 독립변수(I)로 이동시킨다. 방법(M)에는 단계 선택을 선택하고 옵션(O)을 누른다.

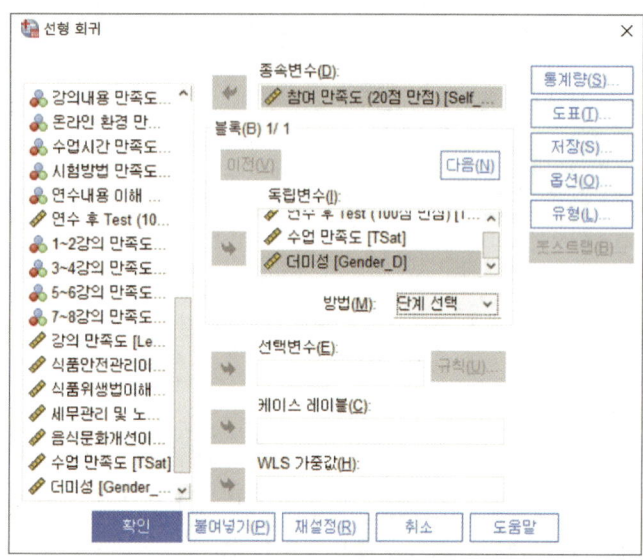

⑭ 선형 회귀: 옵션의 선택법 기준에서 F-값 사용(V)의 진입(N)에 '2', 제거(A)에 '1.99'를 입력하고 계속(C)을 눌러 선형 회귀 대화상자로 돌아간다.

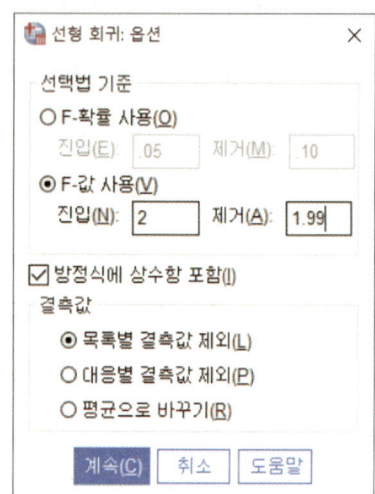

⑮ 확인을 누르면 출력결과 창에 다음을 얻을 수 있다.

입력/제거된 변수[a]

모형	입력된 변수	제거된 변수	방법
1	수업 만족도	.	단계선택 (기준: 입력에 대한 F >= 2.000, 제거에 대한 F <= 1.990).
2	연수 후 Test (100점 만점)	.	단계선택 (기준: 입력에 대한 F >= 2.000, 제거에 대한 F <= 1.990).
3	더미성	.	단계선택 (기준: 입력에 대한 F >= 2.000, 제거에 대한 F <= 1.990).

a. 종속변수: 참여 만족도 (20점 만점)

모형 요약

모형	R	R 제곱	수정된 R 제곱	추정값의 표준오차
1	.983[a]	.967	.966	.569
2	.986[b]	.972	.972	.518
3	.986[c]	.973	.972	.516

a. 예측자: (상수), 수업 만족도
b. 예측자: (상수), 수업 만족도, 연수 후 Test (100점 만점)
c. 예측자: (상수), 수업 만족도, 연수 후 Test (100점 만점), 더미성

ANOVA[a]

모형		제곱합	자유도	평균제곱	F	유의확률
1	회귀	4160.231	1	4160.231	12868.318	.000[b]
	잔차	144.188	446	.323		
	전체	4304.420	447			
2	회귀	4185.191	2	2092.595	7810.241	.000[c]
	잔차	119.229	445	.268		
	전체	4304.420	447			
3	회귀	4186.265	3	1395.422	5243.716	.000[d]
	잔차	118.154	444	.266		
	전체	4304.420	447			

a. 종속변수: 참여 만족도 (20점 만점)
b. 예측자: (상수), 수업 만족도
c. 예측자: (상수), 수업 만족도, 연수 후 Test (100점 만점)
d. 예측자: (상수), 수업 만족도, 연수 후 Test (100점 만점), 더미성

계수ª

모형		비표준화 계수		표준화 계수	t	유의확률
		B	표준화 오류	베타		
1	(상수)	.173	.132		1.314	.189
	수업 만족도	.799	.007	.983	113.439	.000
2	(상수)	.751	.134		5.596	.000
	수업 만족도	.861	.009	1.060	94.486	.000
	연수 후 Test (100점 만점)	-.022	.002	-.108	-9.652	.000
3	(상수)	.662	.141		4.698	.000
	수업 만족도	.863	.009	1.062	94.558	.000
	연수 후 Test (100점 만점)	-.022	.002	-.109	-9.749	.000
	더미성	.104	.052	.016	2.009	.045

a. 종속변수: 참여 만족도 (20점 만점)

⑯ ANOVA 표를 이용하여 다음 분산분석표를 완성한다.

구분	제곱합	자유도	평균제곱	F	유의확률
회귀	***	3	***	5243.716	0.000
잔차	118.154	444	***		
전체	***	***	***		

[문제 5-2] 다중회귀계수의 유의성 검정 결과를 근거로 참여 만족도에 유의한 영향을 주는 변수에 대한 추정된 회귀식을 쓰시오.

추정 회귀식	

계수 표의 비표준화계수 B를 이용하여 추정된 회귀식을 작성한다.

추정 회귀식	참여 만족도 = 0.662+0.863×수업 만족도 − 0.022×연수 후 Test+0.104×더미성

[문제 5-3] 독립변수를 표준화하여 구한 표준화 회귀계수 중 종속변수에 영향을 가장 많이 미치는 변수를 쓰고, 그 이유를 설명하시오.

변수명	
이유	

① 종속변수에 영향을 미치는 독립변수들의 상대적 중요도는 표준화 회귀계수의 절대값으로 설명할 수 있다. 따라서 계수 표의 **표준화 계수 베타**에서 '절댓값'이 가장 큰 **수업 만족도(1.062)**가 총점수에 가장 영향을 많이 미친다고 볼 수 있다.

변수명	수업 만족도
이유	표준화 계수 배타의 절댓값이 1.062로 가장 크기 때문이다.

② 케이스 선택을 이용하여 분석한 후 케이스 선택을 해제하려면 케이스 선택 대화상자에서 **모든 케이스(A)**를 선택하고 확인을 누르면 데이터 보기 창에 '/' 표시가 제거된다. 그러나 변수 보기 창의 filter_$는 남아 있다.

제 5 회 기출동형문제

다음은 2017년부터 3년간 서울과 광역시 및 그 외 지역의 사업 서비스업과 보건 및 사회복지사업에 대한 실태조사 중 일부에 대한 자료이다. "서비스업조사.txt"로 저장되어 있고, 변수 간에는 TAB으로 구분되어 있으며 결측값은 없다.

변수명	변수설명	변수값 설명
SIDO	시도	11: 서울 21~26: 광역시 31~39: 기타지역
LClass	산업대분류	M: 사업서비스업 P: 보건 및 사회복지사업
MClass	산업중분류	M72: 정보처리 및 기타 컴퓨터 운영 관련업 M73: 연구 및 개발업 M74: 전문, 과학 및 기술 서비스업 P85: 보건업 P86: 사회복지사업
YEAR	조사연도	2017, 2018, 2019
Busi	사업체수	단위: 개
Workers	종사자수	단위: 명
Sales	매출액	단위: 백만 원
Labor	인건비	단위: 백만 원
Rent	임차료	단위: 백만 원
Other	기타경비	단위: 백만 원
Area	건물면적	단위: 제곱미터

[표1] 데이터 파일의 코딩양식

SIDO	LClass	MClass	YEAR	Busi	...	Area
11	M	M72	2017	72366	...	154774
11	M	M73	2017	9891	...	1020106
11	M	M74	2017	73765	...	301039
⋮	⋮	⋮	⋮	⋮	⋮	⋮
39	P	P85	2019	5211	...	406293
39	P	P86	2019	7133	...	912582

[표2] 자료의 입력형태

문제 1 연도에 따라 산업중분류 항목에 대하여 평균종사자수, 평균매출액의 변화를 알아보고자 한다.

> 평균종사자수(MWork) = 종사자수/사업체수
> 평균매출액(MSales) = 매출액/사업체수

(1) 평균종사자수, 평균매출액을 구하여 연도별 산업중분류 항목에 대해 평균을 정리한 다음 표를 완성하시오.

분석항목	산업중분류	2017	2018	2019
평균종사자수	M72	***	***	☐.☐
	M73	***	***	***
	M74	***	***	***
	P85	***	☐.☐	***
	P86	☐.☐	***	***
평균매출액	M72	***	***	☐.☐
	M73	☐.☐	***	***
	M74	***	***	☐.☐
	P85	***	***	***
	P86	***	☐.☐	***

(2) 2017년 대비 2019년의 증감에 대하여 다음 질문에 해당하는 업종을 쓰시오.

평균종사자수가 감소한 항목	
평균매출액이 가장 크게 증가한 항목	

문제 2 종사자수의 사분위수(25%, 50%, 75%)를 기준으로 4개의 범주를 만든 후 종사자수의 범주에 따른 매출액의 유의성을 검정하고자 한다.

[문제 2-1] 종사자수에 대한 사분위수를 쓰시오.

25%	50%	75%

[문제 2-2] 종사자수의 사분위수를 기준으로 4개의 범주에 대한 새로운 종사자수 범주 [GWorkers] 변수를 만들고, 각 범주의 매출액을 구하여 다음 표를 완성하시오.

종사자수 범주	빈도	매출액	
		평균	표준편차
25%	60	***	☐.☐☐
50%	60	***	***
75%	60	☐.☐☐	***
100%	60	***	☐.☐☐

[문제 2-3] 종사자수 범주에 따라 매출액에 차이가 있는지 검정하시오.

(1) 가설을 세우시오.

귀무가설(H_0)	
대립가설(H_1)	

(2) 검정통계량의 값과 유의확률을 쓰고, 유의수준 5%에서 검정 결과를 설명하시오.

검정통계량의 값	☐.☐☐☐
유의확률(양측)	☐.☐☐☐
검정 결과	

문제 3 시도 [SIDO] 변수를 '서울 및 광역시'와 '기타지역'으로 구분하여 시도2 [SIDO2] 변수를 만든 후, 두 지역에 따라 단위면적당매출액에 차이가 있는지를 유의수준 0.05에서 검정하고자 한다.

> 단위면적당매출액(ASales) = 매출액 / 건물면적

(1) 가설을 세우시오.

귀무가설(H_0)	
대립가설(H_1)	

(2) Levene의 등분산 검정통계량의 값과 유의확률을 쓰시오.

검정통계량의 값	☐.☐☐☐
유의확률(양측)	☐.☐☐☐

(3) 검정통계량의 값과 유의확률(양측)을 쓰고, 유의수준 5%에서 검정 결과를 설명하시오.

검정통계량의 값	☐.☐☐☐
유의확률(양측)	☐.☐☐☐
검정 결과	

문제 4 시도 중에서 서울만을 대상으로 산업중분류에 따른 임차료, 기타경비, 건물면적에 차이가 있는지를 알고자 한다.

[문제 4-1] 산업중분류에 따라 임차료, 기타경비, 건물면적 중에서 유의한 차이가 확인되는 변수를 쓰시오.

산업중분류에 따라 유의한 차이가 있는 변수	

[문제 4-2] 산업중분류에 따라 앞서 확인한 변수에 차이가 있는지 검정하시오.

(1) 다음 분산분석표를 완성하시오.

구분	제곱합	자유도	평균제곱	F	유의확률
집단-간	***	☐	***	☐.☐☐☐	☐.☐☐☐
집단-내	***	***	***		
전체	***	***	***		

(2) 가설을 세우고, 유의수준 5%에서 검정 결과를 설명하시오.

귀무가설(H_0)	
대립가설(H_1)	
검정 결과	

(3) 분석 결과 유의한 차이가 있다고 판단되는 경우, Duncan 방법으로 사후분석하여 동질적 부분집합을 구분하시오.

부분집합	

문제 5 3개년도 자료를 가지고 사업체수, 종사자수, 매출액, 인건비, 임차료, 기타경비의 상관분석을 하고자 한다.

(1) 다음 상관분석표를 완성하시오.

변수	사업체수	종사자수	매출액	인건비	임차료	기타경비
사업체수		***	***	***	***	***
종사자수	☐.☐☐☐		***	***	***	***
매출액	☐.☐☐☐	☐.☐☐☐		***	***	***
인건비	***	***	***		***	***
임차료	***	***	***	☐.☐☐☐		***
기타경비	☐.☐☐☐	***	***	☐.☐☐☐	☐.☐☐☐	

(2) 다음 각 변수와 상관관계가 유의한 변수들을 모두 쓰시오.

사업체수	
기타경비	

(3) 상관계수가 가장 큰 변수들의 상관계수와 유의확률을 쓰시오.

가장 상관계수가 큰 변수들	(　　) 변수와 (　　) 변수
피어슨 상관계수	☐.☐☐☐
유의확률(양측)	☐.☐☐☐

문제 6   사업체수, 종사자수, 인건비, 기타경비를 독립변수로 선정하고 매출액을 종속변수로 선정하여 회귀분석을 실시하고자 한다. 단, 변수 선택 방법은 '입력'으로 하시오.

[문제 6-1] 3개년도 전체 자료에 대하여 회귀분석을 실시하시오.

(1) 다음 분산분석표를 완성하시오.

구분	제곱합	자유도	평균제곱	F	유의확률
회귀	***	☐	***	☐.☐☐☐	☐.☐☐☐
잔차	***	☐	***		
전체	***	***	***		

(2) 회귀분석 결과를 토대로 유의수준 0.05에서 회귀모형에 대한 유의성 검정 결과와 수정된 결정계수를 쓰시오.

검정 결과	
수정된 결정계수	☐.☐ %

(3) 추정된 회귀식을 쓰시오.

추정 회귀식	

[문제 6-2] 대분류 M(사업서비스업)과 P(보건 및 사회복지사업) 각각에서 동일한 조건으로 회귀분석을 시행하고, 표준화 회귀계수의 절댓값 크기에 따라 변수를 'A>B>⋯' 형식으로 쓰시오.

M	
P	

제 5 회 분석 및 풀이

1 분석 준비

(1) **자료 파일 불러오기**

① 데이터 열기

㉠ "서비스업조사.txt"을 열어 변수값이 '탭'이나 '쉼표'에 의해 구분되어 있는지, '고정 너비 열'로 정렬되어 있는지 확인한다. "서비스업조사.txt"은 '탭'으로 구분되어 있다.

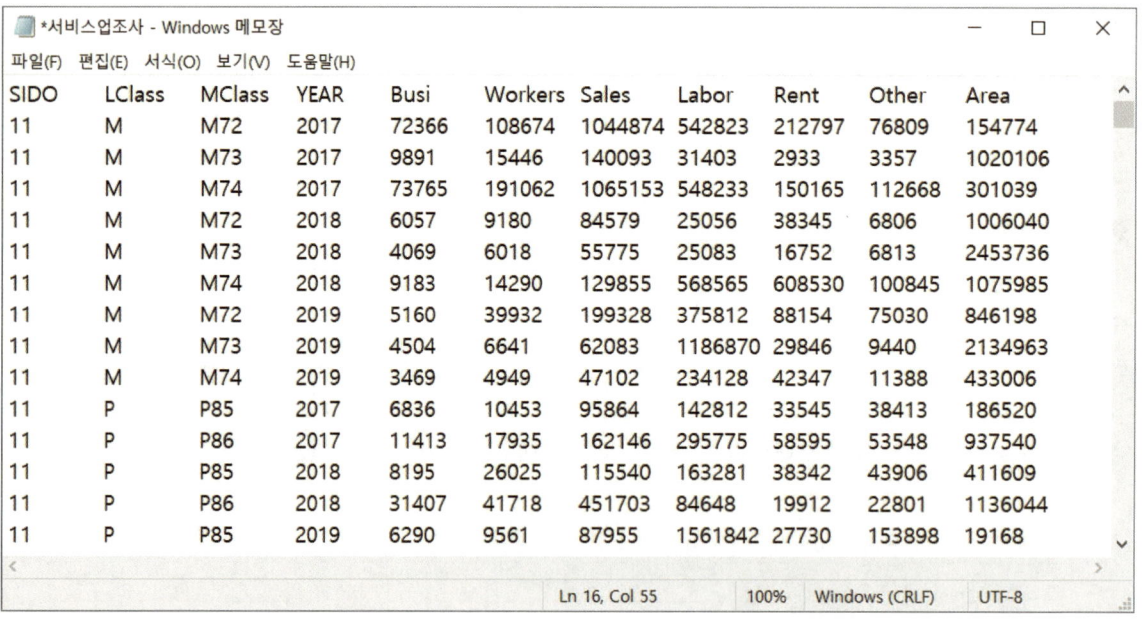

㉡ 자료를 SPSS로 불러오기 위해 다음의 메뉴를 이용한다.

파일(F) → 데이터 가져오기(D) → 텍스트 데이터(T)

㉢ 데이터 열기 대화상자에서 "서비스업조사.txt"을 선택하고 인코딩(E)를 로컬 인코딩으로 바꾼다. 열기(O)를 누르면 텍스트 가져오기 마법사 – 6단계 중 1단계 대화상자가 나온다.

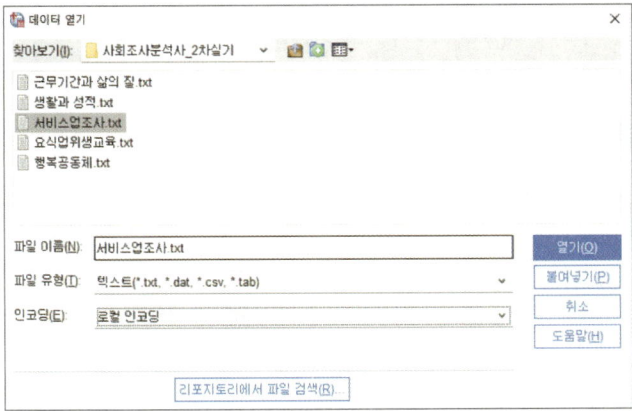

② 텍스트 가져오기 마법사 – 6단계 중 1단계

㉠ 텍스트 파일이 사전 정의된 형식과 일치하는지를 묻는 단계이다.

㉡ 사전에 정의한 형식이 없으므로 초기값 상태인 아니오(O)를 선택하고 다음(N)을 누른다.

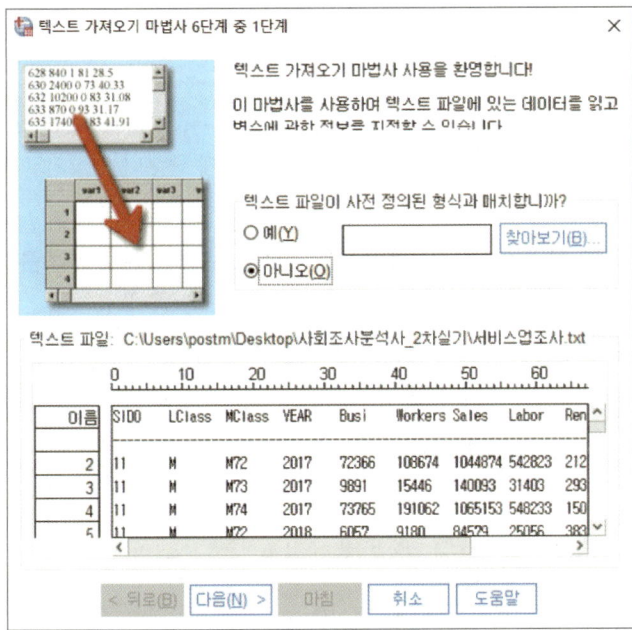

③ 텍스트 가져오기 마법사 – 6단계 중 2단계

㉠ 변수의 배열과 이름을 묻는 단계이다.

㉡ '변수는 어떻게 배열되어 있습니까?' 질문에 구분자에 의한 배열(D)을 선택한다.

㉢ '변수 이름이 파일의 처음에 있습니까?' 질문에 변수의 이름이 파일의 처음에 있으므로 예(Y)를 선택한다.

㉣ '소수점 기호'에 주기(P)를 선택하고 다음(N)을 누른다.

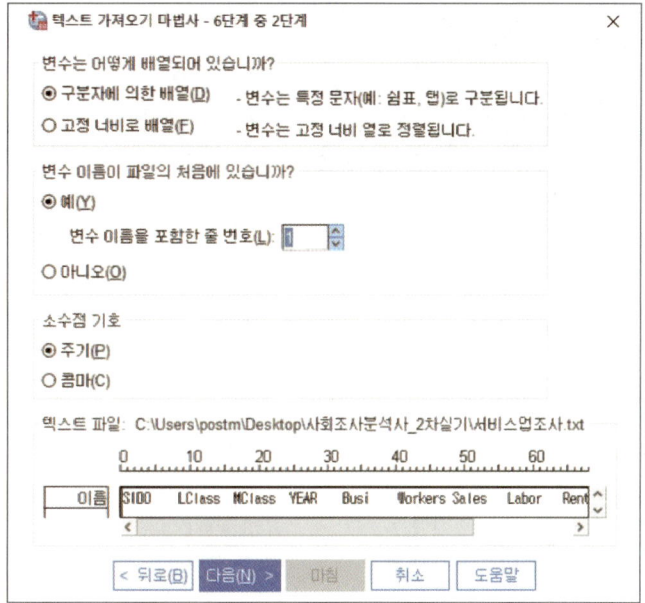

④ 텍스트 가져오기 마법사 – 6단계 중 3단계(구분자에 의한 배열)

㉠ 데이터의 범위를 설정하는 단계이다.

㉡ '데이터의 첫 번째 케이스가 몇 번째 줄에서 시작합니까?' 질문에 데이터가 두 번째 줄부터 시작되고 있으므로 초기값 2를 유지한다.

㉢ '케이스가 어떻게 표시되고 있습니까?' 질문에 각 줄이 하나의 케이스를 나타내므로 각 줄은 케이스를 나타냅니다.(L)를 선택한다.

㉣ '몇 개의 케이스를 가져오시겠습니까?' 질문에 모든 케이스를 불러와야 하므로 모든 케이스(A)를 선택한다.

㉤ 데이터 미리보기로부터 데이터가 올바르게 정렬되어 있는지 확인하고 다음(N)을 누른다. 만약 데이터가 올바르게 정렬되어 있지 않다면 뒤로(B)를 눌러 이전 단계를 확인한다.

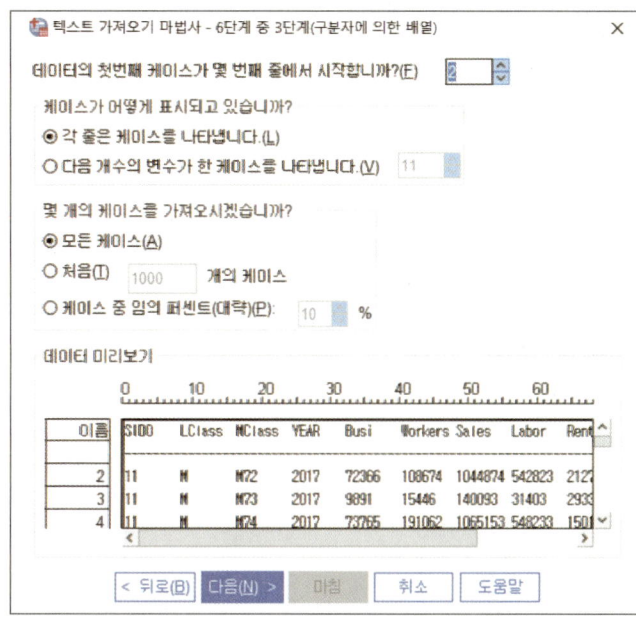

⑤ 텍스트 가져오기 마법사 – 6단계 중 4단계(구분자에 의한 배열)

  ㉠ 변수의 구분을 어떻게 했는지 묻는 단계이다.
  ㉡ '변수 사이에 어떤 구분자를 사용했습니까?' 질문에 탭으로 구분되어 있으므로 탭(T)을 선택한다.
  ㉢ '데이터 미리보기'에서 데이터가 올바르게 정렬되어 있는지 확인하고 다음(N)을 누른다.

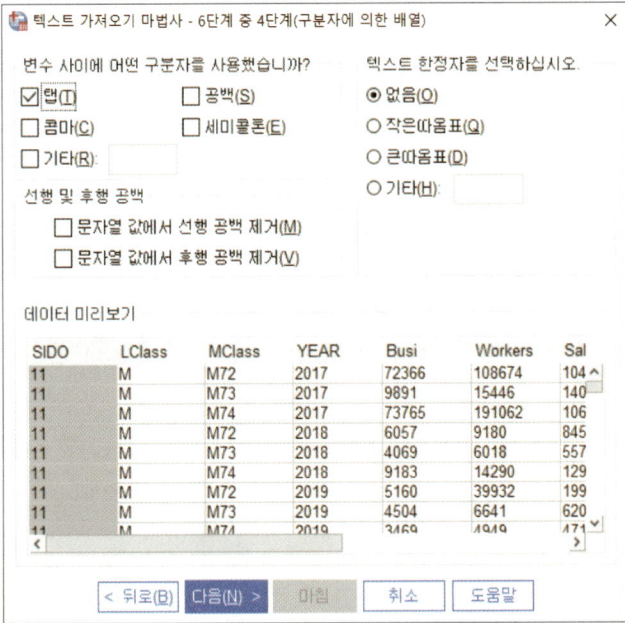

⑥ 텍스트 가져오기 마법사 – 6단계 중 5단계

  ㉠ 변수의 이름과 데이터 형식을 지정하는 단계이다.
  ㉡ 변수 보기 창에서 지정하기 위해 '데이터 미리보기 상자에서 선택된 변수 양식'은 기본값을 유지하고 다음(N)을 누른다.

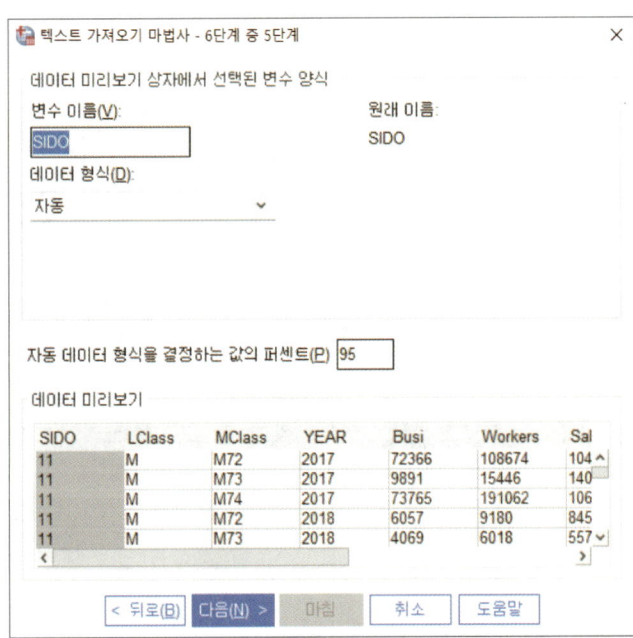

⑦ 텍스트 가져오기 마법사 – 6단계 중 6단계

㉠ 파일 형식을 저장할 것인지, 명령문을 생성할 것인지 묻는 단계이다.

㉡ 각 질문에 기본값 아니오를 유지하고 마침을 누른다.

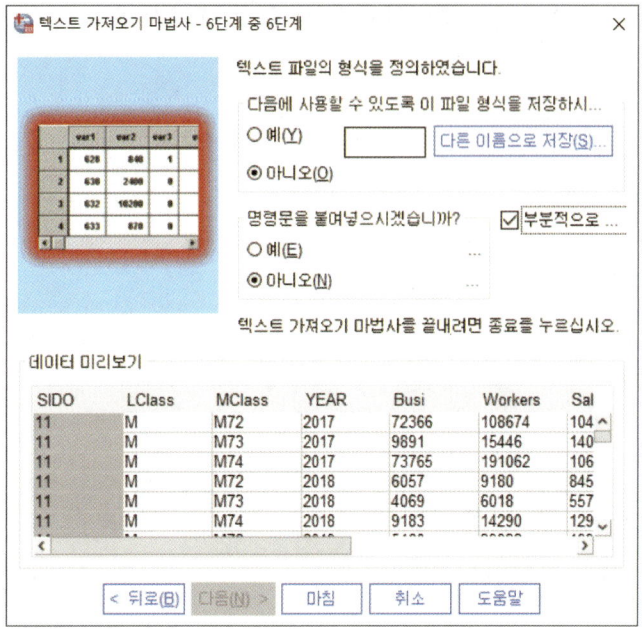

(2) 데이터 보기 창 확인

다음과 같이 "서비스업조사.txt"을 데이터 보기 창에서 확인할 수 있다.

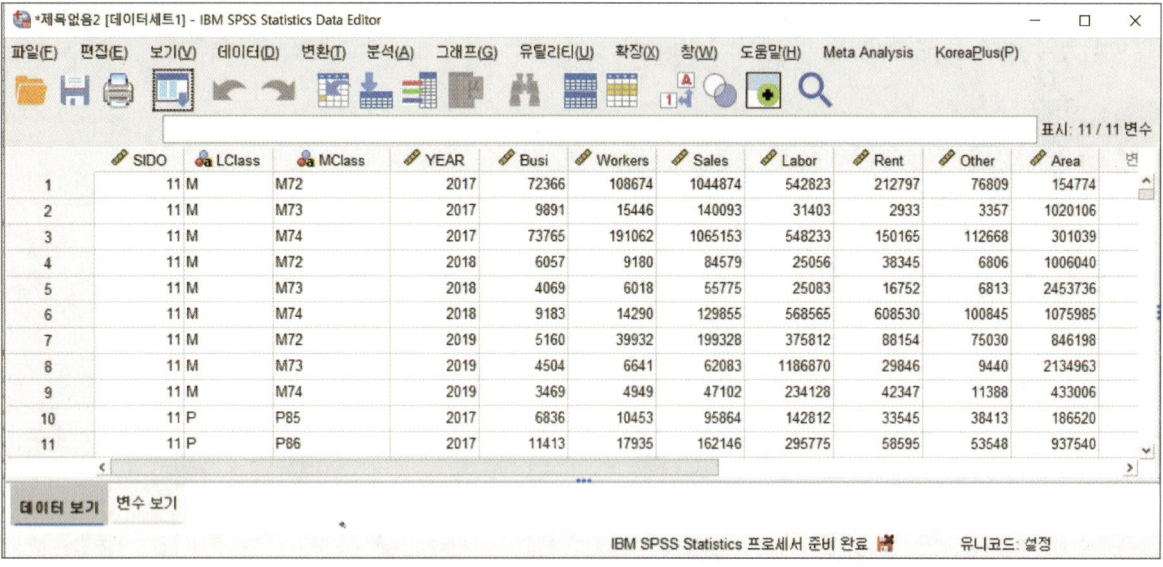

2 변수 보기 입력

① 조건으로 제공된 [표1] 데이터 파일의 코딩양식을 확인한다.
② 불러온 데이터의 변수 보기 창에서 [표1] 데이터 파일의 코딩양식에 맞추어 레이블, 값, 측도를 입력한다.

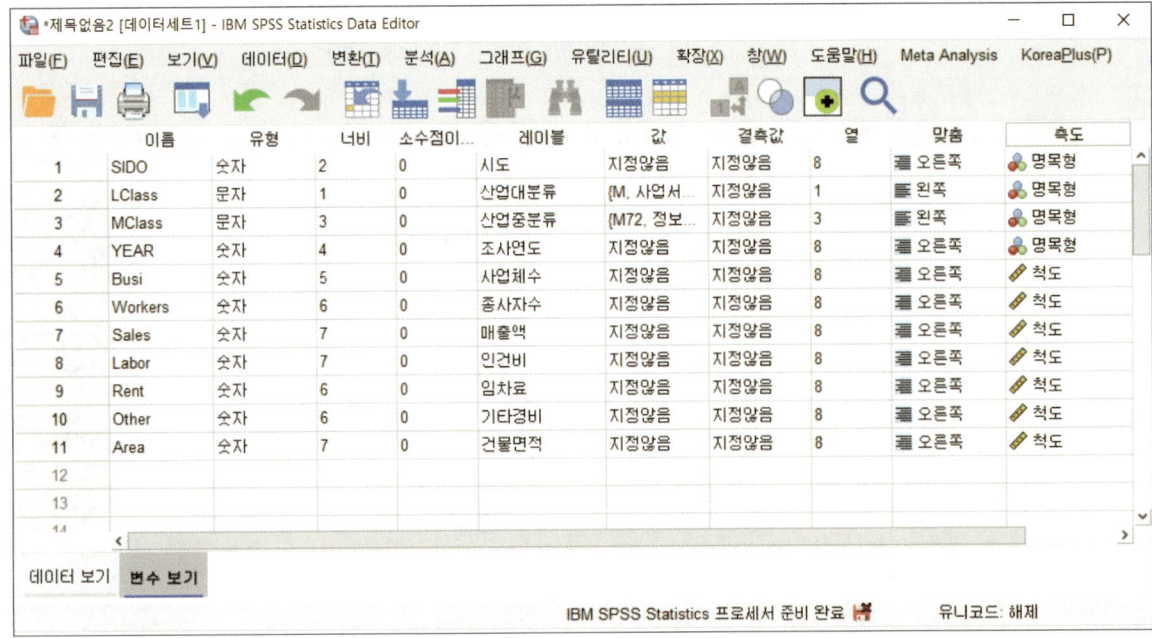

3 분석

문제 1 연도에 따라 산업중분류 항목에 대하여 평균종사자수, 평균매출액의 변화를 알아보고자 한다.

> 평균종사자수(MWork) = 종사자수/사업체수
> 평균매출액(MSales) = 매출액/사업체수

(1) 평균종사자수, 평균매출액을 구하여 연도별 산업중분류 항목에 대해 평균을 정리한 다음 표를 완성하시오.

분석항목	산업중분류	2017	2018	2019
평균종사자수	M72	***	***	☐.☐
	M73	***	***	***
	M74	***	***	***
	P85	***	☐.☐	***
	P86	☐.☐	***	***
평균매출액	M72	***	***	☐.☐
	M73	☐.☐	***	***
	M74	***	***	☐.☐
	P85	***	***	***
	P86	***	☐.☐	***

> **실행 POINT**
> - 변수 계산을 이용하여 새로운 변수 만들기
> - 평균분석에서 기술통계량 실시하기

① 평균종사자수[MWork] 변수와 평균매출액[MSales] 변수를 만들기 위해 다음의 메뉴를 이용한다.

변환(T) → 변수 계산(C)...

② 변수 계산 대화상자에서 **목표변수(T)**에 'MWork'를 입력하고 **숫자표현식(E)**에 'Workers/Busi'를 입력한 다음 확인을 누르면, 데이터 보기 창에 새로운 MWork 변수가 만들어진 것을 확인할 수 있다. 같은 방법으로 변수 계산 대화상자에서 **목표변수(T)**에 'MSales'를 입력하고, **숫자표현식(E)**에 'Sales/Busi'를 입력한 다음 확인을 누른다.

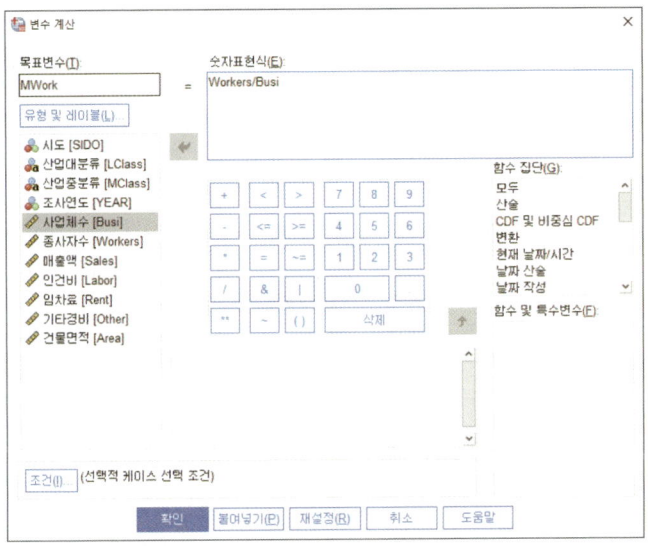

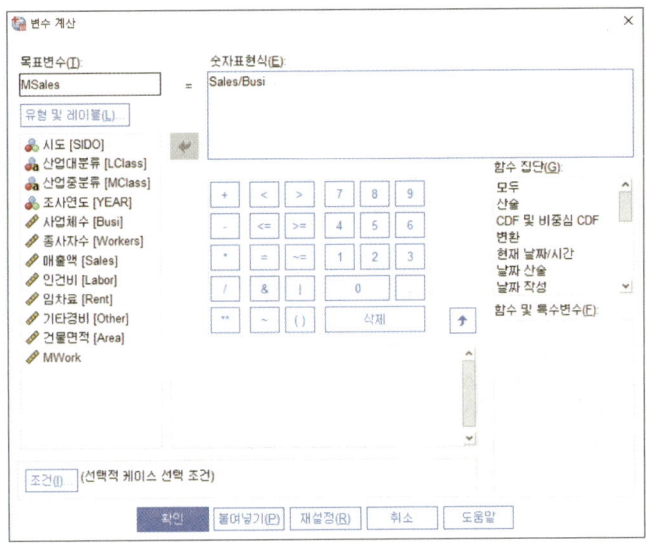

③ 데이터 보기 창에 새로운 MSales 변수가 만들어진 것을 확인할 수 있다. 변수 보기 창에서 MWork 행과 MSales 행의 레이블에 '평균종사자수', '평균매출액'을 입력한다.

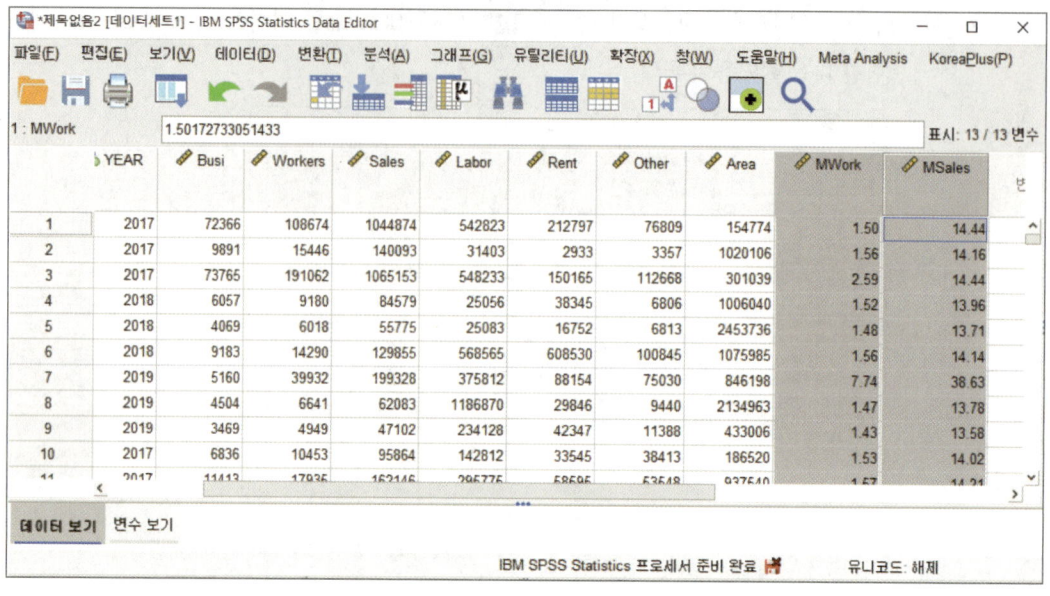

④ 연도별 산업중분류 항목에 대한 평균종사자수와 평균매출액의 평균과 표준편차를 구하기 위해 다음의 메뉴를 이용한다.

분석(A) → 평균 비교(M) → 평균분석(M)...

⑤ 평균분석 대화상자의 변수 중에서 평균종사자수 [MWork]와 평균매출액 [MSales]을 선택하고 ▶를 눌러 오른쪽 종속변수(D)로 옮긴 다음 산업중분류 [MClass]를 선택하고 ▶를 눌러 오른쪽 레이어1/1로 이동시키고 다음(N)을 누른다.

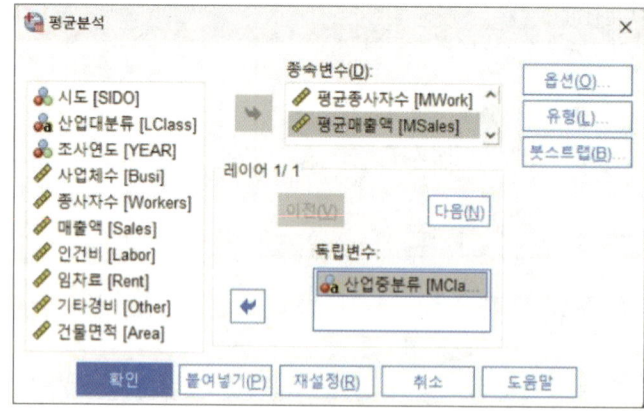

⑥ 이어서 레이어2/2가 나오며, 조사연도 [YEAR]를 선택하고 ▶를 눌러 오른쪽 레이어2/2로 옮긴 후 옵션(O)을 누른다.

⑦ 평균분석: 옵션 대화상자의 **통계량**(S)에서 평균, 케이스 수, 표준편차를 하나씩 선택하고 ➡를 눌러 오른쪽 셀 통계량(C)으로 옮긴 다음 계속(C)을 눌러 평균분석 대화상자로 돌아간다.

⑧ 확인을 누르면 출력결과 창에 다음을 얻을 수 있다.

보고서

산업중분류	조사연도		평균종사자수	평균매출액
정보처리 및 기타 컴퓨터 운영 관련업	2017	평균	1.5793	13.8369
		N	16	16
		표준편차	.80304	.70153
	2018	평균	1.8677	13.8151
		N	16	16
		표준편차	1.15603	.55505
	2019	평균	4.6096	28.8023
		N	16	16
		표준편차	7.14199	35.07516
	전체	평균	2.6855	18.8181
		N	48	48
		표준편차	4.33775	21.06648
연구 및 개발업	2017	평균	1.6380	13.9414
		N	16	16
		표준편차	.54405	.33870
	2018	평균	2.2083	13.8320
		N	16	16
		표준편차	1.62677	.36617
	2019	평균	1.7238	12.4460
		N	16	16
		표준편차	1.73820	3.78001
	전체	평균	1.8567	13.4064
		N	48	48
		표준편차	1.40274	2.26112

			평균	1.4970	13.8799
전문, 과학 및 기술 서비스업	2017				
			N	16	16
			표준편차	.37291	.37227
	2018		평균	1.8751	13.8417
			N	16	16
			표준편차	.95266	.51111
	2019		평균	9.8959	48.9787
			N	16	16
			표준편차	23.22421	95.09415
	전체		평균	4.4227	25.5668
			N	48	48
			표준편차	13.70375	56.26767
보건업	2017		평균	1.8522	13.9808
			N	16	16
			표준편차	.80472	.45514
	2018		평균	2.2899	13.8703
			N	16	16
			표준편차	1.76580	.59325
	2019		평균	2.5449	20.8957
			N	16	16
			표준편차	3.58700	17.31857
	전체		평균	2.2290	16.2489
			N	48	48
			표준편차	2.32201	10.34068
사회복지사업	2017		평균	1.6093	13.6218
			N	16	16
			표준편차	.73219	1.15049
	2018		평균	1.6030	24.5674
			N	16	16
			표준편차	.58709	42.76585
	2019		평균	1.4250	14.0656
			N	16	16
			표준편차	.75559	9.15904
	전체		평균	1.5458	17.4183
			N	48	48
			표준편차	.68612	25.23934

전체	2017	평균		1.6352	13.8522
		N		80	80
		표준편차		.66631	.66941
	2018	평균		1.9688	15.9853
		N		80	80
		표준편차		1.28432	19.13399
	2019	평균		4.0399	25.0377
		N		80	80
		표준편차		11.18732	46.95866
	전체	평균		2.5479	18.2917
		N		240	240
		표준편차		6.57250	29.55777

⑨ 보고서 표를 이용하여 다음 표에 평균을 정리한다.

분석항목	산업중분류	2017	2018	2019
평균종사자수	M72	***	***	4.61
	M73	***	***	***
	M74	***	***	***
	P85	***	2.29	***
	P86	1.61	***	***
평균매출액	M72	***	***	28.80
	M73	13.94	***	***
	M74	***	***	48.98
	P85	***	***	***
	P86	***	24.57	***

(2) 2017년 대비 2019년의 증감에 대하여 다음 질문에 해당하는 업종을 쓰시오.

평균종사자수가 감소한 항목	
평균매출액이 가장 크게 증가한 항목	

① 다른 항목의 평균종사자수가 2017년보다 2019년에 증가한 것에 비해 **사회복지사업 P86**은 2017년에 1.61, 2018년에 1.60 그리고 2019년에 1.43으로 평균종사자수가 감소하고 있다. 따라서 평균종사자수가 감소한 항목은 P86이다.

② 전문, 과학 및 기술 서비스업 M74의 평균매출액은 2017년에 13.88에 대비하여 2019년에 48.98로 다른 항목에 비해 가장 크게 증가하였다. 따라서 평균매출액이 가장 크게 증가한 항목은 M74이다.

평균종사자수가 감소한 항목	P86
평균매출액이 가장 크게 증가한 항목	M74

문제 2 종사자수의 사분위수(25%, 50%, 75%)를 기준으로 4개의 범주를 만든 후 종사자수의 범주에 따른 매출액의 유의성을 검정하고자 한다.

[문제 2-1] 종사자수에 대한 사분위수를 쓰시오.

25%	50%	75%

실행 POINT

빈도분석 실시하기

① 종사자수에 대한 사분위수를 구하기 위해 다음의 메뉴를 이용한다.

분석(A) → 기술통계량(E) → 빈도분석(F)...

② 빈도분석 대화상자의 변수 중에서 종사자수 [Workers]를 선택하고 ➡를 눌러 오른쪽 변수(V)로 옮긴 후 통계량(S)을 누른다.

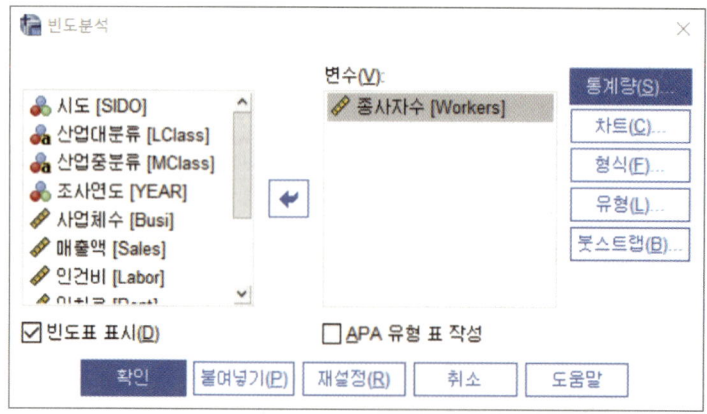

③ 빈도분석: 통계량 대화상자의 백분위수 값 중에서 사분위수(Q)를 선택한 다음 계속(C)을 눌러 빈도분석 대화상자로 돌아간다.

④ 확인을 누르면 출력결과 창에 다음을 얻을 수 있다.

통계량

종사자수			
N	유효		240
	결측		0
백분위수	25		5297.25
	50		9894.00
	75		14468.50

⑤ 통계량 표의 백분위수를 이용하여 종사자수에 대한 사분위수를 작성한다.

25%	50%	75%
5297	9894	14469

[문제 2-2] 종사자수의 사분위수를 기준으로 4개의 범주에 대한 새로운 종사자수 범주 [GWorkers] 변수를 만들고, 각 범주의 평균종사자수를 구하여 다음 표를 완성하시오.

종사자수 범주	빈도	매출액	
		평균	표준편차
25%	60	***	☐.☐☐
50%	60	***	***
75%	60	☐.☐☐	***
100%	60	***	☐.☐☐

> **실행POINT**
> • 다른 변수로 코딩변경하여 새로운 변수 만들기
> • 일원배치 분산분석 실시하기

① 기존 종사자수 [Workers] 변수를 이용하여 새로운 종사자수 범주 [GWorkers] 변수를 만들기 위해 다음의 메뉴를 이용한다.

변환(T) → 다른 변수로 코딩변경(R)...

② 다른 변수로 코딩변경 대화상자의 변수 중에서 종사자수 [Workers]를 선택하고 ➡를 눌러 오른쪽 입력변수 → 출력변수(V)로 옮기면, 숫자변수 → 출력변수에 'Workers → ?'가 생긴다.

③ 출력변수의 이름(N)에는 새롭게 코딩되는 변수의 이름인 'GWorkers'를 입력하고 레이블(L)에 '종사자수 범주'를 입력한 후 변경(H)을 누르면, 숫자변수 → 출력변수에 'Workers → GWorkers'가 생긴다. 다음으로 기존값 및 새로운 값(O)을 누른다.

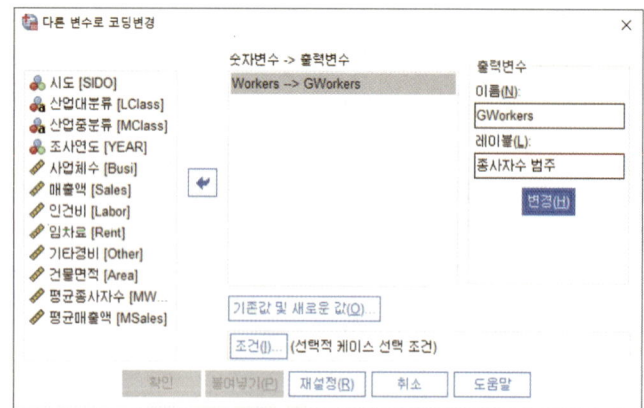

④ 다른 변수로 코딩변경: 기존값 및 새로운 값 대화상자에서 다음과 같이 입력한다.

　㉠ '처음부터 5297까지'를 '1'로 코딩변경하기: 최저값에서 다음 값까지 범위(G)에 '5297'을 입력하고 새로운 값의 값(L)에 '1'을 입력한 다음 추가(A)를 누르면, 'Lowest thru 5297 → 1'이 확인된다.

　㉡ '5298에서 9894까지'를 '2', '9895에서 14469까지'를 '3'으로 코딩변경하기: 기존값의 범위(N)에 '5298', 에서(T)에 '9894'를 입력하고 새로운 값의 값(L)에 '2'를 입력한 다음 추가(A)를 누르면, 기존값 → 새로운 값(D)에 '5298 thru 9894 → 2'가 확인된다. '9895 thru 14469 → 3'도 동일하게 변경한다.

　㉢ '14470부터 가장 큰 값까지'를 '4'로 코딩변경하기: 다음 값에서 최고값까지 범위(E)에 '14470'을 입력하고 새로운 값의 값(L)에 '4'를 입력한 다음 추가(A)를 누르면, '14470 thru Highest → 4'가 확인된다.

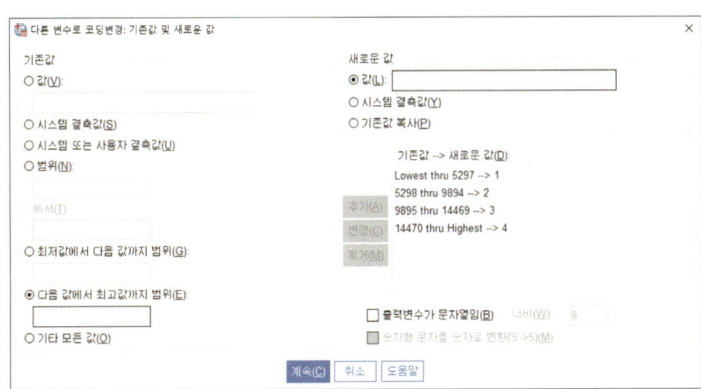

⑤ 계속(C)을 눌러 다른 변수로 코딩변경 대화상자로 돌아가 확인을 누르면, 데이터 보기 창에 새로운 종사자수 범주 [GWorkers] 변수가 만들어진 것을 확인할 수 있다. 이때, 변수 보기 창의 소수점이하자리를 0으로 바꾸면 정수값이 된다.

⑥ 종사자수 범주 [GWorkers] 변수가 만들어지면 변수 보기 창의 값의 값 레이블에 1="25%", 2="50%", 3="75%", 4="100%"를 입력한다.

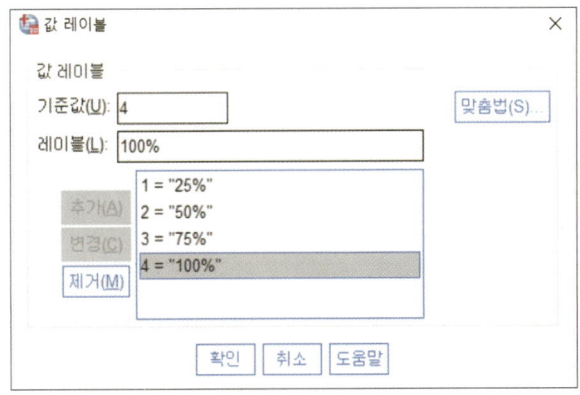

⑦ 새로운 종사자수 범주 [GWorkers] 변수에 따른 매출액에 대한 평균과 표준편차를 구하고 종사자수에 따라 매출액에 차이가 있는지 검정하기 위해 다음의 메뉴를 이용한다.

분석(A) → 평균 비교(M) → 일원배치 분산분석(O)...

⑧ 일원배치 분산분석 대화상자의 변수 중에서 매출액 [Sales]을 선택하고 ➡를 눌러 오른쪽 종속변수(E)로 옮기고, 종사자수 범주 [GWorkers]를 선택하고 ➡를 눌러 오른쪽 요인(F)으로 옮긴 후 옵션(O)을 누른다.

⑨ 일원배치 분산분석: 옵션 대화상자의 통계량에서 기술통계(D)를 선택한 다음 계속(C)을 눌러 일원배치 분산분석 대화상자로 돌아간다.

⑩ 확인을 누르면 출력결과 창에 다음을 얻을 수 있다.

기술통계

매출액

	N	평균	표준편차	표준오차	평균의 95% 신뢰구간		최소값	최대값
					하한	상한		
25%	60	41730.52	59941.171	7738.372	26246.07	57214.96	6212	482659
50%	60	79510.87	46250.377	5970.898	67563.13	91458.61	50404	408333
75%	60	111470.20	31324.788	4044.013	103378.15	119562.25	43578	324164
100%	60	341884.02	267312.986	34509.958	272829.75	410938.28	112866	1123550
전체	240	143648.90	181831.937	11737.201	120527.33	166770.47	6212	1123550

ANOVA

매출액

	제곱합	자유도	평균제곱	F	유의확률
집단-간	3290020463681.100	3	1096673487893.700	56.118	.000
집단-내	4612001445234.499	236	19542379005.231		
전체	7902021908915.600	239			

⑪ 기술통계 표의 N, 평균, 표준편차를 이용하여 다음 표를 완성한다.

종사자수 범주	빈도	매출액	
		평균	표준편차
25%	60	***	59941 . 1 7
50%	60	***	***
75%	60	111470 . 2 0	***
100%	60	***	267312 . 9 9

[문제 2-3] 종사자수 범주에 따라 매출액에 차이가 있는지 검정하시오.

(1) 가설을 세우시오.

귀무가설(H_0)	
대립가설(H_1)	

귀무가설은 '종사자수 범주에 따라 매출액에 차이가 없다'이고, 대립가설은 '차이가 있다'이다.

귀무가설(H_0)	종사자수 범주에 따라 매출액에 차이가 없다.
대립가설(H_1)	종사자수 범주에 따라 매출액에 차이가 있다.

(2) 검정통계량의 값과 유의확률을 쓰고, 유의수준 5%에서 검정 결과를 설명하시오.

검정통계량의 값	☐☐.☐☐☐
유의확률(양측)	☐.☐☐☐
검정 결과	

[문제 2-2]의 출력결과에서 얻은 ANOVA 표를 이용하여 검정통계량의 값과 유의확률을 쓰고, 검정 결과를 설명한다.

검정통계량의 값	56.118
유의확률(양측)	0.000
검정 결과	검정통계량의 값이 56.118이고 유의확률이 0.000이므로 유의수준 0.05보다 작기 때문에 귀무가설을 기각한다. 즉, 유의수준 5% 하에서 종사자수 범주에 따라 매출액에 차이가 있다고 할 수 있다.

문제 3 시도 [SIDO] 변수를 '서울 및 광역시'와 '기타지역'으로 구분하여 시도2 [SIDO2] 변수를 만든 후, 두 지역에 따라 단위면적당매출액에 차이가 있는지를 유의수준 0.05에서 검정하고자 한다.

단위면적당매출액(ASales) = 매출액 / 건물면적

(1) 가설을 세우시오.

귀무가설(H_0)	
대립가설(H_1)	

귀무가설은 '두 지역에 따라 단위면적당매출액에 차이가 없다'이고, 대립가설은 '차이가 있다'이다.

귀무가설(H_0)	두 지역에 따라 단위면적당매출액에 차이가 없다.
대립가설(H_1)	두 지역에 따라 단위면적당매출액에 차이가 있다.

(2) Levene의 등분산 검정통계량의 값과 유의확률을 쓰시오.

검정통계량의 값	☐.☐☐☐
유의확률(양측)	☐.☐☐☐

> **실행 POINT**
> - 다른 변수로 코딩변경하여 새로운 변수 만들기
> - 독립표본 T 검정 실시하기
> - Levene(레벤) 등분산 검정 실시하기

① 기존 시도 [SIDO] 변수를 이용하여 새로운 시도2 [SIDO2] 변수를 만들기 위해 다음의 메뉴를 이용한다.

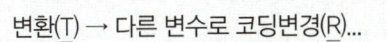

변환(T) → 다른 변수로 코딩변경(R)...

② 다른 변수로 코딩변경 대화상자의 변수 중에서 시도 [SIDO]를 선택하고 ➡를 눌러 오른쪽 입력변수 → 출력변수(V)로 옮기면, 숫자변수 → 출력변수에 'SIDO → ?'가 생긴다.

③ 출력변수의 이름(N)에는 새롭게 코딩되는 변수의 이름인 'SIDO2'를 입력하고 레이블(L)에 '시도2'를 입력한 후 변경(H)을 누르면, 숫자변수 → 출력변수에 'SIDO → SIDO2'가 생긴다. 다음으로 기존값 및 새로운 값(O)을 누른다.

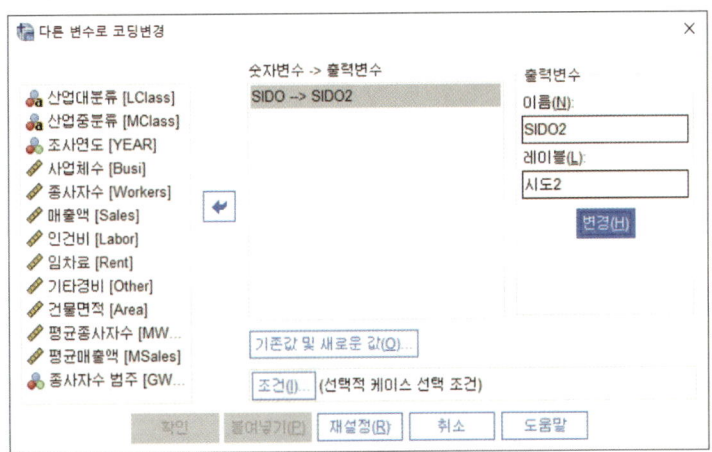

④ 다른 변수로 코딩변경: 기존값 및 새로운 값 대화상자에서 다음과 같이 입력한다.
  ㉠ '11'을 '1'로 코딩변경하기: 기존값의 값(V)에 '11'을 입력하고 새로운 값의 값(L)에 '1'을 입력한 다음 추가(A)를 누르면, 기존값 → 새로운 값(D)에 '11 → 1'이 확인된다.
  ㉡ '21에서 26까지'를 '1'로, '31에서 39까지'를 '2'로 코딩변경하기: 기존값의 범위(N)에 '21', 에서(T)에 '26'을 입력하고 새로운 값의 값(L)에 '1'을 입력한 다음 추가(A)를 누르면, 기존값 → 새로운 값(D)에 '21 thru 26 → 1'이 확인된다. '31 thru 39 → 2'도 동일하게 변경한다.

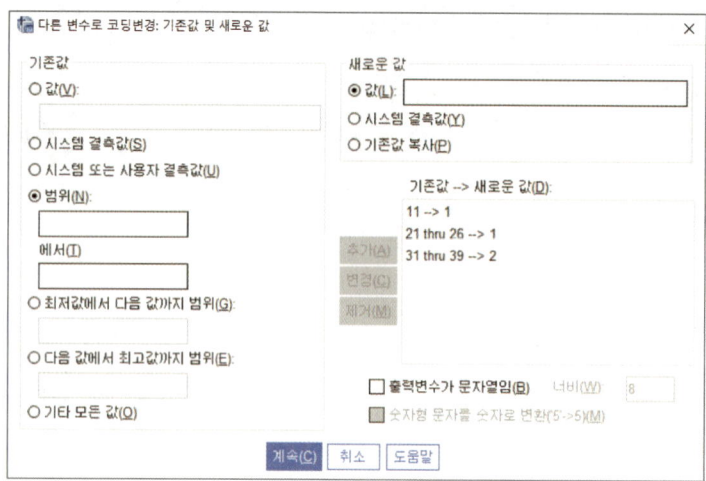

⑤ 계속(C)을 눌러 다른 변수로 코딩변경 대화상자로 돌아가 확인을 누르면, 데이터 보기 창에 새로운 시도2 [SIDO2] 변수가 만들어진 것을 확인할 수 있다. 이때, 변수 보기 창에서 소수점이하자리를 0으로 바꾸면 정수값이 된다.

⑥ 시도2 [SIDO2] 변수가 만들어지면 변수 보기 창의 값의 값 레이블에 1="서울 및 광역시", 2="기타지역"을 입력한다.

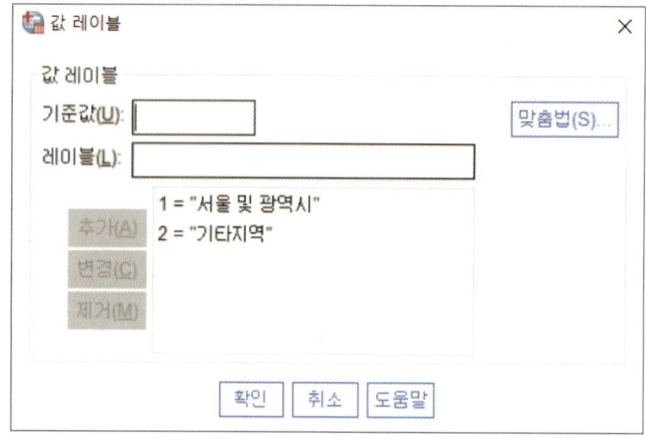

⑦ 단위면적당매출액을 계산하기 위해 다음의 메뉴를 이용한다.

변환(T) → 변수 계산(C)...

⑧ 변수 계산 대화상자에서 목표변수(T)에 'ASales'을 입력하고 숫자표현식(E)에 'Sales/Area'를 입력한다.

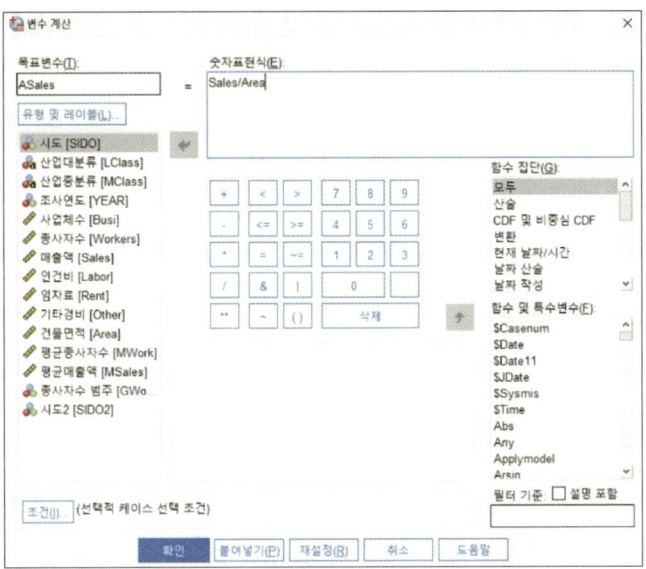

⑨ 확인을 누르면 데이터 보기 창에 새로운 변수인 단위면적당매출액 [ASales] 변수가 만들어진다. 변수 보기 창에서 ASales 행의 레이블에 '단위면적당매출액'을 입력한다.

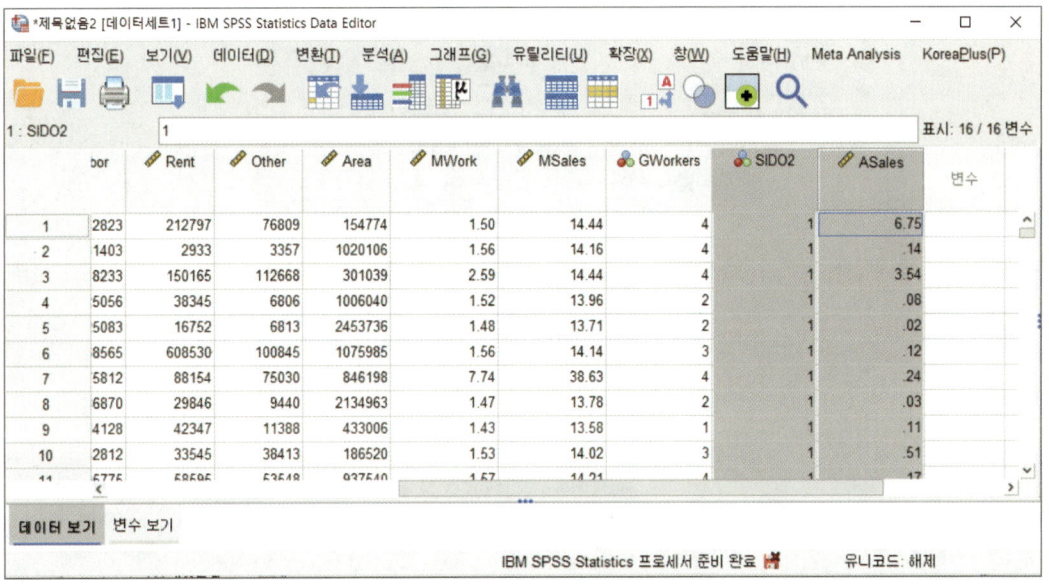

⑩ 두 지역(서울 및 광역시와 기타지역)에 따른 단위면적당매출액에 차이가 있는지 검정하기 위해 다음의 메뉴를 이용한다.

분석(A) → 평균 비교(M) → 독립표본 T 검정…

⑪ 독립표본 T 검정 대화상자의 변수 중에서 단위면적당매출액 [ASales]을 선택하고 ➡를 눌러 오른쪽 검정 변수(T)로 이동시키고, 시도2 [SIDO2]를 선택하고 ➡를 눌러 오른쪽의 집단변수(G)로 이동시킨 후 집단 정의(D)를 누른다.

⑫ 집단 정의 대화상자가 나타나면 지정값 사용(U)에서 집단 1에 '1'을 입력하고 집단 2에 '2'를 입력한다.

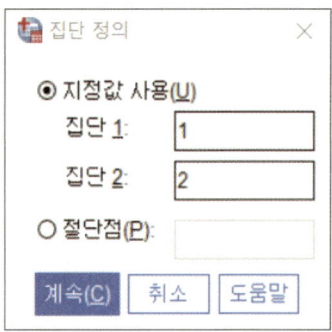

⑬ 계속(C)을 누르면 독립표본 T 검정 대화상자의 집단변수(G)에 SIDO2(1 2)가 나타난다.

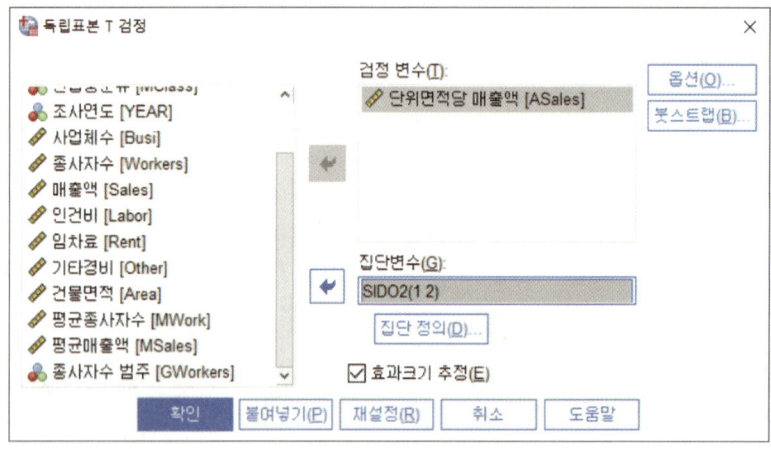

⑭ 확인을 누르면 출력결과 창에 다음을 얻을 수 있다.

독립표본 검정

		Levene의 등분산 검정		평균의 동일성에 대한 T 검정						
		F	유의 확률	t	자유도	유의확률 (양측)	평균차이	표준오차 차이	차이의 95% 신뢰구간	
									하한	상한
단위 면적당 매출액	등분산을 가정함	1.063	.304	.410	238	.682	.03764	.09169	-.14299	.21827
	등분산을 가정하지 않음			.385	155.100	.701	.03764	.09780	-.15555	.23082

독립표본 검정 표의 Levene의 등분산 검정에서 F와 유의확률을 이용하여 Levene의 등분산 검정통계량의 값과 유의확률을 작성한다.

검정통계량의 값	1.063
유의확률(양측)	0.304

(3) 검정통계량의 값과 유의확률(양측)을 쓰고, 유의수준 5%에서 검정 결과를 설명하시오.

검정통계량의 값	.
유의확률(양측)	.
검정 결과	

독립표본 검정 표의 Levene의 등분산 검정에서 검정통계량 F값이 1.063이고 유의확률이 0.304로 유의수준 0.05보다 크므로, 등분산을 가정함 행의 결과를 이용하여 검정통계량 값과 유의확률을 구하고 유의수준 5% 하에서 검정 결과를 서술한다.

검정통계량의 값	0.410
유의확률(양측)	0.682
검정 결과	검정통계량의 값이 0.410이고 유의확률이 0.682로 유의수준 0.05보다 크므로 귀무가설을 기각할 수 없다. 즉, 두 지역에 따라 단위면적당매출액에 차이가 있다고 할 수 없다.

문제 4 시도 중에서 서울만을 대상으로 산업중분류에 따른 임차료, 기타경비, 건물면적에 차이가 있는지를 알고자 한다.

실행 POINT
- 데이터의 케이스 선택
- 같은 변수로 코딩변경

① 시도 중에서 서울만을 대상으로 하는 케이스를 선택하기 위해 다음의 메뉴를 이용한다.

데이터(D) → 케이스 선택(S)...

② 케이스 선택 대화상자에서 선택의 조건을 만족하는 케이스(C)를 선택한 후 조건(I)을 누른다.

③ 케이스 선택: 조건 대화상자에서 시도 [SIDO]를 선택하고 ▶를 눌러 오른쪽 box로 옮긴 후 'SIDO=11'을 입력한다.

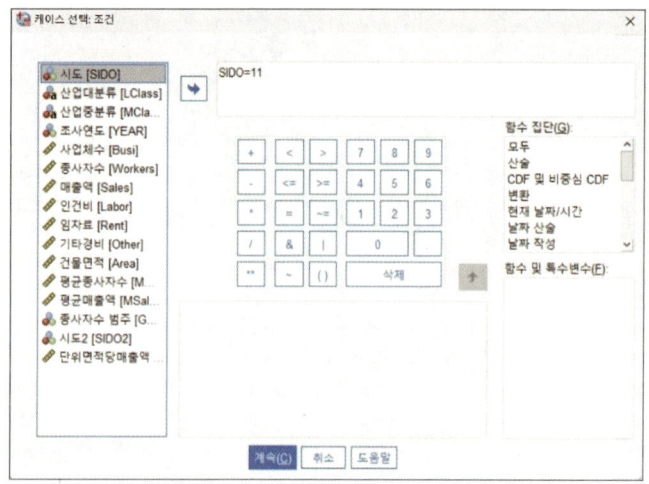

④ 계속(C)을 눌러 케이스 선택 대화상자로 돌아가 확인을 누르면 데이터 보기 창에 SIDO가 11인 번호를 제외한 나머지 번호 위에 '/' 표시가 되어 있다. 변수 보기 창에 filter_$가 새롭게 추가되어 있으며, 선택된 케이스는 1, 선택되지 않은 케이스는 0으로 구분되어 있다.

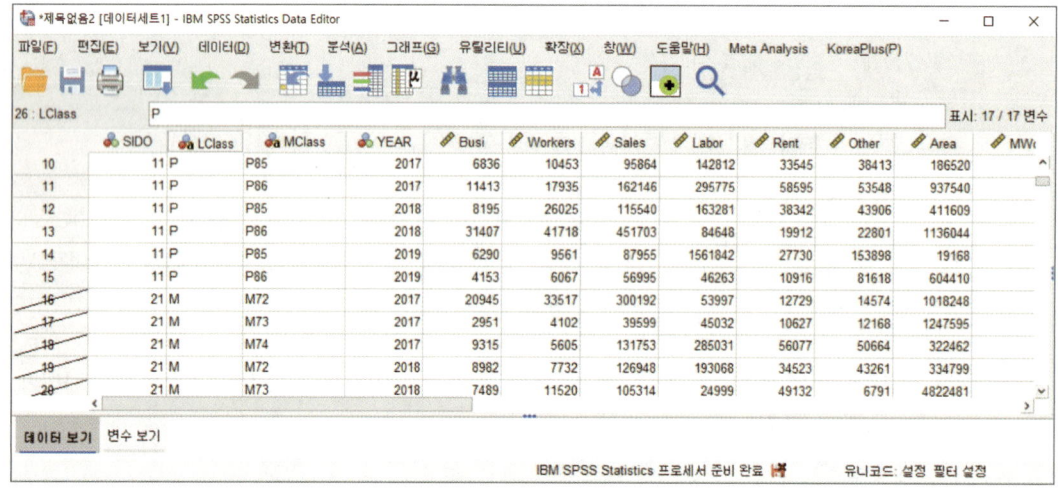

⑤ 일원배치 분산분석에서 요인으로 선택될 산업중분류 [MClass] 변수는 입력값 'M72, M73, M74, P85, P86'에 포함된 문자 M, P로 인해 분석이 진행되지 않는다. 따라서 문자 M과 P를 제외한 '72, 73, 74, 85, 86'에 대한 산업중분류 [MClass] 변수로 같은 변수를 변경하기 위해 다음의 메뉴를 이용한다.

변환(T) → 같은 변수로 코딩변경(S)...

⑥ 같은 변수로 코딩변경 대화상자의 변수 중에서 산업중분류 [MClass] 변수를 선택하고 ➡를 눌러 오른쪽 변수(V)로 옮긴 다음 기존값 및 새로운 값(O)를 누른다.

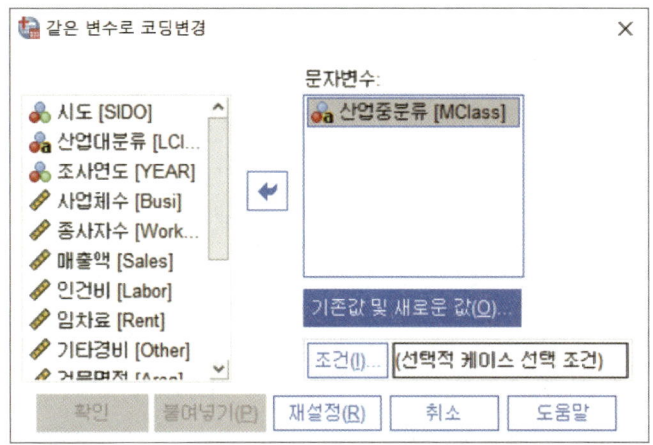

⑦ 같은 변수로 코딩변경: 기존값 및 새로운 값 대화상자에서 다음과 같이 입력한다.
　㉠ 'M72'를 '72'로 코딩변경하기: 기존값의 값(V)에 'M72'를 입력하고 새로운 값의 값(L)에 '72'를 입력한 다음 추가(A)를 누르면, 기존값 → 새로운 값(D)에 'M72 → 72'가 확인된다.
　㉡ 'M73, M74, P85, P86'을 '73, 74, 85, 86'으로 코딩변경하기: 동일한 방법으로 변경한다.

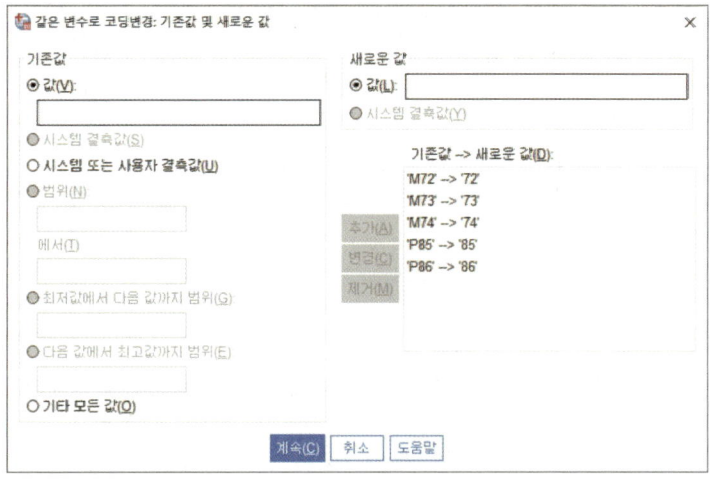

⑧ 계속(C)을 눌러 같은 변수로 코딩변경 대화상자로 돌아가 확인을 누르면, 데이터 보기 창에 산업중분류 [MClass] 변수의 입력값이 바뀐 것을 확인할 수 있다.
⑨ 문자 변수를 숫자 변수로 유형을 바꾸기 위해 변수 보기 창에서 **산업중분류 [MClass]** 변수의 유형 열에 해당하는 셀의 ⋯를 클릭한다. 변수 유형 대화상자가 나타나면 숫자(N)를 선택한다.

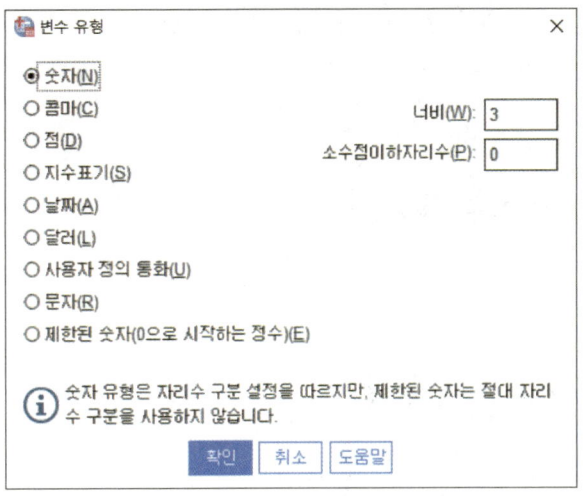

⑩ 확인을 누르면 산업중분류 [MClass] 변수가 문자 변수에서 숫자 변수로 바뀐 것을 확인할 수 있다.

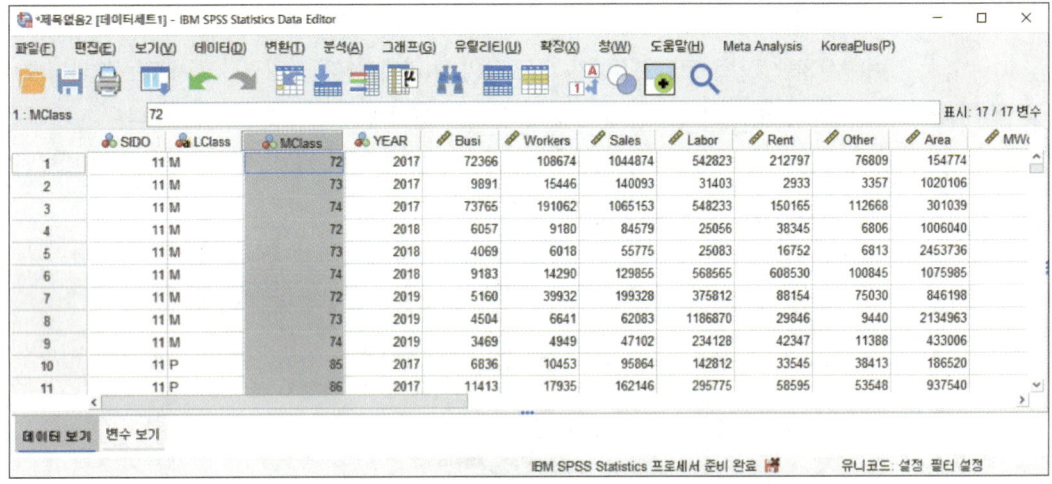

⑪ 산업중분류 [MClass] 변수가 바뀌면 변수 보기 창의 값의 값 레이블에 72="정보처리 및 기타 컴퓨터 운영 관련업", 73="연구 및 개발업", 74="전문, 과학 및 기술 서비스업", 85="보건업", 86="사회복지사업"을 입력한다.

[문제 4-1] 산업중분류에 따라 임차료, 기타경비, 건물면적 중에서 유의한 차이가 확인되는 변수를 쓰시오.

산업중분류에 따라 유의한 차이가 있는 변수	

실행 POINT

일원배치 분산분석 실시하기

① 산업중분류에 따라 임차료, 기타경비, 건물면적에 차이가 있는지 구하기 위해 다음의 메뉴를 이용한다.

분석(A) → 평균 및 비율 비교 → 일원배치 분산분석(O)...

② 일원배치 분산분석 대화상자의 변수 중에서 임차료 [Rent], 기타경비 [Other], 건물면적 [Area]을 선택하고 ▶를 눌러 오른쪽 종속변수(E)로 옮기고, 산업중분류 [MClass]를 선택하고 ▶를 눌러 오른쪽 요인(F)으로 옮긴다.

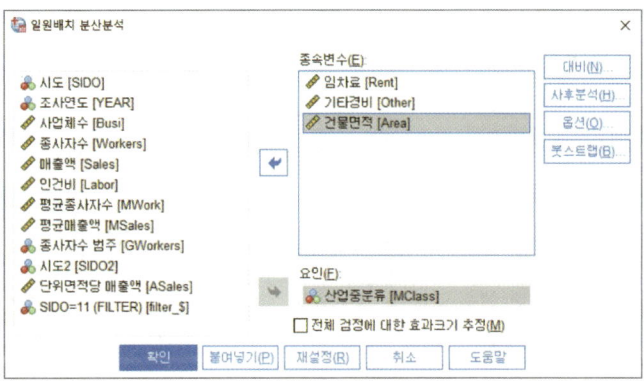

③ 확인을 누르면 출력결과 창에 다음을 얻을 수 있다.

ANOVA

		제곱합	자유도	평균제곱	F	유의확률
임차료	집단-간	132295131634.267	4	33073782908.567	1.665	.234
	집단-내	198614484920.667	10	19861448492.067		
	전체	330909616554.933	14			
기타경비	집단-간	9911692328.000	4	2477923082.000	1.267	.345
	집단-내	19557288098.000	10	1955728809.800		
	전체	29468980426.000	14			
건물면적	집단-간	4650078781435.068	4	1162519695358.767	5.514	.013
	집단-내	2108387389332.667	10	210838738933.267		
	전체	6758466170767.735	14			

④ ANOVA 표의 유의확률을 확인하고 그 값이 유의수준 0.05보다 작은 0.013인 건물면적 변수가 통계적으로 유의함을 알 수 있다.

산업중분류에 따라 유의한 차이가 있는 변수	건물면적

[문제 4-2] 서울만을 대상으로 산업중분류에 따라 앞서 확인한 변수에 차이가 있는지 검정하시오.

(1) 다음 분산분석표를 완성하시오.

구분	제곱합	자유도	평균제곱	F	유의확률
집단-간	***		***	☐.☐☐☐	☐.☐☐☐
집단-내	***	***	***		
전체	***	***	***		

유의한 차이가 확인된 건물면적에 대한 ANOVA 표를 이용하여 다음 표를 완성한다.

구분	제곱합	자유도	평균제곱	F	유의확률
집단-간	***	4	***	5.514	0.013
집단-내	***	***	***		
전체	***	***	***		

(2) 가설을 세우고, 유의수준 5%에서 검정 결과를 설명하시오.

귀무가설(H_0)	
대립가설(H_1)	
검정 결과	

① 귀무가설은 '서울에서 산업중분류에 따라 건물면적에 차이가 없다'이고, 대립가설은 '차이가 있다'이다.

귀무가설(H_0)	서울에서 산업중분류에 따라 건물면적에 차이가 없다.
대립가설(H_1)	서울에서 산업중분류에 따라 건물면적에 차이가 있다.

② ANOVA 표의 F와 유의확률을 이용하여 검정 결과를 설명한다.

검정 결과	검정통계량의 값이 5.514이고 유의확률이 0.013으로 유의수준 0.05보다 작으므로 귀무가설을 기각한다. 즉, 유의수준 5% 하에서 서울에서 산업중분류에 따라 건물면적에 차이가 있다고 할 수 있다.

(3) 분석 결과 유의한 차이가 있다고 판단되는 경우, Duncan 방법으로 사후분석하여 동질적 부분집합을 구분하시오.

부분집합	

실행POINT

Duncan 방법을 이용한 사후검정 실시하기

① Duncan 방법으로 사후분석을 실시하기 위해 다음의 메뉴를 이용한다.

분석(A) → 평균 비교(M) → 일원배치 분산분석(O)...

② 일원배치 분산분석 대화상자의 변수 중에서 건물면적 [Area]을 선택하고 ➡를 눌러 오른쪽 종속변수(E)로 옮기고, 산업중분류 [MClass]를 선택하고 ➡를 눌러 오른쪽 요인(F)으로 옮긴다.

③ 사후분석(H)을 누르면 일원배치 분산분석: 사후분석 – 다중비교 대화상자가 나타난다. 등분산을 가정함의 Duncan을 선택하고 계속(C)을 눌러 일원배치 분산분석 대화상자로 돌아간다.

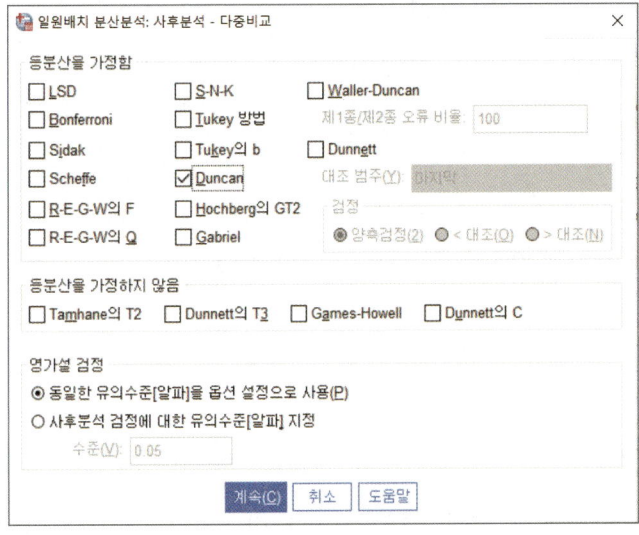

제5회 분석 및 풀이 **381**

④ 확인을 누르면 출력결과 창에 다음을 얻을 수 있다.

건물면적

Duncan[a]			
산업중분류	N	유의수준 = 0.05에 대한 부분집합	
		1	2
보건업	3	205765.67	
전문, 과학 및 기술 서비스업	3	603343.33	
정보처리 및 기타 컴퓨터 운영 관련업	3	669004.00	
사회복지사업	3	892664.67	
연구 및 개발업	3		1869601.67
유의확률		.118	1.000

동질적 부분집합에 있는 집단에 대한 평균이 표시됩니다.
a. 조화평균 표본크기 3.000을(를) 사용합니다.

⑤ Duncan의 건물면적 표의 유의수준 = 0.05에 대한 부분집합을 이용하여 통계적으로 유의한 부분집합을 구분한다.

부분집합	'연구 및 개발업(73)'을 제외하고 나머지(72, 74, 85, 86)를 하나의 동질집단으로 분류할 수 있다.

⑥ 케이스 선택을 이용하여 분석한 후 케이스 선택을 해제하려면 케이스 선택 대화상자에서 **모든 케이스(A)**를 선택하고 확인을 누른다. 데이터 보기 창에서는 '/' 표시가 제거되며, 변수 보기 창의 filter_$는 남아 있다.

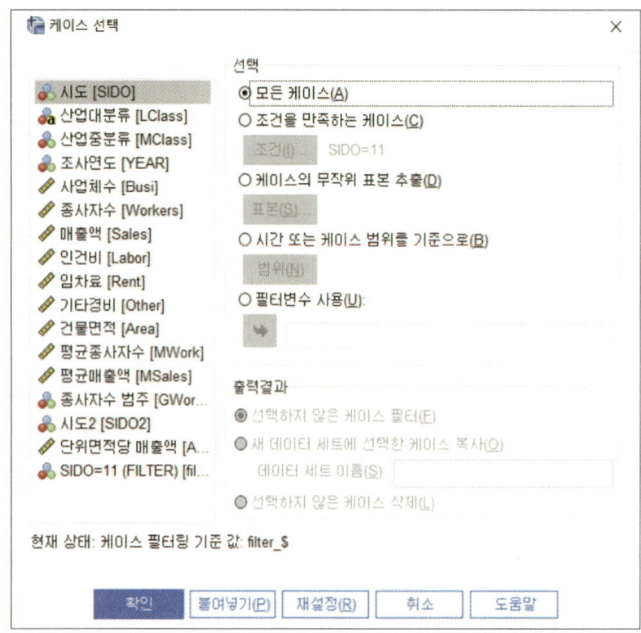

문제 5
3개년도 전체 자료를 대상으로 사업체수, 종사자수, 매출액, 인건비, 임차료, 기타경비의 상관분석을 하고자 한다.

(1) 다음 상관분석표를 완성하시오.

변수	사업체수	종사자수	매출액	인건비	임차료	기타경비
사업체수		***	***	***	***	***
종사자수	☐.☐☐☐		***	***	***	***
매출액	☐.☐☐☐	☐.☐☐☐		***	***	***
인건비	***	***	***		***	***
임차료	***	***	***	☐.☐☐☐		***
기타경비	☐.☐☐☐	***	***	☐.☐☐☐	☐.☐☐☐	

실행 POINT
피어슨 상관계수 구하고 상관분석 실시하기

① 3개년도 전체 자료를 대상으로 사업체수, 종사자수, 매출액, 인건비, 임차료, 기타경비의 상관계수를 구하기 위해 다음의 메뉴를 이용한다.

분석(A) → 상관분석(C) → 이변량 상관(B)...

② 이변량 상관계수 대화상자의 변수 목록 중에서 사업체수 [Busi], 종사자수 [Workers], 매출액 [Sales], 인건비 [Labor], 임차료 [Rent], 기타경비 [Other]를 하나씩 선택하고 ➡를 눌러 오른쪽 변수(V)로 옮긴 후 상관계수에서 Pearson을 선택한다.

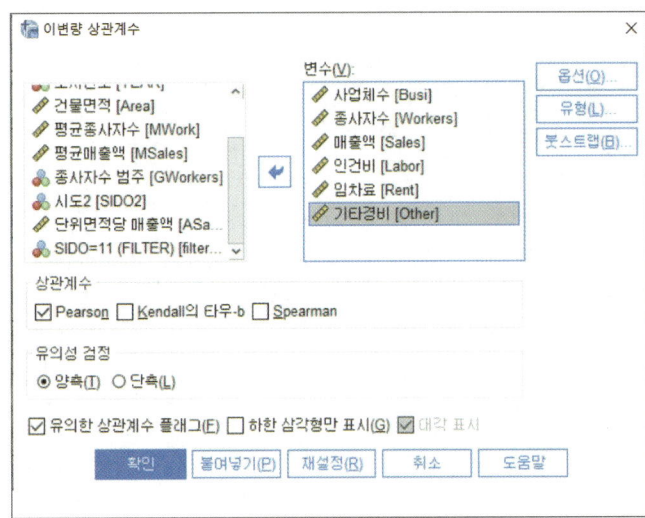

③ 확인을 누르면 출력결과 창에 다음을 얻을 수 있다.

상관관계

		사업체수	종사자수	매출액	인건비	임차료	기타경비
사업체수	Pearson 상관	1	.681**	.817**	.102	.107	.058
	유의확률 (양측)		.000	.000	.115	.098	.369
	N	240	240	240	240	240	240
종사자수	Pearson 상관	.681**	1	.858**	.015	.033	.019
	유의확률 (양측)	.000		.000	.819	.611	.773
	N	240	240	240	240	240	240
매출액	Pearson 상관	.817**	.858**	1	.049	.080	.088
	유의확률 (양측)	.000	.000		.454	.218	.174
	N	240	240	240	240	240	240
인건비	Pearson 상관	.102	.015	.049	1	.394**	.607**
	유의확률 (양측)	.115	.819	.454		.000	.000
	N	240	240	240	240	240	240
임차료	Pearson 상관	.107	.033	.080	.394**	1	.437**
	유의확률 (양측)	.098	.611	.218	.000		.000
	N	240	240	240	240	240	240
기타경비	Pearson 상관	.058	.019	.088	.607**	.437**	1
	유의확률 (양측)	.369	.773	.174	.000	.000	
	N	240	240	240	240	240	240

**. 상관관계가 0.01 수준에서 유의합니다(양측).

④ 상관관계 표의 Pearson 상관을 이용하여 다음 표를 완성한다.

변수	사업체수	종사자수	매출액	인건비	임차료	기타경비
사업체수		***	***	***	***	***
종사자수	0.681		***	***	***	***
매출액	0.817	0.858		***	***	***
인건비	***	***	***		***	***
임차료	***	***	***	0.394		***
기타경비	0.058	***	***	0.607	0.437	

(2) 다음 각 변수와 상관관계가 유의한 변수들을 모두 쓰시오.

사업체수	
기타경비	

상관관계 표에서 '**' 표시(상관관계가 0.01 수준에서 유의함)가 있는 변수를 작성한다.

사업체수	종사자수, 매출액
기타경비	인건비, 임차료

(3) 상관계수가 가장 큰 변수들의 상관계수와 유의확률을 쓰시오.

가장 상관계수가 큰 변수들	(　　) 변수와 (　　) 변수
피어슨 상관계수	☐.☐☐☐
유의확률(양측)	☐.☐☐☐

상관관계 표의 '**' 표시(상관관계가 0.01 수준에서 유의함)가 있는 변수 중에서 **매출액** 변수와 **종사자수** 변수의 상관계수가 가장 크다.

가장 상관계수가 큰 변수들	(매출액) 변수와 (종사자수) 변수
피어슨 상관계수	0.858
유의확률(양측)	0.000

문제 6　사업체수, 종사자수, 인건비, 기타경비를 독립변수로 선정하고 매출액을 종속변수로 선정하여 회귀분석을 실시하고자 한다. 단, 변수 선택 방법은 '입력'으로 하시오.

[문제 6-1] 3개년도 전체 자료에 대하여 회귀분석을 실시하시오.

(1) 다음 분산분석표를 완성하시오.

구분	제곱합	자유도	평균제곱	F	유의확률
회귀	***		***	☐.☐☐☐	☐.☐☐☐
잔차	***		***		
전체	***	***	***		

실행 POINT

'입력' 방법으로 회귀분석 실시하기

① 선택된 독립변수와 종속변수 사이의 회귀분석을 실시하기 위해 다음의 메뉴를 이용한다.

분석(A) → 회귀분석(R) → 선형(L)...

② 선형 회귀 대화상자의 변수 중에서 매출액 [Sales]을 선택하고 ▶를 눌러 오른쪽 종속변수(D)로 이동시키고, 사업체수 [Busi], 종사자수 [Workers], 인건비 [Labor], 기타경비 [Other]를 선택하고 ▶를 눌러 오른쪽의 독립변수(I)로 이동시킨다. 방법(M)에는 입력을 선택한다.

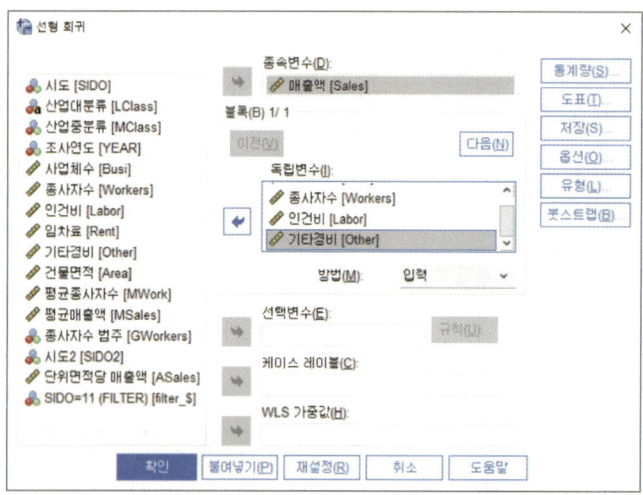

③ 확인을 누르면 출력결과 창에 다음을 얻을 수 있다.

모형 요약

모형	R	R 제곱	수정된 R 제곱	추정값의 표준오차
1	.918[a]	.842	.839	72913.937

a. 예측자: (상수), 기타경비, 종사자수, 인건비, 사업체수

ANOVA[a]

모형		제곱합	자유도	평균제곱	F	유의확률
1	회귀	6652658000515.484	4	1663164500128.871	312.834	.000[b]
	잔차	1249363908400.114	235	5316442163.405		
	전체	7902021908915.598	239			

a. 종속변수: 매출액
b. 예측자: (상수), 기타경비, 종사자수, 인건비, 사업체수

계수[a]

모형		비표준화 계수		표준화 계수	t	유의확률
		B	표준화 오류	베타		
1	(상수)	14730.684	9280.925		1.587	.114
	사업체수	7.449	.611	.435	12.183	.000
	종사자수	2.353	.149	.561	15.797	.000
	인건비	-.031	.018	-.057	-1.734	.084
	기타경비	.188	.071	.087	2.660	.008

a. 종속변수: 매출액

④ ANOVA 표를 이용하여 다음 표를 완성한다.

구분	제곱합	자유도	평균제곱	F	유의확률
회귀	***	4	***	312.834	0.000
잔차	***	235	***		
전체	***	***	***		

(2) 회귀분석 결과를 토대로 유의수준 0.05에서 회귀모형에 대한 유의성 검정 결과와 수정된 결정계수를 쓰시오.

검정 결과	
수정된 결정계수	. %

실행 POINT

수정된 결정계수 구하기

ANOVA 표의 F와 유의확률을 이용하여 회귀모형에 대한 유의성 검정 결과를 서술한다. 그리고 모형 요약 표의 수정된 R 제곱을 이용하여 수정된 결정계수를 작성한다.

검정 결과	검정통계량의 값이 312.834이고 유의확률이 0.000으로 유의수준 0.05보다 작으므로 귀무가설을 기각한다. 즉, 유의수준 5% 하에서 회귀모형은 유의하다고 할 수 있다.
수정된 결정계수	83.9 %

(3) 추정된 회귀식을 쓰시오.

추정 회귀식	

실행 POINT

다중회귀식 추정하기

계수 표의 비표준화계수 B를 이용하여 추정된 회귀식을 작성한다.

추정 회귀식	매출액=14730.684+7.449사업체수+2.353종사자수−0.031인건비+0.188기타경비

[문제 6-2] 대분류 M(사업서비스업)과 P(보건 및 사회복지사업) 각각에서 동일한 조건으로 회귀분석을 시행하고, 표준화 회귀계수의 절댓값 크기에 따라 변수를 'A>B> …' 형식으로 쓰시오.

M	
P	

실행 POINT

파일분할을 이용하여 분석하기

① 자료를 대분류 M(사업서비스업)과 P(보건 및 사회복지사업) 집단으로 가상적으로 분할하기 위해 다음의 메뉴를 이용한다.

데이터(D) → 파일분할(F)...

② 파일분할 대화상자에서 **집단들 비교(C)**를 선택하고 변수 중에서 **산업대분류 [LClass]**를 선택한다. 집단변수 기준으로 케이스 정렬(S)은 기본값으로 유지하고 확인을 누른다.

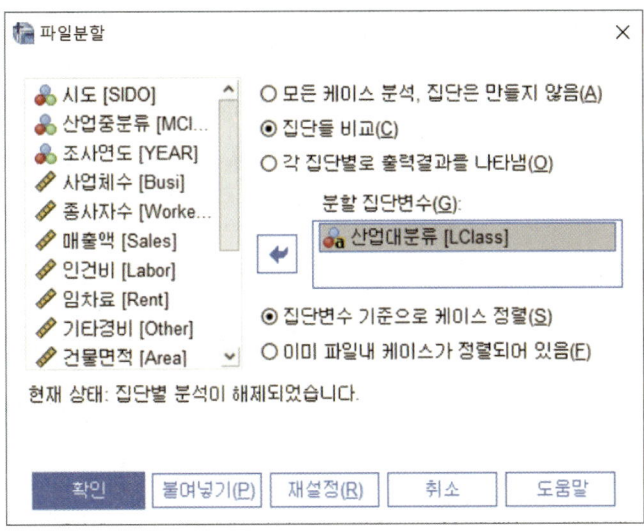

③ 출력결과 창에 다음과 같은 문구가 확인되면 집단들 비교(C)에 대한 파일분할이 정상적으로 진행된 것이다.

```
SORT CASES  BY LClass.
SPLIT FILE LAYERED BY LClass.
```

④ 앞서 실시한 선형회귀분석을 다시 한번 실시하기 위해 다음의 메뉴를 이용한다.

분석(A) → 회귀분석(R) → 선형(L)...

⑤ 선형 회귀 대화상자의 변수 중에서 **매출액 [Sales]**을 선택하고 ➡를 눌러 오른쪽 종속변수(D)로 이동시키고, **사업체수 [Busi], 종사자수 [Workers], 인건비 [Labor], 기타경비 [Other]**를 선택하고 ➡를 눌러 오른쪽의 독립변수(I)로 이동시킨다. 방법(M)에는 입력을 선택한다.

⑥ 확인을 누르면 출력결과 창에 다음을 얻을 수 있다.

계수ᵃ

산업 대분류	모형		비표준화 계수		표준화 계수	t	유의 확률
			B	표준화 오류	베타		
사업 서비스업	1	(상수)	17258.117	10401.998		1.659	.099
		사업체수	5.295	.705	.291	7.515	.000
		종사자수	3.130	.166	.724	18.805	.000
		인건비	.027	.027	.048	1.000	.319
		기타경비	-.079	.122	-.031	-.643	.521
보건 및 사회복지 사업	1	(상수)	18304.760	14319.098		1.278	.204
		사업체수	11.359	.901	.720	12.604	.000
		종사자수	1.029	.229	.258	4.502	.000
		인건비	-.063	.022	-.122	-2.875	.005
		기타경비	.238	.077	.131	3.084	.003

a. 종속변수: 매출액

⑦ 계수 표로부터 표준화계수 베타의 절댓값 크기를 확인하고 변수를 A>B>…' 형식으로 작성한다.

M	종사자수>사업체수>인건비>기타경비
P	사업체수>종사자수>기타경비>인건비

⑧ 파일분할을 이용한 분석이 끝난 후 파일분할을 해제하기 위해 파일분할 대화상자에서 모든 케이스 분석, 집단은 만들지 않음(A)을 선택하고 확인을 누른다.

에듀윌이
너를
지지할게

ENERGY

끝이 좋아야 시작이 빛난다.

– 마리아노 리베라(Mariano Rivera)

**여러분의 작은 소리
에듀윌은 크게 듣겠습니다.**

본 교재에 대한 여러분의 목소리를 들려주세요.
공부하시면서 어려웠던 점, 궁금한 점,
칭찬하고 싶은 점, 개선할 점, 어떤 것이라도 좋습니다.

에듀윌은 여러분께서 나누어 주신 의견을
통해 끊임없이 발전하고 있습니다.

에듀윌 도서몰 book.eduwill.net
- 부가학습자료 및 정오표: 에듀윌 도서몰 → 도서자료실
- 교재 문의: 에듀윌 도서몰 → 문의하기 → 교재(내용, 출간) / 주문 및 배송

에듀윌 사회조사분석사 2급 2차 실기
한권끝장+무료특강

발 행 일	2025년 1월 5일 초판
편 저 자	김형표, 박경은
펴 낸 이	양형남
개 발	정상욱, 신은빈
펴 낸 곳	(주)에듀윌
등록번호	제25100-2002-000052호
주 소	08378 서울특별시 구로구 디지털로34길 55 코오롱싸이언스밸리 2차 3층
I S B N	979-11-360-3448-9(13330)

* 이 책의 무단 인용·전재·복제를 금합니다.

www.eduwill.net
대표전화 1600-6700